Reihe
Germanistische
Linguistik   **120** Kollegbuch

Herausgegeben von Helmut Henne, Horst Sitta
und Herbert Ernst Wiegand

Utz Maas

Grundzüge der
deutschen Orthographie

Max Niemeyer Verlag
Tübingen 1992

Die Deutsche Bibliothek — CIP-Einheitsaufnahme

Maas, Utz:
Grundzüge der deutschen Orthographie / Utz Maas. — Tübingen: Niemeyer, 1992
  (Reihe Germanistische Linguistik; 120: Kollegbuch)
NE: GT

ISBN 3-484-31120-7   ISSN 0344-6778

© Max Niemeyer Verlag GmbH & Co. KG, Tübingen 1992
Das Werk einschließlich aller seiner Teile ist urheberrechtlich geschützt. Jede Verwertung außerhalb der engen Grenzen des Urheberrechtsgesetzes ist ohne Zustimmung des Verlages unzulässig und strafbar. Das gilt insbesondere für Vervielfältigungen, Übersetzungen, Mikroverfilmungen und die Einspeicherung und Verarbeitung in elektronischen Systemen.
Printed in Germany.
Satz und graphische Umsetzung: Verlags- und Graphikproduktion Andreas Hinz, Jochen Flörchinger, Osnabrück und Wuppertal.
Druck: Weihert-Druck GmbH, Darmstadt.
Einband: Industriebuchbinderei Hugo Nädele, Nehren.

Inhalt

Teil I: Grundbegriffe: Schrift und Orthographie
1. Vorüberlegungen zu Orthographie und Schrift im allgemeinen — 2
2. Mündlichkeit und Schriftlichkeit (orat/literat) — 6
3. Grundbestimmungen von Schrift und Orthographie — 12
   Anhang zur 3. Vorlesung: Kursorische Bemerkungen zur Soziogenese der Schrift — 19
4. Ontogenese von Schrift und Orthographie — 31

Teil II: Orthographie und Textstruktur: Die Interpunktion
5. Grundbegriffe der Interpunktion — 46
6. Literates gegenüber phonographischem Schreiben — 63
   Anhang zur 6. Vorlesung: Ergänzende Bemerkungen zur Geschichte der deutschen Zeichensetzung — 69
7. Syntaktische Grundkategorien der Interpunktion (nochmals orat/literat), nicht nur in didaktischer Perspektive — 72
8. Die Zeichen der Zeichensetzung; das einfache Komma — 79
9. Das paarige Komma — 91
10. Das Gesamtsystem der Interpunktion und Einzelprobleme — 101
11. Zentrum und Peripherie der Interpunktion; orthographische Alterität — 116

Teil III: Orthographie und Wort:
Die logographische Komponente der Orthographie
12. Die Kategorie Wort und die Grundprinzipien logographischen Schreibens — 130
13. Die Markierung der Wortgrenzen — 141
14. Die Groß- und Kleinschreibung — 156
    Anhang zur 14. Vorlesung: Anmerkungen zum Rechtschreibunterricht — 172
15. Die Getrennt- und Zusammenschreibung — 176
16. Der Bindestrich (Getrennt- und Zusammenschreibung fortgesetzt) — 188
17. Das logographische System im Überblick und verbleibende Einzelprobleme — 201

Teil IV: Orthographie und Laut: Die phonographische Komponente
18. Der Stellenwert der phonographischen Komponente; Hochsprache (Hochlautung) und regionale Varianten — 218
19. Laut und Schrift im Schrifterwerb (Anfangsunterricht) — 231
20. Das Verhältnis von Logographie zu Phonographie — 242
21. Silbe und Silbentrennung — 256
    Anhang I zur 21. Vorlesung: Zur Silbenstruktur im Deutschen — 270
    Anhang II zur 21. Vorlesung: Zur Begriffsgeschichte der Silbentrennung — 276
22. Die graphische Markierung der Silbenstruktur — 278
23. Dehnung und Schärfung I: Die Grundlagen — 285
24. Dehnung und Schärfung II: Das Regelsystem — 301
    Anhang zum 24. Kapitel: Statistisches zur Dehnungs-Graphie — 308

25. Dehnung und Schärfung III: Sonderprobleme (insbes. s-Graphien)	310
Anhang zur 25. Vorlesung: Fehleranalyse und Fehlertherapie	322
26. Zentrum und Peripherie in der Phonographie	334
Anhang zum 26. Kapitel: Didaktische Fragen: Ein „praktikables" Beispiel des Analyseschemas von Dehnung und Schärfung	344
27. Fremdwörterschreibung	350

Anhänge

Anhang I: Phonetisches Hintergrundwissen	362
Anhang II: Syntaktisches Hintergrundwissen	391
Anhang III: Bibliographische Hinweise	412
Phonetische Zeichen	420
Register der besprochenen Dudenregeln	422

Vorwort

Unsere Orthographie ist der sicherlich am meisten verschrieene Bestandteil unserer Kultur. Die Polemik von Seiten der Reformer wie der Traditionsbewahrer verdeckt aber, daß die Rechtschreibung, so wie sie ist, ein lernbares System bildet, das sich in einem über tausendjährigen Prozeß als Kompromiß zwischen den tradierten kulturellen Vorgaben und der Zielsetzung einer optimalen Lernbarkeit eingespielt hat. An Reformvorschlägen besteht kein Mangel - wohl aber an Analysen, die die Lernbarkeit der Rechtschreibung rekonstruieren. Da der Gegenstand nicht aus der Retorte stammt, sondern sich im widersprüchlichen Prozeß einer Schriftkultur herausgebildet hat, die letztlich eine maximale Partizipation der Bevölkerung zulassen soll, ist er geprägt von diesem historischen Prozeß und auch als solcher zu explizieren.

Damit ist der Rahmen umrissen, in dem ich seit Jahren Lehrveranstaltungen zur deutschen Orthographie durchführe. Entscheidend für dieses Unternehmen war die jahrelange tägliche Konfrontation mit dem Rechtschreib- (bzw. Grammatik)unterricht zur Zeit der Einphasigen Lehrerausbildung an der Universität Osnabrück: Die Diskrepanz zwischen den kreativen Bemühungen der Schüler (jedenfalls in den unteren Klassen) bei der Aneignung dieses kulturellen Terrains und den intellektuellen Unsicherheiten vieler Lehrer (die meist autoritär „kompensiert" werden) auf der einen Seite, die weitgehende Hilflosigkeit „reiner" sprachwissenschaftlicher Theorie gegenüber den Anforderungen der Praxis auf der anderen Seite haben mich gewissermaßen genötigt, einen heuristischen Ansatz zu entwickeln, der das vorgegebene Rechtschreibterrain systematisch exploriert und mit einer Begrifflichkeit operiert, die den Lernerleistungen kongruent ist. Mein Dank gilt hier den vielen Studierenden und den Lehrer(inne)n, mit denen diese Überlegungen erarbeitet wurden - die materielle Grundlage des Buchs sind nicht zuletzt eine lange Reihe von schriftlichen Hausarbeiten Osnabrücker Studierender (vor allem kasuistische Analysen von Schülerleistungen).

Aus diesem Unternehmen ist insbesondere eine Vorlesung hervorgegangen, die seit 1988 als Nachschrift auch vervielfältigt vorliegt (1989 nochmals überarbeitet). Dieser Text ist auf ein erfreulich großes Interesse gestoßen: Er wird zitiert und in Bibliographien aufgeführt - und es gibt von daher auch eine Nachfrage, die nicht mehr durch eine „hausinterne" Vervielfältigung zu befriedigen ist. Für mich besonders erfreulich ist das Echo bei Lehrern, vor allem in der Grundschule, die gerade auch die historischen Exkurse zur Rekonstruktion der Genese der heutigen Regelungen begrüßt haben. Es scheint so, als ob diese Explikation der Rechtschreibregelungen als strukturiertes System einen Ausweg aus dem Dilemma von abstrakter Prinzipienexplikation und handwerkelnder Kasuistik bietet und zugleich einen Gebrauchswert für Leser hat: als Einladung zu einer intellektuellen Abenteuerreise in den Rechtschreiburwald, die darin die intellektuelle Ordnung einer tausendjährigen Kulturarbeit zu entdecken erlaubt.

So habe ich gerne das Angebot der Herausgeber der Reihe zu einer „regulären" Veröffentlichung angenommen - umso mehr als der Niemeyer-Verlag bereit war, das Buch zu einem ansprechenden Preis verfügbar zu machen. Für diese Ausgabe habe ich den Text nochmals bearbeitet - allerdings nicht in dem letztlich wünschenswerten Maße. Es wäre reizvoll gewesen, die Überarbeitung bis zu einer systematischen „Handbuch"-Darstellung zu führen. Diese erscheint mir aber vorerst nicht machbar - dafür ist die derzeitige

Diskussion noch zu sehr in Bewegung. Eine solche Darstellung müßte sich auch freimachen von dem hier (unter den Vorgaben der Lehrveranstaltung) gewählten Darstellungsprinzip eines Kommentars zu den DUDEN-Regeln. Das, zugleich mit einer theoretisch weitergehenden Auseinandersetzung mit den jüngsten Entwicklungen der Syntaxtheorie wie der Phonologie, ist aber nicht im Rahmen einer Textrevision zu leisten. Die bisherigen Leser haben mich nachdrücklich ermuntert, den Text auch in der vorliegenden Form zu publizieren, statt eine Bearbeitung ad calendas graecas aufzuschieben. Insofern fehlt auch eine systematische Auseinandersetzung mit der Forschungsliteratur. Nur wo ich im Text direkt argumentativen Bezug nehme (und bei Quellenbelegen), finden sich Literaturhinweise. Weitere bibliographische Hinweise habe ich im Anhang III hinzugefügt.

Es bleibt auch bei den gelegentlichen Hinweisen auf didaktisch-methodische Konsequenzen (und der Argumentation mit negativen Beispielen - statt der von Lehrern/ Didaktikern nachdrücklich geforderten „positiven Demonstration"); vor allem ist auch das Darstellungsprinzip der Vorlesung beibehalten, gewissermaßen einen Kommentar zu den laut KMK-Beschluß verbindlichen DUDEN-(West-)Regeln (hier in der 19. Auflage von 1986) zu liefern.[1]

Der in der Regelexplikation systematischer angelegte DUDEN-Ost[2] bleibt hier unberücksichtigt. Die hier behandelten grundsätzlichen Probleme stellen sich dort auch, eine systematische Konkordanz und Behandlung der Regelformulierungen dort hätte den Rahmen der Überarbeitung gesprengt. Leider hat sich der Brockhaus-Verlag nicht bereit gefunden, eine Abdruckerlaubnis für das vollständige Regelwerk des Duden (-West) zu erteilen, so daß der Leser darauf verwiesen ist (die Konkordanz am Schluß des Bandes sollte sich da als hilfreich erweisen). Deshalb muß ich mich darauf beschränken, die für das Verständnis der Argumentation notwendigen Passagen der Duden-Regeln im Text zu zitieren.

Der Text macht zwar keine spezifischen theoretischen Voraussetzungen, erfordert beim Leser aber ein Vertrautsein mit sprachwissenschaftlicher Argumentation. In Hinblick auf Leser, für die das nicht zutrifft, habe ich erläuternde Bemerkungen in den beiden

---

[1] Während der Drucklegung ist die 20. Auflage, der erste „gesamtdeutsche Duden", erschienen, der laut Verlagsankündigung und Vorwort „völlig neu bearbeitet" ist. Das betrifft so allerdings nicht den Regelteil, der grundsätzlich den gleichen Aufbau und bis auf wenige Ausnahmen die gleiche Regelnumierung wie die 19. Auflage beibehalten hat, sodaß die Textverweise auch anhand der neuen Auflage nachvollzogen werden können. Der überwiegende Teil der Veränderungen ist eher stilistischer Art (und „gesamtdeutschen" Sensibilitäten vor allem bei den Beispielen geschuldet, wo z. B. der *FDJler*, R. 38, und *Fidel-Castro-freundlich*, R. 136, entfernt wurden...). In einer Reihe von Fällen sind problematische Erklärungsversuche, vor allem in den systematischen Erläuterungen zu den Regelblöcken (Kommasetzung; Zusammen-, Getrenntschreibung) weggelassen, ist die Argumentation gestrafft und um einige kasuistische Differenzierungen erleichtert worden. Insofern finden sich einige der hier aus der 19. Auflage zitierten Formulierungen nicht in der 20. Auflage, ohne daß davon die hier gegebene Analyse betroffen ist. Bemerkenswertere Verbesserungen in der Regelformulierung finden sich allein in den folgenden Fällen: R. 19 (1), R. 27, R. 54, R. 71 (1), R. 99, R. 105 (2), R. 124, (jeweils bezogen auf die 20. Auflage). Die Fälle, in denen der Textverweis auf die 19. Auflage nicht mehr mit der neuen Auflage übereinstimmt, sind nach dem Register als Konkordanz aufgelistet. Hinzu kommen einige durchaus als Verbesserungen anzusehende Annäherungen an das Schreibübliche (*kann* statt *soll*, *anders* statt *normal* usw.), die ich nicht im einzelnen aufführe.

[2] Leipzig: Bibliographisches Institut, 6. Auflage 1990 - im Regelteil mit 109 S. und 492 Regelblöcken auch sehr viel umfangreicher.

Anhängen zur phonetisch-phonologischen (Anhang I) und syntaktisch-grammatischen Argumentationsweise (Anhang II) zusammengestellt. Ich hoffe, daß der Text im Nachvollzug der Argumentation einen „Unterhaltungswert" hat - jedenfalls in der Exploration der Grundzüge der Rechtschreibung. Die technisch schwierigen Teile (z.B. Teile von Kapitel 8 und 9) haben als solche schon einen Aussagewert: Der technische Aufwand zur Rekonstruktion der hier behandelten Teilbereiche der Orthographie steht in umgekehrt proportionalem Verhältnis zur quantitativen Bedeutung der so verhandelten Probleme. Sinnfällig wird so das Verhältnis von Kern und Peripherie in der Rechtschreibung (wie in allen Bereichen der Sprache bzw. der Kultur), s. Kapitel 11: Was ein Anliegen des Buches ist, das ich wiederholt artikuliere, wird so für den Leser erfahrbar - wenn er sich denn die Mühe macht, in dieses formalere Gestrüpp einzudringen. Anders gesagt: Ein Leser, der an den Grundlagen der Rechtschreibung interessiert ist, kann diese technischen Abschnitte auch überschlagen, ohne die Pointe des Buchs zu verpassen. Für die Fachdiskussion liegt aber hier die Crux: Im Nachweis, daß die Rechtschreibvorschriften (hier am Beispiel des Duden zugrundegelegt) auf ein sprachliches System zielen, das anders als es die Handbücher tun, auch als System expliziert werden kann.

Der Text entspricht im großen und ganzen dem bisher vervielfältigten. Die Zielsetzung des Bandes, die Orthographie als wissensbasiertes System aufzuzeigen, verlangt auch keine grundlegende Revision. Der vorausgehende Text ist auf Schreibfehler und Stilistika durchgesehen, eine Reihe von problematischen Formulierungen sind (hoffentlich) verbessert. Leider läßt die stilistische Form auch nach der Überarbeitung sehr zu wünschen übrig - was den angesprochenen „Unterhaltungswert" sicher sehr mindert. Die Alternative wäre jetzt - das Buch neu zu schreiben.[3] Schließlich habe ich insbesondere die Detailanalysen in „Nebenbemerkungen" (NB) angereichert. Diese befrachten zwar den Band - ihre graphische Markierung sollte es aber den an der Struktur Interessierten erlauben, über diese Verästelungen der Argumentation hinwegzulesen, andererseits denjenigen, die gerade an der Tragweite der Analyse im Hinblick auf sperrige Details interessiert sind, die Weiterführung der Argumentation erlauben (die NBs bieten sich für Übungen in entsprechenden Lehrveranstaltungen an).

Allen denen, die mir durch Hinweise und Kritik geholfen haben, die vorausgehenden Fassungen zu verbessern, möchte ich herzlich danken, nicht zuletzt den Studierenden in meinen Osnabrücker Lehrveranstaltungen, die diese Vorschläge einer ersten Bewährungsprobe unterzogen haben. (Ich danke besonders Marlies Frankenbusch, Marion Strietzel und Doris Tophinke, die als Tutorinnen dabei mitgewirkt haben.) Für konkrete Hinweise und Verbesserungsvorschläge bin ich zu besonderem Dank verpflichtet: Marion Bergk-Mitterlehner, Peter Eisenberg, Ralf Johannlükens, Uwe Meyer, Carl Ludwig Naumann, Christa Röber-Siekmeyer, Peter Schlobinski und Richard Wiese; die revidierte Fassung des Textes verdankt viel einer detaillierten Kritik von Renate Musan und Herbert Penzl (der ich sicher zu meinem Nachteil nicht in allen Punkten gefolgt bin); eine Reihe von

---

[3] Vor allem Herbert Penzl hat mit der Sensibilität des Auslandsgermanisten schlampige Formulierungen moniert - und den übermäßigen Fremdwortgebrauch. Nicht immer bin ich ihm gefolgt: So habe ich z.B. auch den von ihm beanstandeten „Amerikanismus" *einmal mehr* oft stehen gelassen, nachdem eine Anamnese in ihm Spuren zweier mir lieber Sprachgemeinschaften erwiesen hat: der dänischen (*en gang til*) und der französischen (*une fois de plus*).

Fachkollegen hat mir Einzelhinweise, vor allem aber Anregungen für die Neubearbeitung zukommen lassen (insbesondere Heinz Giese, Dieter Nerius).

Eine besondere Ermutigung stellen die erfolgreichen Versuche von Christa Röber-Siekmeyer dar, diese Überlegungen im Grundschulunterricht umzusetzen. Sie bestätigen in überraschend deutlicher Weise, daß eine Grundthese des Bandes, daß gerade auch die Anfänger bei der Schriftaneignung intellektuell ernst genommen werden müssen, berechtigt ist.

Zustande kam das Buch aber nur, weil mir die „handwerkliche" Seite auf der Basis einer z.T. recht chaotischen Vorlage abgenommen wurde: die Vorlesungsnachschrift hatte Doris Tophinke bearbeitet, die jetzige Buchversion Kerstin Beimdiek - und beide haben zum Vorteil des Verfassers mitgedacht.

Osnabrück, im Frühjahr 1991.

    Utz Maas

Hinweis zur Textgestaltung

Die explizite Kennzeichnung der jeweiligen sprachlichen „Ebene" der zitierten Formen erfolgt nur da, wo der Kontext nicht eindeutig ist. Die Symbole sind die in der Sprachwissenschaft üblichen für die verschiedenen Ebenen: Eine Form („Wort") am kann also betrachtet werden im Hinblick auf ihre

<am> graphische
{am}   morphologische
[am]   phonetische
/am/   phonologische

Struktur. Eine Differenzierung nach phonetischer und phonologischer Struktur ist meist nicht erforderlich, dann steht /am/ auch im Sinne einer „weiten" lautlichen Umschrift. Die Transkriptionssymbole stellen einen Kompromiß aus der internationalen Lautschrift und den typographischen Möglichkeiten der Textverarbeitung dar. Nach welchen Kriterien diese Strukturen definiert sind, ergibt sich aus dem Kontext. Wo dieser eindeutig ist, werden die besprochenen Formen nur als objektsprachlich markiert, ohne weitere Kennzeichnung: *am*.

Teil I

Grundbegriffe: Schrift und Orthographie

1. Kapitel: Vorüberlegungen zu Orthographie und Schrift im allgemeinen

Die Orthographie ist im allgemeinen Bewußtsein wohl der Bereich *der* Sprachwissenschaft schlechthin. Diese Vorstellung ist bis in das Studierverhalten in den sprachlichen Fächern nachzuverfolgen. Auf sie geht es vermutlich wohl bei Lehramtsstudenten wie bei Magisterstudenten zurück, daß die Sprachwissenschaft eher abgewählt wird. Sprachwissenschaft wird mit Orthographie verbunden, also dem Schultrauma aus jenem angstbesetzten Bereich, der Pedanterie und Schikanen assoziieren läßt. Konsequenz davon ist, daß dieser Kernbereich des Lehramtsstudiums geradezu vermieden wird - was dann dazu führt, daß Lehrer so ausgebildet werden, daß sie den traumatisierenden Rechtschreibunterricht zwangsläufig reproduzieren müssen.

Bevor wir uns im einzelnen mit der Rechtschreibung des Deutschen befassen, möchte ich daher in einem Vorlauf diesen *sozialen Begriff* von Rechtschreibung etwas aufhellen. Dabei wird sehr schnell deutlich, daß hier noch ein allgemeinerer sozialer Begriff in Frage steht, der des *Schreibens*.

Es ist schon sehr merkwürdig, wenn man den Diskurs (also die Summe der Äußerungen) über Schrift/Schreiben/Rechtschreibung einmal genauer betrachtet. Wie immer, wenn man einen Beleg für Allgemeinplätze braucht, helfen unsere Klassiker weiter, hier z.B. Goethe: „Schreiben ist ein Mißbrauch der Sprache, stilles für sich Lesen ein trauriges Surrogat der Rede."[1] Der Großschriftsteller Goethe inszeniert sich hier als eigentlich mündlicher Erzähler - und so verkauft er seine literarische Produktion denen, die ihn dafür bestaunen. Das ist nun kein Einzelfall, vielmehr kann man diesen Topos durch die abendländische Bildungsgeschichte bis hin in die Antike zurückverfolgen, wo schon bei Platon die Schrift als ein Verhängnis beschworen wird, das zur Halbbildung führt. Diese Schriftauffassung setzt sich linear fort bis hin zur modernen Linguistik, die als ihren Gegenstand die gesprochene Sprache, die Kommunikation, deklariert, die als *natürliche*, daher den Menschen notwendige, angesprochen wird, der gegenüber die Schrift nur (von der gesprochenen Sprache) abgeleitet sei, also *künstlich* und insofern letztlich entbehrlich (das gilt unabhängig davon, daß *faktisch* die analytischen Kategorien der Sprachwissenschaft weitgehend aus der grammatischen Tradition der Analyse geschriebener Sprache stammen). Dieser Topos setzt sich fort in den Diskussionen der Massenmedien, wo mit Hinweis auf Telefon, Fernsehen und andere Geräte die Schrift für überflüssig erklärt wird, und ein Preisträger des deutschen Buchhandels in einem Bestseller das „Ende der Kindheit" verkünden kann, weil dieser Prozeß schon abgeschlossen sei.[2]

Das kann man also nun seit über zweitausend Jahren lesen - mit anderen Worten: dieser schriftabwertende Diskurs wird seit über zweitausend Jahren *schriftlich* produziert. Und damit sind wir bei einem Paradox: Der Diskurs der Abwertung von Schrift wird getragen von denen, die über Schrift verfügen. Goethe schrieb sein geflügeltes Wort in seiner Autobiographie etwa 1812 - zu einem Zeitpunkt also, als er seine großen Werke schon verfaßt hatte und bereits ein gefeierter Großschriftsteller war. Die Pose des mündlichen Erzählers, in die er schlüpft, ist die der *verkehrten* Welt des bürgerlichen Intellektuellen. Sie erhält ihren Sinn, wenn man sieht, daß gleichzeitig die Volksalphabetisierung in größerem Umfang einsetzte. Über das Ausmaß der Alphabetisierung der Bevölkerung

---

[1] *Dichtung und Wahrheit*, 2. Teil, 10. Buch, Sophienausgabe, Weimar: Böhlau, Band 27 1889: 373.
[2] Neill POSTMAN: *Das Verschwinden der Kindheit*, Frankfurt: Fischer 1982.

haben wir nur Schätzungen. Für Preußen wird angenommen, daß damals ca. 50% der Erwachsenenbevölkerung alphabetisiert waren - d.h. aber, daß auf dem Land sicherlich mehr als 60% nicht alphabetisiert waren. In den mediterranen Regionen war noch Anfang dieses Jahrhunderts mehr als die Hälfte der Bevölkerung nicht alphabetisiert. Das Problem solcher Zahlenangaben liegt sicher darin, daß dabei nicht klar ist, was eigentlich als *alphabetisiert* gerechnet wird. So gibt es ja bei uns heute eine Diskussion über das „funktionale Analphabetentum", die auf einen Schriftgebrauch abzielt, der nicht nur, wie bei diesen historischen Angaben zugrundegelegt, von der Fähigkeit zur Unterschriftenleistung ausgeht. In dieser neueren Diskussion schwanken die Schätzungen für unsere westlichen Gesellschaften zwischen 1 - 10% der Erwachsenenbevölkerung als funktional Nichtalphabetisierte.

Eine Äußerung wie die zitierte von Goethe ist bestimmt durch die gleichzeitige Anstrengung immer größerer Bevölkerungsteile, sich aus der Beschränkung auf Mündlichkeit zu befreien. Hier liegt im übrigen ein noch wenig erschlossener Untersuchungsbereich. Dokumente dieser anderen Schriftkultur, oder richtiger: der breiten gesellschaftlichen Anstrengung zur Aneignung der Schrift sind z.b. bäuerliche Anschreibebücher aus dieser Zeit, in denen deutlich wird, wie sehr die *anderen* Menschen (also *anders* für Intellektuelle wie Goethe), sich weigerten, Objekte für romantische Projektionen der Intellektuellen zu sein, die über sie schrieben; wie sie sich selbst die Schrift aneigneten, für die hauswirtschaftliche Buchführung, die Kontrolle von Anbaumethoden, Wettereinflüssen und dergleichen, bis hin zur weitergehenden Selbstvergewisserung über ihr Tun, ihr Leben. Schrift oder besser gesagt das Verfügen über Schrift bedeutet eben ein Heraustreten aus dem Nur-Leben, dem Nur-Vollzug.[3] Ich denke, man muß den Diskurs der Abwertung von Schrift auf der Folie der gesellschaftlichen Anstrengungen zu ihrer Aneignung lesen. Und so macht es dann auch Sinn, die Anfänge dieses Diskurses in der Antike bei den Griechen zu suchen.

An dieser Stelle eine kurze historische Rekapitulation. Seit wann gibt es Schrift? Schriftliche Aufzeichnungen haben wir schon aus dem 3. Jahrtausend vor der Zeitrechnung aus Ägypten und Mesopotamien, etwas später dann aus China. Diese frühen Aufzeichnungen benutzten hochkomplizierte Systeme mit mehreren hundert, in China sogar tausenden von Zeichen, deren Beherrschung eine lange Lernzeit verlangte, die also nur von wenigen Spezialisten, den Schreibern, gemeistert wurde. Die Entwicklung der Schrift kann man von daher als ihre zunehmende Entspezialisierung fassen:

Von der *logographischen Schrift*, bei der jedes Zeichen etwa einem Wort entspricht,
- zur *Silbenschrift*
- und schließlich zur *Buchstabenschrift*, die um 800 vor der Zeitrechnung bei den Griechen in ihrer modernen Form entwickelt wurde.

Motor dieser Entwicklung ist die Reduktion der Anforderungen für das Erlernen von Schrift. Die frühesten Aufzeichnungen in griechischer Sprache sind in der Mitte des 2. Jahrtausends in einer Silbenschrift („Linear B") im östlichen Mittelmeer verfaßt worden (mit einem Zentrum in Kreta). Das war eine dort aus anderen Sprachen übernommene Schrift mit etwa hundert Zeichen, die sich als sehr wenig adäquat für die Aufzeichnungen

---

[3] S. dazu U. MAAS, *Schriftlichkeit und das ganz Andere. Mündlichkeit als verkehrte Welt der Intellektuellen - Schriftlichkeit als Zuflucht der Nichtintellektuellen*, in: A. ASSMANN/D.HARTH (Hgg.), *Kultur als Lebenswelt und Monument*, Frankfurt: Fischer 1991: 211-232.

des Griechischen erwies, d.h. nicht nur schwierig richtig zu schreiben war, sondern auch schwierig zu lesen; sie ließ die Schriftpraxis eine Sache von Spezialisierten sein, die über ein entsprechendes Geheimwissen verfügten. Das Alphabet reduzierte die Zeichenmenge auf etwa 25 - 30 Zeichen und machte damit die Benutzung dieses Alphabets prinzipiell für alle lernbar - allerdings ist der Gebrauch des Alphabets an ein komplexes System formaler Regeln gebunden, mit dem wir uns in diesem Kapitel genauer befassen werden.

NB: Für China hat man geschätzt, daß bei dem dortigen Schriftsystem, das traditionell etwa 30 000 Zeichen umfaßt, in reformierten Versionen für die Alltagspraxis allerdings auf 3000 - 5000 beschränkt werden kann, bei der gegebenen Produktionsweise nur etwa 10 - 15% der Bevölkerung alphabetisierbar wären.

In Griechenland wurde also der Prozeß der Demotisierung der Schrift freigesetzt (von *demos* „Volk"), also anders gesagt: die Sozialisierung der Schrift. Aber faktisch ist dieser Prozeß auch heute nach über 2500 Jahren nicht abgeschlossen; wir haben, wie gesagt, trotz eines allgemeinen Volksschulwesens immer noch Analphabeten in unserer Gesellschaft. Die Entwicklung der Schriftkultur ist also nicht nur von der Verfügung über ein entsprechendes Schriftinstrumentarium her zu sehen, das nur eine *notwendige* Bedingung für die Demotisierung darstellt, sondern sie muß auch untersucht werden in Hinblick auf die Momente, die diese Entwicklung behindern. Trotz eines alphabetischen Schriftsystems war die Schriftpraxis von der Antike bis ins Mittelalter eine Sache von Spezialisten. Die Kulturrevolution des Spätmittelalters/der Frühen Neuzeit kam mit der „wilden Alphabetisierung" in den Städten. Mit ihr kam die gesellschaftliche Frontstellung auf, die seitdem den Schriftdiskurs bestimmt, bei dem die Schriftabwertung in vertauschten Rollen die Position derer artikuliert, die im Lob der Mündlichkeit die verkehrte Gegenwelt zu ihrem Schriftmonopol besingen. Das alles ist nicht Gegenstand dieses Kapitels, es sollte hier nur am Anfang als Horizont für die Beschäftigung mit Orthographie angesprochen werden.

NB: Ich denke, es gibt gute Gründe, die Korrelation von Alphabetschrift und Demotisierungs*potential* in der Schriftentwicklung vorzunehmen. Für die Zielsetzung der Argumentation hier benötige ich die in vieler Hinsicht noch unzureichend geklärte (auch in der derzeitigen Diskussion strittige!) stärkere Fassung dieser Korrelation (die Alphabetschrift und tatsächliche Demotisierung der Schrift aneinander koppelt) nicht. Es genügt festzuhalten, daß für *unsere* Sprache (und formal entsprechend gebaute, wie insbesondere das Griechische) erst die alphabetische Schreibweise die Demotisierung freisetzte. Die jetzt öfter diskutierten Vorteile von Silbenschriften für Sprachen mit typologisch *ganz* anderen Strukturen (nur wenige Silbentypen bzw. nur offene Silben, keine morphonologische Variation bzw. keine Flexion u. dgl.) können dann außen vor bleiben.

Halten wir als Ausgangsposition zunächst einmal fest, daß Schrift nicht aus der gesprochenen Sprache als deren Abbildung, Darstellung u.ä. abzuleiten ist. Schrift dient der Schreibpraxis, die zwar ihrerseits kommunikativen Zwecken dienen kann (wenn z.B. keine face-to-face Situation gegeben ist, kann ich einen Brief schreiben, eine Notiz hinterlassen oder dergl. mehr); aber das ist nicht die primäre Funktion von Schrift und entspricht auch nicht ihrer Genese: die ältesten überlieferten Schriftdokumente sind keine Briefe, sondern dokumentieren „Buchführung", sind Rechnungsbücher, symbolische Texte und dergleichen. Ist das so, so kann es nicht überraschen, daß auch die *Form* der Schrift, also das *Wie* des Schreibens, nicht aus der gesprochenen Sprache abzuleiten ist.

Schreiben ist bezogen auf kognitive/mentale Operationen; Schreiben potenziert die kognitiven Fähigkeiten. Damit bin ich nun auch schon bei der Dimension des Schreibens,

die der engere Gegenstand dieses Kapitels ist: der Rechtschreibung. Zunächst einmal können wir Rechtschreibung als das Wie der Schrift bestimmen, gewissermaßen als eine Optimierungsaufgabe:
- die Schriftform sollte optimal für die mit Schrift verbundenen kognitiven Aufgaben sein (1);
- die Schriftform sollte möglichst leicht anzueignen sein (sie sollte die Demotisierung der Schrift befördern) (2).

Ich habe nicht von ungefähr von Optimierung gesprochen, weil die beiden Kriterien keineswegs widerspruchsfrei anzuwenden sind. In Hinblick auf (1) sind logographische Schriften optimal, wie der Umfang der wissenschaftlichen Literatur bei den Chinesen, in Mesopotamien und auch die hochstehende minoische Kultur des archaischen Griechenlands zeigen. Aber anders als Schriftsysteme, die in Hinblick auf (2) optimal sind, sperren sie sich gegen ihre Demotisierung.

Der Gegenpol liegt bei dem, was die traditionelle Forderung „Schreib wie du sprichst" formuliert, also bei der Phonographie, die traditionell auch hinter den Reformbewegungen steht. Diese Vorstellung hat etwas außerordentlich Plausibles - unter der Perspektive des *Aufschreibens*. Aber das ist nicht die Perspektive, aus der die Funktion der Schrift abzuleiten ist, die ja ihre primäre Funktion für einen Leser hat, in der Regel also für jemand anderen als den Schreiber; das Schriftsystem soll einem Leser Sinnerschließungshilfen geben.

Im Sinne dieser Optimierungsproblematik werden wir im Laufe des Kapitels die einzelnen Problemfelder der deutschen Rechtschreibung durchforsten, wobei die Rede von der Optimierungsaufgabe schon zeigt, daß es keine geradlinigen einfachen Lösungen gibt. In den nächsten drei Kapiteln werde ich zunächst einmal noch dieses Problem der Rechtschreibung als Optimierungsaufgabe genauer bestimmen, um dann im Hauptteil des Kapitels die einzelnen Blöcke der Orthographie, ausgehend von den maßgeblichen Duden-Regelungen, zu durchforsten und einerseits in ihrer historischen Genese zu betrachten, andererseits auch in Hinblick auf die Möglichkeiten einer eventuellen Reform.

Daß ich hierbei von dem Duden ausgehe ist nicht von ungefähr. Tatsächlich ist die Rechtschreibung längst nicht mehr eine Frage des freien Spiels der gesellschaftlichen Kräfte (wir werden sehen, daß das in gewissen Grenzen bei ihrer Herausbildung durchaus noch der Fall war), sondern inzwischen institutionell festgelegt. Für die Schule ist das der Fall aufgrund eines Beschlusses der Kultusministerkonferenz vom 18./19. 11. 1955, der lautet:

„Die in der Rechtschreibreform von 1901 und den späteren Verfügungen festgelegten Schreibweisen und Regeln für die Rechtschreibung sind auch heute noch verbindlich für die deutsche Rechtschreibung. Bis zu einer etwaigen Neuregelung sind diese Regeln die Grundlage für den Unterricht in allen Schulen. In Zweifelsfällen sind die im ‚Duden' gebrauchten Schreibweisen und Regeln verbindlich." Insofern werden wir auch genötigt sein, uns mit den Formulierungen der Regeln im Duden genauer auseinanderzusetzen.[4]

---

[4] Zu dieser Merkwürdigkeit, daß einem privaten Verlag gewissermaßen die amtliche Procura für die offizielle Festlegung der Rechtschreibung gegeben wurde (anstelle der bis 1945 maßgeblichen „amtlichen Regelbücher"), s. informativ G. AUGST/H. STRUNK, *Wie der Rechtschreibduden quasi amtlich wurde*, in: *Muttersprache* 98/1988: 329-344.

2. Kapitel: Mündlichkeit und Schriftlichkeit (orat/literat)

Gerade weil in der Rechtschreibdiskussion der Bezug auf die gesprochene Sprache so grundlegend erscheint, ist es nötig, sich vorweg einmal zu vergegenwärtigen, wie gesprochene Sprache strukturiert ist. Nehmen wir dazu einen beliebigen Ausschnitt aus einem Gespräch, hier eine Dialogpassage, von der ich nur die Frage eines (männlichen) Sprechers und die Antwort seiner (weiblichen) Gesprächspartnerin wiedergebe:

A: vas.vIlstn̩'maxn̩‖
B: ja?iç'vǫltanziç'‖?ø̨m:‖mitdę̨·mpa'cįę̨ntn̩dɪːzəs'bux
‖bə?aːba͡itn̩‖'va͡istəviɐ'ɦamdiːzę̨s.kǫmunika'ciǫːnsbuxaŋgə'lę̨ːkt
(‖: Zeichen für Pause)

Eine solche Wiedergabe des Gesprächs sieht ganz anders aus, als eine Wiedergabe in der normalen Orthographie, die etwa wie folgt aussehen könnte:
A: Was willst du denn machen?
B: Ja, ich wollte an sich mit dem Patienten dieses Buch bearbeiten.
Weißt du, wir haben dieses Kommunikationsbuch angelegt.
Im ersten Fall handelt es sich um eine Transkription, die mehr oder weniger mechanisch im Sinne einer phonetischen Konvention erfolgt, die prinzipiell Laute als physikalische Ereignisse behandelt, wie sie auch maschinell registrierbar sind. Hier handelt es sich allerdings nicht um eine Wiedergabe mit instrumentellen Meßverfahren, sondern im Sinne der artikulatorischen Phonetik um eine Transkription in der Weise, daß man ihr die Instruktionen entnehmen kann, die eine möglichst identische Reproduktion erlauben sollen (jedes Zeichen antwortet also auf die Frage: was soll ich zu dem gegebenen Zeitpunkt mit meinen Sprechorganen machen, um die gleiche Lautfolge zu produzieren, wie sie in der Vorlage zu hören ist; in diesem Sinne sind die Transkriptionszeichen durch die Internationale Phonetische Vereinigung: IPA bzw. entsprechend der französischen Bezeichnung API, festgelegt).

Eine solche technische Transkription verlangt eine entsprechende Ausbildung. Aber auch von phonetisch nicht speziell Geschulten wird oft versucht, gesprochene Sprache wiederzugeben. Ein solcher Versuch könnte etwa wie folgt aussehen.
A: Was willst'n machen?
B: Ja, ich wollt an sich mit dem Patienten dieses Buch bearbeiten,
weißt du, wir ham dieses Kommunikationsbuch angelegt.
Der Vergleich der drei Fassungen dieses Gesprächsauszuges macht schon deutlich, daß je orthographisch korrekter die Niederschrift ist, je weniger sie als Wiedergabe gesprochener Sprache angesehen werden kann. Damit haben wir auch schon die erste Grundbestimmung für unsere Überlegungen: Die „korrekte" Sprache ist keine Transkription gesprochener Sprache, sondern etwas anderes. Was sie genau ist, wird Gegenstand der nächsten Kapitel sein. Für das erste genügt als vorläufige Bestimmung, daß wir Schreiben definieren als Herstellen eines Textes, so daß dieser gelesen werden kann.

Nun ist allerdings auch der Terminus des *Lesens* nicht eindeutig. Schließlich werden ja auch Transkriptionen gelesen - allerdings ist das dann eine Sache von Spezialisten, ist das Lesen die Ausübung einer speziell trainierten Fertigkeit. Dieses „Lesen" einer Transkription dient einem sehr speziellen Ziel: dem Reproduzieren des Lautlichen. Es handelt sich also nicht eigentlich um ein *Lesen* sondern um ein *Vorlesen* eines Textes, ein Lautieren, das das Lautliche unabhängig von seinem Sinn, von der Bedeutung des Textes reproduziert.

NB: Das würde noch deutlicher werden, wenn die Transkription, wie es für eine solche Instruktion zur Reproduktion nötig wäre, außer der globalen Akzentsetzung und Pausengliederung, noch weitere Intonations- und sonstige prosodische Angaben enthielte.

Dem Vorlesen von Transkriptionen stellen wir den Umgang mit der (orthographischen) Schrift gegenüber, die dazu dient, daß die so fixierten Texte *erlesen* werden können, wie ich mit dem in der Didaktik gebräuchlichen Ausdruck sagen möchte: das heißt also, daß der Sinn des Textes erschließbar ist, für den das Lautliche nur instrumentell ist. Gegenüber den schriftlichen Elementen, die die Sinnstrukturen fixieren, enthält die Transkription Markierungen, die sinnirrelevant sind: so etwa die ganze Bandbreite von regionalen Variationen, etwa in dem Beispiel hier bei der Verbalform haben: *ham, han, hän, ha...*, die mehr oder weniger regional zuordnenbar sind (bayerisch, hessisch, rheinisch, plattdeutsch usw.).

Gegenüber dem Transkribieren enthält das Schreiben für einen Leser eine ganze Reihe charakteristischer Elemente, die bemerkenswerterweise auch fast immer beibehalten werden, wenn mit orthographisch abweichender Notierung versucht wird, gesprochene Sprache wiederzugeben, wie in unserem dritten Beispiel.

Das entscheidenste Merkmal ist wohl die orthographische Gliederung der Äußerung in Einheiten mit einem Zwischenraum (Spatium). Vereinfacht gesagt, können wir feststellen, daß mit Hilfe des Spatiums eine Äußerung in *Wörter* gegliedert wird. Wörter sind nicht zu hören, eine Gliederung in Wörter fehlt bei einer rein instrumentellen phonetischen Umschrift. Beim Sprechen wie beim Hören im engeren Sinne gibt es nur Lautfolgen (und Pausen). Die Gliederung eines Textes in Wörter wird dagegen vom Schreiber produziert; sie gliedert für den Leser den Text. Im nächsten Kapitel werden wir sehen, daß sich dahinter recht erhebliche theoretische Probleme der Sprachwissenschaft verbergen.

Außer im Spatium selbst sind die Wörter noch durch weitere graphische Grenzmarkierungen abgegrenzt: Das gilt für den Wortanfang, bei dem die Wahl zwischen unterschiedlichen Schriftzeichen besteht (Klein- gegenüber Großschreibung, wobei Großbuchstaben zwingend den Wortanfang signalisieren), sowie das Wortende, wo ebenfalls Zeichen „gewählt" werden können, die nicht phonetisch motiviert sind, wie die Probleme der sog. Auslautverhärtung zeigen.

Diese Grenzmarkierungen erfüllen nun grammatische Funktionen, die wir uns in Hinblick auf die Kategorie Wort noch genauer vergegenwärtigen müssen. Vorläufig können wir festhalten, daß die Großschreibung eine grammatische Funktion erfüllt, die einerseits im Sinne der Schulgrammatik an die Subsumtion unter die Wortart Substantiv im Satz gebunden ist, andererseits an die Markierung des Satzanfanges im Text (in beiden Fällen also an syntaktische Kategorien).Das graphische Ignorieren der Auslautverhärtung faßt Formen einer grammatischen Familie zusammen, die in der Lautgestalt des Stammes variieren: Eine Form wie *Hund* [hunt] signalisiert die Zusammengehörigkeit mit *Hunde* oder ist besser gesagt durch den phonographischen Kontrast von <d> : /t/ ein Warnsignal: Vorsicht flektierte Form!

Wir schreiben also nicht Laute, sondern schreiben Worte, oder noch richtiger gesagt: wir schreiben in grammatischen Strukturen.

NB: Die letzte Formulierung ist im übrigen tautologisch, jedenfalls wenn grammatisch etymologisch verstanden wird, als ein Adjektiv, das von einem Partizip *gramma* „geschrieben" (zu einem Verb *graphein* „schreiben") abgeleitet ist. Ein Grammatiker ist also einer, der etwas vom Schreiben versteht. Das entsprach im übrigen auch der älteren Schultradition, bei der man das Schreiben im Anschluß an den Grammatikunterricht lernte.

Nun verweist aber die Formulierung des *Schreibens* in *Worten* auf die logographischen Schriften, die im ersten Kapitel angesprochen waren, die als wortfixierende Schriften verstanden werden können. Wenn unsere Schrift also nicht Lautliches transkribiert, nicht im strikten Sinne phonographisch ist, ist sie dann logographisch? In diesem Sinne kann die Frage eindeutig verneint werden: Was unsere Schrift von den alten Schriften (ägyptische Hieroglyphen, chinesische Schrift usw.) unterscheidet, ist, daß sie die Wörter nicht direkt fixiert, daß das Inventar der Schriftzeichen nicht mehr oder weniger identisch mit einem Wörterbuch ist. Den Schriftzeichen entsprechen vielmehr Wortbildungselemente, die selbst keine Wörter sind, keine Bedeutung haben, sondern nur die Funktion haben, Wörter schriftlich zu bilden bzw. zu unterscheiden. Das im Rückgriff auf die Lautstruktur zu unternehmen (also mit Elementen zu operieren, die selbst keine Bedeutung haben), war der entscheidende Schritt, der mit den frühen Silbenschriften unternommen worden ist, mit denen auch in der Frühzeit die indoeuropäischen Sprachen z.T. noch geschrieben wurden, so etwa das Griechische in der Mitte des 2. Jahrtausends vor der Zeitrechnung (phonographisch im Sinne einer definierten Laut-Buchstaben-Zuordnung hat man in Griechenland erst seit dem 8. Jahrhundert vor der Zeitrechnung mit der neuen Alphabetschrift geschrieben).

Nun ist es allerdings auch nicht einfach zu definieren, was denn Laut und Silbe sind - das macht eine der Hauptschwierigkeiten der Phonetik aus (s. Anhang I). Um uns die phonographischen Probleme klar zu machen, gehen wir in einem Vorlauf einmal die orthographischen Zeichen durch.

Ein orthographisches Zeichen wie das *h* ist in einem Teil seiner Funktionen relativ neu. Als „Dehnungszeichen" findet es sich erst in der Zeit um 1500: Bis dahin benutzte man wie heute noch in einigen Fällen die Verdoppelung des Vokalzeichens (*Seele, Moor, Saal* u.a.) oder aber eigene Dehnungszeichen, die regional unterschiedliche Schreibverhältnisse charakterisierten. Dazu gehört etwa das nachgestellte *e* wie in *Soest*, das überhaupt in Norddeutschland noch eine bei Namen gebräuchliche Schreibweise ist; es konkurrierte mit dem rheinischen nachgestellten *i*, das wir etwa in *Roisdorf* oder *Duisburg* kennen (z.T. verkomplizieren sich die orthographischen Verhältnisse noch durch niederländische Einflüsse, wo das nachgestellte <i> Palatalisierung bzw. Diphthongierung bezeichnet, vgl. die ndl. *huis* dt. *Haus*; so finden sich dann auf ehemaligem „niederländischen" Territorium Namen wie *Duisburg*, wo <i> nicht nur „Dehnungszeichen" ist, sondern auch palatale Lautung repräsentiert ['dy:sbuk̯]).

Schreiben erfolgt für einen Leser, d.h. im Regelfall für einen anderen, und so müssen die Schreibsysteme eine gewisse Konventionalität bekommen, da spontan gebastelte Systeme für andere Leser zunächst einmal zwangsläufig unverständlich sein müssen. Schreiber wie Leser orientieren sich an den vorgegebenen kulturellen Modellen, die die Texte lesbar machen. Das heißt aber, mit den jeweiligen *Graphien* (Graphie verwende ich als technischen Terminus für *Schreibweise*) ist in die Texte das Signet einer bestimmten kulturellen bzw. sozialen Gemeinschaft eingeschrieben. So ist das Dehnungszeichen *i* in älteren Texten das Signet des Kölner „hansischen Drittels" (einer regionalen Gliederung des mittelalterlichen Städtebundes der Hanse mit einem Vorort Köln, zu dem auch Osnabrück gehörte), während das Dehnungszeichen *e* generell den niederdeutschen/niederländischen Kulturraum markierte, der in etwa dem Verkehrsbereich der Hanse entsprach. Heute sind beide Schreibweisen nur noch als Relikte in Namen beibehalten. Das Dehnungszeichen *h* ist demgegenüber eine moderne Schreibweise, die den nationalen deutschen Raum markiert, wo es im 15. Jahrhundert zunächst im westmitteldeutschen rheinischen Raum auftaucht (Straßburg, Frankfurt, Speyer), von wo aus es dann auch von Schreibern an anderen Orten übernommen wird.

Eine kulturelle Gemeinschaft ist sozial verfaßt; für sie sind Instanzen der gesellschaftlichen Geschäftsführung zuständig, die dann auch mehr oder weniger normativ die Praxen wie hier die Orthographie für das Schreiben regeln. Die orthographische Regelung bedeutet also die Festlegung der Graphien in einem bestimmten Sinne, gebunden an die Randbedingungen der Optimierungsaufgabe: das Erlesen von Texten zu ermöglichen. Eine solche Optimierungsaufgabe legt nur die Randbedingungen für die Orthographie fest. Tatsächlich konkurrierten bis zum 17. Jahrhundert in Deutschland eine Vielfalt von Schreibungen miteinander. Erst seit diesem Zeitpunkt setzten sich bestimmte dieser Modelle durch, steht über der Randbedingung des *verständlichen* Schreibens die Bedingung des *richtig* Schreibens, also der *Ortho*graphie. In vielen Fällen ist aber, wie wir im einzelnen noch sehen werden, die Orthographie bis heute nicht abschließend geregelt. Zu den in diesem Sinne auch noch über das 17. Jahrhundert hinaus lange strittigen Bereichen der Orthographie, d.h. also zu Bereichen, in denen konkurrierende graphische Modelle bestanden, gehört im übrigen auch die Klein-/ Großschreibung der Substantive. Noch bis Anfang dieses Jahrhunderts hatten die „Reformer" einen erheblichen Einfluß, zu denen insbesondere auch die Gebrüder Grimm gehörten, die im Sinne der damaligen romantisch-historischen Strömung für die Kleinschreibung wie in mittelalterlichen Handschriften eintraten. Erst seit dem Duden, also seit Beginn dieses Jahrhunderts wird die Großschreibung allgemein verbindlich.

Entsprechend ihrer gesellschaftlichen Dimension hat die normative Fixierung sowohl bei ihrer Festlegung wie bei ihrer Änderung eine erhebliche Trägheit. Eine Änderung setzt das Freiwerden von erheblichen gesellschaftlichen Energien voraus. Die Reform der Klein-/Großschreibung ist dafür ein gutes Beispiel. In Dänemark galten bis 1948 die gleichen Regelungen wie im Hochdeutschen. Die Reformvertreter konnten sich erst zu diesem Zeitpunkt durchsetzen, als die Abschaffung der Substantivgroßschreibung gesellschaftlich als symbolischer Akt akzeptabel war, mit dem gewissermaßen die Befreiung von der deutschen Besatzung, als Befreiung von allem, was Dänemark an das Deutsche bindet, nachvollziehbar war. Auf dem Verordnungswege wurde hier die dänische Orthographie der deutschen unähnlich gemacht.

So ist in jedes orthographische System eine soziale Demarkation eingeschrieben, die es als anders - oder als gleich relativ zu Bezugssystemen definiert. Das leidige Problem der „Substantiv"- Großschreibung ist hierfür ein aufschlußreiches Beispiel: Diese ist bekanntlich relativ jung - und heute ein deutsches Spezifikum. Etabliert hat sie sich mit den Drucken der protestantischen Lutherbibel im 16. Jahrhundert - und so wurde sie von allen protestantischen Graphien (Druckern) in Europa übernommen, infolge *nationaler* Abgrenzung vom Deutschen (so früh beim Niederländischen) wieder aufgegeben -

gelegentlich auch (über verwickelten Zwischenetappen) wie etwa beim Isländischen, das sich dadurch von der dominanten (kolonisierenden) dänischen Schriftkultur abgrenzte, bevor diese ihrerseits in jüngster Zeit dasselbe in Bezug auf das Deutsche tat (s.o.).

Diesen Mechanismus finden wir auf allen Ebenen der Etablierung von Orthographien: so in der Frühzeit bei den Goten, denen Wulfila im 4. Jahrhundert eine unter systematischen Gesichtspunkten ungemein moderne Schriftsprache gab, die die intensive Auseinandersetzung insbesondere mit der griechischen Bildungssprache spiegelt, die aber bis in das dazu eigens geschaffene Alphabet zugleich auch die „nationale", Sonderform ausdrückt (nicht nur gegenüber den dominanten Sprachen Griechisch und Latein, sondern auch gegenüber dem „übernational" epigraphisch gebräuchlichen Runengermanisch!). Weniger dramatisch, strukturell aber homolog verlaufen regionalistische Orthographieprozesse, die die „Alterität" gegenüber der jeweiligen dominanten Standardsprache zugleich mit der Orientierung an anderen Bezugsytemen zu markieren suchen: etwa die niederdeutsche literarische Orthographie als anders gegenüber dem Hochdeutschen, orientiert an einer älteren gemeinsamen Tradition mit dem Niederländischen; die okzitanische als anders gegenüber dem Französischen und orientiert an der älteren Literatursprache, die für Okzitanien, Katalonien und z.T. Italien Geltung hatte usw.

So gilt es bei der Betrachtung orthographischer Systeme vor der Kritik der Idiosynkrasien zunächst einmal die Randbedingungen zu fassen: die der *sprachspezifischen* Erfordernisse eines *literaten* Systems und schließlich die historischen Optionen eines gesellschaftlich definierten symbolischen Systems der schriftlichen Selbstpräsentation im öffentlichen Raum (die spezifische nationale Tradition). Erst dann wird überhaupt der Weg frei für die Frage nach den für eine eventuelle Reform offenstehenden Möglichkeiten.

Eine letzte Bemerkung zu dieser vorläufigen Bestimmung von geschriebener gegenüber gesprochener Sprache. Auch die Schreibungen, die wie die zweite Variante unseres Beispiels von der Orthographie abweichen, setzen noch die Orthographie beim Leser voraus. Wo Abweichungen vorliegen, handelt es sich also nicht um *Fehler*, sondern die Abweichungen signalisieren durch den impliziten Vergleich mit dem orthographischen Modell eine bestimmte kulturelle Bedeutung. Die Schreibung *willsten* (oder *willst'n*) statt *willst du denn* ist eben die Fixierung einer *Anders*schreibung. Der Leser erliest aus solchen Graphien, daß der Text nicht als schriftlicher zu lesen ist - nicht als *literater* Text, wie ich das terminologisch festhalten möchte. Vielmehr ist er nur als hilfsweise schriftliche Wiedergabe gesprochener Sprache zu verstehen, als *orater* Text. Solche oraten Konventionen sind in der Literatur gewissermaßen das Gegenstück zu der Fixierung der orthographischen Norm (und ihres Gegenstücks: der Hochlautung) seit dem 19. Jahrhundert, vor allem in Verbindung mit der realistischen Literatur (und insbesondere natürlich mit der Mundartliteratur), die beide ja im 19. Jahrhundert in Mode kommen.[1]

NB: *Orat* und *literat* sind Kunsttermini, die ich bewußt den anklingenden, aber anders definierten Termini *oral/literarisch* entgegensetze. Sie werden im Verlaufe des Buches systematisch entwickelt, s. bei Kapitel 4 und 7. Diese Termini isolieren bestimmte Strukturierungen der Äußerungen bzw. die ihnen zugrundeliegenden kognitiven Fähigkeiten. Sie sind insofern zu unterscheiden von den

---

[1] S. dazu MAAS, *Orthographische Alterität. Über literarische Mundartgraphien*, in: S. HEIMANN u.a. (Hgg.), *Soziokulturelle Kontexte der Sprach- und Literaturentwicklung. Festschrift für Rudolf Große*, Stuttgart: Heinz 1989, S. 339 - 359.

komplexen empirisch-beschreibenden Termini (vgl. „mündlicher Stil", „schriftlicher Stil" u.ä.), von denen sie Strukturmomente explizieren.

Halten wir als Fazit aus diesem ersten Durchgang fest:

Die Analyse der deutschen Orthographie kann nicht durch die Folie von Transkriptionen gesprochener Sprache geschehen, sondern sie muß im Feld der konkurrierenden/ möglichen Lösungen für die Aufgabe erfolgen, Texte in deutscher Sprache optimal erlesbar zu machen.

3. Kapitel: Grundbestimmungen von Schrift und Orthographie

Wir haben bereits einige Grundbestimmungen der Orthographie gefunden, die in diesem Kapitel in kulturgeschichtlicher Perspektive zu rekonstruieren sind. Halten wir zunächst einmal fest:
1. als Definition von Schrift:Texte werden so fixiert, daß sie erlesen werden können.
2. Die Bestimmung des Wie der Schrift:
   a) Texte werden fixiert in ihrer grammatischen Struktur, also in ihrer Gliederung in Wörter,
   b) Die Repräsentation der Wörter erfolgt nach kulturell vorgegebenen Mustern; unter den eventuell konkurrierenden Graphien erfolgt historisch eine Selektion, und damit kommt es zur Herausbildung einer Orthographie.

In diesem Kapitel werden wir genauer die *Sozio*genese der Schrift betrachten, angefangen bei der Herausbildung der grundlegenden Kategorie der schriftlichen Fixierung der Sprache in ihrer Artikulation in Worte: also die weitere Klärung unserer Arbeitsdefinition von Schrift als „Fixierung der *wörtlichen* Form eines Textes".

Ein schönes Beispiel, an dem wir uns dieses Problem verdeutlichen können, ist der „Brief" eines Mädchens aus Sibirien, den es Ende des 19. Jahrhunderts an ihren Freund geschickt hat (Abb. 1 s. nächste Seite). Es handelt sich im Original um eine farbige Ritzung auf Birkenrinde. Bei diesem „Brief" die Frage zu stellen, ob er in dem Sinne unserer Grundbestimmung *erlesen* werden kann, bedeutet eine falsche Frage zu stellen. Andererseits kann man ihn sehr wohl *deuten*, und zwar offensichtlich weitgehend unabhängig von kulturell tradierten Mustern (obwohl die „Graphien" in hohem Maße stilisiert sind). Allerdings setzt die Deutung voraus, daß der funktionale Kontext dieses „Briefes" bekannt ist, wie er ja auch für den Empfänger bekannt war.

Sehen wir uns genauer die graphische Struktur dieses Briefes an. Er enthält zwei Figuren, bezeichnen wir die linke mit A, die rechte mit B. Deuten wir sie von oben nach unten, so haben beide Figuren im „Kopfteil" das gleiche quadratische Element, in dem die restliche Figur verortet wird: Es signalisiert die getrennten Orte der Figuren, die verschiedenen „Häuser". Die restlichen Figurenelemente markieren zwei Personen, wobei sich A und B dadurch unterscheiden, daß bei B ein Dreieck mit erheblich breiterer Basis zu sehen ist, das die weibliche Figur signalisiert (das breitere Becken im Sinne der Gebärfunktion der Frau? oder die charakteristische Kleidung?). Damit haben wir mit den beiden Figuren gewissermaßen das Szenario eines Dramas, das in dem Brief dargestellt wird.

Auf einer zweiten Ebene haben wir dann die Darstellung der dynamischen Elemente, der „Action". Diese ist zunächst einmal durch eine gekräuselte wolkige Linie repräsentiert, die eine Verbindung von B nach A herstellt. Daß die Linie gekräuselt, wolkig ist, markiert zugleich, daß diese Beziehung irgendwie „unklar" ist, diffus, ungeordnet. Der Ausgangspunkt der Linie an der Spitze, dem „Kopf", von B ist durch ein Balkenkreuz markiert, also durch eine Blockierung bei B. Wir können das interpretieren als: B denkt an A und sie ist traurig.

Damit haben wir aber den Brief gedeutet; es handelt sich um einen Liebesbrief, der von der weiblichen Schreiberin B an den männlichen Adressaten A geschrieben wird, und mit dem sie ihre Traurigkeit darüber ausdrückt, daß A nicht bei ihr ist.

Nun können wir diese Deutung des Liebesbriefes auch in einer wörtlichen Form ausdrücken, vielleicht:
- lieber Juri, ich bin traurig, wenn ich an dich denke
  oder
- lieber Juri, der Gedanke an dich erfüllt mich (oder: meinen Kopf) mit Traurigkeit
  oder
- lieber Juri, ich bin traurig, daß unsere Häuser getrennt sind
  oder
- lieber Juri, ich bin traurig, daß wir nicht in einem Haus wohnen
  usw.

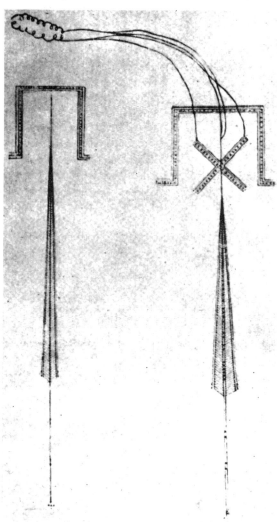

Abb. 1
(aus: Marcel COHEN, *La grande invention de l'ecriture*, Paris: Klincksieck 1958, Tafel 8 im Beiband)

Wir sehen, es gibt eine unbegrenzte Menge von Texten, die unsere Deutung in Worte fassen. Insofern können wir sagen, daß unser „Brief" nicht einen Text graphisch fixiert, sondern eine *Paraphraseklasse* von Texten.

NB: *Paraphrase* ist der technische Terminus für eine Klasse von Formulierungen, die in der Form verschieden sind, inhaltlich (in Hinblick auf ihre Bedeutung also) aber äquivalent.

Die Fixierung von Paraphraseklassen von Texten gilt generell für mnemotechnische Verrichtungen, wie Knoten im Taschentuch, primitive graphische Systeme (Piktogramme), Knoten„schriften" der Indianer in Südamerika usw. Bei allen diesen Systemen handelt es sich nicht um Schriften in unserem Sinne, sondern eben um mnemotechnische Verrichtungen. Für Schrift gilt, daß sie die verschiedenen Texte, die die Deutung mehr oder weniger äquivalent ausdrücken, eben auch verschieden fixiert (wie ja auch der mündliche Ausdruck dieser Deutungen verschieden ist). Über diese gemeinsame Abgrenzung zu solchen mnemotechnischen Systemen hinaus gilt aber die Gleichsetzung von Mündlichkeit und Schriftlichkeit nicht, wie wir beim letzten Mal gesehen haben. Schrift auf der Ebene der Differenz von Deutung gegenüber wörtlicher Artikulation mit mündlichen Texten zu vergleichen, heißt nicht, schriftliche und mündlichen Texte gleichzusetzen. Schriftliche Texte sind insbesondere invariant für eine ganze Reihe von Differenzierungen, die mündliche Texte bestimmen, bei denen im strengen physikalischen Sinne ja auch keinerlei identische Reproduktion möglich ist, da jede Wiederholung Unterschiede im Redetempo, in der Intonation usw. aufweist. Die schriftliche Form als Fixierung der wörtlichen Form ist dagegen invariant/konstant gegenüber phonetischen Differenzierungen, repräsentiert insofern immer Klassen von Äußerungen. Das Ausgangsbeispiel von Kapitel 2 hat das ja schon gezeigt, etwa bei der Passage *wir haben (dieses Kommunikationsbuch angelegt)*: Hier variieren ja mögliche Realisierungen in der ganzen Bandbreite von

viɐ'ha:bən/viɐ'ha:bn̩/viɐ'ha:bm̩/viɐ'ham̩/viɐ'ɦam

(das letzte Beispiel soll eine Aussprache mit einem stimmhaft behauchten Vokal repräsentieren).
Schrift ist also
1. *variant* gegenüber der symbolischen Fixierung von Deutungen, die invariant bezüglich Paraphraseklassen von Texten sind; Schrift fixiert Besonderheiten eines der verschiedenen Texte aus solchen Paraphraseklassen.
2. *konstant* gegenüber der lautlichen Variation; schriftliche Fixierung abstrahiert von den Variationen der lautlichen Produktion von Äußerungen.

In dieser doppelten Bestimmung fixiert Schrift die grammatische *Artikulation* („Gliederung") der Äußerung, insbesondere das, was ich die *wörtliche* Artikulation genannt habe.

Das macht schon deutlich, daß die Grundelemente der Schrift, die grammatischen Formen (Wörter), in der gesprochenen Sprache nicht einfach da sind, so wie die Laute im physikalischen Sinne da sind und wie es auch die Bedeutungen in gewisser Hinsicht als situative Konstellationen sind (etwa denen, auf die die Schreiberin des Liebesbriefes anspielt). Es sind vielmehr Strukturen, die der Schreiber für den Hörer fixiert, der sie bei der Analyse des Textes erarbeitet - in dieser Zielsetzung muß der Schreiber sie sich vorher bei der Fixierung des Textes überlegen. Es handelt sich also um Strukturen, mit denen der Text strukturiert wird.

Die Redeweise von den Strukturen des Textes ist nicht von ungefähr: Diese charakterisieren den Text im Horizont von möglichen anderen Strukturen, also von Veränderungen des Textes gegenüber der fixierten Form. Machen wir uns das vielleicht an dem schon mehrfach diskutierten Textauszug des vorigen Kapitels deutlich.

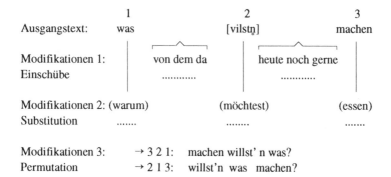

Modifikationen 3:   → 3 2 1:   machen willst' n was?
Permutation   → 2 1 3:   willst'n was machen?

Im Horizont aller dieser Operationen erweist sich das Wort als operational definiert, als grammatische Einheit, die undurchlässig für diese Art syntaktische Operationen ist bzw. deren Grenzen auf diese Weise festgehalten werden: Einschübe erfolgen nur jenseits der Wortgrenzen, substituiert werden wörtliche Elemente (allerdings gibt es Substitutionen auch von Wortbildungselementen), und in jedem Fall ist die Umstellung eine von Worten bzw. Wortfolgen. Insofern können wir vorläufig das *Wort* definieren als *kleinste frei manipulierbare Einheit eines Textes* (die hier vorgenommenen Operationen seien einmal als Textmanipulationen zusammengefaßt).

Verfährt man in dem Sinne dieser Operationen konsequent weiter, erweist sich nun aber auch, daß diese Textpassage keineswegs nur aus drei Elementen besteht, wie es die Wiedergabe andeutet, sondern daß das zweite Element intern noch sehr viel komplexer ist. Allerdings macht es erhebliche Schwierigkeiten, die Zerlegung dieses Elementes im Ausgang von der phonetischen Transkription vorzunehmen. Die Substitutionsprobe liefert uns potentiell drei Elemente, die darin versteckt sind. Das Element [n̩] ist substituierbar für adverbiale Ausdrücke wie *heute, am liebsten*, usw. und kann auch weggelassen werden; das verbleibende Element [vilst] wiederum ist substituierbar für zweielementige Ausdrücke wie *will er, wollen wir, will Karl*, ist also selber wohl auch als zweielementig zu lesen. Tatsächlich haben wir auch in einer Skala von unterschiedlich deutlichen (langsamen) Sprechweisen Varianten, die in diesem Sinne drei Wörter aufweisen.

0. [vilstdudən]
1. [vilstduən]
2. [vilstun̩]   ~ <willst du denn>
3. [vilstd͡Un̩]
4. [vilstd͡n̩]
5. [vilstn̩]

In gewisser Hinsicht fixiert die Schrift von dieser Klasse von Äußerungsformen die Variante 0, also die maximal volle Form. Diese Form wird invariant auch in den Fällen notiert, wo die lautliche Realisierung reduzierter ist. Nur in den Fällen, in denen das orate Andere notiert werden soll (die Alterität der Schrift), da geschieht das allerdings dann eben auch mit der graphischen Signalisierung von Oralität, wie es etwa auch schon die Apostroph-Notierung bei *willst'n* vorgibt, die gewissermaßen die paradoxe Lösung des Problems erlaubt, eine Einheit so zu notieren, wie sie lautlich wahrgenommen wird, gleichzeitig aber darin zwei grammatische Formen (zwei Wörter) auszugrenzen.

In der modernen Literatur wird diese Technik genutzt, um in der Schrift die Oralität als das Andere präsent sein zu lassen. Besonders seit den 50er Jahren ist es in Mode gekommen, orthographische Vexierwörter zu präsentieren. So finden sich etwa bei der Wiener Gruppe (H.C. Artmann u.a.) gedruckte Ausdrücke wie *xogt*. Die Andersartigkeit liegt hier auf zwei verschiedenen Ebenen. Zunächst einmal bei der lautlichen Seite der Phonographie, die von einer oberdeutsch-bayerischen (wienerischen) Aussprache ausgeht. Der Vokal ist anders als in der Hochsprache; der Wortanfang weist in der hochdeutschen Ausspache eine zweite Silbe auf [gəza:kt]. Der Ausdruck fixiert graphisch eine „bayerische" Aussprache von *gesagt*. Befremdlich ist hier vor allem die Interpretation des mit x geschriebenen Segmentes. Auf der lautlichen Ebene liegt hier eine Synkope vor, also der Ausfall des unbetonten Silbenkerns [ə] bei dem Präfix *ge*. Der silbenanlautende Verschlußlaut kennt im Bayerischen keine Opposition stimmhaft/stimmlos wie im Norddeutschen und ist unmittelbar vor dem folgenden *s* sinnvoll mit einem *k* wiederzugeben. Das würde als mögliche Schreibweise für diesen Ausdruck *ksogt* ergeben - oder auch *ksogt/ksogd*, wenn die oberdeutsch lenisierte Aussprache der finalen Konsonanten notiert werden soll. Die Schreibung mit *x* markiert eine Alterität auf einer anderen Ebene. Ohnehin ist der Buchstabe *x* im Deutschen relativ selten, beschränkt im „Stammwortschatz" auf wenige Fälle, wie *Axt*, wo er die silbenauslautende konsonantische Abfolge *ks* notiert. Silbenanlautend wie hier ist er beschränkt auf Fremdwörter wie *Xanthippe*. Die Verwendung von x bedeutet die Fremdartigkeit des Wortbildes zu verstärken: Das gilt umso mehr, als zwischen den hier mit einem Buchstaben notierten Lauten *k-s* eine Morphemgrenze liegt, die einer solchen Sondergraphie entgegensteht, vgl. auch entsprechend <z> in *reizen* gegenüber <ts> in dem morphologisch zweielementigen *Rätsel*, wo das Stammelement *rat-* (vgl. *raten*) isolierbar bleibt gegenüber dem Stammelement *reiz-* (vgl. der *Reiz*). Die fehlende Wortgrenze, die andersartige lautliche Interpretation gegenüber der Hochlautung und der gegen die orthographische Konvention verstoßende Gebrauch der Sondergraphie markieren einen graphischen „Bürgerschreck".

NB: Auch hier ist wieder wichtig, daß diese Abweichungen als solche nur interpretierbar sind, wenn der Leser sie durch die Folie seiner orthographischen Kenntnisse interpretiert. Insofern handelt es sich um etwas ganz anderes als bei Schreibungen aus dem Spätmittelalter, die gelegentlich ebenfalls in Akzentgruppen keine Wortgrenzen markieren und dort auch weitgehende phonetische Assimilationen phonographisch festhalten. In dieser vorortographischen Tradition findet sich im übrigen auch der freie Gebrauch des Buchstaben *x*, etwa bis Anfang des 19. Jahrhunderts bei Schreibern im norddeutschen Raum, die bei dem Hochdeutschen Probleme mit Interferenzen aus ihrer niederdeutschen Aussprache hatten; lange Zeit war es hier durchaus üblich, *rxd* als abkürzende Notierung für Reichstaler zu verwenden (bezogen auf die lokale Aussprache *Riksdaler*). Solche Schreibungen waren aus den genannten Gründen für orthographisch versiertere Schreiber im 19. Jahrhundert unmöglich. Damit wurden sie aber frei, um literarische Alterität zu signalisieren. Die frühesten derartigen

Beispiele, die ich kenne, stammen vielleicht nicht zufällig auch schon aus Wien: Sie finden sich bei Nestroy.

Bei dieser Vorüberlegung bleibt noch zu erläutern, warum ich nicht einfach von Schrift gesprochen habe, sondern von der Fixierung der grammatischen Artikulation. Diese Differenzierung ist nicht erforderlich bei Wörtern, die bei ihrer Form nicht variabel sind wie *und, also* usw.; sie ist aber dann erforderlich, wenn die aufzuschreibenden Wörter Mitglieder einer Formenfamilie sind, etwa

grün	
grün	e
grün	er
grün	en
grün	st
grün	te

Die graphische Anordnung macht hier schon deutlich, daß die Formenfamilie ein einfaches Muster aufweist: Ein konstantes Element (der Stamm), der auch graphisch konstant fixiert wird, hier also *grün*, sowie ein variables Element (das auch leer sein kann wie bei der ersten Form *grün*) und das als „Endung" die grammatische Funktion der jeweiligen Form notiert.

Auf der graphischen Ebene ist dieses Schema weitgehend durchgehalten, auch da, wo auf der lautlichen Ebene Variation auftritt, etwa bei

I.	grab	e
	grab	en
	Grab	esruhe
	...	
II.	Grab	stein
	Grab	feld
	...	

Die ersten Formen (I.) mit einem vorvokalischen b haben auf der lautlichen Ebene einen stimmhaften (Lenis) Konsonanten also [gra:b] , die zweite Reihe (II.) mit einem vorkonsonantischen Stammauslaut haben aber an der gleichen Stelle einen stimmlosen Konsonanten also [gra:p] . Die Schrift ignoriert diese Differenz und fixiert einheitlich <grab->.

Wir können hier schon anmerken, daß dieses Verhältnis von finaler Variation und konstantgehaltenem Stamm für eine Sprache wie das Deutsche charakteristisch ist: Sie bestimmt die Kategorie Wort, deren Einbeziehung in eine grammatische Familie trotz einer phonetisch-phonologischen Variation am Wortausgang erfolgt, während andere Sprachen die Worträndern (also den Anfang und das Ende) konstant halten und die grammatische Variation im Wortinnern vornehmen: so weitgehend die semitischen Sprachen.

Allerdings sind Sprachen so gut wie nie typologisch rein. So finden wir denn bei uns auch Variationen von Wortformen an anderen Stellen, die dann aber eben auch durchgängig orthographische Probleme aufwerfen. Das gilt z.B. schon für die Frage: ein oder zwei Wörter bei initialer Variation durch Präfixe. Das präfigierte *vergraben* bietet noch keine sonderlichen Probleme, da hier der Stamm *vergrab-* durchgängig fest ist. Anders steht es mit dem präfigierten *umgraben*, das sich auch als zwei graphische Wörter (also mit intermediärem Spatium) findet, etwa in *er gräbt um*. In diesem Feld gibt es eine Reihe von notorisch schwierigen Rechtschreibproblemen etwa bei *zu Händen* oder *zustande bringen* (vgl. hier kein Spatium zwischen *zu* und *stande*, wohl aber ein Spatium zwischen *zustande* und *bringen*). In gewissen Grenzen finden wir auch eine Variation im Wortinnern, vgl. etwa *graben* und *gräbt*. Diese Variation wurde auf der graphischen Seite bis ins 16. Jahrhundert noch sehr viel deutlicher markiert, wo man durchgängig *grebt* schrieb. Erst im 16. Jahrhundert führte man die Schreibweise mit *ä* ein, um die grammatische Zusammengehörigkeit stärker zu betonen, als es bei der Wahl der völlig verschiedenen Buchstaben *a* und *e* der Fall war.

NB: Die Festlegung dieser Schreibungen ist dann von den Grammatikern des 17. und 18. Jahrhunderts vorgenommen worden. Wir werden uns damit noch ausführlicher beschäftigen. Hier sei allerdings schon festgehalten, daß von dieser Grundstruktur der deutschen Orthographie die Fälle zu unterscheiden sind, in denen derartige Schreibungen willkürlich erfolgten und für die Schreiber Rechtschreibprobleme schufen. Die historischen Verhältnisse sind reichlich kompliziert. Im Sinne der etymologischen Bemühungen dieser Grammatiker kann man gelegentlich lesen, daß die vorgeschriebene Schreibung *Eltern* falsch sei, weil darin die Komparativform *älter* von *alt* stecke, daß also die Schreibung *Ältern* erforderlich gewesen wäre. Dem steht aber entgegen, daß für das Sprachgefühl *die Eltern* und *die älteren* nicht identisch sind. Mit diesen Problemen werden wir uns noch ausführlicher beschäftigen müssen.

In dem kleinen Feld der sogenannten „starken" Verben mit „Ablaut" ist eine solche Binnenvariation grammatikalisiert, vgl. noch *wir tragen* und *wir trugen*, *ich laufe* und *ich lief*. In Bezug auf die graphischen Verhältnisse können wir hier der Einfachheit halber davon ausgehen, daß in der Formenfamilie in diesem Fall lexikalisch verschiedene Wörter integriert sind, nicht anders als bei Suppletivismen wie bei *ich bin* und *ich war*.

Die gewissermaßen spiegelverkehrte Konsequenz aus dieser typologischen Besonderheit des Wortes im Deutschen findet sich bei der Neigung zur Zusammenschreibung bei eingeschränkter Variation von Syntagmen mit der Nachstellung von grammatischen Elementen: Bis ins 16. Jahrhundert schrieb man durchgängig Formen wie *schreibstu* zusammen. Das ist im übrigen auch die Praxis in typologisch (und/oder genetisch) nahe verwandten Sprachen, die den Artikel nachstellen und ihn in diesem Fall dann auch mit dem Wort zusammenschreiben wie etwa im Dänischen, wo wir haben *et bil* „ein Auto" und in einem Wort auch *bilet* „das Auto" (Auto-das).

Diese Hinweise verdeutlichen das, was ich im ersten Kapitel gesagt habe: Das Wie der Schrift ist bestimmt als Lösung einer Optimierungsaufgabe. Diese Lösung ist nicht in allen Fällen eindeutig; in solchen Fällen müssen wir unterscheiden zwischen der Schwierigkeit, daß es eine Reihe möglicher konkurrierender Lösungen gibt, von denen eine eventuell orthographisch vorgeschrieben ist, und der Tatsache, daß alle diese Lösungen durch Grundprinzipien bedingt sind, die als solche eindeutig sind. In diesem Sinne ist die Grundbestimmung von Schrift: die Fixierung der *wörtlichen* Form eines Textes, zu unterscheiden von der Schwierigkeit, in jedem einzelnen Fall zu entscheiden, welches Wort vorliegt bzw. ob ein oder zwei Wörter vorliegen. Im Sinne dieser Unterscheidung werden wir im weiteren Verlauf des Kapitels die grammatischen Strategien entwickeln, mit denen diese Optimierungsaufgabe lösbar wird.

Anhang zum 3. Kapitel:
Kursorische Bemerkungen zur Soziogenese der Schrift

Es ist ganz instruktiv, sich in Hinblick auf die funktionale Definition von Schrift, mit der ich operiere, deren Inhalt auch als Resultante aus der Soziogenese der Schrift klar zu machen. Da diese Überlegungen durchaus im Gegensatz zu vielem stehen, was in verbreiteten Handbüchern zur Schriftgeschichte, gerade auch neueren Darstellungen von Sprachwissenschaftlern, zu finden ist, sei hier ohne jeden eigenständigen Anspruch an einigen Beispielen, die den üblichen Handbuchdarstellungen entnommen sind, diese historische Entwicklung rekapituliert (s. auch oben S. 4 NB!).[1]

Den Anfang der Schriftgeschichte sieht man in der Regel im vorderorientalischen Raum im 4. Jahrtausend vor der Zeitrechnung, wo wir in bildlichen Darstellungen Rebuselemente finden wie in der berühmten Narmertafel aus Ägypten vom Anfang des 3. Jahrtausend vor der Zeitrechnung, s. die Abb. 3 auf der folgenden Seite.

Die bildliche Darstellung wird als dramatische Repräsentation kriegerischer Ereignisse bzw. der Eroberung von Teilen des späteren großägyptischen Reiches interpretiert. Bei einer solchen Darstellung, die insbesondere auch für die späteren Generationen den Ruhm des vorgeblichen Hauptakteurs festhalten soll, stellt sich die Schwierigkeit, diesen Akteur als Individuum identifizierbar zu machen. Wie aber sichert man in einer bildlichen Darstellung die Zuschreibung einer solchen Aktion zu einer bestimmten Person? Eine Person wird identifiziert durch einen Eigennamen, der aber, weil er ein Individuelles darstellt, sich nicht in anschaulichen Typen (= Allgemeinem) ausdrücken läßt. Ein Eigenname ist eine Markierung, die rein formal zunächst einmal auf der lautlichen Ebene *distinktiv* ist. Das ist der Ausgangspunkt für die ägyptische Technik phonographischer Fixierung mit Hilfe von Rebuselementen. In der Tafel finden wir in den kleinen Kästchen eingelassene fischartige Darstellungen (ein Plattfisch, von oben gesehen), die mit dem Namen für diese Fische im Ägyptischen etwa als [nar-mer] gelesen werden.

Abb. 2

Dargestellt ist aber nicht dieser Fisch (jedenfalls gibt es keinen sinnvollen Grund für eine solche Annahme!), sondern dieser Fischname soll durch die lautliche Übereinstimmung den Namen des Königs wiedergeben, der den erfolgreichen Feldzug geleitet hat. In diesem Sinne spricht man bei dieser Tafel auch von der „Narmer-Tafel".

Auf dieser Technik baute dann die ägyptische Hieroglyphenschrift auf, die ein recht komplexes Schreibinventar hatte, dessen Typisierung in den verschiedenen Tierdarstellungen bei dem folgenden Beispiel (Abb. 4, S. 21) sehr schön sichtbar wird. Die Lesweise ist jeweils durch die Rebusbeziehung zwischen den Bezeichnungen für die dargestellten Tiere und anderen Gegenständen und den homonymen Wörtern im Ägyptischen hergestellt.

---

[1] Die Abbildungen in diesem Anhang stammen soweit nicht anders vermerkt aus M. COHEN (s. oben S. 4 und 13) und K. FÖLDES-PAPP, *Vom Felsbild zum Alphabet*, zuerst Stuttgart: Belser 1966.

Abb. 3
(auf beiden Seiten der Tafel; auf der Abb. oben zwischen den (Stier-?) Köpfen)
Foto: Archiv Hinz

Abb.4
aus: M. COHEN, La grande invention de l'ecriture, Paris: Klincksieck 1958
Transkription nach Cohen:
wnn is-s miḫe.t-s m t' 'tḥr s'tw w's.t t'-wr ǧd-n(-i) nn ḥr-t iw 'b-n ḥm(-i) dit ir-t(w) n-s mr ḥw.t m t'-ǧsr m s'ḥ.t mnw nw ḥm(-i) šd š-f wd ḫtw-f
Deutsche Übersetzung:
Sein Grab und Grabmal sind zu diesem Zeitpunkt auf dem Gebiet von Theben oder Taur; ich habe dir das gesagt, weil Majestät gewünscht hat, eine Pyramide und einen Tempel in der Grabstätte zu errichten, in der Nachbarschaft der Denkmäler der Majestät; die Ausschachtung ist schon erfolgt, die Bäume wurden schon gepflanzt.

Die fünfte Abbildung zeigt ein Beispiel für den weiteren Entwicklungsschritt: die graphische Darstellung mit Hilfe von Lautstrukturen, die nicht mehr auf die Laut-Bedeutungszuordnung der gesprochenen Sprache beschränkt sind, wird hier weitergeführt. Es handelt sich um eine Silbenschrift, die also die Repräsentationselemente nicht mehr auf Wörter beschränkt, wie es die piktographischen und logographischen älteren Schriften taten bzw. noch tun, sondern auf lautliche Bildungselemente, die Silben. Das Beispiel der Tafel auf Seite 24 (Abb. 6) stellt eine relativ komplexe Phase der mediterranen Schriftentwicklung dar: Die Silbenschriftnotierung des Griechischen in der Mitte des 2. Jahrtausends vor der Zeitrechnung (im sog. „Linear B"). Derartige Silbenschriften sind aus dem gesamten Mittelmeerraum im 2. Jahrtausend überliefert, z.T. aber bis heute nicht entziffert. Zu den wichtigsten dieser Schriften gehören die im östlichen Mittelmeerraum verbreiteten, in denen insbesondere die kretische Hochkultur der minoischen Zeit festgehalten wurde („Linear A"). Diese Hochkulturen wurden von den eindringenden barbarischen Eroberervölkern zerstört. Zu diesen Barbaren gehörten insbesondere die indogermanischen Griechen. Die erste Welle der griechischen Eroberung allerdings arrangierte sich anscheinend recht gut mit der Hochkultur, von der sie zu profitieren wußte. So finden wir denn aus der Zeit der ersten Eroberungswelle jetzt in einer ähnlichen Schrift wie der vorausgegangenen Linear A griechische Texte aufgezeichnet, wobei uns durch die Brände in den Palästen von eventuellen Aufzeichnungen (Reinschriften, evtl literarische Werke) auf Papyrus und ähnlichen brennbaren Materialien nichts mehr überliefert ist, sondern nur noch aus den Kanzeleien rudimentäre Geschäftsaufzeichnungen (so etwas wie Notizzettel), die auf weichen Tontäfelchen geritzt waren, die nun ironischerweise bei den Bränden haltbar geworden sind. Ein solches Täfelchen ist auf der Abb. 5 mit Umschrift, griechischer Interpretation und Übersetzung abgedruckt. Die Umschrift geht zurück auf die Identifizierung der Silbenschriftzuordnung, die für diese Täfelchen in den 50er Jahren aufgrund einer genialen Intuition einem Spezialisten für das Knacken von Geheimschriften im Zweiten Weltkrieg (Michael Ventris) gelungen ist.

Abb. 5
Linear B (archaische griechische Tontafelinschrift)
„Normal"griechische Umschrift der ersten drei Zeilen:
ὅ δίδονσι δρυτόμοι ἁρμοτειωνάδε ἐπίφυτα 50 ἄξονες 50
(ho dídonsi drutómoi harmoteiōnáde epíphuta 50 axones 50 ...)
(„Das gaben die Holzhauer dem Radmacher Amt: 50 Balken, 50 Achsen").
Es könnte aber genauso lauten: ὅ δίδωσι δρυτομός... (ho didosi drutomos...)
(„Das gibt der Holzhauer...").

Das System dieser Schrift läßt sich sehr schön an der Tabelle auf Seite 24 (Abb. 6) ablesen, wo die verschiedenen Silbentypen und ihre graphische Entsprechung dargestellt sind. Diesem Raster läßt sich auch schon entnehmen, welche Sprachstruktur der Sprache zugrundelag, für die diese Silbenschrift entwickelt worden ist: eine Sprache mit offensichtlich nur offenen Silben und wenig komplexen konsonantischen Silbenanlauten. Das machte nun diese Schrift denkbar ungeeignet für die Notierung des Griechischen mit sehr komplexen Silbenstrukturen, sowohl was den mehrkonsonantischen Silbenanlaut wie den konsonantischen Silbenauslaut anbetraf. Die minoischen Schreiber behalfen sich damit, daß sie solche komplexen Silbenstrukturen in mehrere graphische Silben auflösten, die den jeweiligen Konsonanten (oder, eine Quelle für weitere Schwierigkeit der Interpretation: ähnliche Konsonanten) aufwiesen. Das abgebildete Beispiel zeigt, wie weit diese Interpretationsschwierigkeiten gehen. Da die silbenfinalen *n* und *s* nicht geschrieben und auch Vokalquantitäten nicht unterschieden werden, ist weder bei der Verbform *dido(n)si* noch beim Nomen *drutomo(s/i)* zu entscheiden, ob Singular oder Plural vorliegt. Bei einer großen Zahl überlieferter Täfelchen gibt es aus diesen Gründen eine solche Vielzahl von Interpretationsmöglichkeiten, daß sie nicht zu lesen sind. Im Sinne der alten gesellschaftlichen Organisation von Schriftlichkeit kamen solche Erschwernisse natürlich den professionellen Interessen der Schreiber entgegen, die auf diese Weise sicher sein konnten, daß ihnen ihr Monopol über die Verfügbarkeit der Schrift von Laien nicht streitig gemacht werden konnte, daß Schriftkenntnis ein Geheimwissen blieb.

Die weitere Entwicklung von solchen Silbenschriften zu der Alphabetschrift brauche ich hier im einzelnen nicht nachzuzeichnen. Ein entscheidener Entwicklungsschritt wurde von den semitischen Schriften vollzogen, die aus dem oben schon angesprochenen Grund die Fixierung der morphologisch konstanten konsonantischen Grundstruktur der Wortfa-

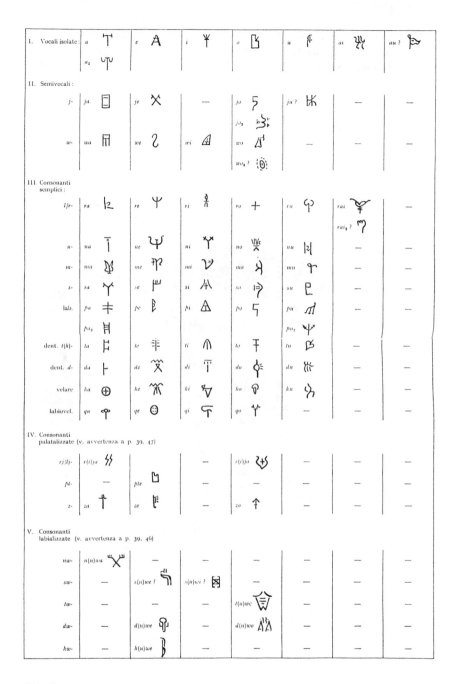

Abb. 6
aus M. DORIA: *Avviamento allo studio del Miceneo*, Rom: Ateneo 1965
(dort auch die vorhergehende Abb. 5)

milien in den Vordergrund stellten. Die Übernahme dieser Schreibweise durch die Griechen im 1. Jahrtausend führte dann zur revolutionären Entwicklung des Alphabetes, das jetzt nicht mehr Silbenstrukturen fixierte, sondern graphisch den einzelnen Elementen der Silben, im Semitischen Konsonanten, jetzt zusätzlich auch den Vokalen eigene Zeichen zuteilte und so eine freie Kombinatorik für die phonographische Notation vorgab. Die ältesten griechischen Aufzeichnungen dieser Art kennen wir aus dem 8. Jahrhundert, s. die Abbildung 7. Die Inschrift dort ist von rechts nach links zu lesen und lautet in der später üblichen Form der griechischen Buchstaben und in der Übersetzung vermutlich wie folgt:

ὅς νῦν ὀρχηστῶν πάντων ἀταλώτατα παίζει τοῦτο δεκᾶν μιν
hos nûn orchēstôn pántōn atalṓtata paízei toûto dekân min
„Wer nun von all den Tänzern am anmutigsten tanzt, der soll dies erhalten"
(es gibt einige Interpretationsprobleme, von denen ich hier absehe)

Abb. 7

Die Buchstabenform dieser frühen epigraphischen Schriften ist natürlich stark von der Schreibtechnik bestimmt, die in einen relativ weichen Untergrund mit einem harten Gegenstand die Buchstabenform einritzte. Die gleichen Formen finden wir dann eben auch in den Schriften, die von dieser griechischen Schrift abhängig sind bzw. kulturell entlehnt worden sind. Das gilt so insbesondere für die lateinische Schrift, von der eines der frühesten Beispiele, die Maniosspange aus dem 6. Jahrhundert, auf dieser Seite (Abb. 8) abgedruckt ist.[2]

Abb. 8
Manios - Spange (6. Jhd.).
Schrift von rechts nach links läufig:
MANIOS MED FHEFHAKED NUMASIOI
im Klassischen Latein etwa
MANIUS ME FECIT NUMERIO
„Manius machte mich dem (= für den) Numerius"

Die gleiche Schriftform findet sich dann auch in den frühesten Aufzeichnungen aus dem germanischen Sprachraum, in Buchstabenformen, den Runen, die aus einem norditalienisch-alpinen Ableger dieser Schrifttradition entstanden sind. Ein Beispiel findet sich auf der Seite gegenüber (Abb. 9), dessen Interpretation strittig ist. Vermutlich handelt es sich um einen Gedenkstein, der den Namen eines verstorbenen Recken für die Erinnerung festhält. Auch hier wieder das gleiche Problem wie bei der Narmertafel: die graphische Darstellung kann zwar narrativ viel wiedergeben, nicht aber die personale Identität des Dargestellten.

Was ich hier von den Buchstabenformen gesagt habe, ist im übrigen auch in der Etymologie unserer Wörter für das Schreiben festgeworden, die in der Regel auf die Bezeichnung für den technischen Vorgang des Einritzens der Buchstaben zurückgehen: Unser *ritzen* steckt etymologisch in dem englischen *to write* (das anlautende vorkonsonantische w ist im Deutschen relativ spät ausgefallen), und eine ähnliche Wurzel, die in dem deutschen Wort *kerben* steckt, findet sich sowohl in dem griechischen Wort für schreiben *graphein* (vgl. unser *graphisch* oder das aus dem Italienischen kommende *Graffitti*) aber auch mit einem Initialelement *s* in dem lateinischen Wort *scribere*, das früh ins Deutsche entlehnt und dann lautlich weiter zu *schreiben* entwickelt worden ist. Als sich dann das Material und damit die Technik des Schreibens änderte, änderte sich auch die Form der Buchstaben. Bei den späteren Kodices, gleich ob auf der glatten Oberfläche des Papyrus (von dem auch der Name für das später aus ganz anderem Rohstoff hergestellte Papier stammt) oder auf der gegerbten glatten Fäche des Pergaments (also Tierfell; der Name Pergament stammt von der für die besonders gute Qualität im Altertum geschätzten Produktionsstätte in Pergamon, heute Bergama in der Türkei bei Izmir) nahmen die

---

[2] Allerdings sprechen eine Reihe in jüngster Zeit vorgebrachter Überlegungen dafür, daß dieses schöne und gern zitierte Beispiel der europäischen Schriftgeschichte eine Fälschung ist (Hinweis von H. Penzl).

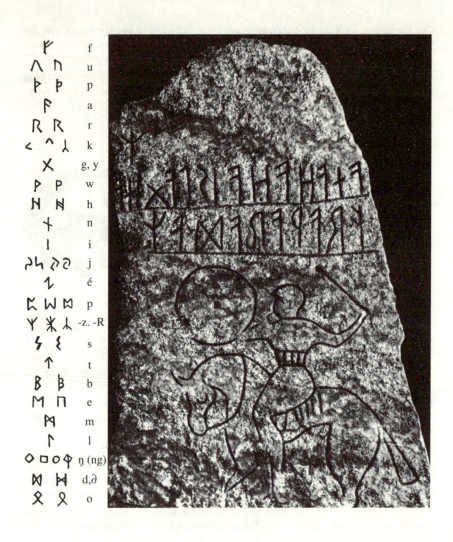

Abb. 9
Gedenkstein in Schweden (4. Jhd.), (Schrift von rechts unten nach links oben!):
FRAWARADAZ ANA HAHAI SLAGINAZ
vielleicht
„Frawaradaz, auf Hagi (= Eigenname), erschlagen"
oder auch
„Frawaradaz auf dem Hengst erschlagen",
wobei *haha* auch etymologisch dem dt. *Hengst* entsprechen kann
(<* haŋga ~ * haŋha), vgl. auch dän. *hest*

Buchstabenformen immer rundere Züge an, im Fachjargon *unzial*, wie das Beispiel einer der ältesten Handschriften des Neuen Testamentes auf der Seite gegenüber (Abb. 10) zeigt. Diese älteren Handschriften sind professionell von Künstlern hergestellt, die sorgfältig die Identität der Buchstabentypen kontrollierten, weshalb man hier auch von *Buchschriften* spricht, im Gegensatz zu den flüchtigen *kursiveren* Schriften, die im Geschäftsgebrauch auch schon im Altertum üblich waren, wenn es darum ging, Notizen zu machen. Aber auch diese professionelle Sorgfalt schützte die Schreiber nicht davor, Flüchtigkeitsfehler zu machen, wie die nachträglich eingeführten Korrekturen in diesem Auszug zeigen. Mit der später üblich gewordenen Minuskelschreibweise lauteten die ersten fünf Zeilen:

(τίς) τούτων τῶν τριῶν | πλησιον δοκει | σοι γεγονέναι του | ἐμπέσοντος εις | τοὺς λῃστάς
tis toúton tôn triôn plēsion dokeî soi gegonénai tou empésontos eis toùs lēistás
Wörtlich: „Wer von diesen dreien scheint dir nahe gewesen zu sein dem unter die Räuber Gefallenen?"

Bei diesen Schriftbeispielen sind noch zwei weitere Anmerkungen nötig, die zeigen, wie das für uns heute beim Schreiben Selbstverständliche sich erst historisch in einem solchen Prozeß herausbilden mußte. So ist die Schreibrichtung noch keineswegs festgelegt, für Rechtshänder naheliegend beginnen die Schriften oft auch am rechten Rand und gehen dann nach links und am linken Rand angekommen kehren sie dann in die andere Richtung wieder zurück (wie man es oft auch bei Schreibanfängern bei uns noch findet). Solche Schriften, wie die der älteren griechischen Inschriften wie auf der Vasenabbildung 7, nennt man auch oft *boustrophedon*, zusammengesetzt aus *bou* der „Ochse" und *strophein* „wenden" (vgl. das Fremdwort die *Strophe*), also: schreiben, so wie man mit dem Pflug die Ackerfurchen zieht, wo man das Ochsengespann am Grenzrand wendet. Diese frühen Schriften waren *scripta continua*, hatten also keinerlei Wortgrenzenmarkierungen, ebensowenig wie eine Interpunktion. Beides erhöhte nebenbei noch den Geheimwissensaspekt des Umgangs mit Schrift, die diese Texte nur für Spezialisten lesbar machte. Auf diese Schwierigkeiten reagieren nun allerdings auch früh schon graphische Techniken, die dem entgegensteuern, die mit Interpunktionszeichen sowohl die Wortgrenzen wie syntaktische Einheiten markieren. Darauf komme ich in einem späteren Kapitel noch zurück.

```
ΤΟΥΤΩΝ ΤΡΙΩΝ            ΑΥΤΟΝ ΕΝ ΤΟΠΩ
ΠΛΗΣΙΟΝ ΔΟΚΕΙ           ΤΙΝΙ ΤΙ ΡΟΣΕΥΧΟΜ·
ΣΟΙ ΓΕΓΟΝΕΝΑΙ ΤΗ        ΝΟΝ ΩΣ ΕΠΑΥΣΑ
ΕΜΠΕΣΟΝΤΟΣ ΕΙ·          ΤΟ ΕΙΠΕΝ ΤΙΣ ΤΩΝ
ΤΟΥΣ ΛΗΣΤΑΣ Ο ΔΕ        ΜΑΘΗΤΩΝ ΑΥΤΟΥ
ΕΙΠΕΝ Ο ΠΟΙΗΣΑΣ         ΠΡΟΣ ΑΥΤΟΝ ΚΕ ΔΙ
ΤΟ ΕΛΕΟΣ ΜΕΤ ΑΥΤΥ       ΔΑΞΟΝ ΗΜΑΣ ΠΡ··
ΕΙΠΕΝ ΔΕ ΑΥΤΩ ΟΙΣ       ΕΥΧΕΣΘΑΙ ΚΑΘΩΣ
ΠΟΡΕΥΟΥ ΚΑΙ ΣΟΙ         ΕΔΙΔΑΞΕΝ ΤΟΥΣ
ΠΟΙΕΙ ΟΜΟΙΩΣ ΕΝ         ΜΑΘΗΤΑΣ ΑΥΤΟΥ
ΔΕ ΤΩ ΠΟΡΕΥΕΣΘΑΙ        ΕΙΠΕΝ ΔΕ ΑΥΤΟΙΣ·
ΑΥΤΟΥΣ ΑΥΤΟΣ ΕΙΣΗΛ      ΤΑΝ ΠΡΟΣΕΥΧΗΣΘΕ
ΘΕΝ ΕΙΣ ΚΩΜΗΝ           ΛΕΓΕΤΕ·
ΤΙΝΑ                    ΠΑΤΕΡ ΑΠΑΣΘΗΤ
ΓΥΝΗ ΔΕ ΤΙΣ ΟΝΟΜΑ       ΤΟ ΟΝΟΜΑ ΣΟΥ·
ΤΙ ΜΑΡΘΑ ΥΠΕΔΕ          ΕΛΘΑΤΩ Η ΒΑΣΙΛΙ
ΞΑΤΟ ΑΥΤΟΝ ΕΙΣ          ΑΣΟΥ ΓΕΝΗΘΗΤ
ΤΗΝ ΟΙΚΙΑΝ ΚΑΙ          ΤΟ ΘΕΛΗΜΑ ΣΟΥ Ω·
ΤΗΔΕ ΗΝ ΑΔΕΛΦΗ          ΕΝ ΟΥΡΑΝΩ ΟΥΤ
ΚΑΛΟΥΜΕΝΗ ΜΑ            ΚΑΙ ΕΠΙ ΓΗΣ ΤΟΝ
ΡΙΑΜ ΚΑΙ ΠΑΡΑΚΑ         ΑΡΤΟΝ ΗΜΩΝ ΤΟΝ
ΘΕΣΘΕΙΣΑ ΠΡΟΣ Τ         ΕΠΙΟΥΣΙΟΝ ΔΟΣ Η
ΠΟΔΑΣ ΤΟΥ Κ Υ Η         ΜΙΝ ΚΑΘ ΗΜΕΡΑΝ
ΚΟΥΕΤΟΝ ΛΟΓΟΝ           ΚΑΙ ΑΦΕΣ ΗΜΙΝ ΤΑΣ
ΑΥΤΟΥ· Η ΔΕ ΜΑΡ         ΑΜΑΡΤΙΑΣ ΗΜΩΝ
ΘΑ ΠΕΡΙΕΣΠΑΤΟ ΠΕ        ΩΣ ΚΑΙ ΑΥΤΟΙ ΑΦΙ·
ΡΙ ΠΟΛΛΗΝ ΔΙΑΚ          ΜΕΝ ΠΑΝΤΙ ΟΦΙ
ΝΙΑΝ                    ΛΟΝΤΙ ΗΜΙΝ ΚΑΙ
ΕΠΙΣΤΑΣΑ ΔΕ ΕΙΠΕΝ       ΜΗ ΕΙΣ ΕΝΕΓΚΗ·
ΚΕ ΟΥ ΜΕΛΙ ΣΟΙ Ο        ΗΜΑΣ ΕΙΣ ΠΙΡΑΣΜ
ΤΗ Η ΑΔΕΛΦΗ ΜΟΥ         ΚΑΙ ΕΙΠΕΝ ΠΡΟΣ ΑΥ
ΜΟΝΗΝ ΜΕ ΚΑΤ·           ΤΟΥΣ ΤΙΣ ΕΞ ΥΜΩΝ
ΛΙΠΕΝ ΔΙΑΚΟΝ ΙΝ         ΕΞΕΙ ΦΙΛΟΝ ΚΑΙ ΠΟ
ΕΙΠΕ ΟΥΝ ΑΥΤΗ Ι         ΡΕΥΣΕΤΑΙ ΠΡΟΣ ΑΥ
ΝΑ ΜΟΙ ΣΥΝΑΝΤΙ         ΤΟΝ ΜΕΣΟΝΥΚΤΙ
ΛΑΚΗΤΕ                  ΟΥ ΚΑΙ ΕΙΠΗ ΑΥΤΩ
ΑΠΟΚΡΙΘΕΙΣ ΔΕ ΕΙ        ΦΙΛΕ ΧΡΗΣΟΝ ΜΟΙ
ΠΕΝ ΑΥΤΗ Ο ΚΣ           ΤΡΙΣ ΑΡΤΟΥΣ ΕΠΙΔΗ
 ΑΡΘΑ ΜΑΡΘΑ Μ           ΦΙΛΟΣ ΜΟΥ ΠΑΡΕΓ·
ΡΙΜΝΑΣ ΚΑΙ ΘΟΡΥ         ΝΕΤΟ ΕΞΟΛΟΥ ΠΓ··
```

Abb. 10
Codex Sinaiticus

Die durchgeführte grammatische Kontrolle der Schrift mit regelmäßiger Worttrennung und syntaktischer Interpunktion setzt sich erst in lateinischen Handschriften des 9. und 10. Jahrhunderts durch, von wo aus sie dann in die Schreibung der nichtlateinischen Handschriften (die ja von lateinisch geschulten Schreibern ausgeführt wurden) durchdringt. Es ist im übrigen bemerkenswert, daß noch bis spät ins Mittelalter solche grammatische Kontrolle in Handschriften fehlt. Ein Beispiel dafür ist die schöne Bibelhandschrift in der Abbildung 11 auf der Seite gegenüber (Kürzel u. dgl. nachfolgend aufgelöst).

XC Laus cantici ipsi david
Qui habitat in adiutorio altissimi
in protectione d[e]i caeli: commorabitur
Dic[et] d[omi]no susceptor meus es tu
[et[regnum meum d[eu]s meus sperabo in eu[m]
...

90. Psalm (in anderer Zählung:91.)
[Übersetzung frei nach Luther]
Wer unter dem Schirm des Höchsten wohnt,
im Schutz Gottes des Himmels wird er bleiben,
Er spricht zu dem Herrn: meine Zuversicht bist du
und mein Reich, mein Gott, auf den ich hoffe.

Abb. 11
Lateinischer Psalter aus dem 9. Jahrhundert

4. Kapitel: Ontogenese von Schrift und Orthographie

Nachdem wir uns in dem letzten Kapitel mit der Soziogenese der Schrift befaßt haben, soll es diesmal um die Ontogenese gehen, um die psychischen und kognitiven Voraussetzungen für die Aneignung von Schrift bzw. von Rechtschreibung. Für das Verhältnis dieser beiden Betrachtungsweisen gibt es einen Topos in der Literatur, den Lehrsatz der Entwicklungstheorie, nach dem jede Ontogenese die Rekapitulation der Phylogenese darstellt, wie es der Zoologe Ernst Haeckel in der Tradition von Darwin am Ende des 19. Jahrhunderts formuliert hat. Dieser Lehrsatz ist auch für die Sprachentwicklung ein produktiver Gedanke: Auch hier haben wir es mit so komplexen Verhaltensmustern zu tun, daß diese nicht mit einem Schlag dasein können: Schrift, Sprache sind nicht wie Äpfel vom Baum zu pflücken, sondern werden in einem langen Prozeß von einfacheren zu komplexeren Formen entwickelt. Demnach gibt es also so etwas wie eine Entwicklungslogik bei der Aneignung von Schrift, die uns in diesem Kapitel beschäftigen soll.

Fragen wir also im Sinne der Darwinschen Begrifflichkeit: spiegelt die Entwicklungslogik der Ontogenese die kulturgeschichtlich rekonstruierbaren Entwicklungsetappen der Schrift, wie wir sie zuletzt betrachtet haben? Offensichtlich sind die Verhältnisse nicht so einfach, lassen sich die Enwicklungskonzepte der Biologen nicht einfach übertragen. Für diese handelt es sich in erster Linie um Reifungskategorien, die an genetische Programme gebunden sind, die insbesondere ja schon die Entwicklung des Foetus *in utero*, also die Entwicklung vom Einzeller bis zum Neugeborenen bestimmen. Mit der Geburt aber ändern sich die Randbedingungen der Entwicklung schlagartig. Jetzt handelt es sich nicht mehr einfach um Reifung wie im (mütterlichen) Treibhaus, sondern um die Auseinandersetzung mit der Umwelt: Um Partizipation an den sozialen Aktivitäten, um die Entwicklung von Verhaltensweisen, die von Erwachsenen akzeptiert werden, also um Lern-/Lehrprozesse. Zugrunde liegen zwar spontane Entwicklungen, aber diese werden durch Selektionsprozesse gegenüber den spontanen Entwicklungen gesteuert, durch Korrektureingriffe, explizite Instruktionen, Ermutigungen durch die Bestätigung von ansatzweise ausprobierten Handlungsweisen, die von Erwachsenen protektionistisch als vollständige valorisiert werden (so wenn ein Kind versuchsweise *tata* äußert und der Erwachsene bestätigend darauf eingeht, indem er reformuliert: „du willst die Flasche haben"; wobei er *tata* als intentionale Annäherung an die komplexere Artikulation *Flasche* interpretiert). Der mit Sozialisation umschriebene soziale Prozeß ist einer, in dem das Kind die komplexeren Verhaltensweisen der sozialen Umwelt vereinfacht modelliert, dabei solche Verhaltensweisen isoliert, die in einer gewissen Reichweite für seine Entwicklung stehen, und umgekehrt die Erwachsenen auf das Kind eingehen, indem sie im Umgang mit ihm ihre eigenen Verhaltensweisen so reduzieren, daß sie in die Reichweite des Kindes geraten (von entscheidender Rolle ist dabei im übrigen die Interaktion zwischen Kindern unterschiedlichen Alters, mit Spielformen, die die „Zonen der nächsten Entwicklung" anschaulich-praktisch vorgeben). Der zentrale Motor der Entwicklung ist in diesem Prozeß das Einüben von Verhaltensweisen, die dem Kind so etwas wie Selbstkontrolle über sein Verhalten ermöglichen.

Hier handelt es sich um einen Prozeß, der sozial gesteuert ist, der eben nicht biologisch programmiert ist, der nicht biologisch zwangsläufig bei der Sprache und erst recht nicht bei der Schrift mündet, wie die in der Literatur immer wieder fasziniert abgehandelten

Probleme von Wolfskindern, z.B. dem literarisch vielfach strapazierten Kaspar Hauser, dokumentieren. Es handelt sich vielmehr um die Aneignung einer kulturellen Praxis, in die das Kind als Akteur einbezogen wird. Wo nun in der kulturellen Praxis, in die das Kind einbezogen wird, die Schriftkultur fehlt, kann diese auch nicht angeeignet werden. In sogenannten oralen Kulturen müssen Alphabetisierungsbemühungen notwendig ohne Erfolg bleiben; Schrift kann nicht als Gegenstand unter die Bevölkerung verteilt werden, wie man es in der Dritten Welt zu deren Schaden mit industriell gefertigter Babynahrung praktiziert.

Dem entspricht nun auch die Schriftentwicklung, wie wir sie beim letzten Mal betrachtet haben, die als *Sozio*genese zu fassen ist, nicht als *Phylo*genese, nicht als Ausdruck der *Gattungs*geschichte. Schrift ist nicht überall präsent, entfaltet sich nicht überall in den Gesellschaften, die schriftkulturell geprägt sind. Die Entwicklung der Schriftsysteme spiegelt vielmehr die gesellschaftliche Produktionsweise und das Ausmaß, in dem die Bevölkerung in die entsprechend geprägte gesellschaftliche Organisationsweise einbezogen ist. Wie wir schon beim letzten Mal gesehen haben, sind die älteren Schriftkulturen aber geprägt durch die Monopolisierung der Verfügung über Schrift bei einer kleinen Schicht, die ein berufsmäßiges Interesse hatte, das Erlernen der Schrift zu erschweren. Die älteren Schriftsysteme sind insofern bestimmt durch die Absperrung gegenüber der Demotisierung der Schrift, von der ich schon im ersten Kapitel gesprochen habe.

Beide Gesichtspunkte, sowohl der ontogenetische wie der soziogenetische, verweisen darauf, daß die Entwicklungs*logik* der Schrift nicht einfach empirisch an der historischen Entwicklung ablesbar ist, sondern in abstrakten Strukturbedingungen dieser historischen Entwicklung zu fassen ist, die für diese nur Randbedingungen markieren. Die Rede von einer Entwicklungslogik verweist auf Strukturprinzipien, die *notwendige* Voraussetzungen für einen weiteren Entwicklungsschritt sind, nicht aber im historisch kontingenten Sinne *hinreichende* Voraussetzungen für die tatsächlich eingetretenen Entwicklungen (der faktische historische Prozeß ist gegenüber diesen Bestimmungen überdeterminiert). Wir brauchen also bei der Frage nach dem Verhältnis von Soziogenese und Ontogenese eine abstraktere Begrifflichkeit als die anschauliche Schriftgeschichte, um den Zusammenhang von gesellschaftlich entwickelteren Schriftsystemen und Ontogenese zu fassen.

Über die äußeren Kriterien der Entwicklung herrscht weitgehend Konsens. Das zeigt sich in der seit Einführung der Volksschule bestehenden Übereinstimmung für das Alter der Einschulung, also der Alphabetisierung; hier liegen die Optionen in einer relativ schmalen Bandbreite von fünf bis sieben Jahren, bei der die „Schulreife" angesetzt wird, also das Vorhandensein der kognitiven Voraussetzungen angenommen wird, die für die Aneignung der Schrift erforderlich sind. Diese Voraussetzungen sind nun eben nicht strikt biologisch im Sinne von Reifungsprozessen zu fassen, sodaß ein Kind, wenn es biologisch das Alter von sechs Jahren erreicht, zwangsläufig die Schrift erwerben kann - die wenig erfolgreichen Schulkarrieren machen dieses Problem ja offensichtlich. Vielmehr sind die in diesem Alter möglicherweise erworbenen Voraussetzungen für die Aneignung der Schrift Ergebnis einer spezifischen kulturellen Praxis, an der das Kind in unserer Gesellschaft gelernt haben kann teilzunehmen. Voraussetzung ist, daß die Kultur, an der es zu partizipieren gelernt hat, eine literate Kultur ist (im Gegensatz zur oralen Kultur, von der im Vorausgehenden schon die Rede war). Die Forschung hat zu diesem Problem erst in den letzten zehn Jahren unter dem Vorzeichen einer verallgemeinerten Ethnographie der

Sprache empirische Ergebnisse beigetragen. Bis dahin waren diese Fragestellungen weitgehend durch biologische Prämissen verstellt, unter denen die Sprachentwicklung angegangen wurde.

Dabei sollten die Probleme, um die es hier geht, jedem vertraut sein, der mit kleinen Kindern umgeht. Als Entwicklungsetappen sind die Stufen der Aneignung der Schrift für die Kinder durchaus auch subjektiv gegeben, wenn sie sich bemühen, so zu werden wie die Großen. In unserem kulturellen Raum sind die literaten Praktiken den Kindern von Anfang an vor Augen: Schon Kleinkinder in der frühesten Entwicklungsphase erfahren, was Schriftkultur ist, und zwar negativ als Entzug von Zuwendung, als Frustration, wenn die Eltern statt sich mit ihnen zu beschäftigen, sich einer merkwürdigen Praxis hingeben, die an den Umgang mit Papier gebunden ist. In Reaktion auf die daraus resultierende Frustration pflegte mein Sohn sich schon im Alter von zwei Jahren mit einer Zeitung in eine Ecke zu setzen und sich auf diese Art und Weise ebenfalls der sozialen Interaktion zu entziehen - und mit drei Jahren behauptete er auch schon mal, er könne lesen. In diesen Fällen handelte es sich natürlich um Pseudopraktiken, und so mußte er dann die schmerzliche Erfahrung machen, daß einmal ein Sechsjähriger, der auf Besuch war, ihm im stolzen Bewußtsein, in der Schule die entscheidende Hürde zum Erwachsenendasein genommen und die Anfänge des Schreibunterrichts hinter sich gebracht zu haben, empört entgegenhielt: das stimmt ja nicht, du kannst ja gar nicht lesen (ein Wutausbruch mit Tränen war die Folge).

Wichtig ist nun, daß es sich bei diesen Pseudopraktiken nicht einfach um Falsches handelt. Vielmehr sind sie Vorstufen für die weitere Entwicklung, in denen sich die Haltungen für die Aneignung der späteren Praktiken aufbauen. Es handelt sich nicht einfach um äußere Formen-Mimikri, sondern um das Ausprobieren von Tätigkeitsformen, die die Erwachsenen ausüben. Wieweit die Aneignung von Kontrollkategorien gehen kann, überschüssig über das hinaus, was die Kinder tatsächlich tun, erfährt jeder, der kleineren Kindern abends vorliest. Oft, wenn man müde ist, keine Lust hat, eine Geschichte vorzulesen, die einem viel zu lang vorkommt und die man im übrigen schon zehnmal vorgelesen hat, verfällt man darauf, sie abzukürzen. Damit handelt man sich den Protest ein: „Das steht so nicht da!". Diese Kinder können natürlich nicht lesen, sie haben aber das Grundprinzip der Schrift schon angeeignet, nach dem das Lesen eben die Reproduktion einer *konstanten* Form des Textes ist, wie wir das als Grundkategorie im letzten Kapitel entwickelt haben. Lange also, bevor das Kind selbst lesen lernt, hat es diese Grundkategorie erworben, und *weil* es diese Grundkategorie erworben hat, lernt es mit ihr dann eben auch lesen. In diesem Sinne sind Kinder sehr früh skeptisch gegenüber dem lockeren Umgang von Erwachsenen mit Schrift, die schriftliche Texte als Repräsentation von mehr oder weniger freideutbaren Paraphraseklassen von Texten behandeln, so etwa wenn sie interessiert daran sind, was denn nun im Fernsehprogramm steht und die Erwachsenen sich vage herausreden, etwa mit der Bemerkung „Heute gibt es kein Kinderprogramm" - und die Kinder darauf insistieren, daß man ihnen *wörtlich* vorliest, was denn nun im Programm steht.

Das gleiche gilt nun aber auch für die Entwicklung zum Schreiben, wo vier- bis fünfjährige Kinder aus Akademikerfamilien, die gleiche Tätigkeit, wenn auch in Pseudopraxis, übernehmen, mit der sich die Eltern so prominent abgeben. Das Ergebnis sind dann Kritzelbriefe wie die beiden auf der folgenden Seite (Abb. 12).

Abb. 12 „Kritzelbriefe"
Abb. aus: I. TWIEHAUS/ H.J. WULFF, *Kritzelschrift*, Münster: Münsteraner Arbeitskreis für Semiotik 1979 (= PAPMAKS 11), hier S. 163 u. 135

Es ist klar, daß dergleichen bei Kindern nicht zu erwarten sind, die in einem Milieu aufwachsen, in dem die Eltern oder älteren Geschwister nicht solchen Tätigkeiten nachgehen. Bei solchen Kritzelbriefen handelt es sich um ein Pseudoschreiben. Das wird deutlich, wenn man die Kinder auffordert, das Aufgeschriebene *vorzulesen*. Unmittelbar nach dem Kritzeln produzieren sie u.U. durchaus einen Text dazu. Bei der gleichen Aufforderung am nächsten Tag aber verstehen sie z.T. schon gar nicht mehr die Aufforderung oder sie produzieren jedenfalls einen ganz anderen Text. Pseudoschreiben produziert keine Schrift, fixiert keinen konstanten Text.

In diesem Zusammenhang ist besonders das zweite Beispiel eines Kritzelbriefes interessant, bei dem sogar einzelne Buchstabenelemente vorkommen, die von der Form her nicht zu beanstanden sind. Trotz dieses ästhetischen Aspektes handelt es sich nicht um Schrift, handelt es sich nicht um Graphien, da mit diesen Formen keine Textelemente kontant fixiert worden sind. Hier von Schrift zu sprechen, würde Schrift auf eine feinmotorische Aktivität reduzieren, die zwar ein wichtiges notwendiges Moment der Schriftentwicklung ist, aber kein hinreichendes.

NB: Um diese feinmotorische Schwierigkeit auszuschalten bzw. die kognitive Entwicklung nicht daran scheitern zu lassen, geht man im experimentellen Unterricht auch manchmal dazu über, Kinder die Schrift stempeln zu lassen, oder für die Aneignung von Schreiblesen die Kinder den Lehrern ihre Texte diktieren zu lassen, so daß die Kinder ihre Texte dann in der vom Lehrer aufgeschriebenen Form lesen können.

Wir sehen also, daß die erste Phase in der Entwicklung bzw. der Aneignung von Schrift die Herausbildung einer *Vorstellung* von Schrift bzw. von Schriftpraxis ist. Diese Vorstellung bildet sich mit einer Pseudoschreib-/lesepraxis heraus, bei der die Kategorie Schrift als konstante Fixierung einer wörtlichen Form herausgebildet wird, die Sinn und Bedeutung hat, die „erlesen" werden kann. Die Herausbildung dieser Kategorie bzw. diese Entwicklungsetappe ist in unserer Kultur offensichtlich zwangsläufig. Das wird dramatisch deutlich, wenn man feststellt, daß solche literaten Kategorien auch bei Kindern entwickelt werden, die nicht aus Akademikerfamilien stammen, sondern aus weitgehend noch oraten Kulturen s. die *literaten* Revisionen im schriftlichen gegenüber dem mündlichen Text in Abb. 13.[1]

P unḑamaēnə'mutɐuntmāenə'švęstɐ
S **und dann ist Meine Mutter und meine Schwester**

P di:va:n'glaŏbIçbisumtsvǿlf
S **bis 12.00 Uhr geblieben**

P untmāenəfa:tɐdi:va:bistsvāē
S **und mein Vater war bis 2.00 Uhr**

P di:hatnox'dɤakulagə'kukt
S **und der hat Dracola gekuckt.**

Abb. 13 aus: BECKEMEYER u. a., *Narrative Kompetenz* 1986

---

[1] Eine eindrucksvolle Untersuchung haben dazu E. FERREIRO/A. TEBEROSKY in südamerikanischen Slums gemacht (*Literacy before schooling*, London usw.: Heinemann 1982 - span. Original 1979).

NB: Bei meiner Argumentation stütze ich mich auf eine Untersuchung, die einige Studierende bei uns jetzt hier mit Kindern von Arbeitsmigranten begonnen haben (s. R. BECKEMEYER u.a., *Narrative Kompetenz*, Osnabrück: Arbeitsstelle für Sprachprobleme von Migranten der Universität 1986). In dieser Untersuchung wurden die Kinder zunächst gebeten, spontan eine Geschichte zu erzählen, die auf Tonband registriert wurde. Im Anschluß daran sollten sie dieses Tonband selbst transkribieren (die Kinder im Alter von etwa zehn Jahren hatten schon elementare Schreibfertigkeiten). Wäre nun das Orate die Grundkategorie für diese kulturelle Praxis der Kinder, wäre zu erwarten, daß sie die von ihnen selbst abgehörten Tonbänder der eigenen Erzählungen transkribierten, also so abschrieben, wie die Texte dort registriert waren. Das war nun aber keineswegs der Fall sondern die Kinder edierten ihre Texte, bearbeiteten sie literat (s. auch MAAS, *Zur Aneignung der deutschen Schriftsprache durch ausländische Schüler*, in: *Deutsch lernen* 11/1986: 23-31).

Wir wissen noch sehr wenig darüber, wie diese literaten Kategorien erworben werden. Hier liegt noch ein spannender Bereich für empirische Untersuchungen, z.B. als Gegenstand von schriftlichen Examensarbeiten. Nur zu vermuten ist, daß die vielfältigen symbolischen Praktiken, die in den Alltag eingelassen sind, nicht zuletzt der Umgang mit Fernsehen und Video, hier eine Schlüsselrolle spielen.

NB: Das angeführte Beispiel ist reichlich komplex: Es kann und soll mit der weitgehenden Dissoziierung der Fähigkeit zur literaten Textorganisation von oraten kommunikativen Fähigkeiten deren relative Autonomie zeigen. Wieweit die hier unter Beweis gestellten schriftsprachlichen Fähigkeiten solcher ausländischer Schüler (vor allem Mädchen!) reichen, bleibt zu untersuchen - vor allem in Hinblick auf das mit solchen Leistungen oft kontrastierende Scheitern in ihrer schulischen Karriere. Die „Nutzanwendung" des Beispiels kann nur in einer negativen Folgerung bestehen: Ohne solche literaten Haltungen/Kategorien können die Anstrengungen zum Schrifterwerb nicht zum Erfolg führen, muß ein Schreib-/Leseunterricht sich auf formalen Drill reduzieren (der über „Sekundärtugenden" der Ordentlichkeit und ihres evtl. Prestiges vordergründig sogar Erfolge zeitigen kann), wie Alphabetisierungsmaßnahmen ohne einen literaten kulturellen Kontext sinnfällig machen.

Der weitere Gang der Entwicklung ist mit dem Erwerb dieser Grundkategorien der Schriftpraxis vorgegeben. Nachdem die Kategorien entwickelt sind, geht es darum, die Kontrolle über die Form der Schrift, über das Wie der Schrift zu erwerben. Nachdem eine Vorstellung davon da ist, daß schriftliche Fixierung die Fixierung einer konstanten Form ist, bleibt anzuzeigen, wie man eine Form konstant fixiert.

Für den weiteren Gang der Argumentation möchte ich an dieser Stelle einige generelle Grundkategorien einführen, die die Redeweise von Kontrolle, Verhalten, Begriffen bzw. Vorstellungen, Bewußtsein, Handlungen in einen begrifflichen Zusammenhang bringen. Ich gehe dazu auf ein Handlungsmodell zurück, das in dem abgebildeten Schema auf der nächsten Seite repräsentiert ist. Das entscheidende Moment dabei besteht darin, daß jede kulturelle Praxis bewußtseinsnah kontrolliert ist, nicht nur aber insbesondere auch das Sprechen. Bei den bewußtseinsnahen Instanzen, die die Praxis kontrollieren, unterscheide ich einen *Monitor* von einem *Editor*. Der *Monitor* kontrolliert bewußtseinsnah die ablaufende Tätigkeit; hier handelt es sich also um eine Form der Selbstwahrnehmung, wie sie beim Sprechen über die Kinästhesie verläuft, die in den Fokus der Aufmerksamkeit geraten kann, ohne deswegen im Regelfall bewußt zu sein. Demgegenüber kontrolliert der *Editor* insbesondere die soziale Situation, in die die eigene Praxis eingeht; er umfaßt also einen Bewertungsmechanismus, der unter der Frage operiert: wie reagiert der andere auf mein Verhalten? Ist das Ergebnis so wie gewünscht? und dgl. mehr. Der Editor verweist darauf, daß Sprechen sozial/kommunikativ gelernt wird.

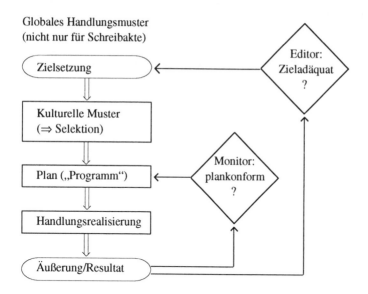

Durch die Folie dieses noch sehr groben Schemas läßt sich die sprachliche Ontogenese bis zum Schriftspracherwerb skizzieren. In der Partizipation an der sozialen Praxis eignet sich das Kind die Fähigkeit an, selbst in gleicher Weise wie seine Umgebung aktiv zu werden - es bildet, wie es in der lernpsychologischen Terminologie heißt, eine entsprechende *Kompetenz* aus, die es ihm erlaubt, das Verhalten der anderen zu analysieren (zu „verstehen") und (meist in weniger erfolgreichem Maße) ein entsprechendes eigenes Verhalten zu produzieren, s. Modell 1 auf dieser Seite. Dieser Prozeß läuft in einer ersten Phase im Medium der sozialen Interaktion ab, also mündlich und analytisch darauf bezogen (*orat*). In einer späteren Phase (s. Modell 2) werden die kognitiven Instanzen, die in der ersten (mündlich-oraten) Phase entwickelt sind, in der Auseinandersetzung mit schriftlichen Praktiken zu *literaten* Instanzen ausgebaut. Beide Schemata sind hier nur als Groborientierung zu verstehen, die das Verhältnis der von mir benutzten Begriffe, insbesondere des Oraten zu dem Literaten, verdeutlichen sollen.

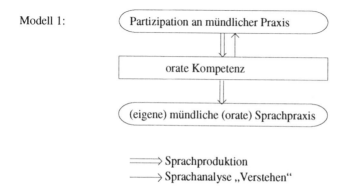

37

Modell 2:

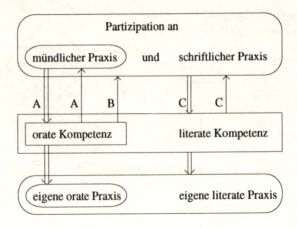

A, B und C bedeuten sukzessive Entwicklungsstufen

Versuchen wir uns nun in Hinblick auf die Aneignung der Rechtschreibung klar zu machen, was die Monitorkategorien sind, die das Kind früh entwickelt und die dann gewissermaßen als „Eingabe" für die weiteren Prozesse der Aneignung der Schrift dienen, also die Kategorien der Kontrolle des Wie des Schreibens. Die entsprechenden Kategorien sind mit der Kontrolle der Form der Äußerungen beim Sprechen erworben worden, wozu insbesondere die kinästhetischen Kategorien der Lautproduktion gehören (s. Anhang I). Kinästhesie bedeutet die Wahrnehmung des Bewegungsablaufes der konkreten Äußerung, also jeweils an eine spezifische Äußerung gebunden. Bewegungsabläufe sind so etwas wie ballistische Bewegungen der beteiligten Organe, also der Zunge, der Lippen, der Kiefer usw. Von der begleitenden Empfindung bei dieser Bewegung geht die Entwicklung hin zur Entwicklung von Kategorien, mit denen diese Bewegungen kontrolliert werden, also von den individuell gelebten Empfindungen hin zur Ausbildung von kognitiven Typen, von Klassen solcher Empfindungen, die Kriterien zur Identifikation von Bewegungsabläufen als Abläufen eines bestimmten Typs enthalten. Eine Klasse solcher Typen erlaubt es also, unterschiedliche Äußerungen (unterschiedlich gelebte Bewegungen) in Hinblick auf etwas Gemeinsames als gleich zu fassen. Die Grundkategorie kinästhetischer Wahrnehmung ist dabei die Silbe, die wir symbolisch als Bewegungsablauf verstehen können.

Die Kategorie *Silbe* ist als Bewegungsablauf zu fassen, mit den beiden Extrempolen eines ungehemmten Lautflusses und der Hemmung. Die Silbentypen ergeben sich durch die Richtung des Bewegungsablaufes von der Hemmung (**H**) zur Öffnung (**Ö**) oder von Öffnung zur Hemmung mit den durch die Kombination möglichen komplexeren Typen wie in den folgenden Schemata.

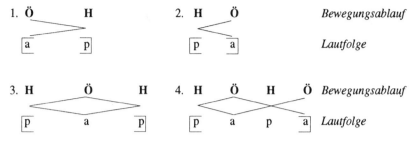

Die Kategorie Silbe ist bei Kindern generell im Vorschulalter von drei bis fünf Jahren verfügbar, sie steuert ihre rhythmische Wahrnehmung und ihr rhythmisches spielerisches Agieren, beim Singen, beim Klatschen und insbesondere bei den darauf aufbauenden Reimen. Wenn wir etwa einen Kinderreim nehmen wie „Hänschen *klein* ging al*lein*", so können wir das, was den Reim ausmacht, bestimmen als eine einheitliche Form der schließenden Bewegung der Zungenspitze in Verbindung mit einer Bewegung des Gaumensegels, die den nasalen Resonanzraum freigibt.

Von dieser elementaren Wahrnehmungskategorie der *Silbe* aus muß das Kind für die erfolgreiche Aneignung einer Alphabetschrift einen außerordentlich schwierigen Entwicklungsschritt hin zur Entwicklung der Kategorie der *Laute* machen. Dabei handelt es sich nun um einen ganz anderen kategorialen Typ. Laute, wie wir sie als Entsprechungen zu Buchstaben fassen (und eben auch nur so lernen können) sind etwas sehr Abstraktes. Im phonetischen Sinne haben wir tatsächlich nur Silbenstrukturen, innerhalb von denen die Laute durch ein hohes Maß von Koartikulation der Bestandteile bestimmt sind. Bei der Differenz von Silben $ka \neq ki \neq ke$... ist nicht nur, wie uns unsere Schreibweise vorgibt, der vokalische Kern unterschiedlich, sondern die gesamte Silbe, auch das durch den vokalischen Kern koartikulierte konsonantische Randelement, ist verschieden. Die Entdeckung bzw. die weitergehende Abstraktion, die in dieser Silbenreihe auch einen einheitlichen Laut *k* festhält, ist Ergebnis einer sehr komplexen analytischen Operation, die wir in einer Proportionsgleichung ausdrücken können:

Was haben *Katze*: *Kind*: *Kegel*: *Konrad*: *Kugel*...
gemeinsam, das sie von *Band*: *binden*: *beten*: *Boot*: *Bude*...
unterscheidet? Offensichtlich nur über eine so, d.h. sehr abstrakt gestellte Fragestellung wird es möglich, den jeweiligen initialen Konsonanten dieser Formenreihe zu isolieren.

Mit einer solchen Fragestellung sind wir auf einer operativen Ebene des Verhaltens, wie wir schon im letzten Kapitel mit der Herausbildung der Grundkategorie Wort bei einer operativen Ebene des Verhaltens waren. Solche Kategorien erschließen sich über den Horizont von Operationen/Manipulationen am Text, wie wir sie dort mit Einschub, Substitution, Permutation identifiziert haben, s. die folgenden Beispiele für solche Operationen, ausgeführt auf dem Ausgangswort *binde*:

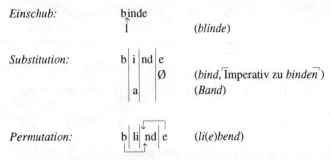

Allgemein gesprochen korrespondiert einer solchen *operativen* Freiheit gegenüber dem spachlichen Material die Herausbildung spachlicher *Schemata*, hier insbesondere das Schema einer Sequenz von lautlichen Positionen, die qualitativ verschieden „gefüllt" werden können. In Bezug auf derartige Schemata wird die „Übersetzung" zwischen Laut- und Schriftsprache möglich. Erst wenn solche Operationen gemeistert sind bzw. solche Schemata ausgebildet sind, wird die Kategorie des Lautes für die Kinder verfügbar - und erwartungsgemäß haben Kinder auf dieser Ebene extreme Schwierigkeiten, meist noch im 2. Schuljahr, z.T. noch später. Die Kategorie des Lautes kann eben vor dem Schriftspracherwerb nicht vorausgesetzt werden, ist sie doch in der entwickelten Form eine Kategorie, die erst mit der Aneignung der Schrift erworben wird, die die Kinder zwingt, Äußerungselemente unterhalb der Silben„schwelle" zu isolieren, indem sie von der innersilbischen Koartikulation abstrahieren.

NB: Ein wichtiges Übergangselement zur Lautanalyse unterhalb der Silbenschwelle ist die Isolierung des Anfangslautes eines Wortes (einer Äußerung), der sowohl artikulatorisch wie in der Wahrnehmung eine relative Prominenz hat. Gestützt wird diese Isolierung durch stabreimende Elemente in Kindertexten (Texten *für* Kinder!). Es ist auch häufig der Fall, daß Kinder schon vor Schuleintritt den Initial-Laut und -Buchstaben ihres Vornamens identifizieren können (mit dem Problem von Buchstaben und silbischen Buchstabennamen, s.u.). Solche *Inseln* im Kenntnisbestand sind aber zu unterscheiden von systematischen Wissensstrukturen, wo z.B. die Isolierung eines Lautes (und die Zuordnung zu einem Buchstaben) auch wortmedial, bzw. silbenfinal möglich ist. Das spricht natürlich nicht gegen die im Anfangs-Unterricht viel praktizierte Arbeit mit akronymischen Wortreihen zur Identifizierung der (Anfangs-)Buchstaben.

Die Auseinandersetzung mit diesen Schwierigkeiten markiert die zweite Entwicklungsphase der Schriftentwicklung. Die Kinder operieren unter der Prämisse der ersten Phase, daß es um die Mechanismen geht, die die Fixierung der lautlichen Form der Äußerung konstant halten. Sie entdecken hier gewissermaßen, daß diese Konstanthaltung bzw. diese Fixierung durch die Fixierung von Zeichen für Laute erfolgt, sie treten in die Entwicklungsphase der Phonographie ein, sie bemühen sich um Quasi-Transkriptionen. In dieser Entwicklungsphase ist das Schreiben bestimmt durch das Mitlautieren bzw. das Vorlautieren der aufgeschriebenen Äußerungen. Ergebnis sind dann Schreibungen, wie sie spontan auch schon vorschulisch bei entwickelten Kindern auftreten, die aber durchgängig im Anfangsunterricht zu finden sind, bei denen die in der Selbstwahrnehmung prominenten lautlichen Elemente fixiert werden, wobei vor allen Dingen die Silbenstruktur durch die Markierung der Silbenkerne notiert wird, der Silbenrand oft nur fragmentarisch bleibt.

APA	*Papa*	„partielle Schreibungen", Annäherung an die lautliche Durchgliederung
KASN	*Kasten*	
WALT	*Wald*	„lautlich" korrekt, „hyper"phonographische Schreibungen
TÜSCH	*Tisch*	
FIA	*Finger*	partielle Schreibungen, lautlich „hyperphonetisch" [fiŋɐ], [pa'piɐ̯]
PAIA	*Papier*	
KL	*Karl*	hybride Schreibungen: Aneignung der Buchstabierinstruktion mit [kaː], [ɛr], [teː] als Buchstabennamen für <K>, <r>, <t>; bei KL lautlich hyperkorrekte Schreibung für [kaːl]
RST	*erste*	

Die für die Entwicklung der Rechtschreibung kritische Phase folgt als Überwindung dieser phonographischen Phase, als Aneignung der Schrift in ihrer orthographischen Form, also des Schreibens als Fixierung der grammatischen Artikulation eines Textes. Die vorausgehende phonographische Phase war in der hyperphonetischen Anstrengung gewissermaßen ein produktiver Umweg bei der Aneignung der Alphabetschrift. Ihre Überwindung erfolgt, wenn Schreiben verstanden wird als Repräsentation der grammatischen Form eines Textes *mit Hilfe* phonographischer Mittel. Die Alphabetschrift ist *fundiert* in der Analyse der gesprochenen Sprache, sie wird so angeeignet, sie ist aber keine Phonographie.

Halten wir also fest, was schon in dem Entwicklungsschema zu Anfang zum Ausdruck kam: in einem einheitlichen Entwicklungsprozeß wird die Kontrolle der gesprochenen Sprache (*orate* Kompetenz) zur Kontrolle der geschriebenen Sprache (*literate* Kompetenz) entfaltet, die zur Produktion/Kontrolle/Aneignung der Schriftsprache führt. Dieser Entwicklungsprozeß verläuft bzw. steht unter der Kontrolle der Partizipation an der literaten Kultur. Je nach dem Ausmaß, in dem ein Kind vorschulisch in die literate Kultur einbezogen ist, verfügt es beim Schuleintritt schon über solche literaten Kategorien. Der Lehrer muß also davon ausgehen, daß in einer in dieser Hinsicht heterogenen Klasse die Kinder unterschiedlich weit fortgeschritten in diesem Entwicklungsprozeß sind.

Fassen wir zum Schluß des ersten Teils das Ergebnis der bisherigen Überlegungen zusammen. Die ontogenetischen Kategorien lassen sich mit den Kategorien der Soziogenese der modernen Orthographie (jetzt hier immer in Hinblick auf die strukturellen Grundbedingungen verstanden) verknüpfen, wenn die drei Entwicklungsphasen der Logo-, Phono- und Orthographie auf die in Kapitel 3 besprochene historische Entwicklung von Schriftsystemen bezogen werden.

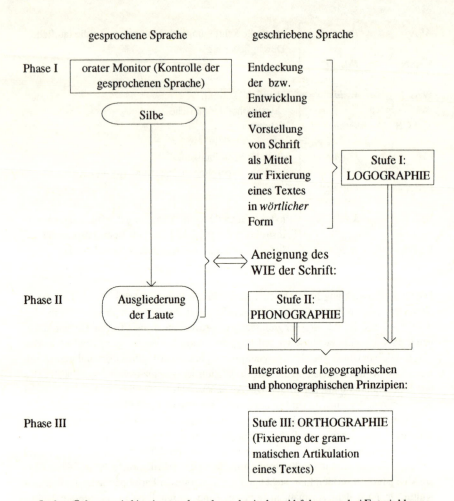

In dem Schema wird in einer groben chronologischen Abfolge von drei Entwicklungsphasen der Ontogenese die Herausbildung von oraten Kategorien und literaten miteinander in Verbindung gesetzt. In der ersten Phase handelt es sich auf seiten der oraten Kategorien um die Herausbildung von Kategorien der Feindifferenzierung: der Silbenstruktur zur Ausgliederung von Silbenelementen. Diese Entwicklung auf der oraten Seite ist zunächst einmal parallel und relativ unverbunden mit der Entdeckung der Schrift als Mittel zur Fixierung eines Textes in wörtlicher Form, die in einer ersten Stufe der Schriftentwicklung zur Aneignung von Grundprinzipien der Logographie führt. In der zweiten Entwicklungphase „interagieren" die Entwicklung der oraten und literaten Kompetenz (das soll der Doppelpfeil andeuten): In der Auseinandersetzung mit der Schrift kommt es zu der Entwicklung phonographischer Kategorien, mit der das Wie der Schrift angeeignet wird, die nun umgekehrt in der Rückkoppelung an die Entwicklung der oraten Kategorien zur Ausdifferenzierung der Lautwahrnehmung bzw. zur Ausgliederung der Silbe in Laute führen. In der dritten Entwicklungsphase, die insofern dann nach Eintritt in die Schule (entweder unterstützt oder vielleicht aber auch blockiert durch die Unterrichtsinstruktionen) verläuft, kommt es dann auf der Grundlage der erworbenen logographischen und phonographischen Kriterien zu deren Integration und damit zur Aneignung der Orthographie als Fixierung der grammatischen Artikulation eines Textes mit Hilfe phonographischer Darstellungsmittel. Die Entwicklungsstufen werden nicht durchlaufen, wie ein Zug durch Bahnhöfe fährt, wobei er in einen Bahnhof nur dann einfahren kann, wenn er einen anderen verlassen hat. Vielmehr handelt es sich um Stufen eines komplexen Bauwerkes, die wie Stockwerke aufeinander aufbauen, die weiterhin für die Bewohner (um das Bild etwas zu strapazieren) erreichbar bleiben: die frühe Entwicklungsstufe der Logographie (Stufe I) bleibt verfügbar; sie wird nach Aufbau der Stufe II (Phonographie) genutzt, um deren Mittel zu kontrollieren und so eben eine orthographische Kompetenz aufzubauen.

Dieses Verhältnis der Entwicklungsstufen zueinander ist es, was ich mit dem Bild des Bauwerkes in Anlehnung an die ältere Psychologie die *Fundierung* der Orthographie nenne.

NB 1: Dieser Begriff stammt aus der älteren Psychologie (Meinong), und wurde dann in der phänomenologischen Philosophie von Husserl systematisch entwickelt, um das Verhältnis von Denken bzw. kognitiven Strukturen zur Wahrnehmung bzw. zur Sinnlichkeit generell zu klären. Denkstrukturen sind nicht etwas ganz anderes als die Strukturen der Sinnlichkeit, sondern sie setzen diese voraus, sind fundiert in diesen, sind eine reflexive Weiterentwicklung von diesen. In diesem Sinne spreche ich davon, daß unsere Orthographie keine Phonographie ist, daß sie auch nicht phonographisch reformierbar ist (wie es die Reformprojekte meistens intendieren), sondern daß sie phonographisch *fundiert* ist, oder ganz allgemein gesprochen: Die Kategorien/Strukturen der Schriftsprache sind fundiert in denen der gesprochenen Sprache, der literate Monitor ist fundiert im oraten Monitor usw.

NB 2: Die Parallelisierung von Onto- und Soziogenese ist instruktiv - sie darf aber nicht überstrapaziert werden. Die Parallelen beschränken sich auf die *Strukturen* der jeweiligen „Phasen", während die Dynamik der jeweiligen Entwicklungs*prozesse* nicht zu vergleichen ist. Motor der schriftsprachlichen Ontogenese ist ja („im Regelfall") die vom lernenden Kind im Kontext der schriftkulturellen Praxis der umgebenden Erwachsenen ausgebildete Sprach-Reflexion, die ihm die Differenz seines eigenen (aktiven) Leistungsvermögens zu dem der anderen vorgibt (s. der Monitor unten auf Seite 42 und das im 4. Kapitel skizzierte Entwicklungsmodell). Eine vergleichbare Instanz ist in der Soziogenese (jedenfalls in den oben angesprochenen alten Epochen) nicht definiert.

Teil II

Orthographie und Textstruktur: Die Interpunktion

5. Kapitel: Grundbegriffe der Interpunktion

Mit diesem Kapitel beginnt der systematische Durchgang durch die Probleme der Orthographie. Anders als in vielen gerade in der letzten Zeit auch von Sprachwissenschaftlern versuchten Ansätzen beschreibe ich hier nicht das System der deutschen Rechtschreibung rein formal, sondern versuche eine formale Explikation der Weise, wie die Rechtschreibung lernbar ist; ich gehe also zurück auf das in dem ersten Block mit der Entwicklungslogik Angesprochene und operiere mit Konzepten, die auf die Kategorien/Wissensstrukturen zielen, mit denen der Lerner seinen Aneignungsprozeß der Rechtschreibung bewältigt. Da wir die konkreten Vorgänge im menschlichen Zentralnervensystem nicht kennen, die den kognitiven Operationen zugrundeliegen, ist die Rede von Wissensstrukturen metaphorisch - sie bezeichnet eine bestimmte Ausrichtung der Überlegungen hier, die auf die empirischen Beobachtungen bei Lernern abstellt und pädagogische Interventionen anleiten soll. In diesem Sinne spreche ich beim Aufbau der Rechtschreibregeln von „Wissensstrukturen", die dem Lerner verfügbar sind, wenn er mit der Rechtschreibung konfrontiert wird, auch wenn derzeit keine Möglichkeit besteht, die ablaufenden psychischen bzw. kognitiven Prozesse direkt zu modellieren. Bei den begrifflichen Schematisierungen der folgenden Rekonstruktion handelt es sich also nicht um theoretische Modellierungen, wie sie in der derzeitigen kognitiven Linguistik vor allem von der generativen Theorie Chomskys vorgelegt werden, sondern um heuristische Begrifflichkeiten. Das am Schluß von Teil I (4. Kapitel) entwickelte Verhältnis der Fundierung der Schriftsprache in der gesprochenen Sprache ist leitend für das folgende Unternehmen der Rekonstruktion der deutschen Orthographie. Dadurch unterscheidet sich dieser Ansatz von den deskriptiven Ansätzen in der Beschreibung der deutschen Orthographie, wie sie in letzter Zeit von Linguisten unternommen worden sind, die von jeder „realistischen" Interpretation der deskriptiven Strukturen absehen und diese arbeitsteilig der Psycholinguistik überlassen.

Diese Zielsetzung einer Rekonstruktion der Orthographie als fundiert in den analytischen Kategorien der gesprochenen Sprache bestimmt auch den Plan der weiteren Kapitel. Die Rechtschreibung soll rekonstruiert werden von den globaleren und in diesem Sinne fundamentaleren Einheiten der Schreibung hin zu den kleineren, analytischeren und in diesem Sinne abgeleiteteren Einheiten. Wir beginnen also mit den ganzheitlichen Kategorien der Textstruktur und enden dann bei dem Verhältnis von Laut und Buchstabe, das bei den üblichen Darstellungen an den Anfang gestellt wird (wenn es nicht sogar mit der Orthographie im Sinne einer Phonographievorstellung einfach gleichgesetzt wird).

Text
⇓
Satz
⇓
Wort   } Ebenen, auf denen die Regeln der Orthographie definiert sind.
⇓
Morphem (Silbe)
⇓
Buchstabe (Laut)

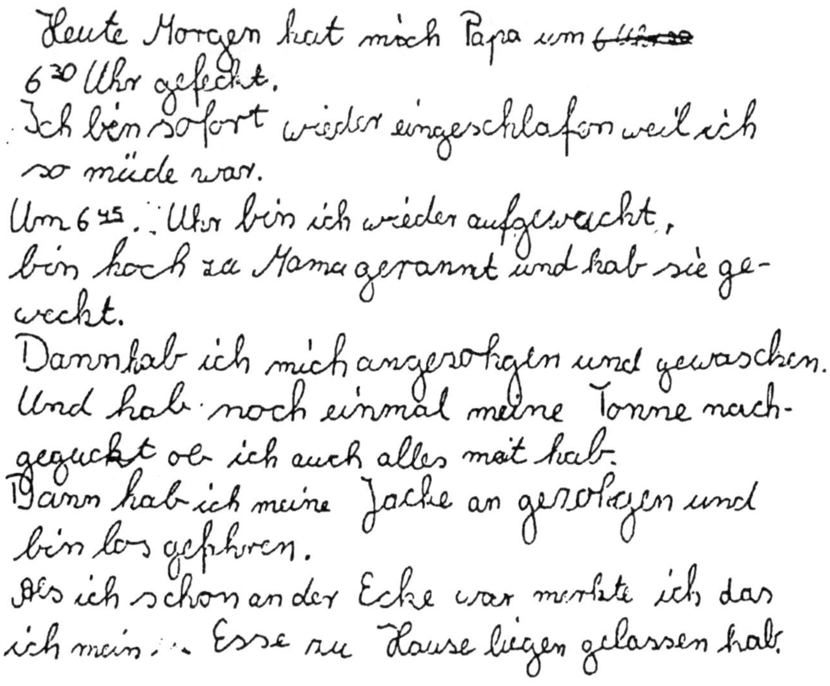

> Heute Morgen hat mich Papa um 6̶4̶5̶3̶0̶
> 6³⁰ Uhr geweckt.
> Ich bin sofort wieder eingeschlafen weil ich
> so müde war.
> Um 6⁴⁵. Uhr bin ich wieder aufgewacht,
> bin hoch zu Mama gerannt und hab sie ge-
> weckt.
> Dann hab ich mich angezogen und gewaschen.
> Und hab noch einmal meine Tonne nach-
> geguckt ob ich auch alles mit hab.
> Dann hab ich meine Jacke an gezogen und
> bin los gefahren.
> Als ich schon an der Ecke war merkte ich das
> ich mein ... Esse zu Hause liegen gelassen hab.

Abb. 14 Text von Kirsten (4. Schuljahr)

Machen wir uns als Einstieg in den ersten Rechtschreibblock, den der Interpunktion, an Problemen von Schülerschreibungen klar, worum es hier geht. Oben ist ein Text abgedruckt, den eine rechtschreibschwache Schülerin aus dem 4. Schuljahr im Förderunterricht verfaßt hat. Diese Schülerin, Kirsten, hat ihren Text in sieben Teile gegliedert, die ich hier einmal Paragraphen nennen möchte. Diese Paragraphen sind jeweils mit einem Punkt abgeschlossen und beginnen nach diesem Punkt und auch absolut zu Beginn des Textes mit einem Großbuchstaben; z.T. sind diese Paragraphen auch noch intern durch Kommata strukturiert. Das letztere ist der Fall bei dem 3. Paragraphen, der nach dem ersten der parataktisch gereihten Teilsätze, also nach *aufgewacht*, ein Komma aufweist. In den anderen Fällen von komplexer interner Struktur der Paragraphen ist keine interne Interpunktionsgliederung vorgenommen worden: So fehlt im Sinne der Orthographie in Paragraph 2 ein Komma vor dem Nebensatz mit *weil*, in Paragraph 5 ein Komma vor dem indirekten Fragesatz mit *ob*, in Paragraph 7 fehlt ein Komma am Abschluß des ersten temporalen Nebensatzes nach *war*, ebenso wie vor dem Objektsatz, der mit *das* (orthographisch richtig: *daß*) eingeleitet wird (NB: der rechts unter dem *war* sichtbare Punkt gehört offensichtlich zu dem *i* in dem *liegen* in der Zeile darunter). Die rechtschreibschwache Kirsten schreibt ganz offensichtlich recht komplexe Texte, und sie verfügt auch schon über Ansätze zur Textgliederung:

konsequent so bei der Grobstrukturierung des Textes in Satzperioden („Paragraphen"), ansatzweise auch zu einer satzinternen Interpunktion, die sie allerdings nur bei dem parataktischen Satzgefüge in Paragraph 3 benutzt, nicht jedoch bei hypotaktischen Satzgefügen. Rein quantitativ steht ein Paragraph mit interner Interpunktion sechs weiteren Paragraphen ohne interne Interpunktion gegenüber. Die paragrapheninterne Gliederung des Textes (hier weitgehend schon als *Satz-* bzw. *satzinterne Gliederung* entwickelt) ist allerdings korrekt, wie insbesondere der Wechsel von Majuskel/Minuskel bei dem Paragraphenbeginn zeigt.

Kirsten hat offensichtlich noch Schwierigkeiten beim Schreiben; genauso offensichtlich aber befindet sie sich bereits auf einer fortgeschrittenen Stufe der Schriftaneignung, der Textorganisation. Charakteristisch für ein relativ frühes Stadium der Schriftaneignung ist es, wie sie hier die materialen Bedingungen des Schreibens nutzt, um mit ihnen gewissermaßen direkt ihren Text graphisch/visuell zu gliedern. Das gilt so insbesondere für das Ausnutzen bzw. das Gestalten des Raumes auf dem zu beschreibenden Papierbogen: Sie nutzt den verfügbaren Platz so, daß der Leser unmittelbar der Anordnung auf dem Bogen Instruktionen für die Rekonstruktion des Sinnes des aufgeschriebenen Textes entnehmen kann; den Paragraphen entsprechen räumliche Blöcke auf dem Papier.

Das ist ein ganz wichtiges Moment der Aneignung der komplexen Technik der Schrift, für die die kindlichen Lerner Übergangsstrategien entwickeln. Die Herausbildung solcher literater Gliederungskategorien zeigt sich im übrigen auch sehr schön, wenn man Kinder, wie in der schon erwähnten Untersuchung von Beckemeyer/Tophinke (s. oben S. 36), auffordert, von ihnen frei erzählte Geschichten vom Tonband abzuschreiben. Die erste Etappe einer literaten Gliederung des Aufzuschreibenden liegt schon bei der Strukturierung des Abhörens selbst, bei der Auswahl von Textblöcken, die sie bei der Bedienung des Tonbandgerätes auswählen. Diese ausgewählten Blöcke entsprechen mehr oder weniger den literaten Abschnitten, die in der Schrift integriert umgesetzt werden.

Solche Gliederungen, bei der Vorbereitung des Schreibens im Abhören oder dann in dem Arrangement des Schreibens in der Anordnung auf der Seite, sind Instruktionen für den Leser, die dieser bei der unmittelbaren Wahrnehmung im Sehen zur Verfügung hat (die aber im kontinuierlichen Fluß des Gesprochenen beim Abhören nicht vorhanden sind bzw. nicht kongruent mit der Pausengliederung des Sprechens sind). Eine frühe Phase der Schriftentwicklung, die wir bei Erst- und Zweitklässlern oft finden, wenn diese längere Texte, auch nach Diktat aufschreiben, operiert für die Textgliederung nur mit solchen räumlichen Anordnungen. Da hier die Textsegmente, also die Sätze, in der Regel nicht sonderlich komplex sind, benötigen diese Texte darüber hinaus keine Interpunktionszeichen; und so haben Kinder, die ihre Texte in solchen räumlichen Blöcken aufschreiben, meist denn auch keinerlei Punkte. Der Übergang zur Interpunktion setzt voraus, daß der gesamte Text kontinuierlich geschrieben wird und dann eben nur noch durch Interpunktionszeichen zu gliedern ist. Kirsten befindet sich auf einem relativ fortgeschrittenen Stadium der Schriftaneignung: Auch wenn sie noch die räumliche Paragraphengliederung in ihrem Text hat, so versieht sie diesen doch gleichzeitig auch mit den in diesem Sinne redundanten Interpunktionszeichen.

Ein anderes Beispiel kann das vorausgehende Entwicklungsstadium verdeutlichen - leider habe ich hier allerdings keine reproduktionsfähigen Vorlagen der Originaltexte, kann diese also nur in einer Abschrift verdeutlichen.

Text 1
1   Herr Meyer und die Blumen   S1
2   Herr Meyer ist vor einer Woche in den Garten gehgangen.   S2
3   Als er die Blumen gißen wollte da sit er das die Blumen weg sind   S3
4   Da sit er den Hund   S4
5   Da schimft er den Hund aus.   S5
6   Nun geht er wütend ins Haus.   S6
7   Als er die Tür auf macht da sit er das seine Frau die Blumen   ⎤ S7
8   abgeflügt hat   ⎦
9   da sagt er ich dachte der Hund hat sie gefreßen dan gib ihm eine   ⎤ S8
10 Wurst   ⎦

Text 2
1   Herr Adil schaut in den Garten   S1
2   Adil ist ganz erstaunt   S2
3   bello komm her hast du die Blumen gewresen und Adil schimpft   ⎤
4   mit bello und Da get Adil ins Haus und die Frau hate die   │ S3
5   Blumen geflügt und Da war Adil ser erstaunt und die Frau sate   │
6   gib bello eine Wurst das bello nicht so traurig ist.   ⎦

Text 3
1   Franz und seine Blumen   S1
2   Franz ging in seinen Garten und er sah das seine schönen nid(t)[1]   ⎤ S2
3   lichen kleinen schnuckeligen Tulpen apgepflückt waren.   ⎦
4   Da ging er zu seinem Hund   S3
5   er schlepte im am kragen und brachte in zu seinen Tulpen   S4
6   Franz schimpfte in aus „Du alter böser Köter" und da ging Franz   ⎤ S5
7   beleidigt inz Haus   ⎦
8   er macht die Tür auf was sah er da in der Vase eine Tulpen „hast   ⎤ S6
9   du sie geflükt"   ⎦
10 „Ja" „Jetzt muß ich mich mit einer Wurst bei Schlapi   ⎤ S7
11 enschuldigen.   ⎦

Der erste Text besteht aus der Überschrift und acht Paragraphen, von denen fünf in Hinblick auf die räumliche Anordnung redundant mit einem Punkt abgeschlossen werden (nur die Paragraphen 7 und 8 bestehen aus mehr als einer Zeile, Z. 7-8, Z. 9-10). In diesem Falle gilt nun auch öfter die initiale Majuskelschreibung, die wie etwa bei der Zeile 5 durch die räumliche Anordnung redundant ist: Ein Satz fällt hier zusammen mit einem Paragraphen, und insofern ist jeder Paragraphenanfang durch das räumliche Arrangement eindeutig markiert. Auch bei diesem Text fehlen interne Paragraphengliederungen generell, obwohl die Syntax recht vielfältig ist.

Eine andere Struktur zeigt dagegen der zweite Text, ebenfalls aus dem 3. Schuljahr, der eine etwas ausführlichere Diskussion erfordert. Er ist erheblich kompakter und weist nur

---

[1] Im Original Korrektur: d und t übereinandergeschrieben

drei Paragraphen auf. Die ersten beiden Zeilen sind zugleich Paragraphen und auch Sätze; der dritte Paragraph von vier Zeilen ist intern sehr komplex, aber ohne Interpunktion geschrieben. Tatsächlich hat der gesamte Text nur ein Interpunktionszeichen: den Schlußpunkt am Ende von Zeile 6, der aber hier ein Textzeichen, kein Satzzeichen darstellt: er markiert das Ende der absolvierten Schreibaufgabe. Analysiert man nun diesen Text in Hinblick auf seine syntaktische Struktur, so zeigt sich, daß der Leser trotz fehlender Interpunktion keine Probleme mit der Zerlegung des Textes hat. Die syntaktischen Muster sind recht stereotyp und strukturieren relativ monoton den Text. Wir finden drei Satztypen:
1. Nomen (= Subjekt) - Verb - X (= eine variable syntaktische Komponente). Nach diesem Muster sind die ersten beiden Paragraphen gestrickt, ebenso der vierte „Satz" in Z. 3/4 (*und Adil schimpft mit bello*), Satz 7 (Z. 4/5 *und die Frau hate die Blumen geflügt*), sowie Satz 9 (Z.5 *und die Frau sa(g)te*).
2. Das zweite Muster entspricht in den Komponenten dem ersten, hat aber die Inversion des Verbs, da die erste Position im syntaktischen Satzfeld durch die adverbiale Form *da* belegt ist: Satz 6 (Z. 4 *und Da geht Adil ins Haus*)
3. Die restlichen beiden Textabschnitte haben eine komplexere interne Struktur: Zeile 4 *bello komm her hast du die Blumen gewresen*; Zeile 6 *gib bello eine Wurst das bello nicht so traurig ist*. Diese beiden Abschnitte sind aber offensichtlich Zitate gesprochener Rede, die in den Text eingelassen sind, sie sind nicht eigentlich produktive Muster des schriftlich produzierten Textes. Als solche („direkte Rede") sind sie aber für den Leser sofort identifizierbar, der insofern auch hier die Sequenzierung vornehmen kann.

Insofern ist dieser Text charakteristisch für die Übergangsphase in der Aneignung literater Textstrukturen: die ersten beiden Zeilen repräsentieren noch das frühe Stadium der Nutzung des graphischen Raumes zur Strukturierung; in dem längeren Abschnitt, Paragraph 3, wäre eine Interpunktion redundant, da die syntaktische Struktur die Zerlegung eindeutig induziert.

NB: In Hinblick auf die Klein- und Großschreibung zeigt der Schreiber allerdings auch schon erste Ansätze, sie syntaktisch im Sinne der Auszeichnung der Satzinitialen zu nutzen. Die Klein- und Großschreibung ist zwar fehlerhaft, aber die Kategorien sind doch schon produktiv (in Hinblick auf die Substantivgroßschreibung stehen elf richtig gesetzte Majuskeln fünf fehlenden gegenüber). Bemerkenswert ist nun das in beiden Fällen großgeschriebene Da, nachdem der Schreiber richtig die Inversion des Verbes vornimmt. Anscheinend notiert es für ihn den Satzanfang, anders als das vorausgehende *und*, das offensichtlich nur die Textverknüpfung markiert (vgl. Z. 3 und Z. 5): es fehlt nur da, wo die Textverknüpfung durch die räumliche Anordnung ausgedrückt wird (Z. 1 und 2) - und eben vor der folgenden direkten Rede, die so negativ markiert ist.

Die gleiche Übergangsstruktur der Aneignung der Textsequenzierung bzw. Interpunktion zeigt auch der dritte Text, der ebenfalls wiederum die Textsequenzierung durch die räumliche Anordnung der Paragraphen vornimmt, und bei den komplexen Paragraphen keine interne Interpunktion aufweist (hier steht außer dem Text-Schlußpunkt in Z. 11 auch schon ein weiterer redundanter Satzschlußpunkt in Z. 3). Dafür werden hier aber schon die direkten Reden mit den paarigen Anführungszeichen markiert (mit Ausnahme des fehlenden zweiten Anführungszeichens in Z. 11, das aber vielleicht durch den Schlußpunkt als ersetzt zu gelten hat). Auch hier fällt wiederum die Großschreibung des satzinitialen *Da* in Z. 4 auf, das die Inversion des Verbs nach sich zieht.

Diese Beispiele zeigen recht deutlich die Grundstruktur der Aneignung der Schriftsprache. Aneignung der Schriftsprache bedeutet eben Erwerb der Kontrolle über die Möglichkeit des kognitiven Instrumentes Schrift. Das ist ein mühevoller Lernprozeß, der zu komplex ist, um durch Drill (das bei der Rechtschreibdidaktik so beliebte „Einschleifen" der orthographischen Muster) gelernt zu werden, der vielmehr in der Modellierung der funktionalen Bestimmungen eine Grundlage findet: Sukzessive werden die Möglichkeiten der graphischen Auszeichnung angeeignet, die für die mit dem Schreiben erbrachte Leistung jeweils notwendig sind - und in dem Maße wie diese Leistungen komplexer werden, werden auch diese Auszeichnungsmöglichkeiten weiter differenziert. Die verschiedenen hier betrachteten Texte machen die Sequenz des Lernprozesses deutlich.

Ein intern so komplexer Text wie der erste von Kirsten ist ohne graphische Textgliederung nur sehr schwer, wenn überhaupt vom Leser interpretierbar: Die Textparagraphen sind sehr komplex, integrieren mehrere Sätze, die jeweils wiederum oft Satzgefüge sind, zumindest aber Satzrahmenstellungen aufweisen. Die syntaktischen Muster sind sehr variabel: keine zwei Paragraphen haben identische Muster (nur zweimal wiederholt sich das Einleitungsmuster mit einem satzinitialen *dann*, wobei allerdings die folgenden Satzstrukturen doch wieder verschieden sind), und bei der durchgehend verwendeten Hypotaxe variiert die Wortstellung. Diesem so von Kirsten produzierten komplexen Text entspricht es auch, daß sie bei allen Rechtschreibschwierigkeiten, die sie hat, doch dabei ist, sich die Interpunktionsmöglichkeiten systematisch anzuzeigen: Sie verfügt immerhin schon rudimentär über das Spektrum der Interpunktion mit der Auszeichnung durch Punkte und Kommata sowie die satzinitiale Majuskel.

Anders ist es bei den drei Beispielen aus der dritten Klasse, deren Texte vorwiegend durch paratatktische Reihung produziert werden, mit weitgehendem Parallelismus der syntaktischen Muster, mit der Normalstruktur Subjekt-Verb-nominales Komplement (allerdings z.T. auch schon mit der Inversion dieses Musters bei belegter Initialposition im Satzbauplan). Von diesem Muster weichen nur die aus der zitierten mündlichen Sprache übernommenen „direkten Reden" ab, bei denen nun auch charakteristischerweise zuerst die Benutzung von Interpunktionszeichen auftaucht (Text 3).

Das verweist im übrigen noch auf eine andere strukturelle Regularität dieser Lernprozesse: Die direkte Rede in diesen Texten macht deutlich, daß die Schüler grundsätzlich über eine sehr viel komplexere/variablere Syntax verfügen, als ihre schriftliche Textproduktion mit der stereotypen Parataxe aufweist. In gewisser Hinsicht wird von ihnen die Anstrengung, die Schwierigkeiten des kognitiven Instrumentes Schrift zu meistern, dadurch kompensiert, daß sie bei der syntaktischen Implementierung auf rudimentärere Muster zurückgehen, als in ihrem oraten Monitor verfügbar sind. Dazu mag die stereotype Syntax der Fibeltexte im Anfangsunterricht beitragen, auf die man in der Literatur öfter diese Schreibsyntax von Grundschülern zurückgeführt hat. Mir scheint aber wichtiger zu sein, daß die Umsetzung dieser komplexen oraten Syntax in die Schrift von ihnen erfordern würde, ein komplexes Instrumentarium der Interpunktion zu beherrschen, da sonst, ohne die prosodischen Markierungen der gesprochenen Sprache, die direkte graphische Umsetzung komplex strukturierter Sätze für den Leser unübersichtlich würde.

An diesen Textbeispielen läßt sich auch verdeutlichen, was vorhin mit den verschiedenen Stufen in der Aneignung der Schrift gefaßt worden ist. Die erste Stufe liegt noch vor, wo der Text durch das räumliche Arrangement der Schreibspuren gegliedert ist, wo also die graphischen Einheiten direkt Sinneinheiten spiegeln (daher die Rede von Paragraphengliederung), also das, was ich mit „Logographie" bezeichne. Der zweite Text der Drittklässler macht die Überwindung dieser ersten Phase deutlich, wenn in dem dritten Paragraphen dort unterschiedliche Sinneinheiten zusammengefaßt werden. Allerdings sind diese syntaktisch so strukturiert, daß trotz der fehlenden Interpunktion die Interpretation möglich bleibt, weil die syntaktische Strukturierung eine monotone Sequenzierung des Textes induziert wie in dem folgenden Schema:

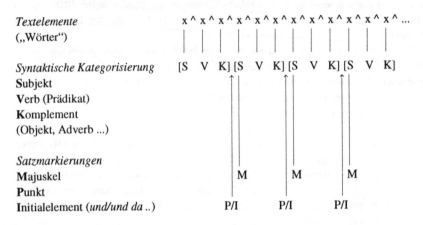

Der Einfachheit halber habe ich die Textelemente, die syntaktisch zu kategorisieren sind, in der schematischen Darstellung mit Wörtern gleichgesetzt, obwohl es sich oft um komplexe Phrasen handelt (*die Blumen, zu seinen Tulpen* usw.), die die entsprechenden syntaktischen Funktionen belegen. Die nächste Entwicklungsstufe ist durch die Einfügung von Satzmarkierungen an den entsprechenden „Sollbruchstellen" des Textes gegeben, die in dem Schema durch die eckigen Klammern markiert sind, die die Einheit *Satz* auszeichnen. Es handelt sich einerseits um die Interpunktionszeichen, vor allen Dingen eben den Schlußpunkt des Satzes, dann komplementär dazu die initialen Markierungen mit der Großschreibung des ersten Elementes (hier der Einfachheit halber auf das Subjekt bezogen, obwohl die hier als Beispiel gegebenen frühen Texte auch schon Inversionen kennen), und schließlich die fakultative Einfügung eines Initialelementes, das den neuen Satz einleitet, also Konjunktionen wie *und, und da* usw.

Diese weitergehende Gliederung der Texte bestimmt die Entwicklung hin zur Aneignung der grammatischen Mittel der Orthographie. Im Regelfall erfolgt sie erst, wie auch die Beispiele hier zeigen, mit dem 3. Schuljahr; Texte des 2. Schuljahres sind überwiegend so wie der zweite Text hier ohne Interpunktionszeichen.

Für die Aneignung der Interpunktion ist auch hier die „Umweg"-Stufe II der Phonographie wichtig, auch wenn sie im Regelfall nur von sehr kurzer, flüchtiger Dauer ist, da auf dieser Entwicklungsphase die Kinder in der Aneignung der Schrift schon recht fortgeschritten sind. Die Notwendigkeit, unter der sie stehen, bei komplexeren Texten über das buchstäbliche Schreiben hinaus graphische Gliederungssignale zu benutzen, die ihre Texte lesbar machen, zwingt sie gewissermaßen naturwüchsig (im Regelfall allerdings dann auch vom

Lehrer unterstützt), die oraten Gliederungssignale der Rede genauer anzueignen - in der gleichen Weise der Rückprojektion von der Aneignung der Schrift auf die damit gegebene Möglichkeit zur Objektivierung lautlicher Gliederungsstrukturen, die wir vorher auch schon für die phonographische Phase in der Rückprojektion von den Buchstaben auf die Gliederung des Lautstromes in Laute betrachtet hatten. Wie generell für diese zweite phonographische Stufe zeigen sich bei der Interpunktion hier überschüssige Leistungen nur als sporadische „Fehler".

Ein Beispiel dafür ist der Text von Frank und Tobias (Abb. 15 auf S. 54), eine „Gemeinschaftsproduktion" von zwei Drittklässlern (eine Nacherzählung). Die beiden Autoren gliedern ihren Text recht systematisch mit Punkten. Dabei tun sie offensichtlich des Guten zu viel (jedenfalls wenn man den orthographischen Regeln für den Schlußpunkt folgt). Aber es zeigt sich, daß diese Interpungierung nicht zufällig ist, etwa der Punkt in Z. 2 nach der Überschrift. Syntaktisch ist er überflüssig, da die adverbiale Bestimmung *auf einen Baum mit Äpfeln* als Komplement zu dem vorausgehenden Satz *es stieg die Leiter rauf* gehört. Allerdings ist in der gesprochenen Sprache eine deutliche prosodische Zäsur vor diesem Komplement unvermeidlich (und in der Partnerarbeit haben die beiden sich den Satz ja vorgesprochen bzw. einer hat dem anderen für das Aufschreiben diktiert). An dieser Stelle ist der gesetzte Punkt gewissermaßen ein prosodisches Transkriptionszeichen im Sinne einer phonographischen Schreibweise, die noch nicht grammatisch kontrolliert ist.

NB: Allerdings liegt hier auch eine syntaktische Zäsur vor, da die Wahl der adverbialen Form *rauf* in gewisser Weise den Platz für eine explizitere adverbiale Bestimmung besetzt, was diese, wenn sie dann wie hier nachgesetzt wird, gewissermaßen zur Apposition macht, die auch nach der orthographischen Vorschrift durch ein Komma abzutrennen wäre; vom fertigen schriftlichen Text her gesehen - und seiner interpungierten Gliederung her handelt es sich um eine „rechtsversetzte Herausstellung" (spiegelverkehrt zu der „linksversetzten" Topikalisierung in dem mündlichen Text S. 35, vgl. unten S. 75 f.).

Auf der anderen Seite zeigt der gleiche Text auch ein charakteristisches Fehlen von Interpunktionszeichen bei reihender Parataxe mit *und*, wo indifferent ein Interpunktionszeichen steht, gleich ob ein (neues) Subjekt eingeführt wird oder nicht. Die entsprechende Kommaregel der Orthographie hier ist eben grammatisch und nicht phonographisch bestimmt. Der dritte Text von vorhin macht zugleich deutlich, wie der Weg zu der Stufe III, der grammatischen Kontrolle der Interpunktion, verläuft: In der Aneignung von Interpunktionszeichen da, wo sie für die Textgliederung unverzichtbar sind, gleichzeitig aber zuerst auch da, wo die Anforderungen an eine syntaktische Analyse minimal sind, bei den Bruchstellen von literater und orater Textorganisation in der Auszeichnung von direkter Rede.

Die didaktische Nutzanwendung der so skizzierten Entwicklungs"logik" sollte auf der Hand liegen. Interpunktion wird (wie Orthographie insgesamt) als Mittel gelernt, Texte für Leser zu strukturieren. Die Funktion von verschiedenen Interpunktionszeichen ist verschiedenen *Text*strukturen zuzuordnen - sie kann von Lernern nur entdeckt werden, indem sie sie *bei der Manipulation von Texten* entdecken (s. Kapitel 3). Nicht *Sätze* haben Interpunktionszeichen (wie es die schlicht falsche Instruktion: „Jeder Satz bekommt einen Punkt!" will, von der schon früh in der Grundschule dann insbesondere die Überschriften wieder ausgenommen werden, s. Duden-Regel 163, von späteren Komplikationen ganz zu schweigen), sondern *Texte* (und seien sie noch so kurz!) werden für das Erlesen mit

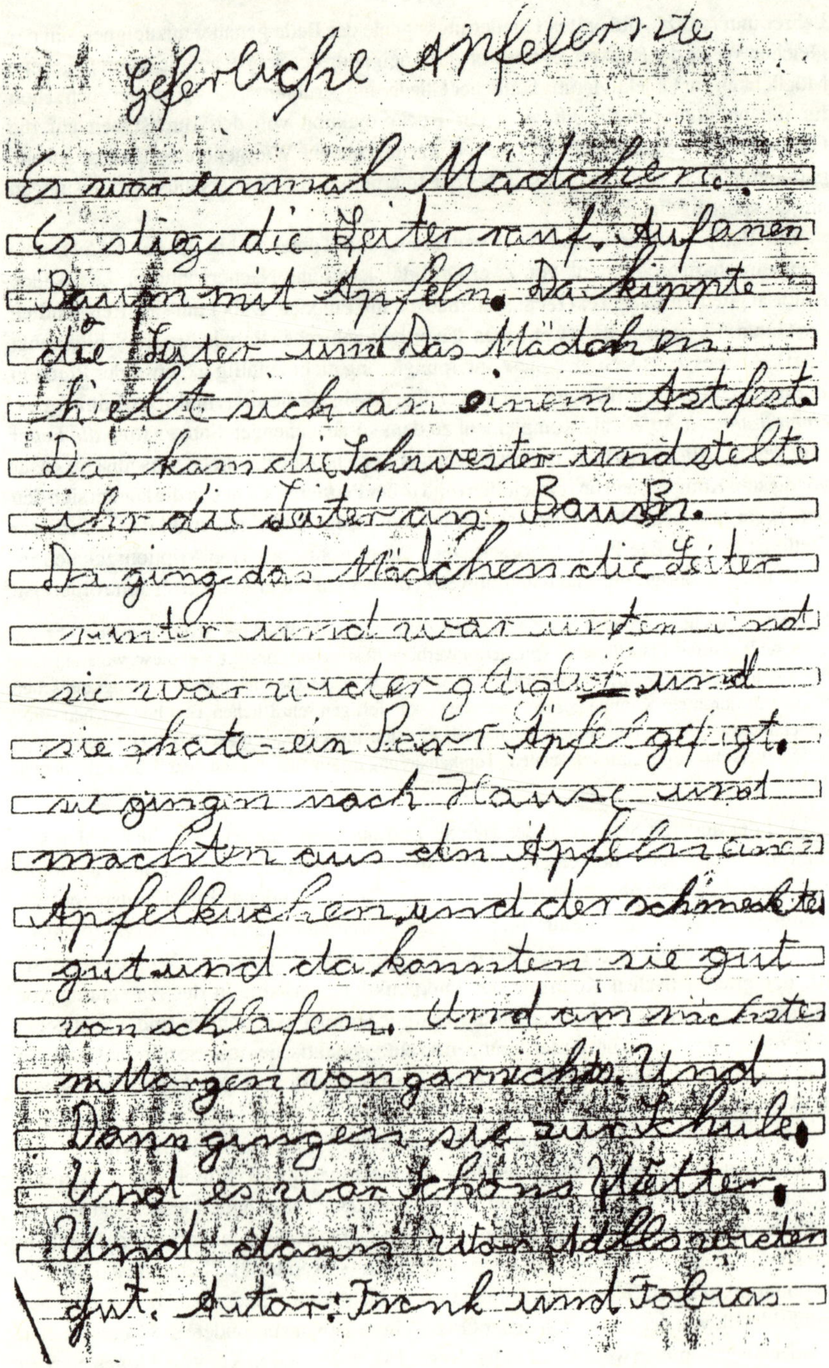

Geferliche Apfelernte

Es war einmal Mädchen. Es stieg die Leiter rauf. Auf einen Baum mit Apfeln. Da kippte die Leiter und das Mädchen hielt sich an einem Ast fest. Da kam die Schwester und stelte ihr die Leiter an Baum. Da ging das Mädchen die Leiter runter und war unten und sie war wider glücklich und sie hate ein Paar Apfel gepflügt. sie gingen nach Hause und machten aus den Apfeln einen Apfelkuchen und der schmeckte gut und da konnten sie gut von schlafen. Und am nächsten Morgen von gar nichts. Und Dann gingen sie zur Schule. Und es war schönes Wetter. Und dann riten Alles weiter gut. Autor: Frank und Tobias

Abb. 15 Text von Frank und Tobias: *Geferliche Apfelernte*

Interpunktionszeichen in Einheiten gegliedert (Schlußpunkte bzw. -zeichen, Initialmarkierungen) und diese eventuell noch binnenstrukturiert (Kommata, Semikolon usw.). Diese Grundstruktur der Orthographie-Analyse ist insofern direkt auf die Lerner- und sinnvollerweise auf die Lehrerperspektive bezogen: Sie bestimmt das Vorgehen auch in den späteren Teilen: So wie hier die sogenannten „*Satz*zeichen" aus der Ausgliederung der dem Satz gegenüber „höheren" Ebene des Textes entwickelt werden, so werden später die „Wortzeichen" (logographische Markierungen: Getrennt-/Zusammenschreibung, Klein/ Großschreibung) aus der „höheren" Ebene der Satzgliederung (syntaktisch) entwickelt, statt als lexikalisch am „Wortbild" festgemacht, und schließlich die „Buchstabenzeichen" aus der Ausgliederung von Wort-/ Silbenstrukturen entwickelt, statt in der direkten Zuordnung zu „Lauten" fixiert: Schematisch läßt sich das wie folgt zusammenfassen:

Analyseebene -einheit	orthographische Markierung	ausgegliederte/ markierte Einheit
Text	⟶ Interpunktion	⟶ Satz
Satz	⟶ logographische Markierungen	⟶ Wortgruppen
Wort(Silbe)	⟶ Buchstaben(-folgen)	⟶ Laute

Die Pfeile sollen die Analyserichtung markieren, die zirkulär umgedreht wird, wenn die orthographischen Markierungen direkt als Eigenschaft der so erst *konstruierten* Einheiten gelernt werden sollen (sofern nicht ohnehin die Analyse durch intellektfeindliches Memorieren abgeblockt wird). Das Schema illustriert die Probleme in der Perspektive des *Schreibers*. Für den *Leser* nimmt die Rekonstruktion des Textes den umgekehrten Weg zur Pfeilrichtung im Schema - aber eben indem er an den Einheiten der „niedrigeren Ebene" graphische Instruktionen erhält, die die Strukturen der höheren Ebenen zugänglich machen.

Zum Abschluß dieses Problemaufrisses der Interpunktion möchte ich nochmals auf die Problemstellung von Teil I zurückkommen: Läßt sich die hier entworfene Entwicklungslogik der Ontogenese der Kontrolle über die Interpunktion als Rekapitulation der Soziogenese der Textgliederungsmittel verstehen (s. Kapitel 4)?

Auf die Frühphase dieser Entwicklung (Herausbildung von Worttrennung u.dgl.) komme ich später noch einmal zurück. Für diesmal soll es nur um den Vergleich mit der Entwicklungsphase gehen, in der explizit Texte für eine breite Leserschicht produziert wurden, also die Frühphase des Buchdrucks vom 15. bis ins 16. Jahrhundert. Das folgende Beispiel reproduziert zwei Seiten aus einem Druck von etwa 1530 aus Valentin Ickelsamers *Teutsche Grammatica*.*

---

* J. Müller (Hg.), *Quellenschriften und Geschichte des deutschsprachigen Unterrichtes bis zur Mitte des 16. Jahrhunderts.* Gotha 1882 (Nachdruck Hildesheim: Olms 1969) mit Teilabdruck und Kommentar.

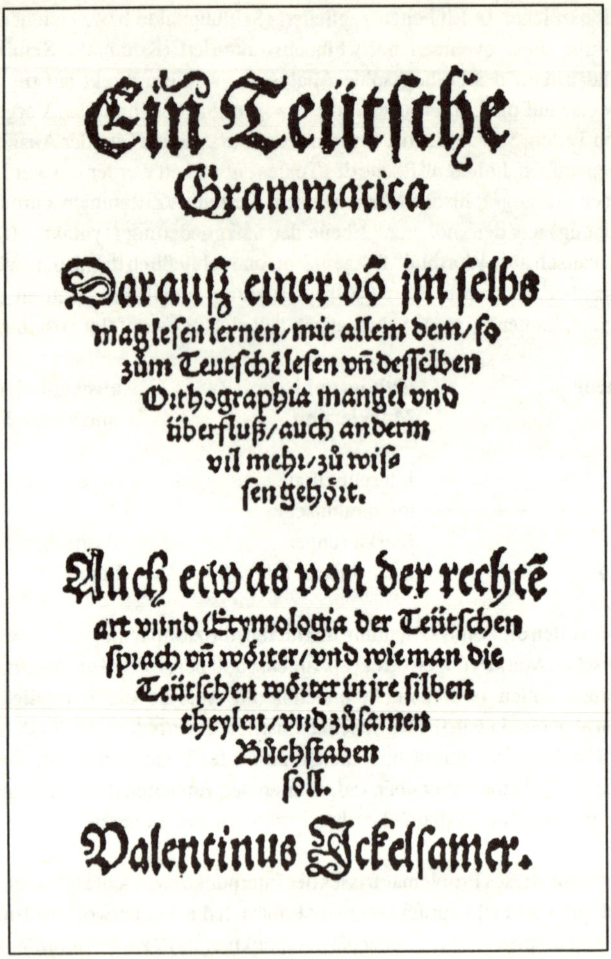

> # Ein Teütsche
> ## Grammatica
>
> ### Darauß einer vō jm selbs
> mag lesen lernen/ mit allem dem/ so
> zum Teutschē lesen vn̄ desselben
> Orthographia mangel vnd
> überfluß/ auch anderm
> vil mehr/ zū wiss
> sen gehört.
>
> ### Auch etwas von der rechtē
> art vnnd Etymologia der Teütschen
> sprach vn̄ wörter/ vnd wie man die
> Teütschen wörter in jre silben
> theylen/ vnd zūsamen
> Buchstaben
> soll.
>
> ## Valentinus Ickelsamer.

Abb. 16

NB: Die Drucke damals waren noch ohne Seitenzählung; sie waren für den Buchbinder nach den Druckbögen geordnet, die je nach Format, also nach der Anzahl der Blattfaltung des Bogens, auf der Vorderseite des Druckes noch Blattzählungen für diese Bögen enthielten; hier handelt es sich um ein Oktavformat, in der technischen Zählweise der Bibliographien ist die Stelle Abb. 17 demnach bestimmt als: Bogen C, Bl. 6 verso und Bl. 7 recto).

Da die Buchstabenform heutigen Lesern manchmal Schwierigkeiten bereitet, gebe ich zunächst eine Abschrift des Textes, bei der ich auch die graphischen Kürzel auflöse; die entsprechend hinzugefügten Buchstaben stehen in runden Klammern. Für die weitere Diskussion behalte ich die Zeilengliederung des Textes bei, so daß der Rückgang auf den Text immer möglich bleibt. Ich gebe nur den Text von der Überschrift auf der ersten Seite bis zum Ende des zweiten Absatzes der folgenden Seite.

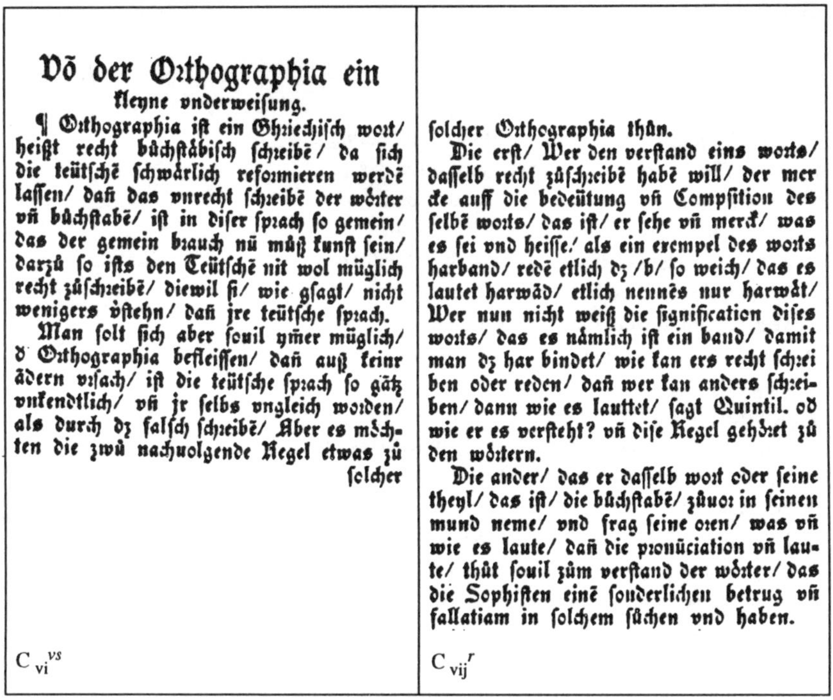

Abb. 17

(Bl. C 6ᵛ)

Vo(n) der Orthographia ein
kleyne underweisung.

1 Orthographia ist ein Griechisch wort
2 heißt recht buͦchstãbisch schreibe(n) da sich
3 die teütsche(n) schwãrlich reformieren werde(n)
4 lassen/dan(n) das unrecht schreibe(n) der worter
5 vn(d) buͦchstabe(n)/ist in diser sprach so gemein/
6 das der gemein brauch nu(n) muß kunst sein/
7 dazuͦ so ists den Teütsche(n) nit wol müglich
8 recht zuͦschreibe(n) / diewil si / wi gesagt / nicht
9 wenigers v(er)stehn/dan(n) jre teütsche sprach.
10 Man solt sich aber souil ym(m)er müglich /
11 d(er) Orthographia befleissen / dan(n) auß keinr
12 a(n)dern ursach / ist die teütsche sprach so ga(n)tz
13 unkendtlich / vn(d) jr selbs ungleich worden/
14 als durch d(as) falsch schreibe(n) / Aber es mocht-
15 ten die zwuͦ nachuolgende Regel etwas zuͦ

(Bl. C 7ʳ)

1 solcher Orthographia thůn.
2 Die erst / wer den verstand eins worts /
3 dasselb recht zůschreibe(n) / habe(n) will / der mer
4 cke auff die bedeütung vn(d) Composition des
5 selbe(n) worts / das ist / er sehe vn(d) merck / was
6 es sei vnd heisse / als ein exempel des worts
7 harband / rede(n) etlich d(as) /b/ so weich / das es
8 lautet harwa(n)d / etlich nenne(n)s nur harwět /
9 Wer nun nicht weiß die signifikation dises
10 worts / das es němlich ist ein band / damit
11 man d(as) har bindet / wie kan ers recht schrei
12 ben oder reden / dan(n) wer kan anders schrei=
13 ben / dan(n) wie es lauttet / sagt Quintil(ian) od(er)
14 wie er es versteht? vn(d) dise Regel gehěret zů
15 den wěrtern.
16 Die ander / das er dasselb wort oder seine
17 theyl / das ist / die bůchstabe(n) zůvor in seinen
18 mund neme / vn(d) frag seine oren / was vn(d)
19 wie es laute / dan(n) die pronu(n)ciation vn(d) lau=
20 te / thůt souil zům verstand der wěrter / das
21 die Sophisten eine(n) sonderlichen betrug vn(d)
22 fallatiam in solchen sůchen vnd haben.

Der Autor unseres Textes, Valentin Ickelsamer, kann als genialer Begründer der modernen deutschen Grammatik und eben auch der Rechtschreibung und des Rechtschreibunterrichts gelten. Er ist sicherlich eine der farbigsten Gestalten des frühen 16. Jahrhunderts, anfangs ein glühender Anhänger Luthers, dann auf der radikalen linken Seite seiner Gegner unter dem Einfluß der Schwärmer, insbesondere von Karlstadt. Aber er war nicht nur einer der damaligen Intellektuellen, die in zahlreichen Schriften in die Debatten eingriffen, sondern er war auch praktisch engagiert auf Seiten der aufständischen Bauern in den Kämpfen in der belagerten Stadt Rothenburg o.d.T., wo er als „deutscher Schulmeister" tätig war und im Konflikt mit dem offensichtlich recht unfähigen kirchlichen Schulmeister lag. Zu vermuten ist, daß er dort nicht nur den Schülern der Bürger Unterricht erteilte, sondern sich generell um die Volksalphabetisierung bemühte. Bei den Verhandlungen der belagerten Stadt spielte er eine gewisse Rolle, er wird als delegierter Volksvertreter in den Akten genannt - und wird nach der Niederlage der Bauern verfolgt. Er entkommt der ihm drohenden Hinrichtung durch die Flucht und ist vermutlich später in anderen Städten tätig (genaues weiß man nicht, einiges spricht dafür, daß er später in Erfurt tätig war). Ickelsamer war ein gebildeter Mann, der die theoretischen Kategorien der damaligen Grammatiktheorie für die Volksalphabetisierung nutzbar zu machen wußte (schon der Textauszug hier rekurriert auf einen der wichtigsten Theoretiker des Grammatikunterrichts, Quintilian; an anderen Stellen greift er ausdrücklich auf *die* Autorität des Grammatikunterrichts zurück, auf Priscian). Auf Ickelsamer werde ich noch öfter zurückkommen und dabei auch auf die hier zitierte Stelle. Im Zusammenhang dieses Kapitels soll uns aber zunächst nur die typographische Auszeichnung dieses Textbeispiels interessieren.

Die typographische Präsentation des Textes steht hier noch in der Tradition der älteren Handschriften, auf die auch die Buchstabenform zurückgeht, mit den für uns heute befremdlichen Differenzierungen unterschiedlicher Buchstabenformen bei *s*, bei *r*, komplementärer Verteilung von initialen und medialen Buchstabenformen bei *i* und *j*, bei *u* und *v* u.dgl. mehr. Entsprechend der noch fehlenden Paginierung sind andere Orientierungsmittel für den Leser (bzw. Buchbinder) vorgesehen, so vor allem die *Custoden* unten an der Seite, die das erste Wort der folgenden Seite wieder aufnehmen, so daß beim Zusammenlegen der verschiedenen Blätter bzw. Lagen keine Verwirrung entstehen konnte. Aus der handschriftlichen Tradition stammt auch die Gewohnheit, viele Buchstaben bzw. Buchstabenfolgen durch Kürzel über der Zeile auszudrücken, die ich hier in meiner Abschrift in den Klammern aufgelöst habe. Auf die orthographischen Besonderheiten des Textes gehe ich hier nicht ein: Bei der Behandlung der Klein- und Großschreibung werde ich noch einmal darauf zurückkommen. Im großen und ganzen ist die sprachliche Form schon sehr modern, zeigt allerdings entsprechend den damaligen sprachlichen Verhältnissen Besonderheiten der oberdeutschen Sprachform, die aber wohl keiner Erläuterungen bedürfen.

Sehen wir uns zunächst einmal an, wie der Text gegliedert ist. Der hier abgeschriebene Auszug aus dem Text enthält eine graphisch deutlich hervorgehobene Paragrapheneinteilung (von mir hier isoliert vier Paragraphen). Das Kapitel ist gegliedert durch eine Überschrift, die vom graphischen Platz her deutlich hervorgehoben ist, und deren erste Zeile durch größere Druckbuchstaben ausgezeichnet ist. Der Beginn des folgenden Kapitels ist dann durch das *Alineazeichen* zusätzlich markiert, das ebenfalls aus der älteren Handschriftentradition stammt (dort wurde dieses Alineazeichen meist noch mit roter Tinte ausgemalt, im Sinne der lateinischen damaligen Terminologie also *rubriziert* - von *rubrum* „rot", woher noch unsere heutige Terminologie der *Rubriken* stammt). Weitere Auszeichnungen sind zu Beginn jedes Paragraphen der initiale Großbuchstabe und am Ende jedes Paragraphen der Punkt (nur hier finden sich Punkte) - das entspricht also recht gut den Textauszeichnungen bei unseren Drittklässlern. Im Inneren der Paragraphen werden als Gliederungszeichen *Virgeln*, Schrägstriche, benutzt.

NB: Eine kurze Bemerkung zur Terminologie: Der Punkt geht zurück auf den lateinischen Terminus *punctum*, eine Partizipialbildung zu dem Verb *pungere* „stoßen", faßt also das visuelle Textgliederungselement gewissermaßen genetisch von dem Eindruck, den das Schreibgerät im Manuskript macht. Die Virgel (die im übrigen noch im Französischen *virgule* weiterlebt) hat ihre Bezeichnung von der Form des Zeichens; etymologisch geht der Ausdruck zurück auf lateinisch *virga*, in der Verkleinerungsform *virgula* „Zweig" bzw. „Zweigchen" (vgl. auch französisch *verge*). In unserer heutigen Orthographie, die in diesem Sinne auf das 17. Jahrhundert zurückgeht, entspricht der Virgel das Komma. Dieser Terminus stammt aus der Rhetorik bzw. der Musiklehre, wo das Komma ein rhythmisches Gliederungselement ist. Etymologisch gehört der Ausdruck zu einem Partizip von einem griechischen Verb mit dem Stamm *kop* - „schneiden" (gebildet wie *gramma* zu *graph(ein)*), bedeutet also das Abgeschnittene bzw. den Abschnitt. Sekundär bekam es dann auch die Bedeutung des Zeichens, mit dem graphisch Abschnitte in Texten markiert wurden, also dann eben mehr oder weniger synonym mit der Virgel, die es dann später sowohl graphisch wie terminologisch ersetzte. In den Texten des 16. Jhd. steht die Virgel oft entsprechend der „deutschen" Schrift als Gliederungsmittel in deutschen Textpassagen, das Komma (als „Kleine Virgel") entsprechend der lateinischen Schrift in lateinischen bzw. fremdsprachigen Passagen.

Sehen wir uns nun einmal den Anfang des Textes an. Der erste Paragraph enthält in syntaktischer Hinsicht fünf Sätze, die z.T. recht komplexe Satzgefüge darstellen mit Nebensatzkonstruktionen, eingeleitet mit *das* (die graphische Differenzierung zwischen dem Artikel *das* und der Konjunktion *daß* ist eine spätere Erfindung der barocken Grammatiker, die wir in diesem Text natürlich noch nicht finden). Die interne Gliederung des Textes nach Sätzen bzw. Satzreihen, insbesondere auch die hypotaktische Gliederung, wird regelmäßig durch Virgeln ausgezeichnet. Die Majuskelschreibung steht hier am Anfang ihrer Grammatikalisierung; sie kann, was die Wortarten anbetrifft, Nomen auszeichnen (d.h. also sowohl Substantive wie Adjektive) im Gegensatz zu Verben. Als syntaktisches Gliederungsmerkmal kann sie ebenfalls verwendet werden, wie insbesondere das großgeschriebene *Aber* zu Beginn einer neuen Periode im zweiten Paragraphen (Z. 14) zeigt.

Ohne daß ich das hier im Detail zu analysieren brauche, ist bei einem kursorischen Durchgang durch den Text deutlich, daß die Interpunktion hier weniger die syntaktisch/grammatische Struktur markiert (wozu ja auch differenziertere Interpunktionszeichen nötig wären, wie die Hierarchie von Punkt, Semikolon, Komma usw. heute zeigt). Aber bei der Interpunktion dieses Textes handelt es sich nicht nur um eine gegenüber der heutigen Interpunktion undifferenzierte Gliederung, sondern gleichzeitig auch um ein mehr an Differenzierung: Der letzten Virgel am Ende des ersten Paragraphen in Z. 9 entspricht in der heutigen Interpunktion keinerlei Satzzeichen („weil sie, wie gesagt, nichts weniger verstehen als ihre deutsche Sprache"). Um die Funktion der Virgel in diesem Text (bzw. generell in Texten dieser Zeit) zu verstehen, ist es nötig, den Text laut zu lesen. Dann zeigt sich, daß diese Virgeln Instruktionen zur prosodischen Gliederung des Textes sind, daß sie dort rhythmische Einheiten abtrennen. Das ist generell der Fall bei längeren Sequenzen, wobei die abgetrennten Einheiten auch syntaktische Einheiten sein können, wie in diesem Fall das Komplement zu einer Komparativkonstruktion, aber auch Einheiten, die rein aufgrund der Quantität so etwas wie eine Atemgruppe darstellen, ohne daß eine syntaktische Komplementsbeziehung vorliegen würde wie etwa bei Z. 5, wo mit einer Virgel das quantitativ recht umfangreiche Subjekt vom Verb abgetrennt wird („denn das falsche Schreiben der Wörter und Buchstaben ist in dieser Sprache so verbreitet, daß ...").

Das bedeutet aber nun, daß wir hier eine graphische Textgliederung im Rückgriff auf die Lautsprache haben, ohne daß dieser Rückgriff durch eine grammatische (syntaktische) Funktionsanalyse gefiltert wäre. Im Sinne des Stufenmodells, das ich oben vorgestellt habe, haben wir also eine phonographische Schreibweise. Und so kann es dann auch nicht verwundern, daß wir bei den, von heute aus gesehen, überschüssigen Zeichensetzungen die gleichen Phänomene finden, die wir vorhin auch bei der „Ontogenese" der Interpunktion bei Schülern der phonographischen Phase gefunden haben (vgl. mit der „überschüssigen" Virgel in Z. 9 den „überschüssigen" Punkt in Z. 2 des Aufsatzes „Geferliche Apfelernte" von Frank und Tobias).

Auf dieser strukturellen Ebene bestätigt sich also das Verhältnis von Ontogenese und Soziogenese. Grundlegend ist die logographische Stufe, die als Raumnutzung für die Ausgliederung von Sinneinheiten die frühen Texte bestimmt (das gilt so insbesondere für die archaischen Inschriften, die keinerlei Interpunktionszeichen haben; eine aufschlußreiche Parallele in dieser Hinsicht würde eine Untersuchung der zahlreichen Graffiti an öffentlichen Wänden bieten, die in gleicher Weise eine Gliederung durch Ausnutzung des Raumes auf der Wand oder dem Plakat u.dgl. instrumentalisieren.)

Die logographische Stufe ermöglicht als weitere Entwicklung die phonographische Phase, die zusätzliche graphische Signale zum buchstäblichen Schreiben einführt, um etwas dem Sprechrhythmus bzw. den anderen prosodischen Gliederungssignalen Äquivalentes in die Schreibung einzuführen. Sie entspricht mehr oder weniger der Produktion von Texten zum Vorlesen.

NB: Im übrigen ist ja auch sozialgeschichtlich bis weit in die Frühe Neuzeit hinein Lesen immer auch Vorlesen gewesen: man las laut, man las sich gewissermaßen die Texte auch selbst vor, wie es der katholische Ritus für das Brevierlesen den Geistlichen noch heute vorschreibt, die zumindest „mit den Lippen" mitlesen müssen. Hier gibt es übrigens in der Sozialgeschichte recht lustige Belege für diese Tradition des laut (Vor)Lesens - einerseits durch den sozialen Skandal, den jemand verursachte, der „still" las, andererseits aber auch die gutgemeinte Warnung antiker Autoren anzüglicher Texte an ihre Leserinnen, ihre Texte nicht in Gesellschaft zu lesen - d.h. also dann, wenn andere gewissermaßen durch das Zuhören herausfinden konnten, was für eine Art von Texten eine Frau las, die auf ihren guten Ruf bedacht sein mußte.

Die dritte Stufe der Entwicklung liegt dann bei der Herausbildung der orthographischen d.h. also grammatisch kontrollierten Interpunktion, wie wir sie für das Deutsche mit dem weiteren Gang der Kapitel genauer betrachten werden. Dabei ist nun allerdings anzumerken, daß diese orthographische Weiterentwicklung der Interpunktion so, wie sie im Deutschen fixiert worden ist, nicht unbedingt zwangsläufig mit der Entwicklung zur modernen Orthographie verbunden ist. Eine ganze Reihe anderer Orthographien (insbesondere die englische und die französische) sind noch sehr viel näher bei der phonographischen Phase geblieben, lassen dem Schreiber sehr viel größeren Raum bei der stilistischen Nutzung der Interpunktionszeichen für die prosodisch zu konstruierende Gliederung des Textes.

Das ist im übrigen der Hintergrund für die in diesem Jahrhundert heftig geführte Reformdebatte der Orthographie, die wie bei linguistisch angeleiteten Reformern generell phonographische Vorstellungen zur Norm der Reform machen wollte. Die internationalen Kongresse der Sprachwissenschaftler hatten in den 30er Jahren dieses Problem sogar als festen Tagesordnungspunkt, zu dem dann auf dem 5. Kongreß von 1939 eine vergleichende Dokumentation vorgelegt wurde. Darauf will ich hier nur verweisen.

Im übrigen gilt auch hier die grundsätzliche Bemerkung aus dem ersten Kapitel: Im strikten Sinne entwickle ich das Stufenmodell hier für die Aneignung der deutschen Orthographie, deren Regularitäten an die Strukturen der deutschen Sprache gebunden sind - sie erbringen ihre Leistung für Leser deutschsprachiger Texte. Hier gibt es im Hinblick auf Wortstellungs"freiheiten", Rahmenkonstruktionen u.dgl. solche Differenzen zu den nahe „verwandten" Sprachen wie dem Englischen und Französischen, daß eine normative Auszeichnung eines Orthographietypus unzulässig ist - das gilt für die „phonographische" Interpunktion im Hinblick auf das Deutsche, aber selbstverständlich auch für deren grammatische Regelung nach deutschem Muster in Hinblick auf andere Sprachen.

Schließlich bleibt gegenüber den Reformdiskussionen noch anzumerken, daß dabei in der Regel nicht hinreichend unterschieden wird zwischen der dem Schreiber eingeräumten Möglichkeit, orthographische (hier bezogen auf die Interpunktion) Freiräume zu nutzen, indem er die Abweichung von der orthographischen Richtnorm zur Repräsentation von

„Alterität" nutzen kann, und das eben dann in Hinblick auf die phonographische Notierung von prosodischen Strukturen - und der die Reformer als Zwangsvorstellung plagenden Programmatik einer nun ihrerseits normativen Vorschrift phonographischer Strukturen, die ab einer gewissen Detailliertheit in der Ausarbeitung dann nur noch eine Reihe von noch größeren Ungereimtheiten und Ausnahmeregelungen nach sich zieht. Das eine ist eine relative Liberalität im Eröffnen von stilistischen Freiräumen, das andere ist eine kanonische Richtschnur, die dem Leser eine Hilfestellung zur Strukturierung komplexerer Sätze gibt. Eine solche kanonische Richtschnur kann nur aus der grammatisch-syntaktischen Gliederung des Textes hervorgehen.

6. Kapitel: Literates gegenüber phonographischem Schreiben

Nach diesem kursorischen Durchgang durch die Onto- wie Soziogenese der Interpunktion können wir das entwicklungslogische Schema für die Rekonstruktion der Interpunktionsregeln zugrundelegen, also das Fundierungsverhältnis von Logographie-Phonographie-Orthographie. Sowohl in der Soziogenese wie in der Ontogenese der Schriftentwicklung steht am Anfang die graphische Ausgliederung/Isolierung von ganzheitlichen Sinneinheiten, für die ich hier im Sinne des griechischen Wortgebrauches den Terminus *logos* verwende (der im Griechischen nicht nur das Wort, sondern ganz generell auch den Satz bzw. die sinnvolle Äußerung bezeichnen konnte). Gegründet („fundiert") in dieser Entwicklungsphase ist dann die nächste Stufe der Durchgliederung des Geschriebenen als Abbildung der Gliederung des Lautlichen, also die Phonographie. Wir haben gesehen, wie in der Frühzeit der neuhochdeutschen Schreibungen (am Beispiel eines Druckes aus dem frühen 16. Jahrhundert) die Interpunktion zur *prosodischen* Gliederung des Textes diente, also als Abbildung der prosodischen Gliederung, die beim Vorlesen den entsprechenden mündlichen Text strukturieren würde. Die letzte Entwicklungsetappe der Orthographie markiert die graphische Gliederung des Textes als Hilfestellung/Instruktion zum Sinnerschließen durch den Leser.

Das festzuhalten ist umso wichtiger, als ein Blick in den maßgeblichen Duden es fraglich erscheinen läßt, ob die deutsche Orthographie diese letzte Etappe überhaupt erreicht hat. In der jetzt vorliegenden 19. Ausgabe von 1986, die gegenüber den früheren Auflagen weitgehend umgearbeitet worden ist, stellt sich diese Frage nicht mehr ganz so drastisch, wie bei den früheren Auflagen, die nicht nur die Regeln gaben, sondern ihnen eine systematische Zusammenfassung des Regelwerkes vorrausschickten. In der Neufassung müssen wir die Interpunktionsregeln unter den alphabetischen Stichworten suchen: so unter *Punkt* in der Regel 160 („„Der Punkt steht nach einem Aussagesatz"), dann vor allem die sehr komplexen *Komma*-Regeln, die allerdings doch noch mit einem generellen Einleitungsabschnitt begründet werden. Dort heißt es zunächst noch durchaus im Sinne der von mir hier versuchten Explikation der Orthographie: „Das Komma hat im Deutschen in erster Linie die Aufgabe, den Satz grammatisch zu gliedern" (S.38). Aber dann geht es weiter: „Daneben dient es dem *ursprünglichen* (Hervorhebung von mir) Zweck der Satzzeichen, die beim Sprechen entstehenden Pausen anzugeben. Beide Prinzipien, das grammatische und das rhetorische, lassen sich nicht immer in Übereinstimmung bringen. Zuweilen fordert das grammatische Prinzip ein Komma, wo der Redende keine Pause macht und umgekehrt. Andererseits vermag das grammatische Prinzip, vor allem bei Partizipial- und Infinitivgruppen, nicht alle Fälle eindeutig zu bestimmen. Daher gilt gerade beim Komma der Grundsatz, daß dem Schreibenden ein bestimmter Freiraum für feinere Unterscheidungen zugestanden werden muß." Hier wird also unterschieden in ein *grammatisches* Prinzip und ein *rhetorisches* Prinzip, das wohl in unserem Sinne als das der Phonographie zu verstehen ist. Dieses Dilemma war bei den vorausgehenden Auflagen noch deutlicher. So hieß es etwa in der 16. Auflage von 1967 generell zur Zeichensetzung („Interpunktion"): „Die *gesprochene* Sprache ist der geschriebenen darin überlegen, daß sie durch Betonung, Satzmelodie, Rhythmus und Tempo gliedern kann. Die *geschriebene* Sprache gliedert durch Satzzeichen, ohne jene Vorzüge der gesprochenen Sprache zu erreichen. Der Schreibende muß deshalb über unsere im folgenden gegebenen Richtlinien hinaus eine gewisse Freiheit in der Zeichensetzung haben" (S. 16).

Hier ist also ganz deutlich die Rede davon, daß die Aufgabe der Schrift phonographisch zu verstehen ist, daß aber - man versteht notwendig: „*leider*"! - diese Aufgabe nur unvollkommen gelöst ist. Das ist nun keineswegs ein Problem der Mannheimer Dudenredaktion, sondern so schon der Tenor der gesamten Tradition, in der der moderne Duden steht, angefangen bei demjenigen, dem der Duden sein Markenzeichen verdankt, bei Konrad Duden, einem reformengagierten Schulmann des 19. Jahrhunderts, der wie die meisten deutschen Sprachwissenschaftler damals, vor allem der wichtigste von ihnen, der sich um Rechtschreibprobleme kümmerte, Rudolf von Raumer, prinzipiell eine phonographische Position vertrat; nur aus pragmatischen Gründen und aus der immer herausgestellten nationalen Gesinnung verzichteten sie auf eine radikale phonographische Reform, immer mit der Betonung eines: leider!, weil sie diese für nicht möglich hielten, ohne die Einheit der Orthographie im Deutschen Reich in Frage zu stellen.

Die Fixierung der Rechtschreibung, wie sie dann mit der orthographischen Konferenz von 1901 im nationalen Maßstab erfolgte, wurde von Duden in den Ergebnissen zusammengefaßt und wird seitdem unter seinem Namen als Markenzeichen publiziert (vgl. im Impressum des Duden: „Das Wort DUDEN ist für Bücher aller Art für das Bibliographische Institut als Warenzeichen geschützt"). Diese merkwürdige Ambivalenz der Fixierung der Rechtschreibung: als ein mit Bedauern präsentierter Kompromiß, charakterisiert nicht nur die Abschnitte über Interpunktion, sondern, wie wir noch sehen werden, auch die Bestimmungen zur wörtlichen Schreibung (insbesondere die Klein- und Großschreibung) und schließlich die Buchstaben-Laut-Beziehungen, also die phonographische Komponente.

Für die Zeichensetzung hatte Konrad Duden schon 1876 ein Regelsystem fixiert, das kaum verändert dann später auch in den offiziösen Rechtschreibduden übernommen wurde (da dieser Bereich bei der orthographischen Konferenz von 1901 noch ausgeblendet wurde, geschah das erst in der 9. Auflage 1915).

Eine erste Durchsicht durch die Rechtschreibregeln des Duden vermittelt den Eindruck, als ob die Zeichensetzung weniger dramatisch sei als die übrigen Rechtschreibprobleme: Das gilt sowohl für den relativen Umfang der entsprechenden Bestimmungen, wie insbesondere für die relative Liberalität der Regelungen, die, wie schon die oben zitierte Formulierung zeigt, hier nicht in allen Fällen eindeutige Entscheidungen erzwingen (was das Regelwerk des Duden so komplex macht). Insofern ist aber auch bei dem Bereich der Interpunktion die Militanz der Reformvertreter geringer als bei anderen Bereichen, obwohl der Tenor der Diskussion eindeutig ist. Ich beschränke mich hier auf einige Beispiele.[1]

Für die neuere Reformdiskussion in der Bundesrepublik ist vor allem die Arbeitskonferenz für Rechtschreibregelungen von 1958 wichtig geworden, die als „Wiesbadener Empfehlungen" in der Literatur zitiert wird. Da heißt es z.B.: „Das Komma soll weitgehend auf die Fälle beschränkt werden, in denen das rhythmische Empfinden des Schreibenden mit der grammatischen Gliederung des Satzes übereinstimmt". Auch hier wieder die

---

[1] Als Überblicksdarstellung sei verwiesen auf den Band von Dieter NERIUS u.a., *Untersuchungen zu einer Reform der deutschen Orthographie* (Berlin-DDR: Akademie 1975).

Kompromißformel des schlechten Gewissens, mit der Generalklausel von der „weitgehenden" Beschränkung. Andere Vorschläge in dieser Debatte gehen hier weiter, z.B. die „Kommission für Rechtschreibfragen" bei der Österreichischen Akademie der Wissenschaften, die 1975 ein Gutachten zur Interpunktion vorgelegt hat. Da heißt es z.B.: „Man könnte ... eine grundsätzliche Umorientierung der Zeichensetzung ins Auge fassen, in dem Sinne, daß ihre Funktion, die Sätze grammatisch zu zerlegen, zurückzutreten hätte vor der anderen, Vortragszeichen zu setzen für die mündliche Wiedergabe des Geschriebenen, d.h. Pausen und Intonation anzuzeigen" (S. 82). Weiter heißt es da: „Schriftlichen Texten fehlt die Intonation gesprochener Sprache, d.h. Sprachmelodie, Satzakzentuierung, Pausensetzung. Dafür muß die Interpunktion, so gut es geht, Ersatz bieten" (S. 82-83).

Die mündliche Sprache ist also der alleinige Bezugspunkt; Lesen scheint noch wie in der Antike und im Mittelalter mit Vorlesen gleichgesetzt zu werden. Hier zeigt sich eine Blindheit gegenüber der Sozialgeschichte der Schriftkultur, die anachronistisch Verhältnisse in einer Entwicklungsphase zur Norm nimmt, als die Menschen, die überhaupt lesen konnten, mit wenigen Texten umgingen, die für sie eine große Bedeutung hatten, und die es rechtfertigten, sie sorgfältig und langsam zu lesen - im Gegensatz zu den heutigen Verhältnissen, wo wir angesichts der Fülle von schriftlich zugänglich werdenden Informationen gezwungen sind, Texte diagonal zu lesen, zu „überfliegen", angefangen bei der Zeitung bis hin zur wissenschaftlichen und unterhaltenden Literatur; dadurch wird übersehen, daß ein Vorlesen heute nur noch in marginalen Nischen eine Rolle spielt: bei der Deklamation von Lyrik oder beim Zitieren im wissenschaftlichen Vortrag. Insofern sind wir bei der Rechtschreibdiskussion der Interpunktion wieder bei den Mythen gelandet, die wir anläßlich des Goetheschen Diktums von Schreiben als dem Mißbrauch der Sprache im ersten Kapitel betrachtet haben.

Die einzelnen Reformvorschläge sind für unseren Zweck hier nicht von Interesse; interessant ist allenfalls, daß die radikalsten Positionen immer von Sprachwissenschaftlern formuliert worden sind (in dem österreichischen Gutachten von dem jetzigen Wiener Ordinarius für Allgemeine Sprachwissenschaft Wolfgang Dressler, sicher nicht zufällig in Übereinstimmung mit den Resolutionen der Internationalen Linguistenkongresse, die ich im vorigen Kapitel erwähnt hatte). Da wo diese Vorschläge über Prinzipienerklärungen hinausgehen und ein detailliertes Regelwerk vorschlagen, geraten sie bei phonographischen Problemen notwendig in Schwierigkeiten: Schließlich gibt es nahezu unbegrenzt viele Möglichkeiten, einen Text *zu sagen*, die Möglichkeiten der Intonation haben nicht die Beschränkung der Variation in der schriftlichen Äußerung. Dem versuchen etwa auch die österreichischen Vorschläge Rechnung zu tragen, indem sie so wenig Zeichen wie möglich verlangen, mit der konsequenten Vorschrift, die allerdings für den Normalschreiber sicherlich kaum hilfreich sein würde, nie ein Interpunktionszeichen zu setzen, wo in einem anderen Sprachregister keines erforderlich wäre (schließlich gibt es in einer langsamen, überdeutlichen Aussprache hinter jedem Wort eine Pause, ist also in diesem Sinne ein Pausenzeichen möglich; mit der traditionellen Virgel-Notation könnte ich also schreiben: *jetzt/bin/ich/zuhause*).

Dieser Exkurs in die phonographisch bestimmten Rechtschreibdebatten ist nicht nur nötig, weil sie die Regeln der Interpunktion im Duden bis heute bestimmen, sondern weil sie noch deutlicher auch die Grundregeln für die Rechtschreibdidaktik liefern. Das soll ein Beispiel aus einer Unterrichtseinheit über Zeichensetzung im 3. Schuljahr verdeutlichen.

In dem Unterrichtsentwurf hatte die Lehrerin ausdrücklich als Lernziel für die hier zu besprechende Stunde formuliert: „Die Verständlichkeit eines vorgelesenen Textes ist abhängig von der Intonation, den Pausen des Lesenden. Der Schreiber muß diese Hilfen durch das Setzen von Satzzeichen geben." In der ersten Unterrichtsphase sollten die Schüler freie Texte, die in der vorausgehenden Stunde produziert worden waren, austauschen und lesen (es handelte sich um Bildergeschichten). Diese Texte waren weitgehend ohne Interpunktionszeichen geschrieben worden, und der Lerneffekt, den die Lehrerin sich hier erwartete, sollte sein, daß die Schüler diese Texte nicht erlesen könnten, da sie keine Interpunktionszeichen hatten. Zu ihrer Verblüffung hatten die Schüler aber keine derartigen Probleme (wo sie Probleme hatten, lag es daran, daß sie die schlechte Schrift ihrer Mitschüler nicht lesen konnten): Die Syntax der Texte war eben so stereotyp schematisch, wie wir das im vorigen Kapitel gesehen haben; sie bereitete daher für ein sinnerschließendes Lesen keinerlei Probleme: Das sinnerschließende Lesen hatte gewissermaßen nur noch die Aufgabenstellung, die lexikalische Belegung der stereotyp vorgegebenen syntaktischen Variablen herauszufinden.

Nachdem so schon das phonographische Lernprogramm in der ersten Unterrichtsphase gescheitert war, bahnte sich in der zweiten eine kleine Unterrichtskatastrophe an. Die Lehrerin hatte ein Arbeitsblatt vorbereitet, das ohne Interpunktion von den Schülern gelesen werden sollte.

1 Abends allein zu Hause
2 Tilli rieb sich die Augen er lag in seinem warmen Bett
3 und er hatte eben von einem riesengroßen Berg geträumt
4 den war er auf seinem Hosenboden heruntergerutscht
5 war schneller und schneller gerutscht und plötzlich
6 war er unten ins Wasser geplumpst das hatte einen riesen~
7 großen Platsch gegeben und da war er aufgewacht Tilli
8 machte seine Augen auf es war stockfinster nur dort
9 hinten wo das Fenster ist sah er einen Lichtfleck.
(Arbeitsblatt, 3. Schj., 1979)

Der Text wurde auch auf einer Folie präsentiert, und ein Schüler sollte ihn vorlesen. Obwohl dieser Text syntaktisch komplexer war als die vorigen Schülertexte, hatte auch dieser Schüler kaum Probleme damit. Auch er besteht letztlich wiederum nur aus Hauptsätzen, je nach Sequenzierung wird man elf oder zwölf solcher Sätze zählen. Das stereotype Schema ist wiederum Subjekt-Verb-Komplement. Nur an vier Stellen wird das Schema variiert durch eine Inversion, die aber nun in der gleichen Weise stereotyp in den vier Sätzen vorkommt: In dem Satz Z. 4 (*den war er heruntergerutscht*) sowie in den drei Sätzen mit einer adverbialen Belegung der ersten Satzposition (*und plötzlich war er ... geplumpst; und da war er aufgewacht; nur dort ... sah er einen Lichtfleck*). In diesem letzten Satz ist allerdings ein weiterer Relativsatz eingebettet: *wo das Fenster ist*. Der Schüler las also den Text fließend, bis auf eine einzige Stelle, an der er charakteristischerweise ins Stocken geriet: Z. 5/6 las er: *und plötzlich war er unten* ↓ (↓ steht für die fallende Intonation) d.h. beim sequenziellen Erlesen kategorisierte er diesen Satz als Satzeinleitungsmarkierung (*und*) - Adverb (*plötzlich*) - finites Verb in Inversion (*war*) - Subjekt (*er*) - Komplement (*unten*) - und damit war für ihn der Satz zu Ende. Jetzt las er weiter: *ins Wasser geplumpst*, ohne einen syntaktischen Anschluß an die folgende Sequenz (*das hatte ...*) zu finden. An dieser Stelle stockte er. Er mußte hier seine vorläufige syntaktische Kategorisierung des vorausgehenden Satzes revidieren und dieses Element *ins Wasser geplumpst* zu dem Komplement des vorherigen Satzes schlagen. Das war die einzige Stelle, an der das Fehlen der Interpunktion das Erlesen erschwert hatte, bzw. wo die Einsicht in die Interpunktion als eine Erleichterung des Erlesens möglich war.

Spiegelverkehrt dazu war aber der Fall in Z. 8: Ohne Pausenmarkierung und ohne markanten Intonationsbruch las der Schüler in einem Zug: *nur dort hinten wo das Fenster ist sah er einen Lichtfleck*. Der attributive Einschub mit dem Relativsatz *wo das Fenster ist* ist quantitativ so kurz, daß er keine Pause benötigt, ebensowenig wie auch ein adjektivisches Attribut nicht durch Pausen abgetrennt wird. Insofern war gerade durch die Aufgabenstellung an dieser Stelle keine Einsicht in die Notwendigkeit zur Interpunktion möglich (selbst wenn der Schüler so gelesen hätte, wie es in etwa der „rhetorischen Norm" entspricht, hätte er eine Pause am Ende des Relativsatzes markiert, nicht aber an seinem Beginn; eine Virgelnotation hätte vielleicht so ausgesehen: *nur dort hinten wo das Fenster ist/sah er...*).

Fazit: In der phonographisch ausgerichteten Aneignung der Interpunktion wird es für die Schüler unmöglich, die orthographische Zeichensetzung zu erlernen. Der Rückgriff auf die Phonographie ist nur als Umwegstrategie zum Erlernen des Durchgliederns der Texte nötig. Mit ihr entdecken Schüler, daß Äußerungen gegliedert sind; und die phonetischen Beobachtungen eröffnen ihnen den Horizont für die Analyse der Textgliederung. Aber wenn sie einmal die Gliederbarkeit der Äußerungen entdeckt haben: also die Gliederung eines Textes in Sätze und die Gliederung komplexer Sätze in einfache Satzkomponenten, dann brauchen sie andere Kategorien, um sich die Perspektiven der Interpunktion zu erschließen, eben die *grammatischen* Analysekategorien der Syntax.

Faktisch ist das aber auch die Position des Duden, der unter dem Zwang, nachvollziehbare Regeln zu liefern, auf grammatische Regularitäten abstellt. So heißt es etwa in dem maßgeblichen Erläuterungsband zur Interpunktion:[2] „Der Satz ist eine gegliederte Sinneinheit. Er soll als einheitliches Gebilde gelesen und gesprochen werden. Seine Teile, die Satzglieder, stehen in enger Verbindung miteinander, diese Verbindung darf nicht durch Kommas gestört werden, es sei denn, daß einzelne Satzglieder aus mehreren Wörtern gleicher Art und Funktion bestehen... oder mit nachgestellten genaueren Bestimmungen u. dgl. versehen sind. Entsprechendes gilt für die Teilsätze im zusammengesetzten Satz." (S. 30) Das Regelwerk operiert explizit mit syntaktischen Analysekriterien, aber vom Anspruch des Unternehmens her steht der Duden nicht dazu, das phonographische Schriftverständnis steht ihm im Wege.

Hier hat nun die jüngere Diskussion eine Wende gebracht, wobei vor allen Dingen die Arbeiten aus der DDR um Dieter Nerius eine entscheidende Rolle gespielt haben. Für die bundesrepublikanische Diskussion ist ein Aufsatz von Peter Eisenberg von 1979 wichtig geworden:[3] Eisenberg zeigt dort, daß faktisch jede Duden-Regel syntaktisch formulierbar

---

[2] Dieter BERGER, *Duden: Komma, Punkt und alle anderen Satzzeichen*, Mannheim: Bibliographisches Institut 1968.

[3] EISENBERG, *Grammatik oder Rhetorik. Über die Motiviertheit unserer Zeichensetzung.* (*Zeitschrift für germanistische Linguistik* 1979:323 - 337).

ist, daß der Rückgriff auf die „Rhetorik" hier nur Verwirrung stiftet. In diesem Sinne sind denn auch die neuesten Reformvorschläge verfaßt, die am Mannheimer Institut für deutsche Sprache (dem der Duden angeschlossen ist) eine „Kommission für Rechtschreibfragen" vorgelegt hat.[4] Die Interpunktion wird hier ausdrücklich als Instruktion für Leser gefaßt, die vorgibt, wie der Text zu gliedern ist, wie der Sinn zu erschließen ist. Die Regeln sind entsprechend rein syntaktisch formuliert (bemerkenswerterweise hinkt die später erschienene 19. Auflage des Duden von 1986 hinter dieser Entwicklung her).

Fassen wir die Überlegungen des letzten und dieses Kapitels zusammen:

1. Die Regelmäßigkeiten der Interpunktion (Zeichensetzung) sind zu bestimmen in Hinblick auf ihre Leistung für den Leser; als Hilfen zur grammatischen Strukturierung eines Textes. Die Interpunktion drückt also eine *literate* Textgliederung aus, die aus der *oraten* Gliederung (Prosodie) nicht abgeleitet werden kann.
2. Im Sinne des Enwicklungsmodells kann auch für die Interpunktion davon ausgegangen werden, daß der sie fundierende Monitor als Entwicklungsetappe aus dem oraten Monitor hervorgegangen ist, in der Auseinandersetzung mit neuartigen Aufgaben bzw. als Entwicklung zu derer Bewältigung. Die entsprechenden literaten Kategorien sind nicht *ganz* anders als die oraten, sondern sie sind eine andere (entwickeltere) Gliederung des Textes als die der oraten Strukturierung.

Insofern gilt generell (nicht nur, aber insbesondere auch für die Interpunktion), daß die grammatische (literate) Strukturierung nicht unverträglich mit der oraten ist, nicht im Widerspruch zu ihr steht, sondern eben in einem Fundierungsverhältnis. Dieses Fundierungsverhältnis ist besonders deutlich da, wo der Anfänger bzw. jemand, der noch Schwierigkeiten hat und kein routinierter Schreiber ist, beim Schreiben mitartikuliert, sich einen Text vorspricht. Dieses Fundierungsverhältnis wird aber von der Reformdiskussion mit phonographischen Vorzeichen auf den Kopf gestellt. Die literaten Strukturierungen bilden Konstanten, die nicht auf die große Variation orater Gliederungsmöglichkeiten zurückgeführt werden können. Das Verhältnis von literaten zu oraten Gliederungen kann nur negativ bestimmt werden: Vielleicht ist es möglich zu sagen, daß alle literaten Gliederungen auch als orate nachvollziehbar sind, daß es keine literaten Gliederungen gibt, die orat unmöglich wären. Um nochmal das Beispiel aus der Unterrichtseinheit zu nehmen: *hinten/wo das Fenster ist/sah er einen Lichtschein*. Wo die Virgeln sind, muß in einem literaten Text entsprechend der deutschen Orthographie jeweils ein Komma stehen. In der oraten Gliederung *kann* an diesen Stellen durchaus auch eine Pausengliederung ansetzen - das *muß* aber nicht der Fall sein. Insofern ist die literate Gliederung orat nachzuvollziehen, nicht aber umgekehrt die literate Gliederung von einer oraten her zwingend gegeben.

Das entspricht aber nun dem Verhältnis der Schriftstufen, mit dem ich im allgemeinen Teil schon operiert habe. Die schriftliche (literate) Fixierung repräsentiert grammatische Strukturen mit phonographischen Mitteln. Graphisch repräsentiert wird also nicht das Gesprochene, sondern eine Struktur, die *in* dem Gesprochenen (möglich) ist.

Daraus folgt nun auch für die Rechtschreibdidaktik ein zentraler Gesichtspunkt. Der Schreibprozeß ist mit der reinen Niederschrift nicht abgeschlossen, die für Anfänger (also bei Schülern wohl immer) unter dem Eindruck des Oraten (des Mit-Artikulierens) erfolgt. Die literate Strukturierung ist letztlich erst im Stadium der Endkontrolle eines Textes

---

[4] s. *Die Rechtschreibung des Deutschen und ihre Regelung*, Düsseldorf: Schwann 1985.

dominant, wenn der Schreiber aus der Perspektive des Niederschreibens zur Perspektive des Lesers wechselt und unter den möglichen oraten Gliederungen (die ihm beim Schreiben präsent waren) diejenigen auswählt, die die grammatischen Strukturierungen indizieren, mit denen der Leser den Text strukturieren soll.

Um nun aber die Regularitäten der Interpunktion im Sinne dieser Vorgaben explizit rekonstruieren zu können, ist es nötig, die Grundbegriffe der grammatischen Analyse, hier also insbesondere der Syntax, zur Verfügung zu haben.

Anhang zum 6. Kapitel: Ergänzende Bemerkungen zur Geschichte der deutschen Zeichensetzung

Über die Hinweise im Text hinaus ist es aufschlußreich, die Konfrontation der phonographischen mit der grammatischen Sicht der Interpunktion historisch zurückzuverfolgen. Ein Forschungsbericht ist hier nicht beabsichtigt, da das anderswo ausreichend dokumentiert ist.[5]

Die neuere Entwicklung ist an die Demotisierung der Schrift im späten Mittelalter gebunden. Motor der Entwicklung war die Differenz zwischen dem lateinischen schriftsprachlichen Instrumentarium, das mit seinen differenzierten morphosyntaktischen Markierungen den Aufbau komplexer und doch transparenter Texte erlaubte, gegenüber den nicht-lateinischen Varietäten, die da, wo sie nicht nach dem Muster gesprochener Sprache (orat) ins Werk gesetzt wurden, oft sicher auch für die Zeitgenossen undurchsichtige Textkonglomerate produzierten; in der Kanzleipraxis war es denn wohl auch oft so, daß erst die lateinische Neuausfertigung einer zunächst „deutsch" gefertigten Urkunde den Anforderungen an Verständlichkeit genügte - aber eben nur für diejenigen, die Latein konnten! Die Interpunktion mußte hier Abhilfe schaffen - zur Gliederung der langen Perioden. So ist denn auch die Grundkategorie bei den „Orthographietheoretikern" des 15. und 16. Jahrhunderts, die sich mit der Interpunktion befassen (von Wyle, Steinhöwel, Ickelsamer u.a.) das *Verständnis* des Textes, das eine Gliederung der Perioden in kleinere *Sinn*-Einheiten verlangt (andererseits versteht es sich von selbst, daß Texte mit einer konfusen Syntax durch die Interpunktion allein noch nicht transparent wurden - die Ausbildung einer differenzierten „Prosa"-Syntax und der Interpunktion war ein verschränkter Prozeß). Ickelsamer formuliert es besonders prägnant:[6]

---

[5] Kompakt etwa bei D. NERIUS u.a. *Deutsche Orthographie*, Leipzig: Bibliographisches Institut 1987; für die ältere Grammatiktradition noch am vollständigsten bei M.H. JELLINEK, *Geschichte der neuhochdeutschen Grammatik von den Anfängen bis auf Adelung*, Heidelberg: Winter 1913,[2]1968; sowie St. HÖCHLI, *Zur Geschichte der Interpunktion im Deutschen. Eine kritische Darstellung der Lehrschriften von der zweiten Hälfte des 15. Jhds. bis zum Ende des 18. Jhds.* Berlin: de Gruyter 1987; für die neuere Diskussion seit Duden etwa W. MENTRUP, *Zur Zeichensetzung im Deutschen - Die Regeln und ihre Reform*, Tübingen: Narr 1983; praktisch ist die von B. GARBE herausgegebene Anthologie, *Texte zur Geschichte der deutschen Interpunktion und ihrer Reform 1462 - 1983*, Hildesheim: Olms 1984, die außer den Quellentexten und Beiträgen auch literarische Reflexionen und Beispiele idiosynkratischer Interpunktionspraxis versammelt, die die diskursive Formation illustrieren.

[6] *Teutsche Grammatica*, hier zitiert in modernisierter Orthographie, s. die Textstelle in dem schon erwähnten Sammelband von MÜLLER 1882, S. 157 - 158.

„Wie ein Leib seine Gelenke und Glieder hat, wodurch alles ordentlich und unterschiedlich aneinander hängt, so hat die Rede ihre förmliche Ordnung und (Ein)teilung, wo sie besteht und aufeinander gefügt wird, welches wie künstlich es durch die Syntax und Konstruktionen der acht Wortarten geschehen mag, will ich jetzt nicht beschreiben; ich will nur mit einem Wort aufs einfachste den Deutschen aufzeigen, wie sie (die „Rede" bzw. der Text, U.M.) so schön gemacht und zusammengesetzt ist und durch Zeichen und Punkte, die man dazu braucht unterschieden (= gegliedert, U.M.) wird; denn solches geschieht und nützt sehr, um den Sinn der Rede zu verstehen."

Daß es zu diesem Zeitpunkt darum gehen mußte, diese funktionale Grundbedingung der Zeichensetzung wieder zur Geltung zu bringen, wird dadurch besonders deutlich, daß Ickelsamer dem Unterschied zwischen den verschiedenen Interpunktionszeichen relativ wenig Bedeutung beimißt - die zeitgenössische Zeichensetzung mußte erst einmal wieder auf die Füße gestellt werden, bevor eine interne Durchgestaltung erfolgen konnte.

Bemerkenswert ist nun, daß in dieser Argumentation phonographische Überlegungen nicht vorkommen - im Gegensatz zur faktischen Interpungierung durch die Drucker, die offensichtlich phonographische Kriterien in die Vorlagen hereinbrachten und so zum erheblichen Teil das verwirrende orthographische Bild der frühneuzeitlichen Texte verschuldet haben (schon Steinhöwel versieht 1473 die Erklärung seiner Interpunktion mit dem begründeten Zusatz „... wo es von den trukern nit verendert ist" - die sich tatsächlich auch nicht daran gehalten haben, s. MÜLLER, S. 7 - 8).

Wo phonographische Überlegungen eine Rolle spielen, betreffen sie das (im Sinne der zeitgenössischen Alphabetisierungsverhältnisse verständlicherweise im Vordergrund stehende) *Vorlesen* (so etwa explizit bei Kolroß (1530, wieder in modernisierter Wiedergabe): „Dieweil aber die Punkte oder Virgel (Kommata, U.M.) nur gesetzt und geschrieben werden, um die Sätze oder Rede zu unterscheiden (= gliedern, U.M.), so sollst du auch Acht darauf haben, daß du bei einem jeden Punkt im Lesen ein suspiri (= Atempause, U.M.) hältst, das ist eines halben Atemzugs die Rede aufhältst und still hältst; so können es die Zuhörer umso besser verstehen", bei Müller S. 85).

Im Rahmen der großen grammatischen Synthesen und Normierungsbemühungen des Barock wurde dann das moderne System der Interpunktion entwickelt (einschließlich des erweiterten Inventars an Sonderzeichen gegenüber der eher „sparsamen" Praxis des 16. Jhds.), ausgehend von syntaktischen Grundbegriffen und funktional abgestellt auf die Leistung der Zeichensetzung bei der Textgliederung, und das bedeutete in einem einheitlichen Begründungszusammenhang mit den anderen graphischen Auszeichnungsformen: Klein-/Großschreibung, Bindestrich u.dgl. (so bei Harsdörffer nicht anders als bei Schottel, um nur zwei der wichtigsten Repräsentanten zu nennen).

Die phonographischen Vorstellungen kommen erst mit der normativen Wende im Sprachdiskurs zur Geltung, vor allem bei den Reformorthographen des 18. Jhds., wo etwa Freyer (1722) die Interpunktion direkt aus prosodischen Gliederungen ableitet - entsprechend dem jetzt axiomatisch gesetzten Primat der gesprochenen Sprache. Die daraus entstehende Konfusion vererbt sich in die Schulgrammatik, wie besonders bei Adelung deutlich ist, der in der Umkehrung der zitierten Argumentation von Kolroß nicht mehr Interpunktionszeichen in Instruktionen fürs Vorlesen *umsetzt*, sondern sie von der rhythmischen Gliederung der Sprache *herleitet*. Es ist das die zu Beginn des Kapitels angesprochene verkehrte Welt des Schriftdiskurses der Intellektuellen, die uns auch in den späteren Kapiteln der Phonographie weiter beschäftigen wird.

Bei den „praktischen Schulmännern" hat dieser Diskurs die Einsicht in die strukturellen Zusammenhänge dennoch nicht behindern können: Es läßt sich so eine durchaus gerade Filiationslinie der grammatischen Interpunktionsanalyse, funktional abgestellt auf die Probleme einer optimalen Textgliederung für den Leser, von Ickelsamer bis zur jüngeren Diskussion seit den 70er Jahren aufzeigen.[7] Auch Konrad Dudens Verständnis von Interpunktion war grammatisch - was ihn allerdings zu der Konsequenz nötigte, sie aus einer Schülerorthographie herauszulassen, da er die Syntax für zu komplex hielt (Interpunktionsregeln wurden auch nicht auf den orthographischen Konferenzen von 1876 und 1901 behandelt; in das unter dem Namen „Duden" verlegte Rechtschreibwerk wurden sie erst posthum 1915 in die 9. Auflage aufgenommen. Streng genommen bezieht sich entsprechend auch die offizielle Festschreibung der Orthographie in dem KMK-Beschluß von 1955 (s. S. 5) nur auf die Wortliste, ist die Interpunktion damit nicht geregelt.)

Aber die phonographische Position war seit der Mitte des 19. Jhds. im Kontext der positivistischen (später dann junggrammatischen) Etablierung der modernen „antiphilologischen" Sprachwissenschaft im Vormarsch - in Handbüchern wie bei Fr. Blatz[8] dominiert sie (s. zur Interpunktion dort Bd. II; S. 1296ff.) - grammatische Zusammenhänge werden hier zu Nebenfunktionen erklärt, auch wenn sie entsprechend der grammatischen Tradition tatsächlich die Formulierung der Regeln bestimmen.

Das führte zu dem stetig auswachsenden Reformdiskurs, der zunächst auf das „buchstäbliche" Schreiben (Laut-Buchstaben-Korrespondenzen) orientiert, dann, nach der Aufnahme der Interpunktion in die Rechtschreibbücher in diesem Jahrhundert, zunehmend auch auf die Interpunktion zielte - wie im Text angedeutet, unter maßgeblicher Beteiligung von sprachwissenschaftlicher Seite, vor allem unter dem Druck des in der strukturalen Sprachwissenschaft zunächst dominanten Phonologie-Diskurses. Ergebnis dieser Entwicklung war es, daß dann in den 70er Jahren die funktionale Betrachtung einer Neuentdeckung gleichkam, bei deren Durchsetzung der Forschungsgruppe in der DDR um D. Nerius (bei der Interpunktion vor allem R. Baudusch, s. NERIUS u.a. 1987) wohl das größte Verdienst zukommt. Die neuesten westdeutschen Reformvorschläge, die nicht mehr in den Text eingearbeitet sind, tragen dem jetzt auch Rechnung.[9]

---

[7] Nur zwei nicht allzu oft erwähnte Titel seien genannt: J. WEISKE, *Theorie der Interpunktion aus der Idee des Satzes entwickelt*, Leipzig: Reichenbach 1838; H. ZOLLINGER, *Sinn und Gebrauch der Interpunktion*, Erlenbach/Zürich: Rentsch 1940.

[8] *Neuhochdeutsche Grammatik mit Berücksichtigung der historischen Entwicklung der deutschen Sprache*, Karlsruhe: Lang. 3. Auflage 1896 (Repr. Hildesheim: Olms 1970).

[9] S. die entsprechenden Abschnitte in: Kommission für Rechtschreibfragen d. Instituts f. deutsche Sprache (Mannheim), Hg., *Zur Neuregelung der deutschen Rechtschreibung*, Düsseldorf: Schwann 1989.

7. Kapitel: Syntaktische Grundkategorien der Interpunktion (nochmals: orat/literat), nicht nur in didaktischer Perspektive

In diesem Kapitel wird es darum gehen, die *Grundbegriffe* der syntaktischen Analyse zusammenzufassen, die als Begriffsrahmen für die Rekonstruktion der Interpunktion dienen, die also die schon mehrfach benutzte Redeweise von der grammatischen Artikulation der Texte explizieren. Es geht hier nur um die *Grundbegriffe*, nicht aber, was sich schon aus Platzgründen von selbst verstehen sollte, um eine detaillierte Darstellung der Syntax der deutschen Hochsprache. Soweit es für die Rechtschreibregeln erforderlich ist, werde ich im folgenden einige der syntaktischen Regularitäten mit dieser Begrifflichkeit expliziter entwickeln; zur einführenden Orientierung s. Anhang II.

Zugleich mit dieser Explikation der syntaktischen Grundbegriffe kann auch deutlicher werden, was mit der Unterscheidung orat und literat (orater/literater Monitor) im Gegensatz zu mündlich/schriftlich gemeint ist (siehe 2. Kapitel). Definitorisch sei zunächst festgehalten, daß orate Kategorien den *Hörer* orientieren, ihm die Strukturierung einer *mündlichen*, also *gehörten* Äußerung erlauben. Demgegenüber orientieren *literate* Kategorien den *Leser*, ermöglichen die Strukturierung einer schriftlichen, also *gelesenen* Äußerung.

Literat und orat beziehen sich also auf verschiedene Modalitäten der Sprachpraxis, sind nicht direkt miteinander vergleichbar. Das gilt insbesondere für die in diesem Zusammenhang öfter diskutierte Frage der unterschiedlichen Komplexität von oraten und literaten (mündlichen und schriftlichen) Texten. Die übliche Redeweise von der größeren Komplexität schriftlicher Texte ist ohne weitere Spezifizierung nicht haltbar: Transkriptionen von frei gesprochenen Texten (insbesondere bei Diskussionen) erfordern einen erheblichen Analyseaufwand, um sie syntaktisch interpretieren zu können (Anakoluthe, Wiederholungen, unklare Satzgrenzen, constructio ad sensum, Prolepsis und andere Strukturen frei gesprochener Texte machen diese erheblich komplexer als vergleichbare, sehr viel integriertere schriftliche Texte). Wenn man die syntaktische Komplexität orater und literater Texte messen will, kann das nicht im Vergleich solcher spontaner, in der situativen Interaktion produzierten Texte mit sorgfältig redigierten schriftlichen Texten geschehen (das Gegenstück zu spontanen Redebeiträgen wären etwa Notizen, die ja auch oft rein fragmentarischen Charakter haben); der Vergleich muß sich vielmehr auf in prinzipiell gleicher Weise homogene, also als Verknüpfung von Satzkonstruktionen explizierbare mündliche und schriftliche Texte beziehen.

Grundlegend für diese Überlegungen ist also die syntaktische Analyse, also die Analyse von Äußerungen bzw. des Produkts einer Äußerung, eines Textes. Die syntaktische Analyse bezieht sich auf die Struktur des Textes.

NB: Interessant wird die Frage nach der Struktur natürlich erst, wenn ein Text mehr als ein Element enthält (unter Element sei der Einfachheit halber hier ein Wort verstanden).

Die Strukturierung eines Textes hat zwei Seiten:
- einerseits die Ausgliederung eines Textes in *Einheiten*,
- und weiter, falls diese Einheiten mehr als ein Element enthalten: die Integration dieser Elemente zu der jeweiligen Einheit.

Diese Textstrukturierung erfolgt aber orat anders als literat: Orate Rede ist situativ gebunden, steht unter der Anforderung, so artikuliert zu sein, daß die Rede verständlich ist, ihre soziale

Wirkung tut; von daher gibt es für die orate Artikulation keine absolute/formale Formbestimmung. Demgegenüber bedeutet literate Artikulation die maximal explizite Form, die für jeden Kontext gilt (literate Struktur kann dadurch definiert werden, daß sie nicht für einen *bestimmten* situativen Kontext definiert ist). Literate Strukturen sind von dem maximalen Potential her definiert: sie sind so artikuliert, daß sie in allen Situationen die Spezifizierungen bieten, mit denen eine Interpretation möglich wird (in einer noch grundlegenderen Betrachtung: eine literate Struktur liefert mit dem Text ein mögliches Interpretationsschema, während nicht-literate Texte nur abhängig vom textextern vorgegebenen Interpretationshorizont analysierbar sind - was z.b. nicht literat strukturierte epigraphische Texte wie z.b. die Runeninschrift S. 27 nur „projektiv" lesbar macht; diese Hinweise können hier nicht mehr als die „Schnittstellen" zu einer Texttheorie bezeichnen, die hier selbstverständlich nicht nebenbei entwickelt werden kann).

NB 1: Die orate Abhängigkeit der Äußerungsform von der Äußerungssituation macht sie in hohem Grad unterbestimmt. So erklärt sich die situativ gebundene Interpretierbarkeit „elliptischer" Äußerungen. Nehmen wir als Beispiel das gleiche, das ich in Anhang II benutze, bei dem Fritz den Auftrag hat, den Fußboden zu putzen. Nehmen wir nun an, Fritz sei gerade dabei rauszugehen und jemand ruft ihm zu *Fritz - den Fuß -* - schon macht Fritz mit dem Aufwischen weiter. Unter den Bedingungen orater Rede ist die Äußerung interpretierbar, also als abgeschlossen anzusehen; sie wurde von Fritz auch so verstanden, und daher nicht weiter expliziert. Von der Form her ist die Interpretation unterbestimmt, wie sich daran zeigt, daß eine Äußerung *Fritz - den Fuß-* situativ auch in ganz anderen Situationen möglich und verständlich ist (man ergänze etwa in einer Situation, wo jemand mit Fritz im Auto fährt: *vom Gaspedal!*). Allerdings gibt es hier fließende Übergänge zur interpretativen Unterbestimmtheit der (auch schriftlichen) Sprache, die unter den Etiketten von Sinn und Bedeutung, Vagheit, Ambiguität etc. diskutiert wird und zu dem theoretisch grundlegenden Problem der sprachlichen *Form* führt, das hier nicht zu diskutieren ist. Auf der in diesem Kapitel beschrittenen heuristischen Ebene sollte nur deutlich werden, daß es im Horizont dieses grundsätzlichen Problems eine Differenz von literater und orater Artikulation gibt - wie immer sie *theoretisch* zu begründen ist! Dieser Gegensatz von orat/literat wird noch deutlicher, wenn wir die Feinstruktur des Satzes betrachten. Die oraten Strukturen sind funktional abgestellt auf die Bedingungen des Hörens, also auf eine strikt lineare Verarbeitung der Äußerung. Beim Hören ist die Wahrnehmung strikt lokal. Was auch immer an Kontrasten für die Interpretation der lokalen Wahrnehmung erforderlich ist, muß im Kurzzeitgedächtnis erzeugt werden.

NB 2: Zum Terminologischen: das *Kurzzeitgedächtnis* produziert die Strukturen, die in der Sprachpraxis *aktuell*, also mit der jeweiligen Äußerung und ihrer Verarbeitung, produziert werden, das *Langzeitgedächtnis* produziert die invarianten Strukturmuster und das Lexikon, mit denen Äußerungen erzeugbar sind. Oder in einem aktuellen Bild: Das Kurzzeitgedächtnis ist ein Arbeitsspeicher, während das Langzeitgedächtnis einem Massenspeicher entspricht.

Literate Strukturen sind auf einen Leser abgestellt, der die Texte in einem zweidimensionalen Wahrnehmungsfeld verarbeitet, die Strukturen gewissermaßen in synoptischer Betrachtung produziert. Jedenfalls überblickt der routinierte Leser mit dem Lesen auch einzelner Textsegmente immer ein größeres Feld, während der Anfänger Buchstaben für Buchstaben entziffert (und daher beim „Lesen" oft nicht versteht, was er liest).

Orate und literate Strukturen entsprechen so unterschiedlichen Aufgabenstellungen. Eine orate Struktur entspricht einer Optimierungsaufgabe, eine maximale Textstrukturierung bei minimaler Kurzzeitgedächtnisbelastung zu bewerkstelligen. Dem entsprechen insbesondere zwei Bedingungen:

- orate Texte zielen auf die Abfolge konnexer Einheiten (sind strikt sequenziell),
- die Strukturelemente sind punktuell/lokal, also vorwiegend lexikalisch ausgedrückt.

Literate Texte haben diese Beschränkung nicht. So ist für die Standardsyntax des Deutschen die Klammerbildung charakteristisch, die die Konnexitätsforderung verletzt. Literat heißt es z.B.

... und er $\boxed{\text{hat}_{Vf}}$ ihn nach der letzten Familienfeier, die im Streit verlief, nicht mehr $\boxed{\text{gesehen}_{Vi}}$.

(Vf = finites Verb, Vi = infinites Verb)

Die Klammerbildung, die durch das gespaltene Prädikat ermöglicht wird, ermöglicht hier gleichzeitig eine maximale syntaktische Integration dieses Satzes: zu diesem Satz gehört alles, was zwischen *Vf — Vi* steht. Unter den Bedingungen der Mündlichkeit sind solche Strukturen kaum zu bewältigen: Das Gedächtnis des Hörers muß das *hat*$_{Vf}$ speichern, bis es zu dem Gegenpart, dem *gesehen*$_{Vi}$, kommt.

Der vergleichbare Satz würde in einer oraten Syntax entzerrt werden, sich der strikten Konnexität jedenfalls annähern, z.B.

er $\boxed{\text{hat}_{Vf}}$ ihn nicht mehr $\boxed{\text{gesehen}_{Vi}}$ nach der letzten Familienfeier, die im Streit verlief.

Zwar ist auch hier noch das Prädikat gespalten, aber zwischen den beiden Elementen stehen nur noch lexikalisch unselbständige Elemente, die keinen Akzent tragen.

Was das zweite Kriterium anbetrifft, die lokalen Strukturelemente, so ist für die orate Syntax charakteristisch, daß sie ihre Strukturierung durch Partikel vornimmt, die den Hörer orientieren und die in literaten Texten fehlen (*ja, eben, da...*). Eine solche Orientierung wird im Textverlauf auch mit Demonstrativen vorgenommen, wie etwa bei: *Ich will dir sagen, was da auf dich zukommt.* In der literaten Syntax fehlen solche Elemente, da sie ja für eine synoptische Textverarbeitung redundant sind.

Zu den wichtigsten Markierungen der Textorganisation gehören die Unterscheidungen:
- wovon die Rede ist: das *Thema* (das Gegebene/Bekannte)
- was davon gesagt ist: das *Rhema* (das Neue).

Orate Textorganisation tendiert zu einer strikt sequenziellen Ordnung: erst Thema, dann Rhema. Wenn situativ das Thema ohnehin evident ist, findet es in oraten Äußerungen oft auch gar keinen Ausdruck:

(wo ist der) Hase ⟶ dahinten!
               Thema   Rhema

Bei einer entsprechenden Situation, etwa auf einer Treibjagd, wird das Thema hier wahrscheinlich gar nicht ausgedrückt (*dahinten!*) im Gegensatz zu einer „literaten" Äußerung: *dahinten läuft der Hase.*

Spiegelverkehrt dazu operieren die Orientierungsverstärkungen in der oraten Textorganisation. Wo es für die Orientierung des Hörers sinnvoll erscheint, können orate Orientierungen kumulieren, auch negative, wie etwa:
Kein Fleisch habe ich nie gegessen!
Eine literate Textverarbeitung, die synoptisch immer sämtliche im Text vorkommenden derartigen Orientierungen gleichzeitig verarbeitet, bringt diese dann auch in eine hierarchische Beziehung, was z.B. erst die schulgrammatische Regel ermöglicht, nach der sich doppelte Negationen aufheben.

NB: Um Mißverständnisse zu vermeiden: Selbstverständlich ist nicht die *doppelte* Negation *orat*, die *einfache* Negation *literat*. Die normativen Regelungen der Vorschriften für die Negation gehören in den Bereich der Stilistik/normativen Grammatik, die allerdings traditionell die Schriftsprache anvisiert. Bei diesen Bemerkungen geht es mir darum, daß die Entstehung einer Vorschrift zur Vermeidung der doppelten Negation eine *literate* Haltung zur Sprache voraussetzt. Die Diskussion dieser Probleme ist übrigens schon alt: Sie ist von Anfang an bei der Verschriftung des Deutschen gegenwärtig: Otfried von Weißenburg etwa kommentiert schon um 870 die im *schriftlichen* Text zu vermeidende doppelte Negation der gesprochenen Sprache in einem Brief an Liutbert (s. im *Althochdeutschen Lesebuch* [16]1979, S. 96: Z. 76ff.).

Auf der gleichen Ebene von orater Orientierung liegen auch die sogenannten Topikalisierungsmarkierungen. Im gesprochenen Deutschen ist das die Anfangsstellung eines Satzteiles, dem ein Topikalisierungsmarker angehängt wird, der die Form eines Demonstratives hat. Ein schönes Beispiel dafür stammt aus der schon erwähnten Studie zur literaten Textorganisation bei ausländischen Kindern von Beckemeyer und Tophinke (s. S. 36 und Abb. 13 auf S. 35):
Meine Mutter und meine Schwester - die
Meine Vater - die
Hier handelt es sich ja nicht um Relativsätze, wie die fehlende Nebensatzstellung des folgenden Satzteiles deutlich macht (es handelt sich also nicht um einen eingebetteten Relativsatz in einem Matrixsatz, vgl. *Mein Vater, der bis zwei Uhr auf war, hat noch ferngesehen*). Bei diesen türkischen Kindern waren die entsprechenden Unterscheidungen von literater und orater Textorganisation durchaus operativ: Beim Abhören ihrer eigenen mündlichen Erzählung bearbeiteten sie redaktionell diese Passage so, daß sie die Topikalisierungsmarker eliminieren.

NB: Für die syntaktische Analyse liegen hier noch erhebliche Probleme, die aber keine Besonderheiten der Rechtschreibung bzw. der Differenz von literat/orat darstellen. In der traditionellen Darstellung (die auch in der jüngsten „generativen" bzw. transformationsgrammatischen Literatur überwiegt) spricht man von „linksversetzter" *Herausstellung* eines Satzgliedes, dessen Funktion im insofern auch abgeschlossenen folgenden Satz von einer „Proform" (Pronomen, Demonstrativ o.ä.) übernommen wird (vgl. auch spielgelverkehrt dazu die „rechtsversetzte Herausstellung" als Nachtrag, wie oben anläßlich des Schülertextes auf S. 54 angesprochen). Eine solche Sichtweise ist an dem traditionellen „phonographischen" Bemühen orientiert, solche syntaktischen Muster in die Schrift umzusetzen (sie sind in der älteren Literatur, etwa im „Nibelungenlied" keineswegs selten!): Die grammatisch geregelte Interpunktion erzwingt hier die Abtrennung der „herausgestellten" Elemente, die i.S. der syntaktischen Integration als Appositionen behandelt werden (s.u. Kapitel 9). Dadurch wird die Argumentation aber zirkulär: Schon die Regularität dieses Musters in gesprochener Sprache (die sich ja auch in ihrem frühen Erwerb durch die ausländischen Kinder zeigt!) spricht gegen eine Interpretation als *markierte* Form (wie es die *Herausstellung* in *schriftlichen* Texten ist). Vielmehr handelt es sich um die für die orate Syntax „normale" Topikalisierungsmarkierung, d.h. die Belegung des Vorfeldes des finiten Verbs, die

75

mit einer morphologischen Markierung der syntaktischen Formen verbunden ist, die der Form nach ein *Artikel* ist (pronominale Wiederaufnahmen, *Mein Vater, er hat ferngesehen*, scheinen mir hybride Bildungen zu sein, hyperkorrekte Anpassungen an die schriftsprachliche Norm entsprechend der Entwicklung von oraten „Demonstrativformen" und literaten Pronomina, vgl. orat *der ist zuhause*, literat *er ist zuhause*, auch orat *der Hans ist zuhause*, literat *Hans ist zuhause*). Diese Markierung ist umso wichtiger, als es für die orate Textstruktur charakteristisch ist, das topikalisierte Nomen sonst nicht in seiner Kasusfunktion zu markieren, vgl. *Mein Vater, den habe ich heute morgen gesehen.* (Es sei dahingestellt, ob dieser - in der literaten Tradition! - als „nominativus pendens" behandelte Fall darauf zurückzuführen ist, daß der Sprecher gewissermaßen die syntaktische Planung des folgenden Satzes noch suspendiert, gewissermaßen Zeit für diese gewinnen will). Welche Art von Analyse man hier bevorzugt, hängt von dem zugrundegelegten Grammatikkonzept ab. Für die Argumentation hier ist aber nur wichtig, daß für die Sprachlerner, hier im extremen Fall ausländischer Kinder, an diesem Punkt die Differenz von orater und literater Syntax bewußt ist und in ihrer Schreibpraxis genutzt wird. Im übrigen können diese Hinweise nicht mehr als einen Argumentationszusammenhang skizzieren; sie reichen selbstverständlich nicht aus, um syntaktische Kategorien (der Satzstruktur) aus solchen der Text- bzw. Äußerungsgliederung (wie z.B. *Thema* und *Rhema*) „abzuleiten".

Aus diesen Überlegungen ergeben sich einige allgemeine Konsequenzen für die Interpunktion. Der orate Stil besteht tendenziell in Sequenzen von informativen Einheiten, die auch intern sequenziell transparent („konnex") sind; tendenziell handelt es sich hier um reihende, also parataktische Texte. Diesem Stil entspricht auch das alte System der Interpunktion, wie wir es bei dem frühneuhochdeutschen Text des 5. Kapitels gesehen haben, wo der Text durch die graphische Absatzbildung und durch den Schlußpunkt in Makroeinheiten (Paragraphen) zerlegt wird. Intern besteht als Gliederungssignal für die sequenziell gereihten Mikroeinheiten nur noch die Virgel. Demgegenüber hat der literate Stil keine strikt lineare Gliederung, ist nicht konnex; hier *spannen* die strukturierten Elemente über größere Textsegmente, sodaß sie nur bei synoptischem Lesen wahrgenommen werden können. Hier sind entsprechend Interpunktionshilfen erforderlich, die in einer Hierarchie von syntaktischen Strukturierungen den Text zu gliedern erlauben.

Die Leistungen der Interpunktion, von denen aus die Interpunktionsregeln rekonstruiert werden müssen, sind also abgestellt auf den literaten Textaufbau. Wir haben schon gesehen, daß bei einer komplexen Syntax mit hypotaktischen Konstruktionen die Texte ohne Interpunktion schwer zu interpretieren sind. Machen wir uns noch klar, wie diese spezifischen Komplexionen der Syntax zu bestimmen sind. Als solche gehören sie zur „Oberflächen"syntax, deren Kategorien aber (es geht ja letztlich um die Bewerkstelligung der Interpretation des Textes!) ausgehend von der semantisch interpretierbaren „Tiefenstruktur" entwickelt werden. Die Grundkategorie der literaten Syntaxanalyse ist der *Satz* (literate Texte sind in Sätze zerlegbar). Aber Sätze werden nicht nur gereiht, sie können auch geschachtelt sein: Die Kategorie Satz ist also ein „rekursives" Element, das in der syntaktischen Struktur u.U. öfter wieder auftauchen kann. In solchen Fällen spricht man von Satzeinbettungen („Hypotaxen"), die die Syntax sehr komplex machen können, wie in dem folgenden Beispiel:

Hans hat Emma auf dem schönen, obwohl im Winter, wenn es dort auch oft, obwohl nicht so oft wie hier, wo es um diese Zeit, wenn wir hier auch heizen, friert, regnet, machmal kühlen, Mallorca ein Auto versprochen.

Das Beispiel ist zwar etwas an den Haaren herbeigezogen, die darin illustrierte Struktur aber ist keineswegs so ungewöhnlich, wenn man gedruckte Texte darauf einmal durchsieht. Die dort benutzten Rahmenstrukturen bzw. das Spannen von disjunkten syntaktischen Elementen können in dem folgenden Schema illustriert werden (die Verbindungslinien in der Waagerechten sollen die syntaktischen Bindungen der aufgespannten Rahmenkonstruktionen symbolisieren, die senkrechten Pfeile die Einbettungen in den jeweiligen Rahmen). Ohne Ansprüche auf eine psychologisch realistische Argumentation zu machen (wie sie in der Forschung durch die Untersuchung von Augenbewegungen, die beim Lesen vor- und zurückspringen, versucht wird), macht das Schema doch deutlich, was den Horizont des synoptischen Lesens und der darauf abgestellten literaten Struktur ausmacht. Selbst wenn man den Beipielsatz überdeutlich mit vielen Pausen und entsprechenden Intonationshilfen jemandem vorliest, ist er für diesen beim reinen Anhören kaum interpretierbar.

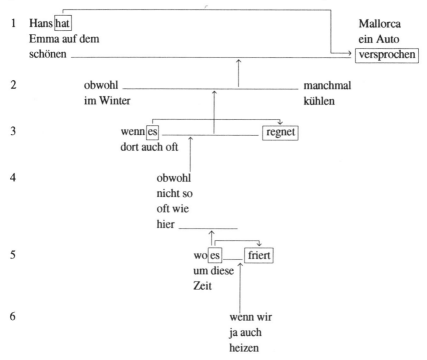

Das Schema macht aber noch etwas anderes deutlich. In dieser graphisch aufwendigen zweidimensionalen Darstellung schreiben wir ja normalerweise nicht (obwohl es entsprechende graphische Darstellungstechniken in der modernen Literatur, etwa bei Arno Schmidt, durchaus gibt!). An die Stelle dieser zweidimensionalen Gliederungsmittel tritt in der eindimensionalen linearen Schreibweise unserer Texte eben die Interpunktion. Und so werden wir in den nächsten Kapiteln die Leistungen der Interpunktion gewissermaßen als Projektion einer solchen graphischen Entzerrung syntaktisch komplexer Strukturen auf die lineare Abfolge unserer „Normalschreibungen" rekonstruieren.

Dabei wird sich dann allerdings zeigen, daß die bisher besprochenen Beispiele im Grunde noch recht unproblematisch sind: Die Belegung der Prädikatsergänzungen mit intern eindeutig strukturierten Variablen (nominalen ebenso wie Sätzen) ist eben auch von der Interpunktion her eindeutig zu markieren. Die größten Schwierigkeiten resultieren aus Belegungen, die gewissermaßen einen intermediären Status zwischen nominalen Konstruktionen und Sätzen haben, wofür in der Duden-Terminologie der Ausdruck von „satzwertigen" Belegungen steht, d.h. Belegungen der Variablen, die satzwertig sind, aber nicht die vollständige Struktur eines Satzes haben. Solche Belegungen sind an den syntaktischen „Amphibiencharakter" von Formen gebunden, die einerseits potentiell Prädikate sein können (also lexikalisch gesehen Verben), im syntaktischen Zusammenhang aber nominale Funktionen ausüben. Im Vorgriff auf die im folgenden im einzelnen zu besprechenden Probleme genügt es hier, nur ein Beispiel vorzustellen, das die Bandbreite von Nomen, nominaler (infiniter) Verbform, satzwertiger Einbettung und Satz illustriert:

Der Lauf hat ihn angestrengt.
Das Laufen hat ihn angestrengt.
Schnell laufen strengt ihn genauso an wie Zeitung lesen.
Er versprach ihm zu laufen.
Er versprach ihm, mit ihm um die Wette zu laufen usw.

In diesen Beispielen haben wir die ganze Bandbreite von Rechtschreibproblemen: Angefangen bei der Klein- und Großschreibung bis hin zu der Kommasetzung. Eine Auflösung dieser Probleme (wobei es, wie gesagt, zu unterscheiden gilt zwischen den Prinzipien, nach denen man eine Lösung suchen kann, und den Schwierigkeiten, in jedem Einzelfall eine eindeutige Lösung zu finden) ist offensichtlich nur möglich, wenn die mit der Rechtschreibung zu markierende Struktur syntaktisch hinreichend analysiert ist.

8. Kapitel: Die Zeichen der Zeichensetzung; das einfache Komma

Bevor wir uns die Regularitäten des *Gebrauchs* der Interpunktionszeichen klarmachen, betrachten wir diese in ihrer Materialität. Dabei erweist sich der Terminus der *Interpunktion* als irreführend, denn es handelt sich ja keineswegs nur um Punkte, die in den Text eingefügt werden. Einmal mehr bewahrt die Terminologie hier Spuren einer älteren Praxis: tatsächlich sind die ersten und ausschließlichen Interpunktionszeichen der früheren Schreibphasen Punkte. Ein Beispiel dafür ist die folgende Seite aus einem gotischen Codex aus dem 7. Jahrhundert (Codex argenteus), der allerdings schon ein fortgeschrittenes Stadium der frühen Interpunktion aufweist, nämlich eine Hierarchie von einem Punkt und zwei Punkten (in anderen Texten wird die Hierarchie noch weiter differenziert durch die Hinzunahme von drei Punkten).

Die Seite zeigt eine Textpassage aus dem Matthäus-Evangelium (in der modernen Zählung 8. Kap., Vers 17-23).[1] Es handelt sich um eine kalligraphisch ausgeführte Pergamenthandschrift (im Original auf purpurgetränktem Pergament mit silberner Tinte geschrieben; als Auszeichnungsschrift wurde dabei auch goldene Tinte verwendet, die inzwischen schlechter lesbar ist: das sind die blasseren Passagen der Reproduktion). Die Seite zeigt in der älteren Einteilung der Evangelien in Abschnitte („Sektionen") die Sektionen 68 und 69, die am linken Rand durch die spezifische gotische Schreibweise der Zahlen mit Buchstaben notiert sind: JH = 68, Jþ = 69. In den Arkaden am unteren Rand der Seite sind die Evangelien aufgeführt: in der linken Arkade das jeweils präsentierte Evangelium (Matthäus mit den auf der Seite wiedergegebenen Abschnitten), in den drei weiteren Arkaden die anderen drei Evangelien jeweils mit korrespondierenden Abschnitten. Das Interpunktionssystem der gotischen Schreiber können wir uns an dem Anfang der Seite, insbesondere den Zeilen 5 - 8 verdeutlichen. Zunächst nochmal eine Umschrift in lateinischen Buchstaben (ergänzt um þ = „Thorn" wie im engl. „th" und H/ für den labiovelaren Frikativen [h + u̯]):

1 PRAUFETU‖QUIþANDAN‖•SA‖UN
2 MAHTINS‖UNSAROS‖USNAM‖JAH‖
3 SAUHTINS‖USBAR‖•GASAIH/‖ANDS‖
4 þAN‖IS̄ (= JESUS)‖MANAGANS‖HIUHMANS‖BI‖
5 SIK‖•HAIHAIT‖GALEIþAN‖SIPON
6 JANS‖HINDAR‖MAREIN‖:
7 JAH‖DUATGAGGANDS‖AINS‖BOKA
8 REIS‖(...)

Wie bei allen frühen Schriften handelt es sich hier um eine kontinuierlich geschriebene Schrift (*scriptio continua*), die keine Worttrennung vornimmt. Zur Verdeutlichung habe ich mit dem Zeichen ‖ die Wortgrenzen markiert; auch die Worttrennung am Zeilenbruch wie hier bei Z. 1/2, 5/6 und 7/8 wird im Manuskript nicht notiert.

Zunächst einmal die Übersetzung, die ich möglichst wörtlich in der Wortfolge des Originals gebe: *(durch den) Propheten sagend: unsere Schwächen* (wörtlich: „*die Schwächen unsere*") *nahm (er) weg und (die) Krankheiten trug (er) weg. Als Jesus dann sah*

---

[1] Reproduktion aus der Faksimile-Ausgabe von OTTO VON FRIESEN, *Codex Argenteus Upsaliensis jussu senatus universitatis phototypice editus*, Uppsala: Universitätsverlag 1927.

Abb. 18 Codex Argenteus

(wörtlich: *„Sehend dann Jesus") große Volksmengen bei sich, hieß (er) gehen (die) Gefährten hinter (das) Meer: und hinzugehend ein Schriftgelehrter ...*
Das syntaktische Trennungszeichen ist ein einfacher Punkt, der etwa auf der Mitte der Zeilenhöhe gesetzt wird, wie in Z. 1, 3 und 5. Größere Abschnitte, insbesondere die „Sektionen", werden mit einem Doppelpunkt am Ende markiert wie hier in Z. 6. In diesem Fall bleibt auch der restliche Zeilenplatz unausgefüllt, die neue Sektion beginnt in Z. 7, die ganz in der (heute verblaßten) Goldschrift geschrieben ist und deren erster Buchstabe zusätzlich noch als Initiale größer ausgezeichnet ist.

Gegenüber diesem noch sehr rudimentären Interpunktionsinventar und auch dem in den Frühdrucken verwendeten (siehe das 8. Kapitel) ist das heutige Inventar sehr viel differenzierter und umfangreicher. Bemerkenswerterweise gibt der Duden an keiner Stelle eine systematische Aufstellung. Es gibt mehrere Möglichkeiten, die Interpunktionszeichen unserer Orthographie zu klassifizieren; das folgende Schema gruppiert sie nach den Konsequenzen für die weitere Textgestaltung im Hinblick auf Klein- und Großschreibung.

Interpunktionszeichen:
(1)   . ! ?   ] groß weiter!
(2)   : „" ←   ]
(3)   ; ,   ]
(4)   / - | klein weiter!
(5)   ( )   „"   ]

In der ersten Reihe stehen die (Satz-) Schlußzeichen, nach denen mit einem Großbuchstaben weitergeschrieben wird. In der zweiten Reihe der Doppelpunkt, der sowohl eine Schlußzeichenfunktion haben kann, in welchem Fall groß weitergeschrieben werden kann, aber auch in anderer Funktion vorkommt (mit folgender Kleinschreibung). In gleicher Weise mehrfunktional sind die Anführungszeichen, die außer in (2) hier in (5) als paarige Zeichen zusammen mit den Klammern aufgeführt werden; bei der direkten Rede erfordern sie die Großschreibung unmittelbar nach dem ersten Anführungszeichen (daher stehen sie auch in Z. 2), nicht aber bei der Benutzung zur Hervorhebung (Z. 5). Z. 3, 4 und 5 sind satzinterne Gliederungszeichen, nach denen ansonsten klein weitergeschrieben wird.

Einige historische Anmerkungen. Die Differenzierung unterschiedlicher Satzschlußzeichen zur Markierung unterschiedlicher Satztypen ist relativ jung. Das Ausrufezeichen ist bei uns im 16. Jahrhundert aufgekommen, das Fragezeichen im 17. Jahrhundert (allerdings findet es sich schon sporadisch in althochdeutschen Texten). Anders als bei dem Punkt haben sich hier auch in den verschiedenen Schriftkulturen unterschiedliche Zeichen entwickelt; im Griechischen z.B. dient unser Semikolon als Schlußzeichen zur Markierung einer Frage. Andere Sprachen markieren die Satztypen außer dem Aussagesatz durch paarige Zeichen, so z.B. das Spanische, das zu Beginn eines Imperativsatzes und eines Fragesatzes das auf den Kopf gestellte entsprechende Schlußzeichen vorsetzt, siehe das folgende Textbeispiel:[2]

Cocoliche.
¡Abreme, que yo le mataré cuando venga!

---

[2] aus: LORCA, *Obras completas*, Madrid: Aguilar 1966, S. 776-7

Rosita.
¿Te abro? *(Va a abrirle)* ¡No te abro ! ¡Ay!

Cocoliche.
Rosita: déjame que le estrangule.

Rosita.
¿Te abro? *(Va a abrirle)* ¡No te abro ! Ahora viene,y nos matará.

Cocoliche.
¡Así moriremos juntos !

Rosita.
¿Te abro? ¡Ay sí!... ¡Te abro ! *(le abre.)* ¡Corazoncillo mío ! ¡Arbolito de mi jardín!

C: Mach auf, daß ich ihn umbringe, wenn er kommt!
R: Mach ich dir auf? (Sie geht, um ihm aufzumachen.) Ich mach dir nicht auf! Oh weh!
C: Rosita, laß mich, daß ich ihn erwürge.
R: Mach ich dir auf? (Sie geht, um ihm aufzumachen.) Ich mach dir nicht auf! Er kommt jetzt und wird uns umbringen.
C: So werden wir zusammen sterben!
R: Mach ich dir auf? Oh ja! ... Ich mach dir auf! (Sie macht ihm auf.) Mein Herzchen, Bäumchen meines Gartens!

Der *Doppelpunkt*, in der älteren Terminologie das „Kolon", ist, wie wir im gotischen Text gesehen haben, schon alt. Seine Funktion hat sich allerdings ins Gegenteil verkehrt: während er früher einen größeren Abschnitt als den Satz markierte, gliedert er jetzt satzintern in einer variablen Funktion. Die entsprechenden Regeln im Duden sind die Regeln 48 - 49, die von einer engeren Beziehung zum Folgenden ausgehen, als das bei einer Trennung mit einem einfachen Punkt der Fall wäre. Das gilt so für die direkte Rede (Regel 46: „Der Doppelpunkt steht vor angekündigter direkter Rede"), sowie vor Zusammenfassungen, Aufzählungen u.dgl. mehr, wobei der Duden in Regel 47 und 48 das Verhältnis von auf den Doppelpunkt folgender Klein- und Großschreibung nach der syntaktischen Kategorie Satz differenziert: Großschreibung dann, wenn nach dem Doppelpunkt ein Satz folgt, Kleinschreibung sonst (das geht allerdings nur implizit aus den Beispielen hervor). Dem steht nun allerdings die Regel 49 gegenüber, die ohne explizite Begründung (in der Regel heißt es ja nur: „Der Doppelpunkt steht vor Sätzen, die das Vorangegangene zusammenfassen oder daraus eine Folgerung ziehen") eine Kleinschreibung vorsieht, und zwar unabhängig davon, ob die durch Doppelpunkt getrennten syntaktischen Komponenten Sätze sind oder nicht. Es ist das der erste Fall einer problematischen kasuistischen Regelung im Duden, die syntaktisch nicht rekonstruierbar ist. Sie ist wohl für das Gesamtfeld der Rechtschreibung relativ marginal, und ich würde im Lernerkontext vorschlagen, bei der Regel 49 die von ihr suggerierte Differenzierung in Klein- und Großschreibung zu ignorieren (entweder die Klein- und Großschreibung nach Doppelpunkt freigeben oder aber die Großschreibung auf die Fälle beschränken, in denen nach dem Doppelpunkt Sätze folgen).

NB: Die gleiche Unklarheit wiederholt sich später bei Regel 79, die Großschreibung bei einem „selbstständigen (?) Satz nach einem Doppelpunkt" verlangt, davon aber in Abs. 2 eine „angekündigte Aufzählung ... eine(.) Zusammenfassung oder Folgerung" ausnimmt. Solche Kombinationen von syntaktischen und semantischen Kriterien sind zwar prinzipiell möglich, aber sie verlangen einen (vom Duden nicht erbrachten) Preis einer sehr komplexen Analyse (was heißt hier „selbstständig", „Zusammenfassung", „Folgerung"?), wenn sie nicht einfach das Regelhafte des Rechtschreibsystems auflösen sollen. Gleichzeitig betreffen sie aber hier relativ marginale Fälle, s.o.

Die folgenden Zeichen des Gesamtinventars sind satzinterne Gliederungszeichen, die relativ spät aufgekommen sind. Das *Semikolon* („halbes Kolon", oder wie es umgangssprachlich heißt der „Strichpunkt") ist eine „Erfindung" des 18. Jahrhunderts. Es soll parataktische Reihungen ausgliedern, die einen engeren Zusammenhang aufweisen als bei einer Trennung durch Punkte.

Zum *Komma* und seiner Differenzierung aus der älteren Schreibtradition, oben das 6. Kapitel. In den Drucken des 16. Jahrhunderts (oben das Beispiel von Ickelsamer), insbesondere bei den Luther-Drucken, fehlt das Komma noch, bei ihnen finden wir nur . : /. Die Versuche, die Orthographie und insbesondere die Interpunktion systematisch zu regeln, gehen auf das 15. Jahrhundert zurück (s. oben den Anhang zum 6. Kapitel); sie führten im 16. und 17. Jahrhundert dazu, daß zunächst auch Virgel und Komma nebeneinander in einer nur schwer systematisch rekonstruierbaren Differenzierung verwendet wurden. Die grammatische Fixierung der Orthographie im 17. Jahrhundert und dann endgültig im 18. Jahrhundert brachte dann die heutigen Schriftzeichen in ihrer Hierarchie und gab die Virgel auf.

Die Verwendung des Kommas, insbesondere zur Ausgliederung hypotaktischer Konstruktionen, ist offensichtlich der problematischste Bereich der Interpunktion, mit dem wir uns daher am ausführlichsten befassen müssen. Insgesamt handelt es sich um die Regeln 90 - 127, also 37 Regeln, damit den bei weitem größten Teil der Interpunktionsregeln (insgesamt 51) und einen beträchtlichen Anteil der insgesamt 212 Rechtschreibregeln überhaupt.

Der *Schrägstrich* setzt in der Form die alte Virgel fort, aber nicht in der Funktion. Abgesehen von den Sonderfunktionen, die an bestimmte Bezeichnungen bzw. mathematische Notationsweisen gebunden sind und insofern aus dem Bereich der Interpunktion als Textgliederung herausfallen (die Regeln 168, 170, 171, 172, 173), markiert der Schrägstrich alternative Varianten, gliedert also im Grunde genommen nicht einen Satz bzw. einen Text im Sinne einer Strukturierung der sequenziellen Elemente, sondern bietet die Möglichkeit einer abgekürzten Schreibweise für einen Text, der aus mehreren teilweise identischen Varianten besteht, die auf diese Weise „redundanzfrei" geschrieben werden können (s. Regel 169: Der Schrägstrich kann zu Angaben mehrerer Möglichkeiten gebraucht werden):

$$\begin{bmatrix} Ich \\ Wir \end{bmatrix} \begin{matrix} überweise \\ überweise \end{matrix} \begin{bmatrix} \emptyset \\ n \end{bmatrix} \begin{matrix} von \\ von \end{matrix} \begin{bmatrix} meinem \\ unserem \end{bmatrix} \begin{matrix} Konto... \\ Konto... \end{matrix}$$

→ *Ich/wir überweise/n von meinem/unserem Konto...*

Die Klammern fassen die Alternativen zusammen, die bei einer redundanzfreien linearen Schreibweise durch den Schrägstrich getrennt werden (vgl. dagegen *Ich/wir überweise/ (überweise)n von ...*). Ich habe dieses Schema, anders als es der Duden tut, auch für die

83

Verbalform verwendet, wo der Duden in seinem Beispiel schreibt *überweise*[*n*]. Das ist nicht nur eine logische Konsequenz aus der Duden-Vorschrift, sondern entspricht im übrigen auch der inzwischen längst gängigen Praxis (insbesondere bei den sonst die Texte oft extrem schwerfällig machenden Differenzierungen zwischen geschlechtsspezifischen Ausdrücken).

Gedankenstrich und *Klammer* sind zunächst einmal „paarig" markierende Zeichen, die einen Einschub abgrenzen (mit dem griechischen Wort: *par-en-these* wörtlich: das „Nebenbei-Ein-Gesetzte"), dazu die Regeln 57, 84 und 85. Der Gedankenstrich alleine dient der Abgrenzung, aber auch der Hervorhebung, die Regeln 58, 59.

Ebenfalls paarig sind die *Anführungszeichen*, die in der bilderreichen Buchdruckersprache noch eine Reihe kurioser weiterer Bezeichnungen haben („Gänsefüßchen", „Gänseaugen", „Hasenöhrchen"), so wie es im Buchdruckerjargon auch sonst eine Vorliebe für derartige Bezeichnungen gibt, wie etwa den „Zwiebelfisch". Die Textfunktion der Anführungszeichen liegt bei einer Anweisung an den Leser, nicht den Autor für die so markierten Passsagen verantwortlich zu machen - sie sind insofern *Distanzierungszeichen*. Dabei kann die Distanzierung durch die explizite Nennung eines verantwortlichen (anderen) Autors erfolgen („direkte Rede"), oder aber in einem nur negativ generalisierten Sinn - in diesem Fall verlangen die typographischen Vorschriften der Manuskriptgestaltung für den Druck, keine Anführungszeichen zu setzen, sondern etwa die Heraushebung durch Kursivierung. Im übrigen sind die Anführungszeichen relativ spät in der Schriftgeschichte aufgekommen, und entsprechend verschieden ist ihr Aussehen in den verschiedenen Schriftkulturen. In den romanischen Kulturen haben sie z. T. eine andere Form « »; in anderen Schriftkulturen wie dem Englischen haben sie zwar die gleiche Form, es wird aber nicht zwischen „Anführungszeichen (unten)" und „Anführungszeichen (oben)" unterschieden, so wie es bei uns inzwischen die Schreibmaschinentypen unvermeidlich machen, nämlich durchgehend als „Anführungszeichen oben". Auch die hierarchische Differenzierung („halbe Anführungszeichen") bei eingebetteter Anführung/Distanzierung (Regel 13) ist nicht allgemein verbreitet.

Soviel zum Inventar der *syntaktisch* definierten Zeichen. Die, material gesehen gleichen, Zeichen, kommen z.T. auch in anderen Funktionen vor, wie wir schon beim Schrägstrich gesehen haben. Das gilt so bei dem Punkt, der uns insbesondere noch bei Abkürzungen begegnet.

Auf der formalen Ebene können wir also bei den unterschiedlichen Interpunktionszeichen *einfache* von *paarigen* unterscheiden. Wo die paarigen Zeichen immer als solche auftreten, wie bei Klammern und Anführungszeichen, ist diese Unterscheidung unproblematisch; schwieriger ist es bei den Fällen, wo paarige Zeichen durch das Zusammenspiel von verschiedenen Interpunktionsregeln verdeckt werden. Das gilt so insbesondere für das Komma, das in unterschiedlichen Funktionen als einfaches und als paariges Komma auftritt. Der Duden, der diese Unterscheidung nicht macht, gerät dadurch schon bei der Formulierung seiner Regeln in große Schwierigkeiten.

Wie oben schon bei den Beipielen für paarige Zeichen verdeutlicht, markiert auch das paarige Komma einen Einschub bzw. eine Einbettung. Wir können uns den Unterschied an einem sehr simplen syntaktischen Modell klarmachen, das Sätze gewissermaßen in einer gegebenen Verkettung von Wörtern produziert, wobei bestimmte Positionen in der Wortkette markiert sind, wie insbesondere die „Zweitstellung" des finiten Verbes im Aussage-(Haupt-) Satz. In dem folgenden Schema zeigt das Beispiel (1) eine Einbettung: *Hans liebt*

Emma repräsentiert eine syntaktische Struktur, die zwischen dem Subjekt *Hans* und dem Prädikat *liebt* keinen Platz für eine Variable läßt. Wenn hier doch ein Element „eingebettet" wird, dann unterbricht es den syntaktischen Fluß, und diese Unterbrechung wird durch ein paariges Komma, das den Einschub einschließt, markiert, also:
- Hans, dieser Filou, liebt Emma.
oder (mit der Umformung des eingebetteten Satzes in einen Relativsatz, die hier im einzelnen nicht spezifiziert zu werden braucht)
- Hans, der Blonde liebt, liebt Emma.

(1)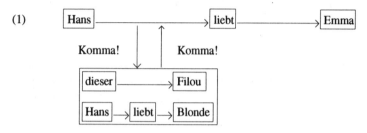

Anders ist es bei dem zweiten Schema, wo bei dem möglichen Übergang von *der* zu *Hans* (*der Hans war heute hier*) der Übergang zu einer attributiven Variablen vorgesehen ist: *der gute Hans* oder *der alte Hans*. Die „Schaltung" des Schemas (hier mit *v* symbolisiert) zeigt hier entsprechend die Möglichkeit der *alternativen* Realisierungen an. Hier besteht aber auch die Möglichkeit, diese Schaltung „auf *und* zu stellen", d.h., nachdem der Weg durch das erste Attribut *gute* durchlaufen ist, springt der Erzeugungsmechanismus gewissermaßen nochmals zurück und generiert nun das zweite Attribut *alte*. Dieses Zurückspringen ist es, das mit einem einfachen Komma markiert wird.

(2)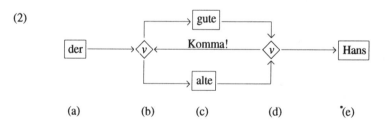

(a)   (b)   (c)   (d)   ˙(e)

Anders als bei dem Beispiel (1) ist hier zwischen den Elementen eine syntaktische Beziehung definiert (im Schema mit der Raute symbolisiert). Interpretiert man das Schema zugleich als Produktionsmechanismus für die Kommasetzung, so braucht man nur die Regel, daß bei jeder „Schleife" (Sprung von (d) nach (b) zurück) ein Komma markiert wird.

Die Regeln für das einfache und das paarige Komma sind recht verschieden, was der Duden, der diese Unterscheidung nicht macht, nißt explizieren kann. Verkompliziert wird das ganze noch dadurch, daß die Interpunktionszeichen z.T. hierarchisch geordnet sind, wobei im Falle des Zusammentreffens von Zeichen unterschiedlicher Rangfolge das höherrangige das niederrangige verdrängt. Eine solche Hierarchie besteht insbesondere zwischen Punkt, Semikolon und Komma. Bei anderer Satzstellung als in dem Beispiel (1) von eben, wenn der Einschub an das Ende des Satzes tritt, würde am Satzende die Abfolge

von Komma und Punkt entstehen, die im Sinne dieser Hierarchie dann zugunsten des einfachen Punktes aufgelöst wird, also - im Gegensatz zu dem Beispiel oben:
Emma liebt Hans, diesen Filou.
Emma liebt Hans, der Blonde liebt.

Anders ist es bei den Zeichen, die nicht in einer solchen Zeichenhierarchie stehen wie insbesondere Anführungszeichen und Klammern, die kumulieren, also z.B.
Emma liebt Hans (Mitglied des Hosenbandordens).

Im folgenden werden wir nun die Regeln für die Kommasetzung getrennt für das einfache und das paarige Komma entwickeln. Die anderen Interpunktionsregeln dürften, wenn einmal die literate Kategorie Satz als analytische Grundlage geklärt ist, relativ unproblematisch sein. In diesem Kapitel soll es um das Einfachkomma gehen.

Für die Explikation gehen wir zurück auf die syntaktische Analyse. Wir setzen also die syntaktischen Funktionskategorien voraus, die bei einer ausgeführten Analyse die Relation von jedem Element zu jedem anderen eindeutig bestimmen, d.h. bei je drei Elementen haben wir jeweils paarweise verschiedene Relationen (Pfade). Vgl. etwa den Pfad, der von *Auto* zu *Emma* führt, der sich unterscheidet von dem Pfad, der von *Auto* zu *Hans* führt.

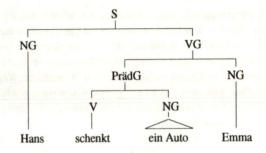

→ (Wortstellungsänderung) *Hans schenkt Emma ein Auto*

NB: Die graphischen Darstellungen hier und im folgenden entsprechen denen in neueren Arbeiten zur deutschen Grammatik - besondere theoretische Voraussetzungen sind mit ihnen nicht verbunden (s. Anhang II). Wen diese Diagramme zu sehr an theorielastige Entwicklungen der jüngsten Grammatiktheorie erinnern, gegen die er eine Abneigung verspürt, der mag darin nur eine ästhetisch veränderte Form der auch in „traditionellen" Grammatiken üblichen Satzbaupläne sehen.

Von einer auf diese Weise durchgeführten syntaktischen Analyse für jeden zu fixierenden Satz kommen wir zur (negativen) *Interpunktionsgrundregel*:
Elemente, die in solchermaßen syntaktisch erklärten differenzierten Relationen zueinander stehen, werden durch keine Satzzeichen getrennt.

NB: Diese Regel gilt natürlich nur für verknüpfte Elemente innerhalb des literaten Satzschemas (im Sinne der Orthographie: für Elemente, die zwischen Punkten stehen); anders gesagt: Interpunktionsregeln sind für literate Texte definiert, basieren auf deren satzbezogenen syntaktischen Strukturen. Selbstverständlich können Interpunktionszeichen auch zur Markierung anders strukturierter Texte verwendet werden, etwa bei der Wiedergabe gesprochener Rede wie im folgenden Beispiel, wo der Sprecher sich an der mit * markierten Stelle den Finger klemmt:
Ich sagte gerade (*)/verdammt nochmal/Verzeihung/daß wir gehen wollen.
Offensichtlich sind die hier mit Virgeln abgetrennten Äußerungselemente nicht in einen „Satz" integriert - in einer „literarischen" Transkription könnten sie aber durchaus mit Kommata getrennt

werden, was sie scheinbar zu einem Einschub macht, wie ich ihn oben für den Fall einer minimalen syntaktischen Integration (durch reine Kollokation) bei parataktischen Konstituenten expliziert hatte (*Hans, dieser Filou, liebt Emma*).

Der Punkt (R. 160 oder seine spezifischeren Äquivalente, s.o. S. 81 f.) leistet also eine Makrosegmentierung des Textes - im Gegensatz zur oraten Zergliederung des Textes in informative Blöcke, jetzt in syntaktischer Hinsicht im Sinne einer Instruktion für den Leser: Textsegmente zwischen Anfangs- (=Majuskel) bzw. Schlußzeilen sind syntaktisch verknüpft.

Die syntaktische Analyse hier ist nicht unproblematisch - und sie wird auch nicht von allen Grammatikdarstellungen geteilt (s. Anhang II für eine Diskussion der Vorschrift zur binären Zerlegung). Da hier die Syntax der deutschen Sprache nicht eigener Gegenstand sein kann, muß es genügen, daß sie eine Explikation der intuitiven Verhältnisse leistet. Das direkte Objekt geht demnach einen engeren Nexus mit dem Verb zu einer Prädikatsgruppe ein als das indirekte Objekt. Dafür sprechen nicht zuletzt die Univerbierungen von Prädikatsgruppen, vgl. etwa *Hans macht Emma seine Gratulation* und *Hans gratuliert Emma*. In dem Beispielsatz *Hans schenkt Emma ein Auto* stehen alle Elemente in einer spezifisch differenzierten funktionalen Beziehung zueinander, werden also nicht durch ein Interpunktionszeichen getrennt.

Die *positive Grundregel der Interpunktion* folgt durch die Umkehrung aus der negativen: *Wenn die syntaktischen Relationen zwischen den Elementen eines Satzes nicht differenziert sind, muß ein Komma stehen.*

In der Umkehrung dieser Grundregel ergibt sich ihre Deutung als Instruktion für den Leser: Segmente zwischen Schlußzeichen (s.o.) sind, sofern sie nicht durch Kommata getrennt sind, durch syntaktisch verschiedene Funktionen (als unterschiedliche „Satzglieder") integriert. Das Fehlen von Interpunktionszeichen drückt also die (maximale) syntaktische Integration aus.

Die (positive) Grundregel zeigt sich bei dem vorhin gegebenen Beispiel, wo zwischen *gute* und *alte* (bei *der gute alte Hans*) keine syntaktische Beziehung bestand, beide vielmehr Alternativen waren, also in keiner syntaktischen, sondern in einer paradigmatischen Alternation zueinander standen, die linear realisiert wurde. Das ist nun prinzipiell an jeder Stelle der syntaktischen Struktur möglich. So könnte z.B. Hans zwei Personen beschenken, etwa seine (Frau) Emma und seine (nicht weiter benannte) Freundin. Wenn beides in einem Satz ausgedrückt würde, dann wären *Emma* und *seine Freundin* syntagmatisch verknüpft, z.B. so, daß sie syntaktisch die gleiche Funktion (als Dativobjekt: Betroffene) haben, sie wären dann parallelgeschaltete Knoten, siehe die folgenden Teilstrukturen.

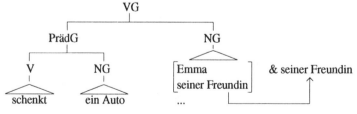

Diese syntaktische Parallelität muß nun auch ausgedrückt werden

- das kann lexikalisch geschehen mit entsprechenden Funktionswörtern: z.B. *Hans schenkt Emma und (oder) seiner Freundin ein Auto*, dann sind die Relationen der Elemente explizit erklärt,
- oder, wenn das lexikalisch nicht der Fall ist, muß es in der literaten Form durch ein Interpunktionszeichen markiert werden: *Hans schenkte Emma, seiner Freundin und seiner Mutter ein Auto.*

NB: Es gibt offensichtlich eine Skala der *syntaktischen Integration*:
(1) Diese ist *maximal*, wenn für jedes Element eine andere Relation zu jedem anderen erklärt ist, vgl. für eine Folge aus drei Elementen A, B, C

(2) *minimal* ist die syntaktische Integration bei parallelen Konstituenten, die zur dritten die gleiche syntaktische Relation haben.

(3) Den Grenzwert bilden fehlende syntaktische Verknüpfungen. Dieser Skala entspricht die Interpunktion: Ohne Interpunktionszeichen bei (1), Komma bei (2) mit der Differenzierung in einfaches Komma und, mit geringer Integration, paarigem Komma, sowie ggf. bei (3) weiteren Zeichen zur satzstrukturexternen Markierung (Gedankenstrich, Klammern u.dgl.).

Die bisher für das Komma besprochenen Bedingungen entsprechen den oben schon diskutierten des Schrägstriches (Dudenregel 169), wie es etwa im Verwaltungstext eines Formulars lauten könnte:
Hans schenkt Emma/seiner Freundin/seiner Mutter ein Auto (Zutreffendes unterstreichen)
Damit können wir jetzt eine weitere Grundregel der Interpunktion formulieren (*Grundregel für das einfache Komma*):
Ein einfaches Komma trennt syntaktisch parallele Konstituenten, wenn deren Relation zueinander nicht lexikalisch (mit einer Konjunktion) ausgedrückt ist.

Nun wird der Leser sich schon gefragt haben, warum ich das hier so kompliziert analysiere, wo doch der Sachverhalt ohne solchen terminologisch-formalen Aufwand sowieso klar ist. Das ist natürlich insoweit richtig, als ich die Beispiele bisher auch ohne diese Begrifflichkeit hätte klären können. Die Pointe der formalen Betrachtung liegt in ihrer Allgemeinheit, die es erlaubt, auf den ersten Blick sehr Verschiedenes einheitlich zu fassen. Das Beispiel betraf ja koordinierte Nominalgruppen; aber so wie ich hier die Regel formuliert habe, gilt sie generell für syntaktische Variablen, unabhängig von deren spezifischer Kategorie. Es mag genügen, hier nur noch einige Beipiele der Koordination von Elementen anderer Kategorie zu geben:
- *Hans verspricht, schenkt und finanziert Emma ein Auto* (also die Koordination von drei alternativen finiten Verben)
- *Hans schenkt Emma ein schnelles, neues Auto* (also die Koordination von zwei Adjektiven in Attributsfunktion zum Nomen)
- *Hans verspricht Emma ein Auto, Luisa ein Reitpferd und Elsa eine Reise auf die Fidschi-Inseln* (hier sind jeweils sogar Paare von Nominalgruppen unterschiedlicher Funktion [direktes und indirektes Objekt] koordiniert)

- *Peter erzählt den neuesten Klatsch, daß Hans Emma ein Auto verspricht, Egon Luise ein Reitpferd kauft und Gustav mit Else auf die Fidschi-Inseln fährt* (hier sind drei eingebettete Sätze - Nebensätze - koordiniert).

Nach den Dudenvorschriften gilt die Regel bei koordinierten Hauptsätzen nur, wenn sie „kurz" sind, etwa
- *Peter verspricht es und er beschwört es,*

nicht dagegen bei längeren Sätzen, also
- *Hans verspricht Emma ein Auto, Egon kauft Luise ein Reitpferd und Gustav fährt mit Elsa auf die Fidschi-Inseln,*

vgl. R. 121 („Es steht kein Komma, wenn „und" oder „oder" kurze und eng zusammengehörige selbständige Sätze verbindet") und R. 123 („Es steht kein Komma, wenn „und" oder „oder" Nebensätze (Gliedsätze) gleichen Grades verbindet"). Wir haben also parallele Konstituenten in der ganzen Bandbreite syntaktischer Möglichkeiten: vom Satz über die Wortgruppen (Satzteile komplexer Struktur: manchmal auch Phrasen genannt), Worte und sogar Wortbildungselemente, vgl.

Hans war völlig kraft-, saft- und mutlos

oder: *Emma fürchtete, daß Hans bei dieser Frau ein-, aus- und zugrunde gehen würde.*

Hier steht also einmal mehr eine grammatisch generelle Fundierung der Kommasetzung einer kasuistischen Fallunterscheidung beim Duden gegenüber. Problematisch ist dabei vor allem die nicht syntaktisch-strukturelle „Ausnahme"-Regel R. 121, während die Grundregel R. 116 („Das Komma steht, wenn „und" oder „oder" selbständige Sätze verbindet") ebenso wie R. 123 jedenfalls syntaktisch rekonstruierbar sind - ob sie sinnvoll sind, ist eine andere Frage (jedenfalls in der didaktischen Perspektive sollte das Problem auf den „Zielkonflikt" zwischen der Generalisierung über *allen* Arten von Koordination, nicht nur bei Nebensätzen wie in R. 123 sondern auch bei Hauptsätzen gegen R. 121, auf der einen Seite und dem syntaktischen Sonderstatus von (vollständigen) Sätzen, i.S. von R. 121 gegen R. 123, beschränkt bleiben). Daß es sich bei diesem Problem der Kommasetzung nicht einfach nur um eine Schikane handelt, zeigen nun insbesondere die Fälle, bei denen sich mit diesem Mittel übrigens Bedeutungsunterschiede markieren lassen, man vgl.

Hans schenkte Emma sein schnelles neues Auto und *Hans schenkte Emma sein schnelles, neues Auto.* Die zweite Variante ist nach dem hier besprochenen Schema strukturiert, enthält also parallel-geschaltete Attribute: *Hans schenkte Emma sein Auto, und das war neu, und das war schnell.* Bemerkenswerterweise drücken sich diese syntaktischen Differenzierungen auch in prosodischen Unterschieden aus, sodaß hier als *Heuristik* bei Rechtschreibproblemen ein Rückgriff auf eine prosodische Fundierung *unterstützend* wirken kann, vgl. die prosodische Artikulation, etwa:

sein schnélles néues Áuto.

Anders ist es bei dem ersten Beispiel, wo vielleicht anzunehmen ist, daß Hans mehrere neue Autos hat, von denen er eines Emma schenkt, und zwar das schnelle; prosodisch etwa: *sein schnẽlles neũes Áuto.* Wir haben also schematisch gesehen zwei verschiedene Strukturen, die ich wie folgt symbolisch darstellen kann.

(1)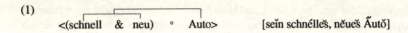
        <(schnell & neu) ° Auto>   [seĭn schnélleš, nĕueš Ãutŏ]

(2)
        <schnell ° (neu ° Auto)>   [seĭn schnêlleš nĕueš Áutŏ]

Legende: x̆ = unbetont
            x́ = betont
            x̃ = stärker betont
            ° steht für eine (hierarchisch ordnende) syntaktische
               Beziehung,
            & für die Koordination

vgl. mit (2) auch entsprechende Univerbierungen, etwa *sein schneller Neuwagen* (oder mit vertauschten Attributen: *sein neuer Rennwagen*). Bei der zweiten Variante sind alle Elemente in syntaktisch differenzierten Beziehungen miteinander verknüpft, entsprechend ist dann auch die prosodische Gliederung in der gesprochenen Sprache eine andere als bei (1).

9. Kapitel: Das paarige Komma

In diesem Kapitel geht es um den zweiten Teil der Kommaregeln, die das paarige Komma betreffen. Die formale Charakterisierung verweist auf seine Funktion: es grenzt eine Konstituente im Satz nach beiden Seiten hin ab. Das ist bei zwei syntaktisch zu unterscheidenden Problemen der Fall, so daß wir als Grundregel formulieren können:
Durch ein paariges Komma (am Anfang und am Ende) werden
1. *ein* Einschub
2. *eine* satzwertige Konstituente *abgegrenzt.*

Offensichtlich wird hier sehr Verschiedenes mit gleichen Mitteln markiert; das paarige Komma kann durchaus als Homograph für verschiedene Interpunktionszeichen angesehen werden. Wenn man hier nicht sorgfältig differenziert, muß das zu Konfusionen führen, wie die zahlreichen Ausnahmeregeln im Duden zeigen.

Dabei gibt es hier noch zusätzlich Probleme, da die Fallunterscheidung in der Formulierung der Grundregel ja nicht disjunkt ist: es gibt ja Einschübe, die Sätze sind (in diesem Fall werden ja nicht zwei paarige Kommata gesetzt). Nehmen wir uns diese beiden Kategorien des paarigen Kommas nacheinander vor.

Zuerst den Einschub. Darunter verstehen wir einen Bestandteil des Satzes (Satz jetzt immer im Sinne der literaten/graphischen Kategorie: das, was durch Punkte begrenzt ist), der syntaktisch nicht integriert ist. Ein solcher Fall liegt vor bei einer „Apostrophierung", also einer Anrede (oder wie man mit den Kategorien der klassischen Schulsprachen sagte: einem Vokativ).
Hans - wirst du wohl den Fußboden putzen!
Hier handelt es sich um zwei syntaktisch nicht integrierte Äußerungselemente, die rein formal in einer Äußerung zusammengefaßt werden. Wir können uns diese Struktur „genetisch" in dem folgenden Ableitungsschema verdeutlichen.

(1) # Hans! # # wirst du wohl den Fußboden putzen! #
(2) # Hans! / / wirst du wohl den Fußboden putzen! #
(3) # Hans / wirst du wohl den Fußboden putzen! #
(4) <. Hans, wirst du wohl den Fußboden putzen! .>
(5) < Hans, wirst du wohl den Fußboden putzen! >

Die ersten drei Zeilen sollen die Integration der beiden Äußerungen in eine syntaktische Struktur darstellen. Die Doppelkreuze begrenzen eine Äußerung, das Ausrufezeichen steht als Symbol für den Aufforderungscharakter (der sich auch prosodisch in einer bestimmten Intonation ausdrückt). In der zweiten Zeile beginnt die Integration, angezeigt dadurch, daß zwischen den beiden Äußerungen nur noch äußerungsinterne Grenzen bestehen, hier durch Schrägstriche symbolisiert. In der dritten Zeile ist die Integration einen Schritt weitergegangen, indem jetzt nur noch eine Äußerung vorliegt, mit einer internen Zäsur (einfacher Schrägstrich). Die Zeilen 4 und 5 symbolisieren die Übersetzung in eine graphische Struktur (angezeigt durch die spitzen Klammern). Die Grenzmarkierungen für die Äußerungen, die Doppelkreuze, werden überführt in das einfache Schlußzeichen, den Punkt; die äußerungsinterne Zäsur, der Schrägstrich, wird überführt in ein Komma. Z. 5 zeigt dann die bereinigte graphische Form, bei der noch ästhetische Editionsregeln wirken: so gilt der Schlußpunkt nicht als paariges

Zeichen, er wird also zu Beginn des Satzes getilgt. Andererseits gilt zwischen Ausrufezeichen und einfachem Punkt eine hierarchische Beziehung, bei der das Ausrufezeichen den Schlußpunkt verdrängt.

Damit solche Einschübe in dieser Weise in eine Äußerung integriert werden können, müssen sie semantisch parallel zu syntaktisch voll integrierten Konstituenten sein, wie es ja auch in diesem Beispiel der Fall ist, wo *Hans* semantisch parallel zu dem Subjekt *du* des zweiten Satzes ist (das entspricht den Duden-Regeln 95 und 96, „Ausruf").

NB: Bei der textuellen Integration sind also verschiedene Ebenen zu unterscheiden:
(1) eine solche Integration kann allein eine Leistung des Hörers/Lesers sein, ohne strukturelle Markierungen in der sprachlichen Form (s. auch in Kapitel 3 die Differenz zwischen *Lesen* und *Deuten*). Formal liegen hier also mehrere Texte/Äußerungen vor, die vom Leser/Hörer z.B. aufgrund semantischer Kriterien (Inferenzen u. dgl.) zusammengenommen werden; ggf. ließe sich hier von einer *semantischen Integration* sprechen.
(2) Eine weitere Stufe der Integration liegt auf der textuellen (Äußerungs-) Ebene, wie in dem hier diskutierten Beispiel. Die Integration wird hier durch die Kollokation, ggf. durch prosodische Merkmale bzw. wie hier: durch das Fehlen trennbarer Schlußpunkte angezeigt.
(3) Die maximale Integration erfolgt auf der syntaktischen Ebene, wo jede textliche Konstituente relativ zu jeder anderen eine spezifische Relation hat, die durch den Satzbauplan definiert ist (von der Valenz des Verbs aufgespannt wird, s. Anhang II). Hier gibt es dann die im vorigen Kapitel besprochene Skala von syntaktischen Integrationsgraden, die in der Differenz von einfachem und paarigem Komma ihren Ausdruck finden. Um diese Verhältnisse an dem Beispiel zu verdeutlichen: Wenn man (1) hinter einer verschlossenen Tür geäußert hört, ist nicht sicher, ob *Hans* und *du* referenzidentisch sind - die evtl. „semantische Integration" ist nicht von der Äußerung her gesichert - anders bei (2). Belegt dagegen *Hans* im Satzbauplan die Agensposition eines Szenarios des transitiven Verbs *putzen* (*Hans putzt den Fußboden*), ist die Interpretation formal zwingend - alle Elemente sind syntaktisch maximal integriert; sie werden von keinem Interpunktionszeichen getrennt.

Das entspricht auch schon dem im letzten Kapitel besprochenen Problem der Differenzierung von parallelen und integrierten Konstituenten. Wir haben ein Trennungskomma bei einem Satz wie
Hans schenkte Emma, seiner Freundin und seiner Mutter ein Auto.
Vgl. oben S. 85, Schema (2). Anders ist es nun, wenn eine Konstituente durch einen Einschub („Apposition") gewissermaßen verdoppelt wird (s. oben S. 85, Schema (1)), was auch in einer Aufzählung (also bei parallelen Konstituenten) der Fall sein kann:
Hans schenkte Emma, seiner Freundin, und seiner Mutter ein Auto.

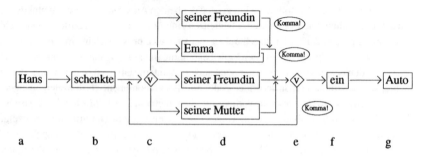

a   b   c   d   e   f   g

Dabei wird die Schleife, die eine Konstituente verdoppelt: *Emma - seine(r) Freundin* (d→d), anders als bei der syntaktischen Verdoppelung (e →c), sowohl beim Herausspringen aus der Verkettung wie beim Wiedereintritt mit einem Komma markiert.

Der Duden, der solche syntaktischen Unterscheidungen nicht macht, hat hier erhebliche Probleme, die sich in komplizierten Angaben für das Setzen (oder Nichtsetzen) eines Kommas vor einem *und* ausdrücken (siehe Regel 97), ebenso in dem ausführlichen Regelwerk von BERGER R. 103, S. 48 (vgl. auch die synoptische Darstellung S.165).

Das erste Beispiel integriert drei als Objekte parallele Konstituenten in einem Satz, das zweite Beispiel dagegen hat in diesem Sinne nur zwei parallele Konstituenten, von denen die erste allerdings zweimal, gewissermaßen in einer Schleife, ausgedrückt wird. Bei dem ersten Beispiel waren die drei koordinierten nominalen Ausdrücke paradigmatische Varianten des indirekten Objekts. Bei dem zweiten Beispiel aber waren in diesem Sinne nur zwei paradigmatische Varianten gegeben, von denen die erste doppelt ausgedrückt war.

Es bleibt noch der zweite Teil des paarigen Kommas zu besprechen, der Fall von *satzwertigen* Konstituenten. Dahinter versteckt sich nun ein komplexer Bereich von Kommaregeln, den ich gegenüber dem Duden genereller fasse. Das beginnt schon bei der Terminologie: *satzwertig* bedeutet bei mir hier *syntaktisch äquivalent* zu einem Satz; insofern ist selbstverständlich ein Satz immer auch satzwertig. Anders ist es in der Dudenterminologie, die den Terminus „satzwertig" nur für „reduzierte" Sätze verwendet, nicht aber für einen Vollsatz.

Hier sind nun abstraktere syntaktische Kategorien unvermeidlich, insbesondere das Operieren mit syntaktischen Variablen (s. Anhang II). Das Problem der satzwertigen Konstituenten eines Satzes ergibt sich durch die Möglichkeit, jede nominale Variable außer durch nominale Gruppen (und in reduzierter Form durch Pronomina) zyklisch wieder durch Satzvariablen zu belegen. Insoweit diese satzwertigen Konstituenten eine Position in einem von der Valenz des Verbs her definierten Szenario belegen, sind sie eben auch in einen Satz syntaktisch integriert.

Von daher ergibt sich eine erste Form für den zweiten Fall der eingangs dieses neunten Kapitels definierten Grundregel (S. 91):
Wenn an einem syntaktischen Knoten ein Satz angebunden wird, dann wird er nach beiden Seiten durch ein paariges Komma abgegrenzt.

Diese Regel ist wiederum allgemein formuliert; anders als bei der Dudenkasuistik gilt sie für jede Art von Konstituenten (syntaktische Variablen), unabhängig von der Funktion, die sie im Satz erfüllen.

Die weitere syntaktische Differenzierung in *Objektsätze, Subjektsätze, Adverbialsätze* und *Attributsätze* ist für die Zeichensetzung ohne Belang: im Sinne unserer generellen Formulierung der Regel ist nur wichtig, daß hier mit Sätzen belegte nominale Knoten (*nom*) vorliegen, nicht daß diese Knoten unterschiedliche Belegungen haben. In diesem Sinne mag es genügen, daß ich die vier verschiedenen Typen von Satzeinbettungen in dem folgenden Schema darstelle.

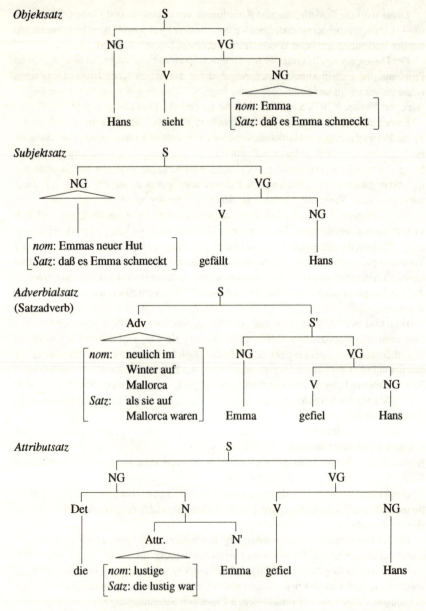

Die Analyse von Adverbien ist ein recht schwieriges Problem, das uns aber hier nicht weiter zu beschäftigen braucht. Für unsere Zwecke genügt es, so wie es allen Adverbialanalysen gemeinsam ist, an dem entsprechenden Knoten eine nominale Variable anzunehmen, die dann entsprechend unserer Regel auch mit einem Satz belegt werden kann. Ein „Oberflächen"problem stellt sich noch bei den Attributsätzen, da ja der Relativsatz, anders als das Adjektivattribut, noch nachgestellt werden muß.

Satzeinbettungen haben in diesem Sinne also immer paarige Kommata - ohne allerdings, daß diese immer so erscheinen, weil hier die Kontraktionsbedingungen für hierarchisch geordnete Satzzeichen gelten, vgl.
Hans sah Emma und freute sich.
Hans sah, daß es Emma schmeckte, und freute sich.
Hans sah, daß es Emma schmeckte.

⌐A & B⌐
  C & D
Hans sah, daß⌐es Emma schmeckte⌐und⌐sie sich freute,⌐ ⌐und freute sich auch.⌐
                             A   B   D
                                            C

Das letzte Beispiel ist schon etwas komplexer und zeigt, daß der Leser ohne eine Interpunktionsinstruktion Schwierigkeiten haben kann, derartige Textsequenzen syntaktisch zu strukturieren. In diesem Sinne gibt es dann auch Fälle, die ohne Interpunktion mehrdeutig sind:
Hans sah daß Emma aß und ging
Hans sah, daß Emma aß, und ging.
Hans sah, daß Emma aß und ging.

NB: In Hinblick auf die im 8. Kapitel angedeutete Hierarchie syntaktischer Integration (s. S. 88) ist deutlich, daß eine satzwertige Konstituente aufgrund des syntaktischen Eigengewichts (eigenes Szenario) immer nur minimal integriert ist - bei der Markierung mit Interpunktionszeichen an der unteren Grenze von (2) liegt und formal wie ein Einschub behandelt wird. In extremen Fällen (die daher auch nicht den Aufbau des Regelwerks, erst recht nicht die Lernerperspektive bestimmen sollten) kann diese Hierarchie trotz syntaktisch eindeutiger Zerlegung zur Irritation beim Leser führen. Das liegt z.B. vor, wenn die koordinierten Elemente eine unterschiedliche Komplexität haben, wie in dem folgenden Beispiel (*Strukturatlas des Landkreis Osnabrück*, 2. Auflage, 1978ff. B IV: 7):
Zum andern ist im Osn[abrückischen] die Diphthongierung der langen Vokale vor r und wenn ein d ausgefallen war sowie im Auslaut unterblieben.
Koordiniert sind zwei Präpositionalphrasen (*vor r, im Auslaut*) und ein konditionaler Nebensatz (*wenn ein d ausgefallen war*); da die Koordination jeweils lexikalisch ausgedrückt ist (*und, sowie*) steht folgerichtig kein Komma (s. R. 124). Der Nebensatz wirkt hier aber „eingeschoben" (vgl. unten S. 109 zu R. 107; anders bei einer Abfolge von - quantitativ - wachsenden Gliedern, wenn er also zuletzt gestellt wäre). Aber solche *ästhetischen* Gesichtspunkte, die für viele Reformer ein Argument zur relativen Freigabe der Kommasetzung etwa nach englischem Vorbild abgeben, sind zu unterscheiden von der *grammatischen* Funktion, das Text*erlesen* zu stützen: die (fehlende) Kommasetzung in diesem Beispiel macht die Interpretation eindeutig!

Obwohl der Duden, durch seine Vermeidung syntaktischer Analysen, die Regeln hier schon reichlich kompliziert macht, sind die Fallunterscheidungen doch relativ eindeutig. Kompliziert wird die Sache erst, wenn nicht Sätze an die Knoten gehängt werden (eingebettet werden), sondern satzwertige Konstituenten, die keine vollen Sätze im syntaktischen Sinne sind. Vergleichen wir
1. *Hans versprach Emma ein Geschenk.*
2. *Hans versprach Emma, daß er ihr ein Auto schenken würde.*
3. *Hans versprach Emma, ein Auto zu schenken.*
4. *Hans versprach Emma zu beschenken.*

Bei (1) handelt es sich um eine nominale Belegung des nominalen Knotens der Verbalgruppe; offensichtlich rechnet auch das *zu beschenken* bei (4) in diesem Sinne als nominale Form (der Infinitiv des Verbs ist eine nominale Form; er steht hier zusammen mit der Infinitivmarkierung *zu*, die etymologisch ja auch eine Präposition, also ein Funktionselement einer Nominalgruppe, ist). (2) zeigt eine Satzbelegung des gleichen Knotens. Der problematische Fall ist (3), wo der gleiche Infinitiv wie bei (4) als satzwertig gilt, weil er die Valenz des Verbes beibehalten hat und selbst ein direktes Objekt bindet (nicht eingeschränkt auf das direkte Objekt: ebenso wenn der Infinitiv ein indirektes Objekt bindet: *Hans versprach, Emma zu beschenken* usw.). Daher ist hier dann auch ein Komma zu setzen.

Auch hier wieder ist das Problem nicht eines von kasuistischen Differenzierungen („erweiterter Infinitiv"), sondern eines der syntaktischen Analysekategorien. Es gilt in gleicher Weise auch für partizipiale Formen (neben den Infinitiven die weiteren nominalen Formen zu einem Verbstamm), vgl.

5. *Schenkend umschmeichelte er sie.*
6. *Ein Auto schenkend, glaubte er ihre Gunst zu gewinnen.*

(Der Satz klingt vielleicht etwas gezwungen, plausibler ist vielleicht: *Ihr ein Auto schenkend,...* oder auch *mehr als freigiebig schenkend...*)

NB: Hier handelt es sich natürlich um „Schreibtischsätze" (H. Penzl), die allenfalls (Un-)Möglichkeiten der Sprache repräsentieren können. Ich bewege mich in dieser Darstellung auf der gleichen Ebene wie der Duden mit seinen Beispielsätzen in R. 105 - 106.

Auch bei (5) handelt es sich um eine nominale Belegung eines Knotens in der Verbalgruppe, während bei (6) die formal gleiche Belegung ihren satzkernbildenden Charakter durch die ausgeübte Valenz des Verbs erweist und insofern eine satzwertige Einbettung darstellt, die mit einem paarigen Komma abzutrennen ist. Vgl. dazu die Regeln 105ff. im Duden.

Auf der Formseite liegen hier fließende Übergänge in der Morphologie bzw. Formenlehre vor:

	1 ↑	(Hans)　　schenk	*t*	finites Verb
		schenk	*end*	Partizip (Adjektiv)
„Verbalitäts"-			*ein schenkender Onkel*
skala			*ein lachender Mund*
		schenk	*en*	Infinitiv (Nomen)
			(das) Schenken macht Freude
	0	(das) *Ge*	schenk	Nomen

Das Schema zeigt die „Verbalitätsskala" mit ihren fließenden Übergängen: die nominale Nullstufe der Skala ist noch deutlicher bei nominalen Formen ohne ableitendes Wortbildungselement wie *der Lauf*, das formal identisch mit dem verbalen Stamm von *laufen* ist. Hier gilt wie generell bei den Rechtschreibregeln, daß nicht die morphologische Form für die Interpunktion bestimmend ist, wie es die Kasuistik des Dudens vorgibt, sondern die syntaktische Funktion, gebunden an die mit der jeweiligen Form belegte Variable, die von dieser erfüllt wird.

Das bei der Diskussion der Beispiele vorhin schon benutzte Kriterium für die „Satzwertigkeit" läßt sich am besten rekonstruieren, wenn man die syntaktischen Kategorien als Projektionen einer Tiefenstruktur mit ihren semantischen Funktionen auf die Oberflächenstruktur betrachtet. (s. Anhang II). Ein Satz stellt so verstanden die Explikation eines Szenarios dar, das vom Prädikat (bzw. von der Bedeutung des Verbs mit Prädikatsfunktion) aufgespannt wird. Bestimmend für das Szenario ist die Valenz des Verbs, die die Rollen der „Mitspieler" (Aktanten) des Szenarios bindet. Von daher können wir die vorläufige Formulierung für die syntaktische Bedingung des paarigen Kommas in den kritischen Fällen formulieren:

Eine Satzkonstituente ist satzwertig, wenn sie entweder ein finites Verb enthält oder aber eine infinite Verbform, deren Valenz lexikalisch belegt („gebunden") ist.

NB: In der Grundidee der Argumentation folge ich hier Peter Eisenberg, s.o.

Die schwierigen Fälle satzwertiger Konstituenten, die keine vollständigen *Sätze* sind, haben also ebenfalls ein durch die Valenz des Verbs definiertes Szenario, das aber nur *partiell* lexikalisch belegt ist (nicht lexikalisch gesättigt ist). Die nicht belegte Position fungiert dabei i.d.R. als Scharnier für die Integration in den Matrixsatz (sie wird erst durch die Einbettung in den Matrixsatz „gebunden").

Die Pointe dieser Bestimmung zeigt sich bei ambigen Ausdrücken wie dem folgenden:
Hans versprach Emma zu heiraten
So, also ohne Kommasetzung, ist die Valenz des Verbes *heiraten* nicht gebunden (semantisch reformuliert: es ist unklar, wen Hans hier heiraten will).
Hans versprach, Emma zu heiraten
Hier ist die Valenz des Verbs *heiraten* gebunden durch das direkte Objekt *Emma* (dafür ist hier unklar, wem gegenüber Hans dieses Versprechen abgegeben hat).

Soweit sind die Verhältnisse klar, jedenfalls wenn man mit dem syntaktischen Begriff der Valenz operiert, den der Duden vermeidet. Allerdings reicht der Begriff der Valenz im engen Sinne der Valenzgrammatik anscheinend auch nicht aus, um damit alle Kommaregeln zu rekonstruieren. Vgl. dazu
Hans erlaubt Emma, ein Lied zu singen.
Hans erlaubt Emma, lauter zu singen.

Während ein Lied als direktes Objekt obligatorische Ergänzung des transitiven Verbs *singen* ist (anders als bei dem intransitiven Verb), ist das Adverb *lauter* eine fakultative Ergänzung. Zunächst einmal können wir aber auch hier feststellen, daß es sich bei *lauter* um eine Konstituente handelt, die von der Valenz des Verbes *singen* her zu verstehen ist, insofern sich die syntaktische Konstituente als satzwertig erweist. Vgl. dazu das folgende Schema:

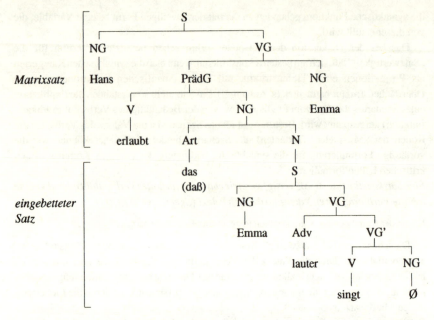

Das Schema zeigt zunächst einen eingebetteten „Objektsatz", der mit der spezifischen grammatischen (graphischen) Veränderung des Artikels *das* zur Konjunktion *daß* eingebettet ist; er kann nun auf verschiedene Weise reduziert werden (dazu würde insbesondere auch schon im Normalfall die Ersetzung des referenzidentischen *Emma* durch das Pronomen *sie* im eingebetteten Satz gehören). Die weitestgehende Reduktion besteht in der Änderung des finiten in das infinite Verb (gebunden an die Referenzidentiät von Objekt des Matrixsatzes und Subjekt des eingebetteten Satzes), also der Veränderung von *singt* zu *singen*. In diesem Fall kann dann das Subjekt des Matrixsatzes entfallen und der Infinitiv wird mit der quasi-Präposition *zu* eingebettet.

Diese Argumentation ist nicht an (direkte) Objektsätze i.e.S. gebunden; sie gilt entsprechend für jede satzwertige Konstituente unter einem NG-Knoten, vgl. (ohne daß ich das ausführe) bei präpositionalen Gruppen (*Emma* ist im folgenden direktes Objekt zu *bat*):

Hans bat Emma um ein Lied
Hans bat Emma darum
Hans bat Emma, daß sie lauter singe
Hans bat Emma, lauter zu singen

Eine noch schwächere Form der Satzwertigkeit liegt bei der Erweiterung des Infinitivs um Elemente wie *ohne, um, als* usw. vor (vgl. Regel 107, Abs. 1: Ein Infinitiv ist bereits erweitert, wenn „ohne zu", „um zu", „als zu", „[an]statt zu" an Stelle des bloßen „zu" stehen.). Diesen Elementen entspricht nun keine Ergänzung im syntaktischen Sinne einer Konstituente eines eingebetteten Satzes. Insofern kann es auch nicht erstaunen, daß hier eine erhebliche Quelle für Rechtschreibfehler liegt. Für das „normale" Sprachempfinden handelt es sich bei Beispielen wie denen des Dudens (*sie ging in die Stadt, um einzukaufen*) nicht um satzwertigen Konstituenten, da das Verb hier eine nominale Form hat, ohne verbale Funktionen in der Bindung von nominalen Ergänzungen auszuüben. Die Dudenvorschrift läßt sich hier allenfalls so rekonstruieren, daß Konjunktionen wie *um* formale Markierungen einer satzförmigen Einbettung sind, wie die entprechenden Paraphrasierungen zeigen können (vgl. *sie ging in die Stadt, damit sie dort etwas einkaufen könnte*). Mir scheint aber, daß eine solche Vorschrift und ihre Rekonstruktion auf einer anderen Ebene der syntaktischen Argumentation liegen, und in diesem Sinne wäre vielleicht dafür zu plädieren, diese Vorschrift für den Fall einer rein formalen Erweiterung fallen zu lassen.

Damit haben wir die Grundstruktur der Setzung des paarigen Kommas. Allerdings bleibt noch eine Gruppe von Fällen zu besprechen, die gewissermaßen invers zu den eben besprochenen nach dem Duden kein Komma erhalten, obwohl sie zunächst satzwertig interpretierbar sind. Vgl.
Hans sah Emma laufen.
Hans sah Emma einen Korb tragen.
Deutscher sein heißt Wein, Weib und Gesang lieben.

Die Beispiele zeigen, daß die satzwertige „Erweiterung" des Infinitivs recht umfangreich sein kann, ohne daß der Duden ein Komma verlangt. Maßgeblich für den Duden ist hier wiederum eine rein formale Unterscheidung zwischen Infinitiven mit *zu*, die, wenn sie erweitert sind, ein Komma verlangen, und solchen ohne *zu*, die kein Komma verlangen, unabhängig davon, ob sie erweitert sind oder nicht. Es stellt sich die Frage, ob diese Dudenunterscheidung syntaktisch rekonstruierbar ist. Zunächst einmal ist zurückzugehen auf eine ganze Reihe von Fällen, in denen Infinitive in verbaler Funktion im Satz vorkommen, ohne doch satzwertig zu sein, vgl.

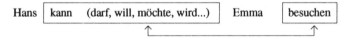

Hier bilden die beiden Verbalformen, die finite und die infinite, zusammen einen Verbrahmen für den Satz, vgl.
Hans besucht Emma
Hans wird Emma besuchen
Hans hat Emma besucht
und vgl. damit auch nominale Erweiterungen der gleichen finiten Verbform, wie etwa bei
Hans kann Tango
Hans kann tanzen
Hans kann Tango tanzen

Bei den zuletzt genannten Fällen mit infiniten Verbformen handelt es sich offensichtlich um komplexe Prädikate, bei denen die Infinitive keine eigene Satzwertigkeit gegenüber dem finiten Verb haben, sondern eben zusammen mit der finiten Form die Valenz des Prädikats des Satzes aufspannen. Wir erhalten so ein Satzschema wie folgt (zur hier und öfter zugrundegelegten Analyse der „komplexen Verbformen" s. die „Ergänzenden Hinweise zur grammatischen Analyse des Deutschen" = Anhang II (S. 407 ff.)):

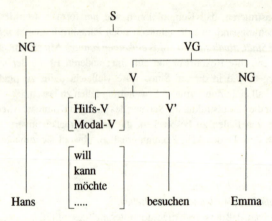

Es ist nun offensichtlich, daß diese Struktur unabhängig von der formalen Frage ist, ob der Infinitiv eine Markierung mit *zu* enthält oder nicht, vgl. noch
Die Spur war zu sehen.
Die Spur war deutlich zu sehen.
Er pflegt zu trinken.
Er pflegt abends ein Glas Wein zu trinken.
Er hörte auf zu trinken.
Er hörte auf, ununterbrochen zu trinken.

Ebenso wie bei den Modal- und Hilfsverben, haben wir, hier allerdings lexikalisch gebunden, komplexe Verben wie *zu sehen sein, zu trinken pflegen* u.a.m. Dagegen gehört *aufhören* offensichtlich nicht dazu, wie die nur nominale, also nicht durch ein Komma abgetrennte Erweiterung im vorletzten Beispiel gegenüber dem letzten zeigt, wo das *zu trinken* durch das Adverb *ununterbrochen* als satzwertige Einbettung zu dem Matrixsatz *er hörte auf* gekennzeichnet ist. Anders als bei der Kasuistik der Dudenregel 107 zum „erweiterten Infinitiv" ist nicht die Form maßgeblich, sondern die syntaktische Funktion der Konstituenten, die eine solche Analyse verlangt.

NB: In Hinblick auf die schon angesprochene Problematik des Infinitivmarkierers *zu* ist es nötig, diesen von der Präposition *zu* zu unterscheiden, vgl.
Er ging zu dem Haus.
Er ging zugrunde. (?*Er ging zu dem Grunde* ?)
Er ging (um) zu sterben. (zu unterscheiden von *er ging zu dem Sterben*, etwa: *dem Sterben der Meeresvögel*).
Wir haben also eine Homophonie zwischen der Präposition *zu* und der Funktionspartikel *zu* beim Infinitiv.

Um die zuletzt diskutierten problematischeren Fälle behandeln zu können, ist es nötig, die eingangs gegebene Bestimmung von satzwertig zu modifizieren: Eine Satzkonstituente ist *satzwertig,*
(1) wenn sie eine finite Verbform enthält, oder
(2) wenn sie eine infinite Verbform enthält, die nicht Bestandteil des komplexen Verbes ist, und deren Valenz lexikalisch gebunden ausgedrückt ist.
Damit haben wir die Grundregel für die Kommasetzung, sowohl des einfachen wie des paarigen Kommas, entwickelt.

10. Kapitel: Das Gesamtsystem der Interpunktion und Einzelprobleme

In den letzten beiden Kapiteln habe ich die Grundregeln der deutschen Interpunktion entwickelt. Es handelt sich alles in allem um ein sehr übersichtliches und ökonomisches System, mit dem der Leser Hinweise zur syntaktischen Strukturierung von Texten erhält. Insofern können wir auch davon ausgehen, daß es solch ein grammatisches System ist, mit dem wir (d.h. diejenigen, für die es zutrifft) die Interpunktion beherrschen gelernt haben. Bei der Formulierung eben habe ich bewußt von *solch einem* grammatischen System gesprochen, da natürlich kein realistischer Anspruch mit der von mir verwendeten Formulierungen der Regeln verbunden ist. Diese ist als solche ein Konstrukt, das sich als mehr oder weniger hilfreich erweisen muß. Der realistische Anspruch besteht allerdings darin, daß ich davon ausgehe, daß es derartige Verknüpfungen sind, die im Langzeitgedächtnis gespeichert werden, mit denen wir die Rechtschreibung beherrschen gelernt haben und mit denen wir bei der Lektüre (oder spiegelverkehrt beim Schreiben für einen Leser) Hypothesen zur Struktur ausbilden (s.o. 4. Kapitel).

Nun handelte es sich bisher um die Grundregeln, wobei wir schon gesehen haben, daß die Duden-Vorschriften in ihrer reichen Kasuistik z.T. noch weitere Bestimmungen einführen, die die Rechtschreibung verkomplizieren. Um uns einen Überblick über die Leistungsfähigkeit der Grundregeln zu verschaffen, ist es erforderlich, das gesamte Inventar der Vorschriften des Dudens daraufhin durchzugehen, wieweit sie mit diesen Grundregeln oder eventuellen Modifizierungen davon rekonstruierbar sind. Den gesamten Komplex der Interpunktion habe ich auf dem Schema auf der folgenden Seite dargestellt. Wie auch bei den folgenden Blöcken, wo ich ähnlich vorgehen werde, handelt es sich um eine Art „Flußdiagramm", das gewissermaßen die Reihenfolge der Instruktionen angibt, mit denen man zu einer Lösung für ein anstehendes Rechtschreibproblem kommen kann. An den jeweiligen Schaltstellen dieses Diagrammes habe ich dann die Duden-Regeln mit ihren Nummern vermerkt, die mit den entsprechenden Vorschriften abgedeckt sind. Schon der erste Blick auf dieses Schema zeigt, daß ein solches strukturiertes System gegenüber der komplizierten Kasuistik des Dudens eine sehr viel größere Allgemeinheit enthält (von daher auch der „kognitivistische" Anspruch, mit diesem Schema die Lernbarkeit der Rechtschreibung zu modellieren).

NB: An dieser Stelle ist nochmals zu betonen (s. Vorwort), daß ich auf diese Weise streng genommen nicht die Rechtschreibung im Deutschen rekonstruiere (was eine noch zu leistende empirische Analyse der tatsächlichen Rechtschreibpraxis voraussetzte), sondern die Normierung der Rechtschreibung, wie sie im Duden festgelegt ist. Sind dafür vordergründig auch Gesichtspunkte der Machbarkeit ausschlaggebend, so spricht für ein solches Vorgehen doch auch, daß die Duden-Regeln das Ergebnis eines jahrhundertelangen Prozesses sind, der auf eine stabile Rechtschreibung zielte: Trotz aller, z.T. sehr bedenklichen Idiosynkrasien der Duden-Redaktion (die ich im Text zu isolieren suche) ist im Regelsystem des Duden doch die Rechtschreibung des Deutschen enthalten - und nicht zuletzt: bestimmt es doch auch das Sprachwissen der Rechtschreiber. Um Unklarheiten zu vermeiden, empfiehlt es sich aber, alle Analysen hier mit der Einschränkung einer „schwachen Reichweite" zu lesen: Sie explizieren das, was jedenfalls *auch* zur deutschen Orthographie gehört, und zwar soweit diese von dem Regelwerk des Duden erfaßt wird. Bei der erneuten Durchsicht dieses Kapitels ist mir die Dissertation von U. BEHRENS hilfreich gewesen, die ähnlich vorgeht.[1]

---

[1] *Wenn nicht alle Zeichen trügen. Interpunktion als Markierung syntaktischer Konstruktionen*, Diss.phil. masch.schr. TU Hannover 1988; inzwischen auch im Buchhandel (Frankfurt/M.: Lang).

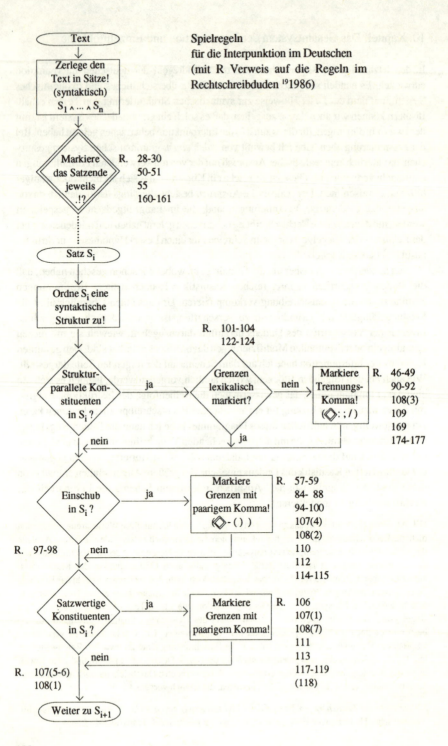

Das Schema ist an einigen Punkten komprimiert: um es nicht zu unübersichtlich werden zu lassen, habe ich einige „Subroutinen" durch die doppelten Rauten an bestimmten Stellen nur angezeigt, ohne sie selbst im Flußdiagramm zu explizieren. Am Schluß fehlt noch eine „ästhetische" Komprimierungsregel, die man sich als Filter vorstellen kann, der durch die Hierarchie einiger Interpunktionszeichen definiert ist (ein Punkt ersetzt die Abfolge von Komma und Punkt, ein Semikolon ersetzt die Abfolge von Komma und Semikolon u.dgl. mehr (s. aber auch zu dem Sonderproblem der Einschübe bei R. 57).

Einige Bereiche der Rechtschreibung habe ich ausgelassen, weil sie einerseits eher marginal sind, vor allen Dingen aber weil sie relativ unproblematisch sind, also eindeutig zu formulieren. Das gilt so auch für die Berücksichtigung anderer Mittel zur Textgliederung, insbesondere die „syntaktische Majuskel", die wir schon bei älteren Handschriften in der Auszeichnungsform der Initialen gesehen haben. Die satzinitiale Großschreibung ist natürlich neutralisiert, wenn das erste Wort ohnehin ein Substantiv ist (in Hinblick auf die funktionale Leistung der Großschreibung ist aber anzumerken, daß das ohnehin nur sehr selten vorkommt, nämlich nur dann, wenn ein Eigenname [im übrigen anders als in der gesprochenen Sprache] ohne vorausgehende determinierende Elemente [Artikel und/oder Adjektiv] verwendet wird). Nicht weiter behandelt habe ich hier auch Sondervorschriften (R.163) für Fälle, die laut Duden keine Schlußzeichen erhalten, auch wenn sie syntaktisch Sätze sind (was insofern rekonstruierbar ist, als sie nicht im syntaktischen Verbund mit dem folgenden Text zu lesen sind, sie durch das graphische „Layout" zu lesen sind); gleiches gilt für Tabellen (R.164) und Formularteile (R.166-167), die nicht in Texte integriert sind (bzw. graphisch aus ihnen ausgegliedert sind). Die weiteren hier im Schema nicht explizierten Regelblöcke des Duden genügt es hier zu benennen und global zu kommentieren:

- Anführungszeichen „ " (Regel im folgenden jetzt immer abgekürzt R) R. 10-15
- Auslassungszeichen ... (R. 26-27)
- Hervorhebungs- (!)/   ⎤(R. 31, 52)
- Distanzierungszeichen (?)⎦
- Hervorhebungszeichen - (R. 56, 58)
(Der Duden spricht hier phonographisch vom „Pausen"zeichen).

Zwar handelt es sich um ein recht heterogenes Sammelsurium von Bestimmungen, diesen ist aber gemeinsam, daß sie gewissermaßen Textcollagen markieren, also nicht die syntaktische Struktur der Textintegration. Das ist unmittelbar deutlich bei den Anführungszeichen, die keineswegs eine phonographische Qualität „direkter *Rede*" markieren, sondern die syntaktische Nicht-Integration von Textpassagen (im Gegensatz zu durch Wortstellung, Modusmarkierung, Pronominalisierungsersetzungen u.dgl. integrierten Formen), vgl.
Als Obelix die Römer sah, dachte er (keine „Rede"!) *bei sich: „Die spinnen, die Römer"*
gegenüber der integrierten Form mit den entsprechenden Markierungen (hier hervorgehoben) *Als Obelix die Römer sah, dachte er,* daß sie *spinnen* (oder auch: *spinnten* bzw. *spönnen*)

Von dieser Grundfunktion zur Markierung von Textcollagen leitet sich die gewissermaßen „metatextuelle" Kommentarfunktion der Anführungs- und der anderen hier genannten Zeichen her: Trotz evtl. syntaktischer Integration wird mit ihnen textuelle

Inhomogenität signalisiert - der Autor blockiert den Rückschluß des Lesers, daß er für die so markierte Textpassage (bzw. ihre „Formulierung") zur Verantwortung gezogen werden könnte - auch wenn er (anders als bei „direkter Rede") keinen anderen „Verantwortlichen" nennt, so etwa bei dem vor einiger Zeit in manchen Zeitungen üblichen: *in der „DDR"*... (paraphrasierbar mit: *sogenannte „DDR"*), auch bei ironischer Distanzierung. In gleicher Weise den Text kommentierend bzw. qualifizierend fungieren ! ? - als Signale für die Interpretationsleistungen des *Lesers* (nicht zur, bzw. nur in marginalen Fällen der Präparation eines Textes für den mündlichen Vortrag in Verbindung mit der Markierung prosodischer Gliederungen). Da sie nicht zur Textgliederung gehören, ist es nur folgerichtig, daß ihre teilweise mögliche Deutung als syntaktische „Schlußzeichen" durch Einklammerung verhindert wird (R. 31, 52).

Die Kasuistik der Duden-Regeln ist schon durch den Verzicht auf eine Strukturierung eine enorme Gedächtnisbelastung. Im Sinne des hier Vorgestellten sollte es unproblematisch sein, dieses Bündel von Vorschriften als Regeln in das Schema einzubauen.

Der Regelblock der Interpunktion, den wir jetzt durchgehen wollten, ist auf die syntaktischen Bestimmungen beschränkt, berücksichtigt also nicht die homographen Zeichen, die in anderer Funktion vorkommen (etwa den Punkt bei Abkürzungen, der zu den wortbezogenen Schreibungen des nächsten Blocks gehört). Im folgenden gehe ich die Duden-Regeln in der Reihenfolge ihrer Nummerierung durch und kommentiere diejenigen davon, die sich auf die Interpunktion beziehen, oder die Markierung von Sonderzeichen wie Ordnungszahlen (R. 162) usw.

R. 10-15   Anführungszeichen s.o.

   NB: Hier handelt es sich um Sondermarkierungen, die also keine Kontraktion mit anderen Zeichen eingehen (R. 14-15), was ja eine syntaktische Integration und keine Collage von Textstücken voraussetzen würde.

R. 25-27   Auslassungszeichen s.o.
R. 28-30   Ausrufezeichen
   Nicht differenziert von Punkten, problemlos zu rekonstruieren.
R. 31   s.o.
R. 46-49   Doppelpunkt
   Es handelt sich um eine besondere Markierung, für eine relativ schwache syntaktische Integration, die sich darin zeigt, daß die Sätze auch keine syntaktischen Veränderungen aufweisen (s.o. das zu den Anführungszeichen Gesagte, bei denen der Doppelpunkt auch als begleitende Initialmarkierung steht, R. 46), vgl. noch entsprechend R. 47:
   Das Sprichwort heißt (sagt): der Apfel fällt nicht weit vom Baum
   mit den beiden integrierten, durch Kommata getrennten Formen:
   Das Sprichwort heißt (sagt), daß der Apfel nicht weit vom Baum fällt
   Das Sprichwort heißt (sagt), der Apfel falle nicht weit vom Baum.
In anderen Fällen (R. 48, 49) erlaubt der Doppelpunkt die Markierung von Topikalisierungen, bzw. entsprechend den schriftsprachlichen, durch die Interpunktion markierten Feldbelegungen bzw. -ausgrenzungen: links- bzw. rechtsversetzte Herausstellungen.

R. 50-51 Fragezeichen, nicht anders als beim Punkt
R. 52 s.o.
R. 55 Gedankenstrich
Als Textgliederung wie bei dem Punkt.
R. 56 phonographisches Kriterium („längere Pause"), s.o.

Für diesen ganzen Block gilt, daß der Duden durchgängig zu phonographischen Kriterien greift und damit die Zusammenhänge verunklart, zudem auch vor allem keine Entscheidungshilfe geben kann, wenn nicht sogar Unsinniges festgeschrieben wird. Ein Beispiel ist R. 28 (2) „Kein Ausrufezeichen steht jedoch nach Aufforderungs-, Wunsch- oder Befehlssätzen, die ohne Nachdruck gesprochen werden oder von einem Aussage- oder Fragesatz abhängig sind." Phonographische Kriterien („ohne Nachdruck gesprochen") werden hier mit syntaktisch-morphologischen verquickt. Die Beispiele zeigen dann, was für eine Verwirrung hier herrscht bzw. eingeführt wird. *Er befahl ihm, er solle sich auf den Boden legen* ist ein „Aussagesatz" (Dudenterminologie), in den ein weiterer Aussagesatz als Objekt eingebettet ist (vgl. *befahl ihm die Turnübung*); entsprechendes gilt bei Fragesätzen bzw. für Fragesätze, s. R. 50 (2). Dergleichen Verwirrung findet sich durchgängig. Auf die phonographischen Kriterien in den Regeln gehe ich aus Platzgründen nicht immer explizit ein (vgl. noch ebenfalls *ohne Nachdruck gesprochen* in R. 85 (Klammern für Komma), R. 161 (Punkt für Ausrufezeichen), *mit Nachdruck* R. 96 (Kommasetzung); ähnlich *bei besonderer Betonung* R. 115 (2) (Kommasetzung), *betont* R. 127 (2) (Kommasetzung)).

Die syntaktische Argumentation, die die Interpunktion als Textgliederungsmarkierung rekonstruiert, ist relativ unproblematisch, solange sie bei den Schlußzeichen . ! ? (und analog , ;) Einheiten behandelt, die syntaktisch *Sätze* sind. Probleme tauchen dann auf, wenn das nicht der Fall ist: bei „Ausrufen" wie *Oh!* (R. 29), „allein auftreten(den) Fragewörtern": *Wie?, Warum?* (R. 51) u. dgl. (vgl. auch unten zu R. 114). Geht man wie hier bei einer literaten Textstruktur von deren *Zerlegung* in Sätze aus, ergeben sich solche Textelemente gewissermaßen als Restgrößen. *Sie sah einen Schatten auf sich zukommen. Hans! Nein! Es war Emil! Wieso? Wo war Hans?* Ohne weiter in die Analyse solcher Textfragmente einzusteigen, ist festzuhalten, daß die interpungierende Markierung mit Schlußzeichen vom Leser fordert, sie analog zu Sätzen zu interpretieren, also *Hans!* ≙ *Es war Hans; Nein!* ≙ *Es war nicht Hans* usw. Es handelt sich hier um die im nächsten Kapitel besprochene Möglichkeit, ein Markierungssystem umzunutzen - das dazu vorausgesetzt werden muß.

R. 57-59 Einschübe
R. 84-88 Klammern bei Einschüben (R. 89 ist eine wortbezogene Vorschrift, die nicht hierhin gehört). Einschübe fallen ebenfalls unter die Kategorie Collage. Weil sie syntaktisch nicht in den umgebenden Text integriert sind, sind sie auch im Falle interner syntaktischer Komplexität in der Interpunktion autonom (R. 57): Ebenso wie bei „Anführungszeichen" können sie eine interne Kommatierung aufweisen (R. 57 (3), bei den Schlußzeichen allerdings nur die markierten ! ? (mit folgendem Gedankenstrich zur Markierung der Textzäsur). Im Gegensatz zu den Anführungszeichen ist die Collage mit Gedankenstrichen schwächer markiert: Es fehlen die nichtmarkierten Satzgrenzmarkierungen (initiale Großschreibung, vgl. R. 79, 80) ebenso wie der Punkt bzw. das (paarige) Komma als Schlußzeichen (R. 57).

Daran schließt der große Block der Kommasetzung an:

R. 90-92. Das einfache Trennungskomma

R. 93 „Mehrere vorangestellte Namen und Titel werden nicht durch Komma getrennt."

Eine unklare Vorschrift. Ihr Sinn liegt wohl darin, die „redundanzfreie" Koordination mehrgliedriger Namen *verschiedener* Personen von denen einer Person zu unterscheiden, vgl. *Hans, Egon und Wolfgang Müller* $\stackrel{\wedge}{=}$ *Hans Müller und Egon Müller und Wolfgang Müller* (drei Personen mit gleichen Familien-, aber verschiedenen Vornamen), *Hans Egon Wolfgang Müller* (eine Person mit drei Vornamen). Nun handelt es sich in gewisser Hinsicht aber auch in dem letzten Fall um eine Reihe von Vornamen: *er heißt Hans & Egon & Wolfgang* (so liest man ja auch gelegentlich bei Familienanzeigen, was der Duden als Fehler stigmatisiert: *Hans, Egon, Wolfgang Müller*). Andererseits aber sind die Namen ja nun doch nicht einfach gleichrangig. Wir unterscheiden ja den Rufnamen von den anderen Vornamen, die z.T. auch eine spezifische Funktion durch ihren Stellenwert zeigen (Namen des Paten, des Großvaters, so insbesondere bei den Namenstraditionen, die regional sehr unterschiedlich sind; sehr komplexe Vorschriften, die den/die Benannte(n) in seiner/ihrer Position im Familienverband lokalisieren, gibt es in Ostfriesland), so daß die verschiedenen Namen im syntaktischen Sinne auch hierarchisch geordnet sind, also keine Trennungszeichen erhalten dürfen. Im übrigen wird weiter unten (Kapitel 14) auf die Sonderprobleme von Namengruppen zurückzukommen sein.

R. 94 „Das Komma steht nach herausgehobenen Satzteilen, die durch ein Pronomen (Fürwort) oder Adverb erneut aufgenommen werden."

R. 95 „Das Komma trennt die Anrede vom übrigen Satz...."

R. 96 „Das Komma trennt die Interjektion (das Ausrufe-, Empfindungswort) vom Satz, wenn sie mit besonderem Nachdruck gesprochen wird."

R. 97 „Das Komma trennt den nachgestellten Beisatz ab...."

R. 98 „Nachgestellte genauere Bestimmungen werden durch das Komma abgetrennt oder, wenn der Satz weitergeführt wird, in Kommas eingeschlossen...."

R. 99 „Das Komma trennt dem Substantiv nachgestellte Adjektive und Partizipien ab...."

R. 100 „Das Datum wird von Orts-, Wochentags- und Uhrzeitangaben durch Komma getrennt."

Hier handelt es sich um Einschübe (s.o.). Ein Sonderproblem stellt sich bei R. 94, das auf die orat übliche Topikalisierung zurückgeht, von der schon beim letzten Mal die Rede war: also die orate Konstruktion *dein Vater - den habe ich gut gekannt*, woraus in literater Edition wird *deinen Vater habe ich gut gekannt*:

$$\begin{bmatrix} \text{deinen Vater} \\ \text{den} \end{bmatrix} \text{habe ich gut gekannt}$$

deinen Vater und *den* sind parallel, sie können linear nur aufgereiht werden, wenn sie syntaktisch verknüpft werden z.B. in einem Relativsatz, der aber dann eine syntaktisch ganz andere Struktur aufweist (*deinen Vater, den ich gut gekannt habe, habe ich neulich im Radio gehört*). Wo das nicht der Fall ist, bedeutet eine Linearisierung einen Einschub, der entsprechend abzugrenzen ist.

Ebenso ist es bei R. 99, wo die syntaktische Integration des adjektivischen Attributs an die Wortstellung gebunden ist: Artikel+Adjektiv+Nomen. Wo gegen diese Wortstellung verstoßen wird, handelt es sich um einen appositiven Einschub, der mit paarigen Kommata abzutrennen ist. Bei diesem Regelkomplex sind vom Duden wieder recht heterogene Erscheinungen zusammengenommen. So operiert R. 96 mit Wortarten („Interjektionen"), wo es um die oben anläßlich von R. 29 und R. 51 besprochene Frage der (fehlenden) syntaktischen Integration bzw. Satzstruktur geht. Bei R. 98 (3): Preislisten u. dgl., handelt es sich um die graphische Auszeichnung von Textformen ohne syntaktische Integration, die ohnehin nicht in diesen Zusammenhang gehören (s. die Eingangsbemerkung S. 103 f.). Bei R. 97 liegt wiederum der Fall vor, daß eine spezifische Funktion des Interpunktionszeichens nicht genutzt werden kann, um dem Leser eine (sonst nicht naheliegende) Interpretation zu signalisieren (vgl. oben S. 81 zu den Schlußzeichen): Weil die Apposition mit (paarigen) Kommata abgetrennt wird, bedeutet deren Fehlen in ansonsten appositiv interpretierbaren Wortfolgen, daß es sich nicht um eine Apposition handelt sondern um eine Namengruppe (s. oben zur R. 93): vgl.

Heinrich, der (zahme) Löwe, wurde feierlich im Garten begraben
Heinrich der Löwe wurde feierlich im Dom begraben

R. 101 „Das Komma steht zwischen Satzteilen, die durch anreihende Konjunktionen (Bindewörter) in der Art einer Aufzählung verbunden sind."

R. 103 „Das Komma steht vor den entgegensetzenden Konjunktionen (Bindewörtern)." Hier handelt es sich um parallele Strukturen, die das Trennungskomma erfordern.

R. 102 „Kein Komma steht vor den ausschließenden Konjunktionen (Bindewörtern)". Also entsprechende Fälle *ohne* Kommasetzung (mit lexikalisch ausgedrückten Koordinatoren).

R. 101 scheint zunächst im Widerspruch zur Regel für das Trennungszeichen zu stehen: so insbesondere bei 101 Abs. 2 „Kein Komma steht vor den anreihenden Konjunktionen, die eng zusammengehörige Satzteile verbinden." Bei genauerer Betrachtung erweisen sich aber (bzw. die Interpunktion erweist sie als!) Partikel wie *teils-teils, jetzt-jetzt, bald-bald*, nicht als Lexikalisierung der Verknüpfung paralleler Konstituenten (die dann an Stelle eines Trennungskommas stehen würden), sondern als adverbiale Spezifizierungen: vgl. auch

Die Kinder spielten auf der Straße und im Garten
Die Kinder spielten bald (teils...) auf der Straße, bald (teils...) im Garten und bald (teils...) auf dem Speicher.

Es zeigt sich also, daß die Trennungselemente, das Komma aber auch die Lexikalisierung der Trennung z.B. mit *und*, nicht in paradigmatischer Opposition zu diesen adverbialen Spezifizierungen wie *bald, teils* stehen. Bei diesen adverbialen Elementen muß also ein Komma stehen, wenn die Verknüpfung nicht lexikalisiert ausgedrückt wird. Ein Problem ergibt sich bei R. 103 („Das Komma steht vor den entgegensetzenden Konjunktionen (Bindewörtern)"), da hier ja syntaktisch parallele (Satz)Konstruktionen lexikalisch verknüpft werden; anders als bei R. 101 (2) liegt hier in syntaktischer Hinsicht keine

zusätzliche Spezifizierung zur Trennung vor, so sind nur (a) und (b) möglich, nicht aber (c):
  (a) *Er schimpft und er arbeitet.*
  (b) *Er schimpft, aber er arbeitet.*
  (c) **Er schimpft und aber er arbeitet.*
Die Interpunktion im Fall (a) ist problematisch, vgl.
  (d) *Er schimpft, und sein Bruder arbeitet.*
entsprechend dem oben Bemerkten über den Gegensatz von *und* als Ausdruck einer Textreihung (mit Komma) gegenüber der Lexikalisierung als Trennungszeichen bei syntaktischer Integration.[2] Der Duden operiert hier mit semantischen Kriterien (R. 102 „anschließende", R. 103 „entgegensetzende", R. 104 „vergleichende" Konjunktionen usw.), was zu einem mißlichen (und von mir hier vermiedenen) Kriterienkonglomerat führt. Ulrike Behrens (Op.cit.) hat die Differenz in der Dudenkasuistik dadurch „rekonstruiert", daß sie die Reihung einer abgeschlossenen Alternativenmenge (Komma vor der Konjunktion) von einer prinzipiell offenen Reihung (wo Konjunktion und Komma sich ausschließen) unterscheidet, also
  (a) *Er schimpfte und er arbeitete und er keuchte und er schwitzte und er ...*
  (b) **Er schimpfte, aber er arbeitete, aber er keuchte, aber er ...*
Die Ingeniosität dieser „Erklärung" ist bewundernswert - sie entspricht wohl auch dem Tatbestand, daß hier eine große Unsicherheit und Fehlerquelle liegt: Einer solchen strukturellen Begründung entspricht nirgends sonst im Regelsystem eine vergleichbare Regularität - was das Lernen äußerst erschwert. Selbst wenn das Kriterium jetzt „syntaktisch" ist, ist es nicht weniger ad hoc als die Duden-Kriterien (S. BERGER, a.a.O.). Der Duden ist in der hier zugrundegelegten Neuauflage auch zurückhaltender als in früheren, wobei sich eine generalisierte Regelung i.S. der Grundregel des 9. Kapitels abzeichnet: die Integration von satzwertigen Konstituenten erfordert ein Trennungskomma (S. 91). Insofern ist etwa auch die Interpunktion vorzusehen
  Er arbeitet, und er schwitzt
(die auch der Duden nicht ausschließt, aber an spezifische Bedeutungsaspekte knüpft). Die Diskussion zu den R. 101-103 macht ein Problem sehr deutlich: Es ist durchaus *möglich*, auch für reichlich ad hoc formulierte Duden-Regeln syntaktische Regularitäten zu finden. Das erfordert dann aber eine erhebliche Tüftelei, angesichts derer sich die Frage stellt, ob solche Vorschriften *nötig* sind. Letztlich handelt es sich um die funktionale Frage, was dem Leser verloren geht, wenn in solchen Fällen keine Interpunktionszeichen stehen. Der Duden steht unter dem Zwang, kasuistisch *alle* Fälle lösen zu müssen (etwa unter der Perspektive eines Setzers von wissenschaftlichen Texten). Das ist aber nicht die Perspektive des „Normalverbrauchers". Die früher einmal gegebene Trennung in einen „Buchdrucker-Duden" und einen (Normal-)Rechtschreibduden machte Sinn. Die Sanktionsgewalt des Dudens ist bei der Fülle spezieller Regelungen

---

[2] Zur Problematik und der reichen Duden-Kasuistik s. etwa D. BERGER, *Komma, Punkt und alle anderen Satzzeichen*, Mannheim: Bibliographisches Institut 1968, unter *und/oder*, S. 163-165.

nur für den ersten sinnvoll, nicht für den letzten. Dieses Problem ist offensichtlich auch der Duden-Redaktion bewußt, die daher öfter zu Abschwächungen der Sanktionsgewalt des Regelwerks Zuflucht nimmt wie bei R. 104 (4): „Bei den mit „wie" angeschlossenen Fügungen ist es dem Schreibenden gelegentlich freigestellt, ob er die Fügung als eng zum Bezugswort gehörend oder als nachgetragen ansehen will" (ähnlich R. 114 (2) *oft*).

R. 104 versammelt kasuistisch Heterogenes. In der Hauptregel ((1) „Kein Komma steht vor den vergleichenden Konjunktionen (Bindewörtern) „als", „wie" und „denn", wenn sie nur Satzteile verbinden")wird nur eine spezielle Anwendung der Grundregel (s.o. S. 91) formuliert, da es sich in diesen Fällen (*Es ging besser als erwartet* u.dgl.) um syntaktische Konstituenten in einer spezifischen hierarchischen Relation zu dem restlichen Satz handelt. Die Absätze (2) und (3) betreffen die Kommasetzung (paariges Komma!) bei der Einbettung satzwertiger Konstituenten, auf die in diesem Zusammenhang allenfalls wegen der Homonymie der satzeinleitenden Konjunktionen mit den Partikeln in Abs. 1 einzugehen ist; zu Abs. 4 s.o.

Schwierigkeiten ergeben sich erst recht bei rein quantitativen Gesichtspunkten in den Duden-Vorschriften, die als solche nicht mehr qualitativ-struktural (syntaktisch) rekonstruierbar sind.

Dazu gehört

R. 105-106 Partizipialgruppen verlangen ein Komma, wenn sie um mehr als *ein* Wort erweitert sind.

R. 107 Infinitivgruppen verlangen ein Komma, wenn ein Wort zusätzlich zu *zu* hinzukommt.

Zwar sind diese Regeln eindeutig und insofern auch mechanisch zu lernen, aber sie bieten keinerlei Gewinn für die funktionale Aufgabenstellung, einen Text syntaktisch zu strukturieren. Von der Form her erscheinen sie als Überbleibsel aus der Frühzeit der Orthographie: als phonographisch die Repräsentation rhythmischer Gliederungen angestrebt war, als, wie wir es bei dem Text aus dem 16. Jahrhundert gesehen haben (s. 6. Kapitel), lange „schwere" Konstituenten mit einer Virgel abgetrennt wurden, unabhängig von dem Grad ihrer syntaktischen Integration in den Satz.

R. 107 „Der erweiterte Infinitiv mit „zu" (die Infinitivgruppe, Grundformgruppe) wird in den meisten Fällen durch Komma abgetrennt." Das ist das notorische Problem der Infinitivsätze.

R. 107 (1) „Ein Infinitiv ist bereits erweitert, wenn „ohne zu", „um zu", „als zu", „[an]statt zu", an Stelle des blossen „zu" stehen." Das paarige Komma muß gesetzt werden, da die Konstituente satzwertig ist (im Gegensatz zu 107 (5-6), wo es sich nicht um satzwertige Konstituenten in Verbindung von Infinitiv und Hilfsverb bzw. Modalverb handelt).

R. 107 Komma, wenn „ein hinweisendes Wort wie *es, das, dies* auf den Infinitiv zu-
(4, Teil I) rück(weist)". Paariges Komma, da Einschub vorliegt. Was ist nun aber mit R. 107 (2-3)? Hier handelt es sich offensichtlich um die Auflösung von satzwertigen Konstruktionen, wie sie in den klassischen Sprachen nicht nur üblich waren, sondern insbesondere auch als eleganter Stil galten(*Prolepsis*). Vgl.

Wir wollen versuchen, diesen Vorgang zu erklären.
Wir bitten, diesen Betrag auf unser Konto zu überweisen.
Eine syntaktische Analyse deutet das folgende Schema an.

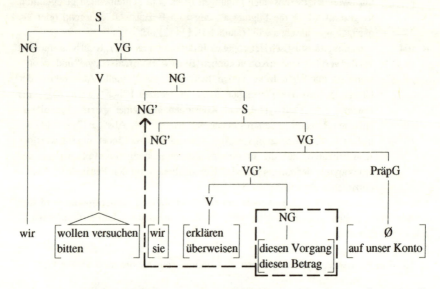

Bei der Prolepsis des direkten Objekts des eingebetteten Satzes ist die Konstituente des infinitivischen Verbs (*erklären/überweisen*) nicht mehr satzwertig, weshalb sie auch nicht durch ein Komma abgetrennt wird. Andererseits wird das „vorgezogene" Objekt nicht einfach zum Objekt des Matrixsatzes wie bei

Wir erklären diesen Vorgang.
Wir bitten ihn auf unsere Yacht.

Die valenzgebundene Beziehung zu dem *folgenden* infinitivischen Verb bleibt bestehen und daher wird *diesen Vorgang zu erklären* weiterhin als satzwertige Konstituente abgetrennt.

Auch diese Erklärung ist wiederum syntaktisch einwandfrei, erfordert aber ein recht differenziertes Analyseinstrumentarium; so ist zu vermuten, daß hier das Komma oft genug trotzdem gesetzt wird (das umso mehr, als der Duden auch bei zahlreichen Regeln nicht syntaktische sondern vielmehr semantische Vorschriften zugrundelegt, vgl. etwa in R. 108 Abs. 5 „wenn das *zu* des reinen Infinitivs in der Bedeutung von *um zu* verwendet wird").

Bei

R. 107(2-3) entsteht ein formales Zusatzproblem der Verteilung der Konstituenten auf den Satz. Die Oberflächenstruktur ergibt diskontinuierliche Konstituenten, vgl. mit den eben angeführten „kontinuierlichen" Beispielen (mit Initialstellung des Matrixsatzes):

(1) | Diesen Betrag | | auf unserer Konto zu überweisen |
     | | bitten wir | |

(2) | Diesen Vorgang | | zu erklären | |
     | | wollen wir | | versuchen |

Der erste Fall erscheint gar nicht so gravierend, da es sich hier um einen Einschub handelt, wie wir ihn schon öfter besprochen haben, vgl.

Diesen Betrag, sagte er, haben wir verloren.

Bei (2) entsteht durch die Kommasetzung keine geschlossene Einheit mehr: Das *wollen wir* ist ja anders als das *bitten wir* keine geschlossene Einheit, bildet nicht den Einschub, sondern der Einschub besteht aus dem diskontinuierlichen *wollen wir versuchen*. Die fehlende Kommasetzung geht hier offensichtlich zurück auf das Vorhandensein eines komplexen Prädikats, wie wir es ja auch schon bei den oben diskutierten Beispielen hatten, also nach dem folgenden Schema

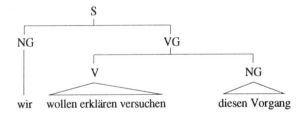

Auch hier handelt es sich wieder um eine durchaus mögliche Strukturbeschreibung, vermutlich aber um keine praktikable Regelung für den Normalverbraucher: Der Aufwand der Analyse steht in keinem Verhältnis zu dem Ertrag, da hier wohl auch die „falsch" gesetzten Kommata keinerlei Interpretationsprobleme schaffen würden.

Noch problematischer wird es bei

R. 107 (4[1]) „Es steht kein Komma, wenn der vorausstehende erweiterte Infinitiv das Subjekt vertritt." Die Aus-sonderung satzwertiger Teile in Subjektfunktion ist willkürlich und steht im Widerspruch zu der syntaktischen Grundregel, nach der das Subjekt in solchen Fällen als satzwertig durch ein Komma abzutrennen ist, strikt parallel zu der entsprechenden Vorschrift beim Objekt, vgl.

(1) *Hans sieht.* (mit dem transitiven Verb, nicht in der Bedeutung von *Hans kann sehen/Hans ist nicht blind*).
(2) *Hans sieht Emma.*
(3) *Hans sieht, daß es Emma schmeckt.*

Um konsistent zu sein, müßte also auch bei (3) entweder kein Komma stehen, wie es die Forderung vieler Reformer ist (nach dem Vorbild etwa der englischen

Orthographie), oder aber das Komma muß auch bei solchen satzwertigen Ausdrücken unabhängig davon stehen, welche Funktion sie im Matrixsatz ausüben, also auch *Sich selbst zu besiegen, ist der schönste Sieg* (bei meinem eigenen Texten ist das ein häufiger „Rechtschreibfehler", an dem ich in diesem Sinne auch festhalte).

In den ausführlicheren Regelwerken findet sich die zu R. 107 komplementäre Vorschrift: „eine Grundform (= Infinitiv), die kein zu bei sich hat, ... darf ... nicht durch Komma abgetrennt werden".[3] Das führt dazu, daß komplexe Konstruktionen wie *Preiswert kaufen heißt bei Willmanns kaufen* ohne Komma stehen - im Gegensatz zu der syntaktischen Analyse (s.o. S. 99). Eine gewisse Freiheit in der Textgliederung erlaubt der Duden hier allenfalls durch den Doppelpunkt (s.o. S. 104 zu R. 47). In der schulischen Praxis kann daraus nur folgen, daß solche „Fehler" (wenn sie vom Schüler syntaktisch begründet werden!) nicht zu sanktionieren sind, daß sie aber mit Hinweis auf die in diesem Fall ja formal eindeutige (kein *zu*!) Vorschrift zu korrigieren sind.

R. 108 „Der reine Infinitiv mit „zu" wird in den meisten Fällen nicht durch Komma abgetrennt." Hier tauchen jetzt weitere Probleme mit der Satzwertigkeit auf, insbesondere bei R. 108 (1), R. 108 (3), R. 108 (7), sowie bei den Problemen des Einschubes in R. 108 (2). Hier wird beim Duden wieder in einer „Regel" funktional Heterogenes zusammengeworfen, was zumindest für den Lerner die Sache sehr verwirrend macht.

R. 108 (4-5) "Ein Komma steht jedoch: wenn in einem Gleichsetzungssatz der reine Infinitiv mit „zu" dem Prädikat der (Satzaussage) folgt; ... wenn das „zu" des reinen Infinitivs in der Bedeutung von „um zu" verwendet wird; ..." Diese Vorschrift steht im Widerspruch zu dem Kriterium, daß Satzwertigkeit durch valenzgebundene Lexikalisierung auszudrücken ist. Dabei werden auch wieder problematische semantische Kriterien verwendet, wie schon in dem erwähnten Absatz 108 (5) durch den Verweis auf die Paraphrase mit einem erweiterten Infinitiv.

R. 108 (6) „Ein Komma steht jedoch, wenn es gilt, Mißverständnisse zu vermeiden."
Ist schlicht überflüssig.
Wir rieten, ihm zu folgen trennt mit dem Komma eine satzwertige Konstituente ab. Wenn der Satz eine andere Tiefenstruktur hat, wobei das *ihm* indirektes Objekt zu dem *raten* im Matrixsatz ist, dann ist eben eine interpunktionslose Schreibung in diesem Sinne auch eindeutig.
Wir rieten ihm zu folgen.

So tut der Duden hier nicht nur zuviel des Guten, indem er kasuistisch Vereindeutigungen vorschreibt, sondern da er keinerlei explizite syntaktische Analyse macht, führt er hier Widersprüche zu der syntaktischen Rekonstruierbarkeit der Regeln ein, die auf keinen Fall zulässig sind.

R. 109 „Das Komma trennt nebengeordnete selbständige Sätze."
Trennungskomma bei paralleler Struktur (der Duden ist hier wieder umständlich kasuistisch; hier behandelt er Sätze, vorher Satzteile). Bei 109 (2)(„Kein Komma steht aber: bei durch „und" oder „oder" verbundenen selbständigen

---
[3] BERGER, *Komma, Punkt und alle anderen Satzzeichen*, Mannheim: Bibliographisches Institut 1968:74.

Sätzen, wenn sie kurz sind und eng zusammengehören; ...") wird wieder ein Kriterium quantitativer Art eingeführt, das gewissermaßen, wie schon oben bei den Regeln 105-107 besprochen, ein Relikt aus der phonographischen Phase der Orthographie ist.

R. 110 „Das Komma trennt selbständige Sätze, die ineinandergeschoben sind." Ein Einschub, also unproblematisch.

R. 111 „Das Komma steht zwischen Haupt- und Nebensatz (Gliedsatz)" Die Vorschrift betrifft die Satzeinbettungen und ist als solche wohl eindeutig. Bei R. 111 (2) gilt wieder die generelle Hierarchie der Zeichen, werden die Kommata zusammengezogen.

R. 112 „Das Komma trennt Nebensätze (Gliedsätze) gleichen Grades, die nicht durch „und" oder „oder" verbunden sind."

R. 113 „Das Komma trennt Nebensätze (Gliedsätze) verschiedenen Grades".

R. 114 „Für das Komma in Auslassungssätzen gelten dieselben Richtlinien wie bei vollständigen Sätzen."

R. 115 „Das Wort „bitte" wird meist als bloße Höflichkeitsformel verwendet und steht dann ohne Komma im Satz." Trennungskomma bei paralleler Struktur.

R. 116 „Das Komma steht, wenn „und" oder „oder" selbständige Sätze verbindet." Ist keineswegs ein Sonderproblem, da hier ja auch von der syntaktischen Struktur her argumentiert wird und bei solchen Beispielen (*es wurde immer kälter, und der Südwind türmte Wolken um die Gipfel*) lexikalisch nicht die syntaktische Verknüpfung ausgedrückt wird, sondern eine Verknüpfung auf der Ebene der globalen Erzählstruktur des Textes, im Gegensatz zu der Verknüpfung von Elementen des Erzählten.

R. 117 „Das Komma steht, wenn ein Zwischensatz vorausgeht."

R. 118 „Das Komma steht, wenn „und" oder „oder" ein Satzgefüge anschließt, das mit einem Nebensatz oder einem erweiterten Infinitiv beginnt."

R. 119 „Das Komma steht, wenn ein Beisatz vorausgeht." Die Regeln betreffen Satzeinbettungen.

R. 120 „Das Komma steht, wenn „und zwar" oder „und das" nachgestellte genauere Bestimmungen einleitet." Einschub.

R. 121 „Kein Komma, wenn *und* oder *oder* kurze und eng zusammengehörige selbständige Sätze verbindet". Wiederum eine Durchbrechung der syntaktischen Logik des Regelsystems mit quantitativen Kriterien.

R. 122 „Es steht kein Komma, wenn „und" oder „oder" selbständige Sätze mit einem gemeinsamen Satzteil verbindet."

R. 123 „Es steht kein Komma, wenn „und" oder „oder" Nebensätze (Gliedsätze) gleichen Grades verbindet."

R. 124 „Es steht kein Komma, wenn „und" oder „oder" bei Aufzählungen von Wörtern steht, die der gleichen Wortart angehören, oder wenn in einer Aufzählung ein erweiterter Infinitiv oder ein Nebensatz folgt." Probleme des Trennungskommas bei parallelen Strukturen.

R. 125-127 ad hoc-Probleme der Lexikalisierung von adverbialen Gruppen („*es sei denn, daß* u.dgl.). So wie die Regeln formuliert sind, bilden sie schlicht eine

Gedächtnisbelastung durch die Liste der Formen. Eventuell wäre ja auch ein Regelschema denkbar, das die Kommasetzung an die *daß*-Konjunktion der Satzeinbettung bindet, die Konstituente dieser adverbialen Gruppen ist.

R. 160-161 Punkt als Satzgrenze, wie es oben schon für die Schlußzeichen summarisch behandelt worden ist.

(R. 162-167 behandeln keine syntaktischen Probleme).

R. 169 Der Schrägstrich als Trennungszeichen bei disjunkten Parallelkonstituenten.

(R. 168, 170-173 sind nicht syntaktisch).

R. 174-177 Semikolon. So wie der Duden das Semikolon einführt, ist es ein stärkeres Komma, das bei relativ schwacher (= parataktischer) syntaktischer Integration von Sätzen steht bzw. stehen kann (R. 174, 175).

R. 174 „Das Semikolon kann an Stelle des Punktes zwischen eng zusammengehörenden selbständigen Sätzen stehen."

R. 175 „Das Semikolon kann statt des Kommas zwischen den nebengeordneten Sätzen einer Satzverbindung stehen." Darüberhinaus kann es noch kommentierende Gliederungsfunktion bei umfangreichen Reihungen übernehmen, sowohl bei Sätzen (R. 176) wie bei nominalen Koordinationen (R. 177).

R. 176 „Das Semikolon steht zur besseren Gliederung bei mehrfach zusammengesetzten Sätzen."

R. 177 „Das Semikolon kann bei Aufzählungen Gruppen gleichartiger Begriffe abgrenzen." Schon weil hier keine Vorschriften bestehen („Da das Urteil darüber, ob einer dieser Fälle vorliegt, verschieden sein kann, lassen sich für die Anwendung des Semikolons nicht so strenge Richtlinien geben wie für die anderen Satzzeichen"), sind hier keine ausführlicheren Analysen nötig.

Zur Markierung der syntaktischen Textgliederung, und damit zum Bereich der Interpunktion, gehört auch die syntaktisch geregelte Initialmajuskel (R. 78-80), gewissermaßen als Komplement zu den Schlußzeichen. Diese Auszeichnungsfunktion der Initialen kommt im übrigen auch den textlichen Hervorhebungen ohne Textintegration zu, die entsprechend keine Schlußzeichen aufweisen, auch wenn sie in syntaktischer Hinsicht Sätze sind (R. 163). Weiter oben hatte ich schon auf die Neutralisationsfälle hingewiesen, wenn ein Substantiv (bzw. der Kern einer nominalen Gruppe) am Satzanfang steht.

R. 81 („Nach Frage- und Ausrufezeichen, die innerhalb des Satzganzen stehen, wird klein geschrieben") ist keineswegs eine Ausnahme von dieser Regel, wie es unsinnigerweise in der Duden-Formulierung erscheint: Die Anführungszeichen markieren hier ja die Bruchstellen der textlichen Collage, so daß es gar keinen Grund für eine anschließende syntaktische Majuskel gibt, die einen syntaktischen Konnex unterbrechen würde, vgl.

Sie schrie ⟶ : „Niemals!" ⟶ *Und schlug die Tür zu. (a)
⟶ und schlug die Tür zu. (b)

Bei (a) ist die Fortsetzung auf der falschen Textebene hängen geblieben. Möglich wäre allenfalls, ohne syntaktische Integration in einen Satz:
Sie schrie: „Niemals!" Und sie schlug die Tür zu.
Dazu spiegelverkehrt ist die oben besprochene graduell größere textuelle Integration bei einer „Collage", die mit Gedankenstrichen markiert wird, die keine initiale Majuskel aufweist (s.o. zu Regel 55ff.).

Diese Bestandsaufnahme der Interpunktionsvorschriften des Dudens führt auf der Basis unserer systematischen Rekonstruktion zu einem doch recht eindeutigen Ergebnis. Dieser Teilbereich der Orthographie ist entgegen der landläufigen Meinung, auch entgegen den Argumenten in der Reformdebatte, wie sie insbesondere von Sprachwissenschaftlern vertreten worden sind, bemerkenswert klar strukturiert. Das gilt aber natürlich nur dann, wenn man die Strukturen in Termen einer grammatischen (syntaktischen) Analyse rekonstruiert und die Postulate einer Phonographie aufgibt. In dieser Perspektive sind nun auch die Restprobleme der Interpunktion zu bewerten, die sich gegen den hier entwickelten Regelschematismus sperren. Dabei sind zwei Klassen von Problemfällen zu unterscheiden.

1. Die Duden-Regeln, die nur um den Preis großer analytischer Anstrengungen in die Analyse integrierbar sind. Es handelt sich insbesondere um einen Teil der Kommaregeln, der sich bei der, wie mir scheint, zu feinen Kasuistik der Duden-Vorschriften ergibt (jedenfalls zu fein, wenn man nicht an einen Buchdruckerduden denkt, sondern an die Heuristiken, die dem Normalschreiber/-leser an die Hand zu geben sind). Das gilt insbesondere für die Regeln 101 (2), den Unterschied bei 102 gegenüber 103, und 107 (2, 3, 4). Wie gezeigt, ist es möglich, diese Regeln zu integrieren, aber in Hinblick auf die funktionale Definiton der Rechtschreibung erscheint das nicht nötig: Der Leser verliert nicht viel ohne derartige Strukturierungsinstruktionen. Hier sollten also keine Regelungen erzwungen werden, vielmehr sollte es dem Schreiber freigestellt werden, solche Differenzierungen zu machen. Hinzu kommt dabei noch, daß das Sprachgefühl bei solchen Feindifferenzierungen durchaus nicht einheitlich ist, daß die Syntax im Deutschen dynamisch ist. In einigen der Fälle ist die Analyse keineswegs eindeutig (zu denken ist insbesondere an den besprochenen Fall der Prolepsis), wo keine normative Regularität erzwungen werden sollte, die ggf. das analytische Sprachwissen der Rechtschreib"nutzer" verletzt - jedenfalls da nicht, wo in Hinblick auf die Funktion der Schrift eine solche Vorschrift verzichtbar ist.

2. Gravierender sind die Fälle, wo Inkonsistenzen im Regelsystem die Folge sind, die offensichtlich durch die Orientierung an der überholten phonographischen Schriftvorstellung herrühren. Das gilt insbesondere für quantitative Bewertungskriterien für graphische Segmente, wie sie bei den Regeln 108 und 107, 109 (2) und 121 eingeführt werden. Noch gravierender sind inkonsistente willkürliche Festlegungen wie bei 107 (4) und 125-127. Auch bei diesen letzten Bestimmungen bestehen Differenzen im „Sprachgefühl", denen gegenüber eine Freigabe der Interpunktion nichts verliert, Schreiber und Leser aber u.U. durch stilistische Freiräume etwas gewinnen. Schließlich gibt es redundante Bestimmungen, die aber im Sinne von Überverdeutlichungen die Logik der syntaktischen Interpunktionsregeln durchbrechen wie 108 (6).

In Hinblick auf die Reformdiskussion drängt sich hier eine Schlußfolgerung auf: Eine grundsätzliche Reform der Orthographie im Bereich der Interpunktion ist keinesfalls nötig, die Probleme beschränken sich auf marginale Fälle, die leicht korrigierbar sind. Nicht die Prinzipien der Orthographie stehen zur Disposition, sondern die Freigabe der wenigen Fälle, in denen stilistische Freiräume zu schaffen sind. Wir werden noch sehen, daß diese Schlußfolgerung von erheblichen Konsequenzen für den Rechtschreibunterricht ist.

11. Kapitel: Zentrum und Peripherie der Interpunktion; orthographische Alterität

Zum Abschluß des Teils II über Interpunktion möchte ich noch einige grundsätzliche Fragen der Rechtschreibung in Bezug auf Rechtschreibreform und Rechtschreibunterricht klären, mit denen auch einige Feststellungen aus dem ersten einleitenden Teil präzisiert werden können. Es ist offensichtlich möglich, die Rechtschreibregeln als System zu behandeln, dessen Struktur auf der Grundlage einer sprachwissenschaftlichen Analyse dargestellt werden kann; die Interpunktion greift dabei direkt auf die Syntax zurück. Der Preis für das einfache Regelsystem ist aber die relativ technische Analyse. Der Duden präsentiert demgegenüber ein schwer durchschaubares Gestrüpp von kasuistischen Regeln und Ausnahmen mit einer enormen Gedächtnisbelastung, benötigt dafür aber auch keinerlei sprachwissenschaftlich spezifische Analysen. Nun könnte man daraus die Folgerung ziehen, daß das Verhältnis von Kosten und Nutzen in jedem Fall in einem gewissen Gleichgewicht steht. So könnte man das Verhältnis schematisch etwa so darstellen:

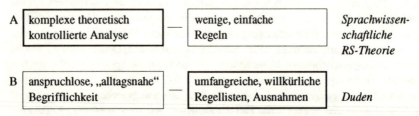

Die „kostenintensiven" Komponenten habe ich jeweils stärker eingerahmt. Bei der sprachwissenschaftlichen Rechtschreibtheorie liegen sie im Vorfeld der Analyse, beim Duden liegen sie in den komplizierten, willkürlichen und von Ausnahmen durchsetzten Regellisten. Man könnte also argumentieren, daß bei jedem dieser Ansätze hohe Kosten anfallen. Und so lautet denn auch ein genereller Vorbehalt gegenüber dem sprachwissenschaftlichen Instrumentarium, daß es schon im Vorfeld so aufwendig ist, daß man es besser umgehen sollte. Aus diesem Dilemma kann nur ein unabhängiges Kriterium zur Kostenbewertung herausführen, das die Wahl einer Lösung nach A oder B nicht beliebig macht. Ein solches Kriterium findet sich in den Konsequenzen dieser Ansätze im Rechtschreibunterricht.

Für die Duden-Regeln ist es charakteristisch, daß ihre Kasuistik ad hoc ohne Schematisierung gebildet ist. Die Willkür und Beliebigkeit setzt sich dann in einer Begrifflichkeit fort, die nur vordergründig „sprechend" erscheint, letztlich aber diffus bleibt. Nehmen wir nur ein Beispiel, das wir oben schon ausführlich diskutiert haben, die Regel 90. Was bedeutet es, wenn es im zweiten Absatz dieser Regel heißt: „Das Komma steht aber nicht vor dem letzten der aufgezeigten Attribute eines Substantivs, wenn dieses mit dem Substantiv einen Gesamtbegriff bildet". Was ist ein Gesamtbegriff?

NB: Im übrigen ist die Formulierung auch in den Erläuterungen von Berger übernommen (*Komma, Punkt, ...,* Op.cit. S. 34ff.), der allerdings in seinen Erklärungen dann eine grammatische Explikation versucht („grammatisch gesehen" S. 35) und schließlich auch eine syntaktische Operationalisierung anstrebt (die Umstellprobe, S. 37-39).

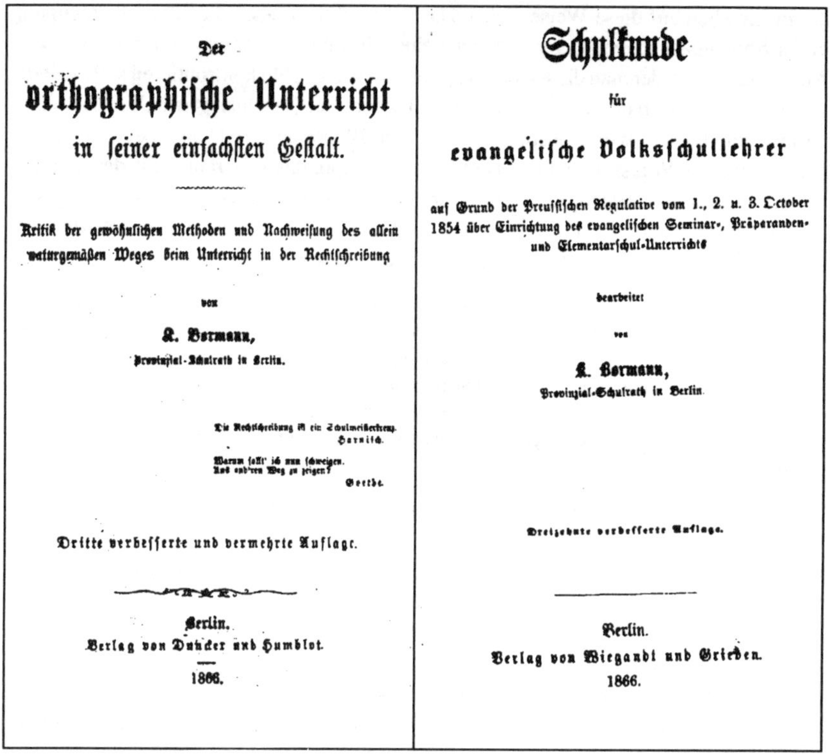

Der

orthographische Unterricht

in seiner einfachsten Gestalt.

Kritik der gewöhnlichen Methoden und Nachweisung des allein naturgemäßen Weges beim Unterricht in der Rechtschreibung

von

K. Bormann,

Provinzial-Schulrath in Berlin.

Die Rechtschreibung ist ein Schulmeisterkreuz.
Harnisch.

Warum sollt' ich nun schweigen,
Uns and'ren Weg zu zeigen?
Goethe.

Dritte verbesserte und vermehrte Auflage.

Berlin.
Verlag von Duncker und Humblot.
1866.

Schulkunde

für

evangelische Volksschullehrer

auf Grund der Preußischen Regulative vom 1., 2. u. 3. October 1854 über Einrichtung des evangelischen Seminar-, Präparanden- und Elementarschul-Unterrichts

bearbeitet

von

K. Bormann,

Provinzial-Schulrath in Berlin.

Dreizehnte verbesserte Auflage.

Berlin.
Verlag von Wiegandt und Grieben.
1866.

Abb. 19

Demgegenüber hatte ich bei der Regelexplikation des Trennungskomma die Differenz von parallelen und nicht parallelen (hierarchisch geordneten) syntaktischen Komponenten bemüht. Die Operationalisierung, die ja durchaus im Sinne der Rechtschreibdidaktik immer versucht wird: die Frage danach, ob ein und stehen kann (als lexikalisiertes Trennungszeichen), verfährt im übrigen in diesem Sinne.

Was die Probleme des Rechtschreibunterrichts noch weiter erschwert, sind die Unsicherheiten in den Formulierungen (vgl. auch bei Berger, Op.cit S. 36: „Die Regeln haben keine absolute Geltung"). Die syntaktische Analyse ist kategorisch, entsprechend liegt immer entweder die eine Struktur oder die andere Struktur vor. Das ist von der Schwierigkeit zu unterscheiden, ob in einem vorgegebenen Fall die Analyse eine eindeutige Subsumption unter die syntaktischen Fälle erlaubt; sollte das nicht der Fall sein, sollte die Schreibweise freigegeben werden (so mein Vorschlag *anstatt* einer Rechtschreibreform).

Ich möchte behaupten, daß ein Rechtschreibunterricht, der auf einem Regelwerk wie dem des Duden aufbaut, nicht zum Lernen der Rechtschreibung führen kann, sondern bei Schülern wie Lehrern nur Konfusion hervorrufen kann (dem widerspricht nicht, daß die Schüler vielleicht *trotz* eines solchen Unterrichtes die Rechtschreibung lernen; aber viele lernen sie eben auf diese Weise nicht). Das ist im übrigen auch die Grundüberzeugung vieler Sprachpädagogen; hier gibt es jetzt eine 150-jährige Tradition einer didaktischen Auffassung, nach der man die Kinder nicht mit solchen Regeln konfrontieren soll, weil die Rechtschreibung nur durch Üben (in der preußischen Zeit sagte man gerne „Einschleifen") lernbar sei. Daraus wurde insbesondere in der Biedermeierzeit, also bei Beginn der systematischen Volksschullehrerausbildung, ein explizites Programm für den Sprachunterricht, das sich bruchlos in die Ausrichtung der Schule auf die Ausbildung von „Sekundärtugenden" einpaßte: ordentliche und disziplinierte Menschen zu schaffen, bei denen Denken (und d.h. Selbständigkeit) nur störend sein könnte.

NB: Das gilt so insbesondere für die Reform der Lehrerausbildung, die nach der Revolution von 1848 mit konterrevolutionären Vorzeichen einsetzte. Dafür sind symptomatisch die sogenannten Stiehlschen Erlasse von 1854, nach denen Grammatik nicht nur nicht in die Volksschule gehörte, sondern in Preußen ausdrücklich auch in der Lehrerausbildung verboten war. Die didaktische Konsequenz daraus zogen dann Pädagogen wie Bormann[1], dessen Handreichungen im Grundtenor von der ganzheitlichen Sprachdidaktik bis heute fortgeschrieben werden. Auf diese Traditionszusammenhänge komme ich später noch einmal zurück.

Die Schwierigkeiten, die sich hier stellen, möchte ich an einem Unterrichtsbeispiel verdeutlichen, einer Unterrichtseinheit in einer 7. Klasse der Realschule, bei der die Kommasetzung erarbeitet werden sollte. Die Lehrerin legte die Unterrichtseinheit so an, daß sie in jeder Stunde eine Rechtschreibregel erarbeiten ließ, die dann in Übungstexten gefestigt werden sollte, wobei die vervielfältigten Arbeitsblätter keinerlei Interpunktion aufwiesen; diese sollte von den Schülern mit Angabe einer Begründung dort eingetragen werden. Zu Beginn der Unterrichtseinheit versuchte die Lehrerin, die grammatischen Grundbestimmungen aus dem vorausgegangenen Grammatikunterricht zu rekapitulieren, die jetzt produktiv werden sollten.
L (Lehrerin): Woran können wir Haupt- und Nebensatz erkennen?
S (Schüler): Der Nebensatz kann nicht alleine stehen.
L : Warum?
S : Es gibt keinen Sinn.
Dann folgte eine längere Passage, in der die Regeln der Zeichensetzung von den Schülern rekapituliert wurden. Ein Schüler formulierte
S : Wenn Haupt- und Nebensatz mit *und* verbunden sind, steht kein Komma.
Im Unterrichtsgespräch kam es dann zu dem folgenden Beispielsatz, der sich aus einer Veränderung einer Lehrervorgabe ergab:
Hans ging nachhause,1 weil er müde war,2 und er beschloß,3 keine Hausaufgaben zu machen.
Die verschiedenen Kommata bringen hier unterschiedliche Probleme. (1) ist problemlos; bei (2) steht das Komma vor *und* zwischen Haupt- und Nebensatz, bei (3) vor einem Infinitiv. (2) ist nun nicht erklärbar ohne eine syntaktische Analyse; es handelt sich um ein paariges Einbettungskomma und hat als solches also nichts mit dem *und* zu tun.

Die Lehrerin war auf dieses Beispiel nicht vorbereitet; sie reagierte verwirrt, und das schuf die erste Konfusion im Unterricht. Es zeigte sich, daß die erklärenden Termini von

---

[1] Karl Wilhelm Ernst BORMANN, *Schulkunde für evangelische Volksschullehrer*. 4 Bde. Berlin: Weigandt und Grieben 1855 - 1873, und speziell ds., *Der orthographische Unterricht in seiner einfachsten Gestalt*. Berlin: Duncker und Humblot 1. Auflage 1840.

den Schülern nur rein verbal gelernt waren, sie wurden nicht operativ. Das wurde sofort deutlich, als die Fälle aus dem Arbeitsblatt mit Interpunktion versehen werden sollten, z.B.

⌊Weil Paul gute Leistungen zeigte⌋ ⌊erhielt er ein Buch geschenkt⌋
„NS" „HS"

Im Sinne der begrifflichen Vorgaben ist hier schon einmal festzustellen, daß der Nebensatz *weil Paul gute Leistungen zeigte* ja sehr wohl einen Sinn gibt, während der Hauptsatz *erhielt er ein Buch geschenkt* keineswegs allein stehen kann.* Das kann man sich an einem Dialogfragment verdeutlichen:
A: Wieso kam Paul früher nach Hause?
B: Weil er gute Leistungen zeigte.
Es handelt sich um eine durchaus *sinnvolle Antwort*. Für die Analyse erforderlich sind operationale Kategorien, nicht solche globalen, wie sie die Lehrerin vorgegeben hatte.

Das Erlernen der Rechtschreibung ist eine Etappe in der Sprachentwicklung des Kindes, und die pädagogische Intervention ist auf die Förderung dieser Entwicklung abzustellen. D.h. sie ist abzustellen auf die Entfaltung der Monitorkategorien, mit denen der Lerner seine eigene Sprachproduktion kontrolliert, mit denen er lernt, geschriebene Texte literat auszuarbeiten bzw. zu bearbeiten. Der Rechtschreibunterricht (wie der Sprachunterricht generell) ist darauf abzustellen, dem Schüler Sicherheit zu geben, differenzierte Probleme unter Kontrolle zu bringen, ausgehend von dem erreichten Stand seiner Sprachkontrolle. Machen wir uns dieses Entwicklungsproblem noch einmal modellartig klar (es gilt im übrigen ja nicht nur für die Interpunktion, sondern auch für die folgenden Blöcke).

Lernen ist nicht das Auffüllen eines Reservoirs: das Hirn ist kein Speicher, in den nach und nach ein Bündel Lernstoff nach dem anderen getragen wird, oder, in dem so beliebten Bild der deutschen Sprachdidaktik, keine Glasplatte (*tabula rasa*), in die die Lernstoffe *eingeschliffen* werden. Erinnern wir uns an den *oraten* Lernprozeß (s.o. 4. Kapitel). In der ersten Phase des Einbezogenseins in die Kommunikation übernimmt das Kind mehr oder weniger fixe Ausdrücke, unabhängig von ihrer internen Struktur (also „ganzheitlich"). Wir können uns das Entwicklungsschema an dem folgenden Ausschnitt des kindlichen Sprachwissens verdeutlichen, unabhängig davon, wieweit es tatsächlich plausibel ist, daß das Kind genau diese Formen lernt; das Schema entspricht in der Struktur durchaus dem, was in der kindlichen Sprachentwicklung zu beobachten ist.

I	er ist er war	er bau|t er bau|te		er ruft er rief
II	er ist er war	er bau|t er bau|te	→	er ruf|t er ruf|te

* Im *Aussagesatz* muß das Vorfeld des finiten Verbs belegt sein.

In der ersten Lernphase (I) lernt das Kind die Formen gewissermaßen lexikalisch. Die weitere Entwicklung ist bestimmt durch die Aneignung von Kontrollmechanismen, um das Gedächtnis bei der stetig wachsenden Zahl von sprachlichen Einheiten durch Schematisierungen zu entlasten. Das ist die Phase der Ausbildung von Regeln im Monitor. Diese Regeln setzen aber an dem Bereich der häufigsten Bildungen an, den ich in der Mitte schraffiert habe, hier also dem Typ der „schwachen Verben". Von diesen aus bildet das Kind ein Regelschema: *Formen, die die Nichtaktualität ausdrücken, haben am Ende ein -te*. In diesem Sinne bildet das Kind jetzt hybride Formen wie *rufte*, vielleicht sogar *er warte* bei den Formen des Verbums *sein* (wegen ihrer großen Häufigkeit bleiben diese Formen meist lexikalisch fix). Es ist nicht einfach so, daß das Kind hier vergessen hätte, was es in der Stufe I gelernt hat, sondern es strukturiert jetzt seinen Aneignungsprozeß von einem Kern aus, den ich hier schraffiert habe. Dieser Kern besteht keineswegs aus den häufigsten Formen, er ist allenfalls als *Typus* häufig - vor allem aber ist er ein produktiver Bereich, der die Muster bereitstellt, mit denen auch Neubildungen bearbeitet werden. Selbst jemand, der das Wort *pneumonektomieren* nicht kennt, hat keine Zweifel, daß es im Bereich der Nichtaktualität heißen muß: *er pneumonektomierte*.

Komplementär zu dem Kern besteht im Sprachwissen eine Peripherie. In dem Maße, wie das Kind mit peripheren Formen konfrontiert ist (und zwar so, daß es sich um Formen handelt, die für es von Bedeutung sind, die es in diesem Sinne zu beherrschen versucht), versucht es nun auch komplementäre Regeln für die Peripherie zu entwickeln, entwickelt also von den Kernregeln unterschiedliche Peripherieregeln.

NB 1: Der Zusatz, daß diese Formen für das Kind von einer solchen Bedeutung sind, daß es sie zu benutzen versucht, ist nicht trivial. Es genügt nicht, die Kinder in einem physikalischen Sinne mit solchen Formen zu konfrontieren (wie die „Beschallung" von Kindern mit Rundfunk- und Fernsehsendungen zeigt, die keineswegs mechanisch die Sprachentwicklung beeinflussen).

NB 2: An dieser Stelle eine terminologische Anmerkung zur Redeweise von *Kern*, die ich in verschiedenen Bezügen verwende.
(1) Rein *formal* ist die komplementäre Beziehung von *Kern/ Komplement*, wie sie insbesondere in der Syntaxanalyse grundlegend ist: *Kern* als die obligatorische Konstituente, die eine syntaktische Struktur aufspannt o.ä. (s. Anhang II) - hier steht auch gelegentlich (wie vor allem in der am Englischen orientierten Literatur) *Nukleus* für *Kern*.
Daneben gibt es eine mehr umgangssprachliche Redeweise (vgl. *der Kern einer Sache, das Kernproblem* u.ä.), wobei *Kern* das *Wichtigste* meint - der komplementäre Ausdruck *Peripherie* meint das weniger Wichtige, eher Nebensächliche:
(2) - im Kontext der Sachanalyse von Rechtschreibproblemen sind so die didaktischen Schwerpunkte zu sehen: Der *Kern* entspricht dem Bereich, der systematisch strukturiert ist, der im Unterricht systematisch zu behandeln ist, mit erarbeiteten Regeln zu festigen ist u. dgl., während die Probleme der Peripherie nur ad hoc beim Auftreten geklärt zu werden brauchen;
(3) - im Kontext einer *Lernerbiographie* markiert der Kern den stabilen/interessanten Bereich, gegenüber der eher diffusen Probleme, die nur gelegentlich vorkommen.
Das mag auf den ersten Blick verwirrend sein (und tatsächlich bediene ich mich gelegentlich auch synonymer Redeweisen (*Kern/Nukleus* vs. *Komplement*; *Kern/Zentrum* vs. *Peripherie* u.ä.). Aber die terminologische Assoziation sollte auch produktiv sein, gibt es zwischen diesen Bereichen doch systematische Beziehungen: Der Kern einer Sachanalyse (2) ist strukturell definiert (*produktive Muster/ Regeln*) und von daher leitet sich seine Wichtigkeit im Unterricht (und Priorität in der Progression) ab. Andererseits ist deutlich, daß der feste Kern im Wissensbestand der Schüler, auf dem ein individualisierender, fördernder Unterricht aufbauen muß, nicht mechanisch aus einer „Sachanalyse"

abzuleiten ist - eines der ersten Wörter, das mein Sohn vor der Schulzeit beherrschte, war *Dinosaurier*, das sich in keinem „Grundwortschatz" findet! Schließlich gibt es sehr unterschiedliche Kriterien für die Wichtigkeit/Festigung eines sprachlichen Problemfeldes: Die Flexion des Verbs *sein* ist von der formalen Struktur her völlig peripher (kein zweites Verb folgt diesem Muster), durch seine Häufigkeit und funktionale „Belastung" als Hilfsverb aber dürfte es im Kern des Wissensbestandes (3) jedes Lerners sein.

Insofern kommt es dann zu einer dritten Entwicklungsstufe, die Kernregeln und bedingt produktive Peripherieregeln enthält - neben den idiosynkratischen, weiterhin lexikalisch gelernten Einzelformen, die gestützt werden durch ihre extreme Häufigkeit, z.B. bei den Funktionswörtern bzw. Hilfsverben.

III	er ist er war	er bau|t| / er kauf|t| er bau|te| / er kauf|te|	er r|u|ft / er fr|a|gt er r|ie|f / er fr|ie|g

Links schraffiert sind die produktiven Kernregeln, rechts schraffiert die hier auch noch übergeneralisierten Peripherieregeln für eine Ablautreihe. Es ist deutlich, daß auf dieser Stufe das Kind die Peripherieregeln noch nicht hinreichend gelernt hat, da es ja insbesondere mehrere Ablautreihen gibt, vgl. *er gibt* und *er gab* (*er fragt, er frug* (?)). Die Regeln sind recht komplex und im Sprachwissen bei den verschiedenen Sprechern in unterschiedlichem Maße verfügbar. Im folgenden gebe ich eine Reihe von Verben, bei denen jeder das bei sich selbst überprüfen kann. Es genügt dazu, die beiden rechten Spalten abzudecken und nur die linke freizulassen und zu überlegen, wie die Vergangenheitsformen bzw. die Partizipialformen der Vergangenheit aussehen:

befleißen	befliß	beflissen
dingen	dang	gedungen
genesen	genas	genesen
kiesen	kor	gekoren
melken	molk	gemolken
quellen	quoll	gequollen
schliefen (in den Bau oder in das Bett schlüpfen)	schloff	geschloffen
schrinden (bersten, spalten)	schrund	geschrunden
spleißen	spliß	gesplissen
stecken	stak	gesteckt (!)
trügen	trog	getrogen
wägen	wog	gewogen

An diesem Beispiel lassen sich zwei allgemeine Schlußfolgerungen zum Verhältnis von Kern und Peripherie ableiten. Dieses Verhältnis ist *dynamisch* und zwar in zwei Hinsichten:

1. Innerhalb der gegebenen sprachlichen Verhältnisse („synchron"):
Einerseits im Sinne der verschiedenen Sprachbiographien, bestimmt durch die Entwicklung der Ontogenese, die einen unterschiedlichen Zugang zur sprachlichen Peripherie bietet. Es ist anzunehmen, daß eine Differenzierung von *rufen/rief* bei allen Sprechern des Deutschen zu irgendeinem Zeitpunkt eintritt. Anders ist es wohl bei der Differenzierung von *dingen/dang*, *schliefen/schloff*, *schrinden/schrund*, die sich vermutlich nur bei denen ausbildet, die entweder über einen größeren Zugang zu literarischen Texten, älteren Sprachformen u.dgl. verfügen, oder fachsprachlich (in der Sprache der Jäger oder von bestimmten Handwerken) den Zugang zu solchen Formen haben.

Dynamisch ist das Verhältnis auch in einer gesellschaftlichen Dimension, bezogen auf die sprachlichen Verhältnisse. Hier gibt es Variationen in unterschiedlichen Bereichen, die gebunden sind an soziale Schichten, aber auch an regionale Variationen; so ist z.B. die Ablautung *fragen/frug* bis ins 17. Jhd. in der Literatursprache verbreitet, wo sie dann von Grammatikern mißbilligt wird. Dialektal ist sie aber in Süddeutschland immer noch verbreitet und dort dann eben auch hochsprachlich üblich.

2. In der Entwicklung der sprachlichen Verhältnisse („diachron"):
Der Sprachbau ändert sich schließlich. Gebunden an die Veränderung im lautlichen Bereich zeigt sich, daß der grammatische Bau im Deutschen von einem eher synthetischen Typ, wie er im Präteritum vorliegt, zu einem analytischen Typ geht, der grammatische Differenzierungen periphrastisch ausdrückt (also die Vergangenheit durch die „Perfekt"bildung in der Umschreibung von haben/sein mit dem Partizip der Vergangenheit). In diesem Sinne sind präteritale Formen Reliktformen, die entsprechend auch eine große Variation aufweisen, wie sie sich in zahlreichen Dubletten zeigt (vgl. auch die „schwache" Bildung des Partizips der Vergangenheit *gesteckt* zu *stecken/stak*). Es scheint absurd, bei dieser Variation die Formen normativ festzuschreiben. Das spricht natürlich nicht dagegen, daß etwa im Unterricht Orientierungshilfen gegeben werden, die sich an der literarischen „Hochsprache" orientieren. In jedem Fall ist es aber erforderlich, daß der Lerner diese Variation als solche begreift, das Verhältnis von Kern und Peripherie dazu produktiv aneignet. Schematisch kann man die doppelte Artikulation dieses Verhältnisses vielleicht wie folgt darstellen:

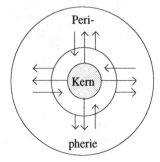

Im Sinne des Gesagten sind zwei Dimensionen dieses Verhältnisses zu unterscheiden. Auf der einen Seite die Ontogenese, also das Verhältnis, das in der Sprachbiographie zur Sprache aufgebaut wird, wobei der Kern (hier symbolisiert durch das schraffierte Feld) die

Bereiche umfaßt, die nach Regeln gebildet werden, wobei dieser Bereich expandiert (symbolisiert mit den Pfeilen) und zur regelhaften Kontrolle immer weiterer peripherer Bereiche führt.

Die andere Perspektive ist die der gesellschaftlichen Normierung, der Konstantsetzung eines Bereiches der Sprache, wie sie mit dem Ausgleichsprozeß seit dem 16. Jhd., und dann mit der Arbeit der Grammatiker im 17. und 18. Jhd. eingesetzt hat. Das Verhältnis dieses Kernes der Hochsprache gegenüber der Peripherie in den sprachlichen Verhältnissen ist ebenfalls nicht stabil: Auf der einen Seite reduzieren sich die Muster zugunsten weniger produktiver, wie wir es am Beispiel der Expansion der „schwachen Verbalformen" gesehen haben, auf der anderen Seite entstehen mit der Entwicklung der Sprache immer neue Varietäten.

Die Nutzanwendung dieser allgemeinen Überlegung auf die Rechtschreibung, insbesondere auf die Interpunktion sollte deutlich sein:

1. In der Perspektive der sprachlichen Verhältnisse ist die Syntax als dynamisches System zu fassen, das nicht festgeschrieben werden kann (und als solches nicht in den Prämissen fest vorgegeben werden kann). Das gilt jedenfalls für solche Bereiche, in denen die Dynamik der Entwicklung in vollem Gange ist, wie bei der Wortstellung mit der Ausbildung des Satzrahmens gegenüber der Ausklammerung, für Probleme der Prolepsis (s.o. zu R. 107 (2-3), für komplexe Konjunktionen (adverbiale Elemente + *daß*) siehe R. 125-127). Hier ist es dann auch nicht sinnvoll, die Kommasetzung normativ festzuschreiben, da regionale Differenzen nur dazu führen können, solche Festschreibungen als Irritationen zu verzeichnen. Hinzu kommt noch, daß die Notwendigkeit einer solchen Festschreibung in Hinblick auf die literate Funktion der Interpunktion auch nicht besteht.
2. In der Perspektive der Ontogenese kommt es darauf an, dem Kind zu helfen, im Monitor Sicherheit für einen Kernbereich aufzubauen, von dem aus die „Peripherie" (hier also: das Komplement zum bereits bestehenden Kern) sukzessive bewältigbar wird. Insofern ist es natürlich unsinnig, Kommaregeln für Satzperioden zu üben, die das Kind noch gar nicht beherrscht (die weder in seiner Lektüre noch in der eigenen Sprachproduktion vorkommen). Die Aneignung geschieht sicherlich mehr oder weniger spontan über die immer komplexer werdende Lektüre (bei Texten, die eine komplexe Syntax aufweisen); sie kann nicht auf einer Stufe erzwungen werden, wo die stereotype Form des Erzählens durch die Aneinanderreihung mit *und* bzw. *und da* erfolgt. Generell kann man vielleicht im Sinne einer Vorsichtsregel davon ausgehen, daß vor Ende der Grundschulzeit die Texte der Kinder keine differenzierte Interpunktion für die Sinnentnahme erfordern. Das bedeutet natürlich nicht, daß Interpunktion hier nicht unterrichtet werden sollte; nur muß ihr Unterricht an die Erarbeitung komplexer literater Strukturen gebunden werden, er darf nicht auf orate Erzähltexte zurückgreifen.

Das Verhältnis von Kern zu Peripherie ist also ein objektives, von der Lernsituation her vorgegebenes. Das gilt insbesondere für die Dynamik der Sprachentwicklung, die normative Regeln ausschließt (hier ist das Beispiel der Prolepsis illustrativ); das gilt aber in gewisser Hinsicht auch für die marginalen Fälle, die zwar potentiell auch mit einer kanonischen Regel faßbar sind, aber eben mit einer Regel von relativ geringem Ertrag. Darauf ist nun die Lernstrategie des Schülers und die Förderungsstrategie des Lehrers abzustellen. Mit der Festigung des Kernbereiches besteht die Möglichkeit, auf die peripheren Bereiche auszugreifen, wobei aber die Sanktionen nicht zu früh greifen dürfen (es ist besser, mit einer Regularität in den *meisten* Fällen richtig zu liegen, als mit einer Pseudoregel in einer großen Anzahl von Fällen Fehler zu riskieren). Zu diesem objektiven Problem der Graphien kommt erschwerend das Problem der normativen Regelung der Rechtschreibung durch den Duden hinzu, der mit unsystematischen bzw. widersprüchlichen Vorschriften auch den Kern der Rechtschreibung gefährdet.

Im Sinne dieses Stufenmodelles der Schwierigkeiten der Rechtschreibung ist die kategorische Behauptung zu verstehen, daß die Aneignung der Rechtschreibung *systematisch* möglich ist. Das herauszustellen ist mir schon deswegen wichtig, weil die selbstdeklarierte fortschrittliche Rechtschreibdidaktik seit Beginn der 70er Jahre das Gegenteil proklamiert. Besonders drastisch war das in den dann (in gewisser Hinsicht insofern auch zurecht umstrittenen) hessischen Rahmenrichtlinien von 1972, in denen es hieß:
- „Eine systematische Behandlung von Rechtschreibung (ist) nicht möglich."
- „Der Rechtschreibunterricht (soll) den Schüler auch zu einer kritischen Einstellung gegenüber der Rechtschreibung befähigen."

Das ist sehr schlimm, und die Autoren haben vermutlich nur die Entschuldigung, bei diesen Formulierungen die Konsequenzen nicht überlegt zu haben. Lehrer und Schüler sind mit solchen Richtlinien überfordert. Die Konsequenzen können nur Konfusionen sein. Stattdessen gilt es, beim Unterricht von der Prämisse auszugehen, daß Rechtschreibung grundsätzlich lernbar ist, daß sie über den systematischen Aufbau einer entsprechenden Monitorkompetenz gelernt werden muß, daß insofern eine Progression für den Rechtschreibunterricht nötig ist, die über die Festigung eines elementaren Kernbereiches hinaus zu den Bereichen der Peripherie fortschreitet (dabei nicht nur nach Schulstufen unterschieden, sondern vermutlich auch nach dem Horizont der Schüler, etwa den Lektüren, denen sie nachgehen (sollen)). In diesem Sinne sollte ein Unterrichtsbeispiel wie das vorhin gegebene zu vermeiden sein, das die Konfusion anläßlich einer komplexen Teilregel der Kommasetzung vorführte.

NB: Die methodisch-didaktische „Umsetzung" dieser Überlegungen sollte auf der Hand liegen. Für den (jeweils „lernstufen-spezifisch" zu bestimmenden) Kernbereich sollten die erarbeiteten *Regularitäten* auch in operationale Regeln gefaßt werden (die Regularitäten müssen die Kinder *entdecken*, wobei entsprechend ausgewähltes Anschauungsmaterial Hilfestellung leistet - die Formulierung von Regeln bedarf einer direkten Hilfestellung durch den Lehrer). Sollen diese Regeln nicht zusätzlicher verbaler Lernstoff sein, müssen sie auch als praktische *Hilfen* gelernt werden - z.B. indem nach niedergeschriebenen Schülertexten (Diktaten, freien Aufsätzen) vor der Abgabe/ Beendigung der Aufgabe die entsprechenden Regeln nochmals in der Klasse wiederholt und dann von jedem Schüler für eine „Korrekturkampagne" seines Textes genutzt werden. Auf diesen Regelkern sollten dann auch Sanktionen/Bewertungen abgestellt werden - mit einer auch für die Schüler transparent zu machenden Progression in dem noch als *peripher* ausgeklammerten Bereich. (Diese Bemerkungen gelten für die Interpunktion genauso wie für die folgenden logo- bzw. phonographischen Bereiche der Rechtschreibung, wo ich ebenfalls jeweils zuerst den Kernbereich regelhaft rekonstruiere und dann die Komplikationen peripherer Regelungen.)

Zum Schluß dieser allgemeinen Überlegung noch kurz ein besonderes Problem in dem Verhältnis von Kern und Peripherie. Der Kern der Rechtschreibung ist ja definiert als Kern der literaten Strukturierung des Textes. Insofern erklärt sich die Grundforderung, die Regularitäten der Rechtschreibung so auszubilden, daß ihre Explikation nicht auf orate

Strukturen der Äußerungen (die Prosodie) zurückgreift. Aber man *kann ja* schreiben, um darin Gesprochenes darzustellen, was nicht nur professionell von Wissenschaftlern unternommen wird (sprachwissenschaftliche Transkriptionen), sondern insbesondere auch in der Literatur üblich ist. In solchen Fällen ist es nun allerdings erforderlich, mit der graphischen Repräsentation von Gesprochenem dieses so zu markieren, daß der Leser die Instruktion bekommt: „Lies das hier als etwas Nicht-Literates". Es handelt sich also um die graphische Repräsentation von *Alterität*: mit literaten Mitteln orate Strukturen zu markieren. Das ist ein zentrales Moment der modernen Literatur, die sich insofern natürlich von den älteren Texten, etwa des 16. Jhds. unterscheidet, wo die Interpunktion in diesem Sinne ohnehin noch phonographisch, also grammatisch wenig kontrolliert war. Vielmehr handelt es sich hier um eine graphische Technik, die den literarischen Realismus bzw. Naturalismus auszeichnet. Einige Beispiele dazu:

A: Franz Xaver KROETZ, *Stücke* (Ffm: Suhrkamp 1975)
(1) HEINZ Wenn der Kadett nich so ein Massnauto wär, wär er richtig.
 ANNI Das is doch gleich, wo er uns ghört.
 HEINZ Wenn mir morgn beim Kegeln sind, kannst ihn dir anschaun, den Manta, wenn der Johnser auch kommt. Wo er das neue Auto hat, kommt er bestimmt. Das ist natürlich. S. 338
(2) ANNI Das kann man immer noch nachholn.
 HEINZ Kann man nicht. Jetz kann ich ohne weiteres einen Kurs machn und das Abitur nachholn.
 ANNI Auf einmal.
 HEINZ Jeder fangt einmal an. Schau, der Beweis. *Er holt aus seiner Tasche einen Reklameaufruf eines Fernlehrinstitutes, wo man das Gewünschte in Form von Marken auf die Antwortpostkarte klebt.* Was hab ich draufgeklebt, von die ganzn Möglichkeitn? Abitur. *Zeigt es.* Und jetz wandert es in den Postkastn. Wirst es sehn. Wenn das Kind da ist, sind einem alle Hände gebundn-.
 ANNI Was der fantasiert. S. 405
(3) ANNI Warum denn nicht? Andere gewinnen auch. *Pause*. Spielst mein Lieblingslied.
 HEINZ Wennst es willst. Aber ned zu laut, am Sonntagnachmittag.
 ANNI Die werdn schon noch schaun, die Nachbarn, wies da zugeht, wenn mir erst das Kind ham. S.415

Aus dem Kroetzstück *Oberösterreich* habe ich die folgenden Beispiele in den Diagrammen analysiert: Aus dem ersten: *kannst ihn dir anschauen, den Manta. Den Manta* ist hier appositiv, also syntaktisch nicht integriert; es handelt sich um eine parallele Struktur zu dem integrierten pronominal ausgedrückten Objekt. Dieser orate Nachtrag wird durch das paarige Komma markiert.

(1) ...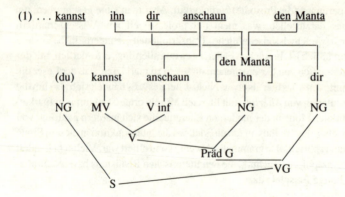

Bei dem zweiten Beispiel handelt es sich um eine integrierte Struktur: statt *was hab ich draufgeklebt, von die ganzen Möglichkeiten?* könnte es auch heißen, *was von die (den) ganzen Möglichkeiten habe ich draufgeklebt?* Insofern dient hier das Komma nur zur phonographischen Darstellung der angestrebten Intonation.

(2)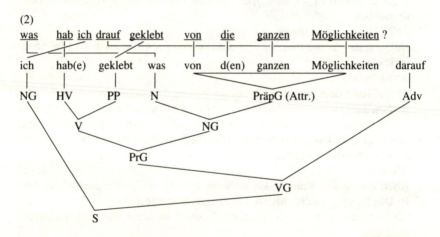

Bei dem dritten Beispiel handelt es sich ebenfalls um eine syntaktisch integrierte Struktur: *aber ned zu laut, am Sonntagnachmittag*, die durch den Wegfall des elliptisch zu ergänzenden Subjekts und Prädikats (vermutlich so etwas wie: *ich spiele*) zustande gekommen ist. Auch hier dient also die Kommasetzung zur phonographischen Notierung der Intonation. Nur bei dem ersten Beispiel ist die Interpunktion literat (im Sinne unserer Kategorie *Einschub*), während das, was mit ihr präsentiert wird, orat ist (der Nachtrag). Anders ist es bei (2) und (3), die ohne diese Interpunktion literate Ausdrücke wären (auch der elliptische Ausdruck bei (3) ist ja literat bedingt möglich). Hier ist die Interpunktion bei Kroetz offensichtlich ein Signal für Alterität. Die Texte sind so markiert, daß sie nicht als literate Texte zu lesen sind. Das scheint nun auch klar, handelt es sich doch um Stücke, also Vorlagen für Bühnendialoge. Andererseits aber ist der hier reproduzierte Auszug nicht eine Vorlage für Schauspieler, sondern ein Text, der als Taschenbuch im Buchhandel erscheint, der als solches also zu lesen ist und der insofern literate Mittel zur Repräsentation der Alterität des Oralen benutzt.

(3)

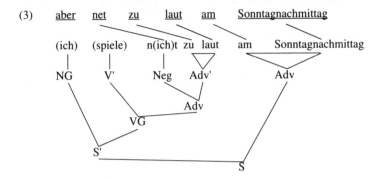

Das ist noch deutlicher bei dem Text B, einem Auszug aus Christian Enzensberger „Was ist was", der sogar den ausdrücklichen Untertitel „Roman" trägt.

B: Christian ENZENSBERGER, *Was ist was* (Nördlingen: Greno 1987)
Das Versteck, das Lager, die Festung, niemandem um keinen Preis je zu verraten, beim tiefsten und heiligsten aller Eide. Für eine lange Woche werde ich nur zu einer Art Hausdienst eingeteilt, muß Wache schieben und das Feuer unterhalten; atemlos und auf Zehenspitzen erkunde ich jeden Tag einen neuen Teil des weitläufigen Baus, bis er mir mit allen Nebenkammern und Kellern vertraut ist - ein in die Urtümlichkeit zurückversetztes Amt. In welcher Zeit lebe ich eigentlich? Nach und nach werde ich zu den Raubzügen zugelassen, in der Stufenleiter ihrer Gefährlichkeit: bei Kartoffelmieten braucht man nur auf den toten Winkel zu achten, auf Tabakfeldern muß man mit einer Dauerüberwachung rechnen, Hühnerställe kommen wegen dem Gegacker nur bei Einödbauern in Betracht, und auch da nur, wenn alle Einwohner auf dem Feld sind.
S.373

Es handelt sich um eine monologische Erzählung, die syntaktisch integriert ist, im übrigen geradezu durch das Fehlen von Mündlichkeitsindikatoren (Dialekt, Umgangssprache) auffällt, die, wenn sie vorkommen, ausdrücklich auch als Zitate kursiv gekennzeichnet werden. Anderseits gibt es aber auch bei diesem „inneren Monolog" Interpunktionen, die literat nicht korrekt sind, wie zu Anfang des Zitats: *Das Versteck, das Lager, die Festung, niemandem um keinen Preis zu verraten, beim tiefsten und heiligsten aller Eide.* Die syntaktische Struktur findet sich auf dem folgenden Schema:

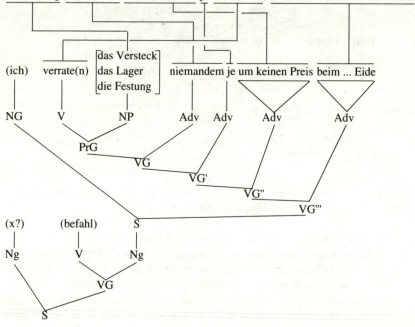

Sieht man einmal von der parallelen Reihung der drei direkten Objekte ab, sind alle Konstituenten des Satzes in einer hierarchischen Struktur geordnet, die insofern also auch nicht durch Trennungszeichen unterbrochen werden sollten. Daß trotzdem ein Komma vor dem indirekten Objekt und vor der letzten adverbialen Bestimmung steht, gliedert diesen Text orat in Hinblick auf die prosodische Struktur des mutmaßlichen „inneren Monologes".

Als Fazit bleibt festzuhalten, daß mit den Schülern der Kern der Rechtschreibung über literate Texte zu erarbeiten ist, ohne den verwirrenden Rückgriff auf prosodische (orate) Strukturen. Wenn in diesem Kernbereich einmal Sicherheit besteht, dann läßt sich, insbesondere auf höheren Schulstufen, zeigen, wie mit literaten Mitteln die Interpunktion zur Markierung von Alterität genutzt werden kann - hier also an der Peripherie des literaten Schriftsprachgebrauchs. Die Konsequenz dieser Überlegungen zur Rechtschreibung, die Abkehr vom Mythos der primär oralen Struktur der Sprache führt also geradezu zu einer Umkehrung der üblichen Unterrichtsprogression.

Teil III

Orthographie und Wort:
die logographische Komponente der Orthographie

12. Kapitel:
Die Kategorie Wort und die Grundprinzipien logographischen Schreibens

Wir kommen jetzt zum zweiten systematischen Teil der Orthographie, zu deren wortbezogenen graphischen Merkmalen. Im vorigen Teil der Interpunktion ging es um die graphische Repräsentation der syntaktischen Binnenstruktur, waren die Einheiten, mit denen die graphischen Regularitäten operierten, syntaktische Makroeinheiten: Satz bzw. satzwertige Konstituenten und Satzglieder. In dem jetzigen Block geht es um die Mikroeinheiten der Syntax, das was man vorwissenschaftlich mit *Wörtern* bezeichnet, sowie um deren Binnenstruktur, die *Morpheme*. *Morphem* ist ein technischer Begriff, der insofern eine eigene definitorische Einführung benötigt. Anders scheint es bei den Wörtern zu sein, einen alltagssprachlichen Ausdruck, der gewissermaßen naturwüchsig mit der Sprachausübung gegeben zu sein scheint: Ausdrücke wie *ein wortgewaltiger Mann, viele Worte machen, die Macht des Wortes* u.dgl. mehr sind anders als *Morphem* auch Nicht-Sprachwissenschaftlern vertraut. Es gibt hier eine merkwürdige Diskrepanz zum wissenschaftlichen Sprachgebrauch, in dem der Terminus *Wort* geradezu vermieden wird, weil er so schwierig methodisch zu explizieren ist (allerdings gibt es in der jüngsten Zeit Versuche, den Begriff *Wort* wieder in die Grammatiktheorie hineinzuholen).

NB: Dieses Problem scheint eng verquickt zu sein mit dem reduktiven Ansatz der neueren Sprachwissenschaft, die ihre Kategorien aus der Analyse des Oraten gewinnen will. Tatsächlich ist das Wort vermutlich keine orate Einheit, jedenfalls nicht in Sprachen ohne ausgeprägte „Grenzsignale", wie dem Glottisverschluß im Deutschen (siehe die entsprechende Diskussion im Anhang I). Andererseits ist das Wort die zentrale Kategorie der Grammatiktradition, die von der Antike her die Grammatikreflexion als Vehikel zur Ausbildung literater Strukturen entwickelt. In den definitorischen Schwierigkeiten der Sprachwissenschaft zeigt sich also einmal mehr die Spannung eines reduktiven Ansatzes gegenüber einer kulturanalytischen Tradition, zu der auch die theoretische Modellierung der Rechtschreibung gehört.

Was ist nun ein Wort? Gehen wir von dem Alltagsbegriff aus, könnte man als vorläufige Definition nehmen: *Das, was zwischen Leerräumen („Spatien") steht,* also vergleichbar mit der entsprechenden Definiton von Satz zu Beginn von Teil II: *Das, was zwischen Punkten steht.* So gefaßt, entspricht die Definition des Wortes der Perspektive des Lesers, also der Aneignung der Schrift, ist also explizit eine literate Kategorie. Das enthebt uns aber nicht dem Problem, diese Kategorie zu explizieren. Die Schwierigkeiten bestehen hier ja vor allem in der Perspektive des Schreibers: wo soll er ein Spatium machen (wo soll er getrennt-, wo zusammenschreiben)? In der (onto-)genetischen Perspektive entspricht dem die Frage: welche oraten Kategorien fundieren die literate Kategorie Wort? Die naive Vorstellung, die sich allerdings manchmal auch in der Schreibdidaktik findet, wo sie für die Lerner das Schreiben erst recht zu einer rätselhaften Sache machen muß, geht davon aus, daß das Spatium als Unterbrechung des Schreibflusses phonographisch eine Unterbrechung des Sprechflusses spiegelt, also eine Pause ausbildet.

NB: Diese Vorstellung ist eng verbunden mit der schreibdidaktischen Schlüsselkategorie der Wortgestalt, die ein Wort aus dem Text ausgliedert. Die Wortgestalt ist als solche natürlich vor allem in der kursiven Schreibschrift gegeben, wo das Wort definiert ist als Abfolge *verbunden* geschriebener Buchstaben (zwischen den Spatien). Von daher gibt es eine heftige Debatte für (und vor allem gegen) die Verwendung von Druckschrift im Anfangsunterricht, die in diesem Sinne die Worte nur durch mehr oder weniger große Spatien (gegenüber den auch hier zwischen den einzelnen Buchstaben bestehenden Zwischenräumen) ausgliedern. Diese Schwierigkeit muß uns hier im einzelnen nicht interessieren, obwohl sie in Hinblick auf die funktionalen Leistungen der Rechtschreibung einer sorgfältigeren Analyse bedürfen, als das üblicherweise der Fall ist. Dieses Problem hat im übrigen eine zusätzliche Aktualität gewonnen durch die „Seiteneinsteiger" im Grundschulunterricht, die den Anfangsunterricht in Mittelmeerländern erhalten haben, wo dieser weniger auf das Schreiben als auf das Heranführen an das Lesen von gedruckten Texten abgestellt ist; dort operiert der Schreibunterricht zumeist von Anfang an mit der Druckschrift; vgl. entsprechend die unterschiedlich prägnante Ausgliederung der Wortgestalt bei C gegenüber A:

A	B	C
der Baum	 *der Baum*	*der Baum*
der Baum		

Abb. 20

Nun ist diese Vorstellung aber keineswegs den phonetischen Verhältnissen adäquat (s. Anhang I). Was die Pausengliederung anbetrifft, so gilt generell, daß sie in der Regel nach größeren Sequenzen als denen von Wörtern erfolgt, daß Pausen so etwas wie Atemgruppen gliedern, daß sie darüber hinaus aber oft genug auch innerhalb von Wortgrenzen auftreten, wo sie Zäsuren der Sprachplanung, insbesondere auch der Selbstkorrektur entsprechen, vgl. etwa eine Äußerung wie die folgende (die ich der Einfachheit halber jetzt nicht in Lautschrift wiedergebe):
es ist in diesem Satz ana-/ah, ja anaphorisch für das folgende Wort Haus...
Ich wollte ihm f-/ähm sagen
Im strikt physikalischen Sinne entspricht also eine Pause im Gesprochenen keineswegs einem Spatium; und ebensowenig folgt umgekehrt, daß da wo eine Pause steht, ein Spatium in Geschriebenen gemacht wird.

Die Spatien- bzw. die Wortgliederung läßt sich also nicht phonographisch aus dem jeweils aktuellen Verhältnis von Gesprochenem und Geschriebenem ableiten. Das widerspricht allerdings nicht einem Fundierungsverhältnis der Gliederung des Gesprochenen und des Geschriebenen, wie sie in der ontogenetischen Perspektive für die Herausbildung des literaten Monitors aus dem oraten Monitor angesetzt werden muß. Für dieses Fundierungsverhältnis können wir postulieren:
1. Wo Wortgrenzen (Spatien) im Geschriebenen bestehen, da *kann* eine Pause gemacht werden,
2. und zwar so, daß die auf diese Weise ausgegliederten Elemente der Äußerung interpretierbar sind.

Die orate Pausengliederung ist bezogen auf die Möglichkeit der Segmentierung von Äußerungen in *Sinn*elemente, sie entspricht insofern der präliteraten Entwicklungsphase, von der ich oben in dem Entwicklungsmodell gesprochen habe. Als solche bleibt sie eben auch auf späteren literaten Entwicklungsstufen verfügbar, wo sie z.B. einem verdeutlichenden isolierenden Vorlesen des Textes, um Mißverständnissen zuvorzukommen oder diese aufzuklären, zugrunde liegt.

NB: Noch prägnanter ist die „gestalthafte" Ausgliederung in Schriften wie der Arabischen (in der „Druckschrift", Nasx, mehr noch in der kursiven Schreibschrift, Ruqʿa), die wortintern „mehrstöckige" Ligaturen kennen, (die Schreibrichtung verläuft von rechts nach links!) etwa „Mohammed", vokallos geschrieben

محمد = د + م + ح + م

<d> د + <m> م + <ḥ> ح + <m> م

Daß diese beiden Bedingungen für die Pausengliederung anzusetzen sind, die die literate Wortgliederung fundieren, können wir uns an einem einfachen Beispiel klarmachen.

(1) <das/Haus/ist/rot> [das|haʉs|(ʔ)Ist|Ro:t]

(2) <d/asHau/sis/tro/t> ?[d(ə)|ashaʉ|sis|tRo:|t(ə)]

NB: Hier wie bei allen Beispielen mit einer relativ engen phonetischen Umschrift ist zu beachten, daß diese nur eine bestimmte Varietät der deutschen (Umgangs-) Sprache illustriert - entsprechend der dem Text zugrundeliegenden Osnabrücker Vorlesung, die norddeutsche (mit rheinischen Einschlägen, bedingt durch die Herkunft des Verfassers - das macht sich gelegentlich auch auf anderen sprachlichen Ebenen, z.B. in der Wortwahl bemerkbar). Sprecher aus Süddeutschland sollten, ohne daß es für die Argumentation Folgen hat, ihre eigene Varietät substituieren. Wo es in der Argumentation auf regionale Besonderheiten ankommt, ist das im Text vermerkt.

Wir können die Äußerung, wie sie graphisch in *das Haus ist rot* vorliegt, natürlich auf unterschiedliche Weise segmentieren, wie die Beispiele 1 und 2 zeigen (dabei macht die Segmentierung in 2 schon deutlich, daß die Grenzmarkierungen nicht nur an das Spatium gebunden sind, sondern auch noch an zusätzliche graphische Indikatoren, wie hier die Wahl des nur wortinitial möglichen, bzw. den Wortanfang signalisierenden Großbuchstaben; davon sei zunächst einmal noch abgesehen). Auf der phonetisch-phonologischen Seite ist die beliebige Zerlegbarkeit viel eingeschränkter, wie wir aus der Diskussion um die Silbenstruktur wissen (das habe ich in der Transkription des 2. Beispiels durch die in Klammern hinzugefügten Schwas angedeutet). Das 2. Beispiel führt aber nicht zu Segmenten die interpretationsneutral sind bzw. die interpretierbar sind.

Was sind nun die möglichen Pausen, die diese Bedingungen erfüllen? Einmal mehr stellen wir fest, daß wir diese Frage nicht im direkten Beobachten der vorliegenden Äußerungen beantworten können, sondern nur indirekt im Horizont *möglicher* Operationen. Die interpretationsneutralen Pausen finden sich an den Stellen, die Ansatzstellen für mögliche Operationen sind. Es sind die Operationen, die wir auch schon im 3. Kapitel als diejenigen kennengelernt haben, die die „wörtliche" Artikulation dieses Textes definieren (die aber auch denen entsprechen, die die analytische Einheit eines Lautes definieren, s. Anhang I). Vgl. das folgende Schema

	Das	Haus	ist	rot
Einschub	^	^	^	
(Erweiterung)	rote	dahinten	sehr	
	gelbe	vor der Stadt	fast	
	große	meiner Eltern	ganz	
	...	...	...	

Substitution	Das	Haus	ist	rot
(Ersetzung)	Ein	Auto	war	blau
	...	...	...	...

Permutation	1	2	3	4
(Umstellung)	Das	Haus	ist	rot

=> 3-1-2-4:	Ist	das	Haus	rot
=> 4-3-1-2:	Rot	ist	das	Haus

Das Wort erweist sich also als eine Invariante bei diesen verschiedenen Operationen (in Hinblick auf die Permutation ist das Wort allerdings nicht ganz frei, so wie ja auch die Abfolge der Laute relativ zur phonologischen Silbenstruktur nicht ganz frei ist). Das Wort ist also keine Einheit der physikalischen Äußerung, sondern ihrer Planung, also eine Einheit des Monitors. Das ist eine Grundstruktur der sprachwissenschaftlichen Rekonstruktion hier, die generell die phonographischen Grundannahmen des Schriftdiskurses ad absurdum führt. Spiegelverkehrt, wenn auch in den Ergebnissen auf dasselbe hinauslaufend, war es beim Satz, der ebenfalls orat in den physikalischen Äußerungen nicht aufzufinden war, sondern Ergebnis bzw. Grundstruktur der literaten Bearbeitung von Äußerungen war.

Die Grenzen der Einheit Wort sind also solche, an denen syntaktische *Sollbruchstellen* bestehen: An diesen Stellen kann die Planung ansetzen, hier bestehen syntaktische Optionen, im gleichen oder in einem anderen Muster fortzufahren, ungleich der empirisch eventuell innerhalb der Wortgrenzen auftretenden Brüche (Pausen), die Unterbrechungen der Äußerungen darstellen, evtl. ein bestehendes Muster revidieren. Insofern ist es eben auch möglich, ein Wort isoliert zu äußern. Aber dieses Kriterium, das traditionell gerne als Wortdefinition gegeben wird („die minimale frei äußerbare Äußerung"), ist nur sehr eingeschränkt sinnvoll. Es gilt letztlich nur für Eigennamen, die als solche als minimale Äußerungen vorkommen („Hans!"). Bei einem Großteil der Wörter ist dieses Kriterium kaum brauchbar: Um sich Einwortäußerungen der Art: *ist* oder *der, war, ein* u.ä. auszudenken, muß man schon auf sehr komplizierte Situationen zurückgreifen, in denen dergleichen als Äußerung möglich wäre. Letztlich handelt es sich dann wohl immer um Situationen mit metasprachlichen Problemen, die dann aber auch minimale Äußerungen möglich machen mit Formen, die kleiner als ein Wort sind, vgl. etwa
A: sagtest du an- oder verkaufen?
B: an!

Wir können also festhalten: d*as Wort ist nicht die kleinste mögliche Äußerung, ist nicht an der Äußerung selbst zu finden, sondern es ist die kleinste freie (freibewegliche), insofern isolierbare interpretierbare Einheit der Äußerung.*

Zugegeben, dieser Definitionsversuch kumuliert eine Reihe von problematischen Kriterien, die aber im Sinne des Gesagten interpretierbar sein sollten: *Kleinste Einheit*, d.h. relativ zu den möglichen Operationen, die insofern auch für alle Einheiten definiert sind, die größer als ein Wort sind. *Freie* bzw. *frei-bewegliche* Einheit bezieht sich auf den Skopus der Operation.

Interpretierbare Einheit, d.h. nicht im physikalischen Sinne trennbare Einheit, wie ja insbesondere die in diesem Sinne beliebigen Nonsense-Collagen deutlich machen, die oben schon vorkamen. Das Wort ist also nicht eine Einheit des Gesprochenen, sondern eine Strukturierung des Gesprochenen. An dieser Stelle ist vielleicht noch einmal an die aristotelische Definition der Schrift aus dem ersten Teil zu erinnern, der die Schrift generell als Zeichen für das bezeichnete, was *in* dem Gesprochenen ist (nämlich die grammatische Struktur), und nicht als Zeichen für das Gesprochene selbst.

Dieses Problem der Strukturierung des Gesprochenen als Grundlage für die Schreibung wird sinnfällig, wenn wir das Gesprochene in der Form betrachten, in der es in der Alltagspraxis (Allegrosprechweise) vorkommt. Nehmen wir ein einfaches, wenig komplexes Beispiel:

(1) ['g e : m   ɐ n s 'k i:n o]
(2) <gehen | wir | ins | Kino?>
(3) ['ge:n 'viɐ ʔIns 'k^{h}i:no]

So wie ich die Äußerung in (1) transkribiert habe, ist sie unmöglich eindeutig zu zerlegen, wie die Segmentierungsschnitte zeigen, die an zwei Stellen durch Buchstaben hindurchlaufen: [m], [ɐ] sind janusköpfige Segmente. Schnittstellen im Sinne der vorher angesprochenen „Sollbruchstellen", an denen Pausen möglich sind im Sinne der hier ansetzbaren Operationen, ergeben sich deutlich erst bei dem Wechsel des Stilregisters, wo wir vielleicht eine Aussprache finden, wie ich sie als überdeutliche in (3) transkribiert habe (zum Überdeutlichen gehört hier auch der Glottisverschluß vor der Präposition ins, der vor einer unbetonten Silbe in der Regel nicht steht). Hier entsprechen die Wörter der literaten Form (2) eindeutig bestimmbaren lautlichen Segmenten (bei der literaten Form wäre im vollen Sinne einer „Explizitform" allerdings auch noch das *ins* zu überführen in *in das* bzw. *in ein*). Schließlich gibt es außer dieser Komprimierung von Lautfolgen auch über die Wortgrenze hinaus noch eine Reihe weiterer Reduktionsoperationen (Sandhi), die den direkten analytischen Schritt von (1) zur literaten Form (2) schwierig machen: Bei dem Personalpronomen haben wir geradezu eine lexikalische Substitution [viɐ] -> [miɐ], wir haben eine Assimilation des wortauslautenden [n] an das folgende [m], und wir haben schließlich eine Reduktion des so zustande gekommenen „geminierten" [m:] zu einem einfachen [m] - das nur als Beispiele für die komplexen Übersetzungsmechanismen.

Das Wort ist also eine Einheit, die aus einer vorliegenden Äußerung hergestellt wird, in Hinblick auf die analytisch zu extrapolierende grammatische Artikulation dieser Äußerung.

Von diesen systematischen Überlegungen, die auf das Verhältnis von literat und orat zielen, können wir nochmal zurückspringen auf die Überlegungen zur Schriftgeschichte in Teil I mit der dort vorgestellten Entwicklungslogik von der Logographie über die Phonographie zur Orthographie. Bei der Stufe zur Logographie war die Darstellung relativ problemlos. Graphisch wird repräsentiert, was in der Äußerung an semantischen Einheiten zu isolieren ist. Das gilt insbesondere für eine Stufe, in der die Zeichen bei aller Stilisierung doch ein unmittelbares Interpretationsverhältnis zum Dargestellten haben, also ohne Umweg über die Struktur der Sprache interpretierbar sind: vgl. etwa die folgenden Beispiele wie sie z.T. in ideographischen Schriftsystemen, (ägyptische Hieroglyphen, chinesische Zeichenschrift u.a.) üblich sind - die letzten beiden Neuerungen waren allerdings bei den älteren Schriftsystemen noch nicht verfügbar.

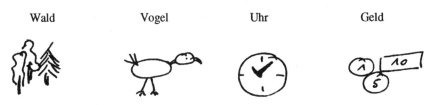

Mit solchen Elementen lassen sich selbstverständlich auch Sachverhalte komponieren, die „direkt" durch die Komposition mit den entsprechend repräsentierten semantischen Einheiten in einem sprachlichen Satz ausgedrückt würden, vgl.

Das Beispiel macht schon deutlich, daß die Schwierigkeiten da anfangen, wo der Sachverhalt nicht direkt anschaulich abzubilden ist. Vom Anschaulichen des Vorgangs her unterscheidet sich *kaufen* nicht von *verkaufen*, und das Bezahlen ist in jedem Fall ein Bestandteil dieser Vorgänge. Die Differenzen, die wir so sprachlich fassen, sind spezifische Perspektiven auf den anschaulichen Vorgang, die unterschiedliche soziale Konsequenzen für die verschiedenen Beteiligten binden. Hier entsteht bei einer solchen piktographischen Darstellung notwendig eine semantische Unterbestimmtheit, die eine kontextgebundene *Deutung* verlangt (erinnern wir uns an die Diskussion im zweiten Kapitel über die Differenz von *Deutungen* graphischer Darstellungen gegenüber dem *Lesen* wörtlicher Fixierungen.)

Diese Schwierigkeit setzt sich fort bei der Notwendigkeit, Termini graphisch zu fixieren, die auch nicht im Sinne einer Metonymie anschauliche Elemente enthalten. Die Lösung dafür ist bei solchen Systemen, wie wir es im ersten Teil schon für die vorderasiatischen Hieroglyphensysteme gesehen haben, eine rebusartige Darstellung, die lautliche Homonymien ausnutzt. Ein recht simples Beispiel ist das folgende, das gewissermaßen einen Kalauer mit partiell anschaulichen Elementen ausdrückt.

U(H)R - WALD = URWALD

Es ist deutlich, daß solche graphischen Systeme sehr bald an ihre Grenzen stoßen, wenn sie nicht eine ungeheure Menge von abstrakten Zusatzzeichen und Modifikatoren hinzunehmen, wie es die chinesische Schrift mit ihren bis zu 30.000 Schriftzeichen getan hat. Die Lösung dieses Problems, die zu unserer Schrift und damit letztlich zur Orthographie führt, war die Entwicklung des Alphabets, das das phonographische Instrumentarium, wie es bei der Rebuslösung schon ansatzweise auftaucht, systematisch exploriert. Als produktive Umwegstrategie bedeutet eine reine phonographische Notierung das Absehen von grammatischen Strukturen, wie sie bei der logographischen bzw. ideographischen Darstellung gewissermaßen naturwüchsig vorgegeben waren. In diesem Sinne waren die älteren Schriften, wie wir schon am Beispiel der alten Inschriften bis hin zu den frühmittelalterlichen Kodices (etwa am Beispiel des gotischen Kodex) gesehen haben, *scripta continua*, die z.T. ja auch die direkte Materialität des phonographisch Repräsentierten mit der Materialität des Schreibvorganges verbanden. Die Steininschriften des Altertums sehen denn auch meist so aus

HANSLIEFMI
TEMMASCHLI
TTSCHUH

(Hans lief mit Emma Schlittschuh)

Es ist deutlich, daß diese Schreibweisen erhebliche Interpretationsprobleme bieten, zur Geheimtechnik einer professionellen Kaste werden müssen, vgl. bei dem gotischen Textauszug auf S. 79 die vom Graphischen her nicht zu entscheidenden Wortgrenzen z.B. Z. 1/2 SAUNMAHTINS → SA UNMAHTINS („die Schwächen"), aber Z. 3 SAUHTINS ohne Wortgrenze („Krankheiten"), hier steht <AU> für /o/. Um dieser Schwierigkeit (auch für professionelle Schreiber/Leser!) gegenzusteuern, wurden schon früh Versuche gemacht, solche Texte, vor allen Dingen wenn sie größeren Umfanges waren, zu gliedern. Dabei stand zunächst die syntaktische Gliederung des Textes an, also die Interpunktion, wie wir das schon bei dem gotischen Kodex gesehen haben. Die systematische Herausbildung der Worttrennung wird nötig, wenn die syntaktisch im Text ausgegliederten Einheiten intern so komplex werden, daß sie bei extremer Schachtelung (wie etwa in lateinischen Prosatexten) ohne Isolierung der Wortgrenzen unüberwindliche Schwierigkeiten bieten. In diesem Sinne haben wir schon relativ früh in der Antike (im übrigen in den verschiedenen Schriftsystemen, z. B. auch im Hebräischen) Versuche, die Worttrennung durch Spatien vorzunehmen. Wie wenig dieses Vorgehen selbstverständlich war, zeigt aber noch die Schwierigkeit, es auf nichtlateinische Texte im hohen Mittelalter auszudehnen. Ein Beispiel dafür aus einer relativ späten Zeit ist der im folgenden abgedruckte Auszug aus der ältesten Überlieferung des Bremer Stadtrechts, aus einem Kodex von 1303. Übersetzt lautet der abgedruckte Passus:

„Niemand soll Brennholz kaufen, das er weiterverkaufen will, es sei denn, er bringe es von außen herein mit Schiffen oder mit Flößen. Und das soll er verkaufen, bevor er es in

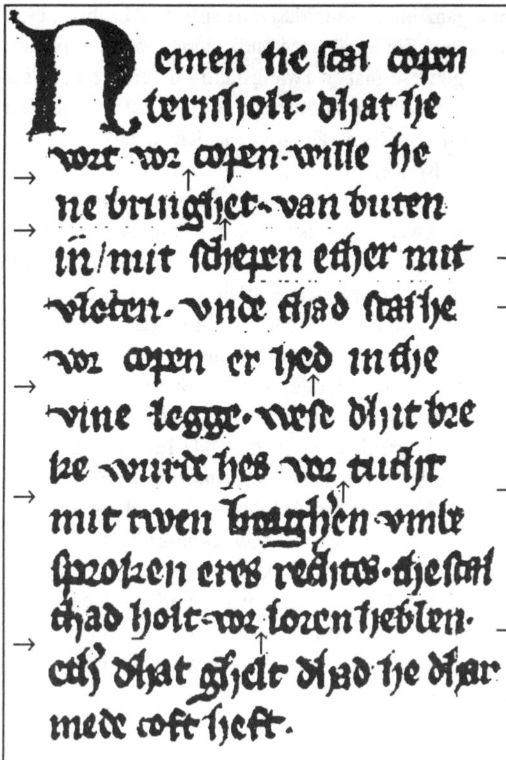

Abb. 21
links) Codex 1303
rechts) Codex Anfang 16. Jahrhundert
(Die „kritischen" Wortgrenzen in beiden Codices sind zum besseren Vergleich mit Pfeilen markiert). Reproduktion mit frdl. Genehmigung des Stadtarchivs Bremen.

das Lager lege. Wer dagegen verstößt („wer dieses breche"), würde er dessen überführt mit dem Zeugnis zweier unbescholtener Bürger („denen man über ihre Rechtfertigkeit nichts nachsagt"), dann soll er das Holz verloren haben oder das Geld, das er damit erworben („gekauft") hat".

Die Unsicherheiten in der Wortgrenze sind an einigen Stellen mit Pfeilen markiert. Sie zeigen sich von unseren heutigen orthographischen Gewohnheiten her einerseits an Stellen, wo ein Spatium steht, während wir heute Zusammenschreibung erwarten, etwa also *vor kopen*, wo also das verbale Präfix *vor* so behandelt wird wie in der isoliert zu schreibenden Präposition (*vor der Tür*). Auf der anderen Seite stehen zahlreiche Zusammenschreibungen von prosodischen Einheiten (Akzentgruppen, insbesondere der enklitischen Personalpronomina), etwa *brenghet* entsprechend einem *breng(h)e et*, *hed* entsprechend einem *he ed*. Es ist nun ganz interessant, daß eine spätere Abschrift, eine Prachthandschrift aus dem 16. Jahrhundert, die im übrigen antikisierend bemüht ist, die ältere Vorlage genau wiederzugeben, gewissermaßen zwangsläufig darein verfällt, im moderneren Sinne die Wortgrenzen grammatisch zu edieren. An den entsprechenden Stellen (allerdings nicht immer) finden wir dann die moderne Konstanthaltung der Wortgrenzen, vgl. die entsprechenden Beispiele.

Einmal mehr, wie wir es schon im zweiten Teil bei den genialen Pionieren vom Schlage eines Valentin Ickelsamer gesehen haben, erweist sich das 16. Jahrhundert als die kritische Achse in der Entwicklung unserer Schriftsprache, in der der Kernbereich der literaten Schreibung, die Konstanthaltung der Wortgrenzen, fixiert worden ist. Nachdem aber der Kernbereich einmal fixiert ist, eröffnet sich nun auch wieder die Möglichkeit, das Verhältnis von Kern und Peripherie literarisch zu nutzen, mit den Mitteln der Kerngraphien orate Alterität darzustellen - gesprochene, nichtliterate Sprache durch die fehlende Worttrennung. Das wird seit dem 17. Jahrhundert zu einem beliebten Mittel, in der jetzt aufkommenden „Mundartliteratur" das Ungebildete durch fehlende literate Strukturen darzustellen (wohlgemerkt für literate Leser und von literaten Autoren, die nicht etwa *Fehler* machten, sondern in diesem Sinne Fehlerhaftes vorführten). Ein beliebtes Genre waren damals, also nach Ende der literarischen Schriftsprachentwicklung des Niederdeutschen, plattdeutsche Gelegenheitsgedichte, die bis heute (Ohnesorgtheater!) schon vorweg das Signal von Derb-Lustigem geben, bei Hochzeitsgedichten vor allem Lizenzen für Obszönitäten boten, die in der gebildeten hochdeutschen Form nicht durchgegangen wären. Ein solches Beispiel eines plattdeutschen Hochzeitsgedichtes aus der Barockzeit findet sich auf der folgenden Seite (Abb. 22).

Wörtliche Übersetzung des Textes von Abb. 22

Es ist wahr, er war wohl auch vorher
von dem Glück nicht vergessen.
Ein schönes Geschäft. Sein eigener Herr;
das sind alles leckere Bissen.
Doch, wohl gepaart, das gehört dazu,
und das heißt oft eine List gebrauchen.
Da will es doch, so sagt man ja,
nicht jedermann bei glücken.

Doch nun mangelt nichts mehr (dar)an.
Dies ist ihm recht gelungen.
So gut eine Braut (nun) mal sein kann,
So hat er jene gefunden.
Jung, vornehm, hübsch, von feiner Haut,
und raffiniert und flügge.
Da geht, ruft jeder mit mir aus:
Die Liebe nimmer zurück.

Wie glücklich ist er denn nun nicht,
Herr Bräutigam, bei seinem Freien!
Gewiß, es ist unverbesserlich.
Es konnte ihm nicht besser gelingen.
Eine junge, flinke, kluge Braut,
Was läßt ihm die nicht (er)hoffen?
Ich lachte alle Leute was aus,
Könnte ich es einmal auch so treffen.

Wo ist doch wohl eine größere Lust,
als wenn sie künftig beide,
sich, wenn sie aufwachen, suchen und
küssen
voll Liebe und voll Freude?
Und was ist, wenn man es überlegt,
ein angenehmeres Leben,
als wenn sich zwei so unterstützen
und treuen Rat geben können?

’Tis wahr He was wol auk vörher
   Van't Glücke nich vergeeten.
Een schön Handling. Syn eegen Heer;
   Dat sind al leckere Beeten.
Doch, wal gepaart, dat hörter to,
   Un dat het vaken Nücken.
Dat wil et doch, so segd se jo,
   Nich Jedermann in glücken.

Doch nu mankeerter nicks mehr an.
   Dit is Em recht gelungen.
Sau good een Brut man weesen kan
   Sau het He'r jeene fungen:
Jung, vörnehm, hübsck, van syner Hut,
   Un rafineert un flügge.
Dar geit, ropt jeder mit my ut:
   De Leefte nümmer trügge.

Wo glücklick is He denn nu nich
   Her Brügam, by syn fryggen!
Gewiß, 'tis unverbeeterlick.
   'T konn Em nich beter flyggen.
Een junge, flincke, kloke Brut,
   Wat let Em de nich hapen?
Ick lachde alle Lüe wat ut.
   Konn ick't ens auk so drapen.

Wor is doch wal een gröter Lust,
   As wenn Se künfftig Beede,
Sick, wenn Se upwackt, söckt un küst
   Vull Leefte un vull Fröde?
Un wat is, wenn mant averlegt,
   Een angenehmer Leven
As wenn sick twee so helpt to recht,
   Un trüwen Raat könnt geven?

Abb. 22 Osnabrücker Hochzeits-Carmen (Druck: Osnabrück 1752), aus einem Sammelband der ehem. Bibliothek des Ratsgymnasiums, jetzt Kulturhistorisches Museum Osnabrück (S. 3 von 4 Seiten)

Für Leser, deren literate Kategorien im Sinne der zeitgenössischen barocken Drucke hier selbstverständlich vorausgesetzt werden, signalisieren die Schwankungen bei der Notierung der Wortgrenze das ganz Andere gegenüber der hochdeutschen Literatur, eben eine orate Struktur. Andererseits aber handelt es sich ja nicht um Transkriptionen für Sprachwissenschaftler, durften die Texte dem hochdeutschgewohnten Leser keine Schwierigkeiten für das Verständis machen, mußte dieser ohne Probleme Wort für Wort zu dem vorgegebenen Text eine hochdeutsche Entsprechung finden, mit der er den Text interpretierte. Dazu kommen in der Zeit spezielle Techniken auf wie insbesondere die Apostrophschreibung, die zugleich die grammatische Trennung darzustellen erlaubt, gewissermaßen das orthographische Ei des Kolumbus dieser Zeit. Beispiele sind etwa (sie sind am Rande markiert): *T'is* für *et is* (*es ist*), *van't* (van dat) „von dem" u.a.m. Zusammenschreibungen haben wir bei *horter* „hört da [zu]" oder *mankeerter* „fehlt dabei" usw. Im übrigen aber zeigt der Text die im Barock herausgebildeten logographischen Schreibprinzipien, insbesondere die jetzt eindeutig grammatisch geregelte Klein- und Großschreibung.

Diese *literate* Technik, die orate Alterität darzustellen, ist aber auch nicht auf das 18. Jahrhundert beschränkt, wie der Kroetzsche Text des vorigen Kapitels zeigt: im Auszug 3 dort finden wir die gleichen Darstellungstechniken des Oraten: *wennst* „wenn+du+es" *spielst* „spielst+du", *wies* „wie+es".

NB: Außer in der Dimension orat/literat ist die Schreibpraxis seit ihrer Demotisierung in der Frühen Neuzeit (s.o. 3. Kapitel) noch in einer anderen Dimension artikuliert, die an den Erfolg in den gesellschaftlichen Bildungsapparaten gekoppelt ist, die die Schriftsprache vermitteln und sie kultivieren. In meinem schon erwähnten Aufsatz über „Orthographische Alterität"[1] schlage ich dafür den Terminus der *Mathographie* vor (gr. *mathos*, Gelerntes, Wissen cf. *Mathe*matik): jede Schreibung konnotiert den Bildungserfolg des Schreibers. Die Ängste vor dem orthographischen Scheitern, die mit der effektiven Etablierung des Volksschulsystems gesellschaftlich verallgemeinert sind, besetzen auch die abweichenden Schreibungen, die in diesem gesellschaftlichen Feld ellipographisch („Mangelschreibungen", gr. *ellipes* „mangelhaft, unvollkommen", vgl. *Ellipse*) bestimmt sind. Das begründet denn auch den unwiderstehlichen Reiz des Komischen ellipographischer Schreibungen, den die neuere Literatur, von den barocken Hochzeitscarmina bis etwa zu Ludwig Thomas Bestseller *Josef Filsers Briefwexel* ausnutzt - das Lachen ist nie größer als da, wo mit ihm Ängste abgeführt werden.

---

[1] s.o. S. 10, Anm.

13. Kapitel: Die Markierung der Wortgrenzen

Der systematische und historische Vorlauf hat nochmal die Grundbestimmung von Schrift aus dem ersten Teil verdeutlicht: die Fixierung der *wörtlichen* Form eines Textes; demnach besteht bei einer alphabetischen Schrift, die sich phonographischer Mittel bedient, die Notwendigkeit, die grammatische Einheit Wort eigens zu markieren. Jetzt werden wir uns die orthographischen Mittel des Deutschen ansehen, mit denen das geschieht. Im 12. Kapitel ging es um das alphabetische Sonderzeichen des Spatiums, das von den meisten einfach als „nichts" ignoriert wird, das zumindest aber Computerfreaks als solches kennen, weil für es ja auch eine eigene Taste (*blank*) zu drücken ist. Wir haben aber schon gesehen, daß zu dem Spatium noch zusätzliche Markierungen der Grenzen hinzukommen:

1. Die initiale Markierung durch Sonderzeichen bei der Klein- und Großschreibung (zu denken ist an das Lieblingsbeispiel vor einigen Jahren bei der heftigen Debatte um die Forderung nach Abschaffung der grammatischen Großschreibung: *Er hat in Moskau liebe Genossen* gegenüber: *Er hat in Moskau Liebe genossen.*)
2. Grenzsignale gibt es auch wortfinal. In der älteren Schreibtradition geschah das im übrigen durch die Verwendung von eigenen graphischen Varianten sowohl für silben- und wortinitiale wie für silben- und wortfinale Zeichen, bei s: ſ ſ; bei r: ꝛ ꝛ u.a. Die Differenzierung bestand im übrigen (wie ja auch die Reproduktion des Textes aus dem 16. Jahrhundert in Kapitel 8 zeigt) noch lange im Druck, bis dann der Rationalisierungszwang der Druckschrift sie in unserer heutigen Schreibschrift eliminiert hat. Trotzdem gibt es eine graphische Auszeichnung der wortfinalen Position (der finalen Wortgrenze), die gerade im Kontrast zum Lautlichen diese Grenze markiert. Graphisch haben wir die Option zwischen Zeichen, die in anderen Positionen phonographisch zur Differenzierung zwischen stimmhaften (bzw. lenis) und stimmlosen (bzw. fortis) Konsonanten benutzt werden, obwohl wortfinal nur stimmlose Konsonanten vorkommen: Eine Schreibung etwa mit *d* vor Spatium (das *Rad*) ist also immer ein Signal für eine finale Wortgrenze (lautlich unterscheiden sich ja *Rad* und *Rat* zumindest in der Hochlautung nicht). Genaueres dazu und zu der Aussprachedifferenz im nächsten phonographischen Teil IV. Wir haben es also auch bei der wortbezogenen Schreibweise mit Ausgliederungszeichen zu tun, mit Schlußzeichen, so wie wir das bei der Interpunktion gesehen haben.
3. Schließlich haben wir noch ganzheitliche Markierungen der Wortgestalten (des „Wortbildes", das der Rechtschreibdidaktik so sehr am Herzen liegt), die als Differenzierungen über dem gesamten Wortschatz operieren. Es handelt sich also um graphische Darstellungen von Beziehungen im Wortschatz:
   - zunächst einmal die Differenzierungen von Homonymen, wo phonetisch Identisches graphisch differenziert repräsentiert wird: /vaɪzə/ für *Weise* und *Waise* (die Rechtschreibdidaktik spricht hier von dem „semantischen" oder „lexikalischen Prinzip"),
   - die Repräsentation von grammatisch-semantischer Verwandtschaft, wobei phonographisch Verschiedenes graphisch gleich oder zumindest doch ähnlich repräsentiert wird („morphologisches Prinzip"):

<a> : <ä> gegenüber phonetischer Differenz
<Ball> : <Bälle> ~ [bal] : [bɛlə]
<Lauf> : <Läufe> ~ [lau̯f] : [lɔy̯fə]
<r>
<Tür> : <Türen> ~ [tyɐ̯] : [tyʁn̩]
darunter auch die „Auslautverhärtung":
<Rad> : <Räder> ~ [Ra:t] : [Rɛ:dɐ]
(Diese phonographischen Probleme werden uns noch ausführlicher im nächsten Block beschäftigen).

4. Sonderzeichen, wie insbesondere der schon angesprochene Apostroph, der ein recht hybrides Zeichen ist, vgl. die Rechtschreibregel 16 und Rechtschreibregel 18 (R 16 „Der Apostroph steht für weggelassene Laute am Wortanfang..."; R 18 „Der Apostroph steht für das weggelassene Schluß-e bei Substantiven und bestimmten Verbformen (1. und 3. Person Singular)").

R. 16 So'n Blödsinn [zo:n'blø:tsˌɪn]
R. 18 Das hör' ich gern [das'høɐ̯ʔɪçgɛɐ̯n]

Die literate Repräsentation wäre *so ein Bödsinn* bzw. *das höre ich gern*. Es handelt sich also wieder um eine Kompromißschreibung, die graphisch Alterität zum Literaten herstellt (bei solchen Schreibungen, die nicht explizit literarische Ansprüche haben, ist wohl die Funktion der Apostrophe, dem Leser zu zeigen, daß der Verdacht unbegründet ist, der Schreiber wüßte nicht, wie es korrekt heißen würde. Dafür spricht vor allem auch die häufige pleonastische Setzung des Apostrophs, die den Rechtschreibaposteln immer schon ein Dorn im Auge war).

Ein historischer Exkurs zur Apostrophsetzung ist hier aufschlußreich: Der hyperkorrekte Gebrauch des Apostrophs verweist vermutlich tatsächlich auf seine Herkunft, die wir ja schon im vorigen Kapitel in Verbindung mit dem barocken Osnabrücker Hochzeitsgedicht kennengelernt hatten. Der Apostroph war zur metrischen Textauszeichnung schon in der antiken Philologie und von daher auch in der mittelalterlichen Schulgrammatik üblich; in der neuhochdeutschen Schriftsprache wurde er aber erst mit dem Barock eingebürgert, vor allem dank des Schulmeisters der Literaten, Opitz. Der Erfolg des Apostrophs lag in der eleganten Lösung für ein konfessionell aufgeladenes Problem der Fixierung der Nationalsprache im 17./18. Jahrhundert. Vereinfacht gesprochen standen sich hier gegenüber die norddeutsche Sprechweise, die in der Aussprache als korrekt gilt, die weitgehend frei von Apokopen ist, wo es also heißt [di:gutə'zɔnə] und entsprechend geschrieben werden kann: *die gute Sonne* und die süddeutsche Variante, die die Apokopierung weitgehend generalisiert, wo es also heißt [di:gut'zɔn] (allerdings ist zumindest bei langsamer Aussprache die Synkope bei der Abfolge [- təʒ -] eher blockiert). Dieser sprachgeographische Gegensatz war nun aber überdeterminiert durch einen konfessionellen, der die norddeutsche Variante protestantisch konnotierte, die süddeutsche katholisch. Das ist der berüchtigte Streit um das sogenannte nichtapokopierte *lutherische e*. Hier bestand nun das Problem für einen Schreiber wie Opitz, der von seiner spontanen Sprech- und darauf gegründet: Schreibweise her nicht apokopierte (Opitz kam aus Schlesien, also einer nicht-apokopierenden Region), der aber für seine Reime und Metrik entsprechend den süddeutschen Gepflogenheiten apokopierte Formen zugrunde legen mußte. Um nun nicht gegen seine Überzeugung ins katholische Fahrwasser abgedrängt zu werden, griff er zu dem Apostroph, der seine Metrik rettete *die gut' Sonn'*, graphisch aber zugleich die *andere* Form mit den „lutherischen" Vollformen (*gute, Sonne*) symbolisierte.

Nach diesem historischen Exkurs zu einem peripheren Bereich der wortbezogenen Markierungen jetzt wieder zurück zu deren Kern. Dieser dient also dazu, dem *Leser* Instruktionen zur Strukturierung des Textes zu geben, dessen grammatische Struktur so repräsentiert wird:
1. Mit Hilfe der Spatien wird der Text in Worte zerlegt.
2. An den Wortgrenzen werden Markierungen vorgenommen, die die Wortart (also die syntaktischen Funktionspotentiale der Worte) signalisieren, so insbesondere mit Hilfe der Majuskel die „Substantive" (wir werden noch sehen, daß es nicht eigentlich um die Wortart Substantiv sondern um den Kern der nominalen Gruppe geht).

NB: Jetzt handelt es sich also im Gegensatz zum Teil II nicht um die Textgliederung mit Hilfe der Majuskel, wo diese als Anfangszeichen eines Satzes gilt, komplementär zu dem Punkt als Schlußzeichen; es gibt vielmehr eine komplementäre Verteilung von wortbezogener und syntaktischer Majuskel. Für den Leser gilt die heuristische Regel: wenn eine Majuskel steht und das entsprechende Wort kein Substantiv ist, dann beginnt mit der Majuskel ein neuer Satz. Das ist aus den im vorigen Kapitel besprochenen Gründen überwiegend der Fall, da Substantive in der Regel nicht satzinitial stehen, vgl.
Das Auto fährt.
Im Auto fährt man gut.
Schöne Autos sieht man gerne.
Allerdings sind die „Ausnahmen" von dieser Regel doch recht häufig, die daher auch den Schlußpunkt unverzichtbar machen. Das gilt
- für Eigennamen: *Peter liebt Autos.*
- für unbestimmte Pluralformen: *Autos gehören nicht in die Stadt.*
- für die Anfangsstellung eines prädikativ gebrauchten Substantivs: *Junge sein ist nicht schwer* (*Es ist schwer, Junge zu sein*).
- für archaisierende sentenzielle Wendungen: *Mann ohne Weib, Haupt ohne Leib.*
Wenn ich es nun aber weiß, ob ein Wort ein Substantiv ist oder nicht, dann bin ich schon einen erheblichen Schritt auf dem Weg zur syntaktischen Strukturierung gegangen, ich habe in dem Falle einer Identifizierung als Substantiv den mutmaßlichen Kern einer Nominalgruppe identifiziert (zu den hier mit *mutmaßlich* angedeuteten Komplikationen s. das nächste Kapitel).

Weil das ja nun einer der heftigst debattierten Bereiche der Orthographie und ihrer Reform ist, will ich hier gerade in einer pädagogischen Perspektive noch etwas ausführlicher die Leistungen der Substantivgroßschreibung verdeutlichen. Der folgende Text stammt von José, einem elfjährigen ausländischen Schüler, der damit eine Nacherzählung produzierte.[1]

Liest man den Text das erste Mal durch, wirkt er recht befremdlich. Aber sehr bald stellt man zu seiner mehr oder weniger großen Überraschung fest, daß man ihn trotz einer Vielzahl von Schreibungen, die nicht wie deutsche Wörter aussehen, versteht. Wenn man sich jetzt fragt, warum man ihn versteht, dann zeigt sich, daß man zunächst die grammatische Struktur des Textes erfaßt, die dann mit Hilfe der phonographischen Spuren in den Schreibungen sehr schnell zu Hypothesen führen, mit denen man die orthographischen Gegenstücke der deutschen Sprache findet.

---

[1] Die mit Bleistift geschriebene Vorlage mußte etwas retuschiert werden, da sie leider nur sehr schlecht reproduzierbar ist; das Beispiel stammt aus der Hausarbeit von Silvia Wagner, die dort anhand solcher Beispiele die Struktur schriftlicher Texte im Vergleich zu den parallelen mündlichen Nacherzählungen gibt (auszugsweise abgedruckt in der oben S.36 erwähnten Broschüre von R. BECKEMEYER u.a.)).

Es bst mal ein Klücker
Löbe

Da kam ert der Würter und sagte
guten Tag Klücker Löbe. nach Nimag
x Frank von der Schule und sagte
guten Tag Fröhlicher Löbe. danach kam die
Wer es Frau auf fiderse Klücker Löbe
erval. laste der Wirter den Tor ofen
und ging nach hause.
Trauser.
Er geht s s Straße entlag.
guten Tag Her Mayer er fil in un mach.
Er sagte guten Tag meine Dame.
Die Damen leuften löb un mensen freier
hinter her swer.
Dat kam die vorber und ein wagen vom
Lodi kam Frank und sagte guten tag klücker löbe
Dan kam Frank

und ging mit in zuruck.
Und er sagte ich jetzt imer hier

0   Es bal mal ein klücher Löbe
1   Da kam erst der Werter und sagte guten Tag Klücher Lobe
2   noch Mimag Frank von der Schule und sagte Guten Tag Frölicher Löbe.
3   da kam die Wertes Frau auf fiderse Klücher Löbe.
4   eimal laste der Werter den Tor ofen.
5   Und gin nach Trauser.
6   Er gide Straße entlag.
7   Guten Tag Heer Mayer
8   er fil in un mach.
9   Er sagte kuten Tag meine Dame.
10 Die Damen leuften ob ein mensen freser hinter her wer.
11 Dan kam die voerber und ein wagen vom Zoo.
12 Dan kam Frank und sagte Guten Tag glischer Löbe und ging mit in zuruck.
13 Und er sagte ich jetzt imer hier

Die entscheidenden Strukturindikatoren in dem Text liefert die Verteilung von Klein- und Großbuchstaben. Recht konsistent verwendet der Schreiber die satzinitiale Majuskel (meist, aber nicht immer in Verbindung mit dem Schlußpunkt). Darüber hinaus benutzt er in einem bemerkenswerten Verhältnis die grammatische Klein- und Großschreibung zur Markierung der Wortarten. Wenn wir uns z.B. den ersten Satz ansehen, so beginnt er mit einem Großbuchstaben bei *Es* und der nächste Großbuchstabe findet sich bei *Löbe*, woraus zu entnehmen ist, daß hier das erste Substantiv dieses Satzes liegt, das damit aber gleichzeitig auch als das potentielle Subjekt identifiziert ist. Ähnlich ist es dann im zweiten Satz: Wiederum die satzinitiale Majuskel bei *Da* (insofern ist das Fehlen eines vorausgehenden Schlußpunktes hier kein Problem), und dann kommen wiederum Majuskeln bei den Substantiven *Werter*, bei *Tag* und wiederum bei *Lobe*, (allerdings hier auch bei *Klücher*, das offensichtlich identisch mit dem im vorigen Satz noch kleingeschriebenen ist). Wenn man jetzt noch weiß, was sich vielleicht ohnehin sehr bald als Hypothese bei dem Versuch, den Text zu interpretieren, ergibt, daß der Schreiber ein spanischer Junge ist, wird man phonographische Sonderregeln ansetzen, die der spanischen Aussprache, mehr aber noch dem phonographischen Repräsentationsverhältnis im Spanischen entsprechen (der Junge hat im Spanischen schreiben und lesen gelernt). Dazu gehört z.B. ein spezifisches Verhältnis von Verschluß- und Reibelaut bei stimmhaften Konsonanten, das z.B. zwischen <b> und <w> (<v>) nur einen positionsbedingten Ausspracheunterschied macht, ähnlich wie bei unserem Ich- und Achlaut: Zwischen Vokalen wird es wie *w* [b] gesprochen, anlautend wie *b* [b] (im Spanischen gibt es im Anlaut keinen Ausspracheunterschied zwischen *Valencia* und *Barcelona*; im absoluten Anlaut mit *b* [#ba'lenþia], nach Vokalen mit *v* [aβarþe'lona]). Hinzukommen einige Reduktionen, die teils an der spanischen Silbenstruktur liegen, teils daran, daß der Junge relativ komplexe (d.h. mehr als zweisilbige) Wörter (vor allem wenn er sie nicht in Hinblick auf die Wortbildung analysieren kann) reduziert. Beides zusammen führt z.B. zu der Schreibweise und sicher auch reduzierten Aussprache von *glücklicher: klücher*. So auch in Fällen wie *voerber* für Feuerwehr (mit dem zusätzlichen, in der span. Orthographie unbekannten Problem von <v> ~ <f>) u.a. mehr.

Geht man den Text daraufhin durch, so zeigt sich, daß José noch erhebliche Lernprozesse vor sich hat, um eine der deutschen Hochlautung entsprechende Aussprache und darüber die entsprechende phonographische Repräsentation zu erwerben. Aber er hat im großen und ganzen die Grundprinzipien der deutschen logographischen Komponente schon so erfolgreich gemeistert, daß er trotz seiner befremdlichen Schreibungen interpretierbare Texte produzieren kann (dazu ist noch anzumerken, daß das Spanische die grammatische Klein- und Großschreibung nicht kennt). Dieses Beispiel steht im übrigen keineswegs isoliert in der schriftlichen Produktion von ausländischen Kindern. Es macht gerade bei dieser vielleicht schwierigsten Gruppe der Lerner unserer Schriftsprache dramatisch deutlich, wie unsinnig die absolut gesetzte phonographische Reformdiskussion ist.

NB: Ein solches Beispiel trägt natürlich nur eine geringe Beweislast. Wer die Grundüberlegung des hier entwickelten Ansatzes nicht nachvollzieht, wird es auch ganz anders lesen. Die in der pädagogischen Tradition tief verankerten anti-intellektualistischen Ressentiments wirken dann geradezu immunisierend, wie ich es öfter bei Diskussionen oder auf Fortbildungsveranstaltungen erlebt habe, wenn ich dieses oder ein ähnliches Beispiel vorgestellt habe. Die „professionelle" Reaktion besteht zunächst einmal im Herausfiltern der *falschen* Großschreibungen - die *richtigen* Leistungen (insbesondere die vielen richtig nicht groß geschriebenen Wörter) werden übersehen bzw. bei dem Hinweis darauf auf das Konto der Einübung „häufiger", „gewohnter" Schreibungen gebucht. Auch mit „Hilfestellung" habe ich es noch nicht erlebt, daß eine solche Lehrergruppe das Verhältnis von richtigen und falschen Groß- und Kleinschreibungen syntaktisch analysiert hätte. Beim Insistieren auf einer konkreten Textanalyse kommt es dafür dann aber schnell zu einfühlsamen projektiven Deutungen, die z.B. das fälschlich großgeschriebene *Trausen* (für *draußen*, Z. 5) mit der „Bedeutung" dieses Wortes für einen marginalisierten ausländischen Jungen in Deutschland in Verbindung bringen u.dgl. Schreiben ist ein viel zu komplexer Prozeß, als daß in diesem Sinne *über*determinierte Leistungen auszuschließen wären - aber auch wenn dergleichen zutreffen sollte (was einer Textanalyse nicht zu entnehmen ist!), so *überlagert* es doch die *syntaktische* Strukturierung des Schülers, der den nominalen Nukleus einer Präpositionalphrase mit einer Majuskel auszeichnet (*nach Trauser* wie *nach Hause*, vgl. Z. 2 von der Schule und wohl auch *nach Mimag* für *nach dem Mittag*). Daß der Schüler derartige Kategorien vermutlich nicht *verbalisieren* kann, ist kein Einwand. Die Distribution der Groß-/ und Kleinschreibung im Text zeigt deutlich, daß José eine syntaktische Analyse i.S. der Grundzerlegung der Sätze in den Kern V und das Komplement ∇ vornimmt - bei V schreibt er *nie* groß. Die Unsicherheiten liegen bei der weiteren Zerlegung der Komponenten von ∇; auch hier aber ist die Lerntendenz eindeutig: In 25 Fällen ist der nominale Kern richtig mit einer Majuskel markiert - dem stehen nur 5 fehlende satzinterne Majuskeln gegenüber, davon 2 in syntaktisch komplexen bzw. idiomatischen Phrasen („*auf Wiedersehen*", „*in Ohnmacht fallen*"); umgekehrt werden die determinierenden Funktionselemente der NG (Artikel, Präpositionen) nie groß geschrieben. Der Unsicherheitsbereich betrifft vor allem die adjektivischen Attribute - wo die Schreibungen schwanken, vgl. richtig *ein klücher Löbe*, Z. 0 gegenüber *Klücher Löbe*, Z. 1, 3 und ähnlich Z. 2 und 12. Auf dem Fundament des syntaktischen Kerns des von José bereits Gelernten muß er mit Hilfe des Lehrers diesen unsicheren Bereich jetzt durchdringen - was aber nur möglich ist, wenn der Lehrer über ein entsprechendes methodisches Handwerkszeug verfügt.

Nach dieser kursorischen Diskussion zu dem zusätzlichen initialen Grenzsignal *grammatische Großschreibung* (1, s.o. S. 141), jetzt zu den beiden weiteren dort genannten Bereichen: (2) wortfinale Markierungen.

Alle Schreibungen, die Zusammenhänge ausdrücken, die im Gesprochenen nicht direkt repräsentiert sind (wie etwa die Wahl eines Konsonantenzeichens entgegen der Auslautverhärtung), sind als literate Signale zu verstehen: Vorsicht, hier handelt es sich um ein flektiertes Wort; die Interpretation des Wortes ist nur möglich, wenn der Stamm und damit die grammatische Binnenstruktur des Wortes analysiert ist. (Wir werden noch sehen, daß die deutsche Orthographie in dieser Hinsicht allerdings nicht ganz konsistent ist; für pädagogische Zwecke empfiehlt es sich daher auch, die entsprechende Instruktion so zu lesen wie ein Verkehrsschild, das vor Steinschlag warnt; es heißt ja nicht, daß an dieser Stelle permanent Steine herunterfallen, sondern daß der Autofahrer damit rechnen muß, daß so etwas geschieht).

Schließlich noch zu (3, s.S. 141), den „ganzheitlichen Markierungen der Wortgestalt". Hier handelt es sich um die Markierung von semantischen Familienstrukturen, die unmittelbar Hilfestellungen für die textuelle Interpretation liefern.

Wir haben es hier also mit dem Bereich der zentralen Leistungen der Orthographie zu tun, die die grammatische Artikulation des geschriebenen Textes repräsentieren. Macht man sich das klar, wird sofort ersichtlich, wie unsinnig die Perspektive der phonographischen Reformdiskussion ist, die leider eben auch die Rechtschreibdidaktik oft genug bestimmt, die in solchen morphologischen Schreibungen nur „Abweichungen" von der „lautgetreuen" Schrift sehen kann. Diese Perspektive ist genauso absurd, wie wenn ein Reformer der Straßenverkehrsregelungen fordern würde, alle Ampeln sollten immer nur gelb zeigen, weil die Schaltungen rot und grün ja „Abweichungen" von gelb darstellen würden.

NB: Das Beispiel ist genauso ambivalent wie die Reformdiskussion: Für bestimmte Zwecke kann es ja durchaus sinnvoll sein, die Ampeln generell einmal auf gelb zu schalten, also mit dem Signal für: Vorsicht! Aber ich will das Beispiel hier nicht überstrapazieren.

Schon angesprochen habe ich hier auch, daß dieser logographische Bereich der Orthographie nicht ganz konsistent geregelt ist. Wir werden also auch hier wieder zunächst einmal den Kern dieses Bereiches rekonstruieren müssen, um uns dann das Verhältnis zu den peripheren Regelungen zu verdeutlichen.

Dazu hier nur eine historische Anmerkung. Die Inkonsistenzen häufen sich in bestimmten Bereichen, so bei der semantischen Differenzierung von *Weise*: *Waise*, von *Lied*: *Lid*, denen die zahlreichen Fälle gegenüberstehen, wo eine solche graphische Differenzierung von Homonymen nicht vorgenommen wird (*Bremse, Bank* u.a.). Hier verweist das Verhältnis von Kern und Peripherie auch auf eine genetisch-chronologische Abfolge. Die am wenigsten geregelten bzw. am meisten inkonsistenten Bereiche betreffen relativ spät eingeführte Fixierungen. Wir können diesen Zusammenhang verallgemeinern: Zwar relativ spät, aber in Hinblick auf die hier anstehenden Schreibregularitäten zuerst wurde etwa im 9. Jahrhundert die Fixierung der Wortgrenzen durch Spatien eingeführt. Die Markierungen der Wortgrenzen mit graphischen Mitteln, die darüber hinausgehen, erfolgten erst sehr viel später, wie ja noch der Druck aus dem 16. Jahrhundert zeigt, der oben im 8. Kapitel reproduziert ist. Was wir hier finden, sind in erster Linie die Textgliederungselemente, für die aus der handschriftlichen Tradition auch noch besondere Zeichen verwendet werden, die wir heute nicht mehr benutzen, etwa das Alineazeichen. Sehen wir uns den Gebrauch der Großbuchstaben in diesem Text an, sowie sie nicht als syntaktisches Initialzeichen dienen, so finden wir im ersten Abschnitt *Orthographie* (ein Nomen), *Griechisch* (ein Adjektiv) und *Teutschen* (ein Nomen), d.h. also Nomen und Adjektive werden großgeschrieben, nicht aber Verben. Allerdings gilt das Umgekehrte nicht: wenn etwas ein Nomen und ein Adjektiv ist, dann bedeutet das nicht, das es großgeschrieben wird (vgl. auch in Z. 3 die *teütschen*). Tatsächlich ist die Klein- und Großschreibung in dieser Zeit noch nicht grammatisch geregelt, insbesondere auch nicht in der Lutherbibel. (Luther selbst hat sie noch nicht im grammatischen Sinne verwendet. Erst nach 1546, also nach seinem Tode, wird sie in den Bibelausgaben häufiger). Auf der anderen Seite hatten wir aber schon gesehen, daß sie im 18. Jahrhundert für zeitgenössische Leser zum Textverständnis notwendig ist, sogar in einem Text wie dem Hochzeitsgedicht des vorigen Kapitels, der sich ansonsten in phonographischen Abweichungen von der literaten Form gefällt.

Machen wir uns zunächst einmal die Genese der grammatischen Klein- und Großschreibung von den materialen Voraussetzungen her klar, die dazu bestanden. An den frühen Schriftbeispielen im ersten Teil haben wir gesehen, daß die frühen Schriften entsprechend ihrem epigraphischen Vorkommen, etwa in Stein gehauen, keine Differenzierungen unterschiedlicher Buchstabentypen enthielten; sie entsprechen in der Form am ehesten noch dem, was wir heute als Großbuchstaben bezeichnen. Die Formdifferenzierung der Buchstaben in der Antike erfolgte nicht im Sinne einer Funktionsdifferenzierung der Buchstabenformen, sondern rein material durch die Nutzung unterschiedlicher Schreibwerkzeuge. Die Großbuchstaben, wie wir sie in unserer Antiqua benutzen, gehen zurück auf die lateinische Monumentalschrift, wie wir sie in Steindenkmälern bewundern können. Die Kleinbuchstaben entwickelten sich aus den gleichen Buchstabentypen in der kursiveren Praxis, etwa bei Notizen auf Wachstafeln, und dann auch bei der Schrift mit Tinte auf glatten Oberflächen.

Das ist sehr deutlich bei den beiden Typen für das /u/, sowohl in vokalischer [u] wie in konsonantischer [ụ] Funktion (aus der sich später der Reibelaut [v] entwickelte): die epigraphische Form weist gerade Kanten auf *V*, die kursive eine gerundete Form, insbesondere in dem „unzialen" *u* (die moderne phonographische Differenzierung von *u/v*, entsprechend übrigens auch von *i/j*, setzt sich erst spät durch; Texte des 16. Jahrhunderts kennen sie in der Regel noch nicht; hier ist vielmehr eine Differenzierung zur Markierung von Wort- oder Silbengrenzen üblich, mit <v> als der initialen Graphie, also <vnd> *und*, aber <beuor> *bevor*). Diese Differenzierung von unterschiedlichen Schriftformen besteht so noch bis weit ins Mittelalter.

NB: Recht systematisch sind solche Differenzierungen im arabischen Schriftsystem ausgebaut, das ohnehin die Ausgliederung der „Wortgestalt" profiliert (s.o., S.132). Generell haben alle Buchstaben eine besondere wortfinale Form, z.B.

	final	medial	initial
b	ب	ب	ب
k	ك	ك	ك
s	س	س	س
j	ج	ي	ي
m	م	م	م
ž	ج	ج	ج

In einigen Fällen wird noch eine besondere initiale Form von der medialen (und finalen) unterschieden, z.B.

("Ain")

Allerdings entspricht hier *initial* nicht (immer) *wort*initialer Position, sondern ist die auch nach nichtligierten Buchstaben (wie ‌ﺩ „r", ‌ﺩ „d" usw.) verwendete Form. Regulär ist in der arabischen Schrift also nur die wortfinale Grenzmarkierung - entsprechend der Schreibrichtung von rechts nach links, spiegelverkehrt zum orthographisch markierten Wortanfang in unserer Schrift (mittelalterliche Handschriften in unserer lateinischen Schrifttradition, vor der orthographischen Regelung bzw. - und wohl ausschlaggebend - vor der ästhetischen Norm der Drucke mit beweglichen Typen, die auf ein konstantes Aussehen der Buchstaben unabhängig von ihrer Position in der Buchstabenfolge zielt, zeigen aber die gleiche Tendenz zur Auszeichnung wortfinaler Buchstabentypen, z.B.

Erst sehr spät finden wir Texte, die die so material/ästhetisch differenzierten Schriftformen mischen. Zunächst zu rein ästhetisch-stilistischen Zwecken, etwa zur *Auszeichnung* von Initialen, von Kapitelanfängen, in Überschriften u.dgl. mehr; die ausgezeichneten Formen bekamen größere Buchstaben, die kunstvoller ausgeführt wurden. In den Handschriften des 10. Jahrhunderts stehen entsprechend die gleichen Buchstabenformen in unterschiedlichen Größen nebeneinander, z.B. für a und t:

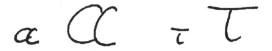

Die oben S. 130 abgebildete Seite aus einer Handschrift aus dem 8. Jahrhundert kann das zeigen. Großbuchstaben (im wörtlichen Sinne, z.B. die Kapitelinitiale Q, die über 6 Zeilen geht) markieren hier den Anfang von (Doppel-)Versen - von daher auch die Bezeichnung Versalien. Sie haben allerdings nicht immer die gleiche Form wie die im Versinnern verwendeten: das ist aber so bei D (Z. 4), I (Z. 8), C (Z. 13), U (Z. 15), Q (Z. 17) - die anderen Versalien entstammen der „Antiqua"(Capitalis)-Type: das initiale Q (Z. 1-6, nochmals Z. 6), S (Z. 9), A (Z. 11). Die Mischung der Typen ist deutlich auch bei n, das sowohl in der unzialen Form *n* wie in der Capitalis *N* vorkommt - die kapitale Form aber nur wortinitial (s. Zeile 10 u. 14; die Überschrift, Z. 1, ebenso wie das erste Wort in Z. 8, sind ganz in Capitalis geschrieben). Der Text führt die Worttrennung mit den Spatien schon weitgehend durch - allerdings noch nicht ganz regelmäßig. Das ist besonders auffällig Z. 13 *cadent a latere tuo mille* („(es) fallen an deiner Seite tausend"); nicht nur schreibt der Schreiber die Präpositional- (und Akzent)gruppe *alateretuo* zusammen, er benutzt auch für die Buchstabenfolge <et> das Ligatur-(„Kürzel"-)Zeichen & (das wir heute noch im „kaufmännischen *und*-Zeichen" haben) und verdeckt so mit *einem* Zeichen die Wortgrenzen zwischen der Kasusendung (*later*)*e* und dem initialen Konsonantenzeichen *t*(uo). Der Text ist deutlich in einer Umbruchsituation der (ortho)graphischen Praxis geschrieben.

Erst spät kamen die Schreiber auf die Idee, diese Typendifferenzierungen auch textintern für Textgliederungszwecke zu nutzen (also nicht mehr nur Versalien sondern Majuskeln - obwohl auch dieser Terminus irreführend ist, da diese Buchstabentypen keineswegs *größer* sein müssen als die Minuskeln, in der Regel sogar von den Ober- und Unterlängen von Minuskeln wie *h, l, g* usw. überragt werden). Seit dem 9. Jahrhundert finden wir solche Buchstabenauszeichnungen bei hervorzuhebenden Wörtern, insbesondere bei Respektausdrücken; es wird nicht mehr got sondern *Got*, nicht mehr *her* sondern *Her* („Herr") usw. geschrieben. Diese Auszeichnungsschreibung hielt bis ins 16. Jahrhundert an, wo es unterschiedliche Versuche gab, sie mit Regeln zu versehen. Einer der bemerkenswertesten solcher Vorschläge stammt von einem der Korrektoren der Lutherbibel, Rörer, der die Idee hatte, generell alle „guten Wörter" groß zu schreiben, alle „schlechten" klein: *Gott* mit Großbuchstaben, *Priester* mit Großbuchstaben, *Engel* mit Großbuchstaben, aber *Teufel* mit Kleinbuchstaben, *Heiden* mit Kleinbuchstaben usw. Als sich im 16. Jahrhundert dann grammatische Gesichtspunkte bei der Nutzung der Differenzierung von Klein- und Großbuchstaben durchzusetzen begannen, hielt man an der älteren Nutzungsweise zur Hervorhebung fest. Jetzt erhielten z.B. (und zwar gerade auch in der Lutherbibel, die insofern keineswegs ein Modell für unsere moderne Orthographie bietet) auszuzeichnende Wörter eben mehrere Großbuchstaben; nachdem die Großbuchstaben grammatisch generalisiert waren, schrieb man *Mensch*, zeichnete man eben die nomina sacra besonders aus: *GOtt, HErr*; manche taten des Guten noch mehr und schrieben drei oder noch mehr Großbuchstaben initial.

Eine phonographische Zwischenphase in der Entwicklung der Orthographie findet sich im übrigen auch hier; etwa seit dem 13. Jahrhundert finden wir phonographische Nutzungen der Großbuchstaben zur Auszeichnung der Wörter, die den Satzakzent tragen, die eine rhythmische Gliederung des Satzes markieren u.a. (Hier steckt allerdings die Forschung noch in den Anfängen, die erst seit nicht allzu langer Zeit diese Verhältnisse in den älteren Texten untersucht). Die Grammatikalisierung dieser Schreibungen, also die dritte Stufe in unserem Modell der Schriftentwicklung, verlief zunächst in für uns etwas merkwürdigen Bahnen, indem von den Schreibern sehr unterschiedlich grammatisch-semantische Wortklassen ausgegliedert wurden, die mit Großbuchstaben zu versehen waren: einmal waren es Eigennamen, einmal waren es Rechtstitel, einmal waren es konkrete Gegenstände u.a. mehr, bis sich dann im 17. Jahrhundert die grammatische Kategorie der Substantive als Korrelat für die Großschreibung durchsetzte. Das Hauptverdienst in dieser Entwicklung hin zur modernen grammatisch geregelten Orthographie gebührt wohl den barocken Grammatikern, die die Großschreibung der von ihnen so genannten *Hauptwörter* fordern. Eine entscheidende Etappe bildete Schottel mit seinem Hauptwerk von 1663; die endgültige Kodifizierung der modernen Regelung findet sich aber erst 100 Jahre später bei Gottsched.

NB: Im einzelnen handelt es sich natürlich um eine komplexe Entwicklung, bei der Schottel nur *mit*spielt; die nötigen Differenzierungen (und Relativierungen von Schottels Originalität) und Hinweise zur Weiterentwicklung hin zu Gottsched finden sich in der sprachwissenschafts-geschichtlichen Fundgrube von Max Hermann JELLINEK, *Geschichte der neuhochdeutschen Grammatik von den Anfängen bis auf Adelung*, 1. Halbband, Heidelberg: Winter 1913 (Nachdruck 1968).

Im 16. Jhd. finden sich bei den grammatischen Schriften auch Versuche, diese meist reichlich idiosynkratischen Strategien in der Differenzierung von Klein- und Groß-

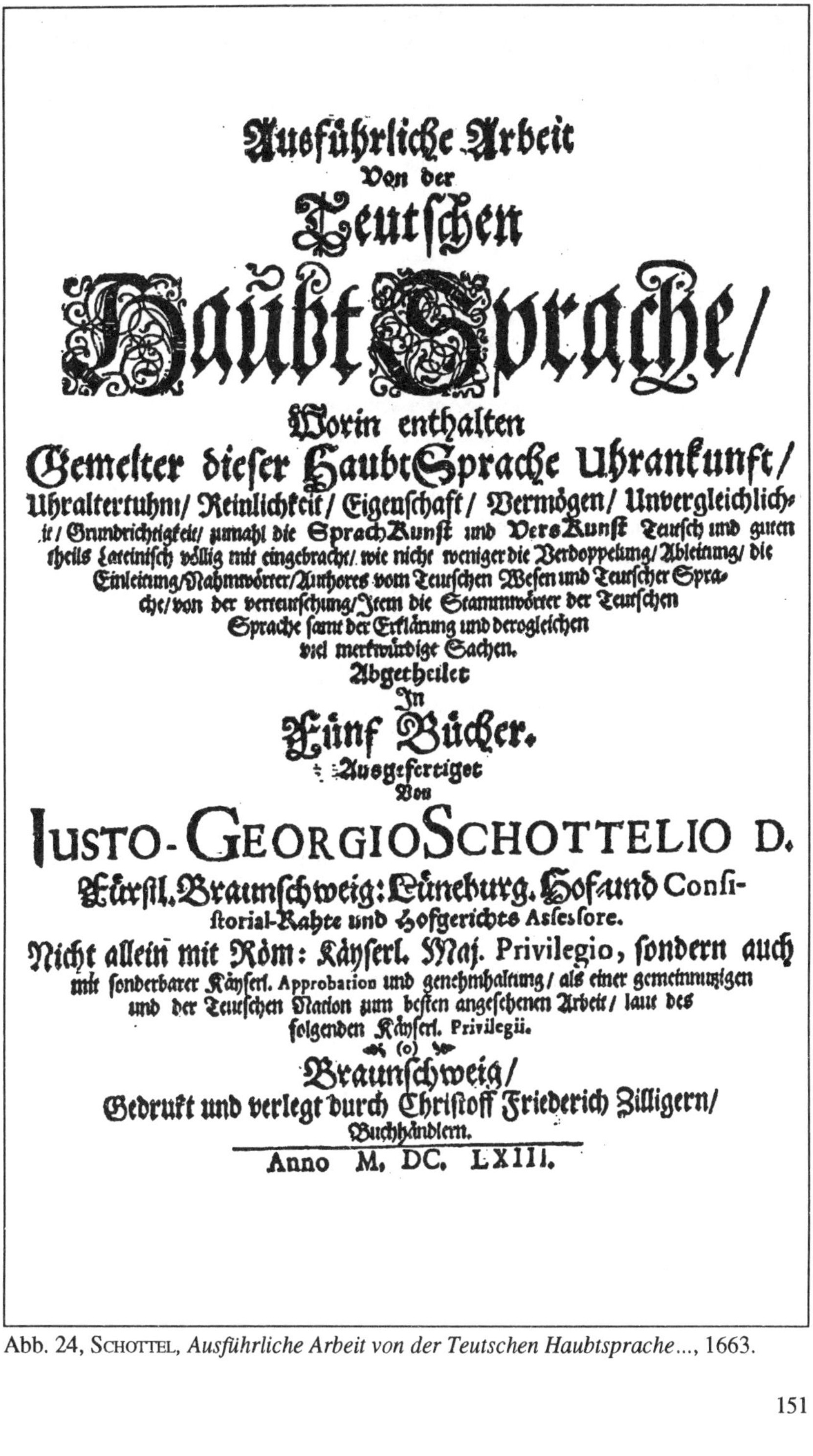

Ausführliche Arbeit
Von der
Teutschen
HaubtSprache/
Worin enthalten
Gemelter dieser HaubtSprache Uhrankunft/
Uhraltertuhm/ Reinlichkeit/ Eigenschaft/ Vermögen/ Unvergleichlich-
keit/ Grundrichtigkeit/ zumahl die SprachKunst und VersKunst Teutsch und guten
theils Lateinisch völlig mit eingebracht/ wie nicht weniger die Verdoppelung/ Ableitung/ die
Einleitung/Nahmwörter/Authores vom Teutschen Wesen und Teutscher Spra-
che/ von der verteutschung/ Item die Stammwörter der Teutschen
Sprache samt der Erklärung und dergleichen
viel merkwürdige Sachen.
Abgetheilet
In
Fünf Bücher.
Ausgefertiget
Von
IUSTO-GEORGIO SCHOTTELIO D.
Fürstl. Braunschweig: Lüneburg. Hof-und Consi-
storial-Rahte und Hofgerichtes Assessore.
Nicht allein mit Röm: Käyserl. Maj. Privilegio, sondern auch
mit sonderbarer Käyserl. Approbation und genehmhaltung/ als einer gemeinnutzigen
und der Teutschen Nation zum besten angesehenen Arbeit/ laut des
folgenden Käyserl. Privilegii.
(o)
Braunschweig/
Gedrukt und verlegt durch Christoff Friederich Zilligern/
Buchhändlern.
Anno M. DC. LXIII.

Abb. 24, SCHOTTEL, *Ausführliche Arbeit von der Teutschen Haubtsprache...*, 1663.

schreibung auf ein regelhaftes „System" zu trimmen. Ein schönes frühes Beispiel dafür liefert der im rheinischen („ripuarischen") Schreibdialekt verfaßte „Schriftspiegel" (Köln ca. 1527)[2], aus dem hier in Übersetzung eine einschlägige Passage zitiert sei: „Versales A oder das große A soll in keinem einfachen (*slecht* „schlicht") Wort gebraucht werden, wo nicht ein neuer Sinn (hier wohl: *Satz*[bedeutung], U.M.) damit angefangen (wird) / noch im Schreiben in einer Oratz oder Rede (die zeitgenössisch übliche Koppelung von zwei synonymen Termini, hier in der Bedeutung *Satz*, U.M.) in der Mitte in keinem Wort gesetzt werden / es sei denn der Eigenname eines Landes / einer Stadt / oder eines Fürsten. Ein jeder wird beim Lesen guter rhetorischer oder Kanzlei- Briefe und Gedichte (wenn er nur darauf achtet) genügend [Beispiele] des versalen A finden und darüber belehrt werden. Und ebenso sollen alle anderen Versalien oder Kapitälchen genauso wie das versale A gebraucht werden" (a.a.O., S. 385).

Hinter der Auszeichnung der „Hauptwörter" steht eine für uns heute etwas befremdliche grammatisch-erkenntnistheoretische Auffassung vom Substantiv als Bezeichnungsweise der grundlegenden *Substanz* (die lateinische Terminologie macht diesen angenommenen Zusammenhang deutlich). Im strikten grammatischen Sinne hätte es vielleicht nahegelegen, die Verben als die syntaktisch bestimmenden Strukturelemente im Satz groß zu schreiben (tatsächlich hat es auch solche Vorschläge in der Orthographiegeschichte gegeben, praktiziert wurden derartige Schreibungen gelegentlich seit dem späten Mittelalter - in Handschriften wie in Drucken). Für Schottels Vorschlag spricht allerdings, daß die grammatische Bestimmung, was denn ein Verb ist, auch keineswegs unproblematisch ist, wie wir schon bei der Diskussion der Kommasetzung gesehen haben und bei der Diskussion der Klein- und Großschreibung noch weiter sehen werden, daß vor allen Dingen aber die Großschreibung von Substantiven (bzw. Kernen von nominalen Gruppen) bei komplexen Satzstrukturen mehrfache Gliederungshinweise (relativ zur Anzahl der nominalen Gruppen) erlaubt, im Gegensatz zu dem jeweils nur einfach vorkommenden finiten Verb.

Im Hinblick auf die Reformdiskussion ist es vielleicht nicht uninteressant festzustellen, daß die Versuche, die materiale Differenz der Schriftzeichen grammatisch zu nutzen, in allen westeuropäischen Schriftsprachen zu verzeichnen sind (also allen denen, die von dem lateinischen Schriftmodell ausgegangen sind). Allerdings haben nur die wenigsten den Weg zur strikten Grammatikalisierung vollzogen, den die deutsche Orthographie gemacht hat. Dabei mag es eine Rolle gespielt haben, daß für das Deutsche bzw. für die germanischen Sprachen das Lateinische anders als für die romanischen Sprachen kein direktes Vorbild und insofern auch kein Hemmschuh der Entwicklung gewesen ist (was das Englische anbetrifft, so ist hier sein hybrider Charakter zu berücksichtigen, der für die gelehrten Schriftreformer des 16. Jahrhunderts das Englische als eine quasi romanische Sprache erscheinen ließ). Die germanischen Sprachen haben z.T. direkt unter dem Vorbild des Deutschen (wobei die Ausbreitung des Protestantismus nach deutschem lutheranischen Muster eine Schleusenfunktion hatte, vor allem mit den Bibeldrucken, die im 16. Jahrhundert z.T. auch für die anderen Sprachenmärkte in Deutschland hergestellt wurden) meist die grammatische Großschreibung eingeführt. Aus den schon einmal erwähnten Gründen haben die Dänen sie dann 1948 in einem Akt der symbolischen nachvollzogenen Befreiung von der deutschen Besatzung wieder abgeschafft.

---

[2] Teilabdrucke bei MÜLLER, *Quellenschriften*, Op.cit, S. 295 - 296 und S. 382 - 388.

Dieser Vergleich mit anderen Schriftsystemen macht deutlich, daß eine grammatische Nutzung der Differenz von Klein- und Großschreibung für eine literate Sprache nicht *notwendig* ist. Ohnehin kann es sich bei kulturellen Praktiken wie denen der Schrift nicht um zwingend notwendige Beziehungen zu dem Instrumentarium, mit dem sie artikuliert werden, handeln, sondern nur darum, wie die Möglichkeiten genutzt werden, die von diesem Instrumentarium eröffnet werden. In diesem Sinne sollte man denn in der Reformdiskussion, vor allen Dingen aber in der pädagogischen Diskussion nicht reduktiv argumentieren: mit der Frage, ob eine Klein- und Großschreibung *nötig* ist; sondern man sollte vielmehr unter der Fragestellung operieren, was mit Hilfe der Klein- großschreibung *möglich* ist und in welchem Maße sie lernbar ist. So zeigen Beispiele wie das vorhin diskutierte des keineswegs rechtschreibstarken spanischen Schülers José eindrucksvoll die Leistungen der Klein- und Großschreibung und ihre Lernbarkeit.

Schließlich möchte ich noch auf einen Nebeneffekt der Grammatikalisierung der Majuskelschreibung hinweisen. Wir haben gesehen, daß die vorausgehende Schreibentwicklung zunächst einmal einfach in der Mischung von verschiedenen Buchstabentypen in einem Text bestand. Das führte dazu, daß für manche Buchstaben bis zu Dutzenden von unterschiedlichen Formen vorkamen, in denen sich unterschiedliche Schreibtraditionen mischten (so, zum Leidwesen aller derer, die ältere Texte lesen müssen, bei Buchstaben wie *a, e, o* u.a. mehr), daß bei anderen wiederum aber nur sehr wenige Buchstabentypen zur Verfügung standen, machmal sogar nur ein einziger. Beispiele dafür sind etwa Buchstaben wie *f* und *z*, wo man schrieb:

Abb. 25

(Ferdinand),   ff- ~ F

(anzeigen),   Z ~ z

(anreichen),   R ~ r

Weil in einigen Fällen keine systematische Opposition zwischen Majuskeln und Minuskeln vorlag, konnte man auch indifferent Majuskeln in anderen Fällen medial finden; das letzte Beispiel *anreichen* entspricht einem relativ häufigen Typ in Handschriften des 16. Jahrhunderts. Es ist allerdings kein Beispiel für eine willkürliche Majuskelschreibung, sondern repräsentiert mit der Majuskel doch eine morphologische Grenze, vgl. auch im Titelblatt der Schottelschen Grammatik von 1663 (s. o.) *HauptSprache*, wo die mediale Majuskel die „Schnittstelle" des Kompositums markiert. (Auch hier ist die Untersuchung von Regularitäten, die von Schreiber zu Schreiber sehr stark variieren, erst in den Anfängen.)

Mit der Grammatikalisierung der Majuskelschreibung beim Wortanfang bestimmter Wortarten wurde diese Art der Mischung natürlich ausgeschlossen, mußten vollständige parallele Reihen von Klein- und Großbuchstaben gefunden werden (übrig geblieben ist davon nur noch das Problem des <ß>, das zwar nicht wortinitial vorkommt, aber bei Großbuchstaben durch <SS> ersetzt werden muß - auch gegen die Rechtschreibregel für die „Schärfung", s. 23. Kapitel; es heißt also dann STRASSE genauso wie KASSE, s. die

Duden-Regel 187). Heute ist die Konsequenz davon, daß, wenn wir in einer unmittelbaren Abfolge, also ohne Spatium, mehrere Großbuchstaben finden, wir sofort wissen, daß es sich nicht um ein Wort handeln kann, sondern daß mit jedem dieser Großbuchstaben notwendig auch ein Wortanfang verbunden ist: BRD kann insofern nur eine *Abkürzung* sein - insofern braucht es hier auch kein Kürzelzeichen (vgl. die Dudenregel 2); die Umkehrung gilt allerdings nicht: auch da, wo eine Abfolge von Buchstaben nicht nur aus Großbuchstaben besteht, kann es sich um eine Abkürzung handeln: Pkw.

Im gleichen Sinne entwickelte sich relativ spät auch der weitere Bereich der logographischen Markierungen. Im Mittelalter schrieb man weitgehend phonographisch - jedenfalls wenn man deutsch schrieb, anders als im Lateinischen, wo die Schreibung über den Grammatikunterricht vermittelt wurde (auch hier gilt es wiederum zu differenzieren: In dem spätmittelalterlichen Gebrauchslatein schrieb man recht phonographisch, was die Humanisten erbittert hat, die auf eine Reform des Schulunterrichtes drängten, der dem Schreibunterricht eine rigide Unterweisung in lateinischer Grammatik vorausgehen ließ). Man schrieb also bis ins 16. Jahrhundert für *Rad* und *Räder*: *rat* und *reder*.

Abgesehen von dem hier noch nicht genutzten Problem der „inversen" Markierung der Auslautverhärtung, also der graphischen Auszeichnung der finalen Wortgrenze, haben wir es bei diesem Beipiel auch noch mit dem recht schwierigen Problem der „Umlautnotierung" zu tun, das uns noch beschäftigen wird. Daß die „Umlaute" im älteren Deutschen, also bis ins 16. Jahrhundert, nicht notiert wurde, lag zunächst einmal daran, daß phonographisch auf der Basis des Schreibunterrichts im Lateinunterricht geschrieben wurde, und das heißt vor allem: mit den dort gelernten Schriftzeichen. Das führte zu Schwierigkeiten vor allem im Bereich der gerundeten Palatalvokale [y,ø], für die das Lateinische keine Schriftzeichen hatte (das Lateinische hatte nur ungerundete palatale Vokale und die ihnen entsprechenden Schriftzeichen <i> und <e>). Wo durch die Umlautung (Vokalharmonie) im Germanischen ein ungerundeter palataler Vokal entstand, konnte er phonographisch mit dem entsprechenden Schriftzeichen des Lateinischen, also einem *e*, geschrieben werden, wo durch Umlautung ein gerundeter palataler Vokal entstand, konnte er aber nicht notiert werden, wurde weiterhin das nicht „umgelautete" Schriftzeichen (also *u* und *o*) verwendet. Wir haben also etwa folgendes Schema

Singular   Plural

<gast>   [gast]   [gasti > gęsti   > gęstə]   <geste>
„Gast"

<mus>   [mus]   [musi   > mysi   > mysə]   <muse>
„Maus"

<flos>   [flos]   [flosi > fløsi   > fløsə]   <flose>
„Floß"

Das war natürlich ein orthographisch recht unbefriedigender Zustand, obwohl bei diesen Beispielen keine Interpretationsprobleme resultierten, da der Plural durch das angefügte *e* ausgedrückt war, in Verbindung mit dem der entsprechende palatale Vokal eindeutig bestimmt war.

NB: In einer frühen Phase, in der noch die „konservative" Lautung mit finalem [i] den Sprechern/ Schreibern zumindest als eine Variante so vertraut war, daß sie die Formen auch mit einem <i>

schrieben, obwohl sie normalerweise [ə] sprachen, bestand wohl auch eine komplexe diskontinuierliche Notierung der gerundeten Palatalvokale:
<o - i>, <u - i> notierten hier [ø- ə] und [u - ə] während
<o - e>, <u - e> entsprechend [o - ə] und [u - ə] notierten; wie es ähnlich heute im Englischen ist, wo z.B.<a - e> [ei] wie in *late*
während <a> ohne folgendes (graphisches) <e> [ae] repräsentiert wie bei <hat> [haet].

In den meisten Fällen mußte es aber bald zu Interpretationsschwierigkeiten kommen, insbesondere in den apokopierenden Mundarten, für die „neutralisierte" Schreibungen: <mus> Sg. ~ Pl., <flos> Sg. ~ Pl. nahelagen. Hier (etwa im alemannischen Sprachraum) finden wir früh experimentelle Bemühungen der Schreiber, graphische Differenzierungen einzuführen, die sich von der lateinischen Schrifttradition lösen. Eine solche Lösung bot sich z.B. bei dem palatalen gerundeten Engevokal an, der gleichzeitig aus der Monophthongierung des alten Diphthongs *iu* entstand (*liute* zu [ly:te] „Leute" - die moderne Form ist das Ergebnis der späteren Diphthongierung von [y:]). Insofern verwenden die Schreiber im Mittelalter das jetzt „freigewordene" Schriftzeichen <iu> für den gerundeten palatalen Engevokal [y] und schrieben auch <miuse>. Eine vergleichbare Lösung bestand aber nicht bei dem mittleren Vokal *o*. Hier finden wir experimentelle Versuche mit neuen Schreibweisen, etwa <ö̯>, <ó>, <ø> (wie wir es ja heute noch in der dänischen Orthographie haben), <ö> usw. Im 15. und 16. Jahrhundert pendelte sich allmählich die Umlautnotierung bei *u* und *o* auf die von uns auch heute noch verwendeten Schreibweisen mit *ü* und *ö*, also mit den beiden oft auch „Umlaut"-(Strichen) genannten Punkten, ein (die Drucker behielten allerdings noch lange bis ins 16. Jahrhundert und antikisierend ja z.T. noch in diesem Jahrhundert die Graphien mit *ũ* und *õ*, also mit einem übergesetzten *e* bei). Nachdem diese graphische Lösung für das Umlautproblem aber einmal bei den gerundeten palatalen Vokalen gefunden war, die gleichzeitig den großen Vorteil hatte, mit der diakritischen Differenzierung der Umlautung zugleich graphisch die Verwandtschaft mit den nicht umgelauteten Stammformen zu repräsentieren, bot es sich für die (grammatische) Reform der Orthographie an, das gleiche auch bei dem *a*-Umlaut vorzunehmen. Diesen Schritt machten nun die Reformschreiber in der zweiten Hälfte des 16. Jahrhunderts (die frühe Lutherbibel kennt diese Schreibungen noch nicht), indem sie nach dem gleichen Muster jetzt ein neues Schriftzeichen *ã*, mit übergeschriebenem *e* (bzw. *ä* mit zwei Punkten/Strichen darüber) einführten, und zwar an den Stellen, wo sie eine grammatische Umlautbeziehung ansetzen. Man schrieb jetzt also nicht mehr *alt - elter*, sondern für den Komparativ *älter*. Diese Zusammenhänge, also die Konstantschreibung im Sinne der Ähnlichkeitsschreibung der Umlaute, wurden dann von den barocken Grammatikern, allen voran von Schottel, vorgeschrieben. In einigen Fällen allerdings sahen sie die grammatischen etymologischen Zusammenhänge anscheinend nicht: in unserem Wort *die Eltern* steckt natürlich etymologisch das *älter*. Vielleicht sollte man aber zur Ehrenrettung von Schottel & Co., denen die an einer historischen Schreibweise interessierten Grammatiker des 19. Jahrhunderts dieses immer wieder vorwarfen, sagen, daß sie sehr genau dem Sprachbewußtsein folgten, das in *den Eltern* eben auch nicht nur ältere Menschen sieht, sodaß die graphische Differenzierung gegen die Etymologie eben auch eine semantische Differenzierung gegen die Etymologie vornimmt.

Soviel als erster Durchgang durch die logographischen Strukturprinzipien der deutschen Orthographie, der zugleich die Grundzüge ihrer Entwicklung zeigt.

14. Kapitel: Die Groß- und Kleinschreibung

In diesen und in den nächsten beiden Kapiteln werden wir die einzelnen Vorschriften des logographischen Rechtschreibblocks besprechen, d.h. also die wortbezogenen Probleme bei den Wortgrenzen (insbesondere die Klein- und Großschreibung) in diesem Kapitel, die Probleme der Worteinheit, die sich bei der Getrennt-/ Zusammenschreibung ergeben (15. Kapitel). Schließlich gilt es in einem detaillierten Durchgang im 16. Kapitel die Einzelvorschriften des Duden daraufhin zu überprüfen, ob bzw. wieweit sie mit den bis dahin entwickelten Grundregeln zu rekonstruieren sind.

Die Probleme der Klein- und Großschreibung nehmen schon vom Gesamtumfang her im Duden den größten Raum dieses Komplexes ein: es handelt sich um die Regeln 60-83, also 23 „Regelkomplexe", die insbesondere auch durch ihre interne Struktur mit einer ganzen Reihe von Absätzen mit Ausnahmeregeln diesen Bereich anschwellen lassen. Aus diesem Gesamtkomplex fallen die Regeln 78 bis 81 heraus, die die Großschreibung am Satzanfang und insofern keine logographischen Probleme betreffen, sondern die syntaktischen Markierungen komplementär zur Interpunktion (sie wurde ja schon im Teil II behandelt); zu den Sonderproblemen von Kleinbuchstaben bei Abkürzungen am Satzanfang (R. 78, 83) s.u. S. 210.

Entsprechend zur Argumentation in Teil II wird es hier darum gehen, das graphische Differenzierungspotential der Klein- und Großschreibung (also deren Leistung) zu rekonstruieren, das dann als Kern der entsprechenden orthographischen Regeln zu explizieren ist. Im Anschluß daran werden wir uns noch den Randproblemen widmen, die die Rechtschreibdiskussion belasten (und auch den Rechtschreib*unterricht* belasten, der in erster Linie darauf abstellen muß, den Kern dieser Regeln zu sichern).

Die Grundleistung der Klein- und Großschreibung steckt in der logographischen Grundregel 60: „Substantive werden großgeschrieben".

Die Schwierigkeiten beginnen dann gleich danach (der Duden fügt ja auch hinzu: „Man beachte aber R 61 - 64"), bei der Frage, was ein *Substantiv* ist, oder richtiger: wann ein Wort ein Substantiv ist (so heißt es ja auch hinreichend verwirrend in R. 61: „Substantive, die als Adverbien gebraucht werden, schreibt man klein"). Mit dieser Umformulierung des Problems sind wir dann auch bei „dem Kreuz mit der Rechtschreibung". Klarheit läßt sich hier nur im Rückgang auf unsere Grundprämisse finden: Die Rechtschreibregeln sind nicht für Wörter definiert, sondern für Texte; auch für die logographischen Regularitäten gilt, daß sie Instruktionen für den Leser sind, wie er Texte zu strukturieren hat. Geschrieben wird nicht ein Substantiv, sondern:
- aus einem Spatium folgt die Information: jetzt beginnt ein neues Wort.
- aus einer Majuskel (im Satzinnern) folgt die Information: das mit der Majuskel beginnende Wort *fungiert* als Substantiv.

Dabei ist die Kategorie Substantiv im Sinne der syntaktischen Kategorien bzw. Strukturen zu rekonstruieren (s. Anhang II). Wir können vorläufig definieren:
Eine (satzmediale) Majuskel bedeutet, daß das großgeschriebene Wort als *Kern* einer nominalen Gruppe fungiert.

Damit haben wir wieder eine Schematisierung vorgenommen, also eine Grundregel mit Variablen definiert, die die Gesamtheit der Kasuistik des Dudens erfaßt, der seine Regeln spezifisch für eine ganze Latte von „Wortarten" entwickelt. Wenn man aber die Regeln entsprechend der Wortarten in Fallunterscheidungen zwängt, dann erhält man zwangsläufig eine Batterie von mindestens acht Regeln und mindestens acht Ausnahmeblöcken (i.S. der traditionellen Wortarten)! Einmal mehr finden wir beim Duden das Problem, daß er vorgeblich „lernerfreundlich" dem Benutzer abstraktere syntaktische Kategorien erspart, indem er auf die scheinbar selbstverständlichen Kategorien der Schulgrammatik zurückgreift. Die Folge davon ist nicht nur das Regelchaos in den Dudenvorschriften, sondern daraus resultieren die chaotischen Konfusionen in einem Unterricht, der den Schülern die Probleme mit dieser Begrifflichkeit nahezubringen versucht. Eine schöne ironische Paraphrase auf die Schwierigkeit bietet der Cartoon auf der folgenden Seite.

Die Vertreter der radikalen Rechtschreibreform beziehen ihre Argumente von eben diesen katastrophalen Konsequenzen eines Grammatik- bzw. Rechtschreibunterrichts, der in diesem Sinne weder Fisch noch Fleisch ist: weder verzichtet er auf Grammatik, noch gibt er eine strukturierte grammatische Analyse an die Hand. Wenn der Unterricht mit absurden „kinderfreundlichen" Pseudobegriffen operiert wie „Dingwort", „Tuwort" (die vielleicht in einer ersten heuristischen Phase eine gewissen Funktion haben können - aber eben nur solange, bis sie durch die Schematisierung der sprachlichen Beobachtung mit operationalen Kategorien ersetzt sind), dann passiert zwangsläufig das, was in der Karikatur (Abb. 26, S. 158) so schön auf die Schippe genommen wird. Die Diskussion um die Rechtschreibrefom verläuft in einem Pingpongspiel zwischen den Vertretern solcher kindertümlichen Grammatik und den radikalen Kritikern des Grammatikunterrichts, die entweder einen Drill ohne Denken fordern, um das vorauszusehende Chaos zu vermeiden (das ist die „ganzheitliche" Didaktik, in der „Wortbilder eingeschliffen werden", wie wir es aus der Biedermeierdidaktik kennen), oder (und manchmal zugleich) die radikalere Reformforderung „Weg mit der Groß und Kleinschreibung".

Das Grundproblem des hier kritisierten Grammatikunterrichts, das auch die Dudenkasuistik bestimmt, besteht darin, daß die Kriterien für die graphischen Regularitäten gewissermaßen an den Wörtern im Lexikon abgelesen werden sollen. Aber die Verhältnisse im Lexikon geben allenfalls einen Zugang zur Wortbildung, wobei dann sogar recht extreme Transpositionen möglich sind, wie zwischen Eigennamen und Verben *Frings* zu *fringsen*, *U(t)z* zu *uzen* u.a. mehr. Diese Zusammenhänge sind grammatisch natürlich wichtig (und wir werden sehen, daß sie auch in die Rechtschreibung hineinspielen), aber sie setzen in jedem Fall voraus, daß zunächst einmal die syntaktischen Kategorien bestimmt werden, mit denen solche Zusammenhänge zu fassen sind.

NB: Wenn ich hier den Duden kritisiere, so weil er, wie wir am Anfang gesehen haben, der offiziell verbindliche Repräsentant der (west-)deutschen Orthographie ist. Er steht damit aber nicht allein, sondern operiert vor der Folie eines breiten, auch sprachwissenschaftlichen Konsenses. Die gleiche Art, die Regeln auf Kategorien des Lexikons zu beziehen, statt auf syntaktische Analysen, findet sich auch in der jüngsten zusammenfassenden Darstellung der Rechtschreibung (die ansonsten einen erheblichen Fortschritt darstellt), die von der Forschungsgruppe Orthographie aus der ehemaligen DDR stammt, die in den letzten fünfzehn Jahren vielleicht am meisten zu einem Fortschritt in der Rechtschreibdiskussion unter sprachwissenschaftlichen Prämissen beigetragen hat.[1]
Auch diese verdienstreiche Gesamtdarstellung, die insbesondere auch eine gute Überblicksinformation über den Stand der Rechtschreibdiskussion liefert, rennt in die Sackgasse eines heterogenen Kriterienbündels, weil sie alle Rechtschreibschwierigkeiten zusammenwirft und dann für dieses Problemkonglomerat eine einheitliche Lösung sucht. So wird dort der Blick für den *Kern* der

---

[1] Dieter Nerius u.a., *Deutsche Orthographie*, Leipzig: Bibliographisches Institut 1987, ²1989.

Abb. 26 aus *Die Zeitung. Nachrichten und Meinungen zur Medienpolitik* Nr. 7/8 Jg. 4/1976. Mit frdl. Genehmigung des Bundesverbandes deutscher Zeitungsverleger, Bonn.

orthographischen Lösungen versperrt, der in syntaktischen Kriterien zur Textstrukturierung liegt, der von davon zu isolierenden Problemen überlagert wird. Gerade auch für die Klein- und Großschreibung gilt, daß die Struktur des orthographischen Kerns erst einmal ausgereizt werden muß, bevor relativ dazu die konfuseren Peripherieprobleme angegangen werden können - die ggf. tatsächlich nur um den Preis inhomogener (nicht-syntaktischer) Kriterien *beschreibbar* sind (was die Frage ihrer Gewichtung aufwirft, evtl. mit der Konsequenz, diese Regelbereiche zumindest für den „Normalverbraucher" freizugeben). Hier ist vor allem aber eine historische *Erklärung* geboten, die die Inhomogenität des Rechtschreibkomplexes als Produkt der historischen Aneignung heterogener Schreibstrategien verständlich werden läßt - mit dem strukturellen Kern als dem Motor dieses sozialen Prozesses. Daher gebe ich hier historischen Fragen einen so breiten Raum. Bei den Problemen der Großschreibung am Ende dieses Kapitels werde ich auf diese Frage zurückkommen.

Machen wir uns zunächst einmal die Grundkategorie klar, mit der unsere vorläufige Definition der Großschreibung operiert hat (S. 156): *was ist der Kern einer nominalen Gruppe?*

Um diese Bestimmung, von der aus sich die Differenzierung der Klein- und Großschreibung erschließt, zu rekonstruieren, müssen wir bei der Kategorie *Satz* ansetzen, also der Grundeinheit, mit der literate Texte strukturiert sind (im Gegensatz zu oraten). Wie schon im Teil II operiere ich im folgenden mit einer relativ abstrakten syntaktischen Analyse, die komplexe Strukturen (letztlich: Sätze oder deren Konstituenten) binär in ein *Kern*element (in den folgenden Diagrammen eingekreist) und dessen *Komplement* (durch Überstreichung markiert) zerlegt. Die Entfaltung des Analyseschemas von einfachen zu komplexeren Satzstrukturen ist bei (1) und (2) deutlich:

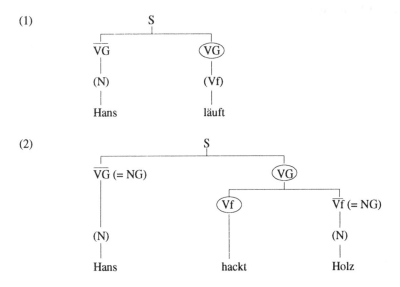

Bei dieser Strukturierung sind die *verbalen* Knoten ausgezeichnet, deren Komplemente, gleich auf welcher „Tiefe" der syntaktischen Struktur, immer *nominale* Knoten sind. In diesem Sinne sind dann eben auch Adjektive und Adverbien zunächst einmal nominale Knoten.

NB: Die Rede von der *syntaktischen Auszeichnung* des *verbalen* Knotens ist spiegelverkehrt zu der *orthographischen* Auszeichnung des *nominalen* Kerns. Insofern wäre es konsequenter (und im übrigen auch historisch plausibel!), das Verb (Prädikat) als die *Basis* des Satzes zu bezeichnen, die unmarkiert ist, vgl. noch den subjektlosen Imperativ *Lauf!* In der althochdeutschen Zeit so noch in allen Satzmodalitäten *quimit* „er kommt" und auch „Kommt er?". Orthographisch ausgezeichnet werden demnach die nominalen (lexikalisierten) Expansionen der verbalen Basis des Satzes.

Nun verkompliziert sich die syntaktische Struktur dadurch, daß diese nominalen Knoten sehr viel komplexer expandiert werden können als in diesem Beispiel (das ist ja der Grund, weshalb wir nicht nur einfach nominale und verbale Knoten haben, sondern auch komplexere Kategorien: *Nominalgruppen* und *Verbalgruppen*). Bei solchen weiteren Expansionen von Phrasen (Wortgruppen) unterhalb der Satzspanne ist der *Kern* grob gesprochen das, was dasein muß, damit eine bestimmte Konstruktion vorliegt, bzw. was übrigbleibt, wenn die (weglaßbaren) Expansionen weggelassen werden, und ist das *Komplement* das, was ergänzbar bzw. weglaßbar ist.

Hinter dieser Feststellung verbergen sich recht komplexe syntaktische Probleme, die wir uns hier nicht im einzelnen vorzunehmen brauchen; in diesem Rahmen kann es nur um die Grundstrukturen gehen. Wir haben auf diese Weise z.B. folgende Struktur für den Satz: *Der brave Junge will das viele Holz hacken* (wobei ich bei dem Schema im folgenden die Wortstellungsveränderungen des komplexen Verbs [den Verbalrahmen] nicht „eingebaut" habe).

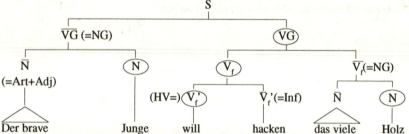

NB: Mit gutem Grund wird in den üblichen syntaktischen Analysen *Artikel o Adjektiv* nicht als Konstituente behandelt sondern *Art o (Adj o Nom)* gegliedert. Da es mir hier nur auf die Auszeichnung des Kerns ankommt, die hier und im folgenden gegebenen Baumdarstellungen aber ohne Schwierigkeit in kanonische überführt werden können, belasse ich es dabei. Wer sich an der hybriden Verquickung von Wortarten- und Satzfunktionen-Etikettierung stört, der kann hier und im folgenden äquivalente formale Etikettierungen einsetzen:

(Zur Begründung der hier gewählten Analyse s. die „Ergänzenden Bemerkungen zur grammatischen Analyse", am Ende von Anhang II.)
Der Unterschied zwischen Funktionen von *Satzgliedern* und deren formaler Binnenstruktur als *Wortgruppen* ist allerdings in jedem Fall strikt zu beachten (s. Anhang II) Eine *Wortgruppe* ist in formaler

Hinsicht eine Einheit, wie z.B. Kongruenzerscheinungen zeigen, die vom Kern aus einheitlich auf die Konstituenten der Gruppe (ihr *Skopus*) verteilt werden:
[eine rote *Lampe*]NG
[ein rotes *Auto*]NG aber
[eine rote *Lampe*]NG [eines roten *Autos*]NG
[eine rote *Lampe*]NG [einer roten *Lokomotive*]NG
Wortgruppen sind also unabhängig voneinander variierbar - unabhängig von ihrer (semantischen) Funktion: vgl. Fälle von mehreren Nominalgruppen in *einer* Satzgliedfunktion (hier Ortsbestimmung):

    [auf dem Jahrmarkt]NG   [in der Geisterbahn]NG
          ^   ^
      bunten   gruseligen

Insofern gilt die Expandierbarkeit/Auszeichnung des Kerns jeweils nur für die nominale *Wortgruppe*, nicht für anders definierte syntaktische Variablen (wie z.b. das Satzglied). Die abhängig von der gewählten grammatischen Analyse unterschiedlich ausfallende *Satzglied*analyse braucht hier nicht zu interessieren (ggf. kann man in dem Beispiel auch zwei Satzglieder annehmen, z.B. wegen der 'Stellung in *Auf dem Jahrmarkt traf er sie in der Geisterbahn*).

Soweit sind die Grundbegriffe vermutlich klar (für eine allgemeinere Einführung in diese Analyse und Diskussion der Schwierigkeiten, s. Anhang II). In diesem Sinne können wir nun die Grundregel entsprechend der Regel 60 des Duden vorläufig neu formulieren: *Der Kern jeder nominalen Gruppe im Satz wird mit einem initialen Großbuchstaben markiert.*

Sehen wir uns jetzt daraufhin die Duden-Regeln an, in denen die Großbuchstaben eingeführt werden. Da heißt es z.B. in der R. 65 „Substantivisch gebrauchte Adjektive und Partizipien werden großgeschrieben"; entsprechende Bestimmungen finden sich in R. 66 für Pronomina und Zahlwörter, in R. 67 für Adverbien, Präpositionen, Konjunktionen und Interjektionen, in R. 68 für Infinitive. Mit unserem Schema lassen sich diese Fälle relativ einfach konstruieren, z.B. die Beispiele, mit denen der Duden die Hauptregel 65 erläutert, etwa

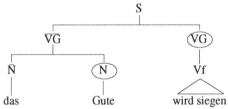

NB: In Hinblick auf die in der Grundschuldidaktik gerne verwendete „operationale" Regel: „Substantiv ist ein Wort, das auf einen Artikel folgt" bzw. „Nach einem Artikel wird großgeschrieben", ist der Vorteil dieser syntaktischen Schematisierung offensichtlich, vgl. *Der gute Alte wird siegen,* wobei *Alte* der Kern der nominalen Gruppe ist während *der gute* das Komplement dazu - keineswegs aber: **Der Gute Alte wird siegen,* wie es aus einer solchen „kinderfreundlichen" Regel folgen würde (das sind ja die Fälle, die umständlich dann in R. 65 (5) wiederum als Ausnahmen ausgegrenzt werden, während sie hier durch das Schema schon ohnehin geregelt sind). Operiert der Lehrer in der Grundschule mit solchen „kinderfreundlichen" Regel, darf er sich über derartige Fehler nicht wundern.

Das gleiche gilt für die Beispiele zu R. 66 (1), etwa: *ein Zweites möchte ich noch erwähnen* mit der folgenden Analyse, die zugleich auch die Differenz zu dem Fall *ich möchte noch ein zweites Bier* deutlich macht.

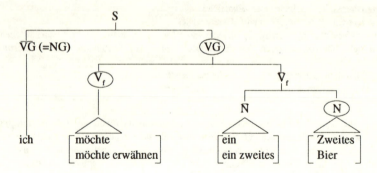

Auch eine ganze Reihe von Sonderfällen, die der Duden in eigenen Regeln vorstellt, erledigen sich mit dieser Grundregel, so etwa bei R. 69 („In substantivischen Aneinanderreihungen wird das erste Wort auch dann groß geschrieben, wenn es kein Substantiv ist").

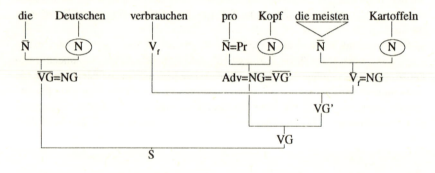

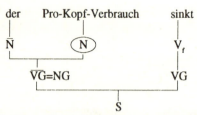

Das gleiche gilt für *das Liegen* (*ist ein Vergnügen*) gegenüber *das Auf-der-faulen-Haut-Liegen*. In gleicher Weise lassen sich die Fälle der R. 70 („Bei fremdsprachigen Wortgruppen, die für einen substantivischen Begriff stehen, schreibt man in deutschen Texten das erste Wort groß.") erklären und im Prinzip auch die der R. 73-77 (Abschnitt über „Groß- und Kleinschreibung bei Titel und Namen"), die aber die noch gesondert zu besprechenden Probleme der Eigennamen aufweisen.

Die syntaktische Formulierung der Grundregel hat uns aber scheinbar zwei Probleme eingehandelt, die der Duden mit seiner Formulierung von R. 60, also mit dem Rückgriff auf Substantive, nicht hat (und die auch neuere Beiträge, etwa von der Gruppe um Nerius, dazu gebracht haben, diese Wortartenspezifizierung beizubehalten).

1. Pronomina werden nicht großgeschrieben, obwohl sie für Nominalgruppen stehen. Ein Beispiel dafür war ja schon in den vorigen Beispielen enthalten: *ein Zweites möchte ich noch erwähnen* (*ich* wird kleingeschrieben). Die Duden-Regeln sind hier redundant: eine explizite Angabe über die Kleinschreibung der Pronomina wie in R. 66 (2) („Sonst werden Pronomen und Zahlwörter klein geschrieben, in vielen Fällen auch dann, wenn sie mit einem Artikel oder Pronomen gebraucht werden oder mit allerlei, alles, etwas, genug, nichts, viel, wenig u.ä. in Verbindung stehen.") ist ja nicht nötig, wenn man einmal die Großschreibung an die Substantive bindet. Nun handelt es sich hier aber um keine Ausnahme im strikten Sinne: *ich* ist ja nicht *Kern* einer nominalen Gruppe, sondern steht *anstelle* einer nominalen Gruppe. Anders ist es eben, wenn *ich* Kern einer nominalen Gruppe ist, die dann auch expandiert werden kann:
Sein Ich war mal wieder schwächer als sein Es.

Sein Ich und *sein Es* sind jeweils nominale Gruppen, wobei das Possessivadjektiv Komplement zum nominalen *Ich* bzw. *Es* ist und der Kern konsequent großgeschrieben werden muß, vgl. R. 66 (1). Die Expansion kann ja auch weitergehen: *Sein schwaches Ich hatte wieder die Überhand* u.dgl. Diese komplizierte Regelung für die Pronomina ist keineswegs notwendig. Es wäre durchaus möglich, generell zu fordern, daß überall da, wo eine Nominalgruppe steht, ein Element großgeschrieben werden muß; wenn es sich um eine komplexe Nominalgruppe handelt, dann eben der Nukleus. In diesem Sinne würden dann eben auch die Pronomina großzuschreiben sein, wie es in Ansätzen bei der Grammatikalisierung der Großschreibung im 17. Jahrhundert tatsächlich auch der Fall war (auch später schrieb man noch lange Zeit z.B. *Jedermann*); bei den Personalpronomina stand aber die entwicklungsgeschichtlich ältere Auszeichnungsform der Anrede bzw. Höflichkeitsformen einer solchen Generalisierung im Wege. Wenn übrigens über die Reform der Großschreibung nachgedacht wird, sollte auch diese Möglichkeit bedacht werden, die ja ebenfalls dazu führen würde, Probleme der Klein- und Großschreibung auszuräumen. Aber um Reformvorschläge geht es hier nicht - wir rekonstruieren erst einmal das, was bisher meist reformiert werden sollte, ohne verstanden zu sein.

NB: Im Sinne der historischen Dynamik ist die Nicht-Auszeichnung der Pronomina, gewissermaßen als eng dem Prädikat zugehörig und nicht als dessen nominale Expansion, einsichtig. Im Rahmen eines typologischen Umbaus, der mit der akzentbedingten Reduktion der Flexionsendungen zusammenhängt, wurde es im Verlauf der altdeutschen Zeit nötig, die personale Bestimmung des finiten Verbs pronominal auszudrücken, wenn sie nicht durch die Kongruenz mit einer NG in Subjektfunktion definiert war, also (vgl. oben S. 160):

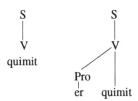

Der enge Nexus des Subjektpronomens mit dem finiten Verb (besonders deutlich bei „pleonastischen" *es*-Subjekten), der noch die ganze mittlere Zeit der deutschen Sprachgeschichte hindurch durch syntaktische Variation deutlich ist, drückt sich gewissermaßen in ihrer orthographischen Inkorporierung in den Prädikatsausdruck aus.

Hier ist zunächst nur wichtig, daß die Besonderheiten der Pronomina durchaus im Sinne der Kategorien der syntaktischen Analyse rekonstruierbar sind. Pronomina sind Substitute (das besagt ja auch der Terminus Pronomen); auch wenn im engeren Sinne bei Formen wie *ich, du, wir, ihr* kein Nomen anaphorisch substituiert wird, so gilt doch die syntaktische Grundbestimmung, mit der ich hier bei dem Verhältnis von Kern zu Rand operiere: alle diese Formen sind nicht expandierbar und in diesem Sinne nicht Kern einer Gruppe.

Wir ergänzen daher die Definition eines Kerns für den Fall nicht expandierter Nominalgruppen:
Ein nominales Element ist in syntaktischer Hinsicht nur dann Kern einer nominalen Gruppe, wenn es expandierbar ist.
Diese generelle syntaktische Definition liefert insbesondere auch die notwendige Verallgemeinerung über die „Wortartendefinition" von Pronomina hinaus, die auch meist als „adverbiale" Ausdrücke klassifizierte Formen umfaßt - derartige problemträchtige Definitionsfragen tragen für die syntaktisch fundierte Rechtschreibung nichts aus, vgl.

Hans kam von | einem Rendezvous |
| seiner derzeitigen Freundin | expandierbare NG

| ihr |
| nebenan | nicht-expandierbare „Pronominalformen"

(Die Verallgemeinerung dieser Bedingung ist auch für Verbalgruppen möglich; das braucht hier aber nicht zu interessieren).

NB: Zum Problem der „Pseudoexpansion" von Pronomina in Präpositionalgruppen (*Hans kam [von ihr]*PräpG), s. in Anhang II die „ergänzenden Hinweise zur grammatischen Analyse des Deutschen", S. 407.

2. Spiegelverkehrt zu diesem Problembereich ist ein anderer, der Großschreibung aufweist, obwohl das großgeschriebene Wort nicht Kern einer nominalen Gruppe ist, vgl.
Er wußte nicht, ob das Auto läuft
Er wußte nicht, ob Vaters Auto läuft.
Der erste Fall ist der von unserem Regelschema vorgesehene, der zweite Fall weist innerhalb einer nominalen Gruppe scheinbar zwei Großschreibungen auf. Die syntaktische Erklärung dafür liegt in dem zyklischen Charakter der Expansionen. Nominalgruppen treten nicht nur als Komplemente zu verbalen Gruppen auf, sondern können auch als Komplemente einer nominalen Gruppe diese expandieren („Genitivattribut"). Das ist besonders deutlich bei den umgangssprachlichen Varianten (sog. „Dativattribute"):
Peters Auto läuft
Des Peters Auto läuft
Dem Peter sein Auto läuft
Dem Peter sein altes Auto läuft usw.

Eine solche Expansion mit einem Genitivattribut sieht wie folgt aus, wobei jede nominale Gruppe ihrerseits wiederum einen Kern hat:

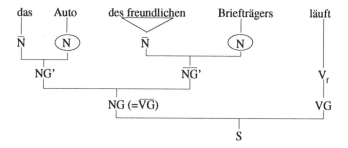

Wir brauchen für diese Fälle unsere Ausgangsdefinition nicht zu ändern, müssen nur zulassen, daß sich die Auszeichnung des Kerns zyklisch bei den adnominalen Nominalgruppen wiederholt: Mit NG weist auch jede „abgeleitete" NG' einen Kern auf, der durch Großschreibung markiert wird. Wichtig i.S. der textstrukturierenden Leistung der Großschreibung ist vor allem die Umkehrung der Grundregel: Im Komplement zum Kern (bei N̄) findet sich keine Großschreibung.

Komplexe Nominalgruppen mit Genitivattributen sind im Sinne der hier zugrunde-gelegten syntaktischen Analyse *integriert* - ihre Elemente stehen in einer hierarchischen Beziehung, unabhängig davon, ob diese morphologisch (durch ein Genitivmorphem) ausgedrückt ist oder nicht. Die komplexe Relation besteht zwischen den beiden Nuklei, die unabhängig voneinander expandiert werden können (die attributiven Expansionen zeigen die Kasusmarkierung zumeist deutlicher).

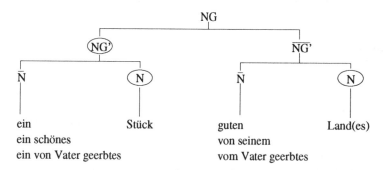

Insoweit hat sich gezeigt, daß mit einem syntaktischen Analyseansatz der Kern der Großschreibung recht „einfach" (in analytischer Hinsicht!) rekonstruiert werden kann. Allerdings bleiben eine Reihe von Problemen bestehen, die wegen ihrer Häufigkeit (und auch dem Vorkommen in Texten von/für Grundschüler(n)) nicht so ohne weiteres als peripher abzutun sind. Beispiele wie die folgenden enthalten nach den bisherigen Überle-gungen expandierte (i.S. der Definition also: expandier*bare*) Nominalgruppen, deren Kern mit einer Majuskel markiert werden sollte:

(a) *Im allgemeinen geht es uns gut (Im *Allgemeinen).*

(b) *Er ist der größte (der *Größte).*
(c) *Im läuft am schnellsten (am *Schnellsten).*
Um solche Probleme auszuräumen, operiert auch die Gruppe um D. Nerius mit Bündeln von inhomogenen Kriterien, hier insbes. mit den durch Flexionsmerkmale definierten Wortarten (Substantive gegenüber Adjektiven und Adverbien; im Einzelfall greifen sie dann aber auch zu semantischen ad hoc-Kriterien, um die „eigentlichen" Substantive (s. dort, S. 75) auszugrenzen).

Tatsächlich handelt es sich hier um ein Feld von großen Unsicherheiten: In diesem Bereich zeigen freie Schülertexte, auch von ansonsten eher rechtschreibsicheren Schülern, ein beträchtliches Ausmaß an Zufallsschreibungen. Angesichts der Heterogenität der Fälle (und des hohen Anteils an kasuistischen Zufallsfestlegungen im Duden - für eine Diskussion s. z.B. Nerius, Op. cit.) ist eine restlose Rekonstruktion dieses Bereiches nicht zu erwarten. Aber ganz so konfus, wie es zunächst erscheint, geht es auch hier nicht zu. Die drei Problemfälle (a) - (c) zeigen syntaktisch verschiedene Regularitäten. Der Kleinschreibung in (a) steht eine nicht äquivalente Variante gegenüber (s. R. 65 (3) „Adjektiv und Partizipien, die durch einen Artikel der Form nach substantiviert sind, werden dennoch klein geschrieben, wenn sie durch ein bloßes Adjektiv, Partizip oder Adverb ersetzt werden können."):
(d) *Er blieb bei seiner Rede sehr im Allgemeinen.*
Die Differenz zu (a) ist hier durchaus mit dem Kriterium der Expandierbarkeit zu fassen, vgl.
(d') *Er blieb bei seiner Rede sehr im (unverbindlichen) Allgemeinen (solcher Sonntagsreden).*
(in Klammern potentielle Expansionen) während derartige Expansionen bei (a) ausgeschlossen sind
(a') *Im (*unverbindlichen/ *weitläufigen /...) allgemeinen geht es uns gut.*
Die Schwierigkeit liegt darin, daß das *im* nach unserer bisherigen Analyse schon als Expansion angesehen werden muß; es ist aber offensichtlich nur bei (d), nicht aber bei (a) äquivalent zu der Präposition *in* + Artikel *dem*:
(a'') **In dem allgemeinen geht es uns gut.*
(d'') *Er blieb bei seiner Rede sehr in dem Allgemeinen (solcher Sonntagsreden).*

Das hat im übrigen auch den Duden dazu gebracht, hier (ausnahmsweise!) mit dem syntaktischen Kriterium der *Ersetzbarkeit* (s.o.) zu operieren, wobei er allerdings dann auf Wortarten rekurriert. Nerius u.a. greifen sogar zu semantischen Kriterien: Aber wenn auch klar ist, daß *im allgemeinen* und *im Allgemeinen* verschiedenes bedeuten (und daß diese Differenz den Schreiber dazu bringt, verschieden zu schreiben), so stellt sich hier doch die Frage, mit welchen *orthographischen Mitteln* er diese semantische Differenz artikuliert - und insbesondere welche orthographischen (textstrukturellen) Mittel den Leser dazu bringen, den Text entsprechend zu interpretieren.

Will man an dieser orthographischen Differenzierung festhalten (die für die Progression des Rechtschreibunterrichts aber sicherlich nicht zum elementaren Kern gehört!), so kann man Fälle wie *im allgemeinen, aufs neue* usw. (s. R. 65 (3)) im Sinne der obigen Diskussion als Pseudo-Expansionen (da nicht weiter expandierbar) ausgrenzen; dadurch wären insbesondere die artikel-ähnlichen Formelemente in diesen Fällen als nur homonym mit Artikelformen ausgegrenzt.

Auch im Falle von (b) bietet die genaue Analyse der Expandierbarkeit eine Möglichkeit zur Rekonstruktion der Regel (wenn man nicht auch hier eine relative Freigabe bevorzugt). Jedenfalls ist das grammatische Wissen um solche Familienbeziehungen von Expansionsstrukturen jedem Rechtschreiblerner zugänglich - und insofern sind etwa auch solche orthographischen Differenzierungen lernbar. (b) ist weiter expandierbar:
(b') *Er ist der allergrößte.*
(b'') *Er ist der größte von den Schülern.*
(b''') *Er ist der weitaus größte.*
(b'''') *Er ist der (weitaus) größte Trompeter (von den Schülern).*

Zwischen den Expansionen (b'-b''') und (b'''') liegt ein struktureller Bruch: Die ersten verändern das Verhältnis Kern - Komplement nicht, im Gegensatz zu (b'''') : (b') ist eine unproblematische Expansion auf der Ebene der Wortbildung, (b'') expandiert mit einer adnominalen Präpositional- (also: Nominal-) Gruppe, deren Kern großgeschrieben wird *(Schülern)*, (b''') expandiert durch eine „adverbiale" Bestimmung zu *(der) größte*. Bei (b'''') ist dagegen das scheinbar expandierende *Trompeter* der Kern (vgl. *Er ist (der) Trompeter*). Insofern bietet sich an, (b'-b''') als quasi elliptische Ausdrücke von (b'''') zu fassen, wobei die „Normalform" (b'''') auch die von den Grundregeln postulierte Klein-/ Großschreibung aufweist, d.h. *größte* ist bei (b) wie bei allen seinen Expansionen (b' - b'''') nicht Kern einer nominalen Gruppe.

NB: Die Argumentation mit Ellipsen riskiert immer auf die Ebene von Paraphrasen zu geraten, auf der leicht alles allem ähnlich wird. Das ausschlaggebende Kriterium der Argumentation hier sind aber nicht semantische Gesichtspunkte (Referenzidentität u.dgl.), sondern das Verhältnis von Kern zu Komplement, das Formen wie (b'-b'''') zu einer einheitlich strukturierten Familie zusammenfaßt.

Die Gegenprobe liefert auch hier wieder Fälle mit Großschreibung.
(e) *Er ist der Größte.*
(e) ist offensichtlich nicht in der Weise von (b) weiter expandierbar (und von *daher* ergibt sich die Interpretation, daß *der größte* hier auf keinen spezifischen Referenzhorizont (Trompeter, Boxer, Fußballspieler ...) festgelegt ist, anders als bei (b'-b''''). Zwar sind aus idiomatischen Gründen auch in diesem Fall die Expansionen *im Vorfeld* des Kerns der nominalen Gruppe nicht üblich, aber sie sind doch so weit möglich, daß diese Struktur plausibel wird:
(e') *Er ist der (von allen) verehrte Größte.*

Bei (c) entfällt nun die Möglichkeit einer Expansion wie bei (b''''); insofern ist *am schnellsten* nicht als Komplement zu einem Nukleus nachweisbar; andererseits ist es (insofern anders als bei dem Beispieltyp (a)) ebenso expandierbar wie (b'-b'''). Das Problem ist auch nicht auf superlativische Formen eingeschränkt, vgl.
(c') *Er läuft schnell.*
(c'') *Er läuft sehr schnell.*
(c''') *Er läuft ganz schön schnell.*

Auch ein Versuch, hier eine besondere Gruppe von verbalen Komplementen auszumachen, der sich auf der Ebene von Univerbierungsbeziehungen andeutet: *schnell laufen ~ rennen*, cf. *der Schnell(l)auf* (nach Dudenvorschrift: *Schnellauf*) bringt keine Lösung, da sich die gleichen Verhältnisse auch bei „Satzadverbien" finden, vgl.
(f) *Er läuft morgen früh.*

Sobald die adverbialen Bestimmungen mit Präpositionalgruppen ausgedrückt werden, liegen wieder die erwartbaren Verhältnisse in einer Nominalgruppe vor:
(g) *Er läuft am frühen Morgen.*
(h) *Er läuft mit großem Tempo.*
Waren die Lösungen bei (a) und (b) schon reichlich aufwendig, so scheint es bei (c) keine Lösung zu geben, die die bestehende orthographische Regel ausgehend von der Grundregel rekonstruiert; gleichzeitig sind diese Fälle (die *Adverbien*) nicht so marginal, daß hier ohne gravierenden Eingriff in die Orthographie die Schreibung freizugeben wäre. Vielmehr müssen die zugrundeliegenden Regularitäten auf einer anderen Ebene liegen, die nicht nur ich noch nicht ganz verstehe, die mit dem in der Grammatikdiskussion notorisch schwierigen Problem der *Adverbien* zu tun hat.

NB: Unter *Adverb* verstehe ich hier im Sinne der traditionellen Grammatiktheorie Wörter bzw. Wortformen, die als Bestimmungen zu anderen Wörtern hinzutreten (lat. *ad verbum*, „zum Wort"; *verbum* hier also in seinem „normalen" umfassenden Sinn „Wort", nicht in der Bedeutungsspezialisierung unseres *Verbs*). Dabei grenzt die traditionelle Grammatiktheorie die Adverbien von den anderen *bestimmenden* Wortarten (im Gegensatz zu den *bestimmten*: Nomen, Verb) durch recht unterschiedliche weitere Kriterien ab: keine Flexion bzw. Kongruenz mit dem bestimmten Kern (Adjektive, Artikel), keine Kasusrektion (Präpositionen) usw. Das braucht hier nicht im einzelnen ausgeführt zu werden.

Das Adverb ist also grundsätzlich durch seine syntaktische Funktion als Komplement bestimmt. Wo es diese in einer Nominalgruppe ausübt (also als weitere Bestimmung zu einem Attribut), treten nach unserer Definition auch keine Probleme auf, vgl. Fälle wie die oben S. 167 bei (b''') diskutierte Expansion mit *weitaus* (*Er ist der weitaus beste*). Die Schwierigkeiten treten nur da auf, wo das „Adverb" nicht in eine Nominalgruppe integriert wird, etwa als Expansion zu der eingangs S. 159 aufgeführten einfachen Satzstruktur:

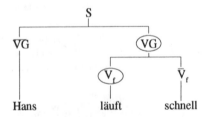

Als Komplement zum Kern der Verbalgruppe ist *schnell* hier nominal bestimmt (was ja auch der grammatischen Familienbeziehung von „flektierter" und „unflektierter" Form des Adverbs entspricht, vgl. *der schnelle Hans*). Strukturell ist der Knoten V_f aber anscheinend eine Nominalgruppe, nicht anders als bei dem zweiten Beispiel (S. 159) *Hans hackt Holz*.

Daß diese Parallele nur scheinbar besteht, zeigt sich sofort, wenn nun auch dieser Satz mit *schnell* expandiert wird. Die hier methodisch gesetzte Notwendigkeit zur binären Explikation aller syntaktischen Relationen gibt hier auch die Lösungsrichtung an (ich sehe von der Wortstellungsproblematik *Hans hackt schnell Holz ab*).:

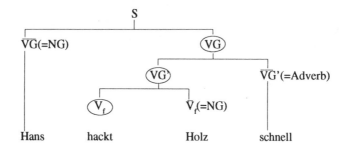

(vgl. auch die entsprechende Ausdifferenzierung der Verbalgruppe zu einer engen „Prädikativ-Gruppe" und ihrem Komplement im Anhang II). Diese syntaktische („konfigurationelle") Explikation des Adverbs entspricht dem sehr viel lockeren Nexus zum Satzkern, als das bei den valenzgebundenen Nominalgruppen der Fall ist, die ja, obwohl Komplement zum Verbalkern, doch mit diesem eine „solidarische" Beziehung auf der Ebene des „Satzbauplans" eingehen, wie die abweichenden „unvollständigen" Sätze zeigen:

* *hackt Holz* (außer in der graphisch homonymen Form eines pluralischen Imperativs)
* *Hans hackt* (möglich nur mit dem homonymen Verb *hacken* im Jargon der Computer-Freaks).

In diesem Sinne kann eine adverbiale Ergänzung ja auch zu Satzstrukturen („Szenarien") hinzutreten, bei denen die Valenz des Verbs keinen Platz für eine Objekts-Nominalgruppe vorsieht (*Hans läuft - Hans läuft schnell*).

Insofern liegt zwar immer noch eine „Ausnahme" von der Grundregel für die Großschreibung vor, aber die Klasse der einschlägigen Fälle ist doch syntaktisch bestimmt. Daß es sich tatsächlich um eine Ausnahme handelt, zeigt im übrigen die Parallele solcher Adverbien zu Präpositionalgruppen, die die von der Grundregel geforderte Kennzeichnung des Kerns einer Nominalgruppe aufweisen. Allerdings zeigt die meist mögliche Transformation eines Adverbs in eine solche Nominalgruppe dann auch wieder deutlich seinen *komplementären* Status, erscheint es dort doch i.d.R. attributiv zum nominalen Kern (dem entspricht ja auch die grammatische Familienbeziehung von *unflektierter* zu *flektierter* und insofern mit dem nominalen Kern kongruierender Form eines Adjektives):

Er lief <u>schnell</u>   - Er lief in <u>schnellem</u> Tempo
Sie tanzte <u>elegant</u> - Sie tanzte auf <u>elegante</u> Weise

Sind insoweit jedenfalls noch Kriterien angebbar, die die Sonderprobleme der „Adverbien" auf die einheitliche syntaktische Argumentationslinie rückführbar machen, so liegt der Fall erheblich schwieriger bei komplexen adverbialen Ausdrücken, die entsprechend der hier zugrundegelegten syntaktischen Analyse intern auch hierarchisch strukturiert sind wie *sehr schnell* im folgenden Beispiel:

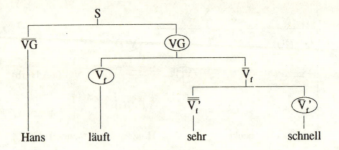

Solche (ja keineswegs marginalen!) Fälle stehen einer rein syntaktisch-formalen Definition von „Adverbien" entgegen, die diese negativ dadurch bestimmt, daß sie grundsätzlich nur Komplemente sind, also selbst nicht als Kern zu einem Komplement fungieren können. Ich muß es hier bei dem Hinweis auf das Problem bewenden lassen, das in den Gegenstandsbereich der Adverbialsyntax (des Deutschen) gehört.

NB: Diese Überlegungen führen zwangsläufig immer weiter in grammatische Probleme hinein, die in dieser kursorischen Darstellung nicht hinreichend expliziert werden können. Offensichtlich gibt es analog zu den oben genannten Transformationen von Adverbien in Präpositionalgruppen auch derartige Transformationen mit Entsprechungen bei dem nominalen Kern, vgl.
Er lief mit Schnelligkeit.
Sie tanzte mit großer Eleganz.
Hier läßt sich aber zeigen, daß Nominalausdrücke wie *Schnelligkeit* und (formal nicht so transparent) auch *Eleganz* abgeleitet sind und insofern für die syntaktische Argumentation anders anzusehen. Das kann hier nicht entwickelt werden - aber solche Zusammenhänge sind sicherlich dem „Sprachwissen" eines fortgeschrittenen Sprachlerners (jedenfalls auf der Entwicklungsetappe, auf der sich solche Rechtschreibprobleme stellen) zugänglich.

In gewisser Hinsicht anders liegt der Fall prädikativer Adjektive (die in der unflektierten Form mit den Adverbien übereinstimmen) - bei ihnen handelt es sich ja nicht um „freie" Ergänzungen: *Hans ist schnell* - **Hans ist* (außer im philosophischen Sprachgebrauch, wo die Kopula *sein* ein homonymes Gegenstück mit der Bedeutung „existieren" o.ä. hat). Die Probleme zeigen sich hier auch wieder bei solchen prädikativen Ausdrücken, die die Großschreibung erfordern,
Nichts ist schwerer als Junge zu sein
gegenüber
Nichts ist schwerer als jung zu sein.
Die Majuskel erklärt sich wieder aus der Expansionsklausel, die *Junge* als Kern erweist:
Nichts ist schwerer als (ein großer) Junge zu sein.
Während die Kleinschreibung mit Transformationen korrespondiert, die das Adjektiv als Komplement (Attribut) zeigen (also in flektierter Form - daher handelt es sich nicht um Expansionen im strengen Sinne):
Nichts ist schwerer als ein junger Mensch zu sein.
Schließlich bleibt noch die Generalisierung auf die Satzadverbien

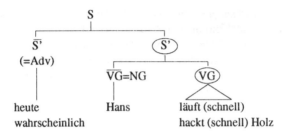

Die Probleme der syntaktischen Analyse dieser Adverbien können hier nicht besprochen werden; in den einzelnen Schwierigkeiten entsprechen sie dem schon Analysierten, vgl. etwa auch die transformationellen Prä-(oder Post)positionalgruppen: *am heutigen Tage/ im wahrscheinlichen Fall* (oder abgeleitet: *aller Wahrscheinlichkeit nach*) *läuft Hans*.

NB 1: Nur andeuten will ich eine weitere technische Möglichkeit, die Grundregel zu retten, die gewissermaßen die *Substantiv*-Klausel des Duden syntaktisch paraphrasiert.
Dazu müßte die Kategorie *nominale* Gruppe auf einen Schwesterknoten zu V_f in VG eingeschränkt werden. Damit wären sowohl Verbalgruppenadverbien ($\overline{VG}$') wie Satzadverbien ($\overline{S}$') aus dem Skopus (der Reichweite) dieser Regel ausgeschlossen. Abgesehen davon, daß auch bei diesem Vorschlag die oben angedeuteten Detailprobleme auftreten, scheint er mir vom Ansatz her zu sehr ad hoc gebastelt, weniger allgemein als der hier entwickelte, dem ich daher den Vorzug gebe. Letztlich ist das aber eine in dem Rahmen der orthographischen Diskussion allein nicht entscheidbare Frage der Syntax, s.u.

NB 2: Es ist aufschlußreich und entspricht einer dominanten Tendenz in der dynamischen Entwicklung des Deutschen, die sich in diesen orthographischen Schwierigkeiten spiegelt, daß die Majuskelschreibung in („adverbialen") Präpositionalausdrücken („Umstandsbestimmungen") eine deutlich isolierbare Unsicherheitszone bei der Etablierung der grammatischen Großschreibung im 16. Jhd. bildete. Das läßt sich z.b. schon an den Revisionen der Drucke der Luther-Bibel verfolgen, die in den ersten Auflagen 1522 ff. die grammatische „Substantiv"-Majuskel noch nicht kennt. 1546 (in der kanonischen Ausgabe „letzter Hand") ist sie dann schon sehr weit durchgeführt (*der Tag* ebenso wie *der Herr*) charakteristischerweise aber nicht in adverbialen Ausdrücken wie *an dem tag* (substituierbar durch Adverbien wie *damals*). Diese Differenzierung setzt sich ja in der heutigen orthographischen Regelung noch in der Kleinschreibung von etymologisch gesehen adverbialen Genetiven fort: *tags, morgens*, (auch *nachts*, wo das -s formal heute ohnehin nur als Adverbialmorphem bei dem *femininen* Substantiv *die Nacht*, Gen. *der Nacht*, interpretierbar ist). Projiziert auf diese historische Dimension lassen sich so auch notorische Rechtschreibprobleme (nicht nur des Grundschulunterrichts) erhellen.

Ich denke, es ist deutlich geworden, daß hier nicht eigentlich orthographische Probleme vorliegen, sondern bisher noch unzureichend verstandene Schwierigkeiten in unserer Grammatik, die sich in die orthographische Repräsentation vererben. Hinzu kommt hier eine Entwicklungsdynamik, die viele dieser Zusammenhänge labil macht (vgl. auch die regional noch verbreitete Verwendung flektierter Adjektivformen in prädikativer Position: *Das Buch ist ein gutes*, die in älteren Texten noch eine „normale" Variante darstellte – wo aber auch die unflektierte Form attributiv gebraucht werden konnte, vgl. noch sprichwörtlich *gut Ding will gut Weil haben*). Die zugrundeliegenden grammatischen Probleme sind noch sehr unzureichend verstanden (hier kann ich nur auf die neueren Handbuchdarstellungen zur deutschen Grammatik verweisen, in denen diese Probleme diskutiert werden, auch wenn die Einzelheiten meiner Analyse hier sich von der dort unterscheiden)[2]; angesichts dessen kann es auch nicht verwundern, daß kasuistische

Festlegungen wie im Duden eine Fülle von Detailproblemen (und damit Verunsicherungen bei den Lernern!) einführen, die die Reformforderung nach Abschaffung der Großschreibung nähren. Im Vorfeld einer Reform scheint es mir aber sinnvoller, im Grammatikunterricht von den Kernstrukturen aus (s.o.) sukzessive die graphische Markierung komplexer Textgliederung aufzubauen - in dem Maße wie diese im Unterricht verarbeitet werden. Dabei sollte immer die pädagogische Grundmaxime gelten, daß von der Norm abweichende Schreibungen solange nicht als Fehler zu sanktionieren sind, wie sie nicht im grammatischen Sinne rekonstruiert sind: Das wird aber für adverbiale Ergänzungen zwangsläufig früh der Fall sein müssen - anders als bei diffuseren Fällen wie den zahlreichen Problemfällen des Dudens nach dem Muster von (a) oben, wo „Fehler" Schüler nicht daran hindern sollten, sich den Kern der logographischen Komponente anzueignen. Eine definitivere Durchforstung der Klein- und Großschreibung als hier skizziert wird erst mit dem Fortgang der Grammatikanalyse möglich sein.

Damit haben wir den *Kern* der logographischen Großschreibung ausgehend von einem einheitlichen syntaktischen Kriterium rekonstruiert - im Gegensatz zu der eklektischen Kasuistik des Dudens und auch von theoretisch bemühteren Ansätzen wie der Gruppe um D. Nerius. Es ist so möglich - trotz aller noch verbleibenden Unklarheiten - die Großschreibung funktional von ihrer Leistung für die Textstrukturierung zu entwickeln, wobei die skizzierte Entfaltung der Regeln in der Differenzierung von Monitorkategorien fundiert ist: die Markierung des Kerns der Komplemente zum verbalen Satzkern macht die Struktur komplexer Satzbaupläne durchsichtig.

Insofern wird hier die Verwendung von graphischen Sonderzeichen (Majuskeln) geregelt - mit der trivialen Konsequenz, daß in allen anderen Fällen die *Normal*schreibung (Kleinschreibung) eintritt. Diese funktionale Struktur wird vom Duden über die Unklarheiten bei den zugrundeliegenden Kriterien hinaus noch zusätzlich verunklart, wenn er eigene Regeln für die „Kleinschreibung" definiert (R. 61-64), Groß- und Kleinschreibung also als parallele Optionen behandelt (was sich wiederum durch einen Ansatz erklärt, der nach der Schreibung von *Wörtern* fragt, statt nach der Markierung von syntaktischen (Text-) Strukturen!). Darauf werde ich in dem zusammenfassenden Kapitel 17 zurückkommen, ebenso wie auf den hier ausgesparten Sonderbereich der Kennzeichnung von Namen und Titeln.

Anhang zum 14. Kapitel: Anmerkungen zum Rechtschreibunterricht

Ein Unterrichtsbeispiel kann den Hinweis auf die pädagogischen Probleme mit der kinderfreundlich vereinfachten Grammatik erläutern. In einer Unterrichtseinheit in einer 3. Klasse sollte die Groß- und Kleinschreibung geübt werden. Die Lehrerin hatte den Unterricht recht kreativ angelegt: die Kinder rieten Rätsel, aus denen sie über Klassenbildungen zu Schematisierungen kommen sollten. Der Zielpunkt war dabei die Kategorie „Dingwort", für die durch Sammeln von Beispielen sich eine Unterrichtsdefinition (auf die die Lehrerin gezielt hinsteuerte) abzeichnete, nach der es sich um Konkreta handelt, die man anfassen, riechen, tasten u.dgl. kann. Im Unterrichtsgespräch kam dann unvermeid-

---

[2] S. so z.B. Peter EISENBERG, *Grundriß der deutschen Grammatik*, Stuttgart: Metzler 1986.

lich der Punkt, an dem diese Arbeitsdefinitionen problematisch wurden. Bei der Nachbereitung einer Geschichte, in der eine Familie nach dem Stromausfall im Dunkeln tappt, wurde nun Wort für Wort geklärt, ob es sich um ein „Dingwort" handelt, das dann großgeschrieben wurde. Die Frage stellte sich z.B. bei einem Sofa, gegen das ein Junge in der Geschichte getappt war. Ist ein Sofa ein Ding? Schülerantwort: „Ja, das kann man angucken". Daraufhin Schülerprotest: „Du spinnst ja, wenn es dunkel ist". Korrektur von einem anderen Schüler: „Aber es ist doch ein Ding, was man anfassen kann". Daraufhin stellte sich die Frage: „Ist Luft ein Dingwort?" und es gab eine Debatte darum, ob man Luft anfassen kann. Dann ging es um den Rauch, der im Text vorkam. Kann man den anfassen? Ein Mädchen stellte die Überlegung an, daß man ihn durchschneiden kann. Ein anderer Junge meinte, man kann ihn einfangen - und zwar mit den Händen; ein anderer meinte mit dem Mund, ein dritter mit einer Tüte, und dagegen gab es dann wieder Protest. Die Diskussion war recht lebhaft, führte aber nicht zur Klärung der anstehenden *grammatischen* Fragen, was sich schnell zeigte, als die Diskussion auf das Wort *springen* kam. Springen kann man nicht anfassen, war die Meinung. Schließlich kam der Vorschlag, das sei ein Tuwort, denn ein Tuwort ist etwas, was man tut. Ein Mädchen (Frederike) kam auf einmal mit dem Vorschlag, der auf eine vorausgehende Unterrichtssequenz zurückging: „Man merkt das, wenn man den Artikel davorstellt". Aber vor *springen* kann man doch auch einen Artikel stellen? Die Lehrerin überging das Problem, nur zu froh, daß mit dem Vorschlag von Frederike jetzt das Lernziel näher gerückt war. Gewissenhaft versuchte sie zunächst einmal, die Terminologie zu klären: „Was ist ein Artikel?" Klaus: „Begleiter", Lehrerin: „Begleiter haben wir dazu gesagt". Daraufhin wurde auch gleich noch die Terminologie für das Dingwort weiter geklärt, und der Terminus *Nomen* eingeführt. Lehrerin: „Was sind Nomen?" Holger: „Wenn man etwas großschreibt, die großgeschriebenen Worte". Daraufhin kam von Klaus die Frage: „Wenn *das* am Anfang des Satzes großgeschrieben ist, ist es dann auch ein Nomen?" Die Lehrerin, reichlich verwirrt: „Nein". Sie steuert jetzt sehr schnell auf das Lernziel zu, denn es ist kurz vor Ende der Stunde: „Wie kriege ich raus, wann ein Wort großgeschrieben wird?" Antwort einer Schülerin: „Indem man sie anfaßt". Lehrerin: „Oder?" Anderer Schüler: „Fühlt, schneidet oder so". Die Lehrerin teilt ein Arbeitsblatt aus, auf dem Stellen für Nomina ausgelassen sind, die auf einer separaten Liste stehen (z.B. *die ... wärmt das Zimmer*, einzusetzen war wohl: *Heizung*). Die Schüler werden wieder leise, nachdem bei der Diskussion zuletzt schon ein gewisser Unruhepegel in der Klasse entstanden war. Sie streichen die Wörter z.T. an, z.T. durch, einige schreiben *Nomen*, einige schreiben *Namenwörter* hin; als es klingelt, entsteht eine große Unruhe, in die hinein die Lehrerin noch versucht, Hausaufgaben zu geben.

Es ist wohl deutlich, daß die Schüler in einem solchen Unterricht trotz der in diesem Fall kreativen Planung der Lehrerin keinerlei Sicherheit im Umgang mit Klein- und Großschreibung erworben haben (erwerben können). Für die Lehrer (nicht nur in der Grundschule!) stellt sich allerdings die Frage, wie syntaktische Analysekriterien wie die, mit denen ich hier bei der Rekonstruktion der Großschreibung operiert habe, im Unterricht zu entwickeln sind. Das ist offensichtlich keine Frage des *Rechtschreib*unterrichts, sondern des Sprach- (bzw. Grammatik-) Unterrichts, der hier nicht „nebenbei" abgehandelt werden kann.

Generell gilt so, daß das Rechtschreiblernen als Moment des Sprachlernens gesehen werden muß - in unserer Gesellschaft, in Hinblick auf die schriftliche Umwelt des Kindes, ein zwangsläufiges Moment in einer erfolgreichen Sprachbiographie. Pädagogische Förderung dieses Lernprozesses steht (*auch* bei der Rechtschreibung!) vor dem Problem, daß ihre Intervention auf ein Ziel abgestellt ist, das den Lernerhorizont übersteigt - eine erfolgreiche Intervention muß (mit Vygotski zu sprechen) auf die nächste Zone der Entwicklung abstellen - muß weiterführen, darf aber nicht zu weit zielen. In diesem Sinne ist eben auch der Rechtschreibunterricht an die interne Logik des Rechtschreibsystems gebunden, von der her nur eine sinnvolle didaktische Progression entwickelt werden kann.

Die traditionell ganzheitlich verstandene (Recht-)Schreibdidaktik überspringt dieses Problem: Wo der Lernprozeß auf das „Einschleifen" von Formen abgestellt wird, sind diese prinzipiell als Versatzstücke sukzessive zu lernen - ist die Unterrichtsprogression nur durch die Aufnahmekapazität der kindlichen Lerner beschränkt. Für die ersten Grundschuljahre, angesichts des beschränkten Sprachmaterials, das dort behandelt wird, ist das sicherlich ein erfolgversprechender Weg - vermutlich bringt er, gemessen am Pensum des 1. und 2. Schuljahres, sogar einen größeren unmittelbaren Erfolg (wie er nicht zuletzt von den besorgten Eltern erwartet wird!) als der aufwendigere Weg der Aneignung der Rechtschreibung als Moment des Ausbaus des sprachlichen (Regel-!) Wissens. Aber die Lernziele des Anfangsunterrichts sind durch die späteren Lernetappen bestimmt - und spätestens bei Texten von der Komplexität des 4. Schuljahres versagt die Einschleifmethode; schon der Anfangsunterricht muß unter der Zielsetzung erfolgen, die optimalen Voraussetzungen für die Meisterung dieser (späteren) komplexen Aufgaben zu schaffen.

Das hat nun einige Schwierigkeiten zur Folge, die ich hier nur bezeichnen kann: Eine deutliche Sicht kann das Suchen einer pädagogischen Lösungsstrategie fördern, die selbst allerdings von Lehrern im Unterricht mit ihren Schülern gefunden werden muß. Die Spannung von einer Zielbestimmung, die so für die Schüler noch nicht erreichbar ist, und ihrem lernend-experimentierenden Handeln, das sie dahin führt, ist durchgängig:

Erfolgreiches Rechtschreiben setzt Kategorien voraus, die erst mit ihm erworben werden - in der Auseinandersetzung mit Texten eines entsprechenden Komplexitätsgrades. Die Interpunktion strukturiert Texte, die ohne sie Interpretationsprobleme aufwerfen - Fibeltexte (und nach ihrem Muster:) Schülertexte bis ins 4. Schuljahr haben aber eine rudimentäre und zudem stereotype Syntax([NG ^ [V ^ NG]VG]S ^ [NG ^[V ^ NG]VG]S ^...), so daß sie ohne Interpunktion problemlos zu erlesen sind (s.o. 5. und 6. Kapitel). Die Großschreibung strukturiert Sätze, die im Deutschen durch die Rahmenbildung jedenfalls bei expandierten Nominalgruppen leicht schwer überschaubar werden - wo die Syntax rudimentär ist, wie bei den stereotypen Fibelsätzen (Eigennamen an Stelle von expandierten Nominalgruppen, einfache Verbformen: *Fu sieht Uli*), ist die Leistung der Großschreibung nicht einsichtig - erst recht kann sie nicht über Wortlisten gelernt werden (nach der DUDEN-Regel 60: „Substantive werden großgeschrieben"). So erklärt sich die für den Anfangsunterricht relativ zu Fibeltexten so erfolgreiche - aber der tatsächlichen Aneignung der Rechtschreibung im Wege stehenden Auszeichnung der Eigennamen (in der schriftsprachlichen Syntax im Regelfall nicht expandiert, anders als mündlich üblich *der Fu sieht den Uli*); aber Eigennamen können über Listen gelernt werden. Die Probleme spiegeln sich auch auf der elementaren Ebene des Schreibunterrichts: buchstäbliches Schreiben setzt die Ausgliederung von *Lauten* voraus, die dort bewußt beherrschbar wird, wenn die *Laute* (Abstraktionen gegenüber den intuitiv zugänglichen größeren Einheiten wie *Silbe* und *Wort*) über ihre symbolisierte Repräsentation in Buchstaben greifbar (besser: manipulierbar) werden (s.u. 19. Kapitel).

Die Schwierigkeiten sind also erheblich (aber das Ziel ist auch die Mühe wert - oder sollen Schüler bei dem Niveau der Fibeltexte stehen bleiben?). *Daß* der Weg mühsam ist, wissen die Lerner auch - geht es doch um die erfolgreiche Partizipation an der Erwachsenenwelt, die von Schrift geprägt ist. Die Anstrengungen dahin können umso besser gemeistert werden, wenn Erfolgserlebnisse das Bewußtsein vermitteln, dem Problem des Schreibenlernens grundsätzlich gewachsen zu sein.

Erfahrungen mit einem Unterricht, der Kindern die Möglichkeit gibt, grammatische Regularitäten zu explorieren, und ihnen hilft, sie auf einen terminologischen Nenner zu bringen, zeigen immer wieder, daß die Schwierigkeiten hier sehr viel mehr auf Seiten der Lehrer liegen, denen ihre Schulgrammatik im Wege steht (und die ihre eigenen Unklarheiten auf die Schüler projizieren). Für die Kinder handelt es sich darum, von ihrem Wissen, *wie* man etwas sprachlich macht (wie sie es orat exemplifizieren), zum Wissen darum zu kommen, *was* sie da sprachlich machen, um diese Fähigkeiten literat zu nutzen bzw. auszubauen. Gerade die oft verblüffenden Leistungen ausländischer Schüler, die durch ihre Lebensbedingungen früh zum reflektierten Umgang mit Sprachdifferenzen (im Vergleich der Elternsprache mit der eigenen Spontansprache und der Schulsprache) gezwungen sind, machen deutlich, welche Perspektiven ein solcher Unterricht hat - und wie wenig diese in der Praxis genutzt werden.

15. Kapitel: Die Getrennt- und Zusammenschreibung

In diesem Kapitel geht es um die Grundregeln der Getrennt-/Zusammenschreibung, im Duden die Regeln 205-212, sowie die Regeln für den Bindestrich, der eine „Quasi-Zusammenschreibung" darstellt, die Regeln 32-53. Das sind zwar alles in allem relativ wenig Regeln (7 + 18), aber jede Regel enthält in sich eine Reihe von Absätzen, die z.T. auch das Gegenteil des Geregelten wiederum möglich machen. Nach der Selbstaussage des Duden handelt es sich hier sogar um den chaotischsten Bereich der Rechtschreibung; im Vorspann zu diesem Regelblock heißt es ausdrücklich: „Im Bereich der Zusammen- und Getrenntschreibung gibt es keine allgemeingültige Regel". Der Duden gibt in den „Richtlinien" nur Orientierungshinweise, regelt dann aber über die Wörterbuchliste mehr oder weniger willkürlich jeden Einzelfall. Stattdessen wäre es sicherlich sinnvoller, es bei den Orientierungshilfen bewenden zu lassen, und dem Schreiber Freiheiten einzuräumen (allein für die Setzer im Druckereigewerbe machen verbindliche Festlegungen in jedem Einzelfall Sinn). Wenn wir uns nun die Grundstruktur der Dudenregeln ansehen, dann wird sofort einsichtig, wieso das Chaos so groß ist. Seite 64 heißt es: „Es ist jedoch ein Grundzug der deutschen Rechtschreibung, den Bedeutungswandel von Wortverbindungen durch Zusammenschreiben auszudrücken". Es werden also wiederum Regeln für Wörter gegeben, die im Wörterbuch stehen; es werden keine Funktionsanalysen für Textstrukturen versucht, die syntaktisch rekonstruierbar sind. So spiegelt denn auch der Aufbau der Regeln wiederum die Kasuistik der Wortarten:

R. 205 Zusammensetzungen mit Verben
R. 207 Substantive und Verben
R. 208 Präposition und Substantiv
R. 209 Zusammensetzungen mit Adjektiven bzw. Partizipien

Auch für diesen Bereich will ich wieder versuchen, eine Schematisierung zu finden, die den Strategien bei der „Textverarbeitung" entspricht.

Um die Konfusion im Duden komplett zu machen, operieren die Regeln mit sehr unterschiedlichen Gesichtspunkten:

- darunter sind *phonographische Kriterien*: so in R. 205 (4) „ein zusammengesetztes Verb wird getrennt geschrieben, wenn das erste Glied am Anfang des Satzes steht und dadurch besonderes Eigengewicht erhält".

R. 206 (2) „Besonders bei Verbindungen mit einem Adverb liegt hier die Betonung deutlich auf beiden Wörtern".

R. 209 (4) „In bestimmten Fällen ist es der Entscheidung des Schreibenden überlassen, ob er zusammenschreibt (dann liegt beim Sprechen die *Hauptbetonung* auf den ersten Bestandteil) oder getrennt (dann werden beide Glieder *gleichmäßig betont*)". (Hervorhebungen von U.M.)

- Manchmal wird doch auch *syntaktisch* argumentiert

R. 209 (2) „Dies gilt v.a., wenn die Zusammensetzung eine Präposition (ein Verhältniswort) oder einen Artikel erspart".

R. 209 (4) „In der Regel schreibt man solche Fügungen getrennt, wenn sie in prädikativer Stellung (in der Satzaussage) stehen".

R. 209 (5) „Getrennt schreibt man dagegen immer, wenn eine nähere Bestimmung hinzutritt".

- Schließlich gibt es eine Kasuistik von *Wortbildungstypen* in
R. 210 „Ableitungen auf -er von geographischen Namen schreibt man zusammen, wenn sie Personen bezeichnen".
- und schließlich noch ein Sammelsurium von ganz *chaotischen* Fällen:
R. 205 (5) „Es gibt auch Verbindungen, die man herkömmlicherweise zusammenschreibt, obwohl kein neuer Begriff entsteht".
R. 208 (3) „Gelegentlich stehen Getrennt- und Zusammenschreibung nebeneinander".
R. 210 (3) „Besonders in Österreich und in der Schweiz wird in diesen Fällen oft zusammengeschrieben" (!!!).

Genausogut könnte man sich auf das Telefonbuchsystem beschränken, und gleich nur nachschlagen lassen. Aber die Frage ist ja, ob dieses chaotische Konglomerat von Vorschriften wirklich die ganze Angelegenheit ausmacht.

Machen wir uns zunächst noch einmal klar, worum es geht: Um die Abgrenzung der syntaktischen Einheit Wort mit Hilfe des Spatiums. Von daher stellt sich das Problem nicht für das Wort als Lexikoneinheit mit einer festen Bedeutung, sondern für das Wort als ein Element, das aus einem Text ausgegliedert wird. Nun haben wir schon gesehen, daß das Wort im Text nicht *physikalisch* da ist, sondern im Wissen des Sprechers/Schreibers (bzw. Hörers/Lesers). Oben im 13. Kapitel hatte ich die Wortgrenzen als die durch die möglichen Operationen definierten Sollbruchstellen angesprochen, an denen eine syntaktische Folge abbrechen bzw. modifiziert werden kann. Von dieser Überlegung aus ist die Grundregel zu gewinnen, die wir versuchsweise wie folgt formulieren können:
An syntaktischen „Sollbruchstellen" wird ein Spatium gesetzt
oder in Unkehrung davon
Wo keine syntaktische „Sollbruchstelle" vorliegt, wird zusammengeschrieben.
Versuchen wir zunächst einmal herauszufinden, wie weit uns diese Regel in der Dudenkasuistik bringt. In R. 205 (1) finden wir *du wirst sitzenbleiben (wenn du nicht fleißiger wirst).* R. 206 (1) *Du wirst sitzenbleiben (wenn die anderen rausgehen).* Die Explikation im Duden liefert uns bei R. 206 das Argument, daß hier keine eigene Bedeutung vorliegt, während bei 205 ein „neuer Begriff" entsteht. Ich halte diese Erläuterung für unverständlich; was ist ein neuer Begriff? Anderseits ist aber klar, was gemeint ist; es handelt sich nur darum, die von Duden semantisch gefaßten Zusammenhänge operational, z.B. mit Hilfe der Folgerungsbeziehung, zu erfassen; das ist möglich, wenn man die Bedeutung einer bestimmten Äußerung als die Menge aller Äußerungen faßt, die aus ihr zwingend gefolgert werden können. In diesem Sinne folgt aus dem zitierten Beispiel in R. 206, daß der Angesprochene sitzt (genauer gesagt, wer sagt „Du wirst sitzenbleiben", der muß auch die Aussage vertreten „Du sitzt", sonst ist seine Äußerung unsinnig). Anders ist es bei dem Beispiel aus R. 205: wer sagt „Du wirst sitzen bleiben" muß eben nicht die Aussage vertreten „Du sitzt" - vielleicht steht der Schüler ja sogar zu diesem Zeitpunkt vor dem Sprecher (Lehrer).

So weit so gut. Zwar ist es nicht in allen Fällen, wohl aber in vielen Fällen möglich, auf diese Weise die Fallunterscheidungen des Duden explizit zu reformulieren.

NB: In diesem Zusammenhang kann ich hier keine explizite Semantik entwickeln; nur eine Anmerkung dazu. Es geht hier nicht um Bedeutungsunterschiede als solche, sondern um Bedeutungsunterschiede, die syntaktisch folgenreich sind. In der gleichen Weise läßt sich etwa der Unterschied von zwei verschiedenen Verben „laufen" explizieren, ohne daß dieser Unterschied syntaktische Folgen hätte:

(1) *Hans läuft* (zu einem bestimmten Zeitpunkt t_j), woraus folgt, Hans ist bei t_{i-1}, t_i, t_{i+1} nicht an dem gleichen Ort l_i.
(2) *Das Geschäft läuft* (zu einem Zeitpunkt t_j) (etwa ein Tabakladen), wobei aus diesem Ausdruck eben nicht folgt, daß die Orte zu verschiedenem Zeitpunkt verschieden sind.
Diese semantischen Differenzen drücken sich auch in unterschiedlichen syntaktischen Möglichkeiten aus, vgl. die nur bei (1) mögliche lokale Zielergänzung
(1') *Hans läuft in die Stadt.*
(2') **Das Geschäft läuft in die Stadt.*
Ähnlich ist der folgende Satz (3) doppeldeutig:
(3) *Hans schießt den Vogel ab.*
In der einen Bedeutung folgt daraus
(3a)*Hans benutzt ein Schußgerät.*
In der anderen Bedeutung folgt das eben nicht. In dieser zweiten Bedeutung ist es sehr wohl möglich im Text fortzufahren: „mit seinem Pepitahütchen" - das wiederum aber ist keine mögliche Fortsetzung bei dem Satz mit der Bedeutung 3a. In diesem Sinne sind Bedeutungsunterschiede notwendige, aber nicht hinreichende Bedingungen für die syntaktischen Differenzierungen, mit denen wir hier operieren.

Nun stellt sich aber die Frage: was haben diese semantisch-syntaktischen Differenzierungen mit unserer Problematik von Worteinheiten zu tun? Wir können wieder versuchen, die Kategorien im Monitor dadurch zu rekonstruieren, daß wir den Horizont möglicher Operationen ausloten, relativ zu denen diese Differenzierung invariant ist oder aber variiert. Bei den folgenden Blöcken sei
A *(Du wirst) sitzen bleiben*
B *(Du wirst) sitzenbleiben.*
Block 1 *(Transformationen der Verbalphrase)*
Bleibst du sitzen? (A,B)
Er ist sitzen geblieben (A)
Er ist sitzengeblieben (B)
Er fürchtet sitzen zu bleiben (A)
Er fürchtet sitzenzubleiben (B)
Sitzen will er nicht bleiben (A,B)
2. Einschübe
Du wirst sitzen (X?) bleiben.
Sowohl bei A wie bei B ist wohl kein Einschub möglich, allenfalls noch bei A *Du wirst sitzen, obwohl ungern, bleiben* (?)

NB: Regionalsprachlich gibt es aber wie im Niederländischen die Wortstellung *Du wirst sitzen mögen bleiben* (wohl nur für A).

3. Substitutionsprobe
Du sollst sitzen bleiben
    |*stehen*| ...
    |*liegen*| ...

Du wirst sitzen bleiben
          |*wollen* (höfliche Frage)
          |*mögen* (ebenso)
          |...

Diese Substitution geht nur mit A, ihr gegenüber ist B fest.

Das Beispiel zeigt recht gut, worum es geht: Bei der Verschiebe- und Einschubprobe zeigen sich keine Differenzen zwischen beiden Fällen, wohl aber bei der Substitution (Ersetzung): A erweist sich hier als aus zwei Wörtern bestehend, die unabhängig voneinander variiert werden können, während B sich fest wie ein Wort verhält, und als Ganzes in einer paradigmatischen Beziehung zu anderen Wörtern steht. Insofern ist die Differenz von *sitzen bleiben* (A) und *sitzenbleiben* (B) zwar syntaktisch faßbar, gleichzeitig aber zeigt sie sich doch als relativ gering, was auch den großen Grad an Unsicherheit bei den entsprechenden Schreibungen ausmacht.

Hier zeigt sich übrigens ein Problem im Deutschen, das nicht an der Orthographie hängt, sondern vielmehr die Sprachstruktur des Deutschen charakterisiert (insbesondere ihre Dynamik). *Vorlaufen* ist ein Wort, vgl. *du kannst schon mal vorlaufen*, vgl. aber
lauf schon mal vor
lauf schon mal
lauf bis vor die Tür.
Vorlaufen verhält sich also wie *sitzenbleiben* (vgl. auch *im Haus bleiben, gerne bleiben* und *im Haus laufen*). Im Deutschen haben wir offensichtlich eine fließende Skala von Abstufungen zwischen Wortfolge und Wort, mit Formen, die teilweise beides sind (so v.a. in Hinblick auf die Tmesis [„Abtrennung"] der Partikeln). Die Sprachentwicklung zeigt hier die schon mehrfach angesprochene Tendenz zur Univerbierung von Syntagmen („Lexikalisierung"). Wir hatten ja oben schon bei den mittelalterlichen Texten gesehen, daß in diesen noch *ver laufen* und *vor laufen* getrennt geschrieben wurden. Das Problem, mit dem wir hier zu tun haben, ist wiederum eines von Kern und Peripherie, das sich in der Sprache selbst verschiebt, sodaß auch das Sprachbewußtsein/Sprachwissen darum nicht von der gleichen kategorischen Eindeutigkeit ist wie in anderen Bereichen. Dem trägt der Duden verbal ja auch Rechnung, obwohl er im Wörterverzeichnis jeden Einzelfall kategorisch regelt.

Mit Sprachen vom Typ des Deutschen ist offensichtlich eine Skala der morphologischen Kohäsion im Wort verbunden. Um im Bild zu bleiben: wir haben eine mehr oder weniger stabile Kette, deren Teilglieder ebenfalls wiederum untergliedert sind. Wer Kinder hat, kennt das Problem vom Basteln mit Legofiguren, wo beim Aufbauen von komplexen Figuren diese manchmal an unerwarteten Stellen auseinanderreißen, wo der Kopf eines Männchens mit einem anderen Gegenstand verbunden bleibt und ebenso Rumpf und Beine mit einem anderen, sodaß eben nicht die Gestalten gewahrt bleiben, die man gerne sehen würde... In gewisser Hinsicht entspricht die Typologie der Sprachen der Typologie unterschiedlichen Spielzeugs: wir haben auf der einen Seite Sprachen mit sehr stabilen Wörtern, gewissermaßen vergleichbar mit Zinnsoldaten (dazu gehören Sprachen wie das Chinesische), wir haben andere mit etwas labileren Wörtern, vom Typ der Playmobilfiguren, und wir haben schließlich einen Typ mit relativ flexiblen Figuren vom Typ der Legomännchen. Noch extremer als das Deutsche sind hier die sogenannten agglutinierenden Sprachen (insbesondere in Amerika), bei denen die morphologischen Figuren beliebig expandierbar sind und es zwischen Morphemen und Sätzen im Extremfall keinerlei Zwischengröße gibt (bzw. anders gesagt, wo jedes „Modul" selbst eine sinnvolle Einheit ist). Zwischen diesen und den Sprachen mit starren Typen wie dem Chinesischen liegen dann die flektierenden Sprachen, wiederum in einer Skala vom Lateinischen bis hin zum Deutschen.

Hat das Deutsche so eine typologische Besonderheit, dann bedingt das auch besondere Strategien zur Strukturierung von Texten. Die Orthographie ist auf diese Schwierigkeit abgestellt, und insofern sind gerade auch in der Reformdiskussion alle normativen Gesichtspunkte zu vermeiden, die den spezifischen Sprachtyp ignorieren (Hinweise etwa auf die (phonographisch) „vorbildliche" Orthographie des Türkischen oder des Finnischen, die einen ganz anderen Sprachtyp repräsentieren, sind hier fehl am Platze).

Selbst unter eng „verwandten" Sprachen, die obendrein noch in einem jahrhundertelangen kulturellen Verband sich gemeinsam entwickelt haben, wie es für die Verhältnisse in (vor allem: West-) Europa gilt, bestehen in der Sprachstruktur solche Unterschiede, daß ein unmittelbarer Vergleich der orthographischen Systeme, den die Reformdiskussion liebt, ausgeschlossen ist. Die logographische Grundkategorie des Wortes ist in den verschiedenen europäischen Sprachen durch unterschiedliche Systeme von Grenz- und Konturmarkierungen sehr verschieden fundiert. Sprachen mit festen Akzentmustern, insbesondere mit dem festen Initialakzent der germanischen Sprachen, bieten dazu eine andere Grundlage als solche mit einem rhythmisch-phrasischen Akzent wie die romanischen Sprachen; dabei machen die germanischen Sprachen mit ihrer Differenz von anfangsbetonten nominalen Bildungen und wurzelbetonten verbalen Bildungen deutlich, daß es sich hier nicht einfach um phonetische sondern um grammatische Strukturen handelt - und zugleich ist deutlich, warum sich in diesen Sprachen (insbes. im Deutschen) die grammatische Großschreibung von Substantiven herausbilden konnte - und das Problem der Zusammenschreibung vorwiegend eines von Verben ist.

Auf der anderen Seite ist das Problem der Wortgrenzen recht unterschiedlich in der segmentalen Phonologie verankert und von daher in der alphabetischen Phonographie sehr verschieden darstellbar. Das gilt z.B. für phonotaktische Beschränkungen: das klassische (Alt-)Griechisch hatte so starke Beschränkungen über dem phonologischen Wortausgang (von den Konsonanten waren nur *n, r, s* möglich), daß die Wortgrenzen auch bei einer *scriptio continua* meist sehr direkt aufgrund dieses Kriteriums in Verbindung mit „Signalfolgen" für Flexionsendungen zu erschließen waren. So wurden hier auch erst spät (in der hellenistischen Philologie vor allem auch aus sprachgeschichtlich-philologischen Motiven bei der Edition von Homer-Texten) initiale Wortmarkierungen (die sog. Spiritus auf Vokalen) eingefügt, die in den Handschriften aber keineswegs durchgeführt wurden. Ganz anders mußte es in in dieser Hinsicht unbeschränkten Sprachen wie etwa den germanischen sein (s. oben zum Gotischen Textbeispiel).

Andererseits haben die germanischen Sprachen eine prägnante Initialmarkierung des Wortes, vor allem durch das Fehlen vokalischer Einsätze: Die lateinisch-griechische Schreibtradition verschleiert das, da sie den Glottisverschluß nicht schreibt (für die diakritische Funktion der Schrift resultierte daraus kein Problem, da hier, wie in der norddeutschen Aussprache heute noch, ein initial nicht geschriebenes Konsonantenzeichen gleichbedeutend mit [ʔ] ist - bzw. ein „vokalischer" Einsatz immer entweder behaucht [h] <h> oder glottalisiert [ʔ] <Ø> ist). Die Stabreime der älteren germanischen Dichtung, die nur konsonantisch „staben" und dabei eben auch [ʔ] mit [ʔ] staben, machen das schön deutlich (die in den Handbüchern meist zu findende Regel, daß alle Vokale miteinander staben, entspricht allenfalls den Auflösungserscheinungen dieser germanischen Metrik bei frühmittelalterlichen Schreibern, die sie durch die Brille ihrer lateinischen Schulmetrik sahen).[1]

Der initiale Glottisverschluß in Verbindung mit weiteren phonotaktischen Beschränkungen (und dem initialen Akzent) markiert in den germanischen Sprachen den Wortanfang, der als solcher auch die logographische Schreibung direkt fundiert. Anders ist es in den Sprachen des Mittelmeerraumes, die solche Indikatoren nicht haben (wer z.B. altgriechische Texte entsprechend der quantifizierenden Metrik zu lesen versucht, weiß um die Probleme der phrasengebundenen Quantitätenverhältnisse mit konsonantischer „Liaison", vokalischer Verschmelzung (Krasis, Synizese) oder Elision u.dgl.). Wo sich in diesen Sprachen später („demotisierte") orthographische Systeme herausgebildet haben, mußten sie zu „metagraphischen" Mitteln greifen, um die Wortgrenzen zu markieren: dazu gehört insbesondere der Apostroph bei der Elision (frz. *l'ange* „der Engel" ≠ (*le*) *lange* „die Windel" beide [lãž] u. dgl.), hochgestellte Trennungspunkte für Enklitika (vor allem in den phonographisch „radikalen" mittelalterlichen Handschriften) u.dgl. In der deutschen Orthographie ist dagegen der Apostroph ein Fremdkörper, weitgehend auf poetische Texte beschränkt (bzw. neuerdings als Alteritätsmarkierung aus dem Englischen übernommen, das ihn unter französischem Einfluß etabliert hat).

Nach diesem Exkurs können wir erst einmal feststellen, daß es anscheinend doch möglich ist, mit unserer syntaktisch definierten Grundregel Boden unter den Füßen der Getrennt-/Zusammenschreibung zu bekommen.

Wie sehr es hier um syntaktische Kriterien geht, machen insbesondere Fälle wie die vom Duden unter R. 205 (4) abgehandelten deutlich („Ein zusammengesetztes Verb wird getrennt geschrieben, wenn das erste Glied am Anfang des Satzes steht und dadurch besonderes Eigengewicht erhält.") Zwar verweist der Duden hier auch auf ein syntaktisches Kriterium (Anfangsstellung), verunklart die Verhältnisse aber mit dem (offensichtlich auch falschen) Verweis auf das „besondere Eigengewicht" (ist das im phonographischen Sinne gemeint?). Es handelt sich um Fälle wie

Fest steht, daß Hans ein Schwindler ist.
Auf fällt, daß hier ein Komma fehlt.

Von einem besonderen „Eigengewicht" könnte allenfalls bei den partiell homonymen Verben *feststehen* (*das Regal steht fest*), *auffangen* (*sie fingen den Ball auf*) u.ä. die Rede sein.

Tatsächlich handelt es sich hier aber um archaisierende Formulierungen mit der alten Spitzenstellung des finiten Verbs im Aussagesatz (der folgende daß-Satz fungiert als Subjekt); vgl. bei Umstellung des daß-Satzes:

Daß Hans ein Schwindler ist, steht fest
Daß hier ein Komma fehlt, fällt auf

(lt. Duden steht hier kein Komma, s. oben zu R. 97).

Fest, auf etc. sind Adverbien, die in Tmesis frei stehen, in Kontaktstellung aber mit dem Verb zusammengeschrieben werden

Es soll feststehen, daß-S

vgl. *Er soll vorlaufen ~ Er läuft vor.*

Die neuhochdeutsche Syntax beschränkt die Spitzenstellung des Verbs auf den Fragesatz und verlangt für den Aussagesatz die Belegung des Vorfeldes des Verbs. Darauf geht

---

[1] Diese Auffassung der germanischen Alliteration ist in der Fachliteratur allerdings nicht unbestritten.

inbesondere die Setzung von Subjektpronomina bei unpersönlichen Verben zurück, wie bei *es blitzt* (wer oder was blitzt?). Diese Entwicklung hat auch Formulierungen erfaßt, bei denen die alte Spitzenstellung des Verbs gewissermaßen hybride bewahrt wurde (*es* als zusätzliches Pseudosubjekt)

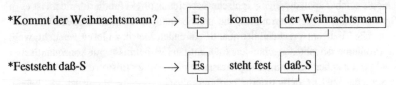

*Kommt der Weihnachtsmann? → | Es | kommt | der Weihnachtsmann |

*Feststeht daß-S → | Es | steht fest | daß-S |

In gewissen Fällen ist diese hybride Auffüllung der jetzt obligatorischen Erstposition im Aussagesatz nicht eingetreten - weil die präfigierte Verbpartikel noch (wie in der älteren Sprache deutlich an der Getrenntschreibung, s.o.) als eigenes Wort (= Adverb) behandelt wird. Diese Möglichkeit ist da gegeben, wo die Univerbierung noch nicht sehr weit fortgeschritten ist, etwa bei dem homonymen Verb *fest-*(= stabil) *-stehen*:

$$\begin{bmatrix} Fest \\ lose \\ locker \\ steif \\ ... \end{bmatrix}$$ *steht die Glocke, die aus Ton gebrannt*

vgl. auch *fest gemauert steht die Glocke*

Im Sinne der vorhin diskutierten Dudenkriterien (R. 205 (1) „neuer Begriff") dürfte das bei dem „faktiven" *feststehen* nicht der Fall sein, wie es aber rein formal (und d.h. archaisierend) doch geschehen kann:

	Fest	*steht*	*daß-S*
Position:	1	2	3

oder auch (mit doppeltem Subjekt)
Fest steht es daß-S

Die Ausnahmeregel in R. 205 (6) „dies gilt nicht für Infinitiv und Partizip" ist überflüssig, da sich hier das Problem der Wortstellung für das finite Verb nicht stellt:

	Feststehen	*soll*	*daß - S*	oder	*Feststehen*	*soll*	*es*	*daß - S*
Position	1	2	3		1	2	3	4

vgl. noch mit anderer Belegung der Erstposition:

	Seit heute	*steht*	*fest*	*daß - S*
	Seit heute	*soll*	*feststehen*	*daß - S*
Position:	1	2	3	4

Gehen wir nun die Regeln weiter durch. In R. 208 heißt es: „Man schreibt ein verblaßtes Substantiv mit einer Präposition... zusammen, wenn die Fügung zu einer neuen Präposition oder einem Adverb geworden ist", in Absatz (2) heißt es dann weiter: „Getrennt schreibt man, wenn die Eigenbedeutung des Substantivs noch empfunden wird." Zu den Beispielen gehört *zuzeiten* A und *zu Zeiten* B. Vgl. *Zu Zeiten meines Großvaters gab es das nie* (nur B). Während A alleine (adverbial) vorkommt, kommt B nur mit einem Genitivattribut vor. Noch entscheidender aber im Sinne unserer syntaktischen Kategorien ist, daß bei B, nicht aber bei A, zwischen den beiden Elementen eine syntaktische Sollbruchstelle vorliegt. Das zweite Beispiel läßt sich variieren:

Zu meinen Zeiten gab es das nie.

R. 209 „Verbindungen mit einem Adjektiv oder einem Partizip als zweitem Glied werden zusammengeschrieben, wenn sie als Einheit empfunden werden", mit einem Zusatz in Absatz (2) „Dies gilt v.a., wenn die Zusammensetzung eine Präposition oder einen Artikel erspart." Als Beispiele dazu finden sich: *In einer mondbeschienenen Nacht* (A) und *In einer vom hellen Mond beschienenen Nacht* (B).

Das Spektrum der syntaktischen Strukturen bzw. Operationen, die diese Strukturen aufspannen, zeigt sich bei den folgenden Beispielen:
(1) *in heller Nacht*
(2) *in mondbeschienener Nacht*
(3) *in heller, mondbeschienener Nacht* (Trennungskomma!)
(4) *in vom Mond beschienener Nacht*
(5) *in hell vom Mond beschienener Nacht*
(6) *in vom hellen Mond beschienener Nacht*
(7) *in vom (hellen) Mond klar beschienener Nacht*
(8) ? *in hell mondbeschienener Nacht*
(9) **in Mond hell beschienener Nacht*

Die beiden Grundstrukturen ergeben sich aus dem folgenden Schema, bei dem ich die funktionale Einbettung in den Satz als präpositionale Gruppe (mit der Präposition *von*) der Einfachheit halber auslasse (zu der Analyse N̄ → Det Attr. s. auch unten im Anhang II, die „Ergänzenden Hinweise zur Grammatik des Deutschen").

(1)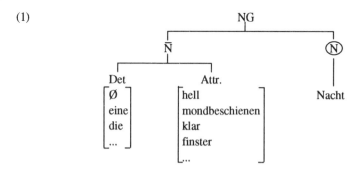

(2)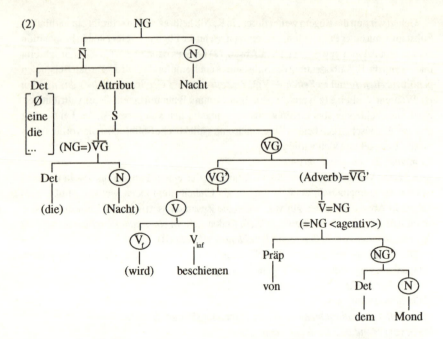

Bei dem zweiten Schema habe ich in dem eingebetteten Satz die „Expansionen" gegenüber dem partizipialen Attribut eingebettet. Gleichzeitig macht dieses Schema im übrigen auch das Problem der mehrfachen Nuklei in einer Nominalgruppe deutlich, das in dem vorigen Kapitel besprochen wurde: Über die Satzeinbettung in der zweiten Struktur taucht in dieser auch in der Reduktionsform erneut eine Nominalgruppe auf, deren Kern mit einer eigenen Majuskel versehen ist, daher in der Nominalgruppe *vom Mond beschienene Nacht* die doppelte Majuskel bei *Mond* und *Nacht*. (Die Passivanalyse mit einer „agentiven" Nominalgruppe in dem Prädikat ist sicherlich problematisch; sie steht hier ohne jeden theoretischen Anspruch als Platzhalter für eine ausgeführtere syntaktische Analyse).

Die Beispiele machen deutlich, was ich oben mit dem Lego-Typ der deutschen Syntax auf der Ebene der Wortstruktur angedeutet habe. Wir haben unterschiedliche Kohärenzgrade: zwischen *mondbeschienen* als adjektivischem Attribut und *mondhell beschienen* liegt ein struktureller Unterschied: Nur das letztere weist eine Bruchstelle auf. Explizierbar sind die verschiedenen Typen durch die unterschiedlichen Kohäsionsgrade, die mit Rektions (bzw. Kongruenz-) Beziehungen explizierbar sind, vgl.
vom hellen Mond beschienen
ein schnelles Fahrrad fahren.
Hier ist die Kongruenz des adjektivischen Attributes offensichtlich von dem nominalen Nukleus Mond bzw. Fahrrad induziert. Insofern besteht ein enger Nexus zwischen diesen beiden Wörtern, und insofern liegt auch eine syntaktische Bruchstelle vor den verbalen Ausdrücken, die folgen, die graphisch durch ein Spatium ausgedrückt wird. Anders ist es, wenn der Nexus über die Spanne solcher komplexen Syntagmen hinwegbesteht, wie bei
hell mondbeschienen
schneller Fahrradfahrer,

was sich darin ausdrückt, daß das zweite und das dritte Element zusammengeschrieben werden (es liegen unterschiedliche syntaktische Kategorien vor: im zweiten Fall eine nominale Gruppe mit einem Nukleus, der mit einer Majuskel markiert wird; im ersten Fall bleibt es entsprechend der attributiven Funktion eines Partizips bei der Minuskel). Schematisch läßt sich das in der folgenden Weise ausdrücken

(1) $\underbrace{X \quad - \quad Mond}_{\text{Skopus der Kongruenz}} \quad - \quad schein -$: *vom hellen Mond beschienen*
 (X = hell-)

(2) $\underbrace{\underbrace{X}_{} \quad - \quad Mond \quad - \quad \underbrace{schein -}_{}}_{\text{Skopus der Kongruenz}}$: *hell mondbeschienen*
 (X = hell-)

Im Fall (1) ist X ein Attribut, im Fall (2) ein Adverb. Wir finden so im Deutschen (entsprechend dem „Legotyp") eine ganze Skala von Graden der Univerbierung von Syntagmen, die wir nach dem Muster von *mondbeschienen* bilden können: Die folgenden Termini finden sich nicht im Duden, sie scheinen mir aber je nach Kontext bedingt möglich zu sein. Dabei habe ich die folgende Zusammen- bzw. Großschreibung entsprechend meinem eigenen Sprachempfinden vorgenommen, wobei der Leser das für sich überprüfen sollte (in diesem Sinne halte ich hier eine normativ-dezisionistische Vorschrift nicht für sinnvoll):
? *sonnenbeschienen*
? *sternenbeschienen*
? *saturnbeschienen*
? *neonbeschienen*
? *Glühlampen beschienen*
? *Video beschienen*

Auch hier zeigt sich wieder die Notwendigkeit syntaktisch fundierter Analysen. Die morphologische Kohäsion in attributiver Position (also vor dem Nukleus, insbesondere wenn ein Artikel vorausgeht) ist offensichtlich größer als in prädikativer Position (also im Nachfeld): Diese syntaktischen Bedingungen haben die vom Duden in R. 209 (4) angeführten Betonungsverhältnisse in der gesprochenen Sprache zur Folge - sie begründen sie (ohne phonographischen Rückgriff) in der geschriebenen (was der Duden hier immerhin andeutet: „In bestimmten Fällen ist es der Entscheidung des Schreibenden überlassen, ob er zusammenschreibt (dann liegt beim Sprechen die Hauptbetonung auf dem ersten Bestandteil) oder getrennt (dann werden beide Glieder gleichmäßig betont). In der Regel schreibt man solche Fügungen getrennt, wenn sie in prädikativer Stellung (in der Satzaussage) stehen").

NB: Der Rückgriff auf phonographische Kriterien ist systematisch irreführend - in der Praxis ohnehin verwirrend. Zwar gibt es Betonungsdifferenzen, die einer systematischen Beobachtung zugänglich sind - aber in der kritischen Situation einer Schreibunsicherheit helfen sie nicht weiter, weil nahezu jede Aussprache *möglich* ist. Die Differenz zwischen den beiden Ebenen des *Wissens* um prosodische „Normalität" und der Unsicherheit ihrer kontrollierten (Hyper)Produktion ist insbesondere beim Rechtschreibunterricht zu beachten, wenn mit dem Rückgriff auf derartige phonographische Erklärungen die Getrennt-/ Zusammenschreibung behandelt werden soll. Das Wissen um die „Normalbetonung" ist bei den Schülern da, die auf (beabsichtigtes oder unbeabsichtigtes) „falsches" Betonen spontan reagieren. In einer Klasse gab es ein heftiges Gelächter, als eine Schülerin aus einem Text *Ich möchte mit dir zusammen fahren* [... zu'sammen,fahren] las (intendiert war: [... mit 'dir zu,sammen'fahren] - nämlich auf eine Exkursion). In einer späteren Übungsphase der gleichen Stunde waren sie aber trotz einer entsprechenden Vorgabe der Lehrerin nicht in der Lage, mit derartigen Kriterien die Schreibweise herauszufinden, weil sie *beim Ausprobieren* der Betonungsverhältnisse sofort unsicher wurden. Anders war es bei der Textveränderung (in einer zweiten Übungsphase sollten die Schüler selbst Beispielsätze finden), wo sie spontan die syntaktische Analyse der „Sollbruchstellen" fanden und entsprechend expandierte Sätze produzierten wie

zusammen fahren: Ich möchte mit dir zusammen nach Frankreich fahren
zusammenfahren: Auf der Autobahn sind zwei LKW zusammengefahren

So stehen sich (jedenfalls in meinem eigenen Schreibgebrauch) gegenüber:
die Häuser sind reich geschmückt
die reichgeschmückten Häuser
(ebenso bei den anderen dort aufgeführten Beispielen).

In Arbeiten, die sich mit diesem Gegenstand befassen, wie etwa in dem Handbuch von NERIUS u.a. 1987, findet man in diesem Zusammenhang den Hinweis auf die unterschiedliche Häufigkeit derartiger Termini. Das mag unter deskriptiver Fragestellung eine sinnvolle Untersuchungshypothese sein; aber sie gibt natürlich dem Schreiber keine Strategie an die Hand. Im Sinne unserer Überlegungen zu Kern und Peripherie ist hier die Entscheidung dem Schreiber freizugeben, da ja nicht ein (ortho)graphisches Problem vorliegt, sondern eines der Sprachentwicklung. Die verschiedenen Grade der Univerbierung („Lexikalisierung"), die sich in den Unsicherheiten mit der Getrennt- und Zusammenschreibung ausdrücken, entsprechen einem unterschiedlichen Ausmaß der Integration in das Sprachsystem. *Mondbeschienen* ist in diesem Sinne weitgehend integriert: Ihm steht gegenüber *der Mondschein* und auch der Ausdruck *der Mond scheint*. Was ist aber ein *Saturnschein*? Vermutlich würden viele Befragte auf so etwas ähnliches wie einen *Führerschein* tippen.

Dieser Grenzbereich zeigt sich dann auch in den notorischen Rechtschreibproblemen, wo wir auf der einen Seite integrierte Formen haben: *er fährt Rad* gegenüber *er will radfahren*, dem eine ganze Palette von nominalen Ausdrücken entspricht: *Radfahrer, Radfahrsport, Radfahrt* usw. (Wie ist es aber mit *er fährt Dürkopp*, so aus einer älteren Zeitungsanzeige; entspricht dem nun ein: *er will Dürkopp fahren* und auch ein *er ist ein Dürkopp Fahrer*, vielleicht aber auch ein *Dürkopp-Fahrer*?). Die unterschiedlichen Grade der Kohäsion zeigen sich wiederum besonders an den syntaktischen Sollbruchstellen, die entweder an dieser Stelle Expansionen zulassen oder nicht, bzw. u.U. aber auch eine explizite Nominalphrase mit ausgedrücktem Artikel verlangen, vgl.
er fährt Rad,
aber nicht
* *er trägt Rad (er trägt ein Rad)*
* *er kauft Rad (er kauft ein Rad)*
* *er repariert Rad (er repariert ein Rad)*
Aber dann ist es auch nicht einzusehen, warum es nun anders als bei *radfahren* heißt:
er fährt Auto, aber *er will *autofahren*
er fährt Bahn, aber *er will *bahnfahren*,

sondern es stattdessen notwendig sein soll:
er will Auto/Bahn fahren
(obwohl wir auch hier die entsprechenden nominalen Ausdrücke als Indikatoren der Integration haben: *Autofahrt, Autofahrer, Autofahrsport, Bahnfahrt* usw.).

Alles in allem handelt es sich um einen Bereich, der einerseits vom Gegenstand her in dynamischer Entwicklung ist, der andererseits aber durchaus regelhaft rekonstruierbar ist, wobei je nach Fall sich unterschiedliche Grade der Integration zeigen. Hier ist es entsprechend unsinnig, absolute Vorschriften machen zu wollen; auf keinen Fall sollte man die hier bestehenden Unsicherheiten im Sinne der kategorischen Duden-Regeln als Fehlerbereiche im Unterricht sanktionieren.

16. Kapitel: Der Bindestrich (Getrennt- und Zusammenschreibung fortgesetzt)

In diesem Kapitel setzen wir die Erörterung der Probleme von Getrennt- und Zusammenschreibung fort mit der noch ausstehenden „teils-teils"-Problematik der Bindestriche. Zuvor können wir uns den Aufbau der logographischen Regelstruktur an einem Schema verdeutlichen, das an die üblichen Flußdiagramme erinnert (s. ähnlich für die Interpunktion im 10. Kapitel). Ich ziehe es allerdings vor, den Akzent nicht auf einen Algorithmus zu legen, der im Sinne der elektronischen Datenverarbeitung mit solchen Flußdiagrammen symbolisiert wird, sondern eher darin so etwas wie einen Spielplan zu sehen, wie er bei neueren Gesellschaftsspielen üblich ist, die man auch schon mit Schulanfängern spielt; dementsprechend gering sind die formalen Anforderungen an das „Mitspielen". Diese Spielpläne, die ich auch im folgenden benutzen werde, enthalten also Felder, auf denen die Spieler ziehen müssen; die „Ereignisfelder", die dem Spieler Optionen vorgeben, sind mit einer Aufgabe belegt, die besagt, was an dieser Stelle zu tun ist und welche Konsequenzen aus den unterschiedlichen Lösungen der Aufgabe folgen. Global gesprochen haben wir also Anfangs- und Zielfelder des Spieles (runde Felder), kategorische Felder (rechteckige Form), die eindeutige Vorschriften enthalten, und dann schließlich die Ereignisfelder (Rauten), die für das weitere Ziehen Entscheidungen verlangen. Am Rande dieser Felder habe ich jeweils wieder auf die Regelblöcke des Duden verwiesen, wobei ich der Übersichtlichkeit halber nicht jede Regel in einem eigenen Feld dargestellt habe; wo komplexere Regelbereiche zusammengeworfen sind, habe ich das mit doppelt umrandeten Feldern verdeutlicht, deren Auflösung in den folgenden Kommentaren erfolgt. Mit jedem Zug „fällt" der Spieler eine Stufe tiefer auf dem Spielfeld (daher ja auch die Rede von einem Flußdiagramm); die verschiedenen Stufen sind am Rande durchnumeriert.

Was das Schema sofort zeigt, ist die Unmöglichkeit, direkt mit spezifischen Regeln einzusteigen, da die Analyse eben nicht direkt für *Wörter* als Einheiten eines Wörterbuchs definiert ist, sondern für *Worte* als Einheiten der syntaktischen Analyse eines Textes. Im Sinne des Durchlaufens durch die Gesamtanalyse der Orthographie sind wir nach dem vorherigen Block jetzt bei Teilelementen der Satzanalyse. Gehen wir einmal als Beipiel von der Aufgabe aus, die folgende Textsequenz zu analysieren, wobei ich der Einfachheit halber eine morphologische Analyse als Sequenzierung von Morphemen in orthographischer Darstellung zugrunde lege. Dieser Darstellung auf der Stufe 0 wird auf der Stufe 1 dann eine syntaktische Analyse zugeordnet, die ich in dem folgenden Schema durch die entsprechenden Klammerausdrücke angedeutet habe.

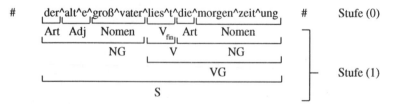

Wir beginnen die logographische Analyse (Stufe 2 der Kaskade) links bei dem Element *der*. Auf der Stufe 3 zeigt sich *der* ohne interne Struktur, enthält also insbesondere keinen Kern, also weiter zu 5. Es gibt ein Nachfolgeelement in der syntaktischen Gruppe, also weiter zu 6. Es gibt eine Sollbruchstelle nach dem Element, also weiter zu 7 und Markieren

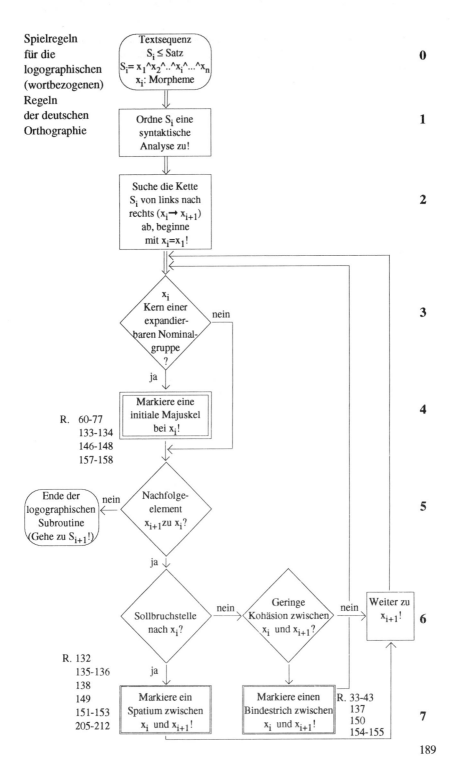

eines Spatiums nach *der*. Damit springt die Analyse zum nächsten Element *alte*, dessen Bestimmung analog verläuft. Bei dem dritten Element zeigt sich auf Stufe 3, daß es Kern einer expandierenden Nominalgruppe ist, es erhält also auf der Stufe 4 eine Majuskel beim ersten Buchstaben G, ebenso wird es später dann bei dem letzten Element, der *Morgenzeitung*, sein.

Dieser Durchlauf brachte also keine weiteren Probleme; es ist wohl auch deutlich, wie die variablen Strukturen zu lesen sind: bei jedem x_i ist der Zähler nach einem Durchlauf um 1 zu erhöhen auf x_{i+1}, und ebenso bei dem Nachfolgeelement dann von x_{i+1} auf x_{i+2}.

Im Rahmen dieses Gesamtbündels von Regeln soll es also in diesem Kapitel um die Probleme der Bindestrichnotierung gehen, die am Ende des letzten Kapitels schon als eventuelle alternative Schreibstrategie sich aufdrängte, als das Muster von *Radfahrer* nicht so ohne weiteres auf *Dürkoppfahrer zu übertragen war, sondern die Lösung entweder *Dürkopp Fahrer* oder *Dürkopp-Fahrer* war. Diese alternativen Schreibstrategien hingen zusammen mit der Frage, ob man eine Sollbruchstelle anzunehmen hatte, bzw. mit der Frage nach dem Grad der Kohäsion.

Wie üblich operieren die Duden-Regeln im Ausgang von der Materialität der Zeichen mit einem ziemlichen Sammelsurium recht heterogener Funktionen. Es fehlt schon die zentrale Differenz bei der Analyse zwischen einem
- Bindestrich *anstatt* eines Spatiums
(R. 33-43 (beim Duden): „Verdeutlichungsbindestrich" und „Aneinanderreihungsbindestrich". Hier handelt es sich quasi um eine Zwischenstufe zwischen Getrenntschreibung (Markieren eines Spatiums) und Zusammenschreibung);
- und einem Bindestrich *in Verbindung* mit einem Spatium
(R. 32, beim Duden als „Ergänzungsbindestrich" abgehandelt.)
Die Duden-Klassifikation ist für unseren Rahmen unbrauchbar, da hier die Frage des Bindestrichs von der vorgängig zu entwickelnden Regelung für das Spatium abhängt. Die Gründe dafür werden bei der Analyse der Beispiele deutlich werden.
Die Grundfunktion des Bindestriches läßt sich an dem eben angesprochenen Beispiel verdeutlichen. Wir haben zunächst einmal eine Sollbruchstelle vor *Dürkopp-Fahrer* in den entsprechenden Ausdrücken, wie mögliche Expansionen zeigen:

$$\text{er ist ein} \begin{bmatrix} \emptyset \\ \text{begeisterter} \\ \dots \end{bmatrix} \begin{bmatrix} \text{Fahrer} \\ \text{Radfahrer} \\ \text{Dürkopp-Fahrer} \\ \dots \end{bmatrix}$$

Fahrer, Radfahrer, Dürkopp-Fahrer erweisen sich so als Kern einer expandierbaren Gruppe, also erhalten sie jeweils eine Majuskel. Warum schreibt man nun aber *Dürkopp-Fahrer* nicht zusammen wie *Radfahrer, Windschutzscheibe* usw. (vgl. R. 33 „Zusammengesetzte Wörter werden grundsätzlich ohne Bindestrich geschrieben")? Machen wir uns dieses Problem an einem komplexen Beispiel deutlich.
(1) *Hans fährt Rad: Er ist ein Radfahrer.*
(2) *Hans fährt Rennrad: Hans ist ein Rennradfahrer/Rennrad-Fahrer.*
(3) *Hans fährt ein rotes Rad: Hans ist ein *Rotes-Radfahrer/ Rote-Räder-Fahrer.*

NB: .... ?*Roter Radfahrer* wäre abgesehen von dem Grad der Akzeptabilität anders zu interpretieren.

Die Nominalisierungen bei (3) sind sicher nur (in diesem Sinne aber durchaus auch möglicherweise) als ad hoc-Bildungen möglich. Hier sind wieder unterschiedliche Grade der Integration möglich, vgl. *das Rote Kreuz* (etwas anderes als *ein rotes Kreuz*), dem nun auch wiederum *eine Rote-Kreuz-Schwester* entspricht, wobei sich *das Rote Kreuz* als Einheit erweist. Aber auch:
Er raucht dicke Zigarren,
Ab heute ist Schluß mit dem Dicke-Zigarren-Rauchen.

Die Frage der Integration bzw. der Geläufigkeit spielt hier natürlich wieder eine große Rolle, *dicke Zigarren rauchen* ist gewissermaßen ein idiosynkratischer Ausdruck, der insofern auch metonymische Funktionen hat, wie nicht zuletzt seine ikonische Verwendung in Karikaturen zeigt (er ist insofern auf dem Weg zur Lexikalisierung bzw. Univerbierung).

Es ist vielleicht hilfreich, die Probleme der Kohäsion morphologischer Elemente in einem Wort mit dem Modell von Nukleus und Satelliten zu verdeutlichen, die unterschiedlich eng zusammenhängen und ineinander geschachtelte Systeme bilden können, vgl. das folgende Entwicklungsschema.

(1) ein Raucher

(2) ein Zigarren raucher

$S_{atelit} \longrightarrow N_{ukleus}$

(3) ein dicker Zigarren raucher

$S_2 \quad S_1 \longrightarrow N$

(4) ein Dicke- Zigarren- Raucher

$S' \longrightarrow N_2, \quad N_1$
$\qquad\qquad S$

Ein *Zigarrenraucher* erweist sich durch den Vergleich mit *ein Raucher* als zusammengesetzt aus dem Nukleus *Raucher* mit dem Satelliten *Zigarren*. Dieser intern komplexe Ausdruck kann nun weiter expandiert werden mit einem sekundären Satelliten in attributiver Funktion *dicker*, so erhalten wir (3) *ein dicker Zigarrenraucher*. Möglich ist aber auch eine andere Bildung, die den Ausdruck auf dem Weg zur Univerbierung *dicke Zigarren rauchen* seinerseits als Satellit zu der Nominalisierung *Raucher* behandelt, und so erhalten wir den Ausdruck mit schwächerer (d.h. gewissermaßen schwebender, nicht strikt hierarchisch gegliederter) Kohäsion in (4) *ein Dicke-Zigarren-Raucher*.

NB: Der Vollständigkeit halber sei noch auf eine andere Leseweise von *Dicke-Zigarren-Raucher* hingewiesen: Raucher von Zigarren der Fa. Dicke (analog dem *Dürkopp-Fahrer* oben, oder richtiger, dessen zugrunde(?)liegender Bildung *Dürkopp-Rad-Fahrer*).

Wir erhalten so eine Skala morphologischer Kohäsion, deren Maximum bei „nicht zusammengesetzten Wörtern" („Wurzelwörter", einfache „Ableitungen") vorliegt: *Hans, Hansen* usw. Kritisch wird es bei Zusammensetzungen wie *Hanswurst*. Was machen wir mit einem *Hanswurstbrot*? Offensichtlich ist die Analyse hier ambig - es kann das Brot von einem Hanswurst sein, es kann aber auch ein Wurstbrot des Hans sein (s. R. 35 Bindestrich zur Vermeidung von „Mißverständnissen").

Wir können also bei den Integrationen zu einem Wort zentripetale Kräfte von zentrifugalen unterscheiden: Zentripetal sind allemal die Flexions- und im engeren Sinne Wortbildungselemente. Zentrifugal sind die Wortzusammensetzungen und zwar umso mehr, je mehr sie ihrerseits wiederum in einem sekundären Nexus stehen. Das letzte ist nun sprachtypologisch interessant; hier lassen sich die entsprechenden Überlegungen aus dem letzten Kapitel fortführen: das Deutsche ist als eine Sprache vom „Legotyp" sehr viel labiler als Sprachen wie das Französische oder das Türkische (das Englische wäre hier eines besonders aufschlußreichen Vergleichs wert). Entscheidend sind auch hier wieder, wie schon im vorigen Kapitel, die Überlegungen zu den syntaktischen/semantischen Konsequenzen aus den unterschiedlichen Bildungen, die durch die graphische Differenzierung symbolisiert werden. Wir können das wiederum durch die unterschiedlichen Mengen von Folgerungen aus den jeweiligen Bildungen explizieren:

(1) Sie sind dicke Zigarrenraucher; *daraus folgt:* sie sind dicke (Männer).

(2) Sie sind Dicke-Zigarren-Raucher; *daraus folgt eben nicht:* sie sind dicke (Männer).

Ausschlaggebend ist wiederum nicht der semantische Unterschied, sondern es sind die daran hängenden syntaktischen Konsequenzen, wie die unterschiedlichen Expansionsmöglichkeiten zeigen: Es ist nicht möglich, (1) weiter zu expandieren in (1') *sie sind dünne dicke Zigarrenraucher*. Es ist aber sehr wohl möglich, (2) so zu expandieren (2') *sie sind dünne Dicke-Zigarren-Raucher*. Das adjektivische Attribut bestimmt immer den Nukleus der Wortbildung, insofern ist bei (1) trotz der linearen Abfolge der Morpheme klar, daß *dicke Zigarren* keine Interpretationseinheit sind, anders eben als bei (2), wo das durch die Bindestrichschreibung notiert wird.

NB: Diese syntaktischen Analysen sind unabhängig von Betonungsverhältnissen. Hier gilt wieder das schon im Interpunktionsblock explizierte Fundierungsverhältnis: Solche syntaktisch-semantischen Differenzierungen *können* insbesondere zu Zwecken der Kontrastierung prosodisch ausgedrückt werden, sie müssen es aber nicht; prosodische Kriterien können insofern nicht kategorial in die Formulierung der Regeln eingehen.

Mit diesen Erläuterungen haben wir nun schon eine ganze Reihe der entsprechenden Duden-Regeln rekonstruiert:

R. 32 (1) „Wird in zusammengesetzten oder abgeleiteten Wörtern ein gemeinsamer Bestandteil nur einmal genannt, so wird als Ergänzungszeichen ein Bindestrich gesetzt",

R. 39 (1) „In adjektivischen Zusammensetzungen steht ein Bindestrich, wenn jedes der beiden Adjektive seine Eigenbedeutung bewahrt, beide zusammen aber eine Gesamtvorstellung ausdrücken", und vielleicht auch (2) „Kein Bindestrich steht jedoch, wenn das erste Wort das zweite näher bestimmt",

R. 40 (1) „Zusammengesetzte Farbbezeichnungen werden ohne Bindestrich geschrieben, wenn das Nebeneinander der Farben eindeutig ist oder wenn die zusammengesetzte Bezeichnung nur eine Farbe angibt",

R. 41 (1,2) „In der Aneinanderreihung aus einem Grundwort und mehreren Bestimmungswörtern werden alle Wörter durch Bindestrich verbunden (durchgekoppelt).... Das gilt auch, wenn ein einzelner Buchstabe an Stelle eines Wortes steht." Auch die vom Duden in einem eigenen Regelblock behandelten Probleme der Namen (R. 130-159, R. 189-193) sind, soweit sie hier einschlägig sind, schon mitbehandelt, insbesondere fällt das diskutierte Dürkopp-Problem unter die R. 135 („Bildet ein Familien- oder Personenname zusammen mit einem Substantiv eine geläufige Bezeichnung, so schreibt man zusammen"). Zu den Namen s. noch das 17. Kapitel.

Die Schwierigkeiten mit der Anwendung dieser Regelexplikation liegen nun allerdings, wie die Beispiele schon zeigen, bei dem noch wenig trennscharfen Begriff der geringen *Kohäsion*. Das ist aber, wie gesagt, kein Problem der Orthographie, sondern eben eines der deutschen Wortbildung, die durch die große Skala von Graden der Univerbierung charakterisiert ist. Der Duden trägt dem durch den Hinweis von mehr oder weniger geläufigen Zusammensetzungen/Aneinanderreihungen bei seinen Regeln Rechnung (R. 34 (2) „Einen Bindestrich setzt man in unübersichtlichen Zusammensetzungen aus mehr als drei Gliedern"; R. 41 (3) „Übersichtliche Aneinanderreihungen dieser Art werden jedoch meist zusammengeschrieben"; R. 42 (2) „Übersichtliche und geläufige Aneinanderreihungen dieser Art schreibt man jedoch zusammen") - denn darum handelt es sich, nicht um das vom Duden dort benutzte, wenig erklärende Kriterium der „Übersichtlichkeit". Bei den komplexen Beispielen finden wir hier wiederum die Unterscheidung nach dem Legoprinzip von Bildungen, die problemlos selbst wiederum Eingaben für weitere Bildungen sind; hier operiert die Komposition also zyklisch, und zwar nach dem Muster integrierter Bildungen: vgl. in diesem Sinne die zyklischen Bildungen

Eisen
1
Eisenbahn
1 2

Eisenbahnfahrplan
1 2 3 4

⎡ machen
⎢ 5 6
⎢ macher
⎢ 5 6
⎢ chaos
⎢ 5
⎢ mäßig
⎢ 5 6
⎢ zusammenstellung
⎢ 5 6 7 8
⎢ macherbüro
⎣ 5 6 7

Derartige Bildungen sind beliebig fortzusetzen und, zumindest theoretisch, „unbegrenzt". In wissenschaftlichen Texten bzw. in Sachtexten nehmen sie auch einen erheblichen Raum ein. Wo sie allerdings keinem gängigen Bildungsmuster entsprechen, findet sich nun charakteristischerweise auch hier die Schreibung mit Bindestrichen. So etwa in philosophischen Texten das *In-der-Welt-sein*, das für das Normalverständnis sicherlich schon die Interpretierbarkeit reichlich strapaziert (im Sinne der vorherigen Analyse ist es ein Wort, wie seine mögliche Funktion als Nukleus in einer Nominalgruppe zeigt, aufgrund derer es dann auch eine initiale Majuskel enthält: Die interne Majuskel ist vererbt von der zugrundeliegenden syntaktischen Struktur). Als Nukleus einer Gruppe wird es in der Heideggerschen Philosophie durchaus auch noch weiter expandiert bzw. kommt es als Element von komplexeren Ausdrücken vor: wir finden nicht nur „das Apriori des *In-der-Welt-sein*", sondern eine ganze Fülle analoger Bildungen, die zumindest eine relative Integration dieser Bildung in die Heideggersche Sprache zeigen; er unterscheidet das *In-der-Welt-sein* von einem *In-einer-Welt-sein*, von einem *Nicht-mehr-in-der-Welt-sein*; er hat ein *Sich-vorweg-sein*, und sogar ein *Sich-vorweg-schon-sein-in-einer-Welt* (*Sein und Zeit*, S. 192). Daß derartige Bildungen bei ihm so extensiv vorkommen, hängt sicherlich damit zusammen, daß seiner Auffassung nach das Deutsche und das Griechische der klassischen Philosophie auf gleichem Fuße stehen, so daß er die im Griechischen durchaus produktive Möglichkeit der Nominalisierung syntaktischer Gruppen mit einem Artikel, die wir bei uns nur in Spuren in dem Objektsatz mit *daß* haben, auf das Deutsche übertrug; vgl. bei Aristoteles, einer Musterquelle für Heidegger, Schlüsselbegriffe wie

τὸ τί ἕν εἶναι „to ti hen einai" das etwas eines sein
τὰ ἐν τῇ φωνῇ „ta en tēi phōnēi" das in der Stimme

die ich ja auch schon in dem Vorlauf verwendet, aber umschrieben habe. Die Bindestrichnotierungen indizieren hier aber sehr deutlich ein Differenz zu den integrierten zyklischen Zusammensetzungen (Zusammenschreibungen, s.o. S. 193 zu *Eisenbahn*-): Während auch eine siebenstufige Bildung wie *Eisenbahnfahrplanmacherbüro* für das „Normalverständnis" interpretierbar bleibt, ist bei sehr viel wenigerelementigen „Koppelungen" wie *In-der-Welt-sein* eine Grenze erreicht, wenn nicht sogar schon überschritten (hier wären empirische Untersuchungen aufschlußreich).

Soweit reichen unsere Rekonstruktionen aus, um die initiale Majuskel durch die Funktion des ganzen Wortes zu erfassen: R. 69 „In substantivischen Aneinanderreihungen wird das erste Wort auch dann großgeschrieben, wenn es kein Substantiv ist", löst unsere Schreibungsprobleme zusammen mit den R. 42 (1+3) „Besteht die Bestimmung zu einem substantivierten Infinitiv (zu einer substantivierten Grundform) aus mehreren Wörtern, dann werden alle Wörter durch Bindestriche verbunden. ... Sehr umständliche Bildungen mit dem substantivierten Infinitiv ersetzt man besser durch eine Infinitivgruppe (Grundformgruppe) oder einen Nebensatz". Es bleiben aber noch die Schwierigkeiten mit der wortinternen Majuskel bei diesen bindestrichgeschriebenen Ausdrücken zu behandeln; als wortinterne sind Majuskeln ja in der neueren Entwicklung der Orthographie durch die Grammatikalisierung der initialen Majuskel nicht mehr möglich. Das macht schon deutlich, daß die Bindestrichbildungen einen teils-teils-Charakter zwischen Syntax und Wortbildungen haben, also noch die interne Struktur des zugrundeliegenden Syntagmas bewahren (dieser ganze Bindestrichkomplex fehlt im übrigen in dem Schema auf S. 189, wo noch eine Schleife von der Stufe 7 zur Stufe 3 anzubringen wäre).

Beim Duden sind diese Probleme nicht systematisch geregelt. Die Heideggersche Schreibweise das *In-der-Welt-sein* ist nach der Dudenregel 68 „Substantivisch gebrauchte Infinitive (Grundformen) werden groß geschrieben" falsch. Nach dem Duden ist das *sein* in diesem Ausdruck Nukleus (vgl. *das Sein ist vom Dasein zu unterscheiden* und die Expansion *das wirkliche Sein ..., das Mensch-Sein* usw.). Das ist durchaus konsequent, da die Nominalisierung als Nukleus die Funktion des Gesamtausdruckes im Satz bestimmt, auch wenn sie intern die Struktur eines Satzes beibehält (*wir sind in der Welt*), woran sich of-

fensichtlich Heidegger orientiert. Dieser Bereich ist im übrigen auch historisch recht interessant, wie sich insbesondere bei der Schreibung von Eigennamen noch zeigt, die ich hier nicht systematisch behandele, vgl. *Ambach* und *am Bach*, im Niederdeutschen auch *Thorbeke*, in älteren Texten manchmal auch *Thor beke*, oder *Achternbusch* aus dem Niederdeutschen *achter den Bosch* (bei abgeleiteten Adjektiven verlangt der Duden hier den Bindestrich, R. 136 u. 137: *de-Gaulle-treu, die von-Bülowschen Zeichnungen*, gewissermaßen als Zwischenstufe).
Spiegelverkehrt dazu ist die vom Duden vorgeschriebene Bindestrichsetzung:
- zur größeren *Übersichtlichkeit* (R. 34 „Einen Bindestrich setzt man in unübersichtlichen Zusammensetzungen aus mehr als drei Gliedern")
- gegen *Mißverständnisse* (R. 35 „Einen Bindestrich setzt man, wenn Mißverständnisse auftreten können")
- zur *Hervorhebung* (R. 40 (2-3): „Zusammengesetzte Farbbezeichnungen werden ohne Bindestrich geschrieben, wenn das Nebeneinander der Farben eindeutig ist oder wenn die zusammengesetzte Bezeichnung nur eine Farbe angibt. ... aber (zur besonderen Hervorhebung): die Fahne Schwarz-Rot-Gold; ... Ein Bindestrich steht jedoch, um das Nebeneinander zweier Farben gegenüber einer Mischfarbe oder Farbtönung deutlich abzugrenzen").

Dabei ist im übrigen deutlich und vom Duden auch explizit so angesetzt, daß die Zeichensetzung dazu dient, Interpretationsinstruktionen zu geben, vgl. etwa nach R. 35 die Differenzierung zwischen einem Zeugnis für Drucker und einem Erzeugnis des Drucks:

druck^er ^ zeug^nis

|_____| |_____| =: Zeugnis für Drucker   <Drucker-Zeugnis>
|____| |_____| =: Erzeugnis des Drucks   <Druck-Erzeugnis>

NB: Auf der Ebene der gesprochenen Sprache besteht (jedenfalls bei sorgfältiger Aussprache in Sprechweisen mit Glottisverschluß) keine Ambiguität:

['dʀUkɐ.tsɔ̂ɵ̈knIs]   Druckerzeugnis
['dʀUkʔɐ.tsɔ̂ɵ̈knIs] Druck-Erzeugnis

Auch hier versteht es sich wieder von selbst, daß solche Regelungen nicht kategorisch (trennscharf) vorzugeben sind, da wir in der Fachsprache ad-hoc Schreibungen haben. Bei Heidegger finden wir in diesem Sinne als vereindeutigende Interpretationsinstruktionen für den Leser *Ent-fernung, Da-sein* (im Gegensatz zu *Dasein*) u.dgl. Es ist klar, daß da, wo der Terminus bereits ins System integriert ist, wo also die Interpretation stereotyp ist, derartige Hilfen nicht nötig sind. So können Fälle wie die zitierten Beispiele zu R. 34 (2) im obigen Sinne noch weiter expandiert werden: *Eisenbahnfahrplan* zu *Eisenbahnfahrplanmacher* usw., vgl. R. 41 (3) und R. 42 (2).

Der ganze bisher besprochene Regelbereich betrifft eine dynamische Zone des Sprachsystems, die gegenüber dem Kernbereich peripher ist; der Leser erhält hier Strukturierungshilfen, die nach dem Muster der Kernregeln die Extremfälle zu organisieren erlauben. Entsprechend sollte man hier auch die Schreibungen freistellen; im Unterricht kann man in oberen Klassen komplexe Bindestrichsetzungen in vorgegebenen Texten analysieren lassen, man kann die Schüler Interpretationen und Begründungen finden lassen, aber man sollte sicherlich in diesem Bereich keine Fehler sanktionieren.

Nun gibt es allerdings einige Fälle, wo die Bindestriche kategorisch/obligatorisch gesetzt werden müssen. Dazu gehört insbesondere der ganze Bereich von heterogenem Wortmaterial wie bei der R. 37 „Ein Bindestrich steht in Zusammensetzungen mit einzelnen Buchstaben und Formelzeichen": *x-beliebig, γ-Strahlen* usw.; wie sollte man lesen, wenn zusammengeschrieben würde: *xbeliebig, γstrahlen*? Hier handelt es sich nicht um Zusammensetzungen von Wörtern, sondern der zuerst gesetzte Buchstabe steht gewissermaßen metonymisch für den Namen dieses Buchstabens, der Ausdruck stellt gewissermaßen eine graphische Collage dar („montiert" aus heterogenen Bestandteilen), anders als das Wort *Gammastrahlen* (Schreibung laut Wörterverzeichnis des Duden).

Diese Differenz zwischen einer sprachlichen Collage und einer „regulären" Wortbildung erklärt auch die (oder zumindest einen großen Teil der) „Ausnahmefälle" in R. 33 (2). Anders als bei „normalen" Zusammensetzungen wie *Ichsucht, ichbezogen* etc. steht bei *Ich-Laut* der Bindestrich, weil ich hier nicht in seinem Bedeutungsbezug (deiktische Selbstreferenz des Sprechers/ Schreibers o.ä.) sondern in der lautlichen Materialität seines Segmentes ([ç]) (wie im Wort [Iç] ich) genommen wird (in der scholastischen Terminologie sprach man von der *suppositio materialis* eines Wortes, im Gegensatz zur *suppositio formalis*, die das Wort in seiner semantischen bzw. grammatischen Funktion nimmt). Ähnlich ist es beim *daß-Satz*, bei dem *daß* zitiert wird (nach Duden sogar mit initialer Kleinschreibung!); ebenso bei dem *Als-ob* (paraphrasierbar als: „das, was mit Sätzen gesagt wird, die mit *als ob* beginnen") sowie bei den anderen Beispielen dort (*Ich-Roman, Soll-Bestand* - jeweils in Hinblick auf das charakteristische Vorkommen solcher Formen).

R. 38 (1-2) „Ein Bindestrich steht in Zusammensetzungen mit Abkürzungen. ... Ein Bindestrich steht auch bei abgekürzten Zusammensetzungen". Hier handelt es sich um die schon kurz angesprochenen Abkürzungen, die ihre Grundstruktur durch die Grammatikalisierung von Großbuchstaben als wortinitiale Markierungen der syntaktischen Funktion des Kerns einer nominalen Gruppe haben. Wo also in sequenzieller Abfolge mehrere Majuskeln zusammen stehen, signalisieren sie die gleiche Anzahl von Wörtern: *UKW* steht also für drei Wörter. Problematisch sind in diesem Sinne nur die Abkürzungen, die nicht nur aus Großbuchstaben bestehen wie *Kfz*, die sich nur durch einen phonographischen *default*-Schluß (Revision der vermuteten Lesbarkeit als Wort: Wenn es kein Schreibfehler ist, muß es sich um etwas anderes handeln!) als Sondergraphie, eben als „Abkürzung" erweisen. In allen anderen Fällen, die graphisch mögliche Folgen sind (und d.h. auch phonographisch bzw. hier phonotaktisch lesbare Folgen), benötigen Abkürzungen eine Sondermarkierung durch den Abkürzungspunkt. Ohne den Abkürzungspunkt wären ja etwa die folgenden Graphien als nicht existente Wörter zu lesen

ahd. („althochdeutsch") *[a:t]
anat. („anatomisch") *[anat]
bes. („besonders") *[bes]

Wo das nicht der Fall ist, wird auch bei einer etymologisch vorliegenden Kürzel die Folge als Wort behandelt: *Auto(mobil)*: *das Auto, die Autos* usw., *der Asta (A(llgemeiner) St(udenten) A(usschuß))*, auch hier, *die Astas, dem Asta* usw. (der Duden schreibt vor *AStA*, was graphisch eindeutig als Abkürzung markiert ist).

Diese Kürzelwörter sind durch ihre Besonderheit dann eben auch in Zusammensetzungen nur als Collagen zu verwenden, die entsprechend einen Bindestrich erfordern: *UKW-Sender, Ahd.-Spezialist*, aber *Astavorsitzender* (anders: *AStA-Vorsitzender*), *Automotor* usw. Das erklärt auch die Probleme bei der Flexion solcher Abkürzungen, s. R. 4 „Abkürzungen, die als selbständige Wörter gesprochen werden, bleiben im Singular oft ohne Beugungsendung": Eine Flexionsendung kann nur an einen „normalen" Wortstamm treten - streng genommen könnte nur als Collage geschrieben werden: *die* (Pl.) oder auch *des* (Genitiv) *Pkw-s,* wie man es auch gelegentlich findet. In der gesprochenen Sprache besteht selbstverständlich kein Problem, da das dreisilbige Wort ['pe:ka,ve:] ohne weiteres flektierbar ist ['pe:ka,ve:s].

NB: Die Montage solcher graphischer Versatzstücke erklärt auch die Vorschrift über ihre konstante Kleinschreibung auch am Satzanfang: *km-Begrenzung besteht nicht* (bzw. *Eine km-Begrenzung ...*), s. R. 83 - obwohl R. 78 (2) die initiale Großschreibung auch für Abkürzungen fordert. In gewisser Hinsicht lassen sich auch die Sondervorschriften in R. 78 (4): satzinitialer Apostroph (für das ausgelassene, also großzuschreibende Wortelement) mit folgender Kleinschreibung: *'s ist unglaublich,* und R. 78 (5) bei Zitierformen: *„von"* ist eine Präposition, so erklären. R. 78 (3), die abgekürzte Präpositionen in Namen zur Unterscheidung von Namensabkürzungen kleinzuschreiben verlangt, ist dagegen eine ad-hoc-Komplikation (*v. Bülow kommt = von Bülow... gegenüber V. Bülow kommt = Viktor Bülow...*).

In dem gleichen Sinne ist denn auch nach R. 43 „Aneinanderreihungen mit Zahlen und Ziffern werden durch Bindestriche verbunden" *3/8-Takt* usw. zu erklären. Probleme bereiten allerdings die weiteren ad-hoc-Vorschriften, so R. 38 (3) „Kein Bindestrich steht aber bei Ableitungen von Abkürzungen" *FDJler,* R. 212 (2) „Ableitungen, die eine Zahl enthalten, werden zusammengeschrieben, unabhängig davon, ob die Zahl in Buchstaben oder in Ziffern geschrieben wird. Das gilt auch für Zusammensetzungen" *8fach* (*wie achtfach*), die zwar noch rekonstruierbar sind, da ja die Wortbildungselemente *-ler, -fach* usw. nicht als eigene Wörter möglich sind. Sie führen aber zu Widersprüchen, da wir in anderer Interpretation nach R. 37 (2) „Ein Bindestrich steht in Zusammensetzungen mit einzelnen Buchstaben und Formelzeichen. ... Dies gilt auch für Ableitungen" eben doch haben *2-fach, x-te.*

Das Problem dieser Regelungen ist wieder einmal nicht so sehr, daß hier komplizierte ad hoc-Regelungen eingeführt werden, die man als solche an der Peripherie eventuell tolerieren könnte, sondern daß diese Regelungen zeigen, daß die Rechtschreibung, so wie sie der Duden fixiert, kein grammatisches System repräsentiert, weil darin Prinzipien ad hoc beliebig *durchbrochen* werden können (in den Bereich der kaum noch nachvollziehbaren Kasuistik gehören aber z.B. Sonderregelungen für Farbbezeichnungen, R. 40 - mir ist nicht klar, was der Unterschied zwischen *schwarzweiß verziertem Rand* nach R. 40 (1) und einem *schwarz-weiß verzierten Rand* nach R. 40 (3) bzw. R. 40 (2) sein soll - R. 39 erscheint völlig ausreichend, R. 40 gehört allenfalls in die Buchdrucker-Peripherie).

Das gilt noch mehr für die R. 36 „Ein Bindestrich steht beim Zusammentreffen von drei gleichen Vokalen (Selbstlauten) in substantivischen Zusammensetzungen", die dubiose ästhetische Kriterien einbringt. Hier handelt es sich z.T. um schlichte Willkür (auch wenn die ästhetischen Absichten vielleicht in den Einzelfällen mehr oder weniger plausibel erscheinen können): Wir haben *Schnee-Eifel,* damit nicht *Schneeeifel* zustande kommen soll nach (1), aber wir haben dann doch wieder *seeerfahren* nach (2). Derartiges sollte schlicht entfernt werden. Es hat keinen systematischen Platz im Aufbau eines Rechtschreibsystems; auf keinen Fall sollte derartiges im Unterricht mit Sanktionen bedacht werden.

Jetzt bleibt noch der zweite Fall von Bindestrichen zu besprechen, die Kombination von Bindestrich und Spatium nach R. 32 „Wird in zusammengesetzten oder abgeleiteten Wörtern ein gemeinsamer Bestandteil nur einmal genannt, so wird als Ergänzungszeichen ein Bindestrich gesetzt", also der vom Duden sogenannte *Ergänzungsbindestrich*. Hier liegen nun ganz andersartige syntaktische Probleme vor, die nur material mehr oder weniger zufällig ihren Ausdruck in dem gleichen graphischen Zeichen finden. Vgl.

Feldfrüchte und Gartenfrüchte
Feld- und Gartenfrüchte.
↑
└─ Spatium

Der Bindestrich nach *Feld-* steht hier als Warnsignal: „Das Wort ist hier nicht zuende, warte mit der abschließenden Interpretation, bis eine mögliche Ergänzung kommt". Diese Ergänzung zu *Feld-* folgt dann aber mit dem nächsten Kompositum *(Garten)früchte*, wobei sie durch *und* ja auch eindeutig als paralleles Kompositum angereiht ist; insofern steht der Bindestrich hier als morphologische bzw. lexikalische Variable, die durch eine Konstante in dem nächstfolgenden späteren parallelen syntaktischen Ausdruck gebunden wird. Die Kategorien für die Analyse dieser Fälle entsprechen also denen des einfachen Trennungskommas bei parallelen Konstruktionen - wir brauchen also hier keine neuen syntaktischen Kategorien; anders gesagt: die syntaktische Analyse ist durch ihren großen Abstraktionsgrad hinreichend stark, um solche sehr unterschiedlichen Fälle wie Trennungskomma und Bindestrich in Verbindung mit Spatium in gleicher Weise zu lösen. Die Schwierigkeiten, die hier geregelt werden, lassen sich sehr schön an lustigen Beispielen deutlich machen wie der offensichtlich unterschiedlichen Interpretation bei

Hans ist ein Esel- und Kameltreiber
Hans ist ein Esel und Kameltreiber,

vgl. auch *ab und zu nehmen wir ein Bad* gegenüber *ab- und zunehmen kann man nicht unaufhörlich.*

Wie schon im letzten Kapitel skizziert, ist es nötig, Bedeutungsdifferenzen, sofern man sie als Erklärungen heranzieht, operational zu entwickeln (s.o. die entsprechende Diskussion im 15. Kapitel, zu R. 205 vgl. S. 177.): vgl.

Er ließ die Schüler	schön und mit Tinte schreiben	(a)
	schön- und abschreiben	(b)
Er wollte ihm	gut und deutlich schreiben	(c)
	den Betrag gut- und anschreiben	(d)
Der Graf wollte	frei und mit Blick auf den Angeklagten sprechen	(e)
	ihn frei- und lossprechen	(f)

Die Bedeutungsdifferenzen können wieder durch Folgerungsbeziehungen expliziert werden - vor allem durch unterschiedliche Beschränkungen für konsistente Fortsetzungen, die mit den Vorausgehenden konsistent sind, so nach (b) und (d) aber nicht nach (a) und (c):
... *aber das Geschriebene war nachher unlesbar*
und nach (f) aber nicht nach (e): ... *aber er mußte den Text vom Blatt lesen.*

Auch hier korrelieren diese Bindungen wieder mit einer größeren Integration in das Sprachsystem (den Wortschatz), vgl. die *Schönschrift* (entsprechend (b), nicht (a)), *die Gutschrift* ((d) nicht (c)), *der Freispruch* ((f) nicht (e)). M.a.W. die von der Orthographie hier festgeschriebenen Differenzen sind in einem komplexen Netz verankert, das als Wissenssystem (Monitorkompetenz, s. 2. Kapitel) verankert ist. Rekonstruierbar sind die Rechtschreibregeln nur im Rückgriff auf diese grammatischen Strukturen, die nicht mit phonographischen Kriterien kurzgeschlossen werden können.

Aufgrund der R. 32 folgt die Bestimmung von Absatz (2) von selbst („eine getrennt geschriebene Fügung darf hierbei keinen Bindestrich erhalten"), während die Absätze (3 u. 4) „Zwei Bindestriche stehen, wenn dreigliedrige Wörter mit mehr als einem gemeinsamen Bestandteil zusammengefaßt werden. ... Nur in Ausnahmefällen wird der Wortteil hinter dem Ergänzungsbindestrich groß geschrieben, nämlich wenn bereits die erste Zusammensetzung einen Bindestrich hat oder wenn zu dem ersten Bestandteil ein erklärender Zusatz tritt" überflüssige Schikanen darstellen, die man vermutlich getrost ignorieren kann.

Ignoriert man die Begründung in Absatz (4), sind die dort angeführten Beispiele ohnehin möglich, weil sie nach R. 34 („Übersichtlichkeit") auch in den einfacheren Fällen stehen können: *Haftpflicht-Versicherungsgesellschaft und -Versicherte* wie *Haftpflicht-Versicherte*; bei *Natrium-(Na)-Lampe* handelt es sich obendrein um eine interne Collage mit dem Kürzel *Na*, das zudem noch mit ( ) markiert ist. Die kasuistische Regeldifferenzierung verwirrt hier den Blick auf die Grundstruktur.

NB: Bei diesem Aufbau der Dudenvorschriften verwundert es übrigens, daß die Probleme der Bindestrichschreibungen nicht bei den Vorschriften für die Trennung (Zeilenbruch) R. 178-182 aufgenommen werden. Nach der Logik des Regelaufbaus läßt eine Schreibung am Zeilenbruch *türkis-//blau* auf die Wortform *türkisblau* schließen (wie aus *Freun-//de Freunde* folgt). Sollte die Schreibung *türkis-blau* auch aus einer entsprechend markierten Zeilenbruchnotation erschließbar sein, müßte man nach der Logik der Zeichensetzung etwa *türkis-//-blau* schreiben, wobei der Bindestrich bei *-blau* auch in die kontinuierliche Schreibweise transportiert wird.
Das ist kein Plädoyer für eine solche Vorschrift (wir sollten dem Duden dankbar sein, daß er das übersehen (?) hat) - es soll nur zeigen, wie sich das Knäuel kasuistischer Regeln immer weiter verwickelt, wenn man an einem Ende daran zieht...

Damit haben wir die Grundstruktur der Bindestrichregelungen ausführlich durchgesprochen; wir können das Fazit in der folgenden tabellarischen Synopse verdeutlichen. Die wenigen unklaren Fälle, die ich mit ? markiert habe, ergeben sich aus der Diskussion im Text. Das Fazit ist doch recht eindeutig. Die Bindestrichregelungen sind überwiegend regulär rekonstruierbar; insofern gehören sie zum Kernbereich der Rechtschreibung, auch wenn in ihrem Skopus der dynamischste Bereich der Wortbildung liegt, der von Fall zu Fall teils an syntaktischen Strukturen, teils an Wortbildungs-Strukturen partizipiert. Insofern kann der Rechtschreibunterricht hier sicherlich nicht auf das Einüben der Vorschriften abstellen, die aus dem Wörterverzeichnis des Rechtschreibdudens zu entnehmen sind, sondern bei ihm muß es um die Rekonstruktion der Regeln gehen, deren Anwendung, nicht zuletzt auch im Sinne des Erschließens stilistischer Möglichkeiten, weitgehend freizustellen ist. Der komplementäre Bereich, den ich hier mit „Schikanen" überschrieben habe, erweist sich alles in allem als quantitativ recht marginal. Er ist, wie mir scheint, einfach entbehrlich, und er sollte im Unterricht keine Rolle spielen.

Funktionaler Bereich: „Schikanen"
Regulär rekonstruierbar

R.			
32	(1) (2)		(3) (4)
33	(1)		(2)?
34	(1) (2)		
35	(1) (2)		
36	(2)?	(1) (3)	
37	(1) (2)		
38	(1) (2)		(3)
39	(1) (2)?		(2)?
40	(1) (2) (3)		
41	(1) (2) (3)		
42	(1) (2) (3)		
43	(1) (2)		

17. Kapitel: Das logographische System im Überblick und verbleibende Einzelprobleme

Zum Abschluß des logographischen Blocks soll ein Durchgang durch die Detailprobleme der Duden-Vorschriften kontrollieren, wieweit mit unseren Regeln diese Kodifizierung der deutschen Orthographie rekonstruiert ist. Für die Bindestrichprobleme ist das schon im letzten Kapitel geschehen, so daß jetzt nur noch die Klein- und Großschreibung und die Getrennt- und Zusammenschreibung bleiben, mit Einschluß der spezifischen Bestimmungen für die Namenschreibung. Fassen wir zunächst noch einmal die Grundregeln zusammen.
1. **Majuskel:** Wenn ein Wort als Kern einer expandierbaren Nominalgruppe fungiert, erhält es eine initiale Majuskel.
2. **Worttrennung:** Syntaktische Sollbruchstellen werden mit einem Spatium markiert.
3. **Bindestrich:** Wenn zwischen zwei (morphologischen) Formen keine Sollbruchstelle vorliegt, aber auch nur geringe Kohäsion besteht, werden sie durch einen Bindestrich getrennt.

Der Duden regelt im Vergleich mit diesen relativ einfachen Grundregeln die Rechtschreibung mit einer aufwendigen Kasuistik: - die Groß- und Kleinschreibung in 51 Regeln (von denen 14 bisher explizit besprochen wurden),
- die Zusammenschreibung in 59 Regeln (von denen 4 explizit besprochen wurden).
Es bleiben also im Prinzip noch 92 Sondervorschriften des Duden zu behandeln.

Zunächst zur Majuskel. Das kritische Problem lag hier bei der Klärung einerseits der Kategorie *Kern*, andererseits bei der Bestimmung, daß es sich um eine *expandierbare* nominale Gruppe handeln soll. Eindeutig ist natürlich nur, ob eine Gruppe expandier*t* ist oder nicht. In einer expandierten Gruppe leistet die Majuskel deutlich Strukturierungshilfe: Bei *Das schnelle Auto bog um die Ecke*, haben wir zwei Nominalgruppen (die zweite als Präpositionalgruppe), deren Nuklei jeweils durch die Majuskeln *A* und *E* gekennzeichnet sind. Was aber bedeutet expandier*bar*? Nun zunächst einmal, daß sich die Eigenschaft, Kern einer Gruppe zu sein, gewissermaßen auch auf einen armen Verwandten vererbt, der den Rechtstitel Erbe auch dann hat, wenn er nichts erbt, aber trotzdem zum Kreis der Erben gehört. Vgl.
Plötzlich bog Hans um die Ecke
und
Plötzlich bog der schnelle Hans um die Ecke.
Hans ist auch im ersten Fall Kern einer nominalen Gruppe, die im zweiten Fall expandiert vorliegt. D.h. die Funktion der Majuskel als Markierung des Kerns einer nominalen Gruppe ist abgestellt auf
- deren hierarchische Struktur
- die Grenzmarkierung der syntaktischen Einheit (Nominalgruppe als Satzglied), da die Expansion bei einer nominalen Gruppe vom Kern aus gesehen nach links erfolgt, das Spatium nach dem Wort mit einer Majuskel die rechte Grenze der syntaktischen Einheit markiert (zu rechtsversetzten Expansionen s.u. S. 207).
Hier ist wieder die Dynamik der Sprachentwicklung zu beachten, die dieses sequenzielle Kriterium der Struktur der Nominalgruppe als Entwicklungsrationale hat (entsprechend

zur Verlagerung von der morphologischen Endungsflexion zur syntaktischen Gruppenflexion mit vorgesetztem Artikel und periphrastischem Hilfsverb).

Das dominante Schema der Nominalgruppe hat die expandierenden (determinierenden) Elemente im Vorfeld des Kerns - und im Vorfeld wird klein geschrieben:
der ungemein schnelle und freundliche Hans
──────────────────────────── Ⓚ
Vorfeld (Expansion; Determination)
Andere Wortstellungen sind überwiegend Archaismen, relativ gebräuchlich nur noch bei komplexen Attributen:
Röslein rot
Er war ein König edel und gut
In der Regel wird das Attribut hier als nachgestellter Einschub behandelt, der durch das paarige Komma abgegrenzt wird; die Form des Attributs ist in solchen Fällen auch unflektiert, also wie bei prädikativem Gebrauch:
Sein Wagen, verrostet und klapprig, tat immer noch seine Dienste,
vgl.
Sein verrosteter und klappriger Wagen ...
Fälle wie *ein Uhr nachts* gehören nur scheinbar hierher - denn hier ist nicht *Uhr*, sondern *nachts* Kern der Wortgruppe, s.u.
Übrig geblieben ist die alte Nachstellungsfreiheit allein bei Zahlenangaben: Nachgestellt als Kardinalzahlen, vorgestellt als Ordinalzahlen:
Er fand das Zitat in Band neun vs. *... im neunten Band.*
Umgekehrt ist die „rhythmische" Bevorzugung der Nachstellung umfangreicher Komplemente bei satzwertigen Attributen festgeworden: Relativsätze sind immer nachgestellt:
Sein Wagen, der verrostet und klapprig war, tat immer noch seine Dienste.
Die Redeweise von einem Kern ist also nur da definiert, wo es zumindest potentiell etwas zu strukturieren gibt, in Hinblick auf die Syntax also: wo eine Sequenz vorliegt, die aus mehr als einem Wort besteht. Wo das nicht der Fall ist, ist das jeweilige Element nicht *als Konstituente* eines entsprechenden Satzgliedes (Nominalgruppe) definiert, sondern eben *als Satzglied*. So haben wir schon bei den Pronomina gesehen, daß sie als Satzglied ohne Binnenstruktur fungieren, daß sie gewissermaßen die syntaktische Variable Nominalgruppe in toto repräsentieren, nicht aber eine ihrer Konstituenten. So wäre es in gewisser Hinsicht auch konsequenter, statt von *Pronomina* von *Pro-Nominalgruppen* zu sprechen. Diese Regelungen hatten wir schon im 14. Kapitel in Hinblick auf die Pronomina notiert, vgl.:
Gleich läuft er um die Ecke.
Mit kleingeschriebenem er, da nicht möglich ist: **Der schnelle er...*, vgl. aber:
Ein ökologischer Er sucht gleichgesinnte Sie.
Hier liegen zwei Nominalgruppen vor, die jeweils in den Nomen *Er* und *Sie* ihre Kerne haben.

Mit den orthographischen Problemen der Pronomina sind wir wieder in der dynamischen „Übergangszone" der Rechtschreibentwicklung, die beim Duden zur Differenzierung von klassischen Fallunterscheidungen führt wie bei der „Ausnahme" in R. 66 (2) „(Kleinschreibung) auch wenn sie mit einem Artikel gebraucht werden". Entsprechend

häufig sind hier Rechtschreibfehler, die durch die Duden-konformen Rechtschreibinstruktionen geradezu vorprogrammiert werden, etwa *die *Beiden* (richtig: *die beiden*) *gingen heim*. Bei *die beiden* handelt es sich um eine relativ feste Verbindung, die die charakteristische Expandierbarkeit nominaler Gruppen nicht aufweist (s.u.: keine syntaktische „Sollbruchstelle" hat): Es kann eben nicht heißen
* *die Kölner beiden*
sondern nur
die beiden [,die] aus Köln [waren]
Scheinbar expandierte Formen erweisen sich schnell als solche ebenfalls relativ feste Formeln:
die lieben beiden... (vgl. auch *die beiden Lieben...*)
Im Grunde handelte es sich auch bei den oben im 14. Kapitel besprochenen Fällen von „Pseudoexpansionen" ohne Majuskelauszeichnung um das gleiche Problem: Im Sinne der hier eingeführten Wortdefinition liegen in allen diesen Fällen Pseudosyntagmen oder besser gesagt „mehrgliedrige Wörter" vor, die zwar ein Spatium aufweisen, aber keine syntaktische Binnenstruktur (keine NG darstellen) - alle Fälle sind in dem dynamischen Bereich der Univerbierung der Sprachentwicklung angesiedelt, der zwangsläufig ein Problemfeld der Rechtschreibung abgibt: Wie bei Vexierbildern läßt sich auf solche „mehrgliedrige Wörter" die Struktur von expandierbaren Syntagmen - aber eben auch die Struktur von nicht-expandierbaren Pronominalformen projizieren:

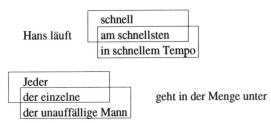

vgl. dazu noch R. 66

Für den Rechtschreibunterricht kann daraus nur folgen, die Schreibungen i.S. der Dynamik der Sprachentwicklung hier freizugeben, da sonst die Gefahr des Festschreibens idiosynkratischer Intuitionen besteht.

In dieser Allgemeinheit als syntaktisches Strukturierungsprinzip gefaßt, scheint das Kriterium für die Majuskelschreibung unabhängig von der Wortartendifferenzierung zu sein; so erlaubt es vielleicht, einen Teil der schwierigen Adverbialproblematik aufzulösen, die uns bei der Diskussion im 14. Kapitel beschäftigt hat (- der Duden operiert ja mit Wortarten, vgl. R. 61 „Substantive, die als Adverbien gebraucht werden, schreibt man klein". Auch hier ist es so, daß intern nicht komplexe Adverbien keine Majuskeln aufweisen; so haben wir also:
Aber anfangs gab er sich noch Mühe
mit einer nicht expandierbaren „Nominalgruppe", zu unterscheiden von dem Vorkommen des Nomen *Anfang* als potentieller Kern einer Nominalgruppe wie bei:
Am Anfang gab er sich noch Mühe
Am allerersten Anfang gab er sich noch Mühe

anfangs ist Adverb, also eine Proform für eine expandierbare Nominalgruppe, hier der Einfachheit halber auf der Oberflächenebene als Präpositionalgruppe gefaßt. Vgl. auch
heute gab er sich viel Mühe
gegenüber *das Heute bereitet uns Sorgen* (analog zu dem *ein Er, das Ich* usw.).

In einer Verallgemeinerung der Rede von *Pro-Formen* auf der Ebene von *syntaktischen Konstituenten* statt des Lexikons könnte man auch hier von *Pro-Präpositionalgruppen* sprechen, die, da intern nicht strukturiert, im Gegensatz zu den (nominalen) Präpositionalgruppen selbst stehen. Allerdings bestehen eine Reihe von Schwierigkeiten bei Fällen wie
   An dem schönen Morgen,
   am Morgen,
   des Morgens,
   morgens.
Der Form /mɔʁgn̩s/ kann man nicht ansehen (anhören), welche Funktion sie hat. Einmal mehr resultieren die Probleme aus der sprachgeschichtlichen Dynamik, wo die Genitive, die früher die Funktion der adverbialen Markierung hatten (erstarrt auch noch in tags auch das formal problematische *nachts*, vgl. den Genitiv *der Nacht* usw.), zunehmend mehr abgebaut werden. So haben wir ja möglicherweise, aber allenfalls mit archaisierenden Konnotationen, noch *des schönen Morgens* mit einer nur sehr schwachen Sollbruchstelle zwischen *des* und *Morgens*. Von daher erklärt sich ja auch der häufige Rechtschreibfehler *des morgens*. Das Muster der Expandierbarkeit ist deutlicher und produktiver bei den präpositionalen Konstruktionen, vgl. *am Morgen, am nächsten Morgen* damit nun auch wiederum *morgens* als Bestandteil einer nominalen Gruppe wie bei *morgens in der Frühe*. Entsprechend liegen die Fälle bei der R. 66, die schon besprochen wurde, und bei der R. 62 „Substantive, die als Präppositionen (Verhältniswörter) gebraucht werden, schreibt man klein". Die Dynamik entspricht hier unterschiedlichen sprachlichen Stilregistern, was auch wiederum dafür spricht, die Einzelfälle nicht kasuistisch normativ festzuschreiben.

Vor allem aber bleiben die Probleme der „adverbialen" Expansion von Adverbien (s.o. S. 169 ff.):
Er lief schnell - Er lief sehr schnell
Eingeschränkt möglich (praktisch wohl nur bei Zeitangaben) sind auch nominale Komplemente im Vorfeld der Adverbien:
Er übt morgens - Er übt um ein Uhr morgens
Diese Komplemente haben auf Grund ihrer Binnenstruktur selbst einen Kern mit Majuskelschreibung - anders als „adverbiale" Expansionen wie bei
Er übt früh morgens - Er übt morgens früh

NB: Spiegelverkehrt dazu ist der Fall, daß die gleichen Adverbien eine Nominalgruppe expandieren, vgl. (hier eine Präpositionalgruppe):
Er übt um ein Uhr - er übt morgens um ein Uhr
Wieder anders liegt der Fall bei *Er übt Mittwoch morgens*, vgl. aber *Er übt mittwochs*. Appositiv ist dagegen *Er übt am Mittwoch Morgen*; vgl. auch *Er übt am frühen Morgen* - der Duden verlangt allerdings *am Mittwoch morgen!*[1] Ich sehe keinen Sinn darin, im Rahmen einer Rechtschreibanalyse die syntaktische Kasuistik dieser Ausdrücke weiter zu entwickeln - zumal mir die syntaktische Analyse der Adverbien keineswegs völlig durchsichtig ist.

---

[1] S.W. MENTRUP, DUDEN - *Die Regeln der deutschen Rechtschreibung*. Mannheim: Bibliographisches Institut. 2. Aufl. 1981, S. 76.

Insofern ist die Möglichkeit einer verallgemeinerten orthographischen Grundregel nur mit dem Vorbehalt einer noch ausstehenden Klärung der Adverbialproblematik zu formulieren:
Wenn eine Nominalgruppe vorliegt (gleich welcher syntaktischer Funktion), dann analysieren wir sie in ihren Kern und das Komplement zu diesem Kern und markieren den Kern mit einer initalen Majuskel.

In dieser Weise lassen sich die Regeln 63-64 analysieren, wobei allerdings jetzt der analytische Aufwand zur Bestimmung des Verhältnisses von Kern und Komplement (bei der Rekonstruktion der peripheren Fälle) immer größer wird - und der Ertrag immer geringer. Vgl.:
Er ißt Fleisch statt Brot
Er ißt Fleisch anstatt Brot
? Er ißt Fleisch an Statt von Brot
? Er ißt Fleisch an Brotes Statt
Mit der Kraft seiner Arme hob er sie hoch
Er hob sie kraft seiner gewaltigen Arme hoch

Selbstverständlich ist es möglich, hier syntaktisch-semantische Differenzen auszumachen, wie etwa bei den Beispielen aus R. 63 („Substantive, die als unbestimmte Zahlwörter gebraucht werden, schreibt man klein"):
Ein Biß von dem Brot
Ein Biß Brotes
Ein Bißchen Brotes
Ein bißchen Brot (Liebe...)

Wenn das erste Element großgeschrieben ist, dann ist es ein Kern einer Nominalgruppe, und das zweite Element ist ebenfalls wiederum Kern einer Nominalgruppe, die als Genitivattribut zyklisch in die Nominalgruppe eingebettet wurde (s. oben im 14. Kapitel).

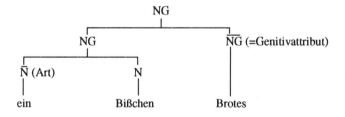

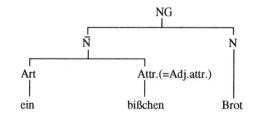

In diesem Sinne sind die Quantitätenangaben wohl immer noch mit einem partitiven Genitiv „zu rekonstruieren":
Ein Glas Bier
Zehn Zentner Kartoffeln usw.,
obwohl dieser Ausdruck hier nur noch eine etymologische Berechtigung hat. Eine genauere syntaktische Analyse ist an dieser Stelle nicht möglich. Die weiteren Probleme bei den Beispielfällen der R. 63 sind ebenfalls wieder in diesem Muster zu analysieren, vgl.
So ein paar gute Schuhe
So ein Paar gute Schuhe und
So ein Paar guter Schuhe (also mit zwei Nominalgruppen und attributiver Beziehung). Ganz offensichtlich spielt hier wieder die Dynamik der Sprachentwicklung herein, insbesondere das Problem des Abbaus der Genitivmarkierungen, die das Verhältnis von Rand und Peripherie nicht fest sein läßt und entsprechend orthographische Unsicherheiten schafft, wenn ein bestimmtes syntaktisches Verständnis normativ festgeschrieben wird.

Generell läßt sich feststellen, daß die zweite Majuskel in einer Nominalgruppe *rechts* von der ersten auftritt, wobei das zweite nominale Element das vorausgehende expandiert. Gegenüber der semantischen Argumentation in der Schulgrammatik und den daran orientierten Rechtschreibwerken ist das auch bei quantitativen Ausdrücken der Fall, vgl.

er trinkt Milch, die ihn gesund hält

er trinkt täglich einen Liter Milch, den er in einem Zug hinunterkippt

Solche rechtsversetzten nominalen Expansionen sind intern wiederum als NGs strukturiert und werden entsprechend orthographisch mit einer Majuskel gegliedert, unabhängig von der syntaktischen Funktion der Expansion, vgl.
das Haus des Vaters: Genitivattribut

| *das Haus am Rubbenbruchsee* | Präpositionalphrasen |
| *das Haus mit dem Strohdach* | |

So wie es archaisierend aber auch noch nachgestellte Adjektivattribute gibt (*mein Vater seliger*), so gibt es noch Reste der alten Freiheit in der Position des Genitivattributes:
Helgas Kleider
Sie sind allerdings (wie „stark" flektierte Genitive generell) nur noch auf (artikellose) Eigennamen eingeschränkt und auch da gegenüber (den auch schriftsprachlich bei artikellosen Ausdrücken vom Duden zugelassenen) Präpositionalausdrücken stark markiert, vgl.
die Kleider von Helga
der Alte von Sanssouci.
Nur noch archaisierend („Bibel-" bzw. „Volksliedton") sind vorangestellte expandierte Genitivattribute möglich:
des Kaisers neue Kleider
der Themse Purpurschaum

NB: Die Dynamik der Sprachentwicklung führt zu Ungleichzeitigkeiten. So verläuft die Dynamik der typologischen Umstrukturierung keineswegs linear in der gesprochenen Sprache avantgardistisch in Richtung auf Rechtsversetzung der komplexen nominalen Attribute, wie der umgangssprachlich sehr

lebendige possessive Dativ zeigt (der so ja schon in der altdeutschen Zeit belegt ist, etwa in den „Merseburger Zaubersprüchen"):
der Helga ihre Kleider.
Bemerkenswerterweise taucht das Problem schriftsprachlich nicht auf, weil der possessive Dativ verpönt ist!

Anders steht es allerdings mit eingebetteten satzwertigen Partizipialausdrücken, die einerseits als adjektivische Attribute linksversetzt vom Kernelement stehen, andererseits, durch die Valenz des Verbs gebunden, expandierende NGs aufweisen können, die dann intern als solche strukturiert sind:
die mit einem roten Abendkleid herausgeputzte Helga
(die Rechtsversetzung ist hier nur als appositive Unterbrechung der syntaktischen Konstruktion möglich, was sich auch in der entsprechenden Interpunktion zeigt: *Helga, mit einem roten Abendkleid herausgeputzt, zog alle Blicke auf sich).*

NB: Die Rechtsversetzung der NG-Komplemente ist i.S. der historischen Entwicklung ohnehin in einem Feld von Umstrukturierungen zu sehen: adjektivische (=kleingeschriebene) Komplemente expandieren die NG nach links - rechtsversetzte Erweiterungen sind entweder Archaismen (im „Volksliedton", s.o.)
Röslein rot
Rehlein fein ...
oder eben, wie hier zuletzt behandelt, komplexe Komplemente mit eigenem Nukleus.
Symptomatisch dabei (hier allerdings i.S. der *syntaktischen* Fundierung der Rechtschreibung kein definierendes Kriterium) ist die prädikative („Null"-Flexion) der Adjektive bei rechtsversetzter Nachstellung in beiden Fällen, vgl.
das rot*e* Röslein - Röslein ro*t*
der grün*e* Junge - der Junge, grü*n* im Gesicht,...
die mit ... herausgeputz*te* Helga - Helga, mit ... herausgeputz*t*, ...
der im Stuhl sitzen*de* Hans - Hans, sitzen*d* im Stuhl, ...
Unabhängig von den sprachgeschichtlichen Vorgaben (im älteren Deutschen bestand noch eine beträchtliche Freiheit in der Wahl der verschiedenen Adjektivflexionen) markiert die *prädikative* (nicht attributivische) Form des Adjektivs die Nicht-Integration in die NG, sodaß mit einer gewissen Annäherung tatsächlich der großzuschreibende Kern einer NG als ihr rechtes Element bestimmt werden kann, die kleinzuschreibenden Komplemente als links davon stehende Expansionen. Für die didaktische Exploration der syntaktischen Rechtschreibfundierung ist diese Bedingung als Arbeitsschritt sicherlich sinnvoll - der allerdings dann in der Konfrontation mit komplexerem Material jedenfalls ergänzt werden muß.

Spiegelverkehrt zu den Fällen zusätzlicher Majuskeln in einer NG sind NGs ohne Majuskeln. Auch hier erlaubt eine genauere syntaktische Analyse die Rekonstruktion der Rechtschreibregularitäten, die allerdings entsprechend der Dynamik der Sprachentwicklung eine Reihe unterbestimmter (syntaktisch ambiger) Fälle übrig läßt. So z.B. bei der R. 64 des Duden, die im übrigen ja auch explizit an das Sprachempfinden appelliert: „In vielen stehenden Verbindungen mit Verben wird das Substantiv in verblaßter Bedeutung gebraucht; es wird nicht mehr als Substantiv empfunden und klein geschrieben". Die Konsequenz daraus sollte eben sein, entsprechend dem Sprachempfinden dem Schreiber freizustellen, wie er schreibt; im Grammatikunterricht der höheren Klassen kann es eine lohnende Aufgabe sein, verschiedene Schreibvarianten bei historischen Texten, die behandelt werden (Goethe, Kleist), interpretieren zu lassen.

Generell läßt sich feststellen, daß die Differenzierungen gemacht werden können, und insofern sinnvolle Aufgaben für die Syntaxanalyse bieten. Die Kategorien sind in diesem Sinne eben immer operativ zu entwickeln, nicht an gegenständlichen Wörtern abzulesen. Vgl. auch zu R. 64:

(1) Hans ist Pauls ∧ Feind
               größter
(2) Hans ist (dem) Paul ein ∧ Feind
                          großer
(3) Hans ist (dem) Paul ∧ feind
                       sehr

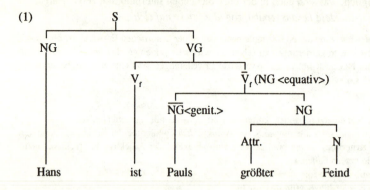

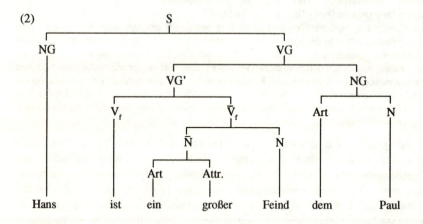

(3)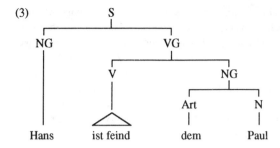

Bei der Expandierung an der Sollbruchstelle vor *Feind/feind* zeigt sich durch die unterschiedliche Form der Expansion die unterschiedliche syntaktische Struktur: bei (1) und (2) eine attributive Ergänzung zu einem nominalen Kern, bei (3) eine adverbiale Ergänzung zu einem komplexen Verb. (Vgl. mit dem komplexen Verb *feind sein* noch *lebendig sein, blau sein*).

Dieses strukturelle Problem und seine Lösung wiederholt sich bei R. 65 („Substantivisch gebrauchte Adjektive und Partizipien werden groß geschrieben"): *Allerlei (etwas, viel...) Leute* erfüllen in einer Nominalgruppe die determinierende Komplementfunktion N zum nominalen Kern.

NB: Das ist zu unterscheiden von ihrer etymologischen Funktion als Pronomina, die ein Genitivattribut nach sich ziehen: In diesem Sinne haben wir noch *zuviel des Guten* im Gegensatz zu *etwas Gutes*.

Die Absätze (3) und (6) der R.65 sind subtil, d.h. prinzipiell rekonstruierbar, aber in keinem vernünftigen Verhältnis von Aufwand und Ertrag („Adjektive und Partizipien, die durch einen Artikel der Form nach substantiviert sind, werden dennoch klein geschrieben, wenn sie durch ein bloßes Adjektiv, Partizip oder Adverb ersetzt werden können. ... Ein Adjektiv oder Partizip (mit vorangehendem Artikel u.ä.) wird klein geschrieben, wenn es wie ein Pronomen (Fürwort) gebraucht wird"). Schlimm sind aber im Sinne der Anforderung rekonstruierbarer Regeln Bestimmungen wie die bei (4): „Adjektive und Partizipien, die in unveränderlichen Wortpaaren oder in festen Verbindungen (mit Verben) stehen, werden ebenfalls klein geschrieben, auch wenn sie der Form nach substantiviert sind. ... Man schreibt in einzelnen Fällen noch groß, weil die substantivische Vorstellung überwiegt." Was soll das bedeuten? Wenn so etwas festgeschrieben wird, dann wird der reguläre Kern der Rechtschreibung in Frage gestellt. Andererseits sind derartige Probleme relativ marginal (etwa im Sinne der Häufigkeit, vgl. R. 62), sodaß hier ja auch ein recht geringes Fehlerrisiko besteht.

Gleiches gilt für die R. 68 („Substantivisch gebrauchte Infinitive (Grundformen) werden groß geschrieben"), wo der Duden ausnahmsweise einmal die richtige Konsequenz zieht und in Abs. (2) die Schreibung freigibt: „Bei Infinitiven ohne Artikel, Präpositionen oder nähere Bestimmung ist es oft zweifelhaft, ob sie substantivisch gebraucht sind. In diesen Fällen ist sowohl die Groß- als auch die Kleinschreibung gerechtfertigt." S. auch in Anhang II die Diskussion der für R. 68 zugrundezulegenden syntaktischen Analyse („Ergänzende Hinweise zur grammatischen Analyse des Deutschen").

Ein problematischer Fall liegt bei der im Duden sogenannten „Substantivierung" von Adjektiven vor. Diese Fallunterscheidung macht einen gewissen Sinn, da der unterschiedliche Gebrauch der starken und der schwachen Adjektivflexion ihr eine formale Grundlage gibt: vgl. *das Schöne siegt, ein Schönes siegt, allerlei Schönes siegt* (zu R. 65 (2) „Adjektive und Partizipien werden vor allem dann groß geschrieben, wenn sie mit allerlei, alles, etwas, viel, wenig und ähnlichen Wörtern in Verbindung stehen"). Aber diese Differenzen, die ja als solche auch in der gesprochenen Sprache bestehen, sind eben Differenzen auf der Ebene dessen, was graphisch darzustellen ist, sie bilden kein *orthographisches* Problem.

Schwierigkeiten tauchen offensichtlich bei Grenzproblemen auf, hinter denen oft Homonymien stecken, die letztlich aber nur bei einer etymologischen Betrachtung Probleme bereiten, vgl.

Er hörte auf zu trinken.
Er hörte auf mit Trinken.
Er hörte auf mit dem Trinken.

Das letzte Beispiel ist durch die Expansion der Nominalgruppe, die *Trinken* als Nukleus erweist, eindeutig und bestimmt somit indirekt auch das zweite Beispiel als eine *expandierbare* Nominalgruppe. Anders steht es bei dem ersten Beispiel, wo eine solche Expansion nicht möglich ist, wir haben nicht: **Er hörte auf zu dem Trinken*; ein Fall wie: *Er kam zu dem Trinken* ist anders zu interpretieren. Hier handelt es sich um die semantisch „volle" Richtungspräposition zu. In diesem Sinne sind dann auch die Beispiele in R. 68 zu analysieren, die z.T. aber eine andere Struktur aufweisen:

Durch Anwärmen einer Spritze.

Der Genitiv *einer Spritze* erweist die gesamte Konstruktion als eine Nominalgruppe mit einer eingebetteten zweiten Nominalgruppe, dem Genitivattribut; dadurch ist aber auch das erste Nomen *Anwärmen* als solches und gleichzeitig als Nukleus, mit Majuskel, ausgewiesen. Bei *eine Spritze anwärmen* zeigt schon die Kasusform des „Akkusativs" eine nominale Gruppe in einer verbalen Konstruktion als direktes Objekt. Selbstverständlich können hier auch wiederum parallele Strukturen vorliegen, die mit entsprechenden Reihungselementen markiert sind (Konjunktionen oder eben Trennungskomma), z.B. *für Hobeln und Einsetzen der Türen.*

Es bleiben jetzt noch eine Reihe von mehr oder weniger marginalen Spezialproblemen zu behandeln. In R. 83 („Die Groß- und Kleinschreibung bleibt bei Abkürzungen und Zeichen auch dann erhalten, wenn sie als erster Bestandteil von Zusammensetzungen oder in Ableitungen verwendet werden") haben wir wieder das Problem von Collagen. So erhält die *km-Zahl* keinen initialen Großbuchstaben, weil das Element *km* hier in seiner ikonischen Form sich selbst in einer Collage repräsentiert, in diesem Sinn nicht den grammatisch zu behandelnden Anfang des komplexen Wortes stellt, wie es die R. 69 bestimmt („In substantivischen Aneinanderreihungen wird das erste Wort auch dann groß geschrieben, wenn es kein Substantiv ist"). In gleichem Sinne sind auch die Ausnahmebestimmungen in R. 70 zu sehen („Bei fremdsprachigen Wortgruppen, die für einen substantivischen Begriff stehen, schreibt man in deutschen Texten das erste Wort groß"). Hier ist nicht die Großschreibung des ersten Wortes das Problem, die aus der Grundregel von selbst folgt, sondern die aus der Fremdsprache beibehaltene Schreibung ohne Zusammenschreibung bzw. ohne Bindestrich (z.B.: *Heute mittag gab es Corned beef*). Im Sinne dieser Vorschrift ist ein solcher Ausdruck auch wiederum als Zitat, als Collage unterschiedlichen

Sprachmaterials zu behandeln. Bei einem größeren Grad an Integriertheit in die deutsche Sprache wäre hier wohl eine Bindestrichschreibung eher plausibel.

Grenzprobleme stellen hier die Kontaktschwierigkeiten zwischen Sprachen dar, bei denen die „Entlehnenden" nicht die Voraussetzungen für die interne Analyse des fremden Sprachmaterials hatten (anders also als bei den englischsprachigen Ausdrücken heute). Nach dem Muster des *Kannitverstaan* in Hebels Kalendergeschichten sind auf diese Weise einige exotische Ausdrücke in der Kolonialzeit als Namen in unsere westeuropäischen Sprachen gekommen; *Kanguruh* ist vermutlich einer davon. Die Etymologie der verschiedenen Schriftsprachen weist eine ganze Menge solcher, oft auch bewußt scherzhafter, Ausdrücke auf. Hier bestehen dann fließende Übergänge zu Univerbierungen, die immer diese Alterität zu den Normalbildungen vor sich her tragen, vgl. *ein Guck-in-die-Welt, ein Gott-sei-bei-uns, ein Spring-ins-Feld, ein Taugenichts* u.a. mehr.

Ganz anders stellen sich die Probleme bei dem Komplex der R. 71-72, der Regelung der Anredepronomen („Das Anredepronomen in Briefen wird groß geschrieben. ... Dasselbe gilt auch für Anredepronomen in feierlichen Aufrufen und Erlassen, Grabinschriften, Widmungen, Mitteilungen des Lehrers an einen Schüler unter Schularbeiten, auf Fragebogen, bei schriftlichen Prüfungsaufgaben usw.... Bei der Wiedergabe von Reden, Dialogen u.ä. in Protokollen, Prospekten Lehrbüchern u.ä. wird jedoch klein geschrieben.... Die Höflichkeitsanrede „Sie" und das entsprechende besitzanzeigende Pronomen „Ihr" werden immer groß geschrieben. ... Das rückbezügliche Pronomen „sich" wird dagegen immer klein geschrieben. ... Auch in festgelegten Höflichkeitsanreden und Titeln wird das Pronomen groß geschrieben"). Definitionsgemäß ist die Majuskelschreibung hier in einer ganz anderen Funktion zu sehen, da nach unserer Analyse ja die Pronomina ohnehin keine Kerne sein sollen. Es handelt sich gewissermaßen um die Umkehr des Verhältnisses von markierter und unmarkierter Schreibung: Durch die der syntaktischen Kategorisierung entgegenlaufende Großschreibung der Pronomina wird die orate Alterität zur Schrift graphisch repräsentiert bzw. in kommunikativen Schreibweisen wie in Briefen (R. 71) wird eine orate Situation fingiert. Anders ist es in R. 71 (2) (s.o.), wo es sich um einen literaten Bericht handelt.

Bei dem Regelkomplex 73-74 wird die Grenze eines nominalen Kerns markiert („Das erste Wort eines Buch-, Film- oder Zeitschriftentitels, einer Überschrift o.ä. wird groß geschrieben. ... Das erste Wort eines Straßennamens oder Gebäudenamens wird groß geschrieben, ebenso alle zum Namen gehörenden Adjektive und Zahlwörter"). Die Grenzen zu „Namenäquivalenten", die der Duden hier zieht, sind fließend, vgl.:

Er sah einen Milan (an der Sollbruchstelle vor *Milan* expandierbar mit: *kleinen, roten, blauen* usw.)

Er sah einen Roten Milan (auch wiederum expandierbar, jetzt aber an der Sollbruchstelle vor *Roten Milan* durch *kleinen, roten, blauen*).

Denkbar ist ja jedenfalls: *Er sah einen blauen Roten Milan - der hatte gerade im Abwasser einer Färberei gebadet.* Aber nicht möglich ist: **Er sah einen blauen roten Milan* (zu unterscheiden von: *Er sah einen blauroten Milan*).

Bei R. 76 (2+3) („Die von geographischen Namen abgeleiteten Wörter auf -er schreibt man immer groß. ... Die von geographischen Namen abgeleiteten Adjektive auf -isch werden klein geschrieben, wenn sie nicht Teil eines Eigennamens sind") ist die Differenz offensichtlich; sie sollte aber nicht wie beim Duden festgeschrieben werden, da die

verschiedenen Suffixe *-er, -isch* unterschiedlich produktiv sind, und die Regeln ohnehin nicht über die materialen Wortbildungsdifferenzen formuliert werden sollten, vgl.
eine sibirische Felljacke
? eine Sibirer Felljacke.
Hier sind Differenzierungen möglich, die aber eben nur anzusetzen sind, wo es sich um tatsächlich produktive Oppositionen handelt, die im Sprachwissen auch paradigmatisch fixiert sind, vgl.
Ein Holländer Käse aus dem Allgäu.
Ein holländischer Käse nach Emmentaler Art.
Auf die komplexen Regeln für die Namen (Eigennamen) kann ich nicht im einzelnen eingehen. Sie werfen aber eine spezielle Problematik mit dem zweiten Element der Grundregel auf, nach dem der Kern einer nominalen Gruppe mit einer Majuskel zu versehen ist. Nun hatten wir ja schon im 14. Kapitel gesehen, daß über attributive Einbettungen in der Nominalgruppe weitere Kerne mit entsprechender Majuskelschreibung auftreten können. Vgl. (mit der offensichtlichen Umstellung des Relativsatzes bei (1b): *Die Zigarre, die der Großvater raucht, qualmt.*):

(1a)

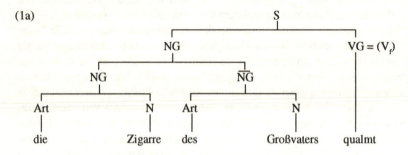

(1b)

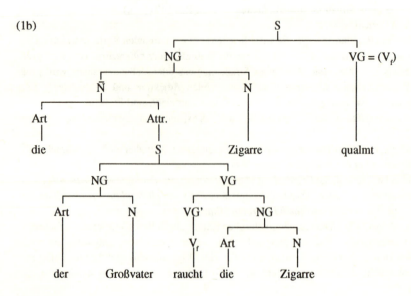

Anders ist es aber bei Sätzen wie:
(2) *Mein Großvater Hans raucht gerne Zigarren*
wo die beiden Majuskeln nicht aus einer attributiven Konstruktion hergeleitet werden können. Die Differenz der beiden Ausdrücke ist klar: Sowohl bei (1a) wie bei (1b) ist die *Zigarre* Kern der Nominalphrase, denn wir haben
Die Zigarre qualmt, aber wir haben eben nicht
**des Großvaters qualmt*
**die Großvater raucht qualmt.*
Demgegenüber haben wir im Vergleich zu (2) sowohl:
Mein Großvater raucht gerne Zigarren.
Hans raucht gerne Zigarren.
Also besteht zwischen *Hans* und *mein Großvater* keine hierarchische Struktur, sondern sie sind parallele Ausdrücke, also wie bei den appositiven Konstruktionen bei der Kommasetzung stehen sie in einer paradigmatischen Beziehung, die linearisiert wird. Wir haben also die gleichen syntaktischen Analysekategorien in den verschiedensten orthographischen Bereichen. Vgl. damit auch:
Mein Großvater Hans raucht Zigarren.
Mein Vetter, der Bäckermeister, raucht Zigarren.
Hier haben wir die Sonderrolle von Namen und Titeln, mit z.T. komplexeren Regeln für die appositive Struktur oder nicht (vgl. R. 133ff.). Daß es sich tatsächlich um zwei parallele Nominalphrasen handelt, zeigt sich bei evtl. Expansionen, bei denen jeder Nukleus unabhängig von dem anderen expandiert wird, vgl.
Mein entfernter Verwandter, der preisgekrönte Bäckermeister, raucht Zigarren.
Die Kommaregel besagt hier, daß syntaktisch parallele nominale Gruppen, die expandiert sind, durch ein Komma abgetrennt werden müssen, vgl.:

Mein Vetter Egon ⎤
Mein Vetter, der schnelle Egon, ⎦ raucht Zigarren

D.h. also, auch Eigennamen haben in Verbindung mit anderen Nomina die Struktur von Quasi-Appositionen, jedenfalls werden sie so behandelt, also ob sie appositiv stehen, da keine hierarchische Beziehung zwischen Komplement und Kern besteht. Darin liegt die i.S. der syntaktischen Analyse angestrebte Differenz zu (hierarchisch) integrierten Nominalgruppen, die auch bei expandierten Nuklei keine Kommasetzung aufweisen (s.o. Kapitel 14, S. 164 ff. zu den Genitivattributen).

Diese Argumentation läßt sich auf den gesamten Namenkomplex verallgemeinern. Anders als bei sonstigen Nominalgruppen kann jedes Namenselement die Gruppe vertreten (*syntaktisch* - nicht z.B. in Hinblick auf die Gewichtung von *Ruf-* gegenüber sonstigen Vornamen, die standesamtlich durch Unterstreichung des Rufnamen markiert wird).

Johann Ulrich Meyer ⎤
Johann ——————— ⎥
———— *Ulrich* ——— ⎬ trat in die Firma ein
——————— *Meyer* ⎦

Dieser antihierarchische („anarchische") Gleichgewichtszustand wird durch die Streuung der Majuskeln über die Namengruppen bezeichnet ausgedrückt, vgl. demgegenüber

der grüne Johann ⎤
der ____ Johann ⎟ *trat in die Firma ein*
*der grüne ____ ⎦

anders wenn der *Grüne* als „Titel" appositiv fungiert (i.S. von Mitglied bei den „Grünen", also der Partei)

der Grüne Johann ⎤ *trat in die Firma ein*
der Grüne ____ ⎦

In gewisser Weise wird hier die syntaktische Analyse suspendiert - die Abfolge von Majuskeln dient als Warnsignal. Das ist ein gewisser Widerspruch zur orthographischen Aufgabe der Schrift, der auch die hier bestehenden Unsicherheiten bedingt (häufiger Fehler; interessant in älteren Texten die Majuskelauszeichnung oft nur eines Namens in einer Namenfolge!).

Im übrigen zeigt sich auch in syntaktischer Hinsicht eine Tendenz zur Integration solcher Gruppen, etwa bei der nur einmaligen Markierung eines Genitivsuffixes (Gruppenflexion):

das Auto meines Onkels Franz
Onkel Franzens Auto
Onkels ____ Auto
____ Franzens Auto

oder

Johann Ulrich Meyers Auto
Johanns ____ Auto
____ Ulrichs Auto
____ Meyers Auto

Gerade hier bestehen eine Reihe von Sondervorschriften, die z.T. idiosynkratisch in namenrechtlichen Bestimmungen festgeschrieben sind und für die sich im einzelnen nicht der Versuch einer syntaktischen Rekonstruktion lohnt. Im übrigen sind die Vorschriften für die Majuskelschreibung von Namen und Titeln immer zusammen mit denen für das paarige Komma zu sehen (s. R. 93), mit dem sie die syntaktischen Bezugskategorien gemeinsam haben (parallele Konstituenten); das gilt insbesondere bei Nachstellungen wie z.B. *Ludwig der Vierzehnte*, vgl. *der vierzehnte Ludwig* (unter fünfzig, die sich gemeldet hatten), *Ludwig, der vierzehnte Mann auf dem Platz*, ...

Schließlich haben wir noch ein Sonderproblem bei Zitierformen, bei denen die Zeichen in *suppositio materialis* genommen werden und gewissermaßen wieder Collagen bilden (vgl. R. 82 (2) „Substantivisch gebrauchte Einzelbuchstaben schreibt man im allgemeinen groß"). So haben wir

das n in Land

und nicht

*das N in Land, wohl aber *das N in NATO.*

Auf diese Probleme reagiert übrigens die Vorschrift für wissenschaftliche Literatur (jedenfalls sprachwissenschaftliche Literatur), die zu Unterscheidung von Objekt- und Metasprache unterschiedliche Schrifttypen verlangt (die metasprachlich eingeführten

Ausdrücke sollen durch Unterstreichungen bzw. Kursivierung gekennzeichnet werden).[2] In diesem Sinne würde es dann hier heißen: „*Das n in Land*".

Schließlich noch eine ergänzende Bemerkung zu den Abkürzungen, die im Vorausgehenden schon behandelt wurden (R. 83 „Die Groß- und Kleinschreibung bleibt bei Abkürzungen und Zeichen auch dann erhalten, wenn sie als erster Bestandteil von Zusammensetzungen oder in Ableitungen verwendet werden"). Hier gibt es ja auch noch die komplexen Fälle (wie z.B. *BuWe*), die trotz des fehlenden Spatiums durch initiale Großbuchstaben als mehrere Wörter charakterisiert sind (hier als zwei Wörter: *Bundes Wehr*, regulär: *Bundeswehr*). Die Einzelheiten sind im Vorausgehenden schon besprochen worden.

---

[2] Der Duden versteht sich wohl als *Sachbuch*, das dieser Konvention der wissenschaftlichen Literatur nicht unterliegt, wie die von mir auch in den Zitaten nicht vorgenommene objektsprachliche Auszeichnung zeigt.

Teil IV

Orthographie und Laut:
Die phonographische Komponente

18. Kapitel: Der Stellenwert der phonographischen Komponente; Hochsprache (Hochlautung) und regionale Varianten

Wir kommen jetzt zu dem letzten Teil der Rechtschreibung, der *phonographischen* Komponente. Das Verhältnis von Laut und Schrift ist zwar der Bereich, der in den üblichen Vorstellungen zentral mit unserer Alphabetschrift verbunden wird; aber er nimmt im Rechtschreibduden keineswegs einen entsprechenden Stellenwert ein. Das kontrastiert mit den Arbeiten von Sprachwissenschaftlern, die unter der Überschrift der Rechtschreibung meist nur zu Problemen der Phonographie Stellung nehmen. Wenn wir die Regeln im Rechtschreibduden daraufhin einmal durchsehen, so finden sich nur relativ wenige Bereiche, die als phonographische anzusprechen sind:

R. 36   Zusammentreffen von drei gleichen Vokalen

R. 53   Fremdwörter

R. 131   Namen (Graphien mit th usw.)

R. 178-182   Silbentrennung

R. 183-188   ss und ß

R. 204   Zusammentreffen von drei gleichen Konsonanten

Wir finden hier also ein kurioses Sammelsurium von Rechtschreibproblemen; denn nur darum geht es hier: Problemfälle zu regeln, etwas genereller und summarischer als bei den Einzelentscheidungen im Wörterbuch. Bis auf die Silbentrennung werden dabei auch keinerlei Regeln gegeben, wird keine Struktur expliziert, wie es ansatzweise bei den beiden vorigen Blöcken der Interpunktion und der wortbezogenen Graphien versucht wurde (wenn auch ohne Erfolg, weil eine grammatische Analyse vermieden wurde). Hier findet sich noch nicht einmal ein Versuch dazu. Allerdings wäre es falsch, daraus zu folgern, hinter den Dudenbestimmungen in diesem Teil stünden keine Prinzipien - sie scheinen der Dudenredaktion nur so trivial, daß sie gar nicht erst expliziert werden.[1]

In der Frühphase der heutigen Rechtschreibregelung war das noch anders: Da gab es konkurrierende Vorstellungen zur Phonographie, und von daher mußten die verschiedenen Positionen expliziert werden. Die *Urform* des modernen Duden liegt in der damals noch „privaten" Schrift des Schleizer Schuldirektors Konrad Duden vor: „Die deutsche Rechtschreibung", Leipzig 1872 (s. Abb. des Titelblattes).

Streng genommen ist das allerdings auch nicht die Urform: der Regeltext (also ohne das Wörterbuch) ist vorher bereits in dem Schulprogramm von Dudens Schule, dem Gymnasium in Schleiz, abgedruckt. Die späteren Fassungen sind Überarbeitungen dieses Werkes, so die 1880 erschienene unter dem Titel: „Vollständiges orthographisches Wörterbuch der deutschen Sprache". Die neue Titulatur macht den Kontext des Unternehmens deutlich: das *nationale* Erneuerungsbestreben; bis dahin gab es konkurrierende Rechtschreibbücher in verschiedenen Ländern, insbesondere durchaus gegensätzliche für Preußen und für Bayern. Das Werk der nationalen Einigung sollte auf der ersten Berliner Konferenz von 1876 erreicht werden, kam aber bis zur 2. Berliner Konferenz von 1901 nicht zustande. Diese zweite Konferenz stand unter pragmatischen Zielsetzungen: die nationale Einigung

---

[1] Allerdings ist in diesem Zusammenhang zu berücksichtigen, daß der Rechtschreibduden komplementär zu dem Grammatikband angelegt ist, der einen systematischen Teil über Laut und Schrift enthält, in der neuesten Fassung (4. Auflage, Mannheim 1984) im übrigen von Augst auf eine vernünftige sprachwissenschaftliche Basis gestellt.

Die deutsche

Rechtschreibung.

Abhandlung,

Regeln und Wörterverzeichniß

mit etymologischen Angaben.

Für die

oberen Klassen höherer Lehranstalten und zur Selbstbelehrung für Gebildete.

Von

Dr. Konrad Duden,

Gymnasialdirektor in Schleiz.

Leipzig,

Druck und Verlag von B. G. Teubner.

1872.

Abb. 27

war wichtiger als das Festhalten an Prinzipien; Duden war Protokollant dieser Konferenz, aus der er die Konsequenz in den entsprechend bearbeiteten Neuauflagen seines Rechtschreibbuches zog; was bisher nur seine leicht modifizierten Vorschläge zur Rechtschreibung des Deutschen Reiches waren, firmiert seit 1902 in einer modifizierten Form als die offizielle deutsche Rechtschreibung.

Die politischen Prämissen des Duden'schen Projektes waren von Anfang an deutlich. Im Vorwort (S. VII) der Ausgabe von 1872 heißt es: „Möge diesem Werkchen, dessen Plan in den Tagen gefaßt wurde, als in der französischen Königsstadt die deutsche Kaiserwürde und mit ihr die politische Einheit Deutschlands geboren ward, vergönnt sein, zu seinem bescheidenen Teil an der Herstellung der Einheit, auf dem nur *vergleichsweise* unwichtigen, aber keineswegs gleichgiltigen Gebiete der Rechtschreibung mitzuwirken. Auch hier gibt es berechtigte Eigentümlichkeiten, die geschont, unberechtigte, die zurückgewiesen, ja auch Absonderungsgelüste, die mit aller Kraft bekämpft und von der Schule ferngehalten werden müssen".

Das Buch enthält in dieser frühen argumentativen Fassung noch ein ausführliches Einleitungskapitel von 68 Seiten. Da heißt es nun, daß über die Orthographie nach *Prinzipien* zu entscheiden sei, die wiederum aus dem Zweck der Schrift abzuleiten seien, und „es kann aber über denselben (den Zweck der Schrift, UM) kein Zweifel sein: Er kann nur darin bestehen, das gesprochene Wort zu ersetzen"(S.1). Die Schrift ist also im Prinzip eine Lautschrift: „Das geschriebene Wort verhält sich zum gesprochenen ähnlich wie das Abbild zum Urbild" (S. 5), oder wie es ausführlicher an anderer Stelle heißt: „Die Lautschrift ... gibt ein treues Abbild des gesprochenen Wortes, indem sie für das Auge des Lesenden den physiologischen Vorgang, der die Erzeugung der einzelnen Laute und die Verbindung derselben zu Wörtern im Munde der Redenden begleitet, darstellt: sie enthält gleichsam die Aufforderung an den Lesenden, in Gedanken oder laut - Kinder und Ungeübte lesen bekanntlich immer laut - jenen Vorgang zu wiederholen, und so *selbst* das lautende Wort zu erzeugen, welches der *Schreibende* gesprochen haben würde, wenn der Lesende zugegen gewesen wäre"(S. 4). Hier ist es also ganz klar: Schrift ist Phonographie.

Woraus resultieren nun für Duden die orthographischen Schwierigkeiten? In erster Linie aus der Sprachentwicklung. Die gesprochene Sprache wandelt sich ununterbrochen - hier war Duden natürlich in Übereinstimmung mit der Grundauffassung der Junggrammatiker. So heißt es bei ihm: „Während man nämlich ursprünglich von der Buchstabenschrift nichts anderes verlangte und verlangen konnte, als daß sie möglichst genau die Laute, aus denen das gesprochene Wort besteht, wiedergebe, entstand mit der Veränderung der Sprache das Interesse, in der Schrift die Identität des neugewordenen und des alten Wortes, die in der gesprochenen Sprache nicht mehr bestand, festzuhalten. Dieses Interesse hat, wie man sieht, mit der ursprünglichen Aufgabe der Sprache nichts zu thun: Es ist ein historisches, insofern es die Kenntnis der Geschichte der Wörter, welche durch die stete Umwandlung der Laute im Munde der Sprechenden Gefahr läuft verloren zu gehen, zu erhalten strebt" (S. 6). Und weiter: „Indem man nun diesem historischen Interesse Einfluß auf die Rechtschreibung verstattet, führt man das historische Prinzip in dieselbe ein; und in dem Maße, in welchem man es bei der Schreibung mitwirken läßt, beschränkt man das bis dahin allein gültige phonetische Prinzip." (ebd.). Duden läßt also gar keinen Zweifel aufkommen, wo er als Schulmann steht: Gegen die Vertreter des „historischen Prinzips", die sich immerhin auf die große Autorität von Jacob Grimm stützen konnten. Historische Betrachtung war aber damals gleichbedeutend mit wissenschaftlicher Sprachbetrachtung, und auch Duden macht nun als Schulmann deutlich, daß er keineswegs zu den Ignoranten gehört: Sehen wir nochmal auf seine Titelseite, so stellt er dort ja heraus, daß er ein etymologisches Wörterbuch liefert - und so ist das Wörterverzeichnis aufgebaut. Als ersten Eintrag finden wir: „*Aa* u. *Aach*, Namen mehrerer kleiner Flüsse, mhd. *a* u. *ahe*, aus ahd. *a* u. *aha*, welches mit lateinisch *aqua* Wasser gleichen Ursprungs ist. Das -a und -ach am Ende mancher Flußnamen ist aus diesem Aa und Aach entstanden usw." (S. 69). Der Schachzug war geschickt: Duden zeigt, daß er nichts gegen Bildung hat, diese hat ihren Reiz, aber nur an ihrem Platz: „Das Volk in seiner großen Masse empfindet von diesem Reiz absolut gar nichts und hat nur die Plage, bei tausenden von Wörtern lernen zu müssen, welche Buchstaben geschrieben werden, ohne daß man sie spricht, und welche anders, als man sie spricht ... Was Wunder, wenn da in unserer Zeit gegen das aristokratische historische Prinzip der Schreibung ein Widerspruch zugunsten des demokratischen phonetischen sich geltend macht. Die Schrift ist nicht für die Gelehrten, sondern für das ganze Volk da, so sagt man mit Recht, und dieses verlangt nichts weiter von der Schrift, als daß sie genau, und daß sie leicht zu handhaben sei, d.h. für jeden Laut einen Buchstaben und für jeden Buchstaben nur *einen* Laut habe." (S. 9)

Das ist geschickt argumentiert - man kann Duden letztlich nur zustimmen. Er folgert daraus, daß eine Reform nötig ist - aber aus seinen politischen Prämissen folgt für ihn auch, daß diese Reform nicht auf einmal möglich ist, da sonst der Separatismus droht. Die Lösung des Problems ist nur auf schulischem Wege über ein systematisches Einwirken auf die Abfolge der Generationen möglich - dann wird irgendwann einmal wieder (*wieder* ist ein Topos in den Utopien des 19. Jahrhunderts: Zurück zu den unschuldigen Anfängen!) der Zustand der Phonographie erreicht sein, die Realisierung des „Grundgesetzes: `Bringe Schrift und Sprache in Einklang'" (S. 15) - er sagt Sprache und meint selbstverständlich *gesprochene* Sprache.

Tatsächlich wurde die Diskussion damals so von allen Parteien geführt: Die Phonographie (das „phonetische Prinzip") war auch für die Vertreter der historischen Schreibungen Prämisse ihrer Argumentation; auch sie gingen ja davon aus, daß die von ihnen konservierend festgeschriebenen mittelalterlichen Schreibungen zeitgenössisch jedenfalls phonographische Schreibungen waren. Duden und seine historischen Gegner unterschieden sich nur in der Bewertung der Konservierung: Duden fragt danach, was es kostet, die versteinerten phonographischen Schreibungen in der Schule mitzuschleppen; seine Antwort ist offensichtlich: „Es kostet viel zuviel".

NB: Die phonographisch-basierte historische Position ist besonders bei Jacob Grimm deutlich, der im Vorwort zum ersten Band seines „Deutschen Wörterbuchs" (Leipzig 1854) unter diesen Prämissen gegen die „unerträgliche" Vielheit der Dehnungszeichen wettert (S. LVI). Auch seine etymologischen Graphien (*Märchen* - ohne daß im grammatischen Paradigma ein *mar vorkäme) sind ja in diesem Sinne „phonographisch" - nur eben ohne jede „synchrone" Kontrolle im historisierendem Blick aus der philologischen Vogelschau.

Bei allen Positionen, der Duden'schen Reformposition wie der seiner Gegner, aber findet sich die Reflexion auf die Funktion der Schrift, also die Darstellung der grammatischen Artikulation von Texten, ausgeblendet. Darauf bezogene Rechtschreib"probleme" erscheinen bei Duden nur als Verkünstlichungen gegenüber dem gesunden phonographischen Prinzip. Nur notgedrungen nimmt er einen Abschnitt über die Klein-/Großschreibung auf, den er denn auch historisch einleitet. Da heißt es nach der Feststellung, daß in der Frühzeit die Großschreibung außer zur Hervorhebung des Satzanfanges und von wichtigen Wörtern nicht vorkommt: „Wenn der Gebrauch der großen Anfangsbuchstaben von Haus aus keinen anderen Zweck hatte und haben konnte, als die Aufmerksamkeit auf ein vor andern beachtenswertes Wort hinzulenken, es vor demselben hervorzuheben, so leuchtet ein, daß die jetzige Verwendung derselben zweckwidrig ist. Sie ist vielmehr, gerade so wie die unglückliche Bezeichnung des Substantivs durch „Hauptwort", geeignet, zu der irrigen Annahme zu verleiten, als habe das Substantiv in irgendeiner Weise einen Vorrang vor den übrigen Wörtern im Satze zu beanspruchen. Die Verwendung großer Anfangsbuchstaben für die Substantiva und für alle Wörter, welche substantivische Geltung annehmen, ist aber jetzt so allgemein, daß sie nicht mit *einem* Schlage abgeschafft werden kann!" (S. 61, Hervorhebung im Text).

Hier waren sich alle einig: Bei der Klein- und Großschreibung war eine radikale Reform nötig; das hatte schon Grimm gefordert - schrieben doch auch die mittelhochdeutschen Dichter die Substantive nicht groß! So gehörte es zum guten Ton in den gebildeten Kreisen, damals und noch weit in dieses Jahrhundert hinein, satzintern klein zu schreiben.

Weitere Bereiche der grammatischen Struktur in der Orthographie fehlten, so insbesondere die Interpunktion. Als Begründung heißt es im Vorwort, die Interpunktion mußte ausgelassen werden, „da dieselbe ohne tieferes Eingehen in die Satzlehre unmöglich genügend behandelt werden kann" (S. V). Offensichtlich war die Interpunktion ein irritierender Bereich; hier - das war nun doch definitiv festgestellt, kam man ohne grammatische Analysen nicht aus[2] - aber der Phonograph Duden zog daraus nur die Konsequenz, diesen Bereich aus seinem Rechtschreibwerk auszublenden (und das blieb dann im übrigen auch noch bei der maßgeblichen Rechtschreibkonferenz von 1901 so).

Ich bin so ausführlich auf Duden eingegangen, weil an ihm sehr deutlich wird, daß die Reform der Orthographie gar nichts Neues ist - unsere Orthographie ist immer schon als Reformwerk fixiert worden. Das Problem ist vielmehr, daß man sich in der ganzen Geschichte unzureichend bemüht hat, die Orthographie überhaupt zu verstehen. Reformer und Reformgegner waren sich immer schon einig darin, daß Schrift eigentlich Phonographie ist, gemeinsam haben sie die grammatischen Leistungen der Orthographie ausgeblendet, also die Funktion der Schrift, auf die hin die orthographischen Strukturen zu entwickeln sind.

Aber nicht nur das. Mit der emphatisch beschworenen Vorstellung von der Lautsprache als „Urbild" (Duden) der Schrift blendeten sie nun auch alles aus, was sie vielleicht an phonetischer Analyse gelernt hatten - sonst hätten sie solche mythischen Vorstellungen ja auch nicht vertreten können. Duden formuliert sein Schriftideal so: „Es ist ja das phonetische Prinzip nichts anders als die Forderung, daß jeder *Laut* des gesprochenen Wortes durch einen *Buchstaben* des geschriebenen wiedergegeben werde; es ist also die Seele der Buchstabenschrift." (S. V). Und in diesem Sinne formuliert er dann auch seine „Hauptregel": „Schreib für jeden Laut des gesprochenen Wortes den ihn bezeichnenden Buchstaben. Diese Regel reicht aber nicht aus, denn die deutsche Sprache hat (1) nicht für jeden Laut einen besonderen Buchstaben und (2) für einzelne Laute verschiedene Buchstaben."

---

[2] So hatte schon Johannes WEISKE in seinem Buch *Theorie der Interpunktion aus der Idee des Satzes entwickelt* (1838) recht deutlich klargestellt, daß eine phonographische Auffassung der Interpunktion unsinnig sei.

(S. 41). Das führt ihn zu einer Sichtung der Rechtschreibprobleme, indem er Laut-Buchstaben-Entsprechungen elementweise vornimmt - genauso wie wir das in den neueren Büchern an den „GPK" („Graphem- Phonem-Korrespondenzen") so eindrucksvoll vorgeführt bekommen, vgl. das Diagramm auf der folgenden Seite (aus dem mehrfach zitierten Handbuch von NERIUS, 1987).

Wenn man einmal den grundsätzlichen ersten phonographischen Schritt gemacht hat, ist ein solches Vorgehen zwangsläufig. Aber was ist ein Laut? Die Phonetik zeigt uns (s. Anhang I), daß Laute nicht primäre Einheiten der Analyse sind, sondern Qualitäten, die an der Grundeinheit Silbe analytisch bestimmt werden müssen. Dagegen heißt es bei Duden: „Das gesprochene Wort besteht aus einer Anzahl aufeinander folgender Laute. Jeder Laut läßt sich durch ein bestimmtes Zeichen, Buchstabe genannt, schriftlich darstellen" (S. 41). Es fehlt also an phonetischen Kategorien wie der Silbe - dafür finden wir aber im Rechtschreibwerk dann „Ableitungssilben" (also Morpheme wie in *völl-ig*, wo wir in lautlicher Hinsicht ganz andere Silben haben [fø-liç]). Trotzdem kommt natürlich auch Duden nicht ganz ohne den Silbenbegriff aus, den er insbesondere bei der Fremdwortbeschreibung benutzt und bei der Trennung nach „Sprechsilben" (S. 67).

Also nicht nur die Schriftanalyse ist hier unzureichend, auch die phonographische Komponente der Orthographie bleibt letztlich ohne das Fundament in einer adäquaten Lautanalyse: Es fehlt ein Verständnis für die Fundierung der orthographischen Kategorien in solchen des Monitors.

Allerdings gehen die Probleme noch weiter: Welche Laute sind es denn, die gemäß Duden von den Buchstaben bezeichnet werden sollen? Ich sehe dabei nochmal von den engräumigen regionalen Varianten ab und gehe mit dem Duden von einer Gemeinsprache aus. In unserer norddeutschen Varietät der Gemeinsprache haben wir aber Formen wie

$$
\begin{array}{cccc}
[\text{k} & \text{l} & \text{a} & :] \quad \text{<klar>} \\
\downarrow & \downarrow & \downarrow & \\
& & \begin{bmatrix} <\text{a}> \\ <\text{ah}> \end{bmatrix} & \\
<\text{k}> & <\text{l}> & &
\end{array}
$$

In einer Schematisierung von „GPK-Regeln", wie sie in dem Handbuch von NERIUS 1987 zu finden sind, kämen wir also bei der phonographischen Umsetzung zu Schreibungen wie *<kla>* und *<klah>*, nicht aber *klar*. Wenn wir trotzdem hier final ein *r* schreiben, dann aufgrund der Proportionsgleichung

[kla:] : [klaRə] = [Ro:t] : [Ro:tə]
<klar> : <klare> = <rot> : <rote>

Wir schreiben also *klar* so wie *klare Brühe*, d.h. die unflektierte Form entspricht der femininen Form „abzüglich" der Endung *-e*, genauso wie wir *rot* schreiben entsprechend *rote Brühe*, „subtrahieren" wir aus *klare* die Endung *-e* als Endung des femininen Adjektivs und erhalten dann die Schreibung *klar*. Die Basis für das, was wir lautlich analysieren, ist eben auch hier eine grammatische Analyse. Die Grundlagen der Phonographie sind also Strukturen unseres Sprachwissens, das sich auf der Basis von Operationen herausgebildet hat, wie sie in dieser Proportionsgleichung ausgedrückt sind (als Gleichung $x : klare = rot : rote$, woraus die Auflösung $x = klar$ folgt).

phonologisches Wort	Phonem bzw. Phonemverbindung	Buchstabe bzw. Buchstabenverbindung	graphisches Wort
/alt/	/a/	<a>	<alt>
/va:l/			<Wal>
/za:l/	/a:/	<aa>	<Saal>
/ka:l/		<ah>	<kahl>
/be:t/		<ee>	<Beet>
/ve:r/	/e:/	<eh>	<Wehr>
/ve:r/			<wer>
/bıtə/		<e>	<bitte>
	/ə/		<Bett>
/kni:ə/		Nullgraphem	<Knie>
/bɛt/	/ɛ/		
/lɛst/		<ä>	<läßt>
/zɛ:t/	/ɛ:/		<sät>
/fɛ:rt/		<äh>	<fährt>
/ıst/	/ı/	<i>	<ist>
/vi:r/			<wir>
/fi:r/	/i:/	<ie>	<vier>
/zi:/		<ieh>	<sieh>
/i:r/		<ih>	<ihr>
/pɔst/	/ɔ/	<o>	<Post>
/fo:r/			<vor>
/mo:r/	/o:/	<oo>	<Moor>
/o:r/		<oh>	<Ohr>
/um/	/u/	<u>	<um>
/nu:r/	/u:/		<nur>
/u:r/		<uh>	<Uhr>
/hœlə/	/œ/	<ö>	<Hölle>
/hø:rt/	/ø/		<hört>
/mø:rə/		<öh>	<Möhre>
/kʏst/	/ʏ/	<ü>	<küßt>
/fy:r/	/y/		<für>
/fy:rt/		<üh>	<führt>
/zaıtə/	/aı/	<ai>	<Saite>
/vaızə/		<ei>	<Weise>
/aus/	/au/	<au>	<aus>
/hɔy/	/ɔy/	<eu>	<Heu>
/tɔyʃən/		<äu>	<täuschen>
/pfuı/	/uı/	<ui>	<pfui>
/pa:r/	/p/	<p>	<Paar>
/zupə/		<pp>	<Suppe>
/bal/	/b/	<b>	<Ball>
/ʃrubər/		<bb>	<Schrubber>

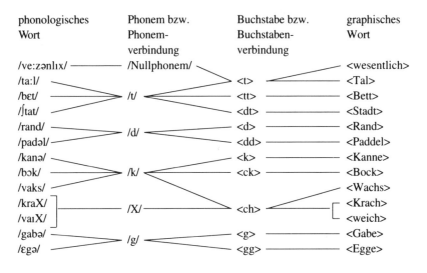

Abb. 26
„Graphem-Phonem-Korrespondenzen" im Deutschen nach NERIUS 1987, S. 95-96

Auf dieser analytischen Ebene einer phonetischen *Fundierung* (statt *Abbildung*) sind die phonographischen Regularitäten definiert. Bei nicht-analytischer Behandlung führt das, was wir am Beispiel der (in historischer Redeweise:) *r-Vokalisierung* silbenfinal nach [a] gesehen haben, bei den Schülern zur Entdeckung eines weiteren Dehnungszeichens, einem „Dehnungs-r", wie hyperkorrekte Schreibungen wie *Garbel [ga:bl̩] analog *Garten* [ga:tn̩] zeigen. Analytisch bearbeitet ergibt sich von hier aus der Zugang zu einer ganzen Reihe von phonographischen Regularitäten, die insbesondere die öffnenden Diphtonge umfassen (s. den phonetischen Anhang I).

Wir schreiben (und Anfänger lernen das erstaunlich rasch - i.d.R. ohne Hilfestellung der Erwachsenen, die schrift-"verbildet" die Zusammenhänge gar nicht mehr sehen!) [tyɐ̯] *Tür* wegen ['ty:Rn̩] *Türen* - also mit [ɐ̯] als fundierendem Element für das <r>, weil in der morphologischen Proportionsgleichung der Stammausgang ein [R] ~ <r> aufweist:

x (≙ [tyɐ̯]) : [ty:Rn̩] = [ty:p] : [ty:pn̩].

Ähnlich wie bei der Feminin-Movierung bei *klare* läßt sich hier das Pluralmorphem [n̩], graphisch <-en>, abstrahieren, sodaß aus der Pluralform [ty:Rn̩] die Singularform *[ty:R] erschließbar ist (unabhängig davon, daß diese in der konservativen Hochlautung auch gefordert wird, so im Aussprachewörterbuch von SIEBS ([19]1969), anders als beim DUDEN (*Aussprachewörterbuch* [2]1974) ebenso wie dem von KRECH (1982), die beide wie ich hier die diphthongische Aussprache mit [ɐ̯] zugrundelegen). Erst dieses grammatisch erschlossene *[ty:R] ist aber aufgrund der Projektion auf das lautliche [tyɐ̯] die Grundlage dafür, in dem *vokalischen* [ɐ̯] die Fundierung für die „konsonantische" Schreibung mit <r> zu sehen.

Nun sind das aber nicht die einzigen Probleme, die wir haben, insbesondere wenn wir noch die regionalen Sprechvarianten dazunehmen, die in der ganzen Bandbreite von

Dialekt bis Umgangssprache die Hochsprache (zumindest die Aneignung der Hochsprache) einschließlich der Orthographie bestimmen.

Berlin	[jans]	\<ganz\>	weil Hochlautung	[gan'ts]
nord-/niederdt.	[kle:n]	\<klein\>	weil Hochlautung	[kla͜an]
ripuar.	[hoŋk]	\<Hund\>	weil Hochlautung	[hunt] ~ [hundə]

Wie früher schon angedeutet, klärte sich das, was wir heute die Hochlautung nennen, erst gegen Ende des 19. Jahrhunderts. Genauso wie bei der Orthographie trugen dazu bzw. zur Normierung der Hochlautung nationale Konferenzen nach der Neugründung des Reiches bei, insbesondere die Konferenz von 1898 unter der Leitung von Theodor Siebs, der im gleichen Jahr auch eine „Deutsche Bühnenaussprache" herausgab. Diese bildet zwar eine orientierende Richtlinie für die Rechtlautung (Orthoepie), sie hat aber, wie der Titel schon zeigt, nie die gleiche Verbindlichkeit wie die Orthographie erreicht.

Trotzdem war mit der Fixierung der Hochlautung die Grundlage der phonographischen Rechtschreibung gemäß Duden gelegt: „Schreib wie du sprichst, wenn du Hochlautung sprichst!".

Diese Regel ist nun tatsächlich die Seele der modernen Rechtschreibauffassung, die ihre Absurdität heute, nach dem Festliegen der Hochlautung, gar nicht mehr zeigt. Deutlicher ist das bei dem Papst der älteren Orthographie vor der Duden-Epoche, bei Johann Christoph Adelung. Dessen „Deutsche Sprachlehre" von 1781 enthält einen ausführlichen zweiten Teil „Von der Orthographie" (S. 575-626). Da finden wir nun das phonographische Dogma ausdrücklich formuliert: „Daher ist das erste Grundgesetz für die Schrift aller Sprachen: Schreib wie du sprichst" (S. 577).

Adelung hätte keine Rechtschreiblehre zu verfassen brauchen, wenn die Sache so einfach gewesen wäre, und so finden sich denn die tatsächlichen Verhältnisse in seinen Einzelvorschriften genau spiegelverkehrt ausgedrückt; so heißt es z.B. in § 60 (S. 610-611): „Der Verwechslung des *g* mit dem *ch*, *j* und *k* kann nur die echte Hochdeutsche Aussprache, in manchen Fällen aber auch die Abstammung vorbeugen. Wer nicht Gelegenheit hat, die erstere zu hören, muß sich aus richtig geschriebenen Hochdeutschen Büchern zu belehren suchen"; dann kommt eine Reihe Beispiele, und dabei heißt es u.a. „*Reiger* für *Reiher* zu schreiben, gründet sich gleichfalls auf eine falsche Aussprache".

Das Problem verschiebt sich also zur richtigen Aussprache, zum „echten Hochdeutschen", was aber offensichtlich nichts anderes ist, als die Aussprache dessen, was man *richtig* schreibt: „Man schreibe, wie man spricht, aber ... der allgemeinen besten Aussprache gemäß, welche in Ober=Sachsen und besonders in Meißen und dem Churkreise, dem Vaterlande der Hochdeutschen Mundart, aber auch hier nicht unter dem großen Haufen, sondern in den höhern Classen der Einwohner und der feineren Gesellschaften zu suchen ist" (S. 582).

Die Prämissen dieser scheinbar so einfachen und natürlichen Regeln sind bei Adelung noch ganz naiv deutlich: Es handelt sich um eine Abgrenzung von dem „großen Haufen", die umso wirksamer ist, als das elitär Ausgegrenzte schlicht im Mantel des Natürlichen daherkommt. Gegenüber dieser elitären Prämisse der Phonographie ist nun eine sozial radikale Kritik, wie sie bei Duden anklang (wenn bei ihm auch mit ganz anderer Stoßrichtung) wirklich am Platze.

Johann Christoph Adelungs

Deutsche Sprachlehre.

———

Zum

Gebrauche der Schulen

in den Königl. Preuß. Landen.

Mit allergnädigsten Privilegien.

Berlin, 1781.

Bey Christian Friedrich Voß und Sohn.

Tatsächlich ist das Verhältnis von Hochlautung zur Hochsprache so, daß wohl keiner in Deutschland spontan damit klarkommen kann, insbesondere (das sei vor allem an die Adresse der in dieser Hinsicht oft wehleidigen Norddeutschen gesagt) ist Hochdeutsch keineswegs Süddeutsch; aber Hochdeutsch ist auch nicht Norddeutsch: Für die niederdeutschen Dialekte handelt es sich, wie man traditionell herausstellt, um eine „andere" Sprache. Aber es ist eben auch nicht Oberdeutsch und auch nicht Mitteldeutsch.

Der beste Beleg dafür findet sich bei den Klassikern, die doch vorgeblich das Modell unserer Hochsprache abgeben. Sehen wir dazu einmal bei Goethe nach, der aus einer Gegend kam (Frankfurt), wo er, wie man überspitzt sagen könnte, noch nicht einmal seinen Namen richtig aussprechen lernte. Als er 1775 nach Weimar kam und sich dabei der Polizei anmeldete (damals noch ein mündlicher Vorgang), notierte der Beamte im Anmelderegister einen Herrn *Gehde*. Das war nun keineswegs nur das orthographische Problem dieses Beamten, sondern gibt einigermaßen „lautgetreu" wieder, wie auch Goethe selbst seinen Namen aussprach. Den Beleg dafür bieten die Reime in seinen Gedichten, vgl. die markierten Stellen in den folgenden beiden Beispielen:

Glück der Entfernung.

Trink', o Jüngling! heil'ges Glücke
Taglang aus der Liebsten Blicke;
Abends gaukl' ihr Bild dich ein.
Kein Verliebter hab' es besser;
Doch das Glück bleibt immer größer,
Fern von der Geliebten sein.

Ew'ge Kräfte, Zeit und Ferne,
Heimlich wie die Kraft der Sterne,
Wiegen dieses Blut zur Ruh.
Mein Gefühl wird stets erweichter;
Doch mein Herz wird täglich leichter
Und mein Glück nimmt immer zu.

Nirgends kann ich sie vergessen;
Und doch kann ich ruhig essen,
Heiter ist mein Geist und frei;
Und unmerkliche Bethörung
Macht die Liebe zur Verehrung,
Die Begier zur Schwärmerei.

Aufgezogen durch die Sonne
Schwimmt im Hauch äther'scher Wonne
So das leichtste Wölkchen nie,
Wie mein Herz in Ruh und Freude.
Frei von Furcht, zu groß zum Neide,
Lieb' ich, ewig lieb' ich sie!

Abb. 29 aus „Sophienausgabe", Weimar, Bd. 1 Gedichte 1.Teil, S. 48

Willkommen und Abschied.

Es schlug mein Herz, geschwind zu Pferde!
Es war gethan fast eh' gedacht;
Der Abend wiegte schon die Erde
Und an den Bergen hing die Nacht:
Schon stand im Nebelkleid die Eiche,
Ein aufgethürmter Riese, da,
Wo Finsterniß aus dem Gesträuche
Mit hundert schwarzen Augen sah.

Der Mond von einem Wolkenhügel
Sah kläglich aus dem Duft hervor,
Die Winde schwangen leise Flügel,
Umsaus'ten schauerlich mein Ohr;
Die Nacht schuf tausend Ungeheuer;
Doch frisch und fröhlich war mein Muth:
In meinen Adern welches Feuer!
In meinem Herzen welche Gluth!

Dich sah ich, und die milde Freude
Floß von dem süßen Blick auf mich;
Ganz war mein Herz an deiner Seite
Und jeder Athemzug für dich.
Ein rosenfarbnes Frühlingswetter
Umgab das liebliche Gesicht,
Und Zärtlichkeit für mich — ihr Götter!
Ich hofft' es, ich verdient' es nicht!

Abb. 30 ebd. S. 68

Es ist aufschlußreich, sich die Reime einmal genauer anzusehen: Rein graphisch sind sie alle „dudenkonform", oder genauer gesagt: adelungkonform, denn Goethe hatte seinen „Adelung" (dessen Wörterbuch, 1774-1786) auf dem Schreibtisch stehen (Schiller, der ähnliche orthographische Probleme hatte wie Goethe, aber weniger Geld als dieser, lieh sich gelegentlich das Adelungsche Wörterbuch bei Goethe aus!).

Insofern ist an den Schreibungen unserer Klassiker nichts Bemerkenswertes (und in Hinblick darauf scheint die Redeweise, daß bei ihnen unser Hochdeutsch zu finden sei, plausibel). Die Probleme zeigen sich auch nicht bei Prosastücken, denen man die Aussprache des Autors ja nicht ansehen kann, sondern bei den Reimen.

Was wir bei der mutmaßlichen Aussprache des Namens unseres Dichterfürsten schon finden, zeigt sich bei dessen Reimtechnik: Goethe hatte keine gerundeten Palatalvokale, die regional gesehen fast nur in Norddeutschland dialektal vorkamen, und von dort aus in die Hochlautung eingeführt worden sind. In diesem Sinne reimen bei ihm dann Wörter, die er rein graphisch mit <i : ü>, <e : ö> auseinanderhält. Wenn er nicht bei Adelung nachgeschlagen hätte, wäre für ihn die Orthographie hier sicherlich ein Roulettespiel gewesen, wie sie es für die Anfänger im Schreibunterricht in solchen Gegenden noch heute ist. Der mediale Konsonantismus zeigt die sogenannte „binnendeutsche" Konsonantenschwächung (die das Mitteldeutsche und auch das Bayerische erfaßt), bei der entsprechend fortis und lenis (bzw. stimmhafte und stimmlose) Konsonanten nicht auseinandergehalten werden (b ~ p, t ~ d, g ~ k). Entsprechend reimt sich bei Goethe in einer Kumulation der beiden Probleme etwa *Freude : Seide*, lautlich also [freiḏe] : [z̦eiḏe].

Diese Probleme verschwinden auch im Spätwerk nicht, wie die vielzitierte „Faust"-Szene deutlich macht:

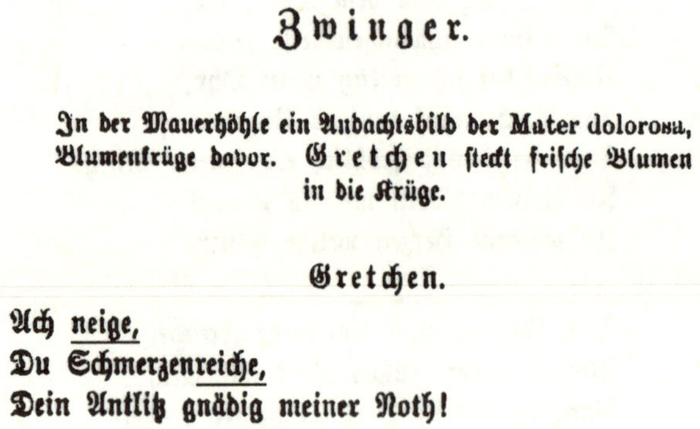

Zwinger.

In der Mauerhöhle ein Andachtsbild der Mater dolorosa, Blumenkrüge davor. Gretchen steckt frische Blumen in die Krüge.

Gretchen.

Ach neige,
Du Schmerzenreiche,
Dein Antlitz gnädig meiner Noth!

Abb. 31 „Faust I", „Sophienausgabe" Bd. 14, S. 182)

Das Zitat zeigt eine extreme Weiterentwicklung der Konsonantenschwächung in Verbindung mit der Spirantisierung: $g > ģ > ž > ç / V\_V$

Als Fazit läßt sich feststellen: (1) Die Schriftsprache ist nicht spontan da; auch das, was als hochlautliche Basis der Schriftsprache anzusehen ist, ist Ergebnis einer literaten Organisation der Texte. (2) Die Hochlautung ist nur als Eingabe für die grammatische Analyse Grundlage für die Struktur der Schriftsprache. (3) Die Phonographie operiert auf dem Ergebnis der grammatischen Analyse.

Insofern ist die nun seit mehreren hundert Jahren kolportierte Losung „Schreib, wie du sprichst!" nicht nur ein naiver Mythos der Phonographie, sondern schlicht Bauernfängerei.

19. Kapitel: Laut und Schrift im Schrifterwerb (Anfangsunterricht)

Im letzten Kapitel haben wir das betrachtet, was man als ein gewisses Paradox der derzeitigen Orthographie-Debatte ansehen kann: Kern der normativ geführten Diskussion um eine Orthographiereform ist die Vorstellung von einer Phonographie, aber der Rechtschreibduden klammert diesen Bereich so gut wie aus. Hinter diesem Paradox steckt aber wohl etwas anderes. Die Phonographieprobleme gelten als so grundlegend, daß sie auf der Ebene *erwachsener* Rechtschreiber, die ja die Adressaten des Duden sind, als gelöst gelten können (Goethes Probleme darf es nicht mehr geben!); sie sind zurückgedrängt auf den Anfangsunterricht, wo systematisch die Laut-Buchstabenzuordnung vermittelt wird. Auf diese Weise wird die Konfusion, die im letzten Kapitel vorgeführt worden ist, auf die Kinder geladen, die die Kosten der post-Adelungschen Schriftsprachdiskussion zu tragen haben. Um diese Probleme deutlich zu machen, muß ich in diesem Block über das hinausgehen, was der Duden in seinen Rechtschreibregeln faßt, und das Verhältnis von Laut und Schrift systematisch betrachten; von besonderer Bedeutung sind dabei die Konsequenzen für den Anfangsunterricht.

Hier sind wir auf die Zusammenhänge verwiesen, die schon im ersten Block angesprochen sind. Die Orthographiediskussion ist aufs Engste verquickt mit einer reaktionären Gegenbewegung zur emanzipatorischen Pädagogik, die in den spätmittelalterlichen Städten zu der Herausbildung der „wilden" deutschen Schulen geführt hatte und die als Moment einer breiten gesellschaftlichen Bewegung angesehen werden muß, die Schrift zu demotisieren, sie den Menschen allgemein verfügbar zu machen, statt sie einer professionellen Elite vorzubehalten. In diesem praktisch-pädagogischen Zusammenhang finden wir nun eine ganz andere Reflexion auf Schrift als die der Orthographiediskussion. Von besonderem Interesse sind die Arbeiten des genialen revolutionären Schriftpädagogen Valentin Ickelsamer, den ich ja schon im 7. Kapitel erwähnt hatte. Sehen wir uns nochmals Ickelsamers Grundregel an, die dort im Original reproduziert worden war; ich reproduziere sie hier in moderner Orthographie:

„Die erste (Regel): Daß einer, der ein Wort reden oder schreiben will, sorgfältig auf die Bedeutung und Zusammensetzung dieses Wortes achten soll. D.h., er soll wissen, was es bedeute; denn wie schon gesagt, verstehen die Deutschen nichts weniger als ihre eigene Sprache; und es kommt solcher Unverstand dieser Sprache vor allem daher, daß die Wörter mit den falschen Buchstaben geschrieben und gesprochen werden. Z.B. sprechen viele in dem Wort *Haarband* das b so weich aus, daß es *Haarwand* lautet, ja einige nennen es *Haarwet*. Wer nun die Signifikation und Bedeutung dieses Wortes nicht kennt, nämlich, daß es gesagt ist von einem Band, mit dem man das Haar bindet, wie kann der es richtig schreiben oder aussprechen?".

Bei dieser ersten, also der *Grundregel*, stellt Ickelsamer ganz deutlich heraus, daß Schreiben das Ergebnis einer grammatischen Analyse ist. In anderem Zusammenhang sagt er sogar ausdrücklich von dem Ziel des Grammatikunterrichts, der zur Aneignung der Schriftsprache führen soll, daß in ihm der Schüler selbst zum Grammatiker werden solle.

Ickelsamer ist sehr konkret in seinen methodischen Hinweisen. Ich zitiere aus einer anderen Stelle (wiederum mit einer Modernisierung der Sprache, nach der oben zitierten Reproduktion der „Teutschen Grammatica" von 1534, hier S. Biv[a/b]): „Wie einer von sich selbst möge lesen lernen (im Text in der älteren Form: *von ihm selbst*)".

„Wer von sich selbst oder auch sonst mit einem Lehrmeister schnell und leicht lesen lernen will, der achte darauf, entgegen (der üblichen Methode) das ABC aus den Wörtern und der Rede und nicht die Wörter aus dem ABC, wie wir es jetzt üblicherweise tun, zu lernen. Denn so hat auch der erste lesen gelernt, der das Lesen ursprünglich erfunden hat. Er verfahre also so: Er höre und achte auf die sich ändernden Teile eines Wortes. Darin gliedere er das Wort, und wieviel nun das Wort an veränderten Teilen, Stimmen oder Lauten hat, soviel hat es Buchstaben. Z.B. in diesem Wort *Hans* sind vier Veränderungen. Es sind vier Buchstaben. Zum ersten hört und bemerkt man einen starken Atem, wie man in die Hände haucht, das ist das *h*, das haucht man auf den Laut *a*, und nach dem Laut *a* einen Klang durch die Nasen; zum letzten wird gehört einer jungen Tauben oder Schlangen Zischen („Sibilen")".

Hier wird von Ickelsamer sehr schön das Fundierungsverhältnis von Schrift und Laut methodisch für den Anfangsunterricht umgesetzt. Der Anfangsunterricht ist die Aneignung der Schrift; auszugehen ist also von Texten (nicht von Buchstaben!); der Anfang ist notwendig das Lesen von Texten. Der Lerner wird also mit Worten konfrontiert, er analysiert sie, er bildet seine Begriffe operational im Umgang mit den Worten aus.

NB: In diesem Sinne ist die polemische Stoßrichtung Ickelsamers gegen die Buchstabiermethode durchaus noch aktuell: Als Buchstabiermethode ist sie zwar seit dem 19. Jahrhundert in Verruf geraten, aber die modernen synthetischen Verfahren, mit ihrer schematischen Zuordnung von Buchstaben und Lauten, sind letztlich nichts anderes; gleichzeitig muß hier noch einmal mit aller Deutlichkeit gesagt werden, daß Ickelsamer keineswegs der Erfinder der in der modernen Pädagogik des Anfangsunterrichts sogenannten (mechanischen) „Lautiermethode" ist.

Das Verhältnis von Laut und Buchstaben entdeckt der Lerner also bei der Zergliederung der Wörter. *Lautieren* ist eine Technik des Wortzergliederns, Laute kommen nur in der artikulierten Folge vor (in der technischeren Redeweise der Phonetik: Laute sind nur zugänglich in der koartikulierten Einheit der Silbe). Lautieren ist eine Operation, die überdeutlich die *Veränderungen* in der Artikulation erfahrbar macht, wie Ickelsamer es in dem Beispiel so schön formuliert: Das Wort besteht nicht aus einem *h* und einem *a* und einem *n* und einem *s*, sondern das *h* haucht man auf den Laut *a* usf. - das gibt recht gut das mit dem phonetischen Terminus Koartikulation Beschriebene wieder. Erst über die Konfrontation mit der Schrift und über die systematische Selbstbeobachtung bei der Artikulation des entsprechenden Wortes werden im kontinuierlichen Fluß der gesprochenen Sprache die *Veränderungen* wahrnehmbar, die dann wiederum in Bezug auf die graphische Fixierung, also im Vergleich mit etwas Drittem, den Buchstaben, als Konstanten festgehalten werden: Die Grenzen, die Ausgliederung eines Wortes (bei Ickelsamer heißt es: *darein setz er das Wort ab*) führen so zu einem vierelementigen Wort *Hans*. Die Segmente, die mit Buchstaben belegt werden, sind also das Ergebnis einer recht komplexen Beobachtungsabfolge und kognitiver Vergleichsoperationen, die darauf ausgeübt werden - das ist etwas anderes als die naiv-simple und entsprechend falsche Prämisse von Konrad Duden: „Das Wort besteht aus einer Folge von Lauten".

Für den Anfangsunterricht recht instruktiv macht Ickelsamer deutlich, wie die Veränderungen der Laute gefaßt werden können. Der Anfänger wird auf Lautbeobachtungen verwiesen, die er auch außerhalb der Aneignung der Schriftsprache schon gemacht hat; sie stützen die Segmentierung. Bei ihm sind es die „Naturlaute", die als solche (oder besser:

deren außersprachliche Erfahrung) für die „grammatische" Sprachanalyse als Vergleichsmaßstab gesetzt werden:
h als „Hauch in die Hände"
n als „Nasengeräusch"
s als „Geräusch der Tauben und Schlangen" usw.
Wohl gemerkt, es sind nicht diese *Naturlaute*, die die Wörter bilden, sondern *im Vergleich* mit diesen Naturlauten („*wie* ... man in die Hände haucht") zeigt sich die Gliederung der phonetischen Artikulation.

NB: Für Kinder ist die Entdeckung der Schrift und damit dieser Entsprechung wie der Differenz von lautlicher Gliederung des Gesprochenen und der Naturlaute ein faszinierendes und amüsantes Beschäftigungsfeld. Ich erinnere mich noch aus der frühen Schulzeit an die unermüdlich wiederholten Spielchen von der Art, daß A sagt: „Der Senner und die Sennerin trieben es auf der grünen..." (A kneift B in den Arm) - B: „Au!" Der Witz liegt hier natürlich in dem Wissen darum, daß der Schmerzschrei [a̯u] kein Wort der deutschen Sprache ist und in dem vorgegebenen Kontext dazu „umfunktioniert" wird. Erst-und Zweitklässler kommen ganz spontan mit derartigen Einfällen, über die sie sich vor Lachen kugeln können.

Der entscheidende Schritt von diesen Lautbeobachtungen zur Aneignung der Schrift liegt dann in einer kognitiv abstrakteren Leistung: die ad hoc an einer Artikulation wahrgenommenen Veränderungen und ihre Identifizierung durch „Naturlaute" mit Segmenten zu vergleichen, die sich in anderen sprachlichen Formen finden; wir finden den gleichen „Anfangsteil" von *Hans* auch in *Haus*, den zweiten Teil von *Hans* auch in *Hand*, und den letzten Teil von Hand auch in *Pfand*, und evtl. finden wir sogar die Entsprechung des Anfangsteiles von *Haus* und *Hans* in *hier*. Wir kommen also zu Kettenvergleichen, zu Proportionsgleichungen, mit denen ja auch die phonetische Analyse operiert. Der Unterricht operiert also über dem Aufbau von Wissensstrukturen. Und daß das eine anstrengende intellektuelle Arbeit ist, bringt Ickelsamer („Der Schüler soll zum Grammatiker werden") dazu, immer wieder gegen Bauernfänger zu wettern, die versprechen, daß man das Lesen in einer Stunde lernen könnte. Die Schärfe seiner Polemik erklärt sich vor dem Hintergrund eines breiten neuen Bedürfnisses, lesen zu lernen - und von entsprechenden marktschreierischen Angeboten, wie sie wohl auch auf Jahrmärkten angeboten wurden. Natürlich kann man mit einigen Tricks Leute sehr schnell dazu bringen, Buchstabenkonfigurationen ganzheitlich zu erkennen (die Übertragung auf die radikalisierte Ganzheitsmethode der Schreib-/Lesedidaktik liegt auf der Hand!), so daß sie „meinen zu lesen"; sie sind dann aber nicht, wie er sagt: „verstendig darin" (Bl. Va). So macht er deutlich, daß der Anfangsunterricht auf die Erarbeitung eines Instrumentes zum Erlesen der Texte abzustellen ist, auf die begriffliche Kontrolle, die für ihn, im Fokus der bürgerlichen Revolution, bedeutete, daß der Lerner als Subjekt des Lernens Autonomie gewinnt (das bedeutet das von ihm immer herausgestellte Lernen *von ym selbs*).

Wenn man sich die Schreib- bzw. Rechtschreibdidaktik heute ansieht, so ist es recht erschütternd festzustellen, daß Ickelsamers Bemerkungen auch fast 500 Jahre später immer noch einen revolutionären Ansatz darstellen. In diesem Sinne noch einige Hinweise zu dieser Didaktik, die ich ja schon öfters angesprochen habe. Die moderne Schuldidaktik geht zurück auf die Institutionalisierung des Volksschulunterrichtes, die in der Mitte des 19. Jahrhunderts mit der systematischen Lehrerausbildung ihre Basis bekam und die in der Biedermeierzeit ihre mystifizierende pädagogische Überfrachtung erhielt. Daraus resultierte die, wie wir oben schon am Beispiel des Biedermeierpädagogen Bormann gesehen haben, für den „Volks"unterricht zentrale Ganzheitsmethodik, abgestellt auf die Einprägung der Wortbilder. In dieser Tradition bekommt der Lehrer dann z.B. folgende didaktische „Hilfestellung" an die Hand:

„Wir bezeichnen das Wortbildschema als eine gänzlich entanschaulichte Wortbildvorstellung, diese aber als ein vor das „geistige Auge" gestelltes *Wortbild*. Voraussetzung jedes Wortbildschemas ist also das Wortbild. Diesem Ausgangsglied müssen wir zunächst unsere Betrachtung schenken. Der Name Wortbild sagt bereits etwas über das Wesen des Gegenstandes aus: Hier liegt nicht eine Summe, ein Nebeneinander von Buchstaben vor, sondern etwas Geschlossenes, innig Zusammengefügtes, kurz: ein Bild. ... Vgl. wir z.B. „Mutter" „Muter" nach dieser Seite hin, so ist das *Gemeinte* rasch ersichtlich. Durch „tt" hat die Wortgestalt *Mutter* ein starkes Gewicht in der Mitte des Wortes. Bei Schreibung mit einem „t" kommt uns das Bild irgendwie „fade" oder „leer" vor. Wir müssen uns darüber klar sein, daß solche Gliederungseigentümlichkeiten weitgehend in gefühlsmäßigen Schichten verankert und darum schwierig zu fassen und darzustellen sind" (Artur KERN, *Rechtschreiben in organisch-ganzheitlicher Schau*, Braunschweig: Westermann 7. Aufl. 1970 (zuerst 1937)). Hier haben wir also den Gegensatz: Gefühl statt Analyse - weder beim Lehrer noch beim Schüler geht es um rationale Fähigkeiten, sondern um in „tiefen Gefühlsschichten" verankerte instinktive Sicherheit.

Diese Tradition macht nun die heftige Gegenreaktion in der Bildungsreform verständlich, deren exponierteste Variante wir schon in den Hessischen Rahmenrichtlinien kennengelernt haben. Im gleichen Tenor argumentierten dann auch die didaktischen Grundlagenwerke, die versprachen, den Lehrern entsprechend nicht nur allgemeine Richtlinien, sondern konkrete Hilfestellungen zu geben. Um meine Argumentation (und wiederholte Polemik) zu veranschaulichen, dazu einige Beispiele.

In dem Band eines BREMER KOLLEKTIVS, *Grundriß einer Didaktik und Methodik des Deutschunterrichts in der Sekundarstufe I und II* (Stuttgart, Metzler 1974), heißt es z.B.: „Die Folge der Überbewertung der „Rechtschreibung" war jedenfalls, daß das Rechtschreibtraining zu einem der wichtigsten Disziplinierungsinstrumente der Schule wurde. Man konnte und kann die Schüler damit nicht nur im Unterricht disziplinieren. Beim Rechtschreibtraining lernt der Schüler auch, sich unbegründbaren Normen zu unterwerfen und Leistungen zu vollbringen, deren Sinn nicht zureichend deutlich gemacht werden kann. Er übt dabei also die Rolle des Untertans und des Untergebenen ein. Da die Schule weitgehend daran Schuld ist, daß die Kenntnis und genaue Betrachtung der Schreibkonventionen überbewertet wurden und werden, kann sie auch am ehesten dafür sorgen, daß dieser Zustand sich ändert" (S. 64).

Das Heilmittel ist der Kommunikationsunterricht, bei dem die „Kommunikationslehrer aber der Rechtschreibung ihr Gewicht nehmen könnten" ... „Dies Verhalten der Lehrer würde allmählich in unserer Gesellschaft ein Klima der Toleranz gegenüber Verstößen gegen die Rechtschreibkonventionen entstehen lassen und eine grundlegende Reform ermöglichen, vielleicht sogar erzwingen" (S. 64/65). Im gleichen Tenor, wenn allerdings auch längst nicht mehr so radikal heißt es dann in jüngeren Texten z.B.: „Unterricht kann produktive bedingung dann sein, wenn er an den kommunikativen erfahrungen und bedürfnissen der beteiligten anknüpft ... Um das ausdrucksbedürfnis des kindes vor dem diktat der rechtschreibung zu schützen, bedurfte es der begriffskonstruktion „spontanschreibung". Die notwendigkeit der legitimation des schreibens von schreibanfängern *ohne* dudengehorsam wirkt zynisch; man braucht sich nur die analogie zur gesprochenen sprache vorzustellen." (W. WALLRABENSTEIN u.a., *„sprache im anfangsunterricht"*, München usw.: Urban & Schwarzenberg 1981: 94-95).

Also große verbale Radikalität, dabei die emphatisch vorgetragene phonographische Prämisse - aber für den Lehrer keinerlei praktische Hilfestellung, sondern der stereotype Verweis auf die Rechtschreib*reform*.

Das war die verkorkste Rechtschreibdiskussion in der bundesrepublikanischen Konstellation. In den 70er und frühen 80er Jahren war hier tatsächlich eine Hilfestellung für die praktischen Probleme des Rechtschreibunterrichts nur in den Arbeiten zu finden, die entschieden in einer anderen Tradition standen, insbesondere in den Arbeiten aus der DDR.

In der Zwischenzeit haben sich die Verhältnisse glücklicherweise geändert: In den didaktischen Diskussionen kommen zunehmend pädagogische Erfahrungen zur Geltung, und bei Konzepten eines „Spracherfahrungsansatzes", wie sie jetzt mit einfallsreichen praktischen Vorschlägen z.B. in den Büchern von Marion BERGK und Hans BRÜGELMANN zu finden sind, ist vieles von dem schon umgesetzt, was ich hier nur als Horizont dieser systematischen Überlegungen entwickeln kann (s. die Hinweise im bibliographischen Anhang). Als Sprachwissenschaftler kann und will ich selbstverständlich auch nicht mit Praktikern auf didaktischem Gebiet konkurrieren - der Stellenwert dieser „Grundlagen der deutschen Orthographie" ist da, wo auch die genannten kreativen Beiträge noch defizitär bleiben: Bei einer integrierten sprachwissenschaftlich fundierten Auffassung des Lerngegenstandes, die einen Unterricht ermöglicht, bei dem die Lernpotentiale der Kinder optimal zur Geltung kommen, bei dem sie - um nochmals Ickelsamer zu zitieren - gerade auch schon im Anfangsunterricht zu Grammatikern werden.

Gegen diese Vorstellung ist von pädagogischer Seite immer wieder polemisiert worden, daß die Kinder hier überfordert würden.[1] Allerdings sind die Kritiken an einem die Kinder intellektuell überfordernden Unterricht nicht aus der Luft gegriffen: das sollten ja auch schon die Beispiele in den vorigen Blöcken gezeigt haben. In diesem Kapitel werde ich daher versuchen, an Beispielen deutlich zu machen, was mit einer solchen Konzeption eines kognitiv ausgerichteten Unterrichts gemeint ist. Zunächst einmal zwei Beispiele für das, was nicht gemeint ist (was vermutlich die Kritiker, wenn man ihnen Vernünftiges unterstellen will, auch im Blick haben) - und dann ein letztes Beispiel, das exemplarisch zeigen kann, wie eine spontane Aneignung der orthographischen Strukturen aussehen kann.

Das *erste Beispiel* stammt aus einer Unterrichtseinheit in der 3. Klasse, bei der es um die Bearbeitung der Probleme von „Doppelkonsonanz" gehen sollte (so hatte die Lehrerin das Lernziel formuliert). In dem Unterricht wurde ein Arbeitsblatt verteilt, dessen Kopf wie folgt aussah.

---

[1] Die „Überbürdungsfrage" ist ein Dauerbrenner der pädagogischen Diskussion seit dem Ende des 19. Jahrhunderts, als sie schon einmal in einer breiten Welle in den damaligen Feuilletonspalten der Zeitungen ausgetragen wurde; sie war und ist immer ein bequemes populistisches Argument, mit dem man sich aus der Verantwortung für eine pädagogische Reform stehlen kann.

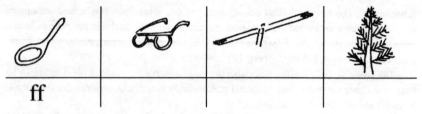

ff

Abb. 32

Von der Lehrerin war das Arbeitsblatt dazu gedacht, Wörter mit „Doppelkonsonanz" zu suchen. In der ersten Spalte war als Hilfestellung auch die entsprechende graphische Repräsentation der „Doppelkonsonanz" bei *Löffel* schon eingetragen, bei den folgenden drei Spalten sollte das von den Kindern gemacht werden, in Bezug auf die von der Lehrerin erwartete Benennung der entsprechenden Gegenstände: *Brille, Wippe, Tanne*. In einem zweiten Schritt sollten die Spalten mit Wörtern entsprechender Struktur ausgefüllt werden, also: *Kartoffel, Puppe* u. dgl. mehr. Die Grundüberlegung war also durchaus abgestellt auf ein Hypothesenbilden und ein Generalisieren, das dann zur Formulierung entsprechender Rechtschreibregeln führen sollte. Was allerdings entstand, war ein ziemlich konfuses Ratespiel. Sehr schnell wurden z.B. von der Lehrerin nicht überlegte Vorentscheidungen problematisch; die Kinder generalisierten auf der Ebene von Tätigkeiten, zum *wippen* kam *schwimmen* u.dgl. mehr; die Lehrerin reagierte irritiert; ihr ging es um „Namenwörter" (Frage: Warum? Was hat die Wortartdifferenzierung mit diesem orthographischen Problem zu tun?). Wir sehen hier die pädagogischen Konsequenzen der Dudenkasuistik, die die Rechtschreibregeln nach lexikalischen Gruppen getrennt entwickelt - die Lehrerin hatte ihren Unterricht auf dieser Grundlage vorbereitet). Nachdem die eine Anfangsdiskussion im Unterricht etwas konfus verlaufen war, kamen nach dieser Intervention doch noch eine ganze Reihe von Belegungen des Arbeitsblatts zusammen, mehr oder weniger gesteuert von der Lehrerin. So konnte diese dann zu der zweiten Unterrichtsphase überleiten, in der die Regel gebildet werden sollte. Sie fragte also: „Was haben die Wörter gemeinsam?" Ralf: „Namenwörter mit doppeltem Selbstlaut". Lehrerin: „Falsch!" Tanja: „Wörter mit doppeltem Selbstlaut und kurzem Mitlaut". Kein Kommentar der Lehrerin, die offensichtlich resignierte (die Begriffe Selbstlaut und Mitlaut waren ausführlich in der vorausgehenden Unterrichtseinheit behandelt worden); stattdessen ging sie an die Tafel und schrieb an:
Namenwörter mit doppeltem Mitlaut nach kurzem Selbstlaut.
Jetzt sollten die Schüler in Partnerarbeit das Arbeitsblatt weiter ausfüllen. Für die Lehrerin offensichtlich eine evidente Aufgabenstellung, nicht aber für die Schüler. Bei einigen sah ich, daß sie in der zweiten Spalte untereinander eine ganze Reihe schrieben: *Brille, Brille, Brille, Brille* ... (diese Schüler hatten offensichtlich das pädagogische Prinzip des Einschleifens verstanden). Andere schrieben in der dritten Spalte unter *Wippe* weitere Wörter wie *Waage* (sie hatten durchaus auch eine Generalisierung vorgenommen, aber sie waren aus Versehen bei dem Schema des Anlautes gelandet ...). Wieder andere schrieben in derselben Spalte *Wippe, Schaukel, Schranke* (auch sie bildeten eine Reihe, aber offensichtlich nicht die hier verlangte). Das Ende der Stunde war eine absolute Konfusion, als der Lehrerin deutlich wurde, was sich im Unterricht inzwischen abgespielt hatte.

Beispiel 2: Eine Unterrichtseinheit über Silbentrennung im 2. Schuljahr.
In der Anfangsphase des Unterrichts machte die Lehrerin vor, worum es gehen sollte; zur Motivation der Schüler hatte sie sich Tiernamen vorgenommen. Sie schrieb also eine Reihe von Tiernamen an die Tafel:
Eichhörnchen
Katze
Bär
Jetzt sollte „getrennt" werden, d.h. die Schüler sollten die Wörter silbenisolierend vorsprechen; die Lehrerin unterstellte, daß die Schüler das mit ihrem Terminus *trennen* verbänden. Bei dem ersten Beispiel trennte ein Schüler: *Eich-hörnchen* (gegen die Trennung ist ja nichts einzuwenden, aber handelt es sich hier um eine Silbentrennung? Oder hatte der Schüler ein Nominalkompositum zerlegt? Das Problem wurde nicht weiter geklärt).

Bei dem zweiten Wort trennte ein Schüler *Ka(t)-tze*, vermutlich eine richtige Trennung.

Bei dem dritten Wort trennte ein Schüler *Be-är*. Daraufhin bemerkte die Lehrerin: „Das kann man nicht trennen, das ist genauso wie Fisch." Daraufhin Protest eines anderen Schülers: „Kann man doch: Fi-sch" (lautlich also durchaus möglich). Das Problem wurde nicht gelöst, vielmehr forderte die Lehrerin jetzt die Schüler auf, die Wortliste an der Tafel in Partnerarbeit „in Silben zu zerlegen". Das im Unterricht nicht geklärte Problem wurde also an die Schüler delegiert. Die daraus resultierenden Unklarheiten mußten natürlich sofort deutlich werden. Eine Schülerin fragte: „Was für Silben?" Darauf die Lehrerin: „Ja in zwei, drei, vier Silben ...". Eine andere Schülerin: „Ja, und wenn gar keine Silbe?" Die Lehrerin geht nicht darauf ein. Bei den Schülern entstehen in der Partnerarbeit jetzt Arbeitsdialoge, wie z.B. bei dem Wort *Kuh*:
A: Hat *Kuh* eine oder keine?
B: *Bär* hatte doch auch keine!

Das zeigt, daß die Schüler durchaus auf der kognitiven Ebene den Arbeitsauftrag angenommen hatten, daß sie Vergleiche anstellten, Regularitäten herausfanden. Aber diese Regularitäten waren nicht die, die sie dem Lernziel näher brachten. Auch diese Stunde löste sich in Chaos auf.

Es ist völlig klar, daß Schüler nicht nur in der Grundschule, auch noch in späteren Klassen, keinen klaren Begriff von Laut (erst recht nicht von Selbstlaut, Mitlaut) oder von Silbe zur Verfügung haben. Da hilft auch ein Drill mit derartigen terminologischen Festlegungen nicht - und natürlich hilft es auch nicht, was gelegentlich schon einmal gefordert wird, daß man den Unterricht mit einem Vorkurs in Phonetik für Erstklässler beginnt. Es geht nicht darum, diese Unterscheidungen als abstrakten Lernstoff vorzugeben; sie müssen vielmehr operational erarbeitet werden, bevor sie begrifflich gefestigt werden können.

Andererseits verfügen die Kinder aber in ihrem Monitor über Kategorien der Selbstwahrnehmung. Aber diese Selbstwahrnehmung ist an die Artikulation gebunden, sie verfügen noch nicht über Operationen, die auf der abstrakten Ebene Einheiten als identisch gegenüber dem Fluß der Artikulation zu fassen erlauben, also Laute zu isolieren.

Die Differenz zwischen einem operativen und einem begrifflich expliziten Wissen kann man sehr schön bei Schulbeginn, bei Beginn des Schreibenlernens überprüfen, wenn man Kinder fragt, welche Wörter denn länger seien: z.B. *Bleistift* oder *Kuh*. Wenn ich den

Kindern die Wörter *vorspreche*, wird die Antwort sicherlich zweifellos sein: *die Kuh ist größer/länger* o.ä. Prädikate wie *groß* oder *lang* sind eben definiert für Gegenstände, mit denen die Kinder umgehen, und ein Bleistift und eine Kuh sind in diesem Sinne auf der unmittelbaren Ebene natürlich eindeutig in Größenrelationen zu bringen. Anders wird es erst, wenn die Kinder mit Schrift umgehen, wenn ich die Wörter hin*schreibe*. Die Frage von größer oder kleiner ist auch bei relativ kleinen Gegenständen für die Kinder ja durchaus im Alltag wichtig (man muß nur einmal die Reibereien bei Tisch beobachten, wenn es darum geht auszuhandeln, wer das größte Stück Brot, das größte Stück Schokolade bekommen hat). Am sinnlich anschaulichen Schriftbild also entwickeln die Kinder Größenrelationen auch für sprachliche Elemente. Wenn sie aber auf diese Weise gewissermaßen sinnlich am Geschriebenen solche Kategorien entwickeln, lernen sie auch, sie auf die gesprochene Sprache zu beziehen. Erneut zeigt sich, daß die kognitive Aneignung von Kontrollkategorien für die gesprochene Sprache gewissermaßen in der Rückprojektion aus der Beschäftigung mit der geschriebenen Sprache erfolgt: Die kognitive Ausbildung von Begriffen für die Lautgliederung ist die Konsequenz des Umgangs mit Buchstaben. Insofern kann man tatsächlich die scheinbar paradoxe Behauptung aufstellen, daß die Buchstaben vor den Lauten da sind: das stimmt, wenn man auf der Ebene der Begriffsbildung operiert. Das ist zu unterscheiden von den impliziten Begriffen, die die Monitorentwicklung charakterisieren, wo die Kinder operativ sehr wohl mit Lautdifferenzierungen und auch mit quantitativen Differenzierungen beim Lautgestalten umgehen, wie Merkverse (Reime), rhythmisches Sprechen und Singen u. dgl. im Vorschulalter nur zu deutlich zeigen.

Das dritte Beispiel kann zeigen, wie die operativen Wissensstrukturen, über die Kinder verfügen, genutzt werden können, um die Regularitäten der Schrift bzw. Orthographie zu entdecken. In einer Unterrichtseinheit im 1. Schuljahr ging es darum, daß die Kinder versuchen sollten, Regularitäten in der Schreibweise von Wörtern zu entdecken. In einem ersten weitgehend ungesteuerten Unterrichtsgespräch wurden Wörter, die besonders wichtig waren, an die Tafel geschrieben; u.a. standen an der Tafel:

Mutter

gute

Im nächsten Unterrichtsschritt wurden die so präsentierten „Wortbilder" zergliedert. Es wurden die Buchstaben, die darin vorkamen, identifiziert. Gerade mit Erstklässlern kann man solche Ausgliederungsübungen sehr schön mit feinmotorischen Tätigkeiten verbinden, die ihnen zugänglich sind, man kann in großer Schrift geschriebene Wörter ausschneiden lassen, wieder zusammenkleben lassen, und dabei die kindliche Spielfreude, die Selbstmotivation durch die „Funktionslust" ausnutzen. Das genannte Buch von Marion Bergk enthält eine Fülle von Vorschlägen für ein solches Arbeiten.

Das zugrundeliegende Klangbild kann genauso operativ *erfahren* werden, manipuliert werden, im rhythmischen Sprechen, im Silbenschreiten, Silbenklatschen u.dgl. mehr. In solchen spielerischen Aktivitäten ist das begriffliche Schema (induziert vom Lehrer) gewissermaßen zunächst sozial da, als organisierendes Moment der Gruppenaktivität. Dadurch, daß das einzelne Kind in diese soziale Aktivität einbezogen ist, kann es sich dann deren organisierende Form aneignen.

NB: Wenn ich oben angemerkt habe, daß die Entwicklung von kognitiven Kontrollkategorien der gesprochenen Sprache daran gebunden ist, daß mit der Schrift gewissermaßen eine sinnlich materielle

Grundlage für die begriffliche Identifizierung von abstrakten Einheiten gefunden ist, so finden sich Vorformen davon in rhythmischen Gliederungen, die gegenüber dem rhythmisch Gegliederten so etwas wie eine objektive Unabhängigkeit haben. Vgl. wir etwa die rhythmische Struktur von Sprechversen, wie bei

x́	x	x́	(x)	x́	x	x́
ich	und	du		Mü	llers	Kuh
Mü	llers	E	sel	das	bist	du

Die „jambische" Abfolge von betonten und unbetonten Silben in jedem Halbvers ist das vorgegebene Schema, das obendrein mit semantischen Parallelismen operiert: den gegensätzlichen Termini *ich-du*, *Kuh-Esel*. Interessant ist nun, daß die Ausgliederung von mehrsilbigen Wörtern über die Parallelisierung mit Abfolgen von betonten und unbetonten Wörtern erfolgt. Daß *Müllers* zweisilbig ist, ergibt sich durch die Parallelität zu der Abfolge der beiden betonten und unbetonten Wörter *ich und*. Bei dem zweisilbigen *Esel* ist die Situation etwas komplizierter: Sie ergibt vom jambischen Metrum her x́ x, von dem aber die den („männlichen") Reim tragende Endsilbe abweicht - so auch beim semantischen „Antonym" *Kuh* (: *du*). Die zweite Zeile zerfällt also in diesem Sinne ihrerseits in zwei Halbverse, wobei der metrische Gegenpart *du* zu *Esel* nun auch durch den Reim mit *Kuh* einsilbig ist. So kompliziert diese Explikation erscheinen mag, sie expliziert doch nur ein bei den Kindern operativ vorhandenes Sprachwissen.

Zurück zu unserem Unterrichtsbeispiel. Die Lautstruktur der vorgegebenen Wörter wurde dort einige Zeit lang exploriert; dann machte plötzlich ein Schüler einen Vorschlag, der ihm wie eine zündende Idee gekommen war und aus ihm heraussprudelte:
Bei Mutter steht noch ein t, weil damit das u gebremst wird.

Zu Ehren des Entdeckers möchte ich das aus dieser Beobachtung abzuleitende Regelschema *Jochens Regel* nennen. Hier sind mehrere Dinge wichtig: zunächst einmal operiert der Schüler (selbstverständlich!) nicht mit irgendwelchen vorgegebenen terminologischen Festlegungen, nicht mit *Selbstlaut*, nicht mit *Mitlaut*, sondern er stellt seine Beobachtungen an der Artikulation der konkret gelebten Äußerung an, er faßt das konkrete Verhältnis (mit Ickelsamer zu sprechen: die Veränderung, im folgenden symbolisiert mit einem übergeschriebenen →) von $\overrightarrow{u\,t}$ so, wie auch schon Ickelsamer in dem oben zitierten Beispiel die Veränderung von $\overrightarrow{h\,a}$ gefaßt hatte.

Insofern liegt bei dem Schüler natürlich noch kein *Regelwissen* vor; mit dieser Erkenntnis ist keineswegs sichergestellt, daß Jochen die „Schärfung" orthographisch immer richtig vornimmt. Für ihn steht es noch an, diese einmalige Beobachtung zu generalisieren, dann eben auch mit abstrakteren Kategorien wie *Silbe, Mitlaut, Selbstlaut* zu schematisieren (dabei liegt die Aufgabe des Unterrichts, die den Lehrer erfordert). Aber, und das ist hier das wichtigste: Jochen hat den archimedischen Punkt gefunden, an dem er ansetzen kann, um die Probleme der Orthographie zu strukturieren; er braucht jetzt nur noch den begrifflichen Hebel, um an dieses Werk zu gehen. Das Beispiel steht hier als spiegelbildliches Gegenstück zu den beiden vorausgehenden Unterrichtsbeispielen, in denen die Kinder gewissermaßen einen komplizierten Hebelmechanismus an die Hand bekamen (eine komplexe Terminologie), aber keinen Punkt fanden, an dem sie ansetzen konnten.[2] Jochen hat hier zwei Dinge auf einmal zustande gebracht:

---

[2] Dieses Beispiel habe ich schon öfters benutzt und es auch schon publiziert; ich bringe es so gerne, weil es für mich vor zehn Jahren in der Arbeit in der Einphasigen Lehrerausbildung ein Schlüsselerlebnis gewesen ist.

1. Eine verblüffend genaue phonetische Beobachtung des Silbenschnittes, des Unterschiedes zwischen einem gespannten und einem ungespannten Vokal (festem und losem Anschluß):

   gespannter Vokal $\overrightarrow{V^{\downarrow}} \| K$ $[\overrightarrow{gu^{\downarrow}tə}]$
   (loser Anschluß)

   ungespannter Vokal $\overrightarrow{V^{\rightarrow}} \| K$ $[\overrightarrow{mutɐ}]$
   (fester Anschluß)

   D.h. er faßt Laute als Gestaltmerkmale der Silbe, in ihrer Koartikulation.

2. Er hat das Kernprinzip der Orthographie verstanden, das eben nicht in Vernetzungen von Lauten und Buchstaben besteht, den famosen „GPK-Regeln", die uns so eindrucksvoll und gleichzeitig ohnmächtig verwirrend in den Handbüchern über die Orthographie entgegensehen (siehe oben das Beispiel aus Nerius 1987); vielmehr werden in den graphischen Zeichen die „Veränderungen" in der Lautstruktur symbolisch repräsentiert. Und insofern haben wir hier nicht eine GPK von /t/ zu <tt> oder etwa von /u/ zu <u>, sondern vielmehr die Entsprechung von

   $[\overrightarrow{gutɐ}]$ <guter> ~ $[\overrightarrow{mutɐ}]$ <Mutter>

Diese Gestaltwahrnehmung kann man bei wohlwollender Interpretation als Grundlage der Kritik an der synthetischen Methode bei der Ganzheitspädagogik annehmen. Allerdings unterscheidet sich Jochens formal-operative Erkenntnis gerade auch in Hinblick auf die Perspektiven für die weitere Unterrichtsarbeit dramatisch von der oben zitierten Kernschen Feststellung, die auf die Gefühlsbetontheit des Schwerpunktes bei dem doppelten *tt* im Innern des Wortes *Mutter* abhebt.

Anzumerken zu dem Beispiel ist vielleicht noch, daß der Schüler Jochen keineswegs ein Spitzenschüler war, sondern vielmehr ein Problemkind, das aus sogenannten „schwierigen Verhältnissen" stammte; im Unterricht hatte er sich bis dahin außer mit Verhaltensproblemen auch nicht hervorgetan. Aber hier hatte ihn ein Problem interessiert; er hatte plötzlich im Ausprobieren die Freude des Entdeckens gefunden und eine Hypothese ausgebildet. Das entspricht mit umgekehrten Vorzeichen dem deprimierenden Fazit aus den beiden anderen Unterrichtsbeispielen. Diese Stunden verliefen ja so chaotisch, *weil* die Kinder mitmachten, weil sie herausfinden wollten, was die Lehrer ihnen als Problem vorgestellt hatten, weil sie dann aber keine Möglichkeit fanden, die aufgewendete Energie und ihren Einfallsreichtum produktiv werden zu lassen. Und das ist auch der Punkt, den ich oben für einen experimentell verfahrenden Unterricht herausgestellt hatte: Experimentelle Freiräume für Schüler sind nur produktiv, wenn der Lehrer die Energien kanalisieren kann, wenn die Schüler dabei die nötige Sicherheit bekommen.

Als Fazit bleibt festzustellen, daß seit 500 Jahren praktischer pädagogischer Arbeit das Wissen darum vorhanden ist, wie Schrift bzw. die Rechtschreibung angeeignet wird. Und in der Praxis verfahren wohl auch die erfahrenen Lehrer entsprechend, indem sie sich um den akademischen Streit um Methoden (synthetisch, analytisch...) nicht sonderlich kümmern. Sie benutzen die Arbeitsmöglichkeiten der eingeführten Schulbücher, ohne sich im großen und ganzen um die dahinterstehenden Unterrichtskonzeptionen zu scheren; und sie machen oft genug einen faszinierenden Unterricht, wie ich bei Unterrichtsbesuchen immer wieder habe erleben können. Andererseits ist aber offensichtlich, daß ein Lehrer, der aus welchen Gründen auch immer seine Schwierigkeiten im Unterricht hat, auch mit der besten Methode, mit der besten Vorgabe die Schüler nicht zum Entdecken und zum Ausbilden kognitiver Regularitäten bringen kann. Zu den chaotischsten Unterrichtsstunden, die ich je gesehen habe, gehörten in Dänemark die einer hoffnungslos überforderten Lehrerin, die nach der lernerorientierten Methode von Ulrika Leimar (s. bibliographischer Anhang) unterrichtete.

Die materialen Vorgaben des Unterrichts machen die Aufgabe für den Lehrer mehr oder weniger schwierig. Ein Lehrer, der sich mit dem Unterricht schwertut, wird es bei einem schlechten Schulbuch noch schlechter machen. Aber auch ein guter, phantasievoller, intuitiver Lehrer hat nicht schon per se die Verfahren an der Hand, wie er die Schüler bei ihrer Hypothesenbildung stützen kann, wie er sie an das heranführen kann, was die Schüler eben nicht spontan produzieren: die Schematisierung der ad hoc angestellten Beobachtungen, das Begreifen der Regelmäßigkeiten, mit denen die Schriftsprache gemeistert werden kann. Das ist Ausgangspunkt für die Forderung an die Lehrerausbildung, daß sie ein solides sprachwissenschaftliches Handwerkszeug zu vermitteln hat, und zwar gerade auch für die Lehrer, die in der Anfangsstufe unterrichten. Die Realität in der Lehrerbildung ist allerdings deprimierend anders: Wenn ich die Vermeidungsstrategien vieler Studenten gegenüber den sprachwissenschaftlichen Studienanteilen sehe, dann läßt sich leicht hochrechnen, wie der Unterricht solcher Lehrer später wieder aussehen wird, wie sich bei ihren Schülern das Kreuz der Rechtschreibung auf eine weitere Generation vererben wird.

20. Kapitel: Das Verhältnis von Logographie zu Phonographie

Nach dieser Abklärung des wissenschaftlich-pädagogischen Kontextes sollen jetzt die phonographischen Regelmäßigkeiten selbst besprochen werden. Machen wir uns zunächst einmal den Stellenwert der phonographischen Komponente im Gesamtsystem der Orthographie deutlich (siehe das folgende Schema).

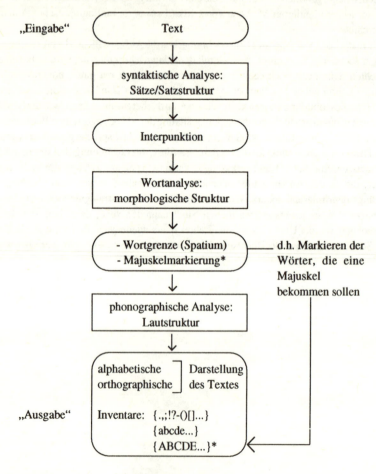

Der entscheidende Punkt ist, daß für die phonographische Analyse die Strukturen zur Verfügung stehen, die die grammatische Analyse geliefert hat. Das ist ganz offensichtlich die Voraussetzung für die Wortgrenzengliederung (die Setzung der Spatien); das ist nötig für die Auswahl aus den verschiedenen Buchstabeninventaren (Klein- und Großschreibung); das ist aber auch nötig für die phonetisch nicht (oder nicht eindeutig) determinierten Schreibungen, wie wir das am Beispiel von <klar> gesehen haben. Aber die grammatische Analyse fundiert nicht nur solche Grenzprobleme, wie es die in der phonographisch orientierten Diskussion übliche Redeweise von den „Abweichungen" von der lautgetreuen

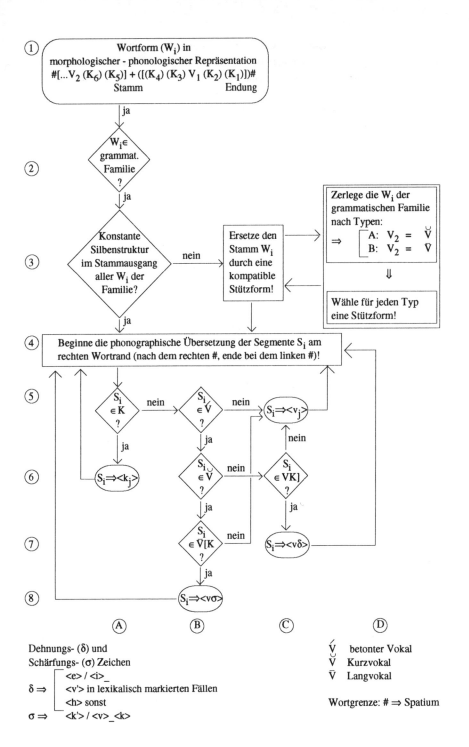

Schreibung vorgibt, sondern sie bestimmt durchgehend die Grundlage der phonographischen Repräsentation; diese fundiert nicht als autonome phonetische Analyse die Orthographie. Die phonetische Analyse ist nur soweit nötig, wie sie für die Aneignung der Schreibung erforderlich ist, wie sie eben die der Beobachtung zugängliche Lautstruktur in Hinblick auf ihre graphische Repräsentation strukturiert. Von daher ergaben sich ja auch die Überlegungen zum Anfangsunterricht im letzten Kapitel.

Sehen wir uns jetzt die phonographische Komponente im engeren Sinn in der Darstellung auf S. 243 an. Die Grundstruktur dieses heuristischen Schemas, das wiederum so zu lesen ist, wie die entsprechenden analytischen Schemata in den vorausgehenden Teilen, besteht darin, daß die grammatische Information der „höheren Blöcke" für die phonographische Repräsentation genutzt wird. Die Pointe des Modells auf der Ebene (2) ist also: nicht die vorliegende *phonetische* Form bestimmt letztlich die Schreibung, sondern das grammatische Feld, in dem sie steht (wie es schon bei Ickelsamer hieß: „Das erst: merk auf die Bedeutung und Komposition eines Worts"). Dieses Problem ist natürlich trivial, wenn es sich um eine grammatisch isolierte Form handelt (etwa Wörter wie *peng, da* u.a.), bei denen die phonographische Interpretation direkt erfolgt. Die phonographische Interpretation selbst stelle ich in solchen Fällen hier nicht weiter dar, sondern setze sie zunächst einmal vereinfachend als sequenzielle Übersetzung der Lautsegmente in Schriftzeichen an. Die Probleme treten da auf, wo es sich um Formen handelt, die Mitglieder einer grammatischen Familie sind (bei denen also Flexion und Wortbildung zu berücksichtigen sind). Dann läuft die phonographische Interpretation der Form, jedenfalls für die Repräsentation der letzten (betonten) Stammsilbe, über die „Subroutine" *Dehnung/Schärfung*, die die Crux der phonographischen Komponente ist, und die wir im folgenden noch ausführlicher betrachten werden.

Abhängig ist die phonologische Analyse bei grammatisch integrierten Formen von den Strukturen der Wortfamilie, die wiederum in ihrer phonologischen Analyse betrachtet werden. Ist bei den Formen der Familien die Silbenstruktur des Stammes konstant (wie etwa bei Formen wie *Mutter-Ø/, bil-den, schau-en*), dann erfolgt die phonographische Repräsentation ebenfalls direkt; wenn nicht, dann wird die Familie der Formen in Typen gleicher Stammsilbenstruktur zerlegt und jedem dieser Typen wird dann eine phonographische *Stützform* zugeordnet, die den Stamm bei der Schreibung der einzelnen Formen repäsentiert.

NB: Wie die umständliche Formulierung der Bedingung deutlich macht, handelt es sich bei der Frage nach konstanter oder variabler Repräsentation um die des *Stammes*: die Formen in der grammatischen Familie unterscheiden sich ja definitionsgemäß, ggf. auch in der Silbenstruktur, vgl. einsilbig *schau, (er) schaut,* aber zweisilbig *(wir) schauen* u.dgl.; ausschlaggebend ist allein die absolute Silbenposition der stammbildenden Segmente, unabhängig davon, ob sich die *relative* Silbenposition bei einsilbigen Verben mit vokalischem Stammausgang ändert, vgl. [šaʊ̯t|] gegenüber [šaʊ̯|n̩]. Dieses Sonderproblem der traditionell so genannten „verba pura" liegt offensichtlich dem orthographischen „Dehnungs-h" zugrunde. Wie sich später zeigen wird, ist es nicht nötig, diese Probleme zu isolieren. Daher hier die allgemeine Formulierung.

Es ist davon auszugehen, daß diese grammatische Analyse, die der phonographischen Repräsentation zugrunde liegt, bei routinierten Schreibern weitgehend automatisiert abläuft, daß das Analyseergebnis gewissermaßen von ihnen „fertig" abgerufen wird (daher habe ich im Schema auch die Verbindungen zu diesem grammatischen Analyseblock mit gepunkteten Linien symbolisiert). Der Zugriff darauf bleibt aber für schwierige und unklare Fälle (und ohnehin beim Lernprozeß) immer offen. Die graphische Repräsentation der einmal gewählten Stützform erfolgt in der normalen phonographischen Subroutine. Machen wir uns die Funktionsweise dieses Schemas, das als Kern „Jochens Regel" enthält, deutlich. Bei der Symbolisierung benutze ich die traditionellen Zeichen, wobei ich in Hinblick auf die phonetische Interpretation der Silbenstrukturmerkmale (Länge, Gespanntheit u.dgl.) hier zunächst einmal indifferent bin; v steht für einen betonten Vokal (Silbenkern).

Zwei relativ einfache „Ableitungs"-Beispiele, also Durchgänge durch dieses Analyseschema (S. 242), sind im folgenden zu finden, wobei die bei Block 4 jeweils abzuarbeitenden phonetischen Segmente mit einem darunter gesetzten Pfeil markiert sind. Bei dem ersten Beispiel ist die Ausgangsform /le:n+ə/. Der Stamm ist hier nicht konstant, die zugeordnete Stützform ist /le:n]-/, also eine Form mit geschlossener Silbe, der die Graphie <lehn-> zugeordnet wird, also <lehne> ebenso wie <lehnte>.

Beispiel-Runden:

1. *lehne* [le:nə]

→ (1) #le:n+ə#

→ (2) ja

→ (3A): nein → (3B/C)   Stützform: /le:n-/

→ (4) #le:n]ə#
        ↑
→ (5A) → (5B) → (5C) : <e> ⇒ <....e>

→ (4) #le:n]ə#
        ↑
→ (5A) → (6A): <n> ⇒ <...ne>

→ (4) #le:n]ə#
        ↑
→ (5A) → (5B) → (6B) → (6C) → (7C) : <eh> ⇒ <...ehne>

→ (4) #le:n]ə#
        ↑
→ (5A) → (6A): <l> ⇒ <lehne>

2. *hoffte* [hŏftə]

→ (1) #hŏf+tə#

→ (2) : ja

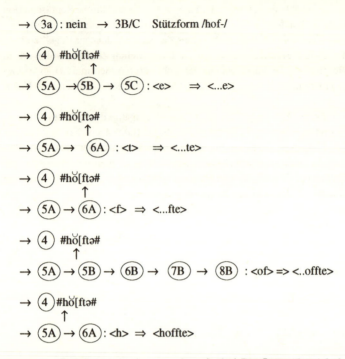

Im zweiten Beispiel ist die Ausgangsform /hoftə/. Der Stamm ist nicht konstant, die zugeordnete Stützform ist /hŏf-/, also eine Form mit offener Silbe, der die Graphie <hoff-> zugeordnet wird, also <hoffte> ebenso wie <hoffe>.

Der Kernbereich, um den es hier geht, ist die sogenannte „morphologische Konstantschreibung" bei phonologischer Variation. Die Probleme, die uns vorerst noch nicht beschäftigen, sind orthographische Probleme, die sich in der phonographischen Zuordnung konstant durch eine Familie hindurchziehen, also z.B.

<Igel>: [ˈʔiːgl̩] ~ [ˈʔiːgl̩n], [ˈʔaen,iːgl̩n] usw.
<Pferd>:[pfeːɐ̯t] ~ [ˈpfeːɐ̯də]

Auf diese Weise sind Probleme nicht lösbar, die nicht auf Variation beruhen, wo in der Formenfamilie kein phonographisch motivierter Repräsentant auszuwählen ist, mit dem die „Rechtschreibprobleme" zu lösen sind. Anders als bei <klar>, das sein <r> durch die Proportionsgleichung in Bezug auf <klare> erhielt, gibt es in der Formenfamilie zu <Art> /aːt/ keine Repräsentanten, die einen Ansatzpunkt für die *r-Graphie* geben. Bei solchen Fällen sind die Schüler heute in keiner anderen Position, als es Goethe bei seinen Reimen war, wo eben lautlich [glik] und [zeɪ̯də], schriftlich <Glück> und <Seite, Seide> gegenüberstanden. Als „Lösung" ist hier vielleicht tatsächlich im Unterricht nur das Insistieren auf Hyperformen möglich, die Produktion von „Schreiblautungen", also etwa [aʁt], die mnemotechnisch Hilfestellung für die Wortbildeinprägung leisten können. Aber solche

Verfahren sind nicht unproblematisch, da sie wiederum zu falschen Schreiblesezuordnungen führen können.

Geht man von dem Netz der grammatischen Familienbeziehungen aus, sind solche isolierten Fälle von „vokalisiertem r" nach [a] (bzw. von <r> gewissermaßen als „Dehnungszeichen") äußerst selten (s.o. S. 225). In den weitaus überwiegenden Fällen gibt es „umgelautete" Formen in der Familie, deren öffnender Diphthong [ɛɐ] entsprechend zu den oben diskutierten Beispielen [tyɐ̯] <Tür> weil [ty:Rn̩] <Türen> die r-Graphie fundieren. Das gilt so recht naheliegend für Pluralformen,<Garten> [ga:tn̩]:<Gärten> [gɛɐ̯tn̩], Komparation <hart> [ha:t] : <härter> [hɛɐ̯tɐ], sonst aber doch für Wortbildungsbeziehungen (daher auch die verallgemeinerte Rede von grammatischen Relationen): <warten> ['va:tn̩] : <Wärter> ['vɛɐ̯tɐ], <Karte> [ka:tə] : <Kärtchen> [kɛɐ̯tçn̩] u.dgl. Abgesehen von technischen Fremdwörtern, deren Graphie ohnehin anders fundiert ist (s.u. 27. Kapitel), beschränken sich die einigermaßen häufigen Fälle so vermutlich tatsächlich auf *Arbeit* und *Art* (vgl. *artig*).[1]

Von diesen Problemen zu trennen sind solche der logographischen Selektion alternativer Schreibstrategien, etwa, was die Notierung von Dehnungszeichen anbetrifft: <Wahl> gegenüber <Wal> oder Sonderrepräsentationen wie <Weise> gegenüber <Waise>.

Machen wir uns nun dieses Grundprinzip der phonographischen Komponente der deutschen Orthographie klar, so ist offensichtlich, daß es nicht ein *notwendiger* Bestandteil der Orthographie ist: Aus der Funktion von Schrift folgt nicht *zwingend*, daß die graphische Repräsentation einheitlich für Typen in der grammatischen Familie erfolgen muß. Aber ein solches Prinzip ist *möglich* - und das Kriterium für eine Reformdiskussion und insbesondere eine pädagogische Diskussion sollte sein, ob dieses Prinzip konsistent die Rekonstruktion der orthographisch vorgeschriebenen Schreibungen ermöglicht, also ob es modellierbar bzw. lernbar ist. Daß dieses Prinzip für die deutsche Phonographie bestimmend geworden ist, hängt typologisch mit den Besonderheiten flektierender Sprachen zusammen (s.o. S. 179 ff.): Die Morpheme bleiben in der grammatischen Familie nicht phonologisch konstant. Dadurch unterscheiden sich die flektierenden Sprachen grundsätzlich von dem, was man die nicht-flektierenden Sprachen nennt, bei denen sich diese Probleme nicht stellen. Von daher ist es völlig fehl am Platze, wenn in der Reformdiskussion immer wieder auf die sogenannte vorbildliche Orthographie des Türkischen, des Finnischen u.a. Sprachen hingewiesen wird, die einen ganz anderen Sprachbau haben (ganz abgesehen von dem bei diesen relativ jungen Orthographien sich nicht stellenden Problem einer graphischen Repräsentation von Invarianten gegenüber einer 1000jährigen Schrifttradition).

Eine agglutinierende Sprache bildet ihre Formen grundsätzlich nach einem einfachen Bauklötzchensystem, wie wir es in dem folgenden Schema darstellen können, wo prinzipiell die Kombination der Morpheme frei ist (was natürlich in der Praxis durch grammatische und/oder semantische Beschränkungen nicht in vollem Umfang der Fall ist).

---

[1] Den Hinweis auf diese Verallgemeinerungsmöglichkeit der Regel verdanke ich Peter Eisenberg.

$$\begin{bmatrix} x \\ y \\ z \\ \ldots \\ \ldots \end{bmatrix} + \begin{bmatrix} a \\ b \\ c \\ \ldots \\ \ldots \end{bmatrix} + \begin{bmatrix} A \\ B \\ C \\ \ldots \\ \ldots \end{bmatrix} + \ldots$$

Das Türkische ist nun eine Sprache, die weitgehend von diesem Typ ist, jedenfalls sehr viel mehr als das Deutsche. Allerdings bleiben auch im Türkischen die Morpheme in ihrer Gestalt nicht immer konstant. Was nun den exemplarischen Charakter des Türkischen in der Rechtschreibdiskussion ausmachen soll, ist, daß das Türkische in diesem Fall die phonologische Variation der Morpheme graphisch notiert (die türkische Orthographie ist allerdings auch in diesem Sinne von phonologisch orientierten Sprachwissenschaftlern gebastelt worden).

Stamm   *git-*   „geh-"   : gi*t* - mek   (Infinitiv)
                                     : gi*d* - iyorum   (Präs. 1. Sg. „ich gehe")

           kitab-   "Buch"   : kitap (- Ø)   (Nominativ)
                                 : kitab - u   (Akkusativ)

ABER   *söyle-*   „sag-"   : söyle - mek   (Infinitiv)
                                 : söyle - yen   (Partizip „sagend") obwohl [søilijen]

           basla-   „anfang-"   : basla - mak   (Infinitiv)
                                     : basla - yan   (Partizip „anfangend") obwohl [bašłijan]

Es ist bemerkenswert, daß in den letzen beiden Fällen das Türkische eben nicht die phonographisch zu erwartenden Formen *söyliyin oder *baslıyan hat (die Variation der Infinitiv- und Partizipialsuffixe *-mek/-yen* gegenüber *-mak/-yan* hängt mit der Vokalharmonie zusammen, ist also abhängig von dem Vokal des Stammes).

     Also auch in einer weitgehend agglutinierenden Sprache ist die grammatische Konstantschreibung gewissermaßen die zwangsläufige Lösung in den Fällen, die wie bei den flektierenden Sprachen das Problem bieten, die grammatische Familienähnlichkeit graphisch zu verdeutlichen.

     Umgekehrt gilt nun allerdings auch, daß flektierende Sprachen die grammatischen Konstantschreibungen nicht notwendig durchführen müssen. Das Niederländische wurde, schon wegen seines engen kulturellen Zusammenhanges mit dem Deutschen, früher nach den gleichen orthographischen Prinzipien geschrieben. Nicht zuletzt durch das politisch motivierte Bestreben, sich von dem Deutschen abzugrenzen, hat man später eine phonographische Reform durchgeführt, die nun allerdings keineswegs zum Zusammenbruch der Leistungsfähigkeit der niederländischen Orthographie geführt hat. Demnach schreibt man heute: *halen* „holen" aber *hij haalt* „er holt" und *week* „Woche", aber *twee weken* „zwei Wochen" (Langvokal bzw. loser Anschluß wird nur in geschlossener Silbe markiert durch <vv'>). Die Möglichkeiten einer Reform sind insofern natürlich auch im Deutschen gegeben, darum geht es hier nicht; es geht vielmehr um die Rekonstruktion der Struktur der evtl. zu reformierenden Orthographie, die sich in einer 1000jährigen Geschichte als funktionstüchtig (und d.h. vor allem: lernbar!) herausgebildet hat.

NB: Da entgegen der stereotypen Anspielung auf die „fortschrittlichen" Orthographien in der Reformdiskussion die entsprechende Fachliteratur nur selten zitiert wird, sind hier wohl Literaturhinweise angebracht. Über die Probleme der türkischen Orthographie informiert jedes ausführlichere Lehrbuch der türkischen Sprache (z.B. H.F. WENDT, *Langenscheidts praktisches Lehrbuch Türkisch*, Berlin: Langenscheidt 1972; zu den orthographischen Problemen morphologischer Invarianz s. dort S. 158 u. S. 170). Eine ausführliche Darstellung der entsprechenden Reformdiskussion zur türkischen Orthographie bei Karl STEUERWALD, *Untersuchungen zur türkischen Sprache der Gegenwart*, Berlin: Langenscheidt, 3 Bde. 1963-66, bei Bd. II: S. 39f. sowie die ausführlichen Anmerkungen Nr. 186ff., S. 140f. (von einer phonographischen Position aus dargestellt). Zur niederländischen Orthographiereform im Vergleich zur deutschen Rechtschreibung s. z.B. D. STELLMACHER, *Zum Verhältnis von Phonologie und Orthographie. Anmerkungen zur aktuellen Orthographiediskussion im Niederländischen*, in: *Neuphilologische Mitteilungen* 72/1976: 554-562, oder auch R. GROSSE, *Das phonematische und das orthographische System in der deutschen Gegenwartssprache*, in: Germanica Wratislaviensia 11/1967: 116-129.

In der ontogenetischen Perspektive, die für den Sprachunterricht bestimmend sein sollte, ist diese Struktur auch als Teil des Sprachwissens zu rekonstruieren, das die Lerner ja sprachspezifisch in Auseinandersetzung mit ihrer Sprache, also dem Deutschen, als Sprache eines bestimmten Sprachtyps herausgebildet haben. Gleichzeitig aber repräsentiert die deutsche Orthographie eine 1000jährige kulturelle Tradition, die versucht, die Orthographie möglichst invariant gegenüber den verschiedenen Variationen (historisch und dialektal) zu halten. Insofern ist bei einer Orthographie wie dem Deutschen (anders als bei den synthetisch ad hoc von Sprachwissenschaftlern produzierten Orthographien, z.B. der finnischen oder der türkischen) nicht davon auszugehen, daß die orthographischen Einzelvorschriften sich gewissermaßen deduktiv aus einem Axiomensystem ableiten ließen. Was die deutsche Orthographie auszeichnet, so wie ich sie hier rekonstruiere, ist also die sich über ein Jahrtausend erstreckende Integration von recht unterschiedlichen graphischen Strategien, einschließlich der Reformvorschläge (angefangen im 10. Jhd. bei Notker Labeo), in ein Sprachwissenssystem, das von der sozialen Praxis her sanktioniert worden ist, weil es *lernbar* war. In diesem Sinne geht es um die Rekonstruktion des *Kern*bereichs der Orthographie, der in diesem Sinne integrierten Formen - im Horizont der peripheren Formen, die immer noch mehr oder weniger isoliert dastehen. Dieses historische Verhältnis von Kern und Peripherie, im Horizont des spezifischen *Sprachtyps* der deutschen Sprache, muß aber auch die Reformdiskussion bestimmen und insbesondere die Pädagogik.

Zum Schluß dieses Kapitels noch einige historische Anmerkungen zu diesem Prozeß einer „langen Dauer" von Versuchen zu einer Reform der Orthographie, der auch die heutigen Probleme bestimmt. Wie schon erwähnt, lag die entscheidende Phase noch im 16. Jahrhundert; ihren Abschluß fand sie bei den Grammatikern des Barock. Was damals die Energien für eine Systematisierung der Rechtschreibung freisetzte, war die Abgrenzung gegen die übermächtige kulturelle Dominanz der lateinischen Schrifttradition, im Barock zusätzlich noch die Abgrenzung von der erneut drückenden Belastung durch die höfische Kultursprache des Französischen.[2] Darauf reagierten im Barock die Sprachgesellschaften, die in ihren wichtigsten Beiträgen auch immer Vorschläge für eine Reform der Orthographie enthielten (meist in Verbindung mit Programmen zur Fremdwortreinigung, die nun

---

[2] Entsprechend auch bei den modernen Änderungen im Niederländischen oder im Dänischen gegenüber dem Deutschen und letztlich auch im Türkischen in Auseinandersetzung mit der oder in Abgrenzung von der übermächtigen arabisch-persischen Tradition.

ihrerseits die Grammatiker zwangen, den grammatischen Bau des deutschen Wortschatzes und der Syntax systematisch zu explorieren). Die wichtigste Arbeit, die die Grundprinzipien der deutschen Orthographie bis heute festgelegt hat, war die Grammatik des Justus Georg Schottel (latinisiert: Schottelius), deren schönes barockes Titelbild schon oben (S. 151) reproduziert ist.

Einige Auszüge aus diesem „umständlichen Lehrgebäude der deutschen Sprache" (so der Titel einer allerdings sehr viel späteren Grammatik von Adelung 1782) können den Tenor dieser barocken Grammatiken verdeutlichen. Zunächst einige von Schottels „allgemeinen Lehrsätzen". Der zweite dieser Lehrsätze lautet:

„Wenn man an dem letzten mitlautenden Buchstaben eines Wortes zweifeln würde, wie dieser richtig zu schreiben wäre, wie es sich ja bei vielen Wörtern zuträgt, dann muß man in dem Substantiv auf die Geschlechtsendung oder auf die Pluralbildung achten, bei dem Zeitwort aber auf die anderen Zeiten und Personalendungen Achtung geben. Daraus kann man die rechte Schreibung sicher entnehmen" (Ich habe den Text etwas modernisiert, der Originalwortlaut ist der Reproduktion zu entnehmen). - Das ist also die Verlängerungsregel der Rechtschreibdidaktik.

NB: Die Verlängerungsregel ist keine Erfindung der Barock-Grammatiker, sie ist bei den Praktikern der Volksbildung im 16. Jhd. schon üblich. Für ihre Etablierung im Normierungsprozeß der Schriftsprache wurde ihre Übernahme in die Buchdruckerpraxis entscheidend, die z.B. von dem Wittenberger Redakteur der Lutherdrucke Christoph Walther in seinem Werk „Von underscheid der Deudschen Biblien" (Wittenberg 1563) auch explizit formuliert wurde; die entsprechenden Abschnitte sind jetzt leicht zugänglich bei G. KETTMANN (Hg.), *Frühneuhochdeutsche Texte*, Leipzig: Bibliogr. Inst. ^{2}1985, 239 - 242.

Der dritte Lehrsatz: „In den deutschen Stammwörtern wird am Ende der mitlautende Buchstabe dann verdoppelt, wenn in dem Nennwort (Substantiv) die abfallende Endung eine solche Doppelung notwendig erfordert; in den Stämmen der Zeitwörter (Verben) wird ebenfalls der erste Mitlaut verdoppelt, wenn die anderen Zeiten eine solche Verdoppelung erfordern" - Das ist also die Schärfungsregel.

Schließlich die achtundvierzigste Regel: „Alle eigenen Nennwörter und sonst diejenigen, die einen besonderen Nachdruck erhalten, wie die Titel, die Tauf und Zunamen, die Namen der Länder, Städte, der Dörfer, der Völker, der Beamten, der Festtage usw. wie auch die, die auf einen Punkt folgen, werden am Anfang mit einem großen Buchstaben geschrieben" - Das ist also die Majuskelvorschrift, was die syntaktische Anfangsmajuskel anbetrifft, aber noch nicht die generalisierte grammatische Großschreibung - die von ihm hier nur für Eigennamen („eigene Nennwörter") gefordert wird, nicht für Substantive allgemein („Nennwörter" in der barocken Terminologie als etymologisierende Übersetzung von lat. *nomen*). Wie die Reproduktion des Textauszuges aber zeigt, war der *Druck* seiner Grammatik in dieser Hinsicht sehr viel moderner: mit der dort *praktizierten* grammatischen Großschreibung, im Gegensatz zu Schottels „Regel", mit der er noch an die „Hervorhebungs"-Praxis des 16. Jahrhunderts anknüpft.

Erst die Grammatiker nach Schottel ratifizierten in ihren Vorschriften die auch von Schottel schon praktizierte grammatische Großschreibung (s. etwa den schon mehrfach zitierten Überblick von Jellinek über die grammatische Entwicklung, hier von den ersten allgemeinen Vorschriften für die Substantivgroßschreibung bei Girbert 1653, der dort schon auf die übliche Praxis verweist, über Bödiker 1690, Freyer 1722 bis zur endgültigen Festschreibung bei Gottsched 1748).

13.
Anderer algemeiner Lehrsatz.

Weñ man an dem letzten mitlautenden Buchstabe eines Wortes zweifelen würde/wie derselbe recht zuschreiben / gestaltsam sich ein solches in gar vielen Wörteren begibt/ alsdeñ muß man in dem Nennworte auf die Geschlechtendung/ oder auf die mehrere Zahl: In dem Zeitworte aber auf die anderen Zeiten uñ Zeitendungen Achtung geben/ dañ dahero kan man die rechte Schreibung gewißlich warnehmen/ Als:

(Quoties de scriptione ultimæ literæ in voce Germanica dubitatur, si est Nomen, consulendus est Genitivus, aut numerus pluralis: si est Verbum, attendendæ sunt terminationes reliquorum Verbi temporum.)

Pferd/Pferdt/Pfert/ ist die Ausrede fast gleich/weil aber die Geschlechtsendung (Casus Genitivus) heisset des Pferdes/ und die mehrere Zahl (Numerus pluralis) die Pferde/als ersiehet man/daß es Pferd/mit einem d/müsse geschrieben werden.

14.
Dritter algemeiner Lehrsatz:

In den Teutschen Stammwörteren wird am Ende der mitlautende Buchstab alsdañ gedoppelt/ so ofte in dem Nennworte die abfallende Zahlendungen (Casus obliqui) solche Doppelungen nohtwendig erfoderen: In den Stamm-Zeitwörteren (Verbum quod radix est) gleichsfals wird der letzter mitlautender gedoppelt/ wañ die anderen Zeiten solche Doppelung erfoderen/ als:

(In radicibus non nullis Linguæ Germanicæ, finalis litera consonans toties duplicatur, quoties Genitivus Casus in Nomine, aut reliqua Verbi tempora in Verbo duplicatam consonantem requirunt.)

Stimm/all/voll/Mann/ schall/lauff/reiß/wirff/laß/schell/ renn/ꝛc. weil man sagt/stimmen/alle/volk/Männer/schallen/ laufsen/reissen/werffen/lassen/schellen/rennen ꝛc. und nicht: Stime/ale/vole/ Mane/schale/laufen/reisen/werfen/lasen/schelen/renen/ꝛc.

48.

Alle eigene Nennwörter (Nomina propria) und sonst die jenige/ welche einen sonderbaren Nachtruk (Emphasin) bedeuten / als Titel/die Tauf- und Zunahmen/die Nahmen der Länder / der Städte/der Dörfer/der Völker/der Beamten/der Festtage/ꝛc wie auch die/ so auf einen Punct folgen / werden im Anfange mit einem grossen Buchstabe geschrieben.

(Es befindt sich zwar/daß die Trukkere fast alle selbständige Nennwörter (Substantiva nomina) pflegen mit einem grossen Buchstabe am Anfange zusetzen/es ist aber solches eine freye veränderliche Gewonheit bisher gewesen/und jedem/wie ers hat wollen machen/ungeradelt freygestanden/soll aber billig hierin eine gruntmessige Gewißheit / inhalts angezogener Regul/ beobachtet werden.)

Die

Die Grundlage dieser Grammatiktradition war eine etwas kuriose Sprachtheorie, die im Sinne der damaligen Philosophie zu lesen ist. Die auszeichnende Großschreibung der Hauptwörter folgte für diese Grammatiker aus der zeitgenössischen Substanzmetaphysik, die auch noch bei jüngeren dogmatischen Vertretern der *Substantiv*großschreibung nachwirkt.[3] In dieser Art sprachphilosophischen Überbaus begründete Schottel dann die grammatische Struktur der Orthographie überhaupt, insbesondere die morphologische Konstantschreibung, die er mit der Auszeichnung der *Stammwörter* der Sprache begründet, vgl. die folgende Formulierung aus seinem 5. Kapitel (S. 1276, s. die Reproduktion auf S. 251): „Die Stammwörter in den Sprachen ... sind das Fundament, die Eck- und Grundsteine. Reißet man diese weg oder macht sie nicht richtig und stellt sie an die gehörige Stelle, so wackelt das Gebäude und fällt hier und da durcheinander; die Stammwörter sind das Erste und Letzte im Sprachwesen, bei welchen, wenn man ein Wort richtig verstehen will, man anfangen muß und in welchen wenn man über ein Wort nachdenkt, man stehenbleiben muß."

Die reproduzierte Seite macht zugleich deutlich, daß Schottels Bemühungen, das „Sprachgebäu(de)" fest zu zimmern, sehr wohl in der Auseinandersetzung mit der wissenschaftlichen Tradition der lateinischen Grammatik steht - nicht anders übrigens, als ja auch der Volksrevolutionär Ickelsamer die wissenschaftliche Tradition der Lateingrammatik dem Volksunterricht erschloß. Schottels Analysen der Stammwörter (in denen sich die Konstantschreibung ausdrückt, für die wir den grammatischen Block als Fundierung der Phonographie formuliert haben) führte dann auch dazu, daß er seiner Grammatik (nicht anders als die folgenden Grammatiker und Rechtschreibtheoretiker) ein Wörterbuch beigab, in dem die Zweifelsfälle nachzuschlagen waren. Den Anfang dieses Wörterbuches reproduziere ich auf S. 253.

Trotz der etwas obskuren Grammatiktheorie, die als Emanation der deutschen Sprachnatur gefaßt wird (Schottel hat einige recht poetische Seiten über die deutsche Sprachnatur, bei der im übrigen die Natur der Norddeutschen besonders gut abschneidet - Schottel, der Theoretiker des Hochdeutschen, war, wie nicht selten bei diesen Reformern, Theoretiker einer *anderen* Sprachform: er stammte aus dem niederdeutschen Sprachbereich, aus Einbeck). Der entscheidende Punkt ist für uns nicht diese poetisch-spekulative Überlegung, sondern Schottels Prämisse, wie vorher dem Latein (im Lateinunterricht) so jetzt dem Deutschen die Dignität einer Schriftsprache zu geben, indem der Orthographieunterricht bzw. die Lehre von der Orthographie als Teil der Grammatik aufgebaut wird. Daher faßt Schottel die Orthographie als ein System von Regeln, nicht als eine kasuistische Sammlung von Einzelfallfestlegungen, wie wir sie letzlich auch noch im Duden finden.

Es entspricht der noch nicht endgültig grammatikalisierten Majuskelschreibung bei Schottel, daß sie bei ihm auch einen späten Rang in seinen „Prinzipien" hat - den letzten seiner 48 „Regeln" (s. sein 2. Kapitel „Von der Rechtschreibung (orthographia)", a.a.O. S. 179-221). Schließlich ist noch festzuhalten, daß die Lautanalyse bei ihm eher hilflos ist: es fehlen phonetische Vorstellungen von der Artikulation, es fehlen phonetische Grundkategorien wie insbesondere die Silbe (gegenüber Ickelsamer, den Schottel im übrigen durchaus als Autorität zitiert, ist das ein enormer Rückschritt, der den Unterschied

---

3 S. den Überblick von Hugo MOSER, *Groß- oder Kleinschreibung?*, Mannheim: Bibliographisches Institut 1958 für entsprechende Auffassungen, die in Substantiven die „ruhende Substanz", in Verben die „Unruhewörter und Veränderer" sehen wollen, bes. s. 24ff.

Lib. V. Tract. Sextus de radicibus Linguæ Germanicæ.

be die einsylbige radices hette colligirt, hat diesen Verstand/ daß er nach Holländischem Dialecto dieselbe/ so viel ihm beygefallen/ hergesetzt/ und dagegen/ wie wenig einsylbige Primitiva in der Lateinischen und Griechischen Sprache vorhanden wehren/ anzeigen wollen/ es sind sonst viel mehr radices in Holländischer und Niedersächsischer auch Hochteutscher Mundart/ wie die folgende Anzahl dargibt/ zufinden; und wird dieses desshalber erinnert/ weil diese Arbeit des Stevins aus voriger Sprachkunst von etzlichen zu unrechter Meynung wieder angezogen worden.

II.

Die Stammwörter in den Sprachen (daß ich endlich schliesse und meine Meynung kürtzlich sage) sind das Fundament/ die Eck-und Grundsteine/ reisset man die weg/ oder machet sie nicht recht und gehöriges Ortes stehen/ so wakkelt das Gebäude und fält hier und dar durch einander: Die Stammwörter sind das erste und letzte im Sprachwesen/ von welchen/ so man ein Wort recht verstehen wil/ muß anfangen/ und in welchen/ so man einem Worte nachsinnet/ man muß bestehen bleiben: Sie sind das Ziel und der Zwekk/ wan ein Sprachrichter darüber wil lauffen und weiter/ als er kommen kan/ grübelen/ dan sind es Lufftstreiche-Schrankenlose Gedanken/ die gemeiniglich über die Schnur hinwanderen. Qui vel apud Græcos, Hebræos vel Latinos de Etymologia, quæ recta Nominum ratio est, libros reliquerunt, ii ad unum omnes, voces vocibus deducunt, quod tantisper faciunt, dum ad primam aliquam perveniant, cujus nullam sibi causam sibi ulterius quærendam arbitrantur. Cum n. vocum numerus, certo fine claudatur, nec circulo ad easdem ex iisdem recurrere, via ac ratio in disciplinis observata permittat, ut in aliquo tandem vocabulo originum inquisitor consistat necesse est; Sic Hebræus radicibus suis nullam ulterius significationis causam vel quærit, vel domi suæ potest invenire. *vid. Gorop. in Hermat.* Harmoniam vel parallelismum Linguarum, licet pollicitati fuerint plurimi, præstiterunt tamen paucissimi, ait *Dilherus Elect. lib. 2. cap. 7.* Imò puto quod nulli, dan solche Bemühung hat nur eine Muhtmassung und ein videtur zum Grunde/ so anderen ein Ungrund ist/ davon vorher gesagt worden. Ist ein Grund wol geleget/ so stehet das Gebäu fest; sind keine richtige Stammwörter in einer Sprache aufgezeignet/ wakkelt dieselbe und endert sich immer fort; daß es an Griechscher und Lateinischer Sprache also geschehen/ ist bekant/ ehe Spracherfahrne Leute darin den Grund geleget und verzeignet: Von der Celtischen oder Dänischen Sprache sage *D. Olaus Wormius lib. 3. Fastorum Danic. cap. 6.* Ut quantas Lingua nostra subierit mutationes, vel centenorum aliquot
anno-

Abb. 34, aus SCHOTTEL (wie Abb. 33), S. 1276

Lib. V. Tract. 6. Von den Stammwörteren der Teutschen Sprache. 1277

annorum spatio quivis videat, lubet ex hisce Fastis pauculas quasdam voces seligere, quæ à modernâ Dialecto haud parum exorbitare videntur, quæq; priscæ linguæ adhuc retinent paritatem. *(quas Author affert, teutonicam servant significationem.* Unsere Stammwörter/ recht erkläret/ und vermittelst der Doppelkunst/ wol in- und beyeinander gefüget/ sind fast wunderkräftig der Natur zufolgen und die Dinge auszudeuten/ so aber manchem/ der nicht recht und mit Verstande nachsinnet/ sofort nicht bedünken noch beyfallen wil. Multa sunt quæ primâ fronte in absurdissimis habenda videntur, at diligenter examinata & inspecta, verissima deprehenduntur: At sicut in rebus ipsis non rarò magna est obscuritas, quæ demonstratione excutitur, ita quopiam de sermone rectam ferre sententiam frustâ quis conabitur, qui vocum in ea positarum significationem ignorat. *Gorop. lib. 1. Gallicorum.*

A.

Aal f. Subula, alesne. Schustersseul.
Aal m. Ahl. anguilla. aalen anguillas capere.
Aar m. Vultur. accipiter.
Aars m. (Ahrs/ ers) podex, anus.
Aas n. cadaver. charongne.
Aäs äs/ äsen/ aesen inescare, durch luder oder aas anlocken.
Ab est præpositio, de, ab. p. 716.
Abenteur m. eventus. casus. Eventür *. Abentheuren/ Aventuren/ Eventüren/ tentare fortunam, es wagen/ periclitari.
Aber/ sed. autem.
Abt m. abbas.
Accis f. v. siese.
Ach proh. ah! heu! Achzen Ach und Weh schreyen. Geächze.
Achat m. Achates.
Achsel Achsel f. axilla, Scapula.
Achs f. am Wagen/ axis, essien.
Achs f. securis v. Ax
Acht Achten existimare. Curare, advertere.
Acht f. proscriptio, bannum. ächter bannitus.
Acht octo.
Achz Achzen uncare. Esai. 59. v. 11.

Abber

Abb. 35, aus SCHOTTEL (wie Abb. 33), S. 1277

zwischen dem praktisch-pädagogisch Engagierten und dem theoretisierenden Poeten nur allzu sinnfällig macht). Letztlich wird man in den Einzelheiten bei Schottel so auch oft genug nichts anderes als einen Aufguß der lateinischen Schultradition finden. Das mindert nicht die historische Bedeutung seiner Leistung (nicht zuletzt im Blick auf das, was danach leider keineswegs als Fortschritt zu bezeichnen ist). Und vor allem ist bei Schottel das Bemühen um eine theoretische Durchdringung der Rechtschreibung deutlich; bleibt er mit dieser Anstrengung für jede moderne Untersuchung der historische Bezugspunkt, so ist doch deutlich, daß er hinter der schon sehr „modern" geregelten orthographischen Praxis seiner gedruckten Grammatik zurückbleibt. Insofern ist eben Schottel doch auch ein Beispiel für die bis heute ungebrochene Tradition von Rechtschreib-(reform-)theoretikern, die Vorschriften für eine Praxis machen wollen, die sie unzureichend verstehen.

21. Kapitel: Silbe und Silbentrennung

Wir steigen jetzt in die lautbezogenen Regularitäten der Orthographie da ein, wo sie auf der *phonetischen* Seite gerade auch den phonographischen Reformern die größten Probleme bereiten, bei der *Silbe*. Das zeigt sich bei den Duden-Regeln zur Silbentrennung, 178-182. Die Grundregel 178 lautet: „Mehrsilbige einfache und abgeleitete Wörter trennt man nach Sprechsilben, die sich beim langsamen Sprechen von selbst ergeben". Wie auch immer das mit dem „sich von selbst ergeben" ist, was bedeutet eigentlich eine *Sprechsilbe*? Wo, außer im Sprechen, soll eine Silbe eigentlich sonst sein? Diese grundsätzlichen Probleme machen es nötig, das phonetische Silbenproblem zu vergegenwärtigen.

NB: Im folgenden behandle ich zur argumentativen Verdeutlichung die phonographische Komponente autonom, d.h. ich sehe von dem grammatischen Wissen ab, das als Wissen um die *Wortgrenzen* mit der Silbengliederung interferiert. Dafür spricht, daß ontogenetisch phonetische Gliederungsstrukturen primär sind (und auch später nicht an morphologische Analysen gebunden sind, wie die Analyse von Nonsens-Formen zeigt, insbesondere aber auch die Schwierigkeit, sich ggf. von der muttersprachlich gelernten Silbenstrukturierung bei einer Fremdsprache frei zu machen). Die Argumentation hier wird auf diese Weise nur gestärkt: in der orthographischen Praxis interagieren die übergeordneten grammatischen Strategien mit diesen subsidiären phonetischen. Hinzu kommt aber noch, daß die *relative* Autonomie der phonetischen Analyse-Komponente im Anfangsunterricht beim Aufbau einer orthographischen Kompetenz bei den Schülern zur Geltung kommt, schon im Sinne des dort von den Lernern als phonetische Umwegstrategien Praktizierten.

Auf der Produktionsseite ist die Silbe die Grundeinheit der Artikulation; sie ist die Einheit der rhythmischen Gliederung, die durch die Aktivitäten der Bauchmuskulatur produziert wird. Von der Artikulationsseite her hat eine Äußerung eine globale Gliederung, die man als relative Prominenz der verschiedenen Segmente fassen kann:

nachhause

Diese Gliederung ist fundamental und als solche auch im Monitor der kindlichen Sprachkompetenz vorhanden, wie die Abzählreime zeigen.[1]

Aber eine schematische Darstellung wie im Vorausgehenden ist schon eine erhebliche Abstraktion. Tatsächlich haben wir ja keine Segmente, die im Sinne absoluter Differenzen voneinander abgegrenzt sind, sondern kontinuierliche Übergänge:

nachhause.

Diese Übergänge sind solche von Druckverhältnissen, die die Luftströme formen, die im oberen Trakt des Artikulationsapparates qualitativ weiter artikuliert werden. Von daher ist es eine phonetische Tradition, die Silbe von der unterschiedlichen *Schallfülle* der Segmente her zu fassen (wobei es hier weniger auf die absoluten Phänomene der phonetischen Substanz ankommt, als auf die relative Differenzierung im Kontrast). Wir können entsprechend die Laute auf einer Skala von minimaler zu maximaler Schallfülle differenzieren (bzw. auf der Produktionsseite einer Skala von minimaler zu maximaler Hemmung des Luftstromes); der Einfachheit halber beschränke ich mich im folgenden auf eine fünfstufige Skala: 0: Verschluß (maximale Hemmung/minimale Schallfülle), 1: Reibelaut, 2: Sonant, 3: Halbvokal, 4: Vokal (also maximale Schallfülle/ minimale Hemmung), s.

---

[1] Vgl. im 19. Kapitel die Bemerkungen zum Abzählreim: „Ich und du/ Müllers Kuh/ Müllers Esel/ das bist du".

auch Anhang I. In diesem Sinne können wir unser Beispielwort schematisch wie folgt darstellen.

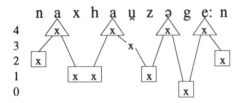

Auch hier interessieren natürlich nicht die absoluten Werte (die ja auch abhängig von der Wahl der Skalierung sind, die man durchaus - und auch üblicherweise - noch sehr viel differenzierter angeht, als ich es hier getan habe), sondern die relativen Werte, die zu der dargestellten Konfiguration führen. Für die Silbenwahrnehmung entscheidend ist der Kontrast, der in dem Schema durch eine Richtungsänderung der gepunkteten Linie dargestellt wird. Wir haben gewissermaßen Maxima der Schallfülle, also Silbenkerne (Vokale), im Schema mit den vier Dreiecken dargestellt, und Minima der Schallfülle, die Silbenränder (Konsonanten), mit den fünf Rechtecken dargestellt.

Daraus resultieren nun schon zwei Folgerungen. Auf diese Weise werden nicht Konsonanten und Vokale als Laute definiert, die man durch eine vorgegebene Liste identifizieren kann, sondern Konfigurationen der Artikulation (Ickelsamer wußte das schon, wie seine Rede von den *Veränderungen* zeigt). In extremen Fällen stimmt so auch die Konfiguration (die wir als Silbenstruktur wahrnehmen) nicht mit unserer Klassifikation in Vokale und Konsonanten überein, vgl. die folgenden Beispiele:

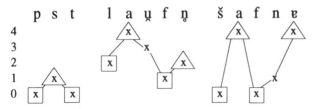

Die Beispiele zeigen, daß die (im Sinne der Kontraste) selben Laute in der Konfiguration unterschiedliche silbische Funktionen erfüllen können: *pst* ist einsilbig, *laufen* ist zweisilbig, *Schaffner* ist ebenfalls zweisilbig, wobei das *n* bei den letzten beiden Wörtern unterschiedliche Funktion erfüllt: Bei *laufen* als Kern der zweiten Silbe, bei *Schaffner* als Rand der zweiten Silbe. Terminologisch wollen wir festhalten, daß eine Silbe aus einem *Kern* besteht (in der Regel der mediale Teil) und aus einem *Rand*, den wir unterscheiden können in den *initialen* und den *finalen* Rand.[2] Von dieser Silbenstruktur ist nun deutlich zu trennen die graphische Wiedergabe der Elemente, die insbesondere die Konvention enthält, daß Silben immer mit einem „Vokalzeichen" geschrieben werden müssen. Insofern ist auf der schriftlichen Seite jede Silbe immer mindestens durch ein vokalisches Zeichen ausgedrückt, so eben auch *laufen* mit einer zweiten Silbe, die graphisch ein *e* als Silbenkern aufweist.

---

[2] Aus Wortbildungsgründen benutze ich die Fremdwörter bei den Adjektiven: *Mitte : medial, Anfang : initial, Ende : final.*

NB: Hier sind natürlich die Probleme der Lautentwicklung einschlägig, bei denen auch die Übergänge von Konsonant zu Vokal durch den Wechsel in der silbischen Position bedingt sind. So haben wir auf der einen Seite die Entwicklung von Svarabhakti-Vokalen, die durchaus auch zur lautlichen Folge [laʊfən] führen können, aber auch zur Vokalisierung des silbischen [n̩] weiter zu [a], wie es in schlesischen und bayerischen Mundarten üblich ist (und etwa auch im Altgriechischen, in der Entwicklung aus der indogermanischen Nasalis sonans); vgl. auch die entsprechende Vokalisierung des *r* in *gerne*, lautlich [geɐ̯nə]. Bei diesen schematischen Darstellungen habe ich mich der Einfachheit halber an absolut definierten Schallfüllegraden, insbesondere bei den Sonanten und Halbvokalen orientiert. Streng genommen ist die Schallfülle des [n] als Silbenrand [šaf|nɐ] nicht gleichzusetzen mit der als Silbenkern [kaʊ̯|fn̩] , ebenso wie bei [ɐ] als Silbenrand [tyɐ̯] und als Silbenkern [šaf|nɐ]. Es sind solche Probleme, die die Phonetiker zu einer weiteren Differenzierung der Schallfüllegrade nötigen. Die Argumentation hier ist aber davon nicht berührt, sodaß ich bei dem gröberen Schema bleibe.

Für bestimmte Zwecke ist es sinnvoll, die Silbe anders zu zerlegen, so insbesondere in *Anlaut* (= initialer Silbenrand) und *Reim* (= Kern + finaler Rand). Auch hier gilt wiederum, daß diese Zerlegung fester Bestandteil des kindlichen Sprachwissens ist, im Monitor fest verankert ist, wie einerseits die Stabreime zeigen (die über den Anlaut definiert sind) *Kind und Kegel, Haus und Hof, Stock und Stein* usw. andererseits die (End)Reime *Hänschen klein/ ging allein/ in die weite Welt hinein*.

Schwierigkeiten treten nur auf, wenn ein Segment Rand von zwei Silben ist. Wohin gehört es dann? Nehmen wir unser erstes Beispiel als Ausgangspunkt (*nachhause*, s.o.). Es ist deutlich, daß die Zerlegung in Silben an drei Stellen relativ zu ihren Kernen erfolgen kann. Die Grenze zwischen den beiden ersten Silben ist auch relativ plausibel definiert, da wir hier zwei Randelemente (der Schallfüllestufe 1) haben, von denen wir das erste, das [x] zur ersten Silbe und das zweite, das [h], als Rand der folgenden zweiten Silbe behandeln. Was ist aber mit dem dritten, dem [z]: Ist es final zur zweiten Silbe, oder initial zur dritten?

Für solche medialen (intervokalischen) Ränder gibt es nun zwei mögliche Lösungsstrategien:

1. sprachliche Strukturmuster,
2. materielle (phonetische) Indikatoren.

Betrachten wir zunächst die strukturellen Muster, die aber nur schwache Kriterien im Sinne möglicher Zerlegungen bieten (*K* für *Kern*, *R* für *Rand*). Ein zwischensilbischer Rand (-*KRK*-) kann

- finaler Rand von S₁ sein, wenn er auch als absoluter finaler Rand vorkommt (-*KR#*)
- initialer Rand von S₂ sein, wenn er auch als absoluter initialer Rand vorkommt (#*RK*-)

NB: Hier operiere ich im Sinne der abstrakten Charakterisierung mit *Kern* und *Rand*. Bei der folgenden Argumentation später werde ich dann im traditionellen Sinne auch ungenauer gleichsetzen *Kern* mit *Vokal*, *Rand* mit *Konsonant*. Mißlich ist allerdings, daß *K* hier *Kern* symbolisiert, später dann *Konsonant*.

Das ist die übliche sprachwissenschaftliche Argumentation, die keine lokale Interpretation liefert, sondern die Organisation des Umgangs mit der Sprache zum Gegenstand hat (den Monitor).

Tatsächlich sind so eine ganze Reihe von Fällen entscheidbar, z.B. unser Ausgangsproblem *nachhause*:

```
na  xh  aʊ̯  z  ə
└─┘ └─┘    └─┘
 R1  R2
```

Zu R1: Es gibt weder -xh# noch #xh-, also ist R_1 auf zwei Silben zu verteilen:
- [x] ist finaler Rand von S_1 wie bei bax#
- [h] ist initialer Rand von S_2 wie bei ho:zə#

Zu R2: Es gibt kein -z# (vgl. *haU̯z#, aber haU̯s#), möglich ist #z- wie bei #zQnə, also ist R_2 notwendig initialer Rand von S_3

Allerdings sind nicht alle Fälle so entscheidbar. Vgl. wir den komplexen Rand zwischen der zweiten und der dritten Silbe in der Äußerung *ein Hund ist ein Säugetier*
ʔaɛ̯nhuntIstʔaɛ̯nzQygəti:ɐ̯

möglich sind:
hunt#Ist
hun#tIs   vgl. #tIʃ

im Deutschen (anders als in anderen Sprachen wie Neugriechisch) nicht möglich #ntIst Hier ist die strukturelle Zerlegung in Silben also unterbestimmt. Möglich ist allerdings der Rückgriff auf eine deutlichere Aussprache, die bei isolierender Artikulation auch vor dem *ist* einen Glottisverschluß aufweist, wie er ansonsten nur vor dem (in dieser Hinsicht also nicht homonymen) *ißt* zu *essen* auftritt, vgl.

ʔunzɐ'hunt' ʔIstnuɐ̯'kitəkat

Damit ist die Silbenzerlegung eindeutig, da im Deutschen (anders als in vielen Sprachen mit prä- bzw. postglottalisierten Konsonanten!) der Glottisverschluß immer silbeninitial ist. Wo der Glottisverschluß artikuliert wird, wie vor allem in der norddeutschen Aussprache, da ist der Silbenschnitt jedenfalls bei betonten Silben eindeutig (hier gibt es die schon mehrfach erwähnte Differenz zu den Sprachen, die wie z.B. das Französische keine stabile Silben- und Wortgrenze haben).

Der Glottisverschluß gehört übrigens immer zu den überraschenden Entdeckungen für Anfänger in einem Phonetikkurs. Das ist ein schöner Beleg für die Differenz von operativem Wissen und expliziten Kategorien; explizite phonetische Kategorien werden über den Schreibunterricht entwickelt, und da ist im Deutschen (anders als in anderen Schriftsprachen, z.B. den semitischen) für den Glottisverschluß kein graphisches Zeichen vorgesehen. Insofern wird er dann oft genug auch gar nicht erst als Konsonant gerechnet. Daß es das kindliche Sprachwissen besser weiß, zeigen unter Zehnjährigen beliebte Sprachspielchen, bei denen falsch ausgesprochene Wörter zu erraten sind, z.B.

Was sind [blu'mn̩to'pfeɐ̯də]?

Antwort: Es handelt sich um ['blumn̩topf' ʔeɐ̯də]

Anzumerken ist hier, daß bei dem entscheidenden zweiten Bestandteil des Ausdrucks das Akzentmuster durchaus konstant ist, sodaß die Differenz tatsächlich nur beim Glottisverschluß liegt.

NB: Die Regel für den Glottisverschluß bzw. seine graphische Nichtrepräsentation im Deutschen besteht darin, daß, wenn bei einem betonten Silbenkern kein anderer konsonantischer Buchstabe als initialer Rand repräsentiert ist, die Nichtrepräsentanz eines Konsonanten phonographisch den Glottisverschluß repräsentiert. Das ist besonders deutlich bei der Adaptierung von Fremdworten im Deutschen, die ihn in der Ausgangssprache nicht haben. Allerdings sind die Verhältnisse für das Auftreten des Glottisverschlusses im einzelnen recht kompliziert, siehe E.-M. KRECH, *Sprachwissenschaftlich-phonetische Untersuchungen zum Gebrauch des Glottisschlageinsatzes in der allgemeinen deutschen Hochlautung*, Basel usw.: Karger 1968. Gerade auch in norddeutschen Dialekten gibt es solche, die den Glottisverschluß nur bei emphatischer Aussprache kennen (siehe O.

von ESSEN, *Kirchwerder bei Hamburg*, Göttingen: Vandenhoeck & Ruprecht 1964) - also nur da, wo ihn eben auch Sprachen wie das Französische haben.

Die Probleme des Silbenrandes tauchen aber auch bei einem einfachen Rand auf, und zwar dann, wenn dieser stimmlos ist: In dem folgenden Beispiel kann das *t* zwischen der zweiten und der dritten Silbe sowohl als finaler Rand der zweiten, wie als initialer Rand der dritten Silbe bestimmt werden.

↓
ʔaɛn,Ro: tɐ'hu:t

(1) ┼──┼──┼──┼─ Ro:t <rot> | ɐhu:stn (*?erhusten*, vgl. *erhungern*)
(2) ────┼────   Ro: <roh> | tɐ'mi:n   (*Termin*)

Nun erscheint es plausibel zu sagen, wenn ein zwischensilbiger Rand nur aus einem Konsonanten besteht, dann steht er initial in der zweiten Silbe. Das entspricht der traditionellen Silbenregel, wie sie seit der Antike im Syllabieren im Anfangsunterricht gelernt wird. Demnach werden intervokalische Konsonantenfolgen gewissermaßen von rechts (vom Wortende her) abgearbeitet und so getrennt, daß die rechtsseitige Folge jeweils silbeninitial möglich ist:

Regel: Trenne intervokalische Folgen -... $K_4 K_3 K_2 K_1$ - so, daß -...$K_{i+1} K_i K_{i-1}$ ...↔#$K_i K_{i-1}$...
also:
#'Ro:|tɐ   weil   #tɐ'mi:n
#bə|'tRy:gəweil   #'tRy:bə

Allerdings sind wir auch mit dieser Regel noch nicht aus dem Schneider. Schließlich gibt es intervokalische Konsonanten, die silben- bzw. wortinitial nicht vorkommen vgl.
'Rasə (Rasse)
#fas# (Faß) aber nicht #s- (selbst Fremdwörter werden mit #z- adaptiert: #se'de:ts (Format) ⇒ #zə'de:ts)
'baŋə
#baŋ# aber nicht #ŋ_ (Fremdwörter/Eigennamen aus afrikanischen/asiatischen Sprachen dürften i.d.R. wohl mit [#ŋg-] adaptiert werden; der Ausspracheduden gibt [#ŋg-]; das [#ŋgaunde're] für Ngaounde're ([1]1974:527) ist vermutlich ein Druckfehler)

Wir müssen also noch weitere Kriterien hinzunehmen, die über dieses Strukturmodell hinausgehen. Halten wir zunächst aber einmal fest: Das Deutsche ist eine Sprache mit sehr komplexen Silbenrändern; es unterscheidet sich dadurch von Sprachen, die andere (einfachere) Silbenstrukturbedingungen haben wie das Türkische, das Italienische u.a., wo tendenziell die Silbenstruktur der Wörter in einfachen Abfolgen von KV KV ... besteht (allenfalls gibt es in diesen Sprachen komplexere Silben, wenn der Silbenkern aus Vokal und Sonant besteht: KV(S) ... (als Sonanten rechnen Nasale und Liquiden); daher auch dann die entsprechenden Adaptierungen deutscher Wörter mit anderer Silbenstruktur durch Sprachlerner aus solchen Sprachen, die sich ggf. auch in ihre (Fehl-)Schreibungen vererbt: bei türkischen Schülern (auch bei geübten Schreibern!) findet man gelegentlich z.B. *Blumen* wiedergegeben mit *Bulumen*. Demgegenüber hat das Deutsche komplexe Silben, wobei der initiale und der finale Rand aus bis zu drei Konsonanten besteht (je nach Stilregister final sogar vier) und der intervokalische Konsonantenkomplex aus bis zu sieben Konsonanten. Vgl.

K₃K₂K₁ -   : štRaʊs (*Strauß*)
-(K₄)K₃K₂K₁ #   : hɛʁpst oder hɛʁpst (*Herbst*)
vielleicht sogar
-K₅K₄K₃K₂K₁ #   : hɛʁpsts (vgl. *Bote des Herbsts*)
-K₇K₆K₅K₄K₃K₂K₁ - : hɛʁpststRaʊs

Allerdings sind die komplexen konsonantischen Abfolgen sehr beschränkt: sie erfordern eine interne relativ große Differenzierung, die es nach unserem Kriterium für den Silbenschnitt auch problematisch macht, hier nur einen Silbenrand anzunehmen, vgl.

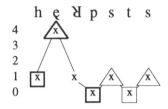

Das Kontrastmuster liefert uns hier ja nicht nur einen Silbenkern, sondern strukturell gesehen sogar drei Kerne und drei Ränder. In diesem Sinne haben übrigens auch die älteren Phonetiker wie Sievers bei den potentiell silbenbildenden Reibelauten und Sonanten in solchen Kombinationen von „Nebensilben" gesprochen. Zwar ist es hier nicht nötig, im einzelnen darauf einzugehen; aber gerade der Anfangsunterricht erfordert es im Hinblick auf die spontane Selbstwahrnehmung der Schüler, sich diese Probleme deutlich zu machen: Wie die Beispiele oben schon gezeigt haben, können sich Kinder sehr wohl in Hinblick auf die naive Dudeninstruktion („Sprechsilben, die sich beim langsamen Sprechen von selbst ergeben", R.178) auf solche Zerlegungen berufen und den Lehrer in entsprechende Schwierigkeiten bringen. Hier ist also eine sorgfältige phonetische Analyse der Silbenstruktur nötig, wie sie in den entsprechenden phonetischen Handbüchern zu finden ist.[3] Hier genügt es zunächst einmal festzustellen, daß nicht die orthographischen Silbentrennungsregeln im Deutschen komplex sind, sondern die phonologischen Silbenstrukturen, die die entsprechenden phonographischen fundieren.

Gerade im Hinblick auf den Anfangsunterricht bzw. die schulische Unterstützung braucht der Lehrer Klarheit über die phonographische Repräsentation der Silbenstruktur. Im Regelfall wird diese in der deutschen Orthographie (im Gegensatz zu vielen anderen Sprachen, die silbische Konsonanten mit den entsprechenden Konsonantenzeichen schreiben) durch ein Vokalzeichen für den Silbenkern dargestellt. Begründet die Lautstruktur kein anderes Vokalzeichen, wird <e> notiert. [fRi:zln] <Friesin> [fRIzn̩] <Friesen>. Gestützt wird diese orthographische Regel durch die in Lento-Aussprache vokalische Realisierung des Schwa [fRi:zən]. Wie wichtig es ist, den Buchstaben <e> als Repräsentation sowohl von [e:], [ɛ] (und evtl. [ɛ:]), [ə] sowie der „Syllabizität" der nachfolgend repräsentierten Konsonanten zu fassen, machen die durchgängigen Probleme von Grundschülern deutlich, die bei Diktaten nicht wissen, was sie hier schreiben sollen: z.B. [bəgInt] als <bginnt> oder auch <biginnt> (mit einer Lautzeichenzuordnung, die im übrigen im späten Mittelalter und der frühen Neuzeit weit verbreitet war!). Umgekehrt „erlesen" sie solche Wörter mit <e>

---

[3] In Hinblick auf die Silbenstruktur etwa besonders ausführlich Klaus J. KOHLER, *Einführung in die Phonetik des Deutschen*, Berlin: Schmidt 1977, siehe auch den Anhang I zu diesem Kapitel.

[eː] also z.B. [beːgInt] - mit der Konsequenz, daß sie zunächst ein diktiertes [bəgInt] nicht verstehen, bis das so lautierte Wort dann die Erinnerung an das ähnliche Wort [bəgInt] auslöst, das dann erst zum Textverstehen führt.

Verunsicherung gibt es in diesem Bereich durch den „modernen" Abfall des „Flexions-*e*"; während die Apokope des Dativ-*e* wohl generell ist, sollte bei den „starken" *s*-Genitiven die Nichtschreibung des *e* nicht erzwungen werden. Jedenfalls verhält sich *dünsten* : *Herbstes* = *dünstn : *Herbsts* [dynstn̩ : hɛrpsts]. Der Duden behandelt diese Probleme in einem *grammatischen* Abschnitt zu Substantivflexion (R. 194 - 199), was das Verständnis von Rechtschreibproblemen (*wie* eine Form zu schreiben ist) im Gegensatz zu andern Normfragen (*welche* Form zu schreiben ist) verunklart. Faktisch erfährt der Duden-Benutzer dann auch nicht, wie er seine Unsicherheit angehen soll: In R. 194 (Genitivformen) werden Formen mit -*s* und -*es* einfach nebeneinandergestellt (die dort ebenfalls aufgeführten verschiedenen Pluralbildungen auf -*e*, -*er*, -*s*, -Ø, jeweils mit oder ohne Umlaut, stellen als solche kein *Rechtschreib*problem dar), ebenso für die verschiedenen Flexionsparadigmen in R. 196 - 199). Allein R. 195 versucht für die Apokope des Dativ-*e* phonotaktische (Präferenz-)Regeln zu geben, sorgt aber mit dem Hinweis „Sonst hängt der Gebrauch des -e weitgehend vom rhythmischen Gefühl des Schreibenden oder Sprechenden ab" ebenfalls eher für Verunsicherung - statt den Benutzer mit der Frage nach seinem (richtigen?) „rhythmischen Gefühl" zu beunruhigen, wäre der Hinweis angebracht, daß es hier keine normativen Vorschriften gibt.

Nach dieser Vorklärung soll ein Durchgang durch den Regelblock der Silbentrennung im Duden die einzelnen Bestimungen klären. Auf den problematischsten Bereich, die Probleme des Silbenschnitts nach „gebremsten" Vokalen (in Jochens Terminologie), werden wir noch ausführlicher zurückkommen. Es sind das die Fälle, die unter den Beispielen der R. 178 (1) versteckt sind, ohne daß der Duden sie als eine besondere Schwierigkeit ausweist (einmal mehr ein Beleg dafür, wie wenig die Formulierung der Duden-Regeln auf die Fundierungsproblematik der Orthographie und ihre Lernbarkeit abgestellt ist). Wie schon erwähnt, beginnen die Probleme bei der ambivalenten Bezugnahme auf Gesprochenes und Geschriebenes, s. R. 178 (1-2) („Mehrsilbige einfache und abgeleitete Wörter trennt man nach Sprechsilben, die sich beim langsamen Sprechen von selbst ergeben. ... Ein einzelner Konsonant (Mitlaut) kommt in diesen Fällen auf die folgende Zeile; von mehreren Konsonanten kommt der letzte auf die folgende Zeile."). Hier ist zwar mit dem merkwürdigen Terminus „Sprechsilben" ein phonetischer Bezug herausgestellt, es fehlt aber eine phonetische Analyse. Vielmehr argumentiert der Duden in der Ausformulierung seiner Regeln vom Schriftbild her mit der terminologischen Unklarheit des Bezuges auf Laute und auf Buchstaben. Das beginnt bei der Rede von der Doppelkonsonanz *tt*, *ss* usw. und setzt sich in der für die Schüler ungemein verwirrenden (wenn auch in der deutschen Schulgrammatik üblichen) Rede von „Nachsilben" für Morpheme fort (R. 178 (3) „Nachsilben, die mit einem Vokal (Selbstlaut) beginnen, nehmen bei der Trennung den vorangehenden Konsonanten zu sich."): In Hinblick auf die „Sprechsilben, „die sich beim langsamen Sprechen von selbst ergeben", kann allerdings kein Zweifel daran bestehen, daß die Silbenzerlegung wie im Duden erfolgt: [bɛ-kə-'Raç], während sich die Morphemgrenze durch den Vergleich in lexikalischen Feldern ergibt, *Bäckerei*, vgl. *Bäcker*, oder *Imkerei* : *Imker*, *Kaplanei* : *Kaplan* usw.

R. 179 (1-2) („Die Konsonantenverbindungen ch und sch, in Fremdwörtern auch ph, rh, sh und th bezeichnen einfache Laute und bleiben ungetrennt. ... ß bezeichnet immer e i n e n Laut und wird nicht getrennt.") bieten im Grunde genommen keine Probleme, die mit dem Silbenschnitt zu tun haben: In phonetischer Hinsicht ist die Silbentrennung bei *Flasche* [fla-šə] vergleichbar mit der bei anderen einfachen stimmlosen Konsonanten. (Allerdings gibt es bei der Schärfung die Schwierigkeit, daß mehrelementige Grapheme: Di- und Trigraphe, nicht verdoppelt werden - darauf ist im nächsten Kapitel zurückzukommen.)

Ebenfalls unproblematisch sind die Absätze R. 179 (4-6) („Steht ss als Ersatz für ß (z.B. bei einer Schreibmaschine ohne ß), dann wird das Doppel-s wie das ß als einfacher Laut angesehen und nicht getrennt. ... ck wird bei Silbentrennung in k-k aufgelöst. Bei Namen sollte die Trennung von ck möglichst vermieden werden, da sie das Schriftbild verändert. ... Tritt in Namen oder in Ableitungen von Namen ck nach einem Konsonanten (Mitlaut) auf, dann wird ck wie ein einfacher Konsonant auf die nächste Zeile gesetzt."), bei denen nur noch Sondergraphien zu berücksichtigen sind *ck, ß: ss,* die in Verbindung mit der Schärfungsregel im nächsten Kapitel zu besprechen sind.

R. 179 (3) („Ebenso trennt man in Fremdwörtern im allgemeinen nicht die Buchstabengruppen bl, pl, fl, gl, cl, kl, phl; br, pr, dr, tr, fr, vr, gr, cr, kr, phr, str, thr; chth; gn, kn") behandelt ebenfalls weitgehend Selbstverständlichkeiten, *ne-grid* genauso wie *be-grüßen*. Eine andere Trennung ist bei Bewahrung der Aussprache mit [-g-] nicht möglich, da einem neg-rid in der Aussprache ein [nek+Ri:t] entsprechen würde, mit der Auslautverhärtung wie bei *Zugrestaurant* [ˈcu:k|Ręs|to|ˌRaŋ], s. auch unten zu R. 181.

Sonderprobleme betreffen die Fremdwortmarkierung, die in diesem Zusammenhang später noch ausführlicher besprochen wird. Das gleiche gilt letztlich auch für R. 182 („Treten in einem deutschen Text einzelne fremdsprachige Wörter, Wortgruppen oder kurze Sätze auf, dann trennt man nach den deutschen Regeln ab.").

Durchgängig zeigt sich hier die Komplikation des Duden darin begründet, daß die Basisregel 178 für Sprechsilben definiert ist, dann aber die Kasuistik der Einzelregeln für unterschiedliche Typen von *graphischen Folgen* formuliert sind. Das bedingt zwangsläufig Inkonsistenzen und Konfusion: Die meisten Fallunterscheidungen sind auf der Ebene der Phonographie schlicht gegenstandslos, andere Festlegungen widersprechen den phonographischen Grundprinzipien. Dem gegenüber ist es für eine Rekonstruktion der Silbentrennung nötig, auf ihre Funktion zurückzugehen, und zu sehen, wie diese als Grenzwert den historischen Prozeß der Orthographieentwicklung bestimmt hat.

Die Silbentrennung ist ein Schritt über die ältere Schreibpraxis hinaus, die den Zeilenbruch relativ mechanisch nach dem vorgegebenen Schreibplatz durchführte. Demgegenüber bildete sich mit der grammatischen Systematisierung des Schreibens in der griechisch-lateinischen Schultradition eine Silbentrennung heraus, die auf dem strukturellen Wissen des Schreibers/Lesers basierte und dazu diente, dem Leser Interpretationshinweise für das Erlesen des Textes zu geben (zu erinnern ist an das Problem der *scriptio continua,* das wir oben am Beispiel des gotischen Codex auch schon in Hinblick auf die Silbentrennung besprochen hatten). Die Silbentrennung sollte Hinweise für die Komposition eines Wortes liefern, wobei sich morphologische und phonologische Grenzen überlagern. Der entscheidende Gesichtspunkt war, Fehlinterpretationen/falsche Hypothesen bei komplexen Bildungen zu vermeiden, wie sie ja auch noch beim Duden ausdrücklich in der Vorschrift 181 (7) („Trennungen, die zwar den Vorschriften entsprechen, aber den Leseablauf stören, sollte man vermeiden") anvisiert sind.

In diesem Sinne ist R. 180 (1-3) („Vokalverbindungen dürfen nur getrennt werden, wenn sie keine Klangeinheit bilden und sich zwischen ihnen eine deutliche Silbenfuge befindet. ... Enger zusammengehörende Vokale bleiben, wenn das möglich ist, besser ungetrennt. ... Wenn i und i zusammentreffen gilt: *einei-ige, Unpartei-ische*") problemlos, da sie phonographisch dem Silbenschnitt entspricht. (2) ist eine Filterregel aufgrund ästhetischer Zusatzbedingungen, die in Hinblick auf den Regelaufbau möglich, vermutlich aber nicht notwendig ist.

Bei R. 180 (4-5) („Zwei [gleiche] Vokale (Selbstlaute), die eine Klangeinheit darstellen, und Doppellaute (Diphthonge) dürfen nicht getrennt, sondern nur zusammen abgetrennt werden. ... Die stummen Dehnungsbuchstaben e und i werden nicht abgetrennt.") bestehen ebenfalls keine Probleme der Trennung. Die Diphthonge [aę], [aų] von (4) sind ja Silbenkerne *einer* Silbe, und insofern ohnehin von der Trennung nicht betroffen: Der Duden formuliert hier wiederum seine Bestimmungen in Hinblick auf graphische Folgen, ohne Berücksichtigung phonographischer (silbischer) Zusammenhänge. Gleiches gilt für die vokalischen Sondergraphien <ae>, <oi>, <ie>, die erst recht im phonographischen Sinne keine trennbaren Größen bilden.

R. 181 („Zusammengesetzte Wörter und Wörter mit einer Vorsilbe werden nach ihren sprachlichen Bestandteilen, also nach Sprachsilben, getrennt") ist im Grunde auch problemlos, verlangt allerdings in den unterdeterminierten Fällen (in denen eine unterschiedliche Deutung möglich ist) eine grammatische Analyse (wie schon Ickelsamer herausstellte: „Merke auf die Komposition eines Wortes"!); also die Grundregel: Trenne so, daß die morphologischen Komponenten des Wortes getrennt erscheinen. Hier können interessante Konflikte in Hinblick auf die Silbenstruktur auftreten wie bei *neblig*: eine morphologische Trennung *neb-lig* hätte die Auslautverhärtung zur Folge ['ne:p|lIç], die hier, da es sich nicht um den letzten Konsonanten eines morphologisch „verlängerbaren" Wortes handelt, in der grammatischen Familie isoliert wäre. So ist die mir vertraute Aussprache auch: ['ne:|blIç]. Daneben gibt es die für die morphologischen Zusammenhänge maximal transparente Form *nebelig* [ne:|bə|lIç]. Anders ist es bei Formen wie *lieblich*, da hier die „auslautverhärtete" Variante [li:p|lIç] Entsprechungen im Paradigma hat, vgl. *lieb mich!* [li:p|mIç].

Im Sinne der morphologischen Transparenz ist insbesondere die schon angesprochene Sonderregel 181 (7) zu sehen, wo insbesondere die älteren Buchdruckerduden Listen von irreführenden Zeilenbrüchen enthielten, die zu vermeiden waren: So darf z.B. der *Urinstinkt* nicht getrennt werden in *Urin-stinkt*.

In R. 181 (2) taucht nun das schon angesprochene Problem der Fremdwörter auf, die entweder keine sind, d.h. in jeder Hinsicht nach den Regularitäten der deutschen Orthographie (und Phonologie!) behandelt werden, oder aber eben als *fremd*, d.h. also als anders behandelt und so markiert werden. Auch hier handelt es sich in der Regel nicht um orthographische Probleme, sondern um die orthographische Reproduktion von peripheren Sonderregeln, einschließlich von Hyperfremdwörtern, bei denen gegen die Herkunftssprache die „Sonderbehandlung" im Deutschen als Markierung dient: So dient es etwa zum Vorzeigen von lateinischer Bildung, das Wort *Inkubus* ohne velare Assimilation des Nasals auszusprechen [in-kubus], um damit ein Wissen um die lateinische morphologische

Struktur zu signalisieren - obwohl im Lateinischen in diesem Fall die phonologische Assimilation angenommen werden muß, also die Aussprache [iŋkubus] (vgl. ohne Morphemgrenzen [zɪŋkn̩] *sinken*, mit Morphemgrenze [ʔankʊnft] *Ankunft*).

(3) von R. 181 („Manche Fremdwörter trennt man aber bereits nach Sprechsilben, da die sprachliche Gliederung eines Fremdwortes oft nicht allgemein bekannt ist.") ist nichts anderes als ein Reflex der Integration in diesem Sinne.

Grundsätzlich ist in der Argumentation des Duden hier eine Entwicklung i. S. dieser Grundüberlegung zu verzeichnen - wobei aber das Wörterverzeichnis offensichtlich noch hinter der Reform des Regelteils hinterherhinkt. R. 181 („Zusammengesetzte Wörter und Wörter mit einer Vorsilbe werden nach ihren sprachlichen Bestandteilen, also nach Sprachsilben, getrennt") drückt das hier auch vertretene Grundprinzip aus und beschränkt die Sondertrennungen (nach Morphem- statt Silbengrenzen wie in anderen Orthographien, z.B. der des Englischen) auf längere fremdsprachige Zitate (s. Abs. (2)). Das Wörterverzeichnis weist allerdings noch die alten „Bildungsvorschriften" auf *Inter=esse* (aber *Inte=rieur*); *Inter=aktion* ist anders gelagert, da hier auch im Deutschen eine Zusammensetzung vorliegt, vgl. *die Aktion, der Intercity* usw., was auch die Aussprache mit eben diesem Silbenschnitt deutlich macht [ɪntɐ|ʔakcjoːn] (selbst aber Siebs geht aber von einer Silbentrennung [ɪntɐ|ʀɛsə] aus), *Päd=agoge* (aber *Pädo=philie*), *Mon=okel* (aber *Mono=pol*). Solche etymologisierenden Bildungsgraphien können ja durchaus zugelassen werden - um den Leser aufmerksam zu machen (vergleichbar Schreibungen mit dem Bindestrich: *Inter-esse, Mon-okel, Päd-agoge*, vgl. oben S. 195 zu R. 35). Es handelt sich im übrigen einmal mehr um die Frage von Kern und Peripherie, und nicht eigentlich von „Fremdwörtern", wie die etymologisierenden Vorschriften in peripheren „Erbwörtern" zeigen, etwa im Wörterverzeichnis *Klein=od* (aber *klei=ner*) - in Hinblick auf das etymologische Element *od, odal* „Besitz" (wie zu erwarten, aber auch hier ohne Konsequenz: das etymologisch gleich zu bestimmende *Heimat* soll aber *Hei=mat* getrennt werden!).

Generell sind die Regeln, wenn man schon, wie beim Duden, von graphischen Folgen ausgeht, zu differenzieren in Hinblick auf evtl. phonographische Fallunterscheidungen. Das ist der Fall bei den schon angesprochenen Digraphien wie in R. 180 (5). Eine Silbentrennungsregel kann eben nicht für eine Graphie <oe> formuliert werden, sondern nur für eine phonographische Interpretation einer solchen Graphie. Dann aber ist die Fallunterscheidung auch eindeutig und führt geradlinig zu der entsprechenden Silbentrennung:

1. Wenn <oe> zu interpretieren ist als /oː/ (in der Regel vor silbenfinalem Konsonanten), dann gibt es kein Silbentrennungsproblem: Es handelt sich um einen Silbenkern, der nicht zerlegt werden kann. Die Silbengrenze muß vor oder nach dem folgenden konsonantischen Rand liegen.

Coesfeld:
[koːsfelt]

  ⊢—— vgl. #sfiŋks (*Sphinx*)
  ——⊣ vgl. #moːs (*Moos*)
  ——⊣ nicht möglich -sf#

Dieses Silbentrennungsproblem ist im übrigen auch unabhängig von der Interpretation der graphischen Folge <oe>; selbst wenn es wie [ø] gelesen würde, änderte das nichts an der

Silbenschnittstruktur (<oe> für [ø] findet sich nur noch in Namen, im Duden-Wörterverzeichnis z.b. *Koepescheibe*, zu dem Eigennamen *Koepe* [kø:pə], und hier bei üblichen Formen nur initial *Oebisfelde*; ähnlich bei <ue>, z.B. *Uerdingen*, was sich aber auch final in Fremdgraphien findet: *Revue* oder marginal in phonographisch anderen Zuordnungen wie bei *Chaiselongue*, für das die Aussprachewörterbücher [...lɔŋ] oder [lõ:k] geben).

2. Anders ist es, wenn die graphische Folge <oe> zweigipflig gelesen wird, z.B. *Coesfeld eine Partnerschaft einer evtl. Ortschaft *Esfeld wäre. Hier wäre vermutlich dann auch die Aussprache im Silbenschnitt durch einen entsprechenden Glottisverschluß signalisiert [ko'ʔɛsfɛlt], vgl. *Koexistenz* [ko'ʔɛksIstɛnc], *Theater* [te'ʔatɐ]. Vermutlich würde in diesem Fall aber auch die graphische Repräsentation in einem *Co-Esfeld* bestehen (der Duden schreibt in solchen Fällen allerdings zusammen: *Copilot* neben *Kopilot*). Ist der zweite Vokal nicht betont, finden sich solche Folgen auch ohne Glottisverschluß in Fremdwörtern, z.B. *Aloe* ['a:loe], *Oboe* [O'bo:ə].

Betrachten wir nun die noch nicht besprochenen Fälle der Dudenregeln:

R. 178 (4) („Ein einzelner Vokal wird nicht abgetrennt."): Es handelt sich um eine rein ästhetische Vorschrift: ein Vokal soll nicht alleine bleiben - das hat nichts mit dem phonographischen System zu tun. Hier gilt vielmehr die schriftästhetische Vorschrift (die allerdings sehr wohl grammatisch interpretierbar ist!), daß die graphisch abgetrennten, im Schriftbild also isolierten Bestandteile eine potentielle Wortstruktur aufweisen sollen (daher bilden die oben diskutierten marginalen (Fremd)Wortgraphien mit initialem oder finalem oe u. dgl. kein faktisches Trennungsproblem). Das ist im übrigen auch bei anderen Sprachen der Fall, die auf den ersten Blick in dieser Hinsicht andere Filterregeln aufweisen: das Englische, das diese ästhetische Vorschrift nicht kennt, hat charakteristischerweise ja auch Wörter, die nur aus einem Vokal und entsprechend aus einfachen Vokalzeichen bestehen: *I* (ich), *a* (ein) usw.

NB: Im Widerspruch zu dieser graphischen Wortstruktur-Regel steht die Differenzierung von *o* und *oh* im Wörterverzeichnis des Duden, die die Unterscheidung von R. 96 nach satzwertiger (*oh, das ist schade*) und nicht-satzwertiger (*o weh*) Interjektion logographisch umsetzen will. Phonographische Motivationsversuche: *oh* betont gesprochen, länger artikuliert, sind hier, wie meist, zirkulär-projektiv - bei den Interjektionen ist in dieser Hinsicht jede Form möglich! Anders liegt der Fall bei dem ebenfalls im Wörterverzeichnis aufgenommenen *i*, das dort auch gleich den Markierungszusatz Ausrufezeichen erhält („*i!*" (ugs.): *bewahre!*; *i wo!*) - ganz offensichtlich eine Alteritäts-Graphie, die eine expressive Lautgebung wiedergibt, und insofern auch die logographische Abweichung nutzt. Bestätigt wird diese Regularität durch die Abkürzungen *a.* (*am...*), *e.* (z.B. in *e.h. ehrenhalber*), *i.* (*in...*), *o.* (*oben...*), *u.* (*und...*), die durch den gesetzten Punkt ja ausdrücklich als Wort*fragmente* deklariert sind, s.o. die Bemerkungen zu R. 1.

R. 178 (5) („In Ableitungen mit der Nachsilbe -heit lebt bei der Silbentrennung ein ursprünglich zum Stamm gehörendes, später abgestoßenes h nicht wieder auf."): Hier gehen wieder lautliche, grammatische und etymologische Gesichtspunkte durcheinander. Geht man bei der Silbentrennung von der grammatisch induzierten Zerlegung in Roheit aus, so folgt die vom Duden auch verlangte graphische Silbentrennung von selbst. Die Annahme eines „zugrundeliegenden" *Roh+heit*, die zu den entsprechenden Silbentrennungsproblemen (auf der graphischen Ebene!) führt, ist insofern überflüssig. Das ist in gewisser Hinsicht der umgekehrte Fall zu R. 180 (7) („Nicht trennbar sind die Wörter: *Feen, knien, auf Knien, Seen*"), wo ein *knien* tatsächlich nicht zu trennen ist: nicht in *knie-n*, da das abzutrennende morphologische Element des Infinitivs ja *-en* ist, aber auch nicht in *kni-en*, da das Stammmorphem ja *Knie* ist. Die Probleme beim Duden sind hier durch die schon besprochene konfuse ästhetische Regel bestimmt, die die Abfolge von <ee> auf die lexikalisch festgelegten Vorkommen von „Dehnungszeichen" beschränken will. Würde konsequent nach den phonographischen Prinzipien *knieen* geschrieben, wäre auch das Silbentrennungsproblem keines (erst recht nicht bei einer Schreibung mit „silbentrennendem h" wie bei **kniehen*, s.u. 318 ff.). Im Grunde ist dieses Problem die spiegelverkehrte Seite zu der schon besprochenen Vorschrift R. 178 (4), die verlangt, daß auf der graphischen Seite eine Silbe repräsentiert wird durch einen Repräsentanten für den Silbenkern und einen Repräsentanten für den Rand (initial und/oder final). Entsprechend dieser Regel folgt nun aber auch die schon mehrfach angesprochene phonographische Repräsentation für einen „silbischen" Konsonanten. Wenn wir z.b. bei der postkonsonantischen „Infinitivendung" einen silbischen Nasal haben: [laʊfn̩], so gilt hier eben die Regel, daß dieses silbische [n̩] graphisch als <en> repräsentiert werden muß - anders natürlich in den Regionalsprachen bzw. Mundarten, die dieses silbische [n̩] vokalisieren, wo dann bei den entsprechenden „Mundartschriftstellern" in Übereinstimmung mit dieser phonographischen Vorschrift solche Infinitive auch konsequent als <laufa> repräsentiert werden (z.B. bei Gerhart Hauptmann „Die Weber").

NB: Im Hinblick auf die pädagogische Nutzanwendung ist die nötige phonographische Differenzierung dieser Digraphe für *unbetonte* silbische Elemente gegenüber der homographen Repräsentation von betonten Silben zu unterstreichen. <el> für [l] wie in [løfl̩] ist insofern differenziert von <el> für [ɛl] wie in [ˈmɛlaniː] *Melanie*. Ohne die Bindung an die prosodische Umgebung (<el> ~ [l]) nach betonter Silbe) ist eine Konfusion naheliegend.
Die diagraphische Repräsentation gilt für alle silbischen Konsonanten: [m̩, n̩, l̩]: [ˈaːtm̩] *Atem*, [laʊfn̩] *laufen*, [løfl̩] *Löffel*. In „etymologischer" Betrachtung gehört auch die „Vokalisierung" [ɐ] von *r* hierher [hɔyzɐʁ] *Häuser* (vgl. auch oben die schlesische Vokalisierung von finalem [n̩]).
Bei Berücksichtigung dieser Zusammenhänge (also bei der phonetischen Ausgliederung im Ausgang von Makrostrukturen: der prosodischen Struktur des Wortes, der Silbe...) ist dieser Weg vom Anfangsunterricht an allerdings angezeigt, um die hybriden (und vor allem systematisch irreführenden) Hyperlautierungen [ˈlaʊˈfeːn, ˈløˈfeːl] usw. zu vermeiden, die das phonographische Muster für betonte Silben fälschlich verallgemeinern. Angemerkt sei noch, daß selbstverständlich auch die Lento-Aussprache mit [ə] existiert: [ˈaːtəm, ˈlaʊfən, løfəl, hɔyzəʁ], die stützend herangezogen werden kann; im Text verwende ich aber durchgängig die „normale" Allegroform mit [m̩, n̩, l̩] bzw. [ɐ].

Ein ernsthaftes und nun allerdings sehr gravierendes Problem stellt sich bei R. 179 (7) („st wird nicht getrennt."), die denn auch in schulischen Merkregeln umgesetzt meist lautet wie: „Trenne nie st, denn das tut weh!" Wenn solche Regeln einmal internalisiert werden (wenn auch das meiste aus dem Unterricht vergessen wird, solche Regeln aber „sitzen fürs Leben"!), dann ist das Ergebnis so, wie auf der folgenden Seite reproduziert.[4]

Diese Trennung ist laut Duden R. 179 (8) („Eine Ausnahme bildet die Wortfuge bei Zusammensetzungen".) falsch: Die „Wortfuge" verlangt die Trennung in *Geburts-tag*, aber die falsche Trennung in diesem Beispiel folgt konsequent aus der Formulierung der R. 179 (7). Diese Dudenregel, die unweigerlich in jeder Klassenstufe Unterrichtszeit absorbiert, ist eine der wenigen orthographischen Vorschriften, bei denen ich kategorisch behaupte, daß sie zu verschwinden hat; daß sie auf keinen Fall im Unterricht mit Sanktionen versehen werden soll. Sie bildet ein peripheres Problem; Schüler, die in der Orthographie sicher sind,

---

[4] Die Schrift macht deutlich, daß hier nicht der Erstkläßler, der unterschrieben hat, diese Silbentrennung von *Geburtstag* produziert hat, sondern die Mutter, die für ihn die Einladungen ausgefüllt hat.

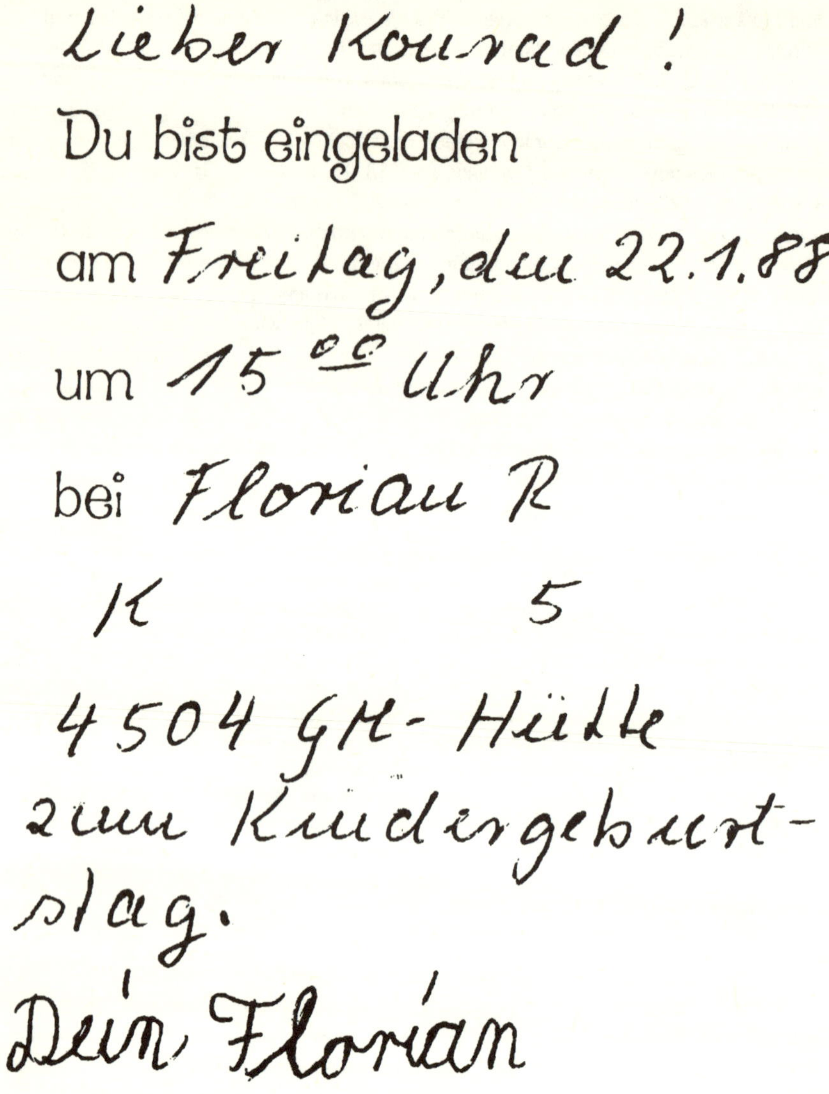

Lieber Konrad!
Du bist eingeladen
am Freitag, den 22.1.88
um 15⁰⁰ Uhr
bei Florian R
K   5
4504 GM-Hütte
zum Kindergeburt-
stag.
Dein Florian

Abb. 36 Geburtstagseinladung

kann man darauf hinweisen, daß die orthographischen Vorschriften des Duden solche Merkwürdigkeiten verlangen; auf keinen Fall dürfen sie aber dazu führen, daß der Kernbereich der phonographischen Rekonstruktion bzw. Aneignung der Orthographie, die Festigung der Silbenstrukturanalysen, in Frage gestellt wird.

NB: Historisch geht die st-Regel vermutlich auf die Ligatur des langschäftigen s ſ mit dem folgenden t zurück ſt, die auch bei den entsprechenden Drucktypen im Setzerkasten als ein Schriftzeichen behandelt wurde: Die Auflösung der Ligatur am Zeilenbruch hätte den Rückgriff auf das runde s σ erfordert, das aber nach den älteren graphischen Konventionen eben nicht vor t stehen soll - die Folge σt war ausgeschlossen. Spätestens seit der Einführung der Antiqua-Schrift (bzw. der lateinischen Schreibschrift) ist diese Regelung gegenstandslos geworden, die ansonsten ohnehin genausowenig orthographische Berücksichtigung verdient wie andere traditionelle Ligaturen (vgl. etwa die bei der Trennung sogar geforderte Auflösung von *ck* in *k=k*).

Machen wir noch kurz eine Probe darauf, welche Regeln der Silbentrennung laut Duden bisher behandelt worden sind, so zeigt sich, daß von dem gesamten Regelblock 178-182 nur noch offen sind:

R. 178 (1) in Hinblick auf die *Schärfung*
R. 179 (4) in Hinblick auf *ss*
R. 179 (5) in Hinblick auf *ck*

Diese Regeln werden im nächsten Kapitel besprochen.

Anhang I zum 21. Kapitel
Zur Silbenstruktur im Deutschen

Das Deutsche gehört wie gesagt zu den Sprachen mit relativ komplexen Randstrukturen der Silbe (es gibt allerdings Sprachen, die in dieser Hinsicht noch sehr viel komplexer sind: die slawischen Sprachen, die kaukasischen Sprachen, tendenziell auch das umgangssprachlich gesprochene Französisch u.a. mehr). Eine strukturelle Analyse wird versuchen, die Strukturmuster an den klaren Fällen herauszuarbeiten, und dazu bieten sich zunächst einmal die Einsilber an, da bei ihnen ja die Silbengrenzen eindeutig sind. Wie im Text gezeigt, ist die maximale Struktur für einen Einsilber (wenn ich hier einmal von der potentiell komplexen Struktur des Silbenkerns absehe): #KKKVKKKK#. Eine so komplexe Silbe ist aber so gut wie nie realisiert. Dem steht eine Filterstruktur entgegen, die über dieser Strukturbedingung operiert, und die so etwas wie eine Gleichgewichtsregel abgibt: wenn der Silbenanfang (der initiale Rand) „schwer" ist, dann ist das Silbenende (der finale Rand) leicht bzw. umgekehrt:
So haben wir also:

R: $\dfrac{\text{štRɛŋ}}{3 \quad 1}$ gegenüber $\dfrac{\text{hɛɐ̯psts}}{1 \quad 5}$

Ich sehe jetzt einmal ab von den Sonderproblemen der Nebensilben, die im Text schon angesprochen worden sind. Es zeigt sich aber, daß die „schweren" finalen Silbenränder keineswegs freie phonologische Kombinationen sind, sondern sich als morphologisch markierte, und in der Analyse transparente Komplexe zeigen. Sie ergeben sich durch die Zusammensetzung mit

- s (insbesondere Genitivbildungen beim Substantiv: *des Rands*),
- t (dritte Person Singular beim Verb) *er seufzt* [zɔɪ̯ftst]),
- st (zweite Person Singular beim Verb) wie in *herrschst* [hɛɐ̯šst]).

D.h. aber die überschweren Silbenränder erfüllen eine Markierungsfunktion - sie signalisieren die morphologische Komplexität. Insofern ist nichts damit gewonnen, wenn diese Folgen rein distributionell auf der phonologischen Ebene beschrieben werden, wie es in neueren Arbeiten gerade auch zum Verhältnis von Phonologie und Orthographie im Deutschen geschieht (etwa bei WIESE 1987).

Darüber hinaus operieren aber noch eine Reihe von weiteren Beschränkungen über der Kombinierbarkeit, die die phonologischen Wortstrukturmerkmale deutscher Wörter ausmachen und deutsche von nicht deutschen Wörtern zu unterscheiden erlauben. Im folgenden gebe ich die Kombinationsmöglichkeiten von Wörtern, die in diesem Sinne als deutsche anzusprechen sind. Wo Abweichungen davon vorliegen, markieren sie die entsprechenden Wörter als phonologische „Fremdwörter".

NB: Die angesprochene „Gleichgewichtsbedingung" läßt sich vielleicht als konsonantische Quersumme ausdrücken, die bei unproblematischen Fällen den Wert 4 nicht übersteigt:
[štRɛŋ], aber Formen wie [lɛRnt] <lernt> nur bei nicht-"vokalisierender" Aussprache des (r) - sonst [lɛɐ̯nt] - hier zeigt sich schon eine Erscheinung wie die r-Vokalisierung als eingebettet in die grundlegende Silbenstrukturveränderung. Hinzu kommt, daß auch konsonantisch 4-wertige Formen nicht unproblematisch sind: das initiale [š] bei [štRɛŋ] bildet eine Nebensilbe, vgl. die vokalische „Scheuchgeste" fürs Vieh [kšt], das finale [t] bei [lɛɐ̯nt] / [lɛRnt] ist morphologisch „mobil", s.o.

Allerdings zeigt sich hier auch wieder die Dynamik von Zentrum und Peripherie. Solche Folgen sind ohne die Möglichkeit morphologischer Analyse in einer ganzen Reihe von längst integrierten Fremdwörtern und etymologisch expressiven Bildungen zu finden, die kaum noch ein geschlossenes lexikalisches Feld ausgrenzen, vgl.
- [-ps#] Schnaps, Schups, Mops, Pips, Klaps, Japs (aber auch Raps, Gips ...),
- [-ks#] Box, Index, Sex, fix, Jux, lax, Murks, Koks

Phonetisch-phonologische Veränderungen reagieren darauf, insbesondere bei /s/ mit der affrizierten Aussprache nach liquiden Konsonanten (die übrigens ein weiteres Indiz dafür ist, die Affrikate /c/ im Deutschen nicht als phonologische Folgen aus /t+s/ zu behandeln - die Rechtschreibunsicherheit in Fällen wie den folgenden, die nicht nur von rechtschreibschwachen Schülern oft mit finalem <t> geschrieben werden, zeigen das):

<s> → /c/[ts] ⎡ - nach [n-] Zins, Spirans, Gans, Hans ...
              ⎣ - nach [l-] Fels, Wels ...

Eine Ausnahme macht die Abfolge /-ms#/: Hier ist aber auch die epenthetische Veränderung zu mps zu hören, vgl. auch hyperkorrekte Schreibungen wie Mums für Mumps [mum|ps] vgl. <Wams> [vam|ps] - hier wohl als Verstärkung der Nebensilbenstruktur; - bei [rs#] löst umgekehrt die r-Vokalisierung die komplexe Silbenstruktur auf Kurs [ku̯ɐs].
Solche Wort- bzw. Silbenstrukturregeln können als implikationelle Beschränkungen formuliert werden:

R. 1:
Bei einer anlautenden konsonantischen Folge #K_1K_2 gilt: wenn K_1 ein Verschlußlaut ist, dann ist K_2 kein Verschlußlaut.

R. 2:
Wenn K_1 kein Verschlußlaut ist, dann ist K_2 beliebig, aber immer verschieden von K_1. (Ich sehe einmal ab von dem Problem von Affrikaten, zu dem in gewisser Hinsicht auch die lautliche Entwicklung von anlautendem [kR] zu [kx] tendiert).

Regel 1:

K_1 \ K_2	r	l	m	n	v	f	s	š
t	treu	—	—	—	—	—	[tsa:m] zahm	[Tschako]
d	drei	—	—	—	[dva:s] dwars, Dwina	—	—	—
p	preis	Platz	—	[pneu]	—	Pfau	[Psalm]	[Pschorr]
b	Brei	blau	—	—	—	—	—	—
k	Krach	klein	—	Knie	[kve:ɐ] quer	—	[ksantn̩] Xanten	—
g	grau	glatt	—	Gnom	—	—	—	—

In eckigen Klammern periphere Kombinationen in Fremdwörtern (niederdeutsche Formen in diesem Sinne dazu gerechnet). Soweit sie hier aufgeführt sind, bilden sie Erweiterungen der Belegung des Strukturschemas. Anders ist es mit Folgen wie #pt-, wie bei *Ptah*, *Pterosaurier*, *Ptolemäer*, die aus dem Muster herausfallen.

Regel 2:

K_1 \ K_2	r	l	m	n	v	f	s	š	z	ž	p/b	t/d	k/g
f	Frau	flau											
v	[vrak] Wrack	[Wladimir]											
š	___	[Slalom]	Smog	Snack	Sven	Sphinx							Skat
s	schrie	schlau	schmal	Schnee	Schwein	___						Spuk	Stein
z													
ž													

Schließlich haben wir noch Kombinationen der beiden Kombinationstypen der Regel 1 und der Regel 2:

t+s/s+v *zwei* [tsvaę]
š+t/t+r *Strom*
š+p/p+r *Sprung*
š+p/p+l *Splint*
p+f/f+r *Pfründe*
p+f/f+l *Pflug*

Vergleichen wir nun damit die spiegelverkehrten Beschränkungen für die finalen konsonantischen Folgen, also - $K_2 K_1$ #: so haben wir hier die entsprechenden Regeln.

R. 1':
Wenn K_1 ein Verschlußlaut ist (immer stimmlos!), dann ist K_2 kein Verschlußlaut.

R. 2':
Wenn K_1 kein Verschlußlaut ist, dann ist K_2 beliebig, aber immer verschieden von K_1 (auch hier K_1 immer stimmlos).

NB: Bei den folgenden Tabellen entfällt für die Umgangssprache mit r-Vokalisierung jeweils die Spalte mit *r*.

Regel 1':

K_1 \ K_2	f	s	š	ç/x	r	l	m	n	ŋ
p					Korb	falb	plump		
t	Heft	Last	wischt	Licht/lacht	Ort	mild	Amt	Wind	bangt
k					arg	Ulk			Bank

Die eingeklammerten Beispiele der Struktur [_Kš#] bei Regel 2' (s. S. 272, 274) ergeben sich aus der im Deutschen produktiven Bildung von Adjektiven zu Eigennamen mit dem Suffix {-š}. Nach Reibelauten würde in meiner Sprechweise dort allerdings das Suffix {-iš} eintreten: *Husisch* usw. Nicht aufgenommen sind konsonantische Folgen mit finalen Nasalen oder Liquiden, da diese immer silbisch sind (und graphisch auch meist durch pseudovokalische Silbenkerne repräsentiert werden, [laṷ|fn̩] <laufen>, *Dirndl* [dɪɐn|dl̩], *Dnjepr*); davon ist allerdings die Folge [-ln#] sehr umfangreich und auch in der Wortbildung produktiv: *Kreiseln, französeln* usw.
Eine Ausnahme von R. 1' machen Folgen mit finalem [t], die vor allem in morphologisch komplexen Formen auftreten:
- nach [k]: *recken - er reckt* u.dgl. Hinzu kommen zahlreiche, oft voll integrierte Entlehnungen aus fremden Sprachen: *Markt, Akt, Produkt, Punkt* u.dgl.; vgl. aber auch *Magd*, das in der „süddeutschen" Hochsprache [ma:kt] lautet, aber bemerkenswerterweise in der norddeutschen Umgangssprache [ma:xt] also mit der desonorisierten Spirantisierung des *g*, die diese Ausnahme in die Wortstrukturregel einpaßt,
- nach [p]: *verkappen - verkappt* u.dgl., ebenso *Abt* [apt], *Rezept* usw.
Diese so inzwischen als integriert anzusehende Folge [-Kt#] erklärt nun auch die oben bei den initialen Folgen vermerkten entsprechenden abweichenden Kombinationen (*Ptolemäer*). Als Einzelfall weist das Wörterverzeichnis des Duden [19]1986 auch [#kt-] auf: *Ktenoidschuppe*.

Generell ist aber festzustellen, daß die finalen Strukturbedingungen weniger eingeschränkt sind als die initialen (so treten ja auch einige Konsonanten final auf, sowohl absolut wie als erstes Element einer Folge, die initial nicht vorkommen: [ç/x] und [ŋ]). Bei diesen Folgen sehe ich wieder von den Problemen der r-Vokalisierung ab, die die Strukturregeln weiter beschränken bzw. erleichtern: In den Tabellen stehen die maximalen Kombinationen wie sie der Hochlautung im Siebschen Aussprachwörterbuch entsprechen. Auch hier haben wir jetzt wieder die komplexeren Folgen als Produkte aus den beiden Regeln 1' und 2':

r+f/f+t *Werft*
l+f/f+t *hilft*
p+f/f+t *hüpft*
ŋ+s/s+t *Angst*
r+k/k+t *Markt*
m+p/p+f *Dampf*
l+p/p+s *Kalbs*

Regel 2':

K₁\K₂	r	l	m	n	ŋ	f	s	š	ç/x	p	t	k
f	Dorf	Schilf	—	Senf						Kopf		
s	Kurs	Fels	Ems	Hans	rings	aufs	—	Tischs	Dachs (zu Dach)	Schnaps	stets	Keks
š	forsch	falsch	Ramsch	Wunsch	Thüringsch	Dimitroffsch	Hussch	Beschsch	Bachsch	hübsch	Matsch	Becksch
ç	durch	Elch	—	Mönch								

274

Peripher in fremden Namen kommen noch andere Folgen vor, die aber, jedenfalls wenn sie einigermaßen gebräuchlich sind (und nicht als fremdsprachliche Collagen anzusprechen), trotzdem in das Schema integriert sind wie z.B.: *Omsk*.

Bei mehrsilbigen Wörtern kann zunächst die Silbentrennung entsprechend den Strukturmustern für die einsilbigen Wörter zerlegt werden. Dabei zeigt sich dann, daß die anfangs angegebene Gleichgewichtsfilterregel auch hier wieder die Kombination beschränkt: wenn der finale Rand der vorausgehenden Silbe schwer ist, ist der initiale Rand der folgenden Silbe meist leicht; und umgekehrt: wenn der initiale Rand der zweiten Silbe schwer ist, ist der finale Rand der vorausgehenden leicht. Grenzfälle sind dann die extremen Folgen mit einem drei bzw. (bei fehlender *r*-Vokalisierung) viergliedrigem finalen und dreigliedrigem initialen Rand wie bei dem schon zitierten *Herbststrauß*. Der produktive Grenzfall allerdings liegt bei zwei finalen und zwei initialen Konsonanten wie bei *Monstrum*.

In Hinblick auf die Silbentrennung bei mehrsilbigen Wörtern mit graphisch nur einem Konsonanten ist das phonologische Grenzproblem des Glottisverschlusses zu berücksichtigen. So kontrastieren hier *verreisen* und *vereisen* [fɐ'ʁaęzn̩] : [fɐ'ʔaęzn̩].

NB: Das doppelte <rr> in *verreisen* hat selbstverständlich nichts mit der Schärfung zu tun, da es ja nicht in Verbindung mit der Schreibung eines *betonten* Vokals steht (5B im Schema S. 243) - es leitet sich aus der morphologischen Komposition her (die Komponente 1 im Schema - die *phonographischen* Schreibungen sind immer nur *innerhalb* von Morphemgrenzen definiert; darin drückt sich das grammatische Primat unserer Orthographie aus, s. das Schema S. 242). Die phonographische Fundierung der beiden <r>-Schreibungen ist entsprechend verschieden (+ steht für die Morphemgrenze) /fa+'Raęz+(ə)n/: Im Präfix <ver-> steht <er> als Digraph für /ɐ/, vgl. den Kontrast zu <e> für /ə/ in /bə'Raęzn/ <bereisen>; das zweite <r> steht „regulär" für das silbenanlautende /R/ in /Raęzn/.

Anhang II zum 21. Kapitel
Zur (Begriffs-)Geschichte der Silbentrennung.

Die „Ideengeschichte" der Silbe ist nicht zu trennen von der Methodik des Elementarunterrichts, für die das mehr oder weniger mechanische Syllabieren seit der Antike die Basis bildet. Das dokumentieren die Spuren aus dem Anfangsunterricht in überlieferten Wachstafeln, das zeigt v.a. aber die recht konstante Praxis in der Handhabung des Zeilenbruchs in alten Manuskripten (das oben diskutierte Beispiel des gotischen Codex Argenteus zeigt einen Schreiber einer germanischen Sprache, der seine Schulung in dieser griechisch-lateinischen Tradition erhalten hat). Für diese älteren Sprachen (einschließlich der frühen Überlieferung der germanischen Sprachen etwa im Gotischen) ist aber die intervokalische Silbentrennung gebunden an die phonologische Struktur von konsonantischen Geminaten: In dieser Tradition wurden also die Silbentrennungsregeln ausgearbeitet, die graphisch bis in die heutige deutsche Orthographie bestimmend sind, wo sie das kulturelle *Material* für die phonographischen Regeln des Deutschen bilden.

Interessant werden von daher die Versuche zu einer normativen Fixierung der deutschen Orthographie seit der frühen Neuzeit, als in phonologischer Hinsicht keine konsonantischen Geminaten mehr bestanden. Die frühesten grammatischen Traktate des 16. Jahrhunderts sind hier wenig explizit; umso deutlicher sind dafür die Musterbücher mit ihren Syllabieranweisungen für den Unterricht. In Valentin Ickelsamers „Die rechte weis auffs kürzist lesen zu lernen" (vermutlich von 1534)[5] finden sich syllabierend gedruckte Texte, z.B. die Zehn Gebote, in denen zu finden ist: *Göt=ter, Her=ren, Got=tes, Vat=ter* (entsprechend der [mitteldeutschen?] lautlichen Variante des Wortes ['fatɐ]), *Mut=ter, las=sen, tŏd=ten* (auf den Seiten B 46 - B 56). Daß es sich um rein graphische Trennungen handelt, zeigt vor allen Dingen das letzte Beispiel (lautlich wohl [tø|tən], das einen Digraphen ohne „geminatischen" Charakter trennt, der im 15./16. Jahrhundert als Kompromißschreibung bei der Grammatikalisierung der „Auslautverhärtung" entstand (so auch in dem bis heute beibehaltenen *Stadt*); überlagert wurde diese phonographische Differenzierung durch eine solche nach Wortarten: Das Substantiv wurde als *Tod* fixiert, das Adjektiv als *todt* (und entsprechend das davon abgeleitete Verb), mit den daraus resultierenden Unsicherheiten bei den Schreibern.

Daneben finden sich aber auch phonologisch „erstaunliche" Trennungen wie *ge=zeu=gnis*, die sich ebenfalls wiederum aus der damaligen Technik des Syllabierunterrichts erklären, für den das Einüben von „geflochtenen" Silben im Vordergrund stand. Solche „geflochtenen Silben" (also durch komplexe initiale Silbenränder bestimmte Silbenstrukturen) ergaben sich vor allen Dingen bei der Synkope von *ge-, be-*, nicht nur, aber vor allem in Hinblick auf die Metrik. Gewissermaßen invers dazu stehen Trennungen wie *Ma=gd* (lautlich wohl noch [ma-gət]). Allerdings ist es hier wie immer bei solchen Werken schwer zu entscheiden, was auf das Konto des Theoretikers Ickelsamer geht und was auf das seiner Setzer: Wenn z.B. auf S. Eii[r] *vernun=fftige* getrennt wird, dann ist das wohl das Werk des Setzers, da *fft-* mir nie in einem dieser Werke als Anfang einer „geflochtenen Silbe" begegnet ist.

---

[5] Nachdruck bei FECHNER 1882; MÜLLER 1882 druckt das Silbenkapitel des Werkchens leider nicht ab, s. die bibliogr. Angaben oben S. 55.

Am explizitesten von den frühesten Werken ist in dieser Hinsicht wohl Sebastian Helbers „Teutsch Syllabierbüchlein" (2. Auflage von 1593)[6], der das Silbentrennungsschema, wie ich es in diesem Kapitel entwickelt habe, als Subtraktionsmethode von finalem Rand plus initialem Rand explizit macht.[7] Bei ihm findet sich also -V[KV- weil #KV-. Bei -VKKV- im Regelfall ebenfalls die Trennung -VK[KV-, aber doch V[KKV wenn #KK- (also bei den „geflochtenen Silben" *bl-, br-* ...): *un=bdacht, ge=blendet, wol=gmes=sen, an=glassen*. Entsprechend bei -VKKKV-, wobei allerdings, wie er schon richtig bemerkt, hier nur die Trennung -VKK]KV- vorzunehmen ist, wenn dabei VKK als Zeichen für die Kürze des Vokals steht (S. 14-16): *wiss=te, bewiss=tes*.

Diese Probleme ziehen sich durch die barocken Grammatiken hindurch, die sich allerdings mit der phonetischen Analyse mehr oder weniger schwertun, meist sehr viel schwerer als Praktiker wie Ickelsamer. Das ist besonders deutlich bei Gottsched, der bei der Silbendefinition und der davon abgeleiteten Silbentrennungsregel von der Idealsilbe KV ausgeht.[8] Entsprechend trennt er dann auch *spre-chen*. Später bei der Entwicklung seiner detaillierten Rechtschreibregeln kommt ihm aber wieder die Syllabiertradition in die Quere, die die doppelten Konsonantenzeichen als „Doppellaute" behandelt. Hier schreibt er dann *las=sen, tref=fen* usw. - und weil für ihn *ch* ein Doppelzeichen ist, das nicht mehr verdoppelt werden kann (also auch nicht getrennt!), fordert er hier, „es nach kurzen Selbstlauten ganz bei der ersten Syllbe" (zu) lassen, *sprech=en* (S. 123); Konsequent dann seine Vorschrift für den konträren Fall mit einem langen Vokal: *Spra=che*, S. 123.

Bis zum heutigen Duden ist dieses Dilemma von graphischen Regeln bestehen geblieben, die in der kulturellen Schreibtradition vorgegeben waren und in ihrer phonographischen Rekonstruktion nicht aufgelöst werden.

---

[6] neu herausgegeben von G. ROETHE, Freiburg/Br.: Mohr 1882
[7] Oder wie es in der neueren amerikanischen Phonologie etwa bei Hockett heißt, das Auflösungsschema der *Interludes* in *Coda* plus *Onset*
[8] Siehe in den Nachdrucken seiner Werke, Berlin: de Gruyter, Bd. 8 I/1978: 100

22. Kapitel: Die graphische Markierung der Silbenstruktur

Ausgehend von der im letzten Kapitel schon als problematisch behandelten st-Regel (R. 179 (7): „Trenne nie *st*!") werde ich in diesem Kapitel zusammenhängend die phonographischen Probleme der s-Schreibungen behandeln, wobei wir wiederum sehen werden, daß die Schwierigkeiten des Duden aus dem permanenten Lavieren zwischen Lauten und Buchstaben resultieren und insbesondere daraus, daß trotz der emphatisch reklamierten „Sprechsilbe" keine Silbenanalyse vorgenommen wird.

Gehen wir einmal von *st* aus, so zeigt sich schnell, daß mit *st* phonographisch ganz Verschiedenes gefaßt wird. Die Verteilungen sind jeweils komplementär, wie die tabellarische Aufstellung zeigt. Die Tabelle ist auf den ersten Blick etwas verwirrend, aber beim zweiten Hinblicken zeigt sich doch, daß die Struktur eindeutig ist - und d.h. eben im Sinne des kognitiven Ansatzes: daß sie *lernbar* ist.

graphisch <st>:

	Position	lautlich	Beispielwort
(1)	#_	št („fehlerhafte" norddeutsche Aussprache st)	*Streich* [štraeç]
	_#	⌈ st ⌊ št	*Geist* [gaest] *überrascht* [ybɐ'Rašt]

graphisch <s>

	Position		lautlich	Beispielwort
(2)	#_	⌈ t ⌉ ⌊ p ⌋	nur š	*Streich* [štraeç]
	_t#		s in Opposition zu š	*Geist* [gaest] *überrascht* [ybɐ'Rašt]

Also komplementär:
<st>/ #_ :[št]
<st>/ _# :[st]

[št]/ _# :<scht>
[št]/ #_ :<st>

NB: H. Penzl macht mich darauf aufmerksam, daß es Varietäten im Deutschen gibt, die die Differenz [st] vs. [št] kontrastiv nutzen, z.B. zwischen [sti:l] 'Stil' und [šti:l] 'Stiel' unterscheiden. Die drei großen „Aussprache"-Wörterbücher verzeichnen bei *Stil* tatsächlich beide Varianten (ebenso bei anderen „Fremdwörtern") - hier fungiert [#st-] also als Fremd-Markierung (Alteritäts-Markierung).

Natürlich lassen sich andere phonographische Systeme denken, die ja auch in vielen anderen Orthographien praktiziert werden: das Türkische etwa ordnet unabhängig von der Umgebung bzw. der silbischen Struktur zu: /s/ ~ <s>, /š/ ~ <ş> usw.; oder das Tschechische, dem die internationale phonetische Lautschrift die Haček-Notierung verdankt (Haček =Häkchen): /s/ ~ <s>, /š/ ~ <š> usw.

Daß diese Graphien die national verschieden festgelegte Form haben, ist letztlich historisch zufällig: abhängig einerseits von der Sprachentwicklung, andererseits von den Problemen der jeweiligen historischen Tradition (die tschechische Reformorthographie verdankt sich, nicht anders als wir es schon im Vorausgehen für das Dänische oder das Holländische gesehen hatten, vor allen Dingen dem Versuch, das Tschechische graphisch auch von dem kulturell (bzw. politisch!) übermächtigen Deutschen abzugrenzen).

Um uns die hinter der deutschen Orthographie in diesem Bereich liegenden Traditionen und Regularitäten deutlich zu machen, müssen wir kurz die entsprechende Lautentwicklung seit dem Althochdeutschen rekapitulieren, die in diesem Fall weitgehend das Problem der zweiten Lautverschiebung betreffen. Machen wir uns einmal kurz das phonographische System des Althochdeutschen klar, das in seiner graphischen Fixierung Ausgangspunkt für die spätere orthographische Tradition geworden ist. Es genügt in diesem Fall, den Bereich der dentalen Konsonanten zu betrachten. Im Bereich der Affrikaten und Frikativen stehen sich gegenüber die *alten* Laute und die durch die Lautverschiebung entstandenen (vgl. die Beispiele). Lautlich war der Unterschied ähnlich wie der, den wir heute zwischen [s] und [š] machen. Daß das „alte" s tatsächlich lautlich einem [š] nahekommt (im folgenden [s̩]), zeigt sich bei Entlehnungen aus der älteren deutschen Sprachform in slawische Sprachen und das Ungarische: Das Ungarische z.B. hat aus dieser althochdeutschen Orthographie seine phonographische Notation des [š] mit <s> übernommen. So schreibt man im Ungarischen eben *Gulasch* nicht so wie im Deutschen, sondern gewissermaßen mit einer althochdeutschen Graphie als *gulyas* - deswegen mußte man dort zur Bezeichnung des dentalen Reibelautes [s] ein Sonderzeichen einführen, nämlich <sz>, so daß es hier etwa heißt *Szegediner* [ˈsegedinər].

Althochdt. Konsonanten im Dentalbereich I

Ort Art	dental		postdental	
	fortis	lenis	fortis	lenis
Verschluß	[t] <t>	[d] <d>		
Affrikata	[c]	<ʒ>		
Frikativ	[s]		[s̩]	[z̩]
			<s>	

Beispiele

<t>   *t*ihton (vgl. lat. *dictare*, nhd. *dichten*)
<d>   *d*ihan (vgl. got. *þeihan*, nhd. *(ge)deihen*)
<ʒ>   ʒihan (vgl. got. *(ga)teihan*, nhd. *zeihen*)
        siʒen (vgl. got. *sitan*, nhd. *sitzen*)
<s>   sihan (vgl. got. *seihvan*, nhd. *seihen*)

NB: Über die Lautung des Althochdt. sind natürlich nur Mutmaßungen möglich, wobei die hier angenommene Differenz im Artikulations*ort* mit anderen konkurriert (z.B. apikal vs. dorsal). Einzelheiten brauchen hier nicht zu interessieren.[1] Schließlich zeigen die Texte (bei verschiedenen

---

[1] Darüber informieren die Handbücher und Einführungen, s. etwa W. BRAUNE/ H. EGGERS, *Althochdeutsche Grammatik*, Tübingen: Niemeyer [13]1975, bes. S. 176-178. H. PENZL, *Althochdeutsch*, Bern usw.: Lang 1986, bes. S. 38 - 39.

Schreibern, z.T. aber auch bei denselben Schreibern) erhebliche Variation, vor allem bei <ʒ> <ʒʒ> <tʒ> (worin man ein Indiz für die Fortis-Artikulation gesehen hat) aber <s> und <ʒ> werden althoch-deutsch auseinandergehalten: *hasen, hason* (zu *haso* „Hase") gegenüber *hazen, hazzen* (*hazon, hazzon*) „hassen".

Zur Verdeutlichung benutze ich hier auf der graphischen Seite ʒ, um Irritationen durch das *z* der Lautschrift zu vermeiden; das hat nichts mit dem von manchen Autoren praktizierten Unterschied *z* für die Affrikate, ʒ für den Reibelaut zu tun.

Das gleiche Schema der Lautverschiebung operierte bei den labialen, dentalen und velaren Verschlußlauten. Bei den velaren Verschlußlauten gab es also die Verschiebung von [k] zu [x] . Hier entstand in Hinblick auf die Differenzierung des verschobenen Konsonanten gegenüber dem unverschobenen (der ja in den „starken" Positionen bewahrt bleibt) die Notwendigkeit einer graphischen Differenzierung, wie sie bei den Dentalen mit dem ʒ gefunden wurde. Bei den velaren Konsonanten bot sich hier die Digraphie *ch* an, die in griechisch-lateinischen Lehnwörtern üblich war. Mit diesen Zeichen werden früh vor allen Dingen im oberdeutschen Bereich, wo die Lautverschiebung strikt durchgeführt wurde, die „verschobenen" Konsonanten notiert. Labil wurde dieses phonographische System durch die Konsonantengruppen, die eine Verschiebung behinderten - das war aber bei *p* und *t* nach *s* der Fall: Was den Anlaut anbetrifft, so haben wir also *spil* und *stein* (jeweils lautlich *šp* und *št*, konstant von der altgermanischen Zeit, wie sie sich im Gotischen fassen läßt, bis heute).

Anders war es z.T. bei *sk*. Auch hier wurde teilweise die Verschiebung blockiert, in großen Regionen aber durchgeführt: vollständig im Oberdeutschen, teilweise aber auch im Mitteldeutschen, und sogar in Teilen des niederdeutschen Raumes (Westfalen): Hier haben wir also das ganze Spektrum von Varianten *sk/sx/sç/š* (*skaban, scaban, schaban* „schaben").[2] Das hier neu entstehende š führt nun zu einer Reorganisation des dentalen und postdentalen orthographischen Systems. Bemerkenswerterweise ist von jetzt an die dialektale Region, die diese Entwicklung am weitestgehenden durchführt, die mitteldeutsche, diejenige, die kulturell den größten Druck auf die Entwicklung der schriftsprachlichen Verhältnisse und später auf die Entwicklung einer überregionalen Ausgleichsform ausübt. In dieser Region wird das oben skizzierte Schema der dentalen Verschlußlaute labil, wie die Pfeile im folgenden Schema zeigen, die die Richtung der späteren lautlichen Entwicklung markieren, die z.T. von der bewahrten graphischen Tradition verschleiert wird.

---

[2] Auch hier gibt es wieder konkurrierende Erklärungen in der Sprachgeschichtsforschung. Eine Fraktion (J. Schatz u.a.) geht konsequent auch bei <sk> von der Lautung [sk] aus, bei der sich der Frikativ zu š entwickelt hat, woraufhin (?) der Verschluß ausgefallen sei (s. z.B. SCHATZ, *Althochdeutsche Grammatik*, Göttingen: Vandenhoeck & Ruprecht 1927:141). Die Differenz betrifft aber nur die *Vorgeschichte* der hier fraglichen Reorganisation, berührt die Argumentation also nur marginal.

Althochdt. Konsonanten im Dentalbereich II

Ort Art	dental		postdental		präpalatal
	fortis	lenis	fortis	lenis	fortis
Verschluß	[t] <t>	[d] <d>			
Affrikata	[c] ⎤ <ʒ>				
Frikativ	[s] ⎦		⟵——— [ṣ]	[z̩] ⟵——— š <sch>
			⎣___<s>___⎦		

NB: Die positionsbedingte Variation der dentalen Affrikata und Frikativen, ebenso wie der postdentalen Fortis- und Lenisartikulation lasse ich hier außer Betracht (die einschlägigen sprachgeschichtlichen Handbuchdarstellungen bieten die nötigen Differenzierungen).

Das Ergebnis der durch die Pfeile notierten Dynamik des Systems ist v.a. eine Reorganisation der phonographischen Repräsentation der alten ṣ-Laute: Vor Konsonanten waren sie zunächst erhalten geblieben, fielen hier aber jetzt lautlich mit dem neuen š-Laut (aus sk) zusammen, in anderen Positionen fiel der alte ṣ-Laut mit dem neuen s-Laut zusammen: Das graphische System reflektierte diese Veränderungen sehr unterschiedlich:
- Vor t, p wurde die alte Graphie s bewahrt; in allen anderen Positionen stand jetzt sch für š also: stein, schmid, schaban.
- Andererseits steht die Graphie s jetzt auch für das alte dentale s, nachdem hier in den anderen Positionen keine lautliche Opposition mehr bestand: hus (vgl. gotisch: (gud)hus, neu-hochdeutsch: Haus); das (aus daʒ, aus þat, vgl. gotisch þata)

Eine Konsequenz aus dieser Reorganisation ist, daß das alte <ʒ>, in der neuen Orthographie <z>, nur noch für die Affrikate /c/ steht wie in zehn.

Unter diesen recht spezifischen sprachhistorischen Bedingungen hat sich ein komplexes System von s-Lauten und ihren graphischen Repräsentationen herausgebildet, das man als solches sicherlich nicht phonographisch deduzieren würde, das aber eben doch bemerkenswert klar strukturiert ist. Wir werden uns mit diesen Verhältnissen erneut befassen müssen, wenn wir in Verbindung mit der Schärfungsregel die Verhältnisse von s/ß/ss betrachten werden, die in der Fortsetzung der Lautverschiebung das Verhältnis von Lenis und Fortis ausdrücken. Bei allen diesen komplexen Entwicklungen in den sprachlichen Verhältnissen in Deutschland ist immer zu berücksichtigen, daß die hochdeutschen Formen zwar im Sinne des Lexikons die mittel- und oberdeutschen Formen spiegeln, in den lautlichen Realisierungen zumeist aber die Ausspracheformen norddeutscher Sprecher des Hochdeutschen zugrunde liegen (<st> ~ [št] und <sp> ~ [šp] gehören zu den wenigen Ausnahmen von dieser Regularität).

In diesem Zusammenhang interessieren die historischen Zusammenhänge nur indirekt; es geht ja um die Rekonstruktion des (synchronen) Sprachwissens, das die Regularitäten in der Aneignung des orthographischen Systems spiegelt. Dieser historische Exkurs sollte nur dazu dienen, die Verhältnisse in dem gerne als phonographische Abnormität herausgestellten Bereich der s-Schreibungen als „kulturelles Erbe" zu explizieren.

Fassen wir nun vor diesem Hintergrund das bestehende synchrone Sprachwissen in ein entsprechendes Verteilungsmuster der graphischen Repräsentationen und ihrer phonographischen Interpretation, so erhalten wir das folgende Muster für die Hochlautung, kontrastiert mit den (partiellen) norddeutschen und süddeutschen Sonderaussprachen:

lautlich	graphisch #_	_#	norddt. #_	_#	süddt. #_	_#
šp	spitz	_____	_____		Vesper [fęšpɐ]	
št	stein	rauscht	_____		Rast [Rašt]	
šk	_____	_____			grotesk [grotęšk]**	
šm	schmunzeln	_____				
šn	schnaufen	_____				
šl	schlurfen	_____				
šr	schreiben	_____				
šv	schwitzen	_____				
sp	_____	_____*	Spitz			
st	_____	Rast	Stein		_____	
sk	Skrupel	grotesk			_____	
sm	Smoking	_____				
sn	Snob	_____				
sl	Slaven	_____				
sr	_____	_____				
sv	Sweatshirt	_____				

* die „Lücke" wird inzwischen durch problemlos integrierbare Neubildungen gefüllt: *Lisp* usw.

** süddeutsch auch initial: *Skandal* [škandal]

Das Schema zeigt die Belegungen der kombinatorischen Möglichkeiten, wobei die graphischen Kontraste immer eindeutig bleiben. Das gilt insbesondere auch für die Adaptierung von Fremdwörtern, die im Bereich der so freigewordenen Positionen für die anlautende konsonantische Kombination š+Konsonant, die Lücken füllen (insbesondere auch für die Folge *šk*). Bemerkenswert sind nun die regionalen Besonderheiten, die recht unterschiedliche Systeme gegenüber dem der Hochlautung präsentieren, die aber allesamt eindeutig auf sie abbildbar sind und als phonographische Fundierung die Aneignung der Orthographie möglich machen: In der norddeutschen Umgangssprache bestehen Lücken in der anlautenden Kombination von *s/š*+stimmloser Konsonant (also nicht nur *šk*), dafür sind die Lücken bei der auslautenden Kombination *s*+stimmloser Konsonant geschlossen (hier ist also die Abfolge *sk* nicht isoliert). Umgekehrt hat die süddeutsche (insbesondere schwäbische) Umgangssprache keine Lücken in der finalen Belegung der Abfolge š+stimmloser Konsonant, dafür aber generell nicht die finale Folge *s*+stimmloser Konsonant (vgl. dazu auch die oben schon besprochene Variation in den kindlichen Verfremdungsspielen mit den *Gespensterchen*). Die Grundlage für diese regionalen Umgangssprachen sind natürlich mundartliche Entwicklungen; so im Norden, wo die Entwicklung des alten ṣ zu dem dentalen *s* generell durchgeführt worden ist und es insofern nicht zu dem oben besprochenen Zusammenfall kam. Das bedeutet hier nun, daß ein *st* als anlautende Folge möglich ist; insofern ist hier auch eine Silbentrennung -V[*st*V möglich. Hier ist also paradoxerweise die *st*-Trennungsregel laut Duden sinnvoll, da hier auch lautlich möglich ist *hu-sten, Klo-ster, trö-sten* usw. D.h. in der norddeutschen Aussprache bzw. in den ihr zugrundeliegenden Mundarten ist der alte Silbenschnitt des Altdeutschen bewahrt, der daher auch die Vokallänge in diesen Formen erklärt (hier ist dann nicht die Kürzung eingetreten, die sonst vor silbenimplosiven Konsonanten erfolgte, wie bei *brâhte*: alt [braːxtə] zu heute [braxtə]. Im Süden ergibt sich paradoxerweise das gleiche Resultat unter entgegengesetzten lautlichen Vorzeichen: Hier ist ja die Entwicklung von [s] zu [š] vor Konsonanten in allen Positionen generalisiert worden bzw. altes [ṣ] ist als [š] geblieben, mit dem in vorkonsonantischer Position auch [s] (> š) zusammengefallen ist; es gibt also, außer sekundär an der Wortbildungsfuge (und auch das nicht in allen Mundarten!) kein [st]. Da hier nun aber dem graphischen <st> der Orthographie immer ein [št] entspricht, das auch initial vorkommt, haben wir hier also ebenfalls eine Silbentrennungsmöglichkeit entsprechend der orthographischen Vorschrift; auch hier haben wir entsprechend einem alten *huosten* eine Folge[huːštən]. Das paradoxe Ergebnis dieser Überlegung: Die Trennungsregel des Duden:"Trenne nie st" macht phonographischen Sinn nur bei den Aussprachen, die nicht die Hochlautung repräsentieren. Für die Hochlautung müssen wir die Regel vielmehr so umformulieren, daß sie lautet:

„Trenne nie so, daß ein zwischensilbiges *-st-* zu einem silbeninitialen *št* wird."
Möglich ist also nur
-st#: also *Bast* und *Bast-ler*,
-#št: also *stellen* und *dar-stellen*,
die beide problemlos in die Silbenstruktur passen. In allen anderen Fällen muß zwischen st getrennt werden, also *ges-tern*, damit nicht die Aussprache resultiert *ge-stern* [gəštɐ̜ɐ̃n], vgl. die Aussprache von *Gestirn*.

Die entsprechende Verteilung der verschiedenen graphischen Folgen und ihrer Aussprache ergibt sich durch den folgenden Überblick, wobei ich wiederum bei den kritischen Fällen die norddeutsche und süddeutsche regionale Variante angebe: In diesen ist eine Trennung nur nach semantischen bzw. morphologischen Kriterien möglich, soweit nicht eine genauere phonetische Untersuchung hier noch andere Indikatoren liefert.

	Hochlautung	norddt.	süddt.
Abstreich („Mindestgebot")	['ʔap|štRaęç]	['ʔap|stRaęç]	[ap|štRaęç]
obstreich	['ʔoːpst|Raęç]	['ʔoːpst|Raęç]	[oːp|št|Raęç]
Popsterne	['pɒp|štɐ̜ɐ̃nə]		
Obsternte	[ʔoːpst|ʔɛɐ̃ntə]		
günstig	[gyns|tIç]		
gunstreich	[gunst|Raęç]		
Monsunstreich	[monzuːn|štRaęç]		

Auch wenn die Beispiele z.T. etwas weit hergeholt erscheinen mögen, machen sie doch die produktiven Muster deutlich, v.a. aber, wie eine sorgfältige phonetisch phonologische Exploration der Verhältnisse in der gesprochenen Sprache bzw. des Sprachwissens eine Grundlage für die orthographischen Regularitäten geben kann. Und gleichzeitig wird deutlich, warum ich schon beim letzten Mal so dezidiert gesagt habe: die *st*-Trennungsregel im Duden ist eine Katastrophe; nicht so sehr, weil dadurch Fehler bei den Schülern induziert werden (es gibt größere Fehlerquellen in der Orthographie), sondern weil die Lehrerautorität mit ihr Wissensstrukturen bei den Kindern zerstören kann (und zwar das schon im 2. Schuljahr, wenn diese Regel zum ersten Mal behandelt wird!), die beim Kind als Ansatzpunkt gefestigt werden müssen, um ihm Sicherheit in der Analyse von Rechtschreibproblemen zu geben. Gleichzeitig hat das Beispiel auch schon deutlich gemacht, daß die phonographische Fundierung auf die Spontansprache der Lerner zu gründen ist, wie ich sie hier, noch sehr grob in der Differenzierung in Norddeutsch und Süddeutsch angedeutet habe. Ein Lehrer, der die Schüler beim Erwerb der Rechtschreibung unterstützen will, muß eine solche Analyse vornehmen können; er muß sinnvollerweise auch über die Dynamik des Sprachsystems und den historischen Zusammenhang etwas wissen, in dem die Variation sowohl der gesprochenen Sprachform, wie ihrer schriftlichen Fixierung steht (in den Schulunterricht, außer vielleicht in die gymnasiale Oberstufe, gehören natürlich die historischen Überlegungen hier nicht hinein).

Diese Analyse werde ich nun in den folgenden Kapiteln, in einer Vertiefung der Silbenschnittproblematik und dann auch in der Fortsetzung zu den Problemen der *s*-Schreibungen, weiter verfolgen.

23. Kapitel: Dehnung und Schärfung: Die Grundlagen

In diesem Kapitel werden wir die Betrachtung des Silbenschnitts fortsetzen und sehen, wie weit er die phonographischen Regeln fundiert. Einmal mehr zeigt sich hier das Problem der Pseudophonetik bei den Vertretern der lautbezogenen Schriftauffassung (den Rechtschreibreformern, angefangen bei K. Duden, wie wir gesehen haben). Da ist nicht nur die Rede von Lang- und Kurzvokalen, sondern auch von der „Konsonantenverdopplung": bei *Mutter* werden ausgehend von der Schreibung zwei Konsonanten im Wortinneren postuliert - und dann auch gehört.

Zunächst eine Bemerkung zur Frage der Quantitäten, also von *lang* und *kurz* in der Phonetik. Von Interesse ist nicht die *absolute* Lautdauer: Langsam gesprochene *Kurz*vokale dauern länger als normal gesprochene *Lang*vokale. Gesprochene Sprache ist beliebig dehnbar, wie Singen und rhythmisches Sprechen zeigen, die trotzdem die Identifizierung der Phoneme ermöglichen. Schließlich bestehen auch erhebliche Differenzen im Sprechtempo bei verschiedenen Sprechern, die dennoch in der Regel die Verständigung nicht in Frage stellen. Es geht also nicht um die physikalische Quantität im absoluten Sinne, sondern um Wahrnehmungsmuster, um Kontraste, um *relative* Quantität. Wie wir auch schon bei dem Grundmuster der Silbe, dem Kontrast von Kern und Rand, festgestellt haben, sind die Struktureigenschaften, auf denen Sprache beruht, in der Äußerung nicht einfach da, sondern sie sind das Ergebnis einer kognitiven Verarbeitung der Äußerung.

Die Quantitätenverhältnisse bei den Vokalen sind reichlich kompliziert; anders ist es bei den Konsonanten: die beiden Konsonanten in *rate* [Raːtə] gegenüber *Ratte* [Ratə] unterscheiden sich quantitativ überhaupt nicht.

NB: Angesichts der von der Schule eingetrichterten phonetischen Begriffsverwirrung fällt es (Erwachsenen!) schwer, genau hinzuhören - hier hilft u.U. nur eine systematische phonetische Schulung (das ist kein Problem der phonetischen Fundierung, sondern generell das Problem des größeren Aufwandes für eine therapeutische Maßnahme im Vergleich zu einer „spontanen" Übung). Im Rahmen dieser Darstellung ist es nicht möglich, die technischen Prämissen einer phonetischen Argumentation aufzubauen. Das gilt insbesondere für die Untersuchungstechniken der akustischen Phonetik (Sonagramme), die für diesen Zweck besonders aufschlußreich sind: Dort zeigen sich Entsprechungen im Spektrum von Vokalen im absoluten Auslaut und denen, die wir als *lang* wahrnehmen, bei denen das lautliche Spektrum gewissermaßen „austrudelt", während es bei Kurzvokalen abgeschnitten erscheint - und insofern eben auch nicht im absoluten Auslaut möglich ist; das entspricht recht genau dem, was der Erstklässler Jochen mit seiner Unterscheidung in *ungebremste* und *gebremste* Vokale faßte (S. 239.). Allerdings ist der Befund hier nicht völlig klar - und seine Interpretation ist unter Phonetikern umstritten. Es ist zu vermuten, daß hier große regionale Differenzen in der Aussprache der jeweils untersuchten Informanten eine zu wenig berücksichtigte Rolle spielen. Angesichts der Komplexität der Materie gehe ich hier auf diese apparativ-phonetische Problematik nicht weiter ein und belasse es bei einer Argumentation, die sich der Kategorien einer impressionistischen Phonetik bedient - (s. auch Anhang I) insbes. auch Jochens Terminologie von *gebremsten/ungebremsten* Vokalen.[1]

[1] S. zu diesem Kapitel auch den entsprechenden Aufsatz *Dehnung und Schärfung in der deutschen Orthographie* (in: P. EISENBERG/H. GÜNTHER (Hg.), *Schriftsystem und Orthographie*, Tübingen: Niemeyer 1989); dort finden sich auch weitere Literaturhinweise zur einschlägigen Forschungsdiskussion. Zur Fundierung im Silbenschnitt s. jetzt auch U. MAAS / D. TOPHINKE, *Loser und fester Anschluß*. in: J. SCHMIDT-RADEFELD u.a. (Hgg.), Festschrift für H. Lüdtke, Tübingen: Narr 1992.
H. Penzl weist mich allerdings auf ein mögliches Mißverständnis bei Jochens Terminologie hin: ein *gebremster* Vokal wird allerdings nicht (wie beim Bremsen des Autofahrers) *verlangsamt, verzö-*

Die phonographischen Probleme ergeben sich hier durch die Überlagerungen der alles in allem einigermaßen klaren *lokalen* Phänomene (*Lauteigenschaften*) und den *globalen* Eigenschaften (Äußerungsgestalten wie der *Silbe*):
- die *globalen* Eigenschaften sind primäre Gliederungseigenschaften wie Silbenschnitt und *relative* Verhältnisse in der konkreten Äußerung (*syntagmatisch* betrachtet),
- die *lokalen* Eigenschaften sind Produkt sekundärer Abstraktionen an solchen Äußerungselementen, insbesondere *Lauten* in ihrer wechselseitigen (*paradigmatischen*) Definition.

NB: Schwierigkeiten ergeben sich direkt aus der oben formulierten distributionellen Beschränkung: Wenn die „Kurzvokale" (*lokale* Eigenschaft) eigentlich *gebremste* Vokale (globale Eigenschaft) sind, dann gehört der *bremsende* Konsonant, der ihnen folgt, irgendwie zu ihnen dazu - er wird als Strukturmoment einer Silbe mit einem *gebremsten* Silbenkern wahrgenommen. Das erklärt auch die in der Literatur am häufigsten anzutreffende Redeweise von den in diesem Falle „ambisyllabischen" Konsonanten (also etwa [t] bei ['mutɐ].[2] Versteht man den Terminus so, ist das damit Gefaßte nicht falsch - es besteht aber die Gefahr, Falsches zu suggerieren (insbes. bei einem phonetisch nicht geschulten Addressatenkreis - weshalb ich den Terminus hier nicht verwende). Entschieden irreführend, um nicht zu sagen falsch ist es aber, wenn gelegentlich vom „geminatenhaften Charakter der Konsonanten nach Kurzvokal" gesprochen wird.[3]

Mit meiner Unterscheidung der *lokalen* Merkmale (*Lang*- vs. *Kurz*vokal, bzw. *gespannter* vs. *ungespannter* Vokal) auf der einen Seite und globalen Merkmalen (Silbenschnitt: *fester* vs. *loser* Anschluß des folgenden Konsonanten) befinde ich mich im übrigen in Übereinstimmung mit einer langen Tradition phonetischer Beschreibungen des Deutschen, wie sie nicht zuletzt in den beiden „Aussprache-Duden" weiterwirkt.[4] In der älteren Phonetik, die für die dialektologischen Beschreibungen bis heute maßgeblich ist,[5] ist die Differenzierung im vokalischen Spektrum ausschlaggebend, also die Differenz von gedeckten und ungedeckten Vokalen (vgl. auch im Englischen *checked vowels*), die in Hinblick auf ihre Bindung an den betonten Vokal auch zu der Rede vom „scharfgeschnittenen Akzent" beim festangeschlossenen Vokal geführt hat (vgl. auch die Wörter mit schwankender Betonung wie *Kakadu*, ['kakadu] aber [kaka'du:].[6]

Ein großer Teil der hier entstehenden Schwierigkeiten der Rechtschreibdiskussion rührt daher, daß diese *beiden* Dimensionen der phonetischen Fundierung der Orthographie

---

gert o.ä., sondern er wird in seiner Artikulation *abgeblockt*, wie die Beschreibung oben deutlich machen sollte. Ist der Sachverhalt deutlich, sollte die terminologische Frage zurückstehen: Im Unterricht kommt es ohnehin darauf an, die Kinder zum Selbstbeobachten und evtl. zur Suche nach einer begrifflichen Fassung des Beobachteten anzuhalten. In einer anderen, analogen Unterrichtssequenz verständigten sich die Schüler darauf, daß die *Selbstlaute* bei festem Anschluß *gequetscht* seien (Hinweis von Christa Röber-Siekmeyer) - dabei tritt dieses Mißverständnis nicht auf.

[2] so etwa im „Siebs"-Aussprachewörterbuch, 18. Auflage 1969, S. 63.

[3] So bei G. MEINHOLD/E. STOCK, *Untersuchungen zu einer Reform der deutschen Orthographie auf dem Gebiet der Phonem-Graphem-Beziehungen* (PGB), in: D. NERIUS u.a., *Sprachwissenschaftliche Untersuchungen zu einer Reform der deutschen Orthographie*, Berlin: Akademie 1981, S. 55-154, hier S. 104.

[4] MANGOLD im *Aussprache-Duden*, 2. Auflage Mannheim: Bibliogr. Institut 1974, S. 57 und auch KRECH im *DDR-Aussprache-Wörterbuch*, Leipzig: Bibliogr. Institut 1982, S. 48.

[5] ausgehend etwa von dem traditionellen Standardwerk von E. SIEVERS, *Grundzüge der Phonetik*, 5. Auflage Leipzig: Breitkopf und Härtel 1901.

[6] Die ausführlichste Analyse dieser Verhältnisse, wenn auch auf „ohrenphonetischer" Grundlage, bietet Otto JESPERSEN in seinem *Lehrbuch der Phonetik*, deutsche Übersetzung Leipzig: Teubner 1913, zuerst dänisch 1897-99, dort auch instruktive Vergleiche zwischen verschiedenen Sprachen vorführt.

nicht gesehen werden, und insbesondere die Rede von Laut und Buchstabe (oder modischer: „Phonem-Graphem-Korrespondenz") die Problematik auf lokale Merkmale zu reduzieren versucht - was für einige Sprachen mit entsprechender phonologischer Struktur angehen mag, nicht aber für das Deutsche. Die Trennung von lokalen und globalen phonetischen Eigenschaften ist natürlich nur analytisch berechtigt - empirisch liegt ein komplexes Wahrnehmungsproblem vor.

Das heutige Deutsch (jedenfalls die Hochlautung, von marginalen dialektalen Verhältnissen abgesehen) kennt keine konsonantischen Quantitäten - im Gegensatz zu den altdeutschen Verhältnissen, auf die die heutige graphische Tradition zurückgeht; damals (nach den Regionen zeitlich gestaffelt, im 13. Jhd. ist die Opposition aber wohl allgemein aufgegeben) kannte das Deutsche noch wie das Italienische Quantitätenverhältnisse (bzw. Geminanten) im Konsonantismus (vgl. etwa italienisch: *ho fatto il mio lavoro* „ich habe meine Arbeit gemacht", gegenüber *il fato è bruto* „das Schicksal ist grausam", wo die beiden jeweils zweiten Wörter als [fat:o] : [fato] kontrastieren).

NB: In phonetischer Hinsicht ist hier noch zu unterscheiden zwischen der Quantität der konsonantischen Unterbrechung eines lautlichen (vokalischen) Ereignisses: ital. ['fat:o], oder ['pat:o] „Pakt", und der Dauer eines eigenen konsonantischen Lautereignisses bei stimmhaften und/oder frikativen Konsonanten (die potentiell auch als Silbenkern fungieren können); ital. ['pan:o] „Tuch", ['pas:o] „Schritt". Nur im letzten Falle ist streng genommen die Rede von Geminaten sinnvoll. Bei formaler Betrachtung ist die Frage des Silbenschnitts unabhängig von dieser „lokalen" Unterscheidung. Für die sprachliche Dynamik ist sie allerdings wichtig: Die Verlagerung der Quantitätenopposition zu einer Silbenschnittkorrelation wie im Deutschen läuft offensichtlich über eine Stufe, bei der die alten Geminaten nur noch als stärkere konsonantische Reihe den alten Simplicia gegenüberstehen; demgegenüber fundiert die Bewahrung der Gemination die Stabilisierung der „beidsilbigen" Artikulation (was im übrigen ein typologisches Argument gegen die Rede von „ambisyllabischen" Konsonanten im Deutschen ist); die Entwicklung der Silbenschnittkorrelation läßt sich schematisch wie folgt andeuten (K für Konsonant, K̂ für fortisierten Konsonant):

I   VK]KV > VK̂:V > -V̂]KV- > -V̂]KV
(der Pfeil markiert wieder den festen Ânschluß)

Bemerkenswerterweise findet sich in Sprachen mit der Stabilisierung der Geminatenstruktur eine Tendenz zur lokalen Differenzierung der *beiden* Elemente, so etwa im Isländischen, das auf diese Weise alte geminierte Nasale und Laterale unter bestimmten Bedingungen differenziert (das erste Element entnasaliert bzw. entlateralisiert) aber in der Orthographie die Geminatenschreibung beibehalten hat <allur> ['aḍlyr] „ganzer", <brunni> ['bruḍni] „braun" (Dativ) und diese Artikulation auch im absoluten Auslaut hat <all> [aḍl] „ganz", <brunn> ['bruḍn] „braun".

Die folgenden Beispiele können die heutigen Verhältnisse im Deutschen zeigen (] markiert jeweils die Silbengrenze):

I   Speck   ~ speckig   ɛk]   ~ ɛ[kiç
    Beginn   ~ beginnen in]   ~ i[nn̩
    glatt   ~ glatter   at]   ~ a[tɐ

II Spuk   ~ spuken   u:k] ~ u:[kn̩
    ihn   ~ ihnen   i:n] ~ i:[nn̩
    Rat   ~ raten   a:t] ~ a:[tn̩

In diesen Bezügen innerhalb einer Wortfamilie bleiben die *lokalen* qualitativen Verhältnisse im Vokalismus und Konsonantismus gleich, ändern sich aber die Silbenstrukturen. Die deutsche Orthographie ist auf diese Verhältnisse abgestellt und stellt die entsprechenden Silbenschnittstrukturen dar:

1. Wenn der Vokal durch einen tautosyllabischen Konsonanten gebremst wird, dann liegt die unmarkierte Schreibung vor, die Vokal und Konsonanten in direkter Repräsentation darstellt:[7] *Bak-terien, Rep-til.*
2. Wenn der Vokal durch einen heterosyllabischen Konsonanten gebremst wird, findet das seinen graphischen Ausdruck in der Verwendung eines Bremszeichens: <v!K>.

Um die *phono*graphischen Verhältnisse (und gleichzeitig das *ortho*graphische Problem) zu verdeutlichen, kann das „Bremssymbol" ! sowohl auf der *phonologischen* Ebene verwendet werden: /!/ bezeichnet dann eine Silbenstruktur mit festem Abschluß über die Silbengrenze hinweg, wie auf der *graphischen* Ebene, wo <!> die graphische Repräsentation des festen Anschlusses über die Silbengrenze hinweg ist. Nun hat die deutsche Orthographie für das Bremszeichen <!> aber kein eigenes graphisches Symbol eingeführt, sondern sich der obsolet gewordenen Tradition der Geminatenschreibung bedient, so daß wir die folgende phonographische Regel formulieren können:

/!/ = <k'>, mit <k'> als graphischer Kopie des folgenden Zeichens <k> für den „bremsenden Konsonanten, also z.B. /Ra!tə/ <Ratte> (also Verdopplung des Konsonantenzeichens).

NB: Einen theoretisch fundierten Versuch zur „Rettung" der traditionellen Schärfungsanalyse hat R. Wiese vorgelegt.[8] Wiese postuliert dort wie in der antiken quantifizierenden Metrik für die Silbenstruktur des Deutschen (betonte Silbe) einen (mindestens) zweimorigen „Reim" $V\ x$; x kann durch eine weitere vokalische More gefüllt werden, dann handelt es sich um einen Langvokal (v:) oder durch einen konsonantischen Silbenrand (VK). Die Schärfung erklärt er durch ein postuliertes „Silbengelenk", bei dem eine strukturell nicht zugelassene offene kurzvokalische Silbe durch den „*ambisyllabischen*" Charakter des folgenden Konsonanten geschlossen verhindert wird (der Terminus des *Gelenks* ist in dieser Funktion schon in der älteren strukturalen Phonologie üblich, etwa bei Hocketts Analyse konsonantischer „interludes" zwischen Silbenkernen).[9]

Das ist ein deskriptiv mögliches Verfahren, das obendrein eine gewisse historische Plausibilität hat, da es im Sinne der traditionellen schulischen Metrikunterweisung sicherlich den Schöpfern unserer „Dehnungszeichen" vorgeschwebt hat (und in jedem Fall auch auf die altdeutschen Verhältnisse mit konsonantischen Geminaten Anwendung finden kann, s.u.). Für die heutigen Verhältnisse erscheint mir der Ansatz aber zirkulär - beruht die phonologische Analyse doch auf einer *postulierten* Silbenstruktur, wobei der Analogieschluß vom absoluten Auslaut auf mediale Strukturen hier wie auch sonst in der Phonologie nicht zwingend ist (s.o.). Beschränkt man sich aber nicht, wie es neuerdings vor allem Peter Eisenberg tut, auf rein distributionelle Beschreibungen der graphischen Verhältnisse, sondern versucht einen einheitlichen Erklärungsansatz, der den Zusammenhang von phonologischem und (ortho)graphischem Sprachwissen aufzeigen soll, dann hängt hier viel an den fundierenden phonetischen Strukturen und ihren Regularitäten, über die wir noch unzureichend informiert sind. Solange wir da nicht klarer sehen, wird es wohl bei konkurrierenden Ansätzen bleiben müssen, die jeweils durch unterschiedliche theoretische Bezugssysteme definiert sind, in Hinblick auf die empirischen Verhältnisse aber unterbestimmt sind (s. auch oben Anm. 1).

---

[7] Bei den folgenden graphischen Repräsentationen bezeichnet der Bindestrich den Silbenschnitt, wie er auch der Silbentrennung entspricht; zur Verdeutlichung verwende ich gelegentlich auch =, also Rep=til.

[8] *Silbische und lexikalische Phonologie*, Tübingen: Niemeyer 1988.

[9] Ch. F. HOCKETT, *A Manual of Phonology*, Baltimore: Waverly 1955: 51 - 53.

Können die historischen Ausblicke (hoffentlich) auch helfen zu verstehen, warum die deutsche Orthographie so strukturiert ist, wie sie es ist, so ist die Perspektive des schriftlernenden Kindes doch eine andere: Für es sind die orthographischen Regelungen nicht befremdlich (gemessen an einer normativen Vorstellung) sondern etwas zu Entdeckendes, genauso buntscheckig-verwirrend wie die anderen Dinge des Lebens auch. Für das Kind ist die Frage nur, ob es die Zusammenhänge im Rückgang auf sein orat erworbenes Sprachwissen entdecken kann - und das ist bei der Schärfung relativ direkt möglich. Das gilt insbesondere auch für die Silbentrennung.

Die im letzten Kapitel besprochene Silbentrennungsregel 178 (1) operiert auf graphischen Folgen, und zwar vor ästhetischen Zusatzregeln, wie die im folgenden angedeuteten graphischen Trennungen zeigen.

Zeilenumbruch (Rand)

Ist die Repräsentation des „gebremsten" Vokals einmal als <v!> gelernt, wobei <!> durch die Kopie <k'> des folgenden Konsonantenzeichens <k> zu ersetzen ist, gibt es kein besonderes Problem, graphisch zu trennen <vk'=k> - das ist grundsätzlich nicht anders als beim Dehnungszeichen, etwa <vh=k>. Es besteht keinerlei Grund, diese graphische Konvention mit einer Schreiblautierung [VK-K] (etwa <hatte> [hat-tə], <komme> [kɔmmə]) zu verbinden, die einer Fundierung im Sprachwissen (bzw. der Begründung der Schreibung in der Beobachtung - z.B. beim Diktat) im Wege steht - das Kind muß hier dann tatsächlich doppelt lernen: einmal für den schulisch „lautierenden" Unterricht, ein andermal für seinen Aufbau orthographischen Wissens. Demgegenüber sind phonographische Halbrichtigkeiten, etwa silbentrennende Schreibungen wie *Susa-nne, ko-mme* bei Erstklässlern durchaus Leistungen auf dem richtigen Weg: repräsentieren sie doch die konsequent vorgenommene Silbentrennung und die richtige Zuordnung der Konsonantenzeichen zu den Konsonanten. Von solchen Schreibungen aus läßt sich die nächste Etappe des Orthographieerwerbs, die Schärfungsregel sicher angehen.

NB: Als Kuriosität angemerkt sei insbesondere an die Adresse von Eltern und Lehrern, die von solchen spontanen Schülerschreibungen alarmiert sind, daß dergleichen sogar vom Duden an der Peripherie seiner Regelungen vorgesehen ist - allerdings etwa nicht aus phonographischen Gründen sondern solchen der „Wortbildkonstanz" bei Eigennamen: Nach R. 179 (6) ist zu trennen *Sen-ckenberg, bismar-ckisch*.

Ist die Grundstruktur der Schärfung so auch einigermaßen transparent, so sind die effektiven Schreibungen z.T. aber durch ästhetische Zusatzregeln verkompliziert:
- <kk>=><ck>, um die Abfolge<kk>zu vermeiden, also *<bakken>⇒<backen> (178 (5))
- Eine weitere Komplikation ergibt sich bei der Affrikata /c/, die durch ein <z> wiedergegeben wird, das ebenfalls in diesem Sinne nicht graphisch verdoppelt wird (also nicht wie im Italienischen, wo wir Graphien haben wie *cazza: cazze* „Schmelztiegel" (Singular und Plural); die bremsende Funktion des Zeichens wird durch ein vorgeschriebenes *t* ausgedrückt, und entsprechend wird auch die Zeilenbruchnotierung vorgenommen also *Katze, Kat-ze* (also eine in gewisser Hinsicht auch phonographisch zu rekonstruierende

Konvention, die das bremsende Verschlußelement graphisch hervorhebt, nicht aber eine Wiederholung der Affrikata *tsts*). Daß es sich bei diesem <t> um die Repräsentation des „Bremssignals" /!/ handelt, zeigen die Oppositionen zu Formen mit losem Anschluß: *Kauz ~ Käuze, Flöz ~ flözen* u.dgl. (ebenso die Nichtrepräsentation im absoluten Anlaut *Zahl*: in spätmittelalterlich-frühneudeutschen Texten, also vor der Etablierung der modernen phonographisch *fundierten* Orthographie, wurde es hier häufig geschrieben: *tzal* u.dgl.); entsprechend wird das aus der alten Form des Vornamens *Uz* [u:c] abgeleitete Verb *uzen* [u:cn̩] geschrieben, sodaß heute der Zusammenhang mit der heute üblichen Form des Vornamens *Utz* [uc] nicht mehr transparent ist (zur Freude der Namensträger, die sich nicht mehr *uzen* lassen müssen, d.h. einen *Uz* [u:c] = „Trunken- und Raufbold" schelten - so bei Luther).

- Sonderprobleme bereiten auch die graphischen Darstellungen der Reibelaute [š] und [x/ç]). Hier gilt eine ästhetische Zusatzregel (deren historische Probleme wir schon bei den barocken Grammatikern, insbesondere Gottsched kennengelernt haben), daß sie als Mehrfachzeichen keine Verdoppelung erfahren. Ohne graphische Differenzierung stehen sich hier also gegenüber
  <Rache> [Raxə]   ~   <Sprache> [špRa:xə]
  <Dresche> [dRȩšə]   ~   <Dreesche> [dRe:šə]
                (Plural zu *Dreesch/Driesch* „unbebautes Ackerland")
  entsprechend die Trennung am Zeilenende:
  .... Ra- | ....dre-
  che .... | sche ....

NB: Die kontrastierenden Fälle werden allerdings durch Entlehnungen aus anderen Sprachen vermehrt, so daß peripher auch weitere Quantitäten-Oppositionen vor /š/ entstehen könnten. Allerdings habe ich kein Beispiel gefunden; *koscher* ['ko:šɐ] : *Chlochard* [klo'šar] ist nicht einschlägig, weil bei [klo'šar] die Kürze nicht in der betonten Silbe liegt und außerdem die beibehaltene Fremdorthographie eine phonographische Uneindeutigkeit ausschließt (in Kaedings Häufigkeitszählungen sind schon die Fälle mit /V:/ vor /x/ marginal - nach Ortmanns phonographischer Umrechnung der ca. 8000 häufigsten Formen daraus, die ich trotz aller grundsätzlicher Probleme zur Kontrolle immer herangezogen habe, beschränken sie sich auf Formen des Stammes *such-*, vgl. *suchen*.[10]
Die Nichtrepräsentation dieser Differenz ist ein orthographisches Problem, das die Reformer immer wieder beschäftigt hat, die wiederholt Lösungsvorschläge analog zu <z> : <tz> gemacht haben (den bremsenden Konsonanten etwa durch <cch> oder auch <chh> wiederzugeben, wie es vielleicht auch schon einige althochdeutsche Schreiber im frühen Mittelalter getan haben). Andererseits sind die Fälle von Quantitätenopposition nicht häufig, da hier zumeist der mhd. Quantitätenausgleich gewirkt hat, immer bei /-s]k-/, das erst später mit Verschiebung der Silbengrenze zu /š/ wurde (s.o. S. 280-281); hier bilden nur Diphthonge einen langen Kern: *heischen*, ahd. *eiskon*, das Substantiv *der Heisch* ist nicht mehr gebräuchlich; vgl. aber das allerdings etymologisch unklare *tausche* ebenso wie *Tausch*. Bei /x/ ist die Entwicklung sehr viel unklarer, vgl. *(ich) lache : die Lache, beanspruchen : besuchen*, jeweils /v/:/v:/. Daß hier historisch keine Vokalkürzung eingetreten ist, bestätigt im übrigen, daß auch /x/ kein „ambisyllabischer" Konsonant ist; andererseits ist bei vielen Wörtern die Aussprache schwankend, etwa *Wucher* mit [u] ebenso wie [u:].

- Das gleiche Problem stellt sich auch bei dem Digraphen <ng> [ŋ]. Der Duden geht in R. 178 (2) auch hier wieder vom Schriftbild aus und verlangt die Trennung der beiden „Konsonanten" (s. das Beispiel dort *Fin=ger*), was zumindest hochsprachlich falsch ist

---

[10] S.W.D. ORTMANN, *Beispielwörter für deutsche Rechtschreibungen*, München: Goethe Institut 1976, hier S. K 178.

[fIŋɐ] und die Schüler nur zur „Schreiblautierung" [fIŋgɐ] bringen kann. Die Trennungsvorschrift ergibt sich hier folgerichtig aus der Schärfungsregel: vor [ŋ] kommen im Deutschen nur ungespannte „Kurz"vokale vor, <ng> enthält also immer ein Bremszeichen. Insofern besteht die orthographische Analogie zu <nk> [ŋk] (vgl. das Duden-Beispiel *An=ker*) zurecht, die auch historisch motiviert ist und regional zudem noch zusätzlich durch die „abweichende" Auslautverhärtung <ng> ~ [ŋ] /_{$\overset{V}{K}$ aber [ŋk]/_ # fundiert ist, vgl. norddeutsch *länger* [lɛŋɐ] aber *lang* [laŋk].

Spiegelverkehrt zu den Problemen bei Di- und Trigraphen stellen sich diejenigen bei <x> /ks/, da es sich nur um einen Buchstaben handelt, der entsprechend auch bei der Trennung nur so behandelt werden kann: Als einbuchstabiges „Gelenk" („interlude") wird es graphisch zur folgenden Silbe gezogen, also *bo-xen* [bok|sən], *fle-xi-bel* [flek|si|bəl]. Es handelt sich um Probleme, die aus der griechisch-lateinischen Orthographie geerbt sind, obwohl auch hier nicht alle Probleme einfach übernommen werden; so haben wir *El-lip-se*, aber in griech. Graphie und Silbentrennung ελ|λει|ψις. Hier läge es nahe, analog zu R. 179 (3) für <ck> eine Sonderregel einzuführen, die bei Silbentrennung <x> in <k-s> überführt, also *boxen* aber *bok-sen* u.dgl. Eine solche Vorschrift würde allerdings nicht nur erheblich gegen das Ideal einer buchstabenkonstanten Schreibung verstoßen, sie wäre auch phonographisch nicht unproblematisch, da postkonsonantisch ein silbenanlautendes *s* analog zum absoluten Anlaut zumindest in einer verbreiteten Varietät des Deutschen zur lenis-/stimmhaften Artikulation tendiert ([hɛkz̩l] nicht [hɛks̩l] Häcksel, wie die Aussprachewörterbücher geben); insofern weist die Folge [ks] tatsächlich eine Entsprechung zu der silbeninitialen Affrikata [ts] auf (vgl. auch im Anlaut in einigen Namen wie *Xanten*, *Xaver* u. dgl.). Aber selbst wenn man in diesem Sinne eine phonographische Fundierung für die Duden-Trennungsvorschrift *bo-xen* [bo|ksn̩] annimmt, bleibt die *Schärfungsregel*, die in diesem Fall eine graphische Repräsentation des festen Anschlusses verlangen würde, vgl. <z>/c//ts/, aber $\vec{V}$|ts- als <tz> wie in *Katze* (insofern liegen die Verhältnisse hier anders als bei <ng>). Die Subsumption in R. 178 (2) unter die Fälle von „einzelne(m) Konsonant (Mitlaut)" ist schlicht falsch (bzw. schlimmer: für die Lerner verwirrend/verunsichernd, weil im Widerspruch zu ihrer Selbstwahrnehmung). Angesichts dieser Schwierigkeiten (bei den ohnehin seltenen Fällen, in denen das Problem auftritt), empfiehlt sich, analog zu R. 179 (5), daß hier „die Trennung ... möglichst vermieden werden sollte".

NB 1: Orthographiegeschichtlich ist <x> ein ungemein unterhaltsamer Buchstabe, der in verschiedenen Orthographien zur Lösung recht verschiedener Probleme hergehalten hat und so bei Entlehnungen Anlaß zu einigen Verwirrungen geben kann. Das lateinische <x> mit dem uns vertrauten Lautwert [ks] ist eine Entlehnung aus den benachbarten westgriechischen Mundarten/Schreibsystemen - während das dem „klassischen" (und Schul-)Griechischen zugrundeliegende System <x> für den palato-velaren Reibelaut nutzte [ç] oder [x] (daher auch das phonetische Transkriptionszeichen!), für die Lautfolge [ks] aber ein anderes Zeichen hatte <ξ>.
Da ein Zeichen für die Lautfolge [ks] gewissermaßen eine graphische Hypertrophie darstellt, haben einige vom Lateinischen ausgehende Schriftsysteme es für andere Aufgaben umgenutzt - so etwa das ältere Spanische zum Zeichen für das im Lateinischen nicht vorhandene [š]: So in Namen wie *Don Quixote* [ki'šote] oder eben *Xavier* [ša'bjer]; im späteren Spanischen entwickelte sich lautlich aus [š] ein [x], graphisch <j>, so daß die heutige spanische Schreibung der Namen *Quijote*, *Javier* ist. Das Deutsche hat die ältere Graphie bewahrt - und ihr seine Lautung [ks] untergeschoben.

NB 2: Bei diesen Sondergraphien ist begriffliche Klarheit geboten, die in der Rechtschreibdiskusssion nicht immer gegeben ist. Die Rede von Di-(Tri-)Graphien sollte auf die phonographische Problematik von nicht-einfachen Laut-Buchstabenzuordnungen beschränkt werden (/ŋ/ <ng>, /ç,x/ <ch>, /š/ <sch>). <qu> ist demgegenüber keine Digraphie, da hier nur eine spezielle Substitution der *Lautsequenz* /kv/ vorgenommen wird, die im Deutschen außer morpheminitial an der Wortfuge nicht vorkommt bzw. diese signalisiert (vgl. *an-quatschen* und *Funk-verbindung* u. dgl.); *qu* kann durch keine Morphemgrenze getrennt werden und die Kohäsion von *qu* schließt wohl auch einen Zeilenbruch *q-u* aus (obwohl der Duden keine solche Bestimmung enthält, vgl. R. 179). Als Sondergraphie teilt *qu* allerdings mit den Di-und Trigraphien die fehlende Schärfungsnotierung (nur in Fremdwörtern, s. Kapitel 27): *Claque* [klÃkə], *Clique* [klĪ̄kə] u. dgl. (vgl. aber analog *ck* aus dem Frz. *Jacquard*). Die spiegelverkehrte Problematik stellt sich nur bei Affrikaten - vor allem /c/ (für das ich daher hier auch ein einfaches Zeichen statt /ts/ verwende). /ks/ ist ebenso wie /kv/, /kr/ ... keine Affrikate (weder im Hinblick auf die artikulatorische Bedingung der Homogenität, s. Anhang I, noch auf die phonotaktische der Kombinatorik am Silbenrand, s. oben Anhang I zu Kapitel 21).

Im Gesamtzusammenhang der Orthographie sind solche Detailprobleme relativ marginal. Tatsächlich hat in der Entwicklung der deutschen Orthographie eine, etymologisch gesehen, bemerkenswerte Umnutzung des orthographischen Systems stattgefunden: die Verdopplung der Konsonantenzeichnung geht auf eine Notationskonvention in einem älteren Sprachzustand zurück, in dem die Quantitätenverhältnisse Oppositionen im Vokalismus genauso wie im Konsonantismus aufwiesen. In diesem älteren System verstanden sich also die doppelten Buchstaben als Repräsentation für Quantitäten („lange" Laute), beim Konsonantismus nicht anders als im Vokalismus: vgl. *Maat, Moos, Reep* usw. Die entsprechenden graphischen Konventionen erklären sich aus der Auseinandersetzung mit der lateinischen Tradition. Bei dieser ist es nun bemerkenswerterweise so, daß die Quantitätenverhältnisse (ausgehend von der griechischen Tradition) durch Verdopplung nur im Konsonantismus ausgedrückt wurden (im Griechischen entwickelten sich graphische Sonderzeichen für die Langvokale; also die graphische Opposition ε:η, o:ω, wobei ω im übrigen aus der Ligatur einer Verdopplung von o zur Notierung der Quantität entstanden ist; aber die phonologischen Oppositionen von /a/ : /a:/, /i/ : /i:/, /u/ : /u:/ werden graphisch nicht differenziert; einheitlich α,ι,υ. Das Lateinische, das im Vokalismus die griechischen Sonderzeichen nicht kannte (die eine relativ späte Entwicklung darstellen, nach dem Entlehnungsvorgang des Alphabets in den italischen Raum), versuchte nun seinerseits wieder, in immer wieder neuen Wellen einer Orthographiereform, die Quantitäten auch bei den Vokalen zu notieren und ging dazu auf das Muster der Quantitätennotation im Konsonantismus zurück, also mit einer entsprechenden Notierung durch die Verdopplung der Vokalzeichen: <vv'>.

Bei der Aussprache des Lateinischen wie der „germanischen Sprachen" wurde also ein Quantitätenunterschied bei Konsonanten wie Vokalen gemacht; beim Schreibunterricht lernten die Schüler die Langkonsonanten als Geminaten schreiben und trennen. Das hatten wir ja schon als Grundlage für die Graphien vom ältesten Germanischen (z.B. Gotischen) bis zum Mittelhochdeutschen kennengelernt: *bak-ken, Rib-be* (*Rippe*) usw. In phonologischer Hinsicht können wir im Mittelalter davon ausgehen, daß wir also frei kombinierbare Quantitätenoppositionen haben (wie etwa im Italienischen):

	I	II
A	V̄K]K' *suonnen* „bestimmen"	V̄ [K *suonen* „sühnen" *nēmen* (Prät. Konj. 4. Ps.) „wir nehmen/nähmen" *mâge* „Mohn"
B	V̆K]K' *nemmen* „anrufen" (neben *nennen* <*nemnen*) *kemmen* „kämmen" (< kamb-jan)	V̆ [K *maget* „Magd" *nemen* (Präs. Ind. 4. Ps.)

Im hohen/späten Mittelalter (regional phasenverschoben) geht die konsonantische Quantitätenopposition verloren. Ein Indiz dafür sind jetzt häufige Unsicherheiten („Rechtschreibfehler") der Schreiber, die in ihrer gesprochenen Sprache kein Kriterium für die Unterscheidung von einfachen und doppelten Konsonantenzeichen haben. Zugrunde liegt dem eine umfassende phonetische Reorganisation im Deutschen, eben der Wandel von Quantitätenrelationen zur Silbenschnittopposition, der letztlich wohl auch die Grundlage für den umfassenden Prozeß der konsonantischen Lautverschiebung ist. Das wird deutlich an der unterschiedlichen Entwicklung von „starken" und „schwachen" Konsonanten in Hinblick auf die Lautverschiebung (im folgenden steht K für einen Verschlußlaut, der Großbuchstabe F für einen Reibelaut):

„starke" K (KK' und K/$\begin{bmatrix} \# \_ \\ K \_ \end{bmatrix}$): K > KF $\begin{bmatrix} Pfund & < \#p\text{-} \\ Apfel & < \text{-}pp\text{-} \end{bmatrix}$

„schwache" K (K sonst): K > F   *Schafe* < -p-

D.h. also der alte Quantitätenunterschied verschiebt sich zu einem qualitativen, wobei die Verteilung von „stark" und „schwach" allerdings nicht ganz kongruent zu der alten Opposition von Simplex und Geminate ist. Die neue Differenzierung nach Stärkegraden ist abhängig vom Silbenschnitt, und auch die im Althochdeutschen zunächst noch verbleibenden Geminaten neueren Ursprungs (durch Assimilation, siehe die Beispiele oben, oder expressiver Natur) werden nach und nach entsprechend der Silbenschnittstruktur abgebaut (vgl. auch heute im Hochdeutschen selbst an der Kompositionsfuge keine Geminaten mehr: *annehmen* [a'ne:mn̩]).

Die phonologische Reorganisation des Lautsystems geht nun zusammen mit der Bewahrung der graphischen Tradition, in der die graphische konsonantische Geminatennotation als kulturelles Mittel verfügbar ist. Dieses wurde umgenutzt, um damit den Silbenschnitt zu notieren. In der weiteren Entwicklung stellte der Silbenschnitt keine sonderlichen Probleme für die Weiterentwicklung der Orthographie dar, da ihm, gestützt durch die lateinische Tradition, ein eindeutiges kulturelles Darstellungsmittel zur Verfügung stand; wohl aber gab es Probleme bei der Notierung des Silbenkerns, soweit diese über die Silbenschnittstruktur (fester/loser Anschluß) hinausgingen. Wir werden noch sehen, daß das nicht nur die Quantitäten betrifft, sondern insbesondere auch die qualitativen Differenzierungen im Vokalismus, insbesondere bei den gerundeten palatalen Vokalen.

Der entscheidende Entwicklungsschritt war also einer von einem Quantitätensystem (±lang) zu einem qualitativen System (±gebremst). Phasenverschoben fand diese Entwicklung zuerst im oberdeutschen Raum statt, wo sie auch in voller Konsequenz durchgeführt wurde; weniger weitgehend wurde sie im mitteldeutschen Raum durchgeführt, und der norddeutsche Raum kennt sie in den Mundarten weitgehend gar nicht. Das bestimmt nun auch das Paradox der deutschen Orthographie bzw. der sie fundierenden Hochlautung: Diese ist abgestellt auf lexikalische Formen, die im hochdeutschen Raum entwickelt worden sind, aber in ihrer lautlichen Repräsentation der norddeutschen Aussprache entsprechen (Lerner in Bayern haben von daher sicherlich sehr viel größere Probleme, eine Kontrolle über die orthographischen Regularitäten zu gewinnen, als solche aus dem niederdeutschen Raum). In den Gebieten, die die „binnendeutsche Konsonantenschwächung" konsequent durchgeführt haben (Nieder- und Mittelbayern), haben wir folgende Silbenstruktur:[11]

[feːta] „Feder" ~ [feta] „Vetter"
[fiːš] „Fisch" ~ [fišə] „Fische"
([v] „gebremster"Vokal $\bar{V}|K$, [vː] „ungebremster" Vokal $V^{\neg}K$)

In den anderen Gebieten, im Mitteldeutschen und erst recht im Norden, ist die Entwicklung nicht so weit gegangen, aber wir haben auch hier die Anfänge des Reorganisationsprozesses. Dazu gehört insbesondere der sogenannte „Quantitätenausgleich", der zu einem Zeitpunkt einsetzte, als die Geminaten noch bestanden. Generell also nach dem Muster

$V[K$ > $\bar{V}[K$
tragen > *trāgen*
sagen > *sāgen*

Hinzu kommt noch die gleiche Dehnung bei Einsilbern (generalisiert im Bairischen mit der daraus resultierenden Opposition, z.B. bei Nomen im Singular 'Langvokal', im (zweisilbigen) Plural 'Kurzvokal').

sal > [ʣaːl]   wo nicht aufgrund der generalisierten Einsilberdehnung, da
               als Ausgleich zu den Pluralformen:
sun > [ʣuːn]   *sa|les, so|nes*
      [ʣoːn]

Das ist der Ansatzpunkt für die problematisch gebliebenen Längenzeichen: Einerseits geht auf diese Entwicklung die Notierung von Langvokalen bei Einsilbern zurück, also etwa in den Beispielen *Saal, Sohn* (d.h. also tatsächlich als graphisch notierte *Dehnungs*vorschrift für die Hochlautung in Gebieten ohne Einsilberdehnung bzw. Quantitätenausgleich, wie weitgehend in Norddeutschland bis heute); andererseits erklärt sich von hierher in den

---

[11] Siehe dazu Robert HINDERLING, *Lenis und Fortis im Bairischen*, in: *Zt. f. Dialektologie und Linguistik* 47/1980, S. 25-51.

Gebieten, in denen die Einsilber ohnehin automatisch Langvokale aufwiesen, die Möglichkeit der Nichtbezeichnung der in diesem Sinne bei Einsilbern dann ja „redundanten" Quantitätenmarkierung.

Nun wurde die Dehnung aber in einigen Fällen nicht durchgeführt. Insbesondere nicht vor bestimmten nebentonigen Silben -*m/t-+-e/el/er/en*. Auch hier haben wir eine sehr große dialektale Variation. Je nach Dialektregion haben wir also [hi:məl] oder [himəl]. Wie sollte das nun notiert werden? Nun, es bot sich an, die Notierung nach dem gleichen Muster der Wörter vorzunehmen, die den Kurzvokal vor der etymologisch alten Geminate hatten und ihn weiterhin im Sinne der Umnutzung der Geminatennotierung als Silbenschnittnotierung kennzeichneten:

also [himəl] als <*himmel*> genau wie [Ritən] <*ritten*> im Gegensatz zu [Ri:tən] <*Riten*>.

Das war der Ausgangspunkt für die später dann generalisierte *Schärfungsnotierung*, also die graphische Verdopplung des Konsonantenzeichens zur Notierung einer bestimmten Silbenstruktur (fester Anschluß bei offener Silbe).

Gerade an *Dehnung* und *Schärfung* wird das Problem einer phonographischen Fundierung der Orthographie deutlich. So lange die Schreibung (in einer mehr oder weniger professionalisierten Schreibpraxis) nur Wiedererkennungseffekte gegenüber der gesprochenen Sprache zu ermöglichen hatte, traten solche Notationsprobleme allenfalls als Schreiberidiosynkrasien auf (wie gelegentlich „überphonetische" Schreibungen schon in althochdeutscher Zeit). Anders ist es, wenn - wie insbesondere bei den barocken Sprachmeistern - die Orthographie ein Vehikel sein soll, die Hochsprache zu normieren, mit ihr also auch die Aussprache festgelegt werden soll (also in orthoepischer Umkehrung der tradierten Maxime: „Sprich wie du schreibst!"). Das setzt eine eindeutige phonographische Interpretierbarkeit der Zeichen voraus.

Solange etwa regionale Aussprachen für die Form Präs. 1. Ps. Pl. des Verbs *nehmen* nebeneinanderstanden ['nemən] und ['ne:mən] (die letztere aufgrund des Quantitätenausgleichs; evtl. qualitativ differenziert von der Prät. Konj. Form), gab es keine Probleme - anders war es, als die Aussprache ['nemən] stigmatisiert wurde: jetzt mußte eine Graphie gefunden werden, die nur noch mit der distinguierten Aussprache ['ne:mən] verträglich war - eben die mit dem Dehnungszeichen (noch deutlicher ist das bei dem Averbo II des ersten Präteritalstammes, der in Norddeutschland dialektal immer noch ohne „Dehnung" [nam] ist. Entsprechend bei der *Schärfung*: Erst die Stigmatisierung der alten gespannt-vokalischen Aussprache [mu:təR] (so im niederdeutschen Raum, vgl. ['mo:dər], hochdeutsch [u:] als Monophthongierung des alten Diphthongs [uə̯]) nach dem Vorbild der Regionalsprache, die alte Längen vor [-tər] kürzt (bzw. dort alte Kürzen bewahrt), machte eine eindeutige „Schärfungsgraphie" erforderlich, die erst gefunden werden konnte, nachdem die obsolete Geminatenschreibung für graphisch-diakritische Zwecke freigeworden war.

NB: Der Terminus *Schärfung* wirkt heute einigermaßen mystifizierend, er hat sich aber in der Rechtschreibdiskussion in der Nachfolge der älteren Grammatiker eingebürgert. Entsprechend dem hier für die historische Entwicklung Ausgeführten stand zunächst das Problem der *Dehnung* im Vordergrund: die barocken Grammatiker führten die *Dehnungszeichen* ein, weil sie nicht zuletzt orthoepische Ziele hatten, galt es doch mit der Orthographie die richtige Aussprache in ganz Deutschland durchzusetzen, gegen die regionalen Sprachvaritäten des Deutschen, die den hochdeutschen Quantitätenausgleich nicht oder nur teilweise mitvollzogen hatten (also insbesondere auch in Hinblick auf die norddeutsche Aussprache). Insofern ist in dieser Perspektive auch der Prozeßbegriff der „Dehnung" sinnvoll: galt es doch, diese Sprecher des Hochdeutschen dazu zu bewegen, den bei ihnen spontan kurzen Vokal zu *dehnen*. Die Probleme der Kurzvokale selbst und ihrer graphischen Notierung standen demgegenüber zunächst einmal nicht so sehr im Vordergrund, weil sie als weitgehend unproblematisch angesehen werden konnten. Der Terminus der *Schärfung* findet sich denn früh auch für die Dehnung; so benutzt ihn z.B. Fabian FRANGK in seiner *Orthographia* von 1531 zur Erklärung des „Dehnungs"-*h*, das nach ihm einen „Stimmer"(=Vokal) „scherpft". Der Terminus *scharf* selbst ist in der älteren Sprache also noch unbestimmt, bezeichnet nur eine irgendwie auffällige Artikulation bzw. einen hervor"stechenden" Lauteindruck. Erst bei den Grammatikern des 18. Jahrhunderts (etwa bei ADELUNG, *Deutsche Sprachlehre*, 1781: 590ff.) findet sich der Terminus in seinem heutigen Sinn, ohne daß ich bisher die Herkunft dieser Entwicklung eindeutig habe bestimmen können: Die Rede von „scharfen Vokalen" zielt jetzt auf die vokalische Kürze. In der historischen Grammatik des 19. Jahrhunderts ist der Terminus dann allgemein üblich.[12]

NB 2: Daß die grammatischen Darstellungen (z.T. bis heute!) so wenig Notiz von dem Umnutzungsprozeß der historisch obsoleten Geminatenschreibung nehmen, liegt zumindest bis Anfang dieses Jahrhunderts auch an der Begrifflichkeit des lateingriechischen Grammatikunterrichts, insbes. der Metrik. Demgemäß ergibt eine Geminatengraphie genauso „Positionslänge" wie andere intervokalische Konsonantenfolgen (so z.B. bei K. Müllenhof).

NB 3: In diesem Zusammenhang ist es nicht nötig, weiter auf den zur Dehnung spiegelverkehrten Prozeß der Kürzung in bestimmten Umgebungen einzugehen, etwa von Langvokalen vor folgenden silbenimplosiven palatalen und velaren Reibelauten: *Licht* aus altem *liuht*, daher noch die bis in die frühe Neuzeit verbreitete Schreibung *Liecht*, die den monophthongierten Langvokal notiert, oder *brachte* aus altem *brahte*, s. auch oben S. 290.

NB 4: In der heutigen Struktur des gesprochenen Deutschen gibt es, wie schon angemerkt, auch an der Kompositionsfuge keine Geminaten mehr. Die Notierung von Doppelkonsonanz wie bei *annehmen* [aˈneːmn̩] ist also rein graphisch zur Signalisierung morphologischer Zusammenhänge. Dieses Problem setzt sich fort in die potentielle Schreibung mit Mehrfachkonsonanz, die mehr als zwei Konsonanten umfaßt. Im Regelfall verlangt der Duden hier die Reduktion der konsonantischen Abfolge auf das „übliche" Muster von maximal zwei Konsonantenzeichen, also *Bettücher* [bɛtyçɐ], obwohl analysierbar in *Bett* + *Tücher*. (R. 204: „Treffen bei Wortbildungen drei gleiche Konsonanten zusammen, dann setzt man nur zwei, wenn ein Vokal (Selbstlaut) folgt.") Da allerdings, wo semantische Interpretationsprobleme auftauchen, ist auf der graphischen Ebene zur Desambiguierung die Verwendung von drei Konsonanten möglich, so etwa um auseinander zu halten, *Betttruhe* aus *Bett* + *Truhe* und *Bettruhe* aus *Bett* + *Ruhe*, vgl. R. 204 (6) mit allerdings anderer Begründung („Folgt auf drei gleiche Konsonanten noch ein anderer, vierter Konsonant, dann darf keiner von ihnen wegfallen"). Die Regel 204 mit ihren 8 Absätzen (mit Ausnahmen von Ausnahmen ...) ist ein Muster für die prinzipienlose kasuistische Verwirrung im Duden. Zwar gibt es potentielle phonographische Motivierungsmöglichkeiten für die Festlegungen (so steckt hinter dem zitierten Absatz (6) die traditionelle „Muta cum liquida"-Regel der Schulgrammatik, die potentielle silbenanlautende Konsonantengruppen mit *r, l* („Liquida") gesondert behandelt), aber sie macht insgesamt keinen Sinn, da in der Umgangssprache die Silbengrenze in jedem Fall verlegt wird; zwischen *Bettruhe* und *Betttruhe* kann ein Ausspracheunterschied gemacht werden, muß aber nicht; und wenn er gemacht wird: [bɛtǀˈRuːə] gegenüber [bɛǀtRuːə], dann motiviert er kaum die Duden-Graphien. Diese sind von der morphologischen Analyse her definiert, die dann aber auch verlangen würde, *Brennnessel* (*Brenn* + *Nessel*) zu schreiben, vgl. auch immerhin mögliche Gegensätze wie zu *Brennassel* [brɛnǀˈʔasl] (*Brenn* + *Assel*), oder ? *Wetturnen* [vɛtǀˈʔuRnŋ] (*Wett* + *Urnen*) gegenüber *Wettturnen* [vɛǀˈtuRnŋ] (*Wett* + *Turnen*, der Duden verlangt *Wetturnen*). Bei Zeilenbruch („Silbentrennung") werden ohnehin nach R. 181 (5) die „vollständigen" Konsonantenfolgen wiederhergestellt: *Schiff=fahrt, Brenn=nessel*.

Ganz analog entsteht eine Lösung für das umgekehrte Problem, Langvokale in geschlossener (betonter) Silbe zu notieren. Wir haben schon gesehen, daß schon für das

---

[12] Z.B. bei F. Blatz, *Neuhochdeutsche Grammatik*, Bd.1, Karlsruhe: Lang 3. Auflage 1895: 183.

Lateinische unterschiedliche Traditionen vorlagen, dieses Problem zu lösen (vor allen Dingen als Annotation für den metrischen Vortrag). Entsprechend hat man im ganzen Mittelalter diakritische Zeichen benutzt, etwa einen Akzent über dem Vokal zur Notierung der Länge also <v́> für [v:] also <M át> neben der Verdoppelung des Vokalzeichens wie in <Maat> (diese Akzentschreibung ist in dieser Funktion in einigen Orthographien fest geworden, z.B. in der isländischen).

Eine andere Strategie bestand in der Umnutzung entwerteter Notierungen (wie wir es bei der Schärfung für die ältere Geminatennotation gesehen haben). Das galt insbesondere nach der Monophthongierung der alten Diphthonge. Wo, wie generell im Mitteldeutschen, das alte diphthongische *lieb* [liəp] lautlich zu [li:p] wurde, wurde die traditionell beibehaltene Schreibweise mit dem nachgeschriebenen *e* frei zur Notierung der Länge des vorausgehenden Vokals. In diesem Sinne haben wir das „Dehnungs-e" z.T. auch generalisiert, so vor allen Dingen im norddeutschen Raum mit *hues, raet, foet*, worauf die in einigen Namen festgebliebenen Schreibungen wie *Coesfeld* zurückgehen.

Ein ähnlicher Prozeß wird von der Monophthongierung des alten Diphthongs *ei* zu [e:] ausgelöst, der in einem breiten Raum von den Rheinlanden bis zum Westfälischen und insbesondere auch im Niederländischen zu einer analogen graphischen Konvention führte. Hier haben wir also *klein* [kle:n]. Dadurch wurde hier aber das nachgeschriebene *i* frei, soweit es traditionell weiterhin geschrieben wurde, zur Notierung der Länge des vorausgehenden Vokals, und in diesem Sinne haben wir dann in diesem kulturellen Raum die Notierung mit einem „Dehnungs-i"; hier finden wir also Schreibungen wie *huis, rait, foit ...*, und auch hier wieder sind solche Graphien in Namen in der hochdeutschen Orthographie fest geworden (*Troisdorf* - also [tRo:sdo̯ɐ̯f]).

NB: Eine andere Quelle des nachgeschriebenen „Dehnungs-i" sind Einflüsse aus der spät-mittelfranzösischen Schreibsprache, die die alten Graphien <ai> und <oi> auch bei der Monophthongierung zu [ɛ] beibehielten. Das gilt insbesondere für die nördlichen Schreibregionen, die auf die benachbarten niederländischen (flämischen) Schreibungen Einfluß nahmen, von denen aus wiederum der angrenzende westmitteldeutsche Raum beeinflußt wurde (zur niederländischen Graphie <ui> für /y:/ s.o. S. 8). Im übrigen schließen sich solche Erklärungen auch nicht aus, sondern fassen verschiedene Momente eines kumulativen Prozesses.

Für die weitere Entwicklung wichtiger wurde die Umnutzung des „geschwundenen" nachvokalischen velaren bzw. pharyngalen Reibelautes: [x] > [h] > Ø, bei Beibehaltung der traditionellen Graphie mit *h*. Diese Entwicklung findet sich insbesondere in der Umgebung von V__V:

hohes: [xo:xəs] > [ho:həs] > [ho:əs]

sehuan: [sexu̯an]> sehan > [sexan] > [zehən] > [ze:ən] ~ [ze:n]

Gestützt wurde diese Entwicklung durch den Schwund post-konsonantisch silbenanlautender [h] < [x], etwa altes *bevelhen* [bə|fel|xən]: Der Schwund des [x] > [h] > Ø führte hier zu einer Änderung der Silbenstruktur [bə|fe|lən] und dann im Rahmen des Quantitätenausgleichs zu einer „Dehnung" des betonten Vokals [bə|fe:|lən]. Die beibehaltene <h>-Graphie konnte hier als Dehnungszeichen uminterpretiert werden, das dann später (in Verbindung mit den in gleicher Weise uminterpretierten modischen pseudogelehrten Graphien <rh>, <th>, <ch> nach lateinisch-griechischem Transliterationsmuster) zur Umstellung des <h> führte: *bevelhen* bzw. *befelhen* zu *befehlen*, vgl. *rath* zu *raht*.

Dadurch wurde aber das einem Vokalzeichen nachgestellte *h* frei zur Notierung der Länge des vorausgehenden Vokals nicht nur *(ihr) seht* sondern auch *(ihr) geht* - und gleichzeitig operierten über dieser Graphie jetzt auch die Regelungen für die Silbentrennung *se-hen, ge-hen.* Seit Anfang des 16. Jahrhunderts setzt sich nun überregional diese Graphie als vokalische Quantitätennotation durch, die zuerst im westmitteldeutschen Raum (Frankfurt/Speyer) auftritt.

NB: Im oberdeutschen Raum ist der alte Reibelaut z.T. noch heute erhalten (wenn auch geschwächt: *er sah* [χax]. Von hier konnte die orthographische Neuerung daher nicht ausgehen.

Das „stumme" <h> wurde so frei für die Notierung einer Silbengrenze, vgl. *(ich) sehe* [zeːə] und *(der) See* [zeː] (diese Funktion hatte es im übrigen z.T. auch schon bei althochdeutschen Schreibern übernommen, in deren mundartlicher Aussprache das alte /h/ geschwunden war). Diese beiden historisch zu trennenden Quellen des diakritischen <h> haben dazu geführt, daß die Rechtschreibverhältnisse hier nicht die gleiche phonographische Transparenz wie bei der Schärfung haben (vgl. insbesondere auch die als Dehnungszeichen redundante Notierung bei Diphthongen, also graphisch konstant als „lang" markierten Silbenkernen: *(er) leiht, leihen* gegenüber *(er) schreibt, schreiben* - und generell so bei anderen Diphthong-Graphien als <ei>: *kauft* und nicht *kauhft* (auch hier aber wieder Einzelfälle mit „silbentrennendem" <h>, vgl. *rauh* weil *rauhes*). In der neueren Rechtschreibdiskussion wird konsequent auch für die *synchrone* Betrachtung eine Unterscheidung in Dehnungs-*h* und silbentrennendes *h* abgelehnt.[13] S. weiter zum „silbentrennenden h" unten S. 318-321.

NB: Immerhin gibt es noch viel zu wenig explorierte Strukturierungen in diesem variablen Feld heterogener kultureller Vorgaben, mit denen sich die Schreiber/Leser einen Reim auf die Verhältnisse gemacht haben, der zu den sanktionierten orthographischen Regularitäten geführt hat. Peter Eisenberg ist dabei, diese Verhältnisse zu explorieren, indem er sich unter den *methodischen* Zwang einer rein graphisch-distributionellen Analyse stellt (also bewußt die hier im Vordergrund stehende Fundierungsproblematik ausklammert).[14] Dabei stellt er für den „Kernbereich" des Wortschatzes eine orthographische Beziehung zwischen den Graphien <eh> und <ee> fest:
- <eh> am Wortende von Einsilbern g.d.w. die Form, morphologisch verlängerbar ist (*Zeh ~ Zehen, Reh ~ Rehen* usw.)
- <ee> sonst (*Tee, Schnee, Klee*)

Solche „intuitiven" Zusammenhänge haben ihre Berechtigung, aber nicht den Status von Regularitäten, vgl. der *See ~ die Seen* (orthoepisch [zeːən], nur Krech, nicht aber Siebs und Mangold/Duden lassen die Nebenform [zeːn] zu) und die zahlreichen z.T. längst eingebürgerten Fremd- bzw. Lehnwörter auf [-eː] mit obliquen [-ən]-Formen: *Fee, Idee, Armee, Allee, Kaktee* usw. Zwar lassen sich die meisten dieser Fremdwörter (bis auf *Fee!*) als mehrsilbig wegen des endbetonten Akzentmusters isolieren, aber das aus dem Rest an „Stammwörtern" abzuleitende Muster ist dann eben doch nicht produktiv, vgl. auch noch Ableitungen auf *-ig*: *schneeig, teeig* usw.

Mit diesem kulturellen Material und auf dem Wege dieser (von heute her gesehen manchmal:) Umwegstrategien, wurde also das Problem gelöst, die neue phonologische Struktur der Wörter in Hinblick auf den Silbenschnitt darzustellen. Sie führte dazu, daß die entsprechenden Zeichen in der deutschen Orthographie das oben schon angesprochene Kreuzmuster

---

[13] S. etwa W. Mentrup, *Die Regeln der deutschen Rechtschreibung*, Mannheim: Bibliographisches Institut 2. Auflage 1987, S. 20-21.
[14] S. P. Eisenberg, *Die Schreibsilbe im Deutschen*, in: ds./H. Günther (Hg.), *Schriftsystem und Orthographie*, Tübingen: Niemeyer 1989.

von markierten und unmarkierten Schreibungen aufweisen: Im folgenden Schema sind die markierten Fälle durch ein ! repräsentiert, die sich durch das spezifisch ausgezeichnete Verhältnis von vokalischer Qualität und Silbenstruktur ergeben.

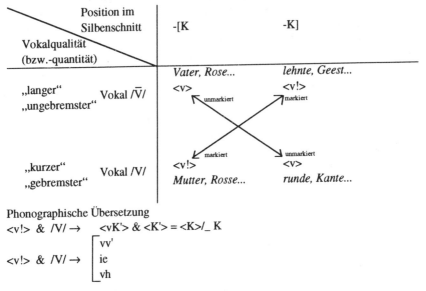

Phonographische Übersetzung
<v!> & /V/ → <vK'> & <K'> = <K>/_ K

<v!> & /V/ → $\begin{bmatrix} vv' \\ ie \\ vh \end{bmatrix}$

Das Ergebnis dieser Ausflüge in die Sprachgeschichte ist, daß hier in einem 1000jährigen gesellschaftlichen Prozeß der Umnutzung vorgegebener kultureller Lösungsstrategien ein orthographisches *System* entstanden ist. Die jeweiligen Vorgaben sind historisch sicherlich willkürlich/zufällig, angefangen bei der Vorgabe des lateinischen Alphabets für das Fixieren deutschsprachiger Texte. In diesem 1000jährigen Prozeß aber stabilisierte sich dann eine graphische Nutzungsstrategie, die von dieser Tradition weitgehend emanzipiert ist. Die Probleme, die weithin bestehen, sollen dabei nicht unter den Tisch fallen: Das gilt nicht nur für die teilweise noch nicht ganz ausgeglichenen Regularitäten, sondern gilt vor allen Dingen für die unterschiedlichen Probleme bei der phonographischen Fundierung dieser Rechtschreibungsregeln, wie ich das in Hinblick auf die unterschiedlichen regionalen Sprachvarietäten angedeutet habe. Insbesondere aus diesen ergeben sich Probleme für den Unterricht im Schreiben und im Lesen, auf die der Lehrer seine pädagogische Intervention abstellen muß.

Nachbemerkung 1:

Bei dem historischen Prozeß der Umnutzung graphischer Traditionen sind zwei Phasen zu unterscheiden:
- Einerseits die Fortführung graphischer Traditionen bei der Schreibung einzelner Wörter, wo die phonographische Fundierung anders war (das gilt insbesondere für den Fall B I in dem Schema S. 293).

- Und schließlich die Generalisierung solcher phonographischer Strategien ohne Anknüpfungspunkt bei der traditionellen Schreibung der jeweiligen Wörter: In diesem Sinne ist ja sowohl *Himmel* eine neue Graphie, die nach der Entwertung der phonologischen Geminaten und ihrer Notation für ein altes *himel* möglich wurde, wie auch *nehmen* eine neue Graphie ist, die nach der Ausbildung der neuen Silbenschnittkorrelation für die graphische Fixierung der „gedehnten" Vokale möglich wurde (altes *nemen*).

Generell gilt für die ältere Phase der orthographischen Reorganisation im Spätmittelalter und in der Frühen Neuzeit, daß die phonographischen Strategien weitgehend wortgebunden zur lexikalisch/grammatischen Differenzierung genutzt wurden - und insofern die damaligen Schreiber einen spezifischen Gewinn aus dem Angebot an unterschiedlichen konkurrierenden graphischen Mustern zogen. Der entscheidende Schritt zur neuhochdeutschen Orthographie bestand in der Abkehr von der idiosynkratischen Notierung in logographischer Funktion (also gewissermaßen auf der Basis eines rudimentären Schemas der Orthographie). Die Leistung der barocken Grammatiker bestand darin, an die Stelle einer Fülle von logographisch gebundenen Notierungen ein generelles Regelschema zu setzen - und die logographischen Differenzierungen nur für Sonderfälle zu reservieren, worauf wir noch zurückkommen werden.

Nachbemerkung 2:

Entscheidend für den hier vertretenen Ansatz ist die fortlaufende Differenzierung der analytischen Kategorien bei der *Aneignung* der Rechtschreibung; diese ist also die Vorgabe, von der auszugehen ist - sie ist nicht, wie es die phonographischen Reformer gerne hätten, aus der Lautung abzuleiten. Die Lerner sind konfrontiert mit orthographischen Schreibungen - und sie finden im experimentierenden Beobachten die Grundlage, um sie möglichst ökonomisch (regelhaft) zu lernen. Ausgangspunkt ist also eine Schreibung wie *kommen* - ausgesprochen als ['kɔmn̩]. Was begründet hier die Schreibung <mm>? Offensichtlich die Differenz zur Lautung in Wörtern wie ['koːmiš] - wie auch immer der Lerner solche Differenzen faßt (unterrichtliche Sternstunden wie Jochens Entdeckung, s.o. S. 339, sind sicherlich Ausnahmen). Es besteht keinerlei Notwendigkeit von Schreiblautierungen - die allenfalls als Buchstabierhilfe möglich sind. Dieses Problem ist nicht auf die Schärfungsproblematik eingeschränkt - es betrifft z.B. den Vokalismus genauso. Lernen Kinder die Schreibung *Vater* als Repräsentation einer Lautung ['fa,tɛʁ], kann es kaum verwundern, daß sie für ihre eigene Aussprache [fatɐ] eine andere Schreibung suchen, z.B. *vata*. Die gutgemeinte Krücke wird hier zum Stolperstein. Geht man von der Schreibung *Vater* aus, ist eben das <-er> das graphische Gegenstück zu dem [ɐ] in ['fatɐ]. Unsicherheiten lassen sich im explorierenden Vergleich mit ähnlichen Formen auflösen - z.B. mit der vielleicht vom Vorlesen bekannten *Fata* ['fata] Morgana. ['fata] schreibt man *Fata*, also [a] mit <a>; demnach muß der auslautende Bestandteil von ['fatɐ] anders - eben [ɐ] als <er> geschrieben werden. Soviel zur unterrichtlichen Umsetzung der phonographischen Fundierung, die aber nur *eine* Seite der Rechtschreibaneignung ausmacht. S. das folgende Kapitel für die grammatische „Integration" solcher Formen.

24. Kapitel: Dehnung und Schärfung
II: Das Regelsystem

Im Rahmen des letzten Kapitels haben wir den Ort der phonographischen Regularitäten bestimmt: Die phonographische Analyse ist nicht die direkte Grundlage der Orthographie (diese bildet sie nicht einfach ab), sondern sie ist gewissermaßen das kulturelle Material, mit dem der zu schreibende/lesende Text artikuliert wird. In der ontogenetischen Perspektive reformuliert: Das Kind entdeckt die Regularitäten in der Schreibung, indem es sie den Regularitäten seines oraten Monitors (seiner Analyse der eigenen gesprochenen Sprache) zuordnet. Daher ist die Art der phonographischen Zuordnung in systematischer/theoretischer Hinsicht relativ beliebig. Wir haben gesehen, daß sie sich in der Geschichte der deutschen Orthographie auch drastisch wandelt, von einer frühen Phase mit phonologischen Quantitätenverhältnissen beim Vokalismus wie beim Konsonantismus zu den heutigen Verhältnissen mit qualitativen Kontrasten im Silbenschnitt. Die Bewertung einer Orthographie kann eben nicht durch eine normative Auszeichnung bestimmter phonographischer Zuordnungen erfolgen (erst recht nicht durch Auszeichnungen einer bestimmten Art, das graphische kulturelle Material zu organisieren, oder auch per Auszeichnung einer bestimmten phonologischen Struktur), sondern sie kann nur auf das Maß einer *geregelten* Zuordnung zielen, die kognitiv relativ eindeutig kontrollierbar und produktiv in dem Sinne ist, daß sie auch bei noch nicht gelerntem Sprachmaterial Strukturierungen ermöglicht.

Diese Bedingung wird aber von der deutschen Orthographie erfüllt, die so historische „Collagen" zustande bringt, die die Kontinuität der schriftlichen Überlieferungen sichern, wie insbesondere die Digraphen der heutigen Orthographie zeigen (*v* = Vokalzeichen):
- Infolge der konsonantischen Lautverschiebung <pf, tz, ch, sch>,
- Infolge der Geminatenvereinfachung <pp, bb, mm, tt, dd, nn, kk (ck), gg>,
- Infolge der Monophthongierung <*ve* (ie), *vi*>,
- Infolge des silbenanlautenden Schwundes von *h* im Wortinneren: <*vh*>

Ein Kind, das schreiben lernt, entdeckt diese Graphien ja nicht in ihrer historischen Funktion im Mittelalter, sondern als graphische Mittel, die Regularitäten der eigenen Sprache (bezogen auf hochsprachliche Muster!) auszudrücken. Dabei muß ihm nun der Lehrer helfen bzw. er muß das Kind dabei unterstützen, seinen oraten Monitor zu explorieren (und d.h. immer einen oraten Monitor mit regionalen Besonderheiten). Insofern versteht es sich von selbst, daß die historischen Überlegungen nicht direkt den Rechtschreibunterricht bestimmen können. Sie scheinen mir aber für den Lehrer wichtig, der dadurch frei werden kann, die Kinder mit ihren besonderen Strategien im Horizont der Dynamik der Sprachentwicklung zu stützen. Das eine Problem ist die Vertiefung dieser historischen Überlegungen, das andere ist die gängige Pseudohistorie, die etwa immer noch mit Geminaten im Deutschen operiert - das ist genauso absurd, wie wenn man Sozialkunde/ Zeitgeschichte mit den Kategorien des mittelalterlichen Feudalstaates betreiben wollte. Gegen diese in die Didaktik einzementierte Begrifflichkeit kann man nur angehen, wenn man tatsächlich einen solchen historischen Umweg auf sich nimmt. Als Nebeneffekt dieser Überlegung zeigt sich nun auch, daß unsere Orthographie mit gutem Grund keine Phonographie ist. Prinzipiell ist natürlich eine phonographische Reform möglich; sie steht aber gegen die Prämisse, die die orthographische Tradition im Deutschen bestimmt: so weit es möglich ist, eine graphische Kontinuität von den frühen Schreibungen her zu wahren, und damit zugleich ein Mittel zu finden, das übergreifend über die regionalen Differenzierungen, die bei einer Phonographie im strikten Sinne ausschlaggebend würden, ein einheitliches Modell für die graphische Hochsprache auszubilden.

Nun sind aber die Graphien offensichtlich nicht in diesem Sinne eindeutig geregelt, wie Beispiele wie die folgenden zeigen können:

<sahnig> [zaːniç] ~ <tranig> [tRaːniç]
<ran> [Ran] ~ <kann> [kan], aber auch <Tran> [tRaːn]

Den graphischen Differenzen entsprechen hier keinerlei phonologische Differenzen, insbesondere keine in Hinblick auf den Silbenschnitt. Offensichtlich ist die Orthographie durch die phonographischen Regeln noch unterdeterminiert. In diesem Sinne ist ja nun auch die neuere Orthographiediskussion mit ihren verwirrenden komplexen Zuordnungen von Lauten zu Buchstaben („Graphem-Phonem-Korrespondenzregeln") zu verstehen, wie sie etwa in dem neuen Band von Nerius u.a. 1987 in tabellarischer Form zu finden sind (siehe S. 224-225). Bei diesen „Graphem-Phonem-Korrespondenzen" ist die unzureichende Schriftvorstellung offensichtlich:

- Abgesehen von der unangemessenen Vorstellung eines Wortes als einer Abfolge von isolierbaren Lauten,
- wird vorausgesetzt, daß die Orthographie definiert ist als isolierte Zuordnung von Buchstaben zu diesen Lauten.

Nun ist es aber meine Grundthese hier, daß die Phonographie nur ein kulturelles Mittel ist und insofern auch ein historisch zufälliges Material, in dem die grammatische Artikulation eines Textes fixiert wird. Phonographisch wird nicht das jeweilige Wort eines Textes geschrieben, sondern der Repräsentant einer grammatischen Formenfamilie dargestellt, wie es von Ickelsamer bis Schottel von den frühneuzeitlichen Grammatikern immer wieder betont wurde. Die phonographische Repräsentation betrifft also nur den Vertreter einer grammatischen Familie; diese wird invariant dargestellt und die Variation auf die Repräsentation der grammatischen Funktionen beschränkt (in der Regel auf die Variation der Endungen). Wir haben also

{beginn-}   *variabel*:
(der) | Beginn | Ø   -Ø :   Ø - Endung im nominalen Paradigma
(ich) | beginn | e   -e :   ⌈ Endungen im Paradigma des
(er) | beginn | t   -t :   ⌊ finiten Verbs

morphologische *Konstanz* außer am Wortanfang B/b: Majuskel ~ Kern einer nominalen Gruppe

Die Schreibung *beginn* ist in einer Reihe dieser Fälle phonographisch nicht motiviert: Bei [bəˈgIn] steht das stammauslautende *n* ja silbenfinal, verlangt also keine graphische Schärfung, vgl. *hin* oder *Sprint*. Sinnvoll ist diese Schreibung nur bei den Formen der grammatischen Familie, die das stammauslautende *n* vor vokalischen Endungen haben, wo es also silbeninitial ist, also: [bəˈgI|nə], was die Schärfungsregel auslöst. Offensichtlich ist es so, daß die Schärfung sich in der grammatischen Familie von den Formen her *vererbt*, die sie phonographisch erfordern. Das ist nun aber ein durchgängiges Prinzip der Orthographie, eben das der morphologischen Konstanz, das auch nicht nur auf Probleme der Schärfung beschränkt ist, vgl. die folgende Aufstellung der orthographischen Regeln für die Notierung der Dehnungszeichen, der Auslautverhärtung, der neu entstandenen fallenden Diphthonge (r-Vokalisierung) oder auch der Umlautung, die hier jedenfalls eine partielle Konstanz in graphischer Hinsicht realisiert (*a:ä* und nicht *e*).

(1) Dehnungsgraphie

ich	lehn	e (mich an)	[le:|nə]	⟶	* <v> vgl. <Vene>
ich	lehn	te	[le:n|tə]	⟶	<vh>

morph. Konstante

(2) Auslautverhärtung

Hund		[hunt]	⟶	* <v> vgl. <hunt>
Hund	e	[hundə]	⟶	<d>

(3) fallende Diphthonge („r-Vokalisierung")

Tür		[ty:ɐ]	⟶	* ?
Tür	en	[ty:Rṇ]	⟶	<r>

(4) Umlautung

ich	bräch	te	[bRęçtə]	⟶	* <e> vgl. <rechte>
ich	brach	te	[bRaxtə]	⟶	<a>/<ä>

NB: Die „Verträglichkeitsregel" erlaubt auch komplexere Beziehungen mit mehr als zwei Termini. Bei <hängen> /heŋŋ/ ist die Graphie offensichtlich nicht durch die Alternation mit dem Präteritalstamm / hIŋ ~ hIŋŋ / definiert, da e ~ I/ jedenfalls synchron keine Umlaut-Alternation bilden; hier vereindeutigt der Perfektstamm /gəhaŋŋ/ die phonographisch unter-bestimmte Zuordnung /ę/ : <e ~ ä> : Es genügt dafür, daß in der grammatischen Formenfamilie wenigstens an einer Stelle ein /a/ im Stamm erscheint.

Es handelt sich also um ein ganz allgemeines operatives Prinzip der kognitiven Kontrolle der Schreibung, das bei der Schärfung nur eine besondere Anwendung findet. Als solches findet sich das Prinzip bei der Stabilisierung der Orthographie im 16. Jahrhundert von den Grammatikern entwickelt, zuerst bei Ickelsamer, dann fixiert bei Schottel (s. auch oben den Hinweis auf die Druckersprache im späten 16. Jhd. am Beispiel C. Walthers); vorher fehlt dieses Prinzip einer grammatischen Kontrolle, wurde das Schreiben im Deutschen gewissermaßen im Vergleich mit dem Lateinischen nicht ernst genommen, wurde Deutsch mehr oder weniger phonographisch transkribiert. Das zu betonen ist mir wichtig, weil, so gesehen, das Ideal der phonographischen Reformer bei den Gerichtsschreibern des 14. Jahrhunderts realisiert ist, die zwar das Lateinische grammatisch schrieben, mündliche Zeugenaussagen, Namen u.dgl. in nicht-lateinischer Form aber so, wie man eben auch in Sprachführern am

Bahnhofskiosk fremde Sprachen notiert findet, vgl. etwa in einem Sprachführer des Deutschen für Dänen den folgenden Auszug:
sprekjen zi Englisj? ikj sjprekje khaom dåitsj. ... ikj sjaoe mal imm bokj nakj åpp ikj in finde. [1]
So wie hier mit den phonographischen Konventionen, die ein Däne im dänischen Schreibunterricht lernt, deutsche Sätze verschriftet werden, damit sie, wenn sie entsprechend vorgelesen werden, von Deutschen erkannt werden, so schrieb man im Mittelalter „Deutsch" mit den Konventionen, mit denen man im Lateinunterricht Latein schreiben gelernt hatte. Die Schreibungen waren im gleichen Sinne *transkribierend* - und daher finden sich in damaligen Texten die in dem vorausgehenden Schema ausgeschlossenen Schreibungen:
ich brechte
der hunt
ich lene usw.
Diese Formen entstammen einem Schreiben für das Vorlesen, bei dem die professionellen Schreiber die Zielsetzung hatten, daß die Zeugen den aufgeschriebenen Text, wenn sie ihn ihnen nach der Ausfertigung vorlasen, beglaubigten - und dazu versuchten sie eben gewissermaßen transkribierende Aussprache-Instruktionen in ihrer graphischen Fixierung zu benutzen. In diesem Sinne war es eine kulturrevolutionäre Tat der Grammatiker des 16. und 17. Jahrhunderts, dem deutschen Schreiben den gleichen Rang zu geben, wie dem lateinischen, also es *grammatisch* zu kontrollieren. Die Bemühungen um eine Orthographie waren (und sind!) Bemühungen um eine Schriftkultur, die es der breiten Bevölkerung ermöglichen sollte, einen Zugang zu dem in Büchern festgelegten Wissen zu finden, ihre Erfahrungen durch schriftliche Fixierungen zu bearbeiten usw.

In diesem Sinne ist aber auch der Orthographie- bzw. Schreibunterricht heute zu verstehen: Als Veranstaltung, mit der die Kinder in die Lage versetzt werden sollen, an dieser kulturellen Entwicklung maximal zu partizipieren. Und dazu ist es eben nötig, die grammatische Kontrolle über die Schrift, also die Orthographie zu erwerben. Das aber ist der Sinn des Analyseschemas, das ich oben schon im 20. Kapitel vorgestellt hatte. Die phonographische Komponente erscheint nur instrumentell für die graphische Repräsentation grammatischer Formen - nur in den relativ marginalen Fällen einer fehlenden grammatischen Integration der zu schreibenden Wörter findet sich eine direkte phonographische Übersetzung (also Formen wie *ran, hin* usw.). Wie marginal diese Fälle sind zeigt sich v.a. daran, daß es im Prinzip immer möglich ist, aus ihnen Formen abzuleiten, die dann das grammatische Familienverhältnis freisetzen (vgl. die etymologisch gesehen durchaus alte Form *hinne*, etwa in *mach mal hinne!*). Wo allerdings die Formen isoliert bleiben, da bleibt die Schreibung nichtintegriert, rein phonographisch.

Die Probleme der Orthographie tauchen da auf, wo es darum geht, eine *Stützform* für die graphische Repräsentation zu finden, wo also die phonologische Struktur des Stammes in der Formenfamilie variabel, nicht konstant ist wie bei

die	Schau	
ich	schau	e
die	Schau	bude
ich	schau	te usw.

---

[1] BERLITZ: *Tysk på Reisen*, Oslo: Gyldendal o.J., p. 11 - ohne Betonungszeichen.

Die Probleme treten insbesondere da auf, wo der Silbenschnitt variabel ist, und wo darüber hinaus noch weitere grammatische Zusatzmarkierungen erforderlich werden, wie bei der angesprochenen „Umlaut"notierung.

NB: Hier treten natürlich zahlreiche Probleme in einer Orthographie auf, die Strukturzusammenhänge fixiert, die für heutige Schreiber und Sprecher so nicht mehr bestehen. Bei einem Wort wie *Märchen* gibt es heute keinen Grund für die Schreibung *ä*. Die Schreibung geht zurück auf die Formenfamilie, zu der insbesondere auch das Adjektiv *mari* „berühmt" gehörte. In Bezug darauf ist die Graphie von historisch orientierten Schreibern wie den Gebrüdern Grimm fixiert worden. Gewissermaßen invers dazu ist der Fall in der Auflösung eines etymologischen Zusammenhanges bei *Eltern* und *älteren*. Von heute aus gesehen sind solche Schreibungen nicht grammatisch bestimmt, sondern letztlich logographisch gebundene Differenzierungen zwischen verschiedenen Wörtern, vgl. auch

die Schemen (Plural zu *Schema*)
der Schemen (*Schattenbild, Maske*)
sich schämen (mit *ä*, weil zur Wortfamilie *Scham* gehörig).

Bei diesen Problemen gibt es zusätzlich noch große landschaftliche Schwierigkeiten, insbesondere in Hinblick auf die Differenzierung /e:/ : /ę:/. In der norddeutschen Umgangssprache besteht dieser Unterschied nicht, ist das lautliche Gegenstück bei der Schreibung <ä> mit (oder ohne) Dehnungszeichen immer ein [e:]. Einmal mehr zeigen sich die Konsequenzen im Unterricht. Der Lehrer kann nicht normativ erwarten, daß die Schüler orthographische Differenzen wie die von <e(h)> : <ä(h)> rekonstruieren können; er muß zunächst einmal analysieren, welche phonologische Basis die orthographische Fundierung bei ihnen hat.

Bei Formenfamilien mit variablem Silbenschnitt besteht das Problem offensichtlich bei der Entscheidung, welche der konkurrierenden Formen als Stützform zu wählen ist; bei dem ersten Beispiel *beginnen* weist die Stützform eine offene Silbe auf, die die Schärfung auslöst, bei der zweiten Form *lehnen* weist die Stützform eine geschlossene Silbe auf, die das Dehnungszeichen auslöst.

| offene Silbe | [begi|nə] | [le:|nə] |
| geschlossene Silbe | [begInt] | [le:nt] |

Eingerahmt ist jeweils die phonologische Form, die die Stützform fundiert. So gesehen handelt es sich scheinbar um eine orthographische Willkür, die auch von den Reformern immer wieder angeprangert worden ist. Aber die Orthographie fixiert nicht lokales Wissen, das ad hoc von Form zu Form eine Schreibung findet, sondern fixiert ein strukturelles Wissen um Zusammenhänge in Formenfamilien. Betrachten wir daher das Verhältnis der selegierten Repräsentanten (Stützformen) zu den anderen Mitgliedern der Wortfamilie.

Bei [bəgInt] haben wir in lokaler Hinsicht beim Vokal der betonten Silbe einen ungespannten kurzen Vokal im festen Anschluß, der insofern qualitativ nicht unterschieden ist von dem Vokal bei [bəgInə]; [bəgInt] ist der unmarkierte Fall, der nicht notiert zu werden braucht, weil er von der phonographischen Regel her den Normaltyp realisiert. Die Markierung mit der Schärfung ist aber nötig bei [bəgInə], wo der „bremsende" Konsonant heterosyllabisch steht. Nun handelt es sich bei [bəgInt] um einen anderen Fall als den von der Schärfungsregel vorausgesetzten, er steht aber bemerkenswerterweise nicht im *Widerspruch* zur Schärfungsregel. Das gleiche Verhältnis von *anders*, aber nicht im *Widerspruch* finden wir auch bei den Dehnungszeichen. [le:|nə] hat einen gespannten („langen") Vokal genauso wie [le:n|tə];

[le:|nə] ist wiederum der unmarkierte Fall, der von der Silbenstruktur her den Normalfall eines „gespannten" Langvokals in losem Anschluß repräsentiert, insofern keine Markierung verlangt. Anders ist es bei [le:ntə]. Auch hier wieder ist das Verhältnis zwischen den beiden Formen eines von anderen Bedingungen, die aber in Hinblick auf die Grundbedingungen miteinander verträglich sind. Die lokalen Bedingungen bei der Qualität des Vokals sind also notwendige, aber nicht hinreichende Bedingungen für die Schärfung/Dehnung. Soweit zeigt die Argumentation nichts anderes, als daß ein solcher Ausgleich in Hinblick auf die markierten Formen möglich ist. Entscheidend für die Organisation der Wissensstruktur ist nun, daß ein umgekehrter Ausgleich nicht möglich ist. Vgl.

⟶	ich	*len	e		möglich, da [le:nə] wie bei <Vene>
	ich	*len	te	nicht	möglich, da [lɛntə] wie bei <Rente>
	ich	*begin	e	nicht	möglich, da [bəginə] wie bei <die Begine>
⟶	er	*begin	t		möglich, da [bəgint] wie bei <Sprint>

Die Schreibungen ich **lene* und er **begint* wären nur möglich als isolierte Formen, die in kein morphologisches Schema integriert wären. In Hinblick auf ihre Integration in ein Paradigma, das unterschiedliche Silbenstrukturen aufweist, verletzen solche Schreibungen eine notwendige Bedingung; insofern sind hier eben tatsächlich nur die oben selegierten Formen als Stützformen möglich. D.h. also die Festlegung der Stützform erfolgt nach der Maxime:

Wähle die Stützform so, daß möglichst alle Formen der Familie durch sie eine konstante Repräsentation des Stammes erhalten.

(Das ist der grundlegende Leitsatz der barocken Grammatiker, wie wir ihn oben schon bei Schottel gesehen haben). Mit der Formulierung „möglichst alle" sind gleichzeitig aber auch schon die Grenzen für dieses Vorgehen angedeutet. Offensichtlich ist es nicht möglich, in allen Wortfamilien allen Formen eine konstante Repräsentation durch eine Stützform zu geben, vgl. dazu die folgenden Formen des Wortes *treffen*:

I ⇒	(ich)	tRɛ|fə	(1)
	(wir)	tRɛ|fn̩	(2)
	(du)	tRIfst	(3)

II ⇒	(ich)	tRa:f	(4)
	(wir)	tRa:|fn̩	(5)
	(du)	tRa:fst	(6)

Unabhängig von noch weitergehenden Differenzen unterscheiden sich die beiden Typen I und II durch den Silbenschnitt: Bei I handelt es sich um einen ungespannten Vokal im festen Anschluß, bei II um einen gespannten Vokal im losen Anschluß. *Innerhalb* dieser Typen ist nach den vorhergegebenen Argumentationsweisen ein Ausgleich möglich, in dem die hier mit einem Pfeil markierte Form jeweils die Bedingungen für die Stützform erfüllt. Ein Ausgleich *zwischen* I und II ist dagegen nicht möglich:
- zwar könnte man noch die Form (3) wie II schreiben: *du *trifst*, aber nicht *ich *trefe* (1), da das lautlich zur Folge hätte [tre:fə], vgl. *die Hefe*,
- umgekehrt geht auch nicht II nach dem Muster von I, da etwa **traffen* (5) als [tRafn̩] auszusprechen wäre, vgl. *schaffen.*

Hier würde also der Ausgleich nicht andersartige Fälle umfassen, die mit der Grundregel verträglich sind, sondern im Widerspruch zu der Grundregel stehen.

NB: Allerdings verkompliziert sich das Verhältnis noch durch die Konjunktiv II-Formen, (*daß ich*) *träfe* (in norddt. Aussprache [treːfə]). Hier operiert aber noch eine weitere „Wissensvernetzung", die die Formen des Konj. II an den Präteritalstamm *traf-* bindet (daher ja die Umlautnotation <ä> auch in den Aussprachevarietäten, die kein [ɛː] kennen). Diese Formen sind allerdings ohnehin labil und in Konkurrenz zu den stabil integrierten „periphrastischen" Formen wie *treffen würde, getroffen hätte* u.dgl. Wir sind hier also wieder auf die Dynamik der Entwicklung des Sprachsystems verwiesen bzw. auf deren genaue Analyse. Die orthographischen Probleme sind Ausdruck davon. In diesem Zusammenhang genügt es, eine *Rekonstruierbarkeit* auch der peripheren Bildungen aufzuzeigen.

Einmal mehr erweist sich die Orthographie als eine Optimierungsaufgabe:
Schaffe in einer grammatischen Familie mit der Wahl der Stützform einen maximalen Ausgleich, ohne gegen die phonographische Grundregel zu verstoßen.
D.h. die phonographische Repräsentation der Stützform wird ausgedehnt auf alle Formen, die phonographisch mit ihr verträglich sind - und die Verträglichkeit steckt die Grenze für das orthographische Maximum ab.

NB 1: Eine genaue Analyse kindlicher Fehlschreibung zeigt das Bemühen um Herstellung grammatischer Familienstrukturen, die sich in Konstantschreibungen ausdrücken. Ein geradezu üblicher Fehler ist *Packet* (für *Paket*) - die Schärfungsregel findet hier aufgrund des Akzentmusters [paˈkeːt] keine Anwendung (das unbetonte [a] wird ja nicht „gebremst"). Die Schreibung ist offensichtlich „volks-etymologisch" motiviert, vgl. *ein Paket packen* [ˈpa |kŋ]. Diese Beziehung ist phonographisch möglich, da ja die geschärft notierte erste Silbe von *Paket* keinen Langvokal (losen Anschluß des Silbenkerns) aufweist. Sie ist allerdings nicht nötig, da keine Familienbeziehung (außer auf dem „gelehrten" Umweg der englisch-niederländischen Etymologie des zugrundeliegenden französischen Fachterminus *paquet*) besteht. Das sollte auch bei der Fehlerbewertung berücksichtigt werden.

NB 2: An diesem Punkt zeigen sich die Probleme der Dehnungszeichen, die anders als die Schärfungszeichen keine vollständige Konsistenz aufweisen: Eine Form wie *holt* oder *trafst* ist nach der Grundregel mit kurzem Vokal [hɔlt] ([tRAfst]) zu interpretieren; die Verallgemeinerung einer Stützform <ho[l-> von <hole> [hoːlə] ist nicht möglich, weil sie im Widerspruch zu [hoːlt] steht! Orthographische Disambiguierungen (*hole Kürbisse!* vs. *hohle Kürbisse*) sollten nur operieren, wo die phonographischen Grundregeln Optionen lassen. Daß die Dehnungszeichen weitgehend gegen die Grundregel in graphischen Disambiguierungen genutzt werden, zeigt ihre relativ schwache Integration in das orthographische System, mit dem unten angeführten Grenzwert der regulären *mehrsilbigen* Formen.

Es handelt sich bei der Orientierung an den Stützformen also keineswegs um willkürliche Festlegungen. In diesem Sinne sind die Grenzen auch deutlich da, wo wie schon bei diesem letzten Beispiel phonographische Unverträglichkeiten in einer grammatischen Familie auftreten. In Hinblick auf die Formenbildung können wir verschiedene Grade der Integration der Formen der verschiedenen Familien feststellen:

(1) *Totale Integration*   <schau->   keine phonologogische Variation

(2) *Maximale Integration*   <beginn->   phonologische Variation auf *einen* Typ
                                    <lehn->   (eine Stützform) reduzierbar

(3) *Partielle Integration*   <tra/äf->$_I$~<tre/i/off->$_{II}$ Zerlegung in Unterfamilien mit
                                                                  verschiedenen Stützformen

(4) *Keine Integration*   <bin>   Keine Reduktion möglich,
                              <ist>   lexikalische Variation
                              <sind>   (Suppletismus)
                              <war>

Die grammatische Struktur des Deutschen ist bestimmt durch diese Bandbreite an Graden der grammatischen Integration. Die vorliegenden Schwierigkeiten resultieren nicht aus der Orthographie, sondern aus der Sprachstruktur, die mehr oder weniger „regelmäßige" Formenbildungen aufweist. Die Orthographie spiegelt nur diese Strukturen wieder, allerdings zeigt sie gegenüber der gesprochenen Sprache noch zusätzliche Zusammenhänge auf, die phonologisch als different repräsentiert sind. Damit haben wir jetzt die phonographische Grund*struktur* der deutschen Orthographie geklärt; in den nächsten drei Kapiteln werden nun noch einige spezielle Probleme zu behandeln sein.

Anhang zum 24. Kapitel: Statistisches zur Dehnungs-Graphie

Bisher habe ich Dehnung und Schärfung als Strukturmuster rekonstruiert. Als solche sind sie, wie gezeigt, relativ gradlinig explizierbar - und auch im Unterricht vermittelbar (s. den folgenden Anhang II); die im didaktischen Kontext viel beklagten „Übergeneralisierungen" des Dehnungs-*h*, das nach Ansicht vieler Fehleranalysatoren von Kindern öfter falsch als richtig gesetzt wird, unterstreicht das ex negativo.[2]

Die Probleme liegen offensichtlich in dem recht unterschiedlich konsistenten Gebrauch, der in der Orthographie von diesen Strukturmustern gemacht wird. Die Reformer argumentieren generell mit der rein zufälligen Setzung der Dehnungszeichen - und fordern daher deren Abschaffung (so generell in allen älteren Vorschlägen, die auch die phonographische Komponente umfaßten, also bis zu den Stuttgarter Empfehlungen von 1955).[3] Über globale Schätzungen führen aber nur konkrete Zählungen hinaus, die ich hier auf der Basis der Ortmannschen Auswertung des Kaedingschen Corpus vorgenommen habe.[4]

Als besonders problematisch erweisen sich die Einsilbler. ORTMANN listet die 913 häufigsten einsilbigen Formen auf (S. 159 - 166)[5], von denen ich im folgenden die enklitischen Kontraktionen (*ihr's* u.dgl.) nicht berücksichtige. Von den verbleibenden 902 Formen haben 283 (31,3 %) den für Dehnungszeichen einschlägigen Silbenstrukturtyp mit V:K]. Davon wiederum waren nur 106 (37,5 %) graphisch markiert (<vh, aa, ie...>), während 177 (62,5 %) unmarkiert waren (*er, übt, Art, Arzt...*). Allerdings kommt hier mildernd die immer wieder angesprochene regionale lautliche Verschiedenheit ins Bild: Bei mindestens dreien dieser Formen (*Spaß, nun, hab*) habe ich in meiner Aussprache nur den Kurzvokal.

Bemerkenswerterweise ändert sich das Verhältnis bei mehrsilbigen Formen. Eine vergleichende Auszählung habe ich für 902 Formen des Typs KV:K+KV(K) vorgenommen. Hier sind nur 88 Formen (9,8%) einschlägig, die ein exaktes 50:50 Verhältnis von ± graphischer Markierung aufweisen (44:44). Bei den unmarkierten Formen sind dabei zudem noch die phonetisch-phonologisch problematischen Formen mit silbenfinalem (vokalisiertem) *r* häufig; alleine 10 Formen hatten an der kritischen Position das Präfix *vor* (*Vorschein, vorgeht, Vorwurf,* usw.).

---

[2] So z.B. bei C.L. NAUMANN, dessen Analyse (und didaktischen Schlußfolgerungen!) aber darunter leiden, daß sie eben die strukturelle Analyse nicht weit genug treiben, s. von diesem jetzt *Gesprochenes Deutsch und Orthographie*, Frankfurt usw.: Lang 1989.
[3] S. etwa den Überblick über die Entwicklung der Reformvorschläge bei D. NERIUS, *Untersuchungen zu einer Reform der deutschen Orthographie*, Berlin-DDR: Akademie 1975.
[4] Grundlage hier: W.D. ORTMANN, *Sprechsilben im Deutschen*, München: Goethe Institut 1980.
[5] Bei ORTMANN die Listen 2071.01, 2072.01, 2073.01, 2076.01 (bis Nr. 13), ebd. S. 430 - 434.

Abgesehen von den Einsilblern ist das Problem der abweichenden Dehnungsschreibungen tatsächlich also nicht so gravierend, wie es oft dargestellt wird - allerdings sind die Inkonsistenzen schlimm genug.

Daß die hier explizierte Grundstruktur tatsächlich aber grundlegend ist, zeigt spiegelverkehrt das Auftreten der Hypermarkierung von /V:/ in offener Silbe bei den Einsilblern: Hier ist die *unmarkierte* Schreibung der Regelfall: *je, ja* usw.; Schreibungen mit <vh> erklären sich aus der morphologischen Konstantschreibung (in der grammatischen Familie „vererbtes", „silbentrennendes" *h*: *weh* : *wehen*; *Ruh* : *ruhen*; *sah* : *sahen* u. dgl.). Das macht im übrigen die oben angesprochene Duden-Differenzierung *v* vs. *vh* umso unsinniger.

Nachbemerkung zur Stützform

Es hat sich gezeigt, daß die *Stützform* einigen Lesern Verständnisprobleme bereitet. Daher noch eine zusätzliche Erläuterung. Sie dient dazu, im Sinne der morphologischen Konstantschreibung für den Stamm in den Fällen eine konstante Repräsentationsform zu finden, wo dieser in der die Schärfung und Dehnung fundierenden Silbenstruktur nicht konstant ist. Es gilt also, unter den verschiedenen Formen der grammatischen Familie eine (oder mehrere) *diagnostische* Formen zu isolieren, in denen der Stamm eine Silbenstruktur aufweist, die als Stützform für die anders syllabierten Formen dienen kann. Während der Stamm eine rein grammatische Konstante (komplementär zu den Affixen) ist, insofern auch keine Silbenstruktur hat, weist die Stützform die dem Stamm durch die diagnostische Form zugeordnete Silbenstruktur auf.

In diesem Sinne nochmal das Verfahren der im Text diskutierten Beispiele:

Beispiel *lehnen*:

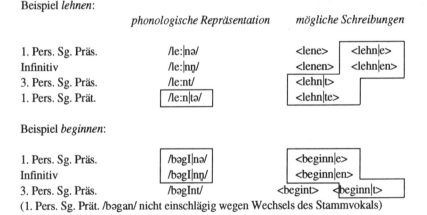

Beispiel *beginnen*:

(1. Pers. Sg. Prät. /bəgan/ nicht einschlägig wegen Wechsels des Stammvokals)

Eingerahmt sind jeweils die diagnostischen Formen bei der phonologischen Repräsentation bzw. das Feld der so fundierten Konstantschreibungen.

25. Kapitel: Dehnung und Schärfung
III. Sonderprobleme (insbes. *s*-Graphien)

In diesem Kapitel werden wir noch die verbleibenden Sonderprobleme im Bereich der Dehnungs- und Schärfungszeichen betrachten. Zunächst einmal der Problembereich, der auch im Duden explizit geregelt wird, *ss/ß* (R. 183-188). Dieser Bereich ist recht komplex, weil hier verschiedene Probleme ineinandergeschachtelt sind. Der Stein des Anstoßes ist vor allen Dingen das *ß*, das in den anderen Schriftsystemen fehlt - und durch die international vorgegebenen Schreibmaschinentypen zunehmend auch in der deutschen Graphie verschwindet (die Schweizer Orthographie ersetzt generell *ß* durch *ss*). Zunächst zur materiellen Seite. Tatsächlich handelt es sich um eine Ligatur in alten Schreibweisen, wo sich, wie schon erwähnt, unterschiedliche Buchstabenformen silbeninitial und silbenfinal herausgebildet hatten, die dazu dienten, die Wortgrenze zu markieren. Beim Buchstaben s wurde nach der Form das sogenannte *lange s* ſ und das *runde s* ſ unterschieden, das erste als initiales Schriftzeichen (insbesondere auch in Ligaturen wie st), das zweite als finales. Bei der Verdopplung des s (medial und evtl. auch final) wurden *zwei lange s* ſſ vermieden, indem das zweite graphisch differenziert wurde: entweder als „rundes" s ſs: oder auch als z (in der alten Form ʒ, also ſʒ. Aus diesen beiden Ligaturformen entwickelte sich das moderne *ß*.

Die Probleme mit den *s-Graphien* gehen auf die schon im 22. Kapitel behandelten Probleme der Lautverschiebung zurück. Wir hatten ja schon gesehen, daß es im späten Althochdeutschen ein altes <s> [ʂ] gab, dem ein neues *s* (aus der Affrikata <t>) gegenüberstand, das graphisch davon differenziert wurde. Später kamen noch weitere Sondergraphien dazu, insbesondere auch die graphische Verdoppelung der Zeichen und die Ligaturform.

Machen wir uns zunächst einmal die Verhältnisse in der Hochlautung klar, wobei wir die norddeutsche Aussprache zugrundelegen (also anders als in den Bereichen der binnendeutschen Konsonantenschwächung).

	#____	K____	K____(2)	V____V	____#	
		stimmhaft	*stimmlos*			
[z]	[zɔnə](1)	[alzo]	_____	[ho:zə]	_____	<s>
[c] (ts)	[ca:l]	[gancə]	[gəzøi̯fcə]	[tacə]	[blic]	<tz/z>
[s]	_____	_____	[byksə]	[Rasə]	[haos]	<s/ss/ß>

(1) vgl. auch die Variation bei Fremdwörtern <Sauce>, <Soße> [so:sə] ~ [zo:sə] ~ [zo:zə]
(2) Bei Komposita in der Bühnensprache als Initialmarkierung vorgeschrieben; ansonsten Variation <Labsal> [la:pzal] ~ [la:pz̥al] ~ [la:psal]
(3) Postkonsonantisch gibt es Variation [c] ~ [s], vor allem in der Allegro-Sprechweise <gans> : <ganz> beide [ganc]; die Orthographie läßt sich in den „verlängerten" Formen fundieren: [ganc] ~ [gɛnzə] > <gans>, <gänse> sonst <ganz>

Problematisch ist der intervokalische Bereich. Das ist nun auch zu erwarten, da hier ja die Probleme des Silbenschnitts auftauchen, also fester Anschluß des Kurzvokals an [c/s] ([z] fehlt hier), Langvokal im losen Anschluß an [z/c/s], vgl. mit Langvokal (losem Anschluß) *Mieze, Kapuze, Schnauze, Beize...* mit Kurzvokal (festem Anschluß) *Katze, schmutzig...* Genauso aber auch
- *Riese, Rose, rase, Banause, Reise...* [V̄z]
- *fließe, stoße, Füße, schweißen...* [V̄s] (R. 183)
- *Risse, Rösse, Flüsse...* [V̆s] (R. 185)

Orthographische Schwierigkeiten bereitet der Auslaut, wo einem stimmlosen s zwei graphische Repräsentationen gegenüberstehen <s> ~ <ß>.

Die Schwierigkeiten sind auf den ersten Blick beträchtlich - und sie führen dazu, daß dieser Bereich zu den fehlerträchtigsten gehört. Die periodische Behandlungen der s-Schreibungen in der Grundschule und auch in den späteren Klassen führt für viele Schüler offensichtlich nur zu wachsender Verunsicherung, wie die hier oft völlig chaotischen Schreibungen (*Kässe* f. *Käse, verlasen* oder gar *verlahßen* f. *verlassen, liesen* f. *ließen, sahsen* f. *saßen, mus* f. *muß, heist* f. *heißt* usw.) zeigen, von denen es insbesondere in Diktaten nur so wimmelt.

Hier ist es nötig zu unterscheiden
(1) die *besonderen Probleme* der *s*-Schreibungen, in Hinblick auf die vom traditionellen lateinischen Alphabet nicht zur Verfügung gestellte graphische Differenzierung zwischen [s] und [z],
(2) die allgemeinen orthographischen Strukturbedingungen, die bei den s-Schreibungen ebenso wie bei allen anderen Konsonanten Anwendung finden.

Der Zusammenhang zwischen diesen beiden Dimensionen zeigt sich, wenn man die phonographischen Repräsentationen in Hinblick auf die diagnostischen Kontexte kontrolliert:

	#___	V́___V	V̆___V	___[#/K
[z]	<s>	<s>	___	___
[s]	___	<ß>	<ss>	<ß>/<s>

Das Schema zeigt sofort die Besonderheiten der Lautstruktur der deutschen Hochsprache, in der die s-Schreibungen fundiert sind: Bis auf die intervokalische Position nach betontem gespannten Vokal sind [z] und [s] komplementär verteilt. Dabei ist die traditionelle Graphie <s> die Standardrepräsentation von [z] - wobei in Hinblick auf die Auslautverhärtung die morphologische Konstantschreibung die <s>-Schreibungen im Wort- bzw. Silbenauslaut regelt: *Haus* weil *Häuser* [hɔyzɐ].

Die Standardrepräsentation von [s] ist demgegenüber das historisch neue Zeichen <ß>, das so in der diagnostischen Position V́___V mit <s> kontrastiert und ebenfalls, über die morphologische Konstantschreibung bestimmt, auslautend auftritt: also *Gruß* weil *Grüße* (R. 184).

Probleme bereitet nur die Schärfungsposition V̆___V, in der in der Hochlautung nur [s] auftritt - anders ist es in der norddt. Regionalsprache, wo generell historisch (entsprechend der Differenz in der konsonantischen Lautverschiebung) auch vor stimmhaftem [z]

311

Kurzvokale stehen: *Dussel* ['duzḷ], *quasseln* ['kvazḷn] - die Aussprachewörterbücher geben die „hochdeutsche" Aussprache nach der Schrift ['dusl], ['kvasln] (hier wird also auch nicht in der Peripherie „norddeutsch" markierter Formen die Abfolge Kurzvokal - stimmhafter nicht-nasaler Verschluß übernommen, wie es bei *rubbeln, buddeln, baggern* usw. der Fall ist, s.u.). Die „erwartbare" Schreibung von [s] nach Kurzvokal (also bei Schärfung) wäre hier <ßß>, das aber offensichtlich aus ästhetischen Gründen (i.S. der im letzten Kapitel besprochenen Nichtverdoppelung von Digraphien, für eine solche galt die alte *sz*-Ligatur ja!) vermieden wird und durch das (in der Hochlautung!) phonographisch nicht benötigte <ss> ersetzt wird. Im Grunde handelt es sich also um eine ästhetische Zusatzregel wie bei dem Ersatz von <kk> durch <ck> oder *<zz> durch <tz>.

Soweit sind die s-Schreibungen jedenfalls phonographisch eindeutig fundiert und von daher auch lernbar. Die Inkonsistenzen bestehen bei den Schreibungen am Wortende. Hier wird in allen Fällen, außer bei alternierenden „verlängerten Formen" mit <ß> für intervokalisches /s/ (*Stoß* weil *stoßen*) <s> eingesetzt; insbesondere wird die Schärfungsnotation <ss> durch <ß> substituiert: *Haß* neben *hassen*, so daß einem finalen <ß> im Wortinnern sowohl <ß> wie <ss> =*<ßß> entsprechen kann, obwohl sonst die Schärfungsopposition wortauslautend nicht neutralisiert ist (*Brett* neben *Bretter*).

Die Probleme resultieren hier daraus, daß <ß> offensichtlich als eine markierte Graphie behandelt wird, die silben- (und also auch wort-) auslautend nur in Fällen Anwendung findet, die durch morphologische Konstantschreibung motiviert sind. Alle anderen Fälle von [s] <ss>, die also nicht durch eine „Auslautverhärtung" abzuleiten sind, bereiten daher in unserem Analyseschema Schwierigkeiten. Das gilt sowohl im absoluten Auslaut: *mindestens, Peters,* usw. (da hier ja keine „Verlängerung" möglich ist), wie wortinlautend, wenn keine morphologische Fuge vorliegt: *fast, (die) Küste* usw., die von Schülern dann auch oft analog zu *(er) faßt, (er) küßte* und ähnlichem geschrieben werden. Die Erklärung der Schreibungen mit <ß> ist offensichtlich: <faßt> von <fass+t> wie <fass+en> /fasən/ , mit der Zusatzregel, daß das verdoppelte Zeichen vorkonsonantisch vereinfacht wird <*faßß+te> → <faßte>, im Gegensatz zu <*faßß+en> → <fassen>. In diesem Sinne wird dann auch <Küste>, <fast> geschrieben, weil keine morphologische Ableitung aus der „Schärfung" besteht (wobei eine semantisch motivierte Differentschreibung *Küste : küßte; fast : faßt* wie bei *Weise* gegenüber *Waise* hier kaum plausibel ist.).

Im Sinne der phonographischen Fundierung liegen die Verhältnisse anders als bei *Wüste* /vy:stə/, die in Analogie zu morphologischen Konstantschreibungen wie <düste> zu <düsen> /dyzən/ geschrieben ist, wobei die Verallgemeinerung darauf beruht, daß intervokalisch nach Langvokal nur stimmhaftes /z/ möglich ist.

NB: Das Ausmaß der hier bestehenden Probleme wird durch die Ortmannsche Auszählung der Kaedingschen Häufigkeitslisten deutlich.[1] Ortmann zählt insgesamt 151 Formen mit /-st-/, von denen 136 mit <st>, 16 mit <ßt> geschrieben werden. Zerlegt man diese Formen nach grammatischen Familien (faßt *Geist, Geister, geistlich* usw. zusammen), so reduzieren sich die von ihm aufgelisteten 100 häufigsten Formen mit <st> auf 52, die 16 Formen mit <ßt> auf 7 Fälle. Bei <-st-> fallen davon 8 unter die unmarkierten Schreibweisen (sie sind zudem wiederum auch im Sinne morphologischer Konstantschreibung gegliedert: Vor allem durch das Superlativ-Suffix <-ste(n)>, bzw. durch Fremdwortsignalgruppen wie bei *existieren* u.a.). Unter die <s>-Schreibung nach Langvokal (*Wüste, Kloster*) bzw. Diphthongen (*Geister* u.a.) fallen 12 Fälle, so daß insgesamt noch 32 Problemfälle verbleiben. Von diesen sind aber eine ganze Reihe Eigennamen oder als Fremdwörter markiert (*System,*

[1] S. Ortmann, *Minimalpaare im Deutschen*, München: Goethe-Institut 1981.

Christus, Minister, Statistik, Auguste, Gustav u.a.), so daß schließlich doch nur 17 schwierige Schreibungen übrigbleiben (*Küste, Laster, flüstern, bester, fester* usw.), die im Sinne der Vorschrift: <s> als unmarkierte Schreibung, zu verstehen sind.

Die 7 <-ßt-> erklären sich alle durch die morphologische Konstantschreibung (*größter* wie *großer*, *müßte* wie *müssen* aus *müßßen, s.o.).

Die Rede von einem regelhaften Kern der Rechtschreibung ist also auch bei einer detaillierten Durchforstung der Schwierigkeiten der s-Graphien gerechtfertigt.

Eine Sondergruppe dieser problematischen s-Graphien bilden Einsilbler wie *des, wes, aus,* die im Prinzip in einer morphologischen Familie mit Schärfung stehen (vgl. *dessen, wessen, außen*), so daß Schreibungen *deß, weß, auß* motiviert wären (und früher auch üblich waren!). Für die Rechtschreibvorschrift ist hier offensichtlich die Orientierung am „Wortbildmuster" einsilbiger Funktionswörter ohne markierte Graphien maßgeblich gewesen, vgl. *das, was,* über das diese (häufigen!) Formen als Ausnahmen gelernt werden müssen. Sie teilen das mit einer Reihe ähnlich gelagerter Ausnahmen von der morphologisch vererbten Schärfungsschreibung: vgl. *in* trotz *innen, hin* trotz *(von) hinnen* u. dgl. (Zum Wortbildmuster vgl. Präpositionen wie *an, auf,* u. dgl.). Immerhin ist es hier wieder so, daß die Ausnahme von der Regel wieder eine grammatisch-lexikalische Formenklasse markiert.

Eine gewisse zusätzliche phonographische Fundierung erhalten diese Fälle durch ihr in der Regel unbetontes Vorkommen im Satz (die Sondergraphien von Dehnung und Schärfung sind ja nur für betonte Silben definiert; allerdings sind alle diese Formen beton*bar* - was das phonographisch ausschlaggebende Kriterium ist, vgl. auch bei der Dehnung, *ihn, ihr* usw.). Insofern zeigen sie aber eine gewisse Entsprechung zu einer anderen Klasse von Problemfällen, den [s] <s> in nichthaupttonigen Silben, etwa bei der produktiven Ableitungssilbe *-nis* (s. R. 184 (2)): *Hindernis* trotz *Hindernisse* (['hIndɐnIsə]), also mit einer Schreibung im Widerspruch zum Muster der „Auslautverhärtung", die bei wortfinalem <s> auf Alternation mit medialem <s> [z] schließen läßt. Tatsächlich ist aber auch die Schreibung *Hindernisse* problematisch, da bei dem Suffix *-nisse* allein der schwache Nebenakzent die Schärfungsnotierung fundiert; in Hinblick auf die nicht bestehende Anschluß- bzw. Quantitätenopposition in diesen Silben wäre hier eine konsequente Schreibung *Hinderniße - *Hinderniß denkbar (das Akzentmuster sicherte hier ausreichend gegen eine phonographische Fehlinterpretation [-i:sə], die nur bei betonter Silbe wie in *Grüße* ['gRy:sə] möglich wäre). Darin läge nun aber ein gravierender Eingriff in die Rechtschreibung: In Kenntnis dieser Probleme sollte allerdings der Lehrer mit solchen im Unterricht häufigen „Fehler"schreibungen umgehen: *Hindernisse* - *Hinderniß ist eine konsequente Umsetzung der Rechtschreibvorschriften, auch *Hinderniße ließe sich motivieren - ganz im Gegenteil zu elementaren Regelverstößen wie bei *Grüse oder auch *Grüsse für *Grüße, Wieße* oder *Wiesse* für *Wiese* u.dgl.

NB: Das nebentonige Schärfungsproblem ist nicht auf das Suffix *-nis* beschränkt, wie das parallele *Freundin : Freundinnen* zeigt. Das zeigt, daß es sich bei **Hinderniß/Hindernis* tatsächlich nur um das Problem der Notierung des stimmlosen [s] handelt. Noch im 18. Jhd. war im übrigen bei *-nis* die Schreibung *-niß/-niss* üblich (entsprechend bei dem oberdeutschen Gegenstück *-nus*).

Außer den zuletzt besprochenen, relativ marginalen Problemen sind die phonographischen Zuordnungen eindeutig zu definieren; aber die phonographischen Beziehungen sind dabei reichlich undurchsichtig. Hinzu kommen schließlich noch Fremdwortschreibungen, die z.B. die Alternation <s> ~ <ss> der englischen (pseudo-griechischen ....) Orthographie beibehalten wie bei *Bus ~ Busse, Atlas ~ Atlasse* (s. ebenfalls R. 184 (2)) und als Andersschreibung markiert sind - angesichts der Alltagserfahrung sicherlich problematisch, und insofern Grund genug, hier zumindest im Anfangsunterricht Schreibungen wie *Buß nicht zu sanktionieren (der Hinweis auf touristische Auslandserfahrungen, daß *Bus* eben *anders*, weil auf Mallorca genauso wie in Hannover, geschrieben wird, dürfte hier die „Wortbildeinprägung" hinreichend motivieren).

Grundsätzlich ist hier eine liberale Haltung gegenüber Fehlern, wie sie bei peripheren Problemen vertretbar erscheint, kaum angezeigt. Die häufig vorgebrachte Forderung nach der Abschaffung des <ß> ist mit Sicherheit auch keine Lösung - eine Ersetzung durch <ss> ist allenfalls im Interesse der am Englischen orientierten Büromaschinenproduzenten, für die Schüler würde sie den Zugang zu den phonographischen Regularitäten der „Schärfung" blockieren. Diesen Zugang aber (und in seiner Konsequenz den zu den Regularitäten der s-Schreibungen) erlangen sie nur, wenn sie von Lehrern unterstützt werden, die ihrerseits die nötige Klarheit über die Verhältnisse haben. Sonderprobleme entstehen durch die Apokope (R. 186): also *(ich) lass'* für *(ich) lasse* - *(ich)* **laß'* scheidet aus, da es phonographisch einem [la:s] entspricht, vgl. *über alle Maß'* für *Maße* [ma:sə]. Vgl. auch *ihre Reiz'*, wobei die Schreibung <tz> nach Langvokal (bzw. Diphthong) ausscheidet.

R. 187 und R. 188 behandeln graphische Sonderprobleme, bei denen es eine Rolle spielt, daß ß aus historischen Gründen nur eine Minuskel ist, die nicht initial vorkommen kann. Die Konsequenzen für die Silbentrennung sind klar:

R. 179 (2) *hei-ßen*
hei-zen (also bei losem Anschluß) aber
R. 178 (2) *has-sen*
Kat-zen, weil diese graphischen Folgen als mehrgliedrige der Silbentrennung unterliegen.

Allerdings gibt es hier Sonderprobleme bei der graphischen Substitution von *ss* für *ß*; da die Regel für *ß* definiert ist, wird entsprechend auch da getrennt, wo *ß* durch *ss* substituiert wird: also *Grü/sse* (R. 179 (4)) - was die oben angesprochenen Probleme mit einer geforderten Ersetzung von <ß> durch <ss> deutlich zeigt.

Generell gilt hier also, daß sobald die grammatischen Kriterien (die Wahl der Stützform) klar sind, die phonographische Repräsentation es ebenfalls ist. Auch in diesem Bereich sind die orthographischen Regeln mit den Kategorien des oraten Monitors rekonstruierbar. Und auch hier wieder resultieren die Komplikationen der Orthographie nicht zuletzt aus einem Arrangement mit den historischen Vorgaben, zu denen eine Kontinuität gewahrt wurde. Knüpfen wir nochmal an die Darstellung der Lautverschiebung im 22. Kapitel an, also an das alte System der Reibelaute.

I. *Altes System* (Vor-Ahd.)

[s] <s>	# ___	[_K K_ ṣ/ʒ]	V ___ V	___ #
	ṣ > ʒ		ʒ̊(>r)	z.T. auch ṣ > r
	(erst später)	(abhängig von K vs. Ḳ)	vgl. got. *izos*, ahd. *ira*, nhd. *ihren* vgl. Dubletten *kiesen/kören* *was/waren* (später ausgeglichen: *was/waren* > *war/waren*).	oder s > Ø got.*weis* [wi:s] hd. *wir* nd. *wi*

II: *Neues System*: Erweiterung von I durch Lautverschiebungsresultate

c/s < t/t	c	c/K_	c > s	c > s
<ʒ>		swarʒ holʒ c > s /_K wiʒheit wiʒtum (cf. *witan hier *wit-)	tc > s <s/ss>: fuoʒ(ʒ)i > *füse/Füße* (< *foti) haʒ(ʒ)on „*hassen*" <ʒ> pfuʒʒe „*Pfütze*" (< *puttu <lat. *puteus*)	haʒ „*Haß*"

Im 13. Jahrhundert resultierten daraus nun eine Reihe von graphischen Konfusionen, wobei ich hier das im 22. Kapitel besprochene Problem von [ṣ] > [š] auslasse. Wir finden jetzt in den entsprechenden Positionen nicht nur ein [s] aus altem [c], graphisch geschrieben ʒ, sondern wir finden dort auch ein [s] aus altem [ṣ] graphisch als <s>. Daraus resultieren nun die Verwechslungen der Schreiber, die in ihrer lautlichen Form, einheitlich [s], keine Basis haben, um <s> und <ʒ> zu unterscheiden. Vor allem traten diese Schwierigkeiten im Auslaut auf, wo wir nebeneinander *haus* und *hauʒ* finden, und von daher dann auch die bei mittelalterlichen Schreibern häufige Suche einer Kompromißform *hausz*, die der funktionale Ursprung unserer ß(„s-z")-Schreibung ist ß =ʃ+ʒ (s.o. S. 310 für die graphische Genese dieser Ligatur; als Kompromißschreibung ist sie vergleichbar der bei Auslautverhärtung, wo *rat* sowohl einem *rades* wie einem *rates* entsprechen kann, mit dem Ergebnis einer Kompromißschreibung *radt* entsprechend *rades*, die in einzelnen Wörtern fest geworden ist, insbesondere zur Homonymendifferenzierung, z.B. *Stadt* gegenüber *Statt*, Plural *Städte* gegenüber *Stätte*).

Generell herrscht bei den Schreibern vom 14. bis ins 16. Jahrhundert eine ziemliche Konfusion. Bei den größeren Kanzleien, die die Möglichkeit hatten, ihre Schreiber an den alten Handschriften zu schulen, von denen sie als Rechtsdokumente Abschriften anfertigen mußten, finden wir bis spät ins 14. Jahrhundert hinein eine etymologisch sorgfältige Unterscheidung der Schreibungen mit *s* und mit *z*. Für die weniger gebildeten Schreiber waren diese Unterscheidungen nicht erreichbar. Das war der Ausgangspunkt für die

Grammatiker des 16. und 17. Jahrhunderts, hier eine systematische Neuregelung zu unternehmen.

Dabei ist dann die heutige Regelung entstanden, die das neue Zeichen β systematisch ausnutzt, vgl.

<das> : das • N
<daß> : das • S

Etymologisch sind die beiden Formen also identisch.

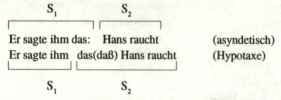

In dem ersten Fall ist das *das* kataphorisch, es verweist auf das Folgende (den folgenden Satz). In dem zweiten Fall ist der erste Satz Matrixsatz für den eingebetteten Objektsatz.

Auch hier zeigt sich also wieder die Notwendigkeit einer syntaktischen Analyse, auch als Basis für Differenzierungen im phonographischen Komplex. Wir können die hier anstehenden Differenzen graphisch nach dem Muster der früheren syntaktischen Analysen darstellen, also für das *daß* als einleitende Konjunktion eines Objektsatzes:

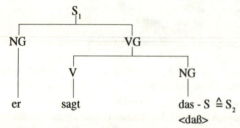

Zu unterscheiden von einem pronominalen *das* in Spitzenposition eines eingebetteten Satzes wie bei

er sagt, das ist (sei) Hans (*das* ist pronominales Subjekt von S2:)

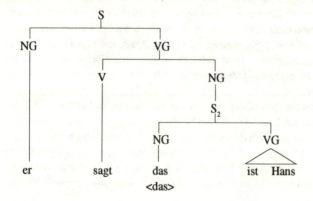

und wieder anders bei dem nebensatzeinleitenden Relativpronomen *das* wie bei: *er sagt, das Haus, das Hans gehört, ist rot* (*das* ist Relativpronomen (= pronominales Subjekt) in dem Attributsatz S3)

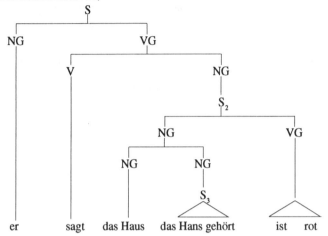

NB: Die grammatische Fundierung begründet nur die Opposition von *daß : das* - nicht die Festlegung von deren Elementen. Der orthographischen Tradition gilt *ß* als der markierte Term, für dessen Verwendung Sonderbedingungen gelten. Dagegen ist hier <ß> aber die Standardrepräsentation für ein stimmloses [s], das nicht über morphologische Zusammenhänge bei der Auslautverhärtung mit <s> markiert wird. Nach dem eben über das morphologisch isolierte *das* Gesagten repräsentierte die Konjunktion *daß* die „Normalgraphie", *das* wäre dagegen die markierte Differentschreibung (anders aber *was* ohne Gegenstück **waß*).

Soviel zu den leidigen *s*-Schreibungen. Das Beispiel *das/daß* zeigt schon die grammatische Nutzung der graphischen Differenzierungen: Nicht nur wird wie bei der Stützform morphologische Konstanz repräsentiert, sondern es werden auch lautlich (und etymologisch) identische Formen graphisch differenziert (wie es auch bei der Klein- und Großschreibung der Fall ist). D.h. die Orthographie entwickelt sich als Exploration der phonographischen Möglichkeiten der Alphabetschrift für die Fixierung der grammatischen Artikulation. Und das ist durchgängig so - zum Ärger der phonographischen Reformer.

Nach den *s*-Graphien nun noch zu einigen anderen Problemfeldern im Bereich von Dehnung und Schärfung.

1. Wenn wir uns noch einmal das GPK-Schema von oben ansehen, dann haben wir dort die extremste Verzweigung bei /i:/, das vier Verzweigungen zu der graphischen Repräsentation aufweist:

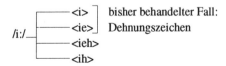

Nur die ersten beiden Graphien entsprechen dem bisher Behandelten. Was ist nun mit der Graphie <ih>? Außer der *Ihle* („abgelaichter Hering") und einigen Sondergraphien bei

Eigennamen (z.B. *Schlemihl*) kommt diese Graphie nur bei den Flexionsformen der Personalpronomina der 3. Person vor: *ihm, ihr, ihn, ihnen, ihres, ihrer*; es handelt sich also um keine produktive Schreibung für /i:/, sondern diese Graphie charakterisiert die Formen der Personalpronomina der 3. Person. Insofern hat die Andersschreibung (*anders* gegenüber der sonstigen graphischen Repräsentation von /i:/) hier eine grammatische Funktion, ist keine Ausnahme.

NB: Das merkwürdige Wort *Ihle* (wer kennt das übrigens?), ist eine Andersschreibung aus der Fachsprache (etymologisch ist es wohl mit *Aal* verwandt, vgl. mnd. *Ile* „Blutegel"). Es würde gar keine Probleme bereiten, in diesem Fall das reguläre Muster der Schreibung einzuführen *Ile* wie *Igel*, genauso wie in einer Reihe von fachsprachlichen Ausdrücken, etwa in der Kammachersprache: *ilen* „beschneiden", *Iler* „Schneidewerkzeug".

Komplexer ist der Fall von *ieh*. Hier ist z.T. das *h* von der Stützform geerbt, vgl.

{befehl-}
der Befehl [bəfe:l], V̄K] → <vh>
in Hinblick auf die vokalische Variation:

er   befahl
sie   befahlen   } → {bef_hl-}
er hat befohlen
er   befiehlt

Wird in die Stützform nun der variable Vokal eingesetzt und handelt es sich dabei um ein /i:/, so ist <i> nicht möglich, da die Schreibung *ih* die Zugehörigkeit zu den Personalpronomina der 3. Person signalisieren würde. Also bleibt nur die Schreibung *ieh*.

2. Genauso sind aber auch die Fälle zu behandeln, die in der Rechtschreiblehre unter einem „silbentrennenden" *h* behandelt werden, vgl.

*<Geer> ~ <Meer> [me:ɐ]
    ↓
<Geher> [ge:ɐ]

NB: In der älteren (bzw. noch in der „gehobeneren") Aussprache ohne Vokalisierung des *r* reimen die beiden Wörter noch nicht: *Meer* [me:ʀ], *Geher* [ge:əʀ].

Gerade im Hinblick auf die in der Grundschule übliche Schreibleseaussprache [ge:h ən] ist es nötig, hier die phonographischen und insofern auch die phonologischen Verhältnisse genau zu bestimmen.

Im Deutschen gibt es im Gegensatz zu anderen Sprachen kein silbenauslautendes [h], anders als z.B. im Arabischen, vgl. arab. [a'ɫa:h] „Gott" und das ins Deutsche übernommene ['ʔala] *Allah*. Historisch gesehen ist das alte („germanische") *h*, das in der mittelalterlichen Lautung wohl eine mehr oder weniger starke velare Reibung hatte, zunehmend geschwächt worden, soweit es nicht mit dem durch die konsonantische Lautverschiebung neu entstandenen velaren Reibelaut zusammengefallen ist:
etymolog. *k: Bach, vgl. ndt. *bek* (vgl. *Altenbeken*)
              *h: Nacht, *hoch* aber *hohe* [ho:ə]

Der Hauchlaut wird nur in der artikulatorisch starken Stellung: anlautend in betonter („Stamm")-Silbe, bewahrt:
- im absoluten Anlaut *Haus, Hof* ...
- nach unbetontem Präfix *ge'heim, be'helligen*

Bei Komposita bzw. Ableitungen mit semantisch „vollen" Morphemen kommt stützend ein Nebenakzent hinzu: *Freiheit, Lauheit* sowie natürlich die Stütze durch die Wortfamilie: *Häkelei* mit *h-* wie *häkeln, Hexerei* wie *Hexe* u. dgl.

Gestört wird diese Verteilung nur durch die Aufnahme von Fremdwörtern, die das *h* in unbetonter Silbe, zumeist allerdings im absoluten Anlaut (oder analog bei Komposita haben): *Haba'nera, Halle'luja, hebe'phren, Hero'in* - Ausnahmen sind selten: '*Mohammed* (arab. [mu'ḥam:ed]!), *mohamme'danisch* (in der üblichen Aussprache aber ohne [h]!), oder aber mit dem zu erwartenden Akzentmuster *Mo'hair*.

Eine Sondergruppe mit anlautendem *h* in unbetonter Silbe machen die Bildungen mit den hochfrequenten (demonstrativen) Adverbien *her, hin, hier, hinten (hinter-)* aus.[2]

Charakteristischerweise zeigen die Komposita z.T. ein Schwanken in der Betonung, dem auch die Aussprachewörterbücher (bes. Krech) Rechnung tragen, wobei das lexikalisch gestützte initiale *h* die Anfangsbetonung nach sich zieht: '*hiebei* neben *hie'bei,* '*hieher* neben *hie'her* ('*hierher* neben *hier'her*) usw. - in nominalen und verbalen Komposita bleibt der Initialakzent ohnehin: '*herbringen,* '*Herkunft,* '*hinhalten,* '*Hingabe* usw.).

In älteren Texten, vor der Standardisierung der Schriftsprache (auch der gesprochenen Sprache!) war der Schwund des *h* in unbetonten Silben bereits sehr viel weiter fortgeschritten: Die ostmitteldeutschen Drucker der Luther-Bibel zeigen im 16. Jhd. durchgängig in der zuletzt erwähnten Wortfamilie *erzu (herzu), erab (herab)* u. dgl. Das gilt z.T. auch für enklitisch gebrauchte Wörter wie insbesondere das quasi als Eigennamen-Präfix gebrauchte *Herr* in der Form *er (er Claus* „Herr Klaus"): Hier findet sich in zeitgenössischen Briefen gelegentlich die hübsche Doppelung mit der daneben verwendeten vollen Form *Herr* i.S. von „Edelmann", etwa den *achtparn herren er Claus.* Die orthographische Entwicklung ging hier in Richtung auf lexikalische Konstantschreibung und damit maximale Orientierung des *Lesers* - was den frühneuzeitlichen Schreibern nicht eben leicht fiel, die so zahlreiche hyperkorrekte Formen produzierten: *herbe* für *Erbe, hammann* für *Amtmann* u. dgl.

NB: Der Schwund der postvelaren Hauchlaute scheint eine Gemeinsamkeit der westeuropäischen (indoeuropäischen) Sprachen zu sein: Besonders weitgehend ist er in den romanischen Sprachen gegangen, wie sich etwa an den germanischen Lehnwörtern im Französischen ablesen läßt: *haie* [ę:], „Hecke", *Halle* [al] „(Markt)Halle", *haler* [a'le] „ziehen" (vgl. dt. *holen*) u.a.

Die Stärke dieses phonologisch etablierten Musters erlaubt wieder Formen der Alterität, so etwa expressive (lautmalerische) Bildungen wie der *Uhu* ['u:hU] - vielleicht das einzige standardsprachliche Beispiel (ebenfalls expressive Formen wie die Interjektionen *aha* [a'ha(:)], *oho* [o'ho(:)] folgen dagegen dem Standardmuster mit *h* anlautend bei der betonten Silbe). Das macht deutlich, wie unsinnig und vor allem wieder: den Aufbau analytischer Sicherheit behindernd, die in den spontanen Monitorkategorien der Lerner

---

[2] In der ORTMANNschen Auswertung des Kaedingschen Corpus befinden sich unter den 8000 häufigsten Formen auf Rang 78 *hier,* 282 *hin,* 458 *her* - wobei die Komposita gesondert gezählt sind (vgl. 567 *hervor,* 595 *hinaus,* 682 *heraus,* 790 *hinein.* s. ds. *Hochfrequente deutsche Wortformen* IV, München: Goethe-Institut 1978.

begründet sein muß, didaktische „Hilfestellungen" wie die Schreibaussprache [ge:hən] sind: das „silbentrennende h" ist ein rein graphisches Mittel zur Bestimmung des folgenden <e> - dieses soll nicht mit den vorausgehenden Vokalzeichen wie bei Dehnungs- oder Umlautzeichen zusammmengefaßt werden. <he> steht also nicht nur als Trennung von <e|e>, sondern auch bei *Rahe, rohe, muhen* und in Verallgemeinerung davon (obwohl hier redundant nach den Umlautzeichen): *nähen, Höhe*. Zur Verdeutlichung des Problems (und als Korrektur der didaktischen Fehlleistungen!) kann man hier <he> sogar als Digraphie ansehen, die ein postvokalisches [ə] wiedergibt.

Ausgehend von diesen Schreibungen operiert dann wieder die Grundregel der Stammkonstanz: Wenn, aus welchen Gründen auch immer, *h* in einer Form auftaucht, dann ist es in der Formenfamilie beizubehalten, vorausgesetzt die daraus folgenden Schreibungen sind mit der Grundregel verträglich (das dem *h* vorausgehende Vokalzeichen steht für einen Langvokal) *nehmen, nahm* ... aber *nimm, nimmt, genommen* usw. Wo nun solche Formen ein /i/ aufweisen, ist das Ergebnis die Graphie *ieh*, da die Graphie *ih* aus den oben genannten Gründen in der Gesamtstruktur des Wortschatzes ausgeschlossen ist, vgl. *fliehen* = {fl_h-}: *er floh, er flieht; geschehen, es geschieht* usw., *sehen, er sieht* usw.; *Vieh, viehisch, des Viehes* usw. Diese Regelung ist natürlich unabhängig davon, ob dieses *h* etymologisch auf einen Reibelaut ([x]) zurückgeht wie bei *geschehen, sehen, Vieh* usw. oder nicht (wie bei *drehen, gehen* usw.).

In Hinblick auf die Menge (und Vielfalt!) der Fälle von „silbentrennendem h" bleibt insofern zu überlegen, ob es nicht doch systematisch in die phonographische Heuristik (s.o. S. 242) eingebaut werden sollte, statt rein graphisch als wortgebundene Markierung eingeführt zu werden. Erforderlich ist dazu, bei der Schreibung des betonten Vokals (6 B im Schema) eine Subroutine einzuführen, die überprüft, ob ein Konsonant folgt - wenn ja, dann wie im Schema weiter, wenn nein, dann Ersetzen des *folgenden* Vokalzeichens durch <hv>. Die entsprechende Teilroutine (hier mit 5' gezählt) sähe wie folgt aus (die Zeilen 5 und 6 wie im Schema unverändert):

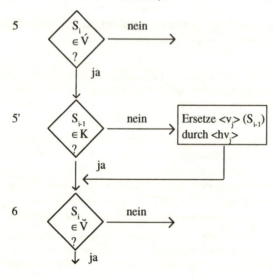

Der analytische Vorzug dieser Lösung bestünde vor allem darin, das „silbentrennende h" als phonographischen Bestandteil der auf den betonten Vokal *folgenden* Silbe darzustellen - getrennt von der Darstellung des betonten Vokals, der evtl. bei 7C das „Dehnungszeichen" <h> erhält. Dadurch erklärt sich von selbst das unterschiedliche Verhalten beider *h*-Sonderzeichen gegenüber der graphischen Filterregel, die nach „lang markierten" Graphien der Diphthonge kein Dehnungszeichen zuläßt: Das <h> in *rauht* (wie in *er rauht das Leder auf*) ist nicht aus der Schreibung des vokalischen Silbenkerns in geschlossener Silbe abzuleiten, sondern über die morphologische Konstantschreibung von Formen wie /Raŭə/ (wie in *das rauhe Leder*) geerbt, wo das finale /ə/ nach vokalischer (sic!, der Diphthong /aŭ/ wird konsequent als Vokal gewertet, s. Anhang I) Umgebung mit <he> notiert wird.

Allerdings herrscht beim „silbentrennenden h" ebenso wenig Konsistenz wie beim „Dehnungs-h", vgl. analog zu *rauht ~ rauhe : kaut ~ kaue*. Der Duden sieht Formen wie *knien* vor, die nach dieser Regel ein „silbentrennendes" *h* erhalten müßten.

Noch gravierender ist allerdings, daß beim „silbentrennenden h" auch die morphologische Konstantschreibung nicht durchgängig gewahrt ist:

„Regelrecht" ist zu schreiben *blühen*, aber trotz der auch im Sprachbewußtsein eines Grundschülers zumeist gegebenen Familienzugehörigkeit heißt es nicht die **Blühte*.

NB 1: Dem stand vorgeblich die alte „ästhetische" Vorschrift entgegen, daß <h> nur vor <m,n,r,l> stehen sollte, die ich hier unberücksichtigt lasse, da sie ohnehin nie zutraf: vgl. *drehen : Draht* (unabhängig davon, ob man hier synchron noch eine Ableitung sehen will!) *mähen : Mahd*; vgl. auch zu *blühen : Blume*, nicht **Bluhme*. Daher plädieren die meisten neueren Arbeiten zur dt. Orthographie gegen eine solche Kategorie - geben damit aber dann auch eine Einsicht in phonographische Regularitäten preis, die so gerade für Lerner (wie Erfahrungen in der Grundschule zeigen) einsichtig wäre. Einmal mehr gilt, daß Bestandteile des Sprachwissens nicht daran gebunden sind, daß sie kategorische Geltung haben. Jedenfalls gilt auch hier für die Reformperspektive, daß nicht die Rechtschreibung zu ändern ist, sondern daß sie in ihrer Durchführung konsistent gehandhabt werden sollte.

NB 2: Problematisch sind in diesen Fällen auch die Familienbeziehungen, die die Konstantschreibung fundieren sollen. Formal sind sie z.T. verdunkelt, wie etwa bei *Schuster* (es gibt kein entsprechendes Suffix *-ster*; etymologisch liegt ein Kompositum *schuoch-suter* „Schuh-flicker" zugrunde). Bemerkenswert ist hier, daß auch in der gesprochenen Sprache der Zusammenhang mit *Schuh* ([šu:]), Plural [šu:ə] mit der Fundierung des silbentrennenden <h>) verschwindet: Neben [šu:stɐ] steht [šustɐ], das die Fehlschreibung mit Dehnungs-*h* nicht mehr zuläßt.
Als Maxime kann hier gelten, die morphologische Konstantschreibung nur auf grammatische Muster bzw. *produktive* Bildungen zu beziehen: etymologische Beziehungen *fertig (er fährt), Eltern (älter), Kunst (gekonnt), Brand (brannten)* u. dgl. sind dann kein Problem - was gelegentliche Übereinstimmungen (vielleicht *Draht : drehen*) ja nicht ausschließt. Das unterstreicht, daß Rechtschreibfragen Bestandteil der Grammatikreflexion sind, wo allein die fundierende Kategorie der (grammatischen) Formen- bzw. Wortfamilie abgeklärt sein muß. Wo phonographische Differenzen die (partielle) Konstantschreibung blockieren, besteht ohnehin kein Problem: *mahlen, er mahlt - die Mühle*, aber der *Müller* (Dehnungs-h nur bei Langvokal/losem Anschluß).

3. Schließlich tritt noch ein Sonderproblem bei den Dehnungsgraphien durch Verdopplung der Vokalzeichen auf: *Boot* aber *Bötchen, Haar* aber *Härchen*. Die „Umlautzeichen" gelten als Sondergraphien, die nicht verdoppelt werden - wohl noch ein Relikt aus der Zeit, als sie tatsächlich als Digraphien wahrgenommen wurden (vgl. noch in Namen *Oebisfelde, Uerdingen*), wie es auch für die Stufe der Superskripte galt <ä>, <ö>, <ü>. Es handelt sich hier also im Prinzip um die gleiche Filterregel, die auch im Bereich des Konsonantismus

(Schärfung) die Verdopplung von Digraphien (*ng, ch,* auch *sch*) unterbindet. Konsequenterweise gilt diese Beschränkung nicht, wenn „Umlautzeichen" in einer Sequenz mit anderen Vokalzeichen stehen: *Böotien* (viersilbig:[bø|ʔoːlcIlən]). Obwohl vom Wortvorkommen recht selten, sind diese Fälle im „Grundwortschatz" doch recht zentral, sodaß die entsprechenden Probleme früh im Grundschulunterricht vorkommen dürften - ein *Boötchen* sollte dabei sicherlich nicht als Fehler sanktioniert werden (andere Orthographien, z.B. die finnische, nutzen solche Graphien konsequent!), was nicht ausschließt, die Kinder auf den orthographischen Filter hinzuweisen.

Anhang zum 25. Kapitel: Fehleranalyse und Fehlertherapie

Bei „Praktikern" stoßen Analysen wie diese hier auf große Vorbehalte. Auf „weltanschauliche" Fragen brauche ich hier nicht weiter einzugehen: Wo ganzheitliche Positionen mit der Begründung vetreten werden, solche systematischen Rekonstruktionen seien einem kindlichen Verstand nicht angemessen, liegt entweder das Mißverständnis vor, das solche (sicher nicht kindgemäßen) *Formulierungen* mit dem darin expliziten *Sprachwissen* verwechselt, oder ein metaphysischer Anspruch zu wissen, wie (einfach) das menschliche Zentralnervensystem funktioniert. Wenn wir aber sehen, wie unendlich unterlegen die leistungsfähigsten Computersysteme dem menschlichen Gehirn sind und um wieviel komplexer Vernetzungen von Informationsbeständen in Computersystemen, verglichen mit den von mir hier benutzten Regelsystemen, sind, dann sollte deutlich sein, daß diese das kindliche Sprachdenken noch längst nicht ausreizen.

Ernster zu nehmen sind empirisch begründete Einwände, die sich auf das oft katastrophale Fehlerbild in Schüleraufsätzen stützen[3] - widerspricht das nicht der hier vertretenen Position von der Lernbarkeit der Rechtschreibung?

Argumentiert man mit konkretem Beispielmaterial, ist immer zu berücksichtigen, daß das Erscheinungsbild dort gegenüber „idealen" Regelkonstruktionen wie hier vielfach überdeterminiert ist: Für die Schreibleistung eines Schülers sind die kognitiv konstruierbaren Zusammenhänge der Orthographie nur noch Randbedingungen - was dominiert, sind abgesehen von situativen Faktoren (Stress beim Diktat, mehr oder weniger große Aufmerksamkeit, Störung durch den Nachbarn u.dgl.) vor allem die vorausgegangenen Lernerfahrungen seiner Sprachbiographie. Die (gut gemeinten) Hilfsangebote in der Schule (und durch die Eltern!) können nur zu oft bestimmte Fehler überhaupt erst produzieren, in

---

[3] Systematische Auswertungen von graphischen „Fehlleistungen" liefern beeindruckende Befunde. In einem Bielefelder Forschungsprojekt von G. MANNHAUPT u.a. (im Sonderforschungsbereich Prävention und Intervention im Kindes- und Jugendalter, Teilprojekt A1 zur Lese- und Rechtschreibschwäche) sind die Schreibungen der 32 Wörter des „Diagnostischen Rechtschreibtest (DRT)"ausgewertet worden, der 1989 an allen Bielefelder Schulen durchgeführt wurde (insgesamt 2300 Tests): Das Ergebnis waren im Durchschnitt 171 verschiedene Schreibungen pro Wort - mit einem Maximum von 412 (i.W. vierhundertzwölf) Schreibungen für *Stricknadel* (gezählt nach den Auswertungstabellen des Tests in den „Projektmaterialien 8", Bielefeld: Univ. SFB 227/1989). Auch wenn die Verunsicherung der Schüler bei solchen Tests (ebenso wie wenn auch in geringerem Umfang bei Diktaten) bei diesem Befund in Rechnung zu stellen ist, so zeigen diese Schreibungen nach dem Roulette-Spiel-Prinzip doch, was bei einem Rechtschreibunterricht herauskommt, der den Lernern keine kognitive (oder unzutreffende!) (Kontroll-) Sicherung an die Hand gibt.

den meisten Fällen aber, da sie nicht auf die vom Schüler versuchte Lernstrategie abgestellt sind, diesen verunsichern - das hohe Maß an Zufallsschreibungen, die dahinterstehende Entmutigung der Lerner ist das deutliche Ergebnis dieser Faktoren.

Um diese Probleme nicht so abstrakt stehenzulassen, möchte ich an dem Beispiel eines eher typisch zu nennenden Rechtschreibbildes die Probleme einer qualitativen Fehlerdiagnose und einer darauf abgestellten „therapeutischen" Perspektive erläutern (Der Text, eine freie Nacherzählung, stammt aus einer dritten Klasse einer Grundschule im ländlichen Umfeld von Osnabrück). Dabei wird hoffentlich auch das abstrakte Schema der phonographischen Regularitäten der Orthographie anschaulicher. Bei dem folgenden „Kommentar" beziehen sich die Ziffern auf die so markierten Textstellen:

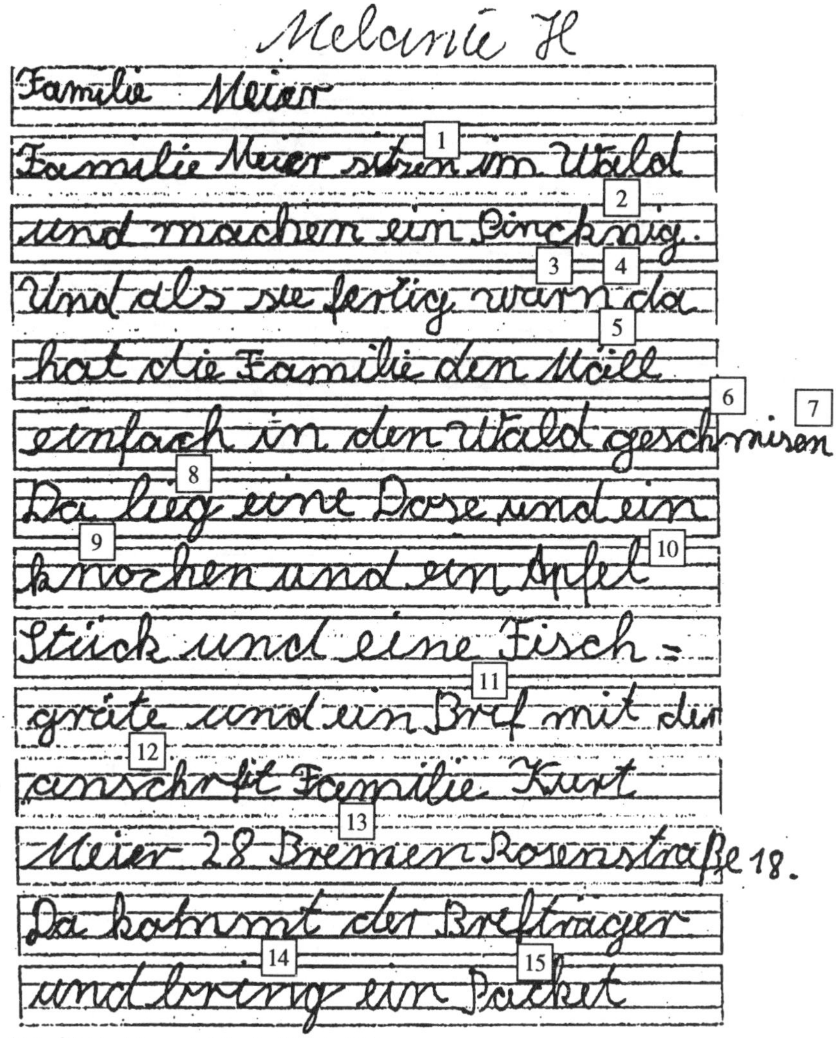

Melanie H

Familie Meier

Familie Meier sitzen im Wald (1) und machen ein Picknig (2). Und als sie (3) fertig (4) warn da (5) hat die Familie den Müll einfach in den Wald geschmisen (6)(7). Da lieg eine Dose und ein (8) knochen (9) und ein Apfel (10) Stück und eine Fisch-gräte und ein Brif (11) mit der anschrift (12) Familie Kurt Meier 28 Bremen Rosenstraße 18. (13) Da kohmt der Breftrager (14) und bring ein Packet (15)

Abb. 37 Text 1 von Melanie (1) bis (15)

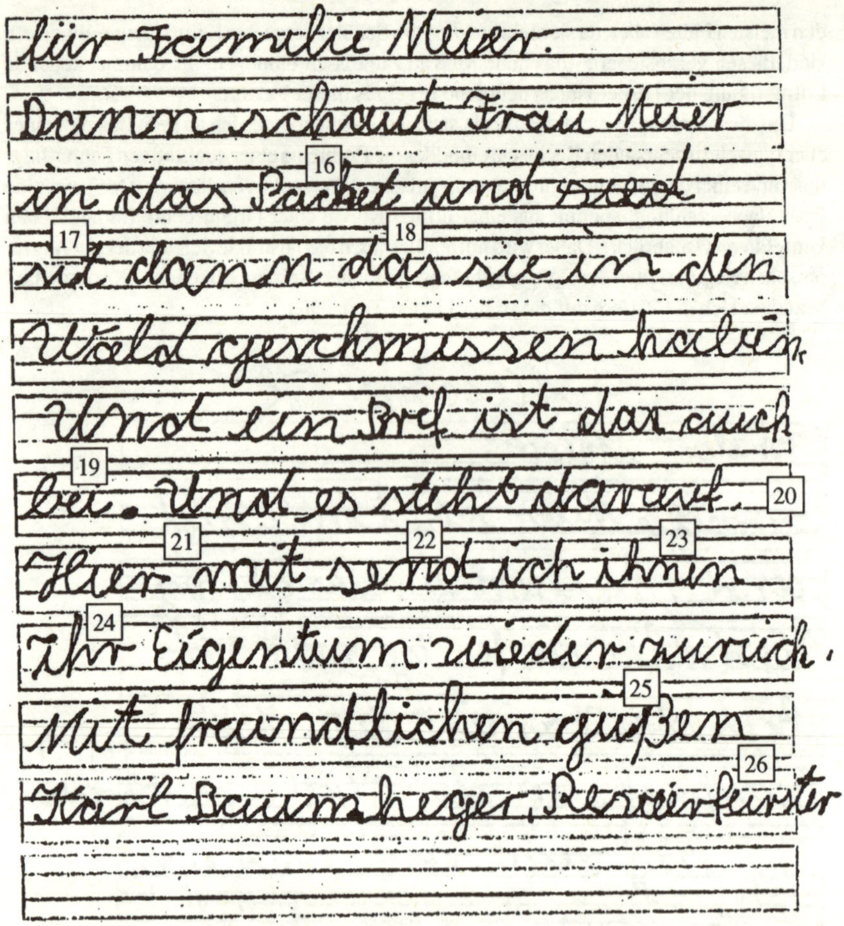

*für Familie Meier.
Dann schaut Frau Meier
in das Paket und sied
[17] [18]
sit dann das sie in den
Wald geschmissen haben.
Und ein Brief ist da auch
bei. Und es steht darauf.
[21] [22] [23]
Hier mit send ich ihnen
[24]
Ihr Eigentum wieder zurück.
[25]
Mit freundlichen grüßen
[26]
Karl Baumherger, Revierförster*

Abb. 38 Text 1 von Melanie (16) bis (26)

Text 1

(1) *sitzen*   „constructio ad sensum" - kein Rechtschreibfehler sondern einer der Kongruenz: *Familie* sinngemäß als „Mehrzahl" behandelt

(2) *Pincknig*   Unsicherheit bei einem „exotischen" Wort. Zur Analyse der Schreibung wäre es nötig zu wissen, wie die Schülerin es spricht (bzw. sich vorgesprochen hat). Die finale <-ig>-Schreibung kann nur die Folge der schulischen Verunsicherung sein, da in der norddeutschen Aussprache der Schülerin postvokalisch einem finalen <-g> immer ein Reibelaut [ç,x] entspricht. Daher gibt es bei ihr (anders als bei vergleichbaren süddeutschen Schülern) keine Probleme mit der „Auslautverhärtung" bei velaren Verschlußlauten, vgl. *fertig, lieg* (für *liegt*, s.u.), *Stück, zurück*, Text 2: *gesag* (für *gesagt*, s.u.).

(3) *warn*   Das Wort ist in der Aussprache der Schülerin einsilbig [va:n]. Bemerkenswerterweise schreibt sie das <r>, das hier ohne phonetische

	Fundierung ist (allenfalls: bei langem [a:] *kann* ein <r> nach dem Vokalzeichen geschrieben werden). Sie hat das <r> hier über eine grammatische Analyse gefunden (Vergangenheitsstamm {war-}), wo das <r> bei umgelauteten Formen phonetisch fundiert ist (bei *wäre* sowohl einsilbig [vɛɐ̯] wie erst recht zweisilbig [vɛːRə]). S. dazu unter Nr. 29 *karm*. Die therapeutische Perspektive liegt bei der Festigung grammatischer Formenbeziehungen. Die Endung der 3. Ps. Plural der Vergangenheit ist {-en}, wie zweisilbige Formen zeigen - in der Aussprache der Schülerin mit der von ihr sonst auch problemlos vorgenommenen phonographischen Umsetzung des silbischen Nasals [n̩] in eine Digraphie mit einem vokalischen Silbenkernzeichen <-en>, vgl. *sitzen, machen* usw.
(4) Komma fehlt vor *da*	Komplexes Satzgefüge, da der temporale Nebensatz *als sie fertig waren* gewissermaßen in *das* und *da* „eingebettet" ist. Aber die Schülerin benutzt ohnehin zur Textgliederung nur Punkte, die sie allerdings korrekt setzt. Die Binnengliederung des Satzes durch die Interpunktion ist mit ihr noch zu erarbeiten.
(5) *Möll*	entsprechend der relativen Öffnung der Engevokale vor /-l/ in der Aussprache der Schülerin. Hier helfen nur Übungen in „kontrastiver Phonetik" Dialekt - Hochsprache.
(6) *geschmisen*	Phonographischer Elementarfehler: in intervokalischer Position bezeichnet <s> ja den stimmhaften Konsonanten [z]. Vermutlich doch Verunsicherung durch die nicht geklärte Schärfungsproblematik. W.u. im Text schreibt die Schülerin die gleiche Form richtig: *geschmissen*.
(7) fehlender Punkt hinter *geschmissen*	Da die Punkte als Satzschlußzeichen (außer in der Überschrift) von der Schülerin sonst richtig gesetzt werden, hier wohl eine Flüchtigkeit, die durch das (nachträgliche?) Schreiben über den Rand in die rechte Schreibspalte hinein bedingt ist.
(8) *lieg*	Schreibung entspricht der Aussprache, in der final nach palatal-velarem Reibelaut dentale Verschlußlaute bis zum Ausfall geschwächt werden. Ebenso Nr. 35 *gesag* und ähnlich nach velarem Nasal Nr. 14 *bring*. Auch hier ist die Therapie an die grammatische Analyse gebunden, die das Morphem {-t} zu isolieren erlaubt, das postvokalisch auch fest ist: *schaut, steht, sonst* bei der Schülerin ja auch postkonsonantisch steht: *kommt, ist, setzt* und sogar in *kocht*.
(9) *knochen*	Fehlende Majuskel in einem unproblematischen Fall. Die Grundregel wird von der Schülerin aber beherrscht: unter Auslassung der *immer* richtig gesetzten Satzanfangsmajuskel und der ebenfalls richtigen appositiven Namen bzw. Adressenkomplexe stehen den drei Fehlschreibungen (Nr. 12 *anschrift*; Nr. 25 *grüßen*) 27 richtig mit Majuskeln markierte Nominalkerne gegenüber. In *keinem* Fall ist satzintern ein Wort, das nicht Nominalkern ist, großgeschrieben (allerdings fehlen komplexe Nominalgruppen).
(10) *Apfel Stück*	Problem der Zusammenschreibung; der Fehler ist hier analog zu den bemerkenswerterweise immer richtig geschriebenen appositiven

(11) *Brif*

Gruppen wie *Frau Meier*. Der Zeilenbruch hinter *Apfel* kommt sicher als Irritation hinzu. Die richtige Schreibung mit Trennungszeichen im folgenden *Fisch=gräte* zeigt aber, daß das Kind die Grundregel kennt. Problem des Dehnungszeichens. Die Fehlschreibung ist wortgebunden konsistent: s. u. Nr. 13a *Briftrager*, Nr. 18a *Brif* (vokalische Kürze ist hier auch durch die mundartliche Form [bre:f] auszuschließen). Es sind das aber neben Nr. 17 *sit (sieht)* die einzigen Fehler bei <ie> in diesem Text (selbst *Familie* ist richtig geschrieben), im zweiten Text ist Nr. 39 *wider* falsch, das in diesem Text richtig geschrieben ist. Betrachtet man das *Leistungsprofil* des Textes im Bereich der Dehnungszeichen, so wird aber deutlich, daß die Schülerin hier schon festen Boden unter den Füßen hat, der es ihr bei systematisierender Hilfestellung erlauben sollte, fehlerfrei zu schreiben:

(a) was den Bereich des /i:/ anbetrifft:
- bei den pronominalen Formen ist <ie> immer richtig (*die, sie,* insgesamt 12 x),
- bemerkenswert: die Sondergraphie <ih> beim Personalpronomen der 3. Ps. ist immer richtig (24),
- und sogar: eine offensichtlich spontane Fehlschreibung *dier* ist richtig in *dir* korrigiert (s. Nr. 36a)

(b) weitere Langvokalmarkierungen
- korrekt steht nie ein Dehnungszeichen nach Diphthong (*schaut, Eigentum* etc.)
- die Ausnahmefälle mit „silbentrennendem h" kommen nicht vor,
- <h> ist richtig gesetzt: *steht*; bei der Fehlschreibung *sit* (Nr. 17) ein Sonderproblem, da hier <ie> und „silbentrennendes" <h> (vererbt von der Stützform <seh->) kumulieren. Das mag als Irritation hier mitgewirkt haben.- Langvokal in offener Silbe wird von der Schülerin korrekt *nie* markiert (*Dose, Fischgräte, Rosen, g(r)üßen*).
- In diesen Zusammenhang gehört auch die falsche Schreibung des „Dehnungs-r" bei /a:/ in geschlossener Silbe Nr. 29 /ka:m/ *karm* (vgl. *warm* /va:m/), die unten im Detail besprochen wird.

(c) selbst die unsystematischen Fremdwortprobleme hat sie gemeistert: *Familie, Revier*.

Die auf den ersten Blick sichtbare Fehlerhäufung verschleiert hier eine sehr weit fortgeschrittene Durchdringung und systematische Aneignung dieses Rechtschreibkomplexes - die durch falsche pädagogische Interventionen allerdings leicht verunsichert werden kann.

(12) *anschrfit*

Zur fehlenden Großschreibung s.o. (9). Die spontane Schreibung der Schülerin hatte in der komplexen Stammsilbe des Wortes zunächst nur die Konsonanten notiert (šrft), wie es bei frühen Schreibungen von Grundschülern häufig ist (entsprechend der Anstrengung beim lautierenden „Durchgliedern" des Wortes). Entscheidend ist hier (im Sinne der *edierenden* Stufe des Schreibens), daß sie nachträglich die richtige Korrektur mit dem nachgetragenen *i* vornimmt - wenn auch (ange-

	sichts keiner „spontan" auftretenden vergleichbaren Fehler) vermutlich durch „Flüchtigkeit" (Streß) an der falschen Stelle.
(13) Fehlende Kommata bei der Adressenangabe	Im Text linear gereiht verlangt eine Adressenangabe eine Komma-Gliederung (s.o. 8. Kapitel quasi appositive Reihung) - im Gegensatz zu der (in den Fibeln meist schon eingeübten) Form einer *Aufschrift auf einem Brief* o.ä. Generell gilt hier aber, daß die Schreiberin die Kommasetzung noch nicht angeeignet hat (s. Nr. 4). Umso bemerkenswerter ist das richtige Komma bei der appositiven Berufsbezeichnung am Ende des „Briefes" *K. Baumheger, Revierförster*.
(14) *bring*	s.o. (8)
(15) u. (16) *Packet*	Die orthographische Schärfungsmarkierung betrifft nur den betonten ungespannten (Kurz-) Vokal - ist hier also nicht am Platz. Abgesehen davon, daß diese Unterscheidung meiner Erfahrung nach im Unterricht in der Regel nicht vermittelt wird, die Schüler also mit Merkregeln zu derartigen falschen Generalisierungen oft geradezu angehalten werden, zeigt die Schreibung aber, daß die Schülerin das grammatische Grundprinzip der Orthographie beherrscht: Sie „beerbt" mit der *ck*-Schreibung eine „volksetymologisch" zugrundegelegte Stützform <pack-> wie in *packen*. Die Konsistenz der Graphie (beide Male, Nr. 15 u. 16, gleichgeschrieben) bestätigt ihre *reguläre* Grundlage. Diese Wortfamilienkonstruktion ist im übrigen ja auch historisch gerechtfertigt: das gut(nieder-)deutsche Wort *packen* (auch als Subst. *der Packen*) ist ins Französische entlehnt worden und von dort später als Fremdwort *paquet* wieder rücktransferiert worden, das orthographisch als *Paket* adaptiert wurde. Solche historischen Anekdoten sind nicht einfach müßig: Sie erklären die Heterogenität in unseren Schreibungen - und sie interessieren Kinder, die einen gerade im Grundschulalter mit *Warum*-Fragen löchern, um ihren Versuch der kognitiven Durchdringung abzustützen. Treten im Unterricht Probleme wie die Fehlschreibung *Packet* auf, erlauben sie, das Kind einerseits in seiner zustandegebrachten Leistung (der Einsicht in den *grammatischen* Regelzusammenhang) zu bestätigen - und andererseits mit einem solchen Geschichtchen (etwa in Verbindung mit einigen Bemerkungen zur internationalen Rolle des Französischen im Postwesen, der Diplomatie etc.) das kindliche Gedächtnis beim *Merken* solcher ad hoc-Schreibungen zu unterstützen.
(17) *sit*	s.o. (11) Bemerkenswert: In der durchgestrichenen ersten Schreibung war das Dehnungszeichen richtig - die Schreiberin verbesserte die Auslautschreibung (vgl. *sied*), ohne das Wort „in den Griff" zu bekommen - und machte einen zusätzlichen Fehler.
(18) *das* für *daß* und fehlendes Komma	Beide Fehler gehören zusammen: Die Schülerin hat noch nicht die orthographischen Mittel zur Binnengliederung eines Satzes (s.o. (8)). Die Differenzierung von *das* und *daß* macht aber nur in diesem Kontext Sinn: So wie die Schülerin schreibt, ist das den Objekt-Satz einleitende

	daß noch nicht differenziert von dem demonstrativen *das* als pronominalem Objekt: *Frau Meier sieht das.*
(19) *ist da* *auch bei*	Kein Rechtschreibfehler, sondern ein nicht-schriftsprachlicher Text ist hier verschriftet. Wie schon bei Nr. 5 angemerkt ist die Spontansprache der Schülerin offensichtlich stark dialektgeprägt, so daß die Präpositionen/Präverbien wie *bei* von ihr frei adverbial gebraucht werden (in der Schriftsprache an Zusammensetzungen wie *dabei* u.dgl. gebunden).
(20) Punkt vor der Zitierung eines Textes (*darauf. Hier...*)	Während die Schülerin die Interpunktion zur Binnengliederung integrierter Satzkomplexe (Hypotaxe u..dgl.) noch nicht hat (s.o. (8), (18)), trennt sie die syntaktisch nicht integrierte Texteinführung mit dem einzigen von ihr benutzten Interpunktionsmittel, dem Punkt, ab. Die Differenzierung der Interpunktionszeichen, hier der Gebrauch von Doppelpunkt und Anführungszeichen, ist ein weiterer Schritt in ihrer Lernkarriere: Da die Abtrennung bereits richtig markiert ist, offensichtlich die nächste Etappe - vor der Aneignung der Kommasetzung. Vgl. auch die jedenfalls partiell richtig vorgenommene Abtrennung der „direkten Rede" unter Nr. 36.
(21) *Hier mit*	Fehlende Zusammenschreibung, s.o. (10). Erschwerend für die Schülerin kommt hinzu, daß in ihrer Spontansprache (anders als in der Hochsprache) die „Tmesis" von Präpositionen völlig frei ist (vgl. (19)), sodaß das Gefühl für die Autonomie der Wörter *hier* und *mit* auch bei adverbialer Verwendung größer ist.
(22) *send*	Möglicherweise Notierung der sprechsprachlich apokopierten Form, die durch grammatische Strukturmuster zu festigen wäre (es kommen keine weiteren Verbalformen der 1. Ps. Sg. vor). Allerdings hat die Schülerin ohnehin relativ viele Fehler am Wortausgang (vgl. (8)), die auch auf eine geringe Durchgliederung der Formen im nebentonigen „Akzentschatten" mehrsilbiger Formen schließen lassen (beide Erklärungen schließen sich nicht aus!).
(23) u. (24) *ihnen, ihr*	Fehlende Auszeichnung der *Adressierungsformen* bei den Personalpronomina der 2. Ps. im Brief. Nachgeordnete Sonderregel der Rechtschreibung, die gegenüber der Festigung der grammatischen Grundregel zur Majuskelsetzung auch eine entsprechend geringe Bedeutung im Unterricht haben sollte (jedenfalls solange der Kernbereich nicht gefestigt ist).
(25) *güßen*	Zur fehlenden Großschreibung s.o. (9). Das fehlende *r* in der anlautenden Konsonantengruppe ist wohl eine „Flüchtigkeit", da die Schülerin bei der Durchgliederung von Konsonantengruppen sonst keine Fehler aufweist (16 x in /KK-/ richtig notiert, davon 13 x /Kr-/, auch in Dreiergruppen /štr-/ und /špr-/).
(26) *Revierfürster*	Bemerkenswert die orthographische Korrektur des Fremdwortes *Revier* aus der spontan versuchten „Regelschreibung" *Rewier* (<w> ~ /v/ /Re'viːɐ/ bzw. /Rə'viːɐ/). *-fürster* für *förster* ist vermutlich ein Hyperkorrektismus, der auf die offenere Aussprache der engen Vokale

vor (etymologischen) Liquida zurückgeht (s.o. (5)). Hier können stützend nur Wortreihen helfen, für die die Hochlautung eingeübt wird: *Förster, Forst, (auf)forsten* usw. gegenüber *Fürst, fürstlich* usw. Es ist übrigens bemerkenswert, daß das „vokalisierte *r*" hier richtig geschrieben ist - bzw. daß die phonographische Fundierung der *r*-Graphie in den öffnenden Diphthongen der Umgangssprache (/fø‌ɐstɐ/) richtig umgesetzt ist.

(NB: In der Osnabrücker Region ist das erste Element der öffnenden Diphthonge immer eng, also anders als in der überregionalen Umgangssprache (/føɐstɐ/), wodurch das Problem der Notierung der Engevokale größer wird - ich bin mir nicht sicher, ob es in der Aussprache der Schülerin eine Opposition /yɐ/: /øɐ/ gibt).

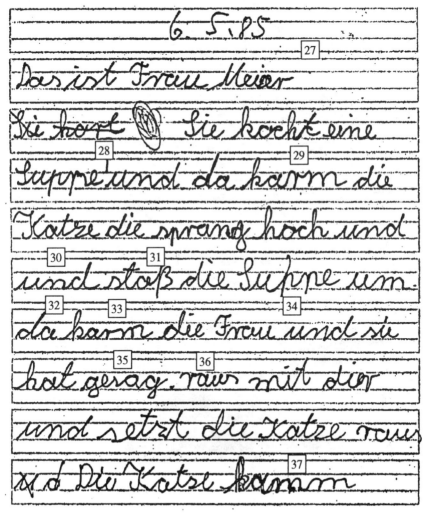

Abb. 39 Text 2 von Melanie (26) bis (37)

Abb. 40 Text 2 von Melanie (38) und (39)

Text 2

(27) Fehlender Punkt hinter *Frau Meier*, Interpungierung Text II insgesamt

Die Platznutzung zeigt, daß die Schülerin hier einen eigenen Textabschnitt ausgegrenzt hat (es handelt sich um die Einleitung zu einer Bildbeschreibung einer comic-artigen Bildfolge) - hier also quasi als Überschrift. Auch die folgenden Punkte trennen nicht so sehr Sätze als Elemente eines komplexen Textes, sondern vielmehr Bildabschnitte/ Handlungsszenen, deren Bestandteile ohne interpungierende Binnentrennung zusammengefaßt werden (meist mit *und* gereiht) - über die Kommasetzung verfügt die Schülerin ja noch nicht (s.o. (4)). Der Text hat 4 „Szenen"-Abschnitte: Z. 1, Z. 5, Z. 8, Z. 1 in Abb. 38 - bis auf Z. 1 immer mit einem Punkt abgeschlossen; gleichzeitig fängt die neue Szene immer wieder mit einer neuen Zeile an (Z. 2, Z. 6, Z. 9) - und bis auf Z. 6 auch mit einer syntaktischen Majuskel.

(28) fehlendes Komma vor *und da*

s.o. (4), (27)

(29) *karm*

ebenso Nr. 33. „Dehnungs-r" bei /a:/ in geschlossener Silbe, s.o. (11). Es handelt sich um einen zumindest in Norddeutschland häufigen Fehlertyp bei „vokalisiertem r", der auch zu hyperkorrekten Schreibungen wie hier führt (*Abeit, wam* neben *Garbel, karm*). Bis auf ganz wenige „Ausnahmen" sind diese *r*-Schreibungen aber über ihre phonographisch-grammatische Fundierung lernbar, wozu die Schüler allerdings auf die Hilfe der Lehrer angewiesen sind. In diesem Sinne ist zu unterscheiden:(a) Eine direkte phonetische Fundierung liegt bei den öffnenden Diphthongen vor, s.o. (26) /fø̞ɐ̯stɐ/ *-förster*. Die phonetisch gesehen problematische Notierung eines Vokals [ɐ] mit einem Konsonantenzeichen wird gestützt auf das Vorkommen dieses Diphthongs im absoluten Auslaut, die in der grammatischen Formenfamilie mit „verlängerten" Formen mit silbeninitialem [R] alternieren: Aus /ty:ɐ̯/ ~ /ty:Rn̩/ folgt aufgrund der „Subtraktion" des Pluralmorphems [n̩] {-en} (vgl. /baŋk/ ~ /baŋkn̩/ die Korrelation von [ɐ] ~ [R]. Da für [R] die Graphie <r> eingeführt ist, andererseits aber für [ɐ] *kein* Buchstabe vorgegeben ist, machen sich die Kinder spontan ihren phonographischen Reim auf diese Verhältnisse: [ɐ] ist ebenfalls als <r> zu schreiben (und diese recht komplexe Zuordnung bereitet schon früh im Anfangsunterricht erstaunlich wenige Probleme). Unterstützend kommt die morphologisch bedingte Häufigkeit von auslautendem silbischen [ɐ] hinzu, das nach dem gleichen Muster wie <-n> : <-en> (/Ran/ <ran>, /baŋkn̩/ <Banken>) digraphisch als <-er> notiert wird /ˈgu:tɐ/ <guter> vs. /ˈgu:tə/ <gute>. Bei /a:/ liegt aller-dings kein *unmittelbarer* Anhaltspunkt für eine r-Graphie vor. Diese ist hier nur über die Verwandschaftsbeziehungen bei Formenvariation mit öffnenden Diphthongen zu rekonstruieren, die in allen Fällen von „Umlautung" vorliegen: *warm ~ wärmer, Bart ~ Bärte, warten ~ Wärter*

331

etc. In Umkehrung dieser Familienstruktur der nicht-initialen *r*-Graphien folgt, daß silbenfinal kein „Dehnungs-*r*" zu schreiben ist, wo in der grammatischen Familie kein öffnender Diphthong vorkommt: also *kam* ohne *r* da *kämen* /kę:mŋ/. Die Form bleibt aber problematisch, da sie nach der Grundregel ein Dehnungszeichen motiviert. Diese Probleme verschärfen sich für unsere Schreiberin, da in ihrer dialektalen Spontansprache diese Formen nicht vom hochdeutschen Quantitätenausgleich erfaßt worden sind, es bei ihr also lautet /kam/, wenn nicht sogar /kvam/. Die daraus resultierende Unsicherheit trägt sicher zu dieser Fehlschreibung bei, vgl auch invers dazu Nr. 37 *kamm*, s.u.

(30) *und und* „flüchtige" Mehrfachschreibung eines Wortes. Das erneute Setzen von *und* zu Beginn der Zeile 5 entspricht aber der noch „elementaren" Nutzung des räumlichen Zeilenaufbaus für die Textgliederung mit der Präferenz für einen neuen Zeilenbeginn mit einem Satzanfang (Z. 1, Z. 2, Z. 5(?), Z. 6, Z. 8, Z. 9, Z. 10)

(31) *stoß* Kein Rechtschreibfehler, sondern falscher Ablaut - der aber phonographisch korrekt verschriftet ist (vgl. *floß*). Möglicherweise aber auch eine Interferenz von der Präsensform *stößt*, da der Wechsel Präsens/Präteritum den Text durchzieht. In diesem Fall wäre der finale dentale Verschlußlaut nach Reibelaut nicht geschrieben worden (s.o. Nr. 8).

(32) klein: *da* Der einzige Fall einer fehlenden satzinitialen syntaktischen Großschreibung im Text, s. (27).

(33) *karm* s. (29)

(34) kein Komma vor *und* s. (4)

(35) *gesag* s. (8)

(36) klein: *raus* Anders als bei (32) handelt es sich hier um eine Satzeinbettung: *raus mit dir* ist eingebettet in: *sie hat gesag(t) ... und setzt die Katze raus*. Die Schreiberin hat sonst keine satzinterne Interpunktion (s. (4)) - hier markiert sie die initiale Einbettungsgrenze mit einem Punkt, nach dem sie aber, anders als bei satzinitialer Grenzmarkierung (bei der der Punkt auch fehlen kann, s. (27)) - klein weiterschreibt. Das deutet darauf hin, daß sie die syntaktische Analyse der eingebetteten Zitierung richtig vorgenommen hat, aber noch nicht über die adäquaten Mittel zu ihrer graphischen Repräsentation verfügt. Anders als bei der Kommasetzung ist die orthographische Auszeichnung der Textzitierung offensichtlich schon in ihrer Reichweite.

(37) *kamm* In gewisser Weise der spiegelverkehrte Fehler zu (29) *karm*. Evtl. ein Reflex der mundartnahen kurzvokalischen Form /kam/, die ihre Schärfungsschreibung durch die Präsensformen „geerbt" hätte (die präteritalen „verlängerten" Pluralformen haben auch in der Mundart einen Langvokal!). Die Korrekturspuren deuten aber auf eine andere Interpretation: Die Form ist wahrscheinlich durch Korrektur aus einer

	begonnenen Präsensform (*komm-*) hergestellt worden (worauf der häufige Wechsel im Tempus verweist).
(38) *sie*	Satzbruch, kein orthographischer Fehler. Indiz dafür, daß die Schreiberin ihren Text nicht mehr sorgfältig ediert hat (wozu die Schüler als einem notwendigen Bestandteil einer Niederschrift angehalten werden müssen).
(39) *wider*	Hier gefordert *wieder*. Die graphische Differenzierung der homonymen *wider* und *wieder* ist ein notorisches Problem. Bemerkenswert, daß die Schülerin das Wort im ersten Text richtig geschrieben hat.

Das Fazit dieses kursorischen Kommentars: Trotz der hohen Fehlerzahl (Text 1: 28 Fehler auf 106 Worte, Text 2: 22 Fehler auf 43 Worte), die die Schreiberin nicht gerade als gute Schülerin ausweist, ist deutlich, daß sie die orthographischen Grundregeln angeeignet hat, und zwar weil sie sich nicht Wortbilder eingeprägt hat, sondern grammatische Familienbeziehungen herstellt und die graphische Repräsentation der Formen in einer lautlichen Analyse fundiert.

Vor allem aber kann nur eine solche qualitative Analyse, die wie das Beispiel zeigt, nicht schematisch vorzugeben, sondern auf die sprachlichen Besonderheiten abzustellen ist, die möglichen pädagogischen Stützen zeigen, die dem Lerner helfen, zur „nächsten Zone" seiner Orthographie-Aneignung vorzudringen.

26. Kapitel: Zentrum und Peripherie in der Phonographie

Jetzt geht es weiter in das orthographische Gestrüpp hinein; nachdem wir zunächst den regelhaften Kern der Phonographie exploriert haben, kommen wir jetzt an die Peripherie. Schon beim letzten Mal haben wir gesehen, daß die „regelhaften" Rekonstruktionen bei den marginalen Fällen mit ziemlichen Kosten für Zusatzregeln verbunden war. Noch problematischer war aber, daß es sich dann oft nicht mehr um kanonische Regeln handelte, die unbedingt gelten, sondern nur noch solche, die häufige Fälle zusammenfassen. Die Konsequenz daraus für den Rechtschreibunterricht ist offensichtlich: Für die Schüler muß es darum gehen, den Kern der Rechtschreibung zu festigen, ihn auch in Form von Regeln kognitiv (explizit) anzueignen. Von daher sollte sich die Progression des Rechtschreibunterrichts von der 1. Klasse her bestimmen: Über regelhaftes Sprachmaterial die Regel finden lassen (also bei den Wörtern, die von den Kindern im Anfangsunterricht *geschrieben* werden).

Daneben sollte aber früh schon Material vorkommen, das diese Regelhaftigkeit nicht aufweist, um den Kindern eine entsprechende Einstellung zur Orthographie zu vermitteln: Aber eben erst, wenn der Kern der Rechtschreibung durch die Fixierung von Regeln fest geworden ist. In diesem Fall handelt es sich dann um sprachliches Material, das die Schüler *lesen* (im Gegensatz eben zu dem Kernbereich, der das Material des Schreibunterrichts abgibt). Um hier nochmals das Bild von der Karte für eine Geländewanderung zu benutzen: Für das *Lesen* ist es nötig, die Strukturen des Geländes selbst da zu entdecken, wo die Linien nicht geradlinig nachvollziehbar sind, sondern Bäume, Büsche usw. im Weg stehen. Ich verlaufe mich nur dann nicht, wenn ich trotz vielfacher Teildrehungen die Gesamtorientierung nicht verliere. So ist es für die Schüler nötig, Präferenzregeln zu entwickeln. Zwar ist die Orthographie nicht hundertprozentig regelhaft, aber

1. Für das Lesen schafft das kein Problem; ich komme mit den Basisregeln durch und finde auch eine Interpretation für die abweichenden Fälle.
2. Beim Schreiben halte ich mich an die Basisregeln und gehe dabei das alles in allem sehr geringe Risiko der damit nicht vermeidbaren Fehler ein.

Demgegenüber gibt es natürlich einige besonders herausragende abweichende Fälle (Personalpronomina, Hilfsverben usw.), die aber erfahrungsgemäß keinerlei Probleme bieten, da sie über die Schreibroutine eingeprägt werden (einen Fall wie *Ihle* kann man im Unterricht vergessen; dort kann man die Korrelation von *ih* mit den Personalpronomina unbesorgt als kanonisch behandeln).

In diesem Kapitel wollen wir also das orthographische Gelände noch etwas weiter explorieren. Zunächst die Dehnungszeichen, wo wir bei /i:/ mit Ausnahme der Personalpronomina der 3. Person als Dehnungszeichen ein <e> festgestellt hatten. Allerdings ist diese phonographische Repräsentation nicht immer konsequent durchgehalten. Im Sinne der morphologischen Konstantschreibung folgt zwar aus Fällen wie *Dienst, dienst-bar*, daß auch in Fällen wie *Die-ner, die-nen* das Dehnungszeichen zu schreiben ist. Problematischer ist es schon bei *Biene*, wo wir zur Motivation des Dehnungszeichens etwas mehr suchen müssen, da die Ableitungen in der Regel von einer Stammbildung *bienen-* gebildet sind (*bienenfleißig, Bienenwachs, Bienenvolk* usw.). Die Formen mit anderer Silbenstruktur sind reichlich marginal: *Bien-lein, Bien-chen.*

Schließlich haben wir eine ganze Reihe von Fällen, die sich in Hinblick auf die phonologischen Fundierungsstrukturen nicht unterscheiden, wohl aber in der graphischen Repräsentation: Vgl.
- *Igel, Fibel, Bibel* usw.
- aber *Fieber* (ungleich *Glasfiber* !), *Zwiebel* usw.

Hier haben wir eine rein lexikalische Festlegung, die insofern als Andersschreibung markiert ist.

NB: Es ist allerdings von einer gewissen Pikanterie, daß in der Schule, wo in diesem Sinne das „lange" /i:/ <ie> gelernt wird, das erste Buch der Schüler auf dem Umschlag die Schreibung *Fibel* hat.

Allerdings verstoßen auch diese abweichenden Schreibungen nicht gegen die Grundstruktur der phonographischen Repräsentation; sowohl das graphische <i> wie das <ie> repräsentieren hier ja einen „Lang"vokal. Die phonographischen Bedingungen sind im Hinblick auf die orthographische Nutzung also noch unterdeterminiert, so daß hier systematisch auch eine Homonymendifferenzierung vorgenommen werden kann: *Fieber - Fiber, Weise - Waise, Ehren - Ähren, lehren - leeren, Leib - Laib* usw., die insofern unproblematisch sind, als sie periphere alternative Schreibungen darstellen.[1]

Die Aneignung dieser Schreibungen muß also lexikalisch erfolgen, vom Wortbild her; dabei wird allerdings das Wortbild auch dann nicht direkt repräsentiert, sondern geht durch den Filter der strukturalen Möglichkeiten der phonographischen Repräsentation. Auch bei Schreibungen wie *lehren/leeren* handelt es sich nicht einfach um eine Verkettung von Buchstabenzeichen, die in einer willkürlichen Form „einzuschleifen" sind, sondern um verschiedene Optionen für die Notierung der betonten Stammsilbe mit losem Anschluß, also um eine Wahl aus mehreren Möglichkeiten:

/e:/
    — <eh> (1)
    — <ee> (2)
    — <e> (3)

(3) <e> scheidet aus, da Stammkonstanz in Formenfamilie mit e: K][le:ʀ|tə]
(1) <eh>: <lehr-> Unterricht
(2) <ee>: <leer-> Gefäßinhalt

Die „semantischen Hinweise" (zu lesen als: „in Bezug auf einen Unterricht" u. dgl.) sind hier natürlich nur als Kürzel zu verstehen. Soweit ist die Möglichkeit graphischer Differenzierung, die mit der phonographischen Grundstruktur verträglich ist, unproblematisch. Anders steht es, wenn die Variation invers dazu verläuft.

Problematischer sind in diesem Sinne *das Mal* (Pl. *die Male*), *das Mahl* (Pl. *die Mähler* etwa *die Gastmähler*), *der Wal* (Pl. *die Wale*), *die Wahl* (Pl. *die Wahlen*); *das Lid* (Pl. *die Lider*): *das Lied* (Pl. *die Lieder*) usw. Nur bei den Formen mit Dehnungszeichen ließe sich argumentieren, daß sich dieses von den einsilbigen Formen auf die zweisilbigen (Plural, Obliquus) vererbt hat. Allerdings sind die Formen ohne Dehnungszeichen keineswegs beschränkt auf solche Fälle von Homonymendifferenzierung, wie die häufigen Fälle wie *Tal* zeigen, zu der auch eine ganze Reihe mehrsilbiger Wörter gehören (*Signal, ideal, Kanal* usw.), genauso wie entsprechend zu *Lid* häufige Fälle wie *hybrid, negrid* usw. Wann hier Dehnungszeichen stehen (vgl. auch *der Aal, der Saal*), ist nicht regelhaft konstruierbar,

---

[1] Vgl. dazu das Material bei MENTRUP, *mahlen oder malen*, Mannheim: Bibliographisches Institut 1971.

erklärt sich u.U. aus der historischen Entwicklung, die wir schon im 23. Kapitel mit der Verschiebung der Quantitätenverhältnisse angesprochen haben.

In der älteren Sprachstufe waren Lang- und Kurzvokale umgebungsunabhängig zueinander in Opposition, sie hatten einen Kurzvokal sowohl in den einsilbigen (mit geschlossener Silbe), wie zweisilbigen (mit offener Silbe) Formen:

grăb   grăbes
săl   săles
răd   rădes
tăg   tăges

Vor allen Dingen im mitteldeutschen Raum kam es im 12. - 14. Jahrhundert zu der schon angesprochenen Vokaldehnung in offener Silbe, so daß hier jetzt die obliquen und Pluralformen lauteten: *gra:bes, sa:les, ra:des, ta:ges*. (Die oberdeutschen Dialekte machen diese Entwicklung z.T. nicht mit; so bewahren insbesondere die oberalemannischen Dialekte in der Schweiz die alten Verhältnisse bis heute). Diese Entwicklung hat sich ausgebreitet, sie hat insbesondere auch die niederdeutschen Mundarten erfaßt, wo sich diese Verhältnisse auch im gesprochenen Hochdeutsch in Norddeutschland heute noch zeigen. Wir haben hier also *Rad* /Rat/, *Räder* /Re:dɐ/ usw.

NB: Im Norddeutschen sind daher *Rat* und *Rad* nicht homophon: Zwar unterscheiden sie sich (wie im Hochdeutschen) wegen der Auslautverhärtung nicht beim finalen Konsonanten, wohl aber in der vokalischen Quantität/Qualität - was für die Behandlung der Probleme der Auslautverhärtung im Unterrricht nicht ohne Konsequenzen bleiben kann.

Im mitteldeutschen Raum, am weitesten im ostmitteldeutschen, erfolgte von hier aus eine Umstrukturierung des lautlichen Systems. Ausgehend von den obliquen und Pluralformen mit Langvokal in offener Silbe kommt es hier zu einem Ausgleich der Formen, die den Langvokal auch in die Formen mit geschlossener Silbe einführen, so daß es hier dann lautet: *grāb, sāl, rāt, tāg* usw. Im einzelnen gibt es hier noch Komplikationen, weil bestimmte Konsonanten eine Dehnung des vorausgehenden Vokals verhindern:

Keine Vokaldehnung vor - š, - ç/x, - c, - pf:

fĭš   (Fisch)   fĭšə
kŏpf   (Kopf)   kŏpfə
špăc   (Spatz)   špăcn̩
dăx   (Dach)   dĕçɐ

Wie immer haben es die Kinder in Bayern am schwersten, deren Mundart und ausgehend davon deren Umgangssprache ganz aus diesem Rahmen herausfällt. Wie schon angesprochen werden hier ja generell die einsilbigen Wörter gedehnt, unabhängig von der sonstigen Lautstruktur, hier heißt es also:

kōpf   kĕpfə (e < ø)
fīš   fĭšə
gōld   gŏldəs
dō̜x (ɔ < a)   dĕxɐ
nō̜xt (ɔ < a)   nĕçtə

d.h. nach Apokope des Pluralindikators -ə jetzt Sg.: V̄ vs. Pl.: V̆

fīš   fĭš
šīf   šĭf

Wir sehen also, daß die Quantitätenverhältnisse regional (auch in der regionalen Varietät der Hochlautung) keineswegs einheitlich sind. Ein besonderes Problem entstand hier bei den Einsilbern, da in den kulturell maßgeblichen Regionen des Ostmitteldeutschen die alte Schreibweise bewahrt werden konnte (*tal, rat*), weil diese jetzt nach der Dehnung immer als [ta:l], [Ra:t] gesprochen wurden. Dazu passen auch die süddeutschen Quantitätenverhältnisse, die diese Dehnung generalisieren, während das Norddeutsche hier die Kürze bewahrt: Hier heißt es also nicht [ta:k], sondern [tax], nicht [Ra:t] *Rad*, sondern [Rat], nicht [gRa:p] sondern [gRap] oder sogar [gRaf] (mit dem alten Reibelaut, Plural/Obliquus [gRavn̩]).

Als Fazit zeigt sich, daß aus diesen historischen Gründen eine relativ konfuse Situation entstanden ist, die der Ausbildung von Regelwissen entgegensteht bzw. heterogene sprachliche Verhältnisse nicht einheitlich zu strukturieren erlaubt. Andererseits sind aber gerade in diesem Bereich Reformvorschläge, die sich daran anschließen, wenig aussichtsreich; sie betreffen ja zum erheblichen Teil den Stammwortschatz (*Tag, Rad* usw.), keineswegs nur den technischen Wortschatz wie *hybrid* usw. Daher sind diese Probleme im übrigen auch in den jüngsten Reformdebatten ausgeklammert worden. Für den Rechtschreibunterricht bedeutet das, daß dieser Bereich der Schwierigkeiten zu isolieren ist. Einsilbige Wörter sollten generell ein Warnsignal enthalten: *Vorsicht! Sonderfälle.* Da es sich um relativ häufige Wörter handelt, sind sie auch für das Gedächtnis nicht so problematisch. In jedem Fall sollte für die Unterrichtsprogression daraus folgen, die Regeln der Rechtschreibung nicht von den einsilbigen Formen her aufzubauen. So waren ja auch die Stützformen, die für die grammatische Integration des Wortschatzes repräsentativ standen, immer zwei- oder mehrsilbig.

Natürlich wäre es möglich, die Fälle problematischer Einsilblerschreibungen ebenfalls wiederum von „Stützformen" abzuleiten, also nicht *sahgt da *sa-gen* und daher mit Konstantschreibung *sagt*. Für diese Lösung scheint zu sprechen, daß sie ja auf das generelle Schema der „Verlängerungsregel" zurückgeht und insofern eine partielle Regularität faßt.[2] Darüber hinaus reflektierte dieser Weg die Genese des Dehnungs-h aus dem intervokalischen Schwund des *gesprochenen* /h/: *sieh* ebenso wie *seht* erbten ihr <h> demnach von dem (heute als „silbentrennend" interpretierten) „stummen h" in *sehen*. Gegen solche Argumente spricht allerdings, daß sie gegen die phonographische Grundregel verstoßen, nach der aus der Schreibung *sagt* folgen sollte, daß sie für einen Kurzvokal steht. Insofern scheint es mir problematisch, ad hoc Regeln einzuführen, die vielleicht deskriptiv adäquat sein mögen, aber das gesamte kognitive System der Rechtschreibung in Frage stellen.

NB: Insofern finde ich den bei Phonologen beliebten Weg, die Strukturen von den morphologisch „einfachen" Einsilbern her zu entwickeln, problematisch (so etwa zuletzt wiederholt Peter Eisenberg). Das verleitet dazu, aufgrund der Häufigkeitsverteilung dort die nichtmarkierte Schreibung der gespannten Vokale in losem Anschluß als den „Normalfall" anzusetzen, Formen wie *ran, in* usw. als Ausnahmen, die einer lexikalischen Sondergruppe zugerechnet werden. Ein solches Vorgehen verzichtet darauf, die Generalisierungen im Sprachwissen zu modellieren, die über Wörtern unterschiedlicher Silbenstruktur operieren, bei denen Einsilber die markierten Ausnahmefälle sind: vor allem da, wo sie grammatisch nicht in Formenfamilien integriert sind, dann aber auch aufgrund ästhetischer Schikanen in Hinblick auf den „prägnanten Wortkörper" (das „Wortbild"), die zwar nicht die Struktur der Rechtschreibung, wohl aber die Wortlisten belasten.

Die Probleme im Bereich der „Dehnung" sind deutlich - sie resultieren aus dem dynamischen Prozeß des Ausbaus (und überregionalen Ausgleichs) der Nationalsprache. In

---

[2] In diesem Sinne greifen z.B. auch NERIUS u.a., *Deutsche Orthographie*, 1987: 90 darauf zurück.

diesem Bereich ist die Orthographie also nur partiell integriert - aber diese partielle Integration kann und muß im Sprachwissen des Lerners repräsentiert werden. Anders als bei der praktisch kategorischen Geltung der Schärfungsregel gilt hier eine schwächere Regularität, die als solche aber eben doch eine erfolgreiche Aneignung der Orthographie ermöglicht - gegen den verbreiteten Defaitismus der Chaos-Vorstellung gerade auch bei Lehrern, die Zufalls(Fehler-) Schreibungen bei Schülern geradezu provoziert. Halten wir diese partielle Regularität zusammenfassend noch einmal fest:

(1) Dehnungsgraphien (<vh>,<vv'>, <ie>) finden sich nur bei Vorliegen von
- betontem Vokal und
- Langvokal (losem Anschluß)
(nur in wenigen Fällen sind diese Bedingungen von der der grammatischen Familie geerbt; in der Regel sind sie in der zu schreibenden Form selbst gegeben).
Die Schwierigkeit: Die Umkehrung der Regel gilt nicht:
Ein Dehnungszeichen steht *nicht* immer dann, wenn diese Bedingungen erfüllt sind. Fehler wie *roht (rot)*, *Bluhme (Blume)* sind also nicht ausgeschlossen, wohl aber solche wie *Rahnd (Rand)*, *Bahl (Ball)* u. dgl.

(2) Auch bei den Dehnungszeichen gilt das Prinzip der morphologischen Konstantschreibung - sowohl für ihre Setzung wie im Falle ihrer Nichtsetzung. Wenn es in der Wortfamilie „nach der Regel" steht wie bei *Zahl*, dann vererbt es sich auch auf Formen mit offener Stammsilbe wie bei *zählen*; trivialerweise gilt das auch für Formen, in der es „gegen die Regel" nicht steht: *Tal ~ Täler* (Darin liegt die Differenz zur *Schärfung*).

(3) Wortfamilien ohne einsilbige Formen sind offensichtlich regulär (das gilt so insbesondere für die vielen „Fremdwörter", die als expansiver Teil des Wortschatzes integriert erscheinen: *Batik, Antilope, Cola* usw.). Insofern ist eine heuristische Orientierung an den mehrsilbigen Formen in einer Familie plausibel: *Schulzentrum* wie *Schule*, *Tal* wie *Täler* usw., die die „regulär" geschriebenen Formen wie *Zahl* lexikalisch markiert sein läßt. Hier müssen die Lerner auf die Probleme vorbereitet sein, die in (wenigen) Fällen sogar zu Homographien führen: <rasten>:
- /Ra:stn̩/ mit „auslautverhärtetem" /s/ aus der grammatischen Familie von /Ra:zn/ mit /a:/ in offener Silbe (wie in *sie rasten um die Ecke*); daher zu merken die Schreibung ohne „Dehnungs-h";
- /Rastn̩/ mit stammauslautendem /-st-/ und vorausgehendem (nicht markiertem) Kurzvokal in geschlossener Silbe aus der Familie von /Rastn̩/ (*sie rasten in einer Raststätte*).

Für den Rechtschreibunterricht folgt daraus eine Progression, für die diese Sachanalyse allerdings nur die Randbedingung angeben kann. Die Regularitäten der Dehnungs-Graphien gehören allen Unkenrufen „phonologisch" orientierter Rechtschreibreformer und -didaktiker zum Trotz zur Struktur der deutschen Orthographie und sind als solche Lerngegenstand - im Hinblick auf die nur partielle Regularität aber nicht von Anfang an. Die Schärfung kann als solche schon im Anfangsunterricht thematisch werden (s.o. Kapitel 19, Jochens Entdeckung im 1. Schuljahr). Damit kann zugleich ein begriffliches Schema aufgebaut werden, das orthographische Regularitäten zu organisieren hilft, statt einfach Buchstaben-Laut-Korrelationen „einzuschleifen", die sich später als unzureichend erweisen und revidiert werden müssen.[3]

---

[3] Das ist der entscheidende Gegensatz zwischen dem hier vorgetragenen Ansatz und den verschiedenen neueren Versuchen, die Rechtschreibdiskussion (und -didaktik) auf eine deskriptiv solidere Basis

Nicht zu vermeiden sind zunächst rein lexikalisch eingeführte <h>-Graphien, die insbesondere durch lexikalische Kontraste motivierbar sind: *mahlen/malen* u. dgl. Ab einem bestimmten Zeitpunkt (sicher nicht vor dem 3. Schuljahr) werden zumindest einige Kinder nach regelhaften Strukturen der *h*-Graphien suchen - übergeneralisierte Schreibungen (*Tahl*) sind das Indiz dafür. Hier wird es jetzt (auf der Basis eines inzwischen verfügbaren größeren Wortschatzes) möglich sein, die zur Schärfung spiegelverkehrte Dehnungsgraphie systematisch zu erarbeiten - und dabei die fast immer reguläre Schreibung „komplizierter" Wörter zu entdecken (*Dinosaurier* ...), die *partielle* Regularität von „Stammwörtern" (*lehnte* ...) und eben auch die widersprüchlichen Fälle zu bestimmen (*malte* [ma:lte] wie *kalte*).

NB: Die Gegner des Dehnungs-h müßten eine konsistente Rechtschreibung mit alleiniger Markierung der Vokalkürze um den Preis von Schreibungen wie *kallt, Hannd, Kunnst, Herrbst,* u. dgl. erkaufen. Solche Graphien sind tatsächlich in den skandinavischen Orthographie-Reformen eingeführt worden (schwed. *kallt, Hotell* u. dgl. - ähnlich im Norwegischen) - z.T. in expliziter Abgrenzung von der bis dahin dominanten dänischen Graphie und ohne dabei eine vollständig konsistente Regelung erreicht zu haben. Wichtiger aber noch im Zusammenhang solcher von Reformern gern herangezogenen Vergleiche: In diesen Sprachen gibt es anders als im Deutschen auch auf der phonologischen Ebene Quantitätengegensätze im Konsonantismus, die diese Graphien fundieren können.

Wichtiger vielleicht noch als die Frage der maximalen Integration aller Formen auf einer rein deskriptiven Ebene ist es, im Rechtschreibunterricht auf die tatsächliche Sprechweise der Lerner, also die Kategorien ihres oraten Monitors, zurückzugehen. Die Regeln der Rechtschreibung sind für die Hochlautung definiert, sie müssen bei der Aneignung aber auf die Regeln der Spontansprache bezogen werden. In diesem Sinne ist es auf keinen Fall zulässig, im Unterricht ohne Kontrolle der Sprechweise der Schüler normative Vorgaben der Hochlautung zu machen und für diese dann die morphologische Konstantschreibung zu definieren. Das aber ist leider in der Unterrichtspraxis keinesfalls selten.

Ich erinnere mich noch an eine sehr eindrucksvolle Unterrichtsstunde in einer 4. Klasse in der ländlichen Umgebung Osnabrücks, bei der die Probleme der Auslautverhärtung mit Hilfe der Verlängerungsregel bearbeitet werden sollten. Die entsprechenden Materialien waren hier schon im Sprachbuch vorgegeben, und ausgehend davon wurde in der Klasse die Regel eingeübt (die Schüler sagten sie im Chor auswendig auf): „Wenn ich am Ende eines Wortes ein k höre, dann verlängere ich das Wort, um zu hören, ob es in der verlängerten Form mit k oder g gesprochen wird. Diesen Laut schreibe ich". In der gleichen Weise des frontalen Unterrichts mit chorischem Gebrüll wurden dann die Beispiele durchgearbeitet z.B. *Tag*. Im Chor brüllte die Klasse also den Regelsatz und wendete ihn auf [tax] an, verlängerte das Wort zu [ta:ɣə] und „fand" so die Schreibung *Tag*. Natürlich war das keine Lernstrategie: weder ein *k* noch ein *g* waren zu hören.

---

zu stellen: So operiert Carl Ludwig NAUMANN in einer ganzen Reihe von systematischen Analysen und darauf gegründeten Unterrichtshilfen mit solchen direkten Zuordnungen, die für ihn bei der Schärfung, nicht aber bei der Dehnung regulär sind (s. bes. seine Habilitationsschrift *Gesprochenes Deutsch und Orthographie*, Frankfurt usw.: Lang 1990, und die Materialien *Rechtschreibwörter und Rechtschreibregelungen*, Soest: [Nordrhein-Westfälisches] Landesinstitut für Schule und Weiterbildung, 3. Aufl. 1990). Die Materialien/Überblicke sind ungeachtet dieser Einwände für die Unterrichtsplanung (Kontrolle der Fehlerschwerpunkte, „Grundwortschatz" für die Erarbeitung von Regeln u. dgl.) sehr hilfreich. Weil dieser zu simple phonographische Ansatz in eine Sackgasse führt, feiert die ganzheitliche Wortbildmethode gerade bei den <h>-Graphien („Signalgruppen") immer wieder fröhliche Urständ - zuletzt so in den Arbeiten von Peter EISENBERG, s.o. S. 298.

Ausgangspunkt für die Schüler war natürlich ihre regionale Sprechweise. Um sich die Variation klar zu machen, ist es sinnvoll, die Auslautverhärtung im Zusammenhang mit der konsonantischen Lautverschiebung zu betrachten.

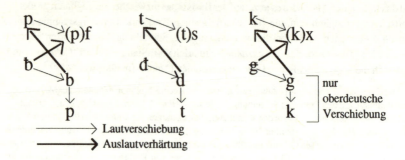

Das Niederdeutsche, das die konsonantische Lautverschiebung nicht mitgemacht hat, desonorisiert die alten Reibelaute zu stimmlosen Reibelauten (mit Ausnahme des dentalen). Wir haben hier also *graven* „graben", aber *graf* „Grab". Von diesen dialektalen Merkmalen sind nur die der velaren Spiranten in die norddeutsche Umgangssprache eingegangen. Hier haben wir allerdings regulär [tax] für *Tag*, [kRi:ç] *Krieg* usw. Bei diesen Schülern können also Rechtschreibfehler, die durch die oben behandelte Regel im Unterricht vermieden werden sollen (wie *Tak*) gar nicht vorkommen. Es ist also entsprechend unsinnig, eine solche Regel mit diesen Schülern zu behandeln, die darüber überhaupt erst solche Fehlerschreibungen entdecken können.[4]

Im Zusammenhang mit den Dehnungszeichen ist noch auf ein Sonderproblem zu verweisen. Die Regelanwendung ist unproblematisch bei Schreibungen wie *lehn-te*, wie aber ist es bei *lehr-te*? Keine Probleme gibt es da, wo dem eine Aussprache [le:R-tə] oder [le:r-tə] entspricht, anders ist es, wenn das *r* vokalisiert ist und wir einen öffnenden Diphthong haben: [leɐ̯-tə] - hier haben wir also eine offene Silbe. Das Problem löst sich im Rahmen einer Umstrukturierung der phonographischen Korrelationen, die ein postvokalisches *r* zu einem weiteren Dehnungszeichen machen. Das ist generell der Fall nach *a* : <Harn> und <Hahn> unterscheiden sich diesen Aussprachen nicht [ha:n]. Insofern haben wir hier ein Spektrum von Dehnungszeichen: *Hahn, Harn, Haan, Haen* (die letzten beiden nur in Eigennamen). Von daher erklären sich auch inverse Schülerschreibungen wie die *Abeit*, *wahten* „wir warten"; das Wort ist homophon mit dem Verb *waten*). Hier helfen sich Schüler und Lehrer meist mit einer spezifischen Schreiblernaussprache, wie sie in Norddeutschland in der Grundschule öfters benutzt wird: [deR] [haRn] usw. Das wirft aber Probleme auf, weil diese „Stützaussprache" nicht mehr spontan die Strukturen des oraten Monitors erfaßt (entsprechend steht es ja auch mit der entsprechenden Schreiblernaussprache der sogenannten „Geminaten" *Mut-ter, kom-men* usw.). Hier ist in den meisten Fällen durch die Vererbung

---

[4] Sie brauchen allerdings eine andere Hilfestellung, die wiederum im Süden überflüssig ist: Wortfinaler palato-velarer Reibelaut ([ç, x]) ist als <g> zu schreiben (und nicht als <ch>), wenn in der grammatischen Familie eine Stützform mit [g] bzw. [ɣ] vorliegt, (/kø:niç / <König> weil [kø:niɣə], /tax/ <Tag> weil [ta:ɣə] u. dgl.)

graphischer Strukturen in einer grammatischen Familie das orthographische Dilemma zu lösen. Bei den oben schon besprochenen silben- bzw. wortauslautenden Fällen von [aː] führt meist die Verlängerungsregel zur Lösung: [haː] *Haar* vs. [haːRə] *Haare*. In den meisten anderen Fällen stehen die Formen in einem Paradigma mit umgelauteten Formen, ist die Entscheidung eindeutig: Weist die „umgelautete" Form einen öffnenden Diphthong auf [ɛɐ̯] wie in *Wärter*, vererbt sich die *r*-Graphie von dort auf die nicht umgelautete Form warten, ist das nicht der Fall [hɛːnə] *Hähne*, erhält auch die nicht umgelautete Form kein *r*.

Nur da, wo eine solche grammatische Variation nicht gegeben ist, ist das *r* ein nicht kontrollierbares Dehnungszeichen - es handelt sich tatsächlich um relativ wenige Wörter, bei denen die ganze Wortfamilie [aː|] aufweist wie z.B. [ˈaːbaɐ̯t] *Arbeit* - für diese bleibt nur noch das lexikalische Lernen.

Die Heterogenität der Schreibungen ist nicht einfach auf das Verhältnis von Regel und Ausnahme zu reduzieren. Wie schon mehrfach angesprochen, gruppieren sich von der Standardgraphie abweichende Schreibungen zumindest oft in Klassen, die nicht nur mnemotechnisch zusammenzufassen sind, sondern deren spezifische Funktion so geradezu graphisch repräsentiert wird, wie besonders am Beispiel von <ih> verdeutlicht. „Abweichend" sind insbesondere die Schreibung einer lexikalisch relativ kleinen, aber hochfrequenten Gruppe von grammatischen „Funktionswörtern": *was* (**waß*), *den* (**dehn*, vgl. *zehn*), *dir* (**dier*, vgl. *Bier*), *in* (**inn, da innen*, vgl. *Kinn*). Daß hier überhaupt Probleme vorliegen, wird die „Praktiker" erstaunen - dürften diese Wörter nur von sehr rechtschreibschwachen Kindern überhaupt falsch geschrieben werden. Ihre Häufigkeit sorgt für die Einübung (auf dem „Wortbild"-Niveau!). Auffällig werden sie nur, wenn sie im Lichte eines systematischen Regelapparates betrachtet werden. Dabei kann man es belassen - man kann aber ihre besondere grammatische Funktion als „Bedeutung" dieser insofern markierten Graphie ansehen, und zwar umso mehr als in diesem Falle auch ein phonographischer Nenner für diese Besonderheit besteht: Es handelt sich durchgängig um Einsilbler (oder davon morphologisch abgeleitete Formen), die *im Textzusammenhang* zumeist unbetont (enklitisch) vorkommen, zumeist auch reduzierte (oft vokallose) Nebenformen aufweisen: *der* [deːɐ̯] ~ [dɐ], *dem* [deːm] ~ [dəm], *vor* [foːɐ̯] ~ [fQ], *nun* [nuːn] ~ [nUn] u. dgl.[5] Nebentonig aber gibt es keine Fundierung für Dehnungs- und Schärfungsgraphien. Diese Argumentation ist allerdings nur mit einem gewissen Vorbehalt zulässig: Reduzierte Aussprache ist bei rascher (flüchtiger) Aussprache prinzipiell bei allen Formen möglich. Die Besonderheit liegt hier darin, daß diese reduzierten Formen eher die Normalform in einer sonst nicht reduzierenden Sprechweise sind ([deːn], [dem], [foːɐ̯] u. dgl. sind Lento-Formen unter besonderen Bedingungen). Aber die phonologisch-phonetische Fundierung kommt ohnehin nur hilfsweise herein: Die reduzierten Formen sind faktisch ja auch nur die Konsequenz der rein grammatischen Funktion dieser Formen.

Das unterstreicht im übrigen noch, daß <ih> wie bei *ihr, ihn* u. dgl. in erster Linie eine grammatisch-lexikalische Markierung und kein primär phonographisches Muster ist.

Für die Unterrichtsperspektive folgt aus diesen Überlegungen eine Skala der Bewertung von Fehlern bzw. strukturiert sich die Fehleranalyse. Die Rechtschreibfehler sollten bewertet werden in Hinblick auf ihre Nähe zum Kern der Rechtschreibungen; und d.h. auch gemessen an dem Grad, an dem sie gegen *Regeln* verstoßen, die im Unterricht erarbeitet worden sind

---

[5] S. z.B. die „Liste häufiger schwacher (reduzierter) Formen bei KRECH, *Aussprachewörterbuch* 1982: S. 76 - 77.

(s.o.). Dadurch ergeben sich aber deutlich abgestufte Fehlerkomplexe, wie die folgenden Beispieltypen zeigen können:
(1) *baken (für backen) - elementarer Verstoß gegen die phonographische Grundregel. Die Schärfungsnotierung erfolgt ausnahmslos.
(2) *komst (für kommst), auch dieser Fehler ist elementar (Verstoß gegen die morphologische Konstantschreibung) und betrifft in der phonographischen Repräsentation die Schärfung wie (1)
(3) *lente (für lehnte), wie (2), aber jetzt im Bereich der Dehnungszeichen, die ein hohes Maß an Unsicherheit aufweisen, quasi lexikalisch gelernt werden müssen, also ein „schwächerer" Fehler.
(4) *dier, *dehm, phonographisch möglich, aber wegen der großen Häufigkeit der Formen relativ grobe Fehler (außer im Anfangsunterricht - und dann, wenn die Lerner in späterem Stadium (nach evtl. schon gedächtnismäßig richtig produzierten Formen) übergeneralisierte Regelfehler machen!
(5) *ir (für ihr). Hier ist zu prüfen, ob die Schreibung nicht evtl. auf die reduzierte Aussprache [Iɐ] gestützt ist. Ansonsten wie bei (4).
(6) *Gaten (für Garten), prinzipiell wie (2) zu behandeln (r-Graphie aufgrund der Stützform [gɛɐtn̩]) - aber weniger zentral.
(7) *Abeit (für Arbeit): Hier handelt es sich um ein Problem der nicht verfügbaren Hochlautung ['aɐbaɛt], auf die die orthographische Form zurückgeht. Anders als bei (4) ist hier aber keine stützende Regel zu finden. Solche Schreibungen sind lexikalische Idiosynkrasien, die nicht den Kern der Rechtschreibung betreffen. Insofern ein reiner „Gedächtnisfehler".
(8) *Ile (für Ihle): Eine solche Schreibung ist regelkonform - die orthographisch geforderte Form ist abweichend. Insofern handelt es sich nicht nur um kein Problem für die Festigung des orthographischen Kerns, sondern die vorgeschriebene Schreibung *stört* den Lernprozeß - wenn solche Wörter vorkommen, sollten sie von der Fehlerbewertung ausdrücklich ausgenommen werden

Schließlich ist noch der oben angeführte Vorschlag in der Tradition der Reformpädagogik der 20er Jahre zu bedenken: Da wo ein Schüler im Bereich konkurrierender Vorschriften seine (Fehl-)Schreibung mit einer Regel begründen kann, sollte er korrigiert werden, aber der Fehler nicht gewertet werden.

Zum Abschluß dieses Blocks möchte ich noch vor dem Hintergrund der regionalen Variation und der historischen Dynamik einige Möglichkeiten aufzeigen, wie man u.U. auch im Unterricht auf fortgeschrittener Stufe die Orthographie explorieren kann. Es handelt sich um das Problem der *Alterität* im phonographischen Bereich der Orthographie. Das Verhältnis von Kern zu Peripherie ist dann nicht nur das der Regelform (in der Differenz von kanonischen zu variablen Regeln), wodurch Probleme auf Seiten des Lerners markiert werden, sondern eines des sprachlichen Gegenstandes. Wir haben schon im Bereich der Interpunktion und der Wortmarkierungen gesehen, daß die orthographischen Muster für die literate Sprache definiert worden sind, daß insofern aber „Regelverletzungen" als literate Mittel genutzt werden können, um orate Sprache zu markieren (s. Kapitel 11). Analoges gilt nun auch im Bereich der Phonographie. Wenn gesprochene Sprache markiert werden soll, dann eben durch abweichende Schreibungen, die anders als die Norm sind (vgl. oben bei den Beispielen aus Kroctz: *nich, jetz, machn, ganzn, weita* usw).

Aber das Problem der Peripherie zeigt sich auch innerhalb der orthographischen Normen, weil die Schriftsprache ein Amalgam aus verschiedenen regionalen Sprachentwicklungen darstellt. Vereinfacht gesagt, ist Norddeutschland für die Aussprache des mittel- und süddeutschen Wortmaterials verantwortlich, darüber hinaus aber hat es auch einzelne Wörter geliefert. Diese Wörter tragen die Spuren ihrer norddeutschen Herkunft an sich, und sind insofern auch synchron als anders markiert.

Die Wortstrukturbedingungen der „normalen" hochdeutschen Wörter geben die Vorlage für ein Anti-Stereotyp ab, das wie folgt expliziert werden kann (*K* für einen *stimmlosen*, *G* für einen *stimmhaften* Konsonanten):

Hochdt. Strukturmuster	Anti-Muster
	(→ niederdeutsches Stereotyp)
- V:G -	- VG
- VK -	- V:K - (außer K = t)

Ein Anti-Muster ist markiert - ist es also nur, wenn es relativ selten ist. Bei den folgenden Beispielen gebe ich in Klammern die Häufigkeitsangaben nach der Meierschen Statistik:[6]
- Betonter Langvokal vor *p*: *Stapel* (15), *Wiepe*[7], *Kiepe*, *Kneipe* (18), *kneipen* (26), *Köper*, *Oper* (200)
- Betonter Langvokal vor *k*: *waken, wieken, pieken, Laken, Ekel* (76), *Schnake, Pökel, schmökern, spuken* (in der Form *spukt* (14)), *staken* (allerdings auch *erschraken* aufgrund des Strukturzwangs im Paradigma der starken Verben unmarkiert: vgl. *erschrecken : erschraken = legen : lagen = brechen : brachen* u. dgl.)

NB: Die „Niederdeutsche" Markierung geht hier zusammen mit der Markierung für Exotika/ Fremdwörter, wie schon das Beispiel *Oper* zeigt. Vgl. auch *Dope, Sake* und andere mehr. In die gleiche Richtung gehen auch expressive Ausdrücke mit dem gleichen Strukturschema wie etwa *Opa*.

- Betonter Kurzvokal vor *b*: *Ebbe* (99), *wribbeln, quabbelig, Quebbe, Robbe* (17), *knabbern, schrubben, krabbeln, schlabbern*
- Betonter Kurzvokal vor *d*: *Kladde, Widder* (20), *Edda, Midder, Kuddel-Muddel, Quaddel*
- Betonter Kurzvokal vor *g*: *Bagger* (12), in den Formen *Baggerung*: (15), *Baggerungen*: (31), *Egge, Flagge* (104), *Dogge, Brügge, Segge*.

Die Markiertheits-Bedingung bei einem Stereotyp schließt es aus, auch Formen mit Langvokal vor *t* hierherzurechnen, auch wenn sie etymologisch niederdeutscher „Herkunft" sind wie *Kate, waten* u.a., da dieses Muster im Wortschatz „unauffällig" ist, vgl. *raten, braten* u.a.

NB: Das Stereotyp „niederdeutsch" ist also unabhängig von etymologischen Kriterien. Bei Wörtern wie *Anker, Tran* ist die niederdeutsche Herkunft in der Gegenwartssprache unsichtbar, vgl. *Banker, getan*.

Die Wörter, die diesem Antimuster entsprechen, haben sehr oft eine expressive Funktion, insbesondere wenn sie die graphischen „Signalgruppen" -dd-, -bb- aufweisen. Als solche werden sie nicht zuletzt auch in Nonsensdichtungen benutzt (Morgenstern). Das eröffnet die Möglichkeit, im Unterricht solche Regularitäten der Sprachstruktur zu explorieren, Texte zu

---

[6] Helmut MEIER, *Deutsche Sprachstatistik*, Hildesheim: Olms 1967.

[7] Regionale Nebenform zu *Wippe*; auch Name für Hagebutte.

verändern, um auszuprobieren, welche Konsequenzen daraus resultieren (aus einem *es klappert* ein *es klabbert* zu machen usw.). Ausgangspunkt dafür können die zahlreichen Dubletten in der Hochsprache sein: *picken - pieken, kneifen - kneipen, Ecke - Egge* usw.

NB: Zumindest für Schüler im norddeutschen Raum können so auch mehr oder weniger irritierende Differenzen zur Hochlautung thematisiert werden, wie es schon oben S. 311-312 für die Schärfung mit stimmhaftem [z] <ss> besprochen wurde (*quasseln, Dussel*). Spiegelverkehrt dazu ist die Silbenstruktur $VF_{stimmhaft}$, wie bei [do:və], Sg. mit Auslautverhärtung [do:f]. Das Wort ist als expressiver Ausdruck *doof* (mit markierter Dehnungs-Graphie!) ins Hochdeutsche gekommen, zu dem (für norddeutsche Sprecher irritierend!) ein Plural *doofe* [do:fə] gebildet wird. Im Nord-/ Niederdeutschen ist das Wort in seiner etymologischen Entsprechung zu hd. *taub* noch verankert (vgl. auch *doven* „betäuben" - ohne Dehnungszeichen, da in offener Silbe; die ndl. Orthographie des Wortes zeigt ebenso *doof, dove*).

Anhang zum 26. Kapitel: Didaktische Fragen: Ein „praktikables" Beispiel des Analyseschemas von Dehnung und Schärfung.

Im Text habe ich wiederholt darauf hingewiesen, daß das Analyseschema von Dehnung und Schärfung kindlichen Heuristiken bei der Aneignung der Rechtschreibung kongruent ist. Dabei kommt es, wie vorher schon in Kapitel 20 zu „Jochens Regel" angemerkt, nicht auf eine bestimmte terminologische Fassung an. Das abstrakte Analyse-Schema S. 345 ist nur zur Orientierung des Lehrers gedacht - keine Unterrichtsvorgabe. Es läßt sich allerdings mit den Kindern recht direkt umsetzen, wie angedeutet auch in spielerischen Formen. Eine „kindgerechte" Fassung zeigt das folgende Schema, das auf meinen damals 9-jährigen Sohn zurückgeht, mit dem ich es als Übungshilfe für seine Rechtschreibschwierigkeiten entwikkelt habe.[8]

Er hatte die Idee, die Schreibung schwieriger Wörter auf diesem Spielfeld buchstabenweise mit einem kleinen Auto zu 'erfahren' (sein selbstfabrizierter Spielplan mit Straßen, Brücken, Verkehrszeichen u. dgl. ist sehr viel schöner als das dürre Schema hier, das nur eine ähnlich kreative Umsetzung anregen soll.)

Die Anlage des Plans ist offensichtlich:

Von Start bis Ziel wird jeweils ein Buchstabe 'erfahren'. Dabei geht es über rautenartige *Entscheidungsfelder*, bei denen die einzuschlagende Richtung von der Beantwortung einer Frage abhängt, und rechteckige *Aufgabenfelder*. Konrad hat darauf insistiert, daß die Instruktionen im Schema formal eindeutig sind: Pfade 'nach unten' implizieren immer die Antwort „ja", Pfade 'zur Seite' immer „nein" (von daher ergab sich die Notwendigkeit, einige Fragen umständlicher als ursprünglich vorgeschlagen zu formulieren).

Im Sinne des Gesagten ist der Rückgriff auf die Lautstruktur der grammatischen Analyse des zu schreibenden Wortes nachgeordnet. Insofern handelt es sich bei dem oberen Teil des Planes (der erste Block mit den Feldern 6 - 10) um grammatische Aufgaben; der Rückgriff auf die Lautanalyse in den Feldern 11 - 22 ist darin eingebettet. Das ist besonders deutlich bei der Wahl der 'mitzunehmenden' Stützform (Feld 5), die sicherstellt, daß die jeweils zu

---

[8] Das folgende ist die gekürzte Fassung eines Aufsatzes, der unter dem Titel *Die Rechtschreibung entdecken - am Beispiel von Dehnung und Schärfung* in *Praxis Deutsch* 101/1990: S. 9 - 12, erschienen ist. (Christa Röber-Siekmeyer hat einen entsprechenden Spielplan mit Erfolg in einem 4. Schuljahr praktiziert).

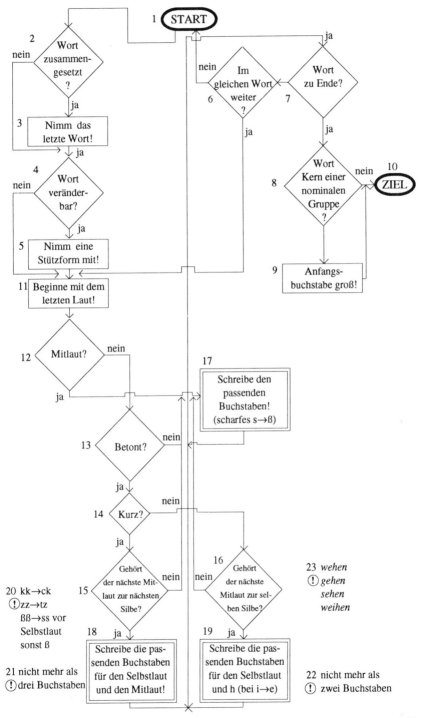

findende Schreibung verträglich mit den anderen Formen der gleichen grammatischen Wortfamilie bleibt - dem entspricht in der Rechtschreibdidaktik die (allerdings sehr viel eingeschränktere) „Verlängerungsregel". Erforderlich ist die Stützform nur, wenn die Silbenstruktur des Wortstammes variabel ist; das ist nicht der Fall, wenn die letzte Stammsilbe unbetont ist; bei Wortfamilien wie denen von *Katze, ernten* usw. ist also keine Stützform nötig.

Ungewohnt ist es vermutlich, daß die Analyse des Wortes hier von hinten beginnt (s. Feld 11; die Aufgabenstellung ist hier i. S. einer Schleife zu verstehen: beginne mit dem letzten Laut und fahre jeweils mit dem nächstletzten fort!). In der schulischen Perspektive bedeutet das, daß ein solches Analyseschema zur Kontrolle der Schreibungen dient, nicht aber direkt den (beim Wortanfang einsetzenden) Prozeß der Niederschrift 'modelliert'.

Die Funktionsweise des Schemas kann an zwei Beispielen illustriert werden (ich markiere die durchlaufenden Felder durch die Angabe ihrer Nummer im Plan, evtl. mit Angabe der geforderten Antwort bei den Entscheidungsfeldern).

Beispiel 1:
rast (wie in *Er rast um die Ecke.*)
2 (nicht zusammengesetzt) - 4 (veränderbar: *rasen*...) - 5 (Stützform: /Ra:zən/, die für die folgenden Aufgaben lautlich ein 'weiches s' /z/ statt des 'scharfen' /s/ von /Ra:st/ vorgibt)
- 11 - 12 - 17   t
7 - 6 - 11 - 12 - 17 (Stützform!)   s
7 - 6 - 11 - 12 - 13 - 14 - 16 - 17 (offene Silbe der Stützform!)   a
7 - 6 - 11 - 12 - 17 - 7 - 8 - 10   r

Beispiel 2:
Fuß
2 - 4 - 5 (Stützform /fy:sə/) - 11 - 12 - 17   ß
7 - 6 - 11 - 12 - 13 - 14 - 16 - 17   u
7 - 6 - 11 - 12 - 17 - 7 - 8 - 9 - 10   F

Einige Aufgabenstellungen bedürfen der Kommentare, die auch die Pointe des Schemas verdeutlichen können.

Grundlage der Entdeckungsprozeduren ist die Analyse der Struktur der gesprochenen Sprache, die ich hier schon mit einer groben phonetischen Umschrift angedeutet habe. Das heißt insbesondere, daß auch die Betonungsverhältnisse der Spontansprache vorausgesetzt werden - und nicht die fatale Buchstabierlautung, die z.B. /ə/ als /e:/ liest (das letzte ist der Buchstabenname!) und alle Silben gleich betont (die betonten Silben notiere ich mit einem vorgesetzten '). Insofern werden bei Feld 13 die Weichen für die 'Sonderschreibungen' Dehnung und Schärfung gestellt. Ist dieser Zusammenhang klar, sind Fehlschreibungen wie *Mattrose, Mattraze* u. dgl. ausgeschlossen (das *a* der ersten Silbe ist zwar kurz, trägt aber nicht den Hauptakzent des Wortes). Hier ist wieder die grammatische Einbettung zu berücksichtigen: Die Betonungsverhältnisse fundieren die Schreibung nur in den einzelnen Teilwörtern; daher haben wir *anfassen* trotz /ˈanfasən/, weil das Wort zusammengesetzt ist: /ˈan/ + /ˌfas-ən/.

Die phonetischen Bestimmungen bereiten den Lernern (und den Lehrern!) oft Schwierigkeiten. Wichtig ist, daß die phonetischen Merkmale an Kontrasten erarbeitet werden - und nicht als absolute Bestimmungen eingeführt werden, über die nur Unsicherheit herrschen kann. Bei den Betonungsverhältnissen geht es nicht darum, ob die Silbe /tɐ/ in /fatɐ/ Vater betont ist oder nicht, sondern darum, ob sie weniger (oder mehr) betont ist als die erste Silbe /fa/. In diesem Sinne ist auch Feld 14 mit der Frage nach der Kürze des Vokals schwierig. Generell gilt für alle Formulierungen in den Feldern, daß sie nicht schematisch vorzugeben sind, sondern mit den Lernern an Beispielen so erarbeitet werden müssen, daß die Aufgabe klar wird - die eingetragene Formulierung hat später dann nur noch mnemotechnische Funktion. Die phonetischen Kriterien der Vokalopposition stellen notorische Probleme, die hier nicht zu besprechen sind. Es genügt, mit dem Kind festzulegen, daß mit „kurz" das gemeint ist, was bei /Ratə/ die Schreibung *Ratte* gegenüber /Ra:tə/ mit der Schreibung *Rate* begründet. Hier sind u.U. die Silbenschnittgegensätze wichtiger als die Quantitäten; aber auch dann hilft eine Operationalisierung der Aufgabenstellung: ein Vokal ist „nicht-kurz", wenn man ihn kürzen kann - wenn das nicht geht, man ihn also nur verlängern kann, ist er „kurz" (mit der Bedingung: so daß die Veränderung ein anderes Wort ergibt wie beim Kürzen von /Ra:tə/ → /Ratə/, beim Verlängern /list/ → /li:st/ usw.).

Besondere Probleme bereiten hier noch regionale Unterschiede, etwa die norddeutschen Kürzen bei Einsilblern wie *Rad, Bad* u. dgl. Diese Probleme setzen sich bei der Aufgabe in Feld 15 fort. Bei einer schulischen Aussprache /Rat - tə/ werden die Buchstaben lautiert - 'spontan' gesprochen (auch im Lehrerdiktat) gibt es diese Form nicht. Es bleibt aber der feste Anschluß des Kurzvokals im Deutschen (der „*gebremste Vokal*"), der bei der Selbstkontrolle dominant sein kann. Daher steht hier die mit allen Varianten verträgliche Frage danach, ob der folgende Konsonant die folgende Silbe beginnt, was eben auch bei „ambisyllabischen" Konsonanten wie bei /zIŋŋ/ *singen* der Fall ist. Daher ist es wichtig, die schulisch leider übliche geminierende Schreiblautierung zu vermeiden: Bei [mu|tɐ] ist in jedem Fall zumindest die Verschluß*lösung* eindeutig Bestandteil der zweiten Silbe (deren explodierenden Ansatz sie bildet). „Operationalisiert" man für die Kinder die Frage nach der Lokalisierung des Konsonanten durch dessen Verschluß*lösung*, ist die Frage danach, ob der nächste Konsonant zur nächsten Silbe gehört, eindeutig - vorausgesetzt, hybride Aussprachen wie [mutʰ|tʰɐ] sind ausgeschlossen!

Daß *ß* bei Feld 17 als Standardschreibung des 'scharfen s' vorgesehen ist, wird wohl auf Vorbehalte stoßen. Wie gezeigt, lassen sich so aber die konfusen Regeln für die s-Schreibungen einigermaßen klar gliedern. Der Buchstabe *s* ist nämlich das Gegenstück für das 'weiche s' /z/. *Haus* erhält sein finales s folgerichtig von der Stützform /hɔyzɐ/ *Häuser*. Komplikationen ergeben sich allerdings bei der Schärfung, wo das *ß* nicht verdoppelt wird: Die Abfolge *ßß* wird also zwischen Vokalzeichen in *ss* umgewandelt, in allen anderen Fällen wird *ßß* zu *ß* reduziert: *fassen, faßt, faß*.

Ein Problem bilden die Schreibungen mit *s* für 'scharfes s', die nicht über eine „Auslautverhärtung" herzuleiten sind. Da es sich um relativ wenige Fälle handelt, kann man sie über eine Ausnahmeliste behandeln. Das Einprägen der Ausnahmeschreibungen ist um so unproblematischer, als es sich zumeist auch um graphische Desambiguierungen handelt, vgl. *küßte : Küste, faßt : fast* usw. Möglich ist aber auch eine Einschränkung der Schreibvorschrift für das *ß*, die dieses an den Fall eines intervokalischen Vorkommens des /s/ in der

Wortfamilie bindet (*faßt* wegen der Stützform /fasən/). Welche Lösung man in solchen Fällen wählt, ist davon abhängig, was den Lernern plausibel erscheint.

Grundsätzlich gilt, daß bei den Aufgabenfeldern 17, 18 und 19 der Rückgang auf die Stützform nötig ist. So ist z.b. die Entscheidung für *e* oder *ä* bei /bellə/ möglich: *belle* oder *Bälle* wegen *Ball* (die Inkonsistenzen der orthographisch fixierten Familienstrukturen sind nicht zu vermeiden: Konrad stellte *schellen* etymologisch plausibel zu *Schall* und schrieb *schällen*!). So lösen sich auch die Probleme der /s/-Schreibungen: Die 'Regel' /š/ → *s* vor *t* und *p* gilt nur, wenn /š/ auch in der Stützform (d.h. in allen Veränderungen des Wortes, s.o.) vor dem folgenden Konsonanten steht (also nur im Silbenanlaut: *bestehen*, aber *löschten* wegen *löschen* - unterschieden von *lösten*). Im gleichen Sinne ergeben sich auch eine Reihe weiterer Sondergraphien, so z.b. *ch* für /k/ vor folgendem *s*, die an die Bedingungen gebunden ist, daß diese Lautfolge in der Stützform bzw. in allen Veränderungen des Wortes vorkommt: also *wächst* wegen *wachsen* usw., aber *weckst* wegen *wecken*; die Ausnahmen wie *Hexe, Axt* u. dgl. sind spannend und prägen sich ein (*tricksen* ist übrigens regulär, vgl. *Trick* mit *ck* wegen *trickig*). Die Probleme der ß-Schreibungen zeigen einen Sonderfall des graphischen Filters für Sondergraphien bei 18 bis 22. Die Schärfungsvorschrift bei 18 wird als Sondergraphie des Vokalzeichens eingeführt, das um eine 'Kopie' des folgenden Konsonantenzeichens erweitert wird; das entspricht ja auch recht gut der Wahrnehmung der „*gebremsten*" Vokale (als Digraphien sind vokalische Schärfungsschreibungen wie *et* für kurzes /e/ nicht problematischer als etwa *eh* oder *ei*!). Die Schärfung bei *z* ist für Kinder plausibel - während ich hier zunächst mit Einspruch rechnete, war sie für meinen Mitautor Konrad überzeugend durch Wörter wie *Pizza* begründet (ein in der Sprache unserer Kinder geläufiges *deutsches* Wort - puristische bzw. etymologische Argumente sind hier fehl am Platze!).

Die Dehnungsschreibungen sind nur bedingt regelhaft - eine Rekonstruktion ihrer Strukturen ist aber allein schon deshalb sinnvoll, um die zumeist erst schulisch produzierten vielfältigen Zufallsschreibungen zu verhindern. Probleme bereiten hier vor allem die Einsilbler, die das Gedächtnis mit Stützformen belasten: Bei *Wahl* hat die Stützform einen Stamm mit geschlossener Silbe, bei *Wal* ist es eine 'verlängerte' Form mit offener Silbe usw.

Das Problem der Dehnungszeichen bei Einsilblern sollte Konsequenzen für die Progression des Anfangsunterrichts haben: Die Regularitäten der Rechtschreibung lassen sich nicht an ihnen, sondern an mehrsilbigen Wörtern (bzw. Wortformen) erarbeiten!

Anders formuliert: Die Schärfungsschreibungen lassen sich 'ableiten' - bei der Dehnung gilt das nicht; hier lassen sich allerdings die Fälle bestimmen, in denen die Dehnungsschreibung allein *möglich* ist (nie bei Kurzvokal!). Dieses Verhältnis von Schärfung und Dehnung ist diagnostisch aufschlußreich für die Rechtschreibleistung der Schüler: Machen diese zwar viele Dehnungsfehler, aber kaum welche bei der Schärfung, haben sie sich die Grundstruktur der Laut-Schrift-Verhältnisse im Deutschen schon ein ganzes Stück angeeignet; streuen die Fehler in beiden Bereichen, so sind sie noch im Vorfeld und raten weitgehend die 'Wortbilder'.

Hier ist auch die gängige Behandlung von *ie* als Schreibung des 'langen i' ein Problem - steht sie doch gegen die Einschränkung von Sondergraphien auf silbenstrukturabhängige Sonderbedingungen (erforderlich bei geschlossener Silbe wie in *Biest*, nicht aber bei offener Silbe wie in *Wiese*, vgl. auch die 'regulären' Schreibungen bei *Igel, Fibel* u.a.). Auch hier wird eine Listenlösung tragbar sein, da es sich überwiegend um geläufige Wörter (oft auch solche mit desambiguierenden Kontrasten) handelt. In jedem Fall sollten diese Probleme nicht vom Entdecken der Regularitäten abhalten. In diesem Sinne ist die Regelschreibung bei allen 'gedehnten' Vokalen außer *i* das nachgeschriebene *h* - die Fälle von Verdopplung des Vokalzeichens (*Aal, Tee, Moor* usw.) sind marginal und über eine Liste zu lernen; sie sind zudem so prägnant, daß sie keine sonderlichen Probleme bereiten (diese treten erst auf, wenn die Verdopplung des Vokalzeichens unsinnigerweise als alternative Dehnungsschreibung eingeführt wird!). Spiegelverkehrt dazu ist der Fall des *ie*, das nun seinerseits die Regelschreibung darstellt - *ih* ist keine Schreibung des 'gedehnten i', sondern die grammatische Markierung einer bestimmten Formengruppe, der obliquen Formen des Personalpronomens der 3. Person (*ihm, ihr, ihnen* usw.). Auch hier werden die häufigen Fehler in Schülertexten durch eine andere Regelpräsentation überhaupt erst produziert. Für alle Sondergraphien insgesamt gilt die Maxime: Sie finden nur Anwendung, wenn besondere Gründe vorliegen - ist der Schreiber unsicher, sollte er die Regelschreibung wählen (das schließt Fehler zwar nicht aus, schränkt ihre Wahrscheinlichkeit aber ein!).

Die graphischen Filterregeln 21 und 22 sind schon angesprochen. Ihre abstrakte Formulierung resultiert aus Ökonomieüberlegungen: vokalische Digraphien (*ei, ai, au, eu, äu*) haben schon den Umfang der für Dehnungszeichen vorgesehenen Obergrenze von zwei Zeichen, also wird hier kein Dehnungszeichen mehr angefügt: *Freunde, Meister* usw. (nicht *Freuhnde, Meihster* usw.). Das 'silbentrennende h' wird man am besten über eine Wortliste einführen, s. 23; möglich ist aber auch, wie in diesem Kapitel begründet, eine Regel über die hiatische Silbenstruktur, d.h. bei Langvokal (also im Falle von *nein* bei 14) stellt sich die Frage, ob ein Selbstlaut folgt; wenn ja, dann wird ein *h* eingefügt: /geːə/ *gehe*, /ʃuːə/ *Schuhe* usw. Eine Konsequenz der Einschränkung von *ih* ist es, daß in solchen Fällen immer *ieh* stehen muß, also z.B. *sieht* mit 'silbentrennendem h' wegen der Stützform /zeːə/. Entsprechend ist die Filterregel bei der Schärfung - aber hier gewissermaßen um einen Zähler für die graphische Zeichenfolge erweitert: Konsonantische Digraphien werden bei der Schärfung nicht kopiert (also nicht **singngen, *Flaschsche* u. dgl. - es kann Kindern großen Spaß machen, solche 'regelhaften' kuriosen Schreibungen zu 'entdecken' - daß sie sich einschleifen, ist dabei nicht zu befürchten!).

27. Kapitel: Fremdwörterschreibung

Zum Abschluß bleibt noch das Problem der „Fremdwörter" zu behandeln. Schon der Terminus macht deutlich, daß hier nicht nur ein Problem der Peripherie der Sprache zur Behandlung ansteht, sondern eines, das auch im Sprachbewußtsein als peripher registriert wird. Nun ist es aber gar nicht so einfach zu bestimmen, was ein Fremdwort ist. Der Terminus ist belastet mit sprachpuristischen Aspekten, seitdem im Barock Feldzüge gegen französische Wörter gefahren wurden, seit Ende des 19. Jahrhunderts (im Kontext des Flottenbauprogramms) Feldzüge gegen englische Wörter, und heute das gleiche gegen Amerikanismen; die ganze Zeit über herrschte eine latente Aversion gegen den Gelehrtenwortschatz (Wörter lateinischer und griechischer Herkunft). Dieser Kampf gegen kulturelle „Überfremdung" gehört aber zu der modernen Gesellschaft,[1] die durch ihre Mobilität eine extreme Verunsicherung für ihre Mitglieder mit sich bringt, die projektiv „gelöst" wird, wo diejenigen, die gewissermaßen sinnbildlich für das Ändernde stehen (die Migranten nicht anders als die fremden Wörter) die Schuld an der Veränderung bekommen, wo also der Fremdenhaß im modernen Sinne aufkommt.

Von dieser sozialen Struktur zu trennen ist die Form, wie sie artikuliert wird. Das Eruieren von Herkunftsproblemen im Sinne einer Ahnenforschung ist absurd: Bei Menschen, wie es im Faschismus praktiziert wurde, nicht anders als bei der Sprache. Wenn wir unseren Wortschatz etymologisch durchforsten, verflüchtigt sich sehr schnell die Unterscheidung in einheimische, echte, „Ur"-wörter gegenüber fremden. Elementare Wörter erweisen sich sehr schnell als fremder Herkunft, z.B. *Mauer* von lat. *murus* (während das germanischer Gegenstück die *Wand* ist, zu *winden*, also aus einem Geflecht bestehend; *Mauer* und *Wand* unterscheiden sich also wortgeschichtlich in Hinblick auf die unterschiedlichen Fertigungstechniken). Einige dieser Wörter sind im Alltag so gebräuchlich geworden, daß sie expressive Sonderentwicklungen durchgemacht haben: *Pfütze* aus lat. *puteus*, im Rheinischen auch *Pütz* „Brunnen", daher der Ortsname *Pützchen*.

Der ganze Bereich der christlichen Regulierung des Lebens ist durchsetzt von solchen fremden Elementen. *Teufel*: aus griechisch *diabolus* „der einen in Verruf bringt, ins Unheil zieht", *Pfingsten*: gr. *pentekoste* „der fünfzigste Tag (nach Ostern)", das in der sprachlichen Form vielleicht darauf verweist, daß es über die Goten an die anderen germanischen Sprachen vermittelt worden ist.

Bei diesen Wörtern wird man nicht von Fremdwörtern sprechen, weil sie niemand als *fremd* empfindet (in der Fachwissenschaft ist es üblich, hier von *Lehnwörtern* zu sprechen). Das ist nicht einfach eine Frage des Alters. Die bisher angeführten Termini stammen allerdings aus sehr alter Zeit, aus der Römerzeit bzw. aus der Zeit der frühen Christianisierung. Aber gleiches gilt auch für Wörter wie *Tee*, das mit der Sache seit dem Ende des 17. Jahrhunderts bei uns eingeführt worden ist und aus einer mundartlichen Form in China [t^{h}e] stammt (andere Sprachen haben für das gleiche chinesische Produkt andere regionale Aussprachen übernommen, insbesondere die palatisierte Form [c^{h}a], so im Russischen, Portugiesischen, Griechischen und Türkischen).

---

[1] Einen ausführlichen Überblick über die Fremdwortdiskussion im Rahmen der Orthographie(reform)debatte gibt Hermann Zabel in dem von ihm hg. Band *Fremdwortorthographie Beiträge zu historischen und aktuellen Fragestellungen*. (Tübingen: Niemeyer 1987: 3 - 75) - nach 1871 wurde explizit eine „deutschnationale" Schreibung der so zwangsassimilierten Fremdkörper gefordert (vgl. S. 19 u.ö.).

Warum sind aber solche Wörter nicht fremd? Nun, sie folgen in ihrer Struktur den gängigen Mustern

Tee : *See*
Pfingsten : *pfiffig/geringsten*
Teufel : *teuer/Stiefel*
Mauer : *Bauer* usw.

Sie haben diese Anpassung im Laufe einer langen Sprachgeschichte gemacht, deren Prozesse sie gewissermaßen eingebürgert haben. Das gleiche gilt so auch für Fremdnamen wie *Mailand* entsprechend dem italienischen *Milano* (mit der Diphthongierung des langen î in der ersten Silbe; wie *lîp* zu *Leib*); -*lano* wurde dann volksetymologisch uminterpretiert in *Land*.

Nur noch gelehrtes Spezialwissen kann hier Sonderrollen ausmachen bzw. verräterische lautliche Spuren finden, die auf nicht hochdeutsche Herkunft verweisen; so etwa bei dem Langvokal vor *f* (s. Kapitel 26): Tatsächlich handelt es sich sowohl bei *Teufel* wie *Stiefel* um solche „Fremdwörter", bei denen das heutige *f* aus einem alten stimmhaften *b* entstanden ist: *diavolu^m, (ae)stivale^m* (wörtlich: die *sommerliche* (!) [Fußbekleidung]). Jetzt aber sind diese Formen nicht zuletzt schon deswegen in die deutsche Hochsprache integriert, weil diese aufgrund der landschaftlichen Inhomogenität Platz für unterschiedliche solcher Strukturmuster hat.

Um solches Spezialwissen geht es hier aber nicht, sondern um die Rekonstruktion der „synchronen" Differenzierung von Zentrum und Peripherie, also peripherer Schreibungen, die als fremd, als anders gegenüber dem Kern erfahren werden. Allerdings ist hier keine kategorische Grenzlinie möglich, vielmehr handelt es sich um ein Kontinuum mit extremen Polen.

- Auf dem einen Pol stehen Wörter wie *Stiefel, Teufel, Tafel*, die insofern synchron markiert sind, weil die sie charakterisierende Folge von -V:f- im Wortschatz sehr wenig belegt ist,[2] im Gegensatz zu /-Vf-/ wie in *Staffel, schaffen* usw.
- Der andere Pol wird gebildet von Wörtern, die gewissermaßen so kostümiert sind, daß man ihnen die Fremdheit sofort ansieht. Das ist natürlich besonders dann der Fall, wenn auch fremde Buchstabenzeichen verwendet werden, wie bei *Façade* (heute verlangt der Duden *Fassade*) oder ñ wie in *Señor, Señora* (so auch noch im Duden), oder é wie in *Soirée* (heute verlangt der Duden nur noch *Soiree*).

Dazwischen liegen Graphien, die zwar Zeichen unseres Alphabetsystems benutzen, aber in andere phonographischer Funktion, z.T. auch in anderen, bei uns ausgeschlossenen Positionen:

- Das gilt z.B. für -*ll*- bei Wörtern aus dem Spanischen und Katalanischen wie bei *Mallorca*. Hier gibt es nun eine charakteristische Aussprachevariation: Während die (umgangs-) spanische Aussprache ein intervokalisches [-j-] hat, hat die (einheimische „mallorkinische" =) katalanische hier einen palatalen lateralen Konsonanten [λ]. Die graphische Integration in den Deutschen Wortschatz ist aber problemlos, so daß der normale Urlaubsreisende in dem <ll> das übliche Schärfungszeichen sieht und insofern auch einen Kurzvokal vor einfachem *l* spricht (wenn er nicht die ebenfalls unproblematische spanische Aussprache übernimmt). Was aber ist mit einem *ll* in initialler Position wie bei den *Llanos* ['λanos], die zumindest Karl-May-Leser kennen (die *Llanos*

---

[2] S. auch oben S. 344 die Bemerkung zu *doof/doofe* [do:və].

Estacados)? Hier entspricht der graphischen Kombination kein Äquivalent im Deutschen, da sie ja nicht intervokalisch steht (wenn er nicht die ebenfalls unproblematische spanische Aussprache ['janos] übernimmt).
- Ein problematischer Bereich ist der der s/š-Laute, auf die wir schon eingegangen sind. Hier ergeben sich z.T. zwischen den Sprachen spiegelverkehrte Verhältnisse, so etwa im Ungarischen, wo die Graphie <s> für [š] früh entlehnt worden ist (entsprechend der alten Lautung [ş] im Deutschen, s.o.) und daher eine neue Graphie <sz> für [s] gebildet wurde - mit der Folge der zum Deutschen genau spiegelverkehrten Schreibweise des *Szegediner Gulyas*. Die polnische Orthographie ist nun genau umgekehrt dazu: In ihr notiert das <s> wie bei uns ein [s], während ein <sz> hier die Sondergraphie [š] ausdrückt, was sich auch bei Namen im Duden findet wie bei *Szymanowski*. In diesem Bereich gibt es dann auch Überreaktionen, die auf solche Interferenzen von verschiedenen graphischen Systemen zurückzuführen sind, wie bei der *Szene*, also anlautend [sts-]; verbreitet ist auch die Schreibweise *Scene*, die wohl auf das Englische verweist, was eine Lautung [si:n] implizieren würde: Aber in der „Szenensprache" hört man dann auch [stsi:n].
- Ein markierter Bereich sind die konsonantischen Digraphien mit nachgeschriebenem *h*: <ph, th>, die auf die lateinische Umschrift des Griechischen verweisen (das Griechische selbst kennt diese Digraphien ja nicht; es hat eigene einfache Zeichen für diese Aspiraten: φ, ψ, χ)[3] wie bei *Photo, Theater*. Hinter diesen Fremdwörtern verbirgt sich nun eine komplexe Gemengelage von kulturellen Beziehungen. Die Schreibung mit *ph* ist als Wiedergabe der altgriechischen Form völlig in Ordnung: *Photo, Philosophie*, wo sie eben auch eine Aussprache mit [ph-] wiedergibt. Aber unsere Aussprache des Griechischen ist im Mittelalter von den Griechischlehrern bestimmt worden, die aus Byzanz kamen und eine spätere Form des Griechischen als Aussprache der altgriechischen Texte bei uns populär machten; entsprechend liest man seitdem [foto-], [filo-]. Allerdings herrscht eben auch hier keine Konsequenz, da das entsprechende *Theater* eben nicht in der mittel- bzw. neugriechischen Aussprache mit anlautendem [ç] wiedergegeben wird (wie im Englischen), sondern in durchaus altgriechischer Weise mit einem aspirierten Verschlußlaut.

Bei Entlehnungen aus den europäischen Nachbarsprachen, v.a. dem romanischen Bereich, spielen die dort vorgefundenen unterschiedlichen Strategien herein, Notierungen für Lautentwicklungen zu finden, die im Lateinischen kein Vorbild hatten. Das gilt so generell für die palatalen Konsonanten, die oben schon erwähnt sind. Hier gibt es nun unterschiedliche graphische Konventionen: für ein palatales [ɲ] hat das Spanische ein <ñ>, das Portugiesische ein <nh>, wir haben also *Señor* neben *Senhor*, die *Empañada* neben der *Empanhada*. Entsprechend hat das Portugiesische da, wo das Spanische (und Katalanische) ein graphisches <ll> hat, ein <lh> also *filho* [fiλo]. Im Französischen haben wir für das palatale [ɲ] die Graphie <gn> wie in *Bretagne, Eau de Cologne*, im Italienischen haben wir für das palatale [λ] die Graphie <gli> wie in *Togliatti*. Dabei spielen für die Repräsentationen der Fremdwörter bei uns auch die Zeitpunkte der Entlehnung eine Rolle; einerseits weil die „Fremdwörter" z.T. dann noch Lautentwicklungen im Deutschen durchgemacht haben

---

[3] Die ebenfalls über das Lateinische vermittelte Wiedergabe mit <ch> statt <kh> der dritten Aspiraten ist phonographisch „unauffällig", da sie im Deutschen dem Reibelaut [ç/x] für <ch> zugeordnet wird.

(siehe oben für die frühen Lehnwörter), andererseits weil sie oft einen Lautstand widerspiegeln (und seine graphische Repräsentation), die einem älteren Sprachzustand der „Gebersprache" entsprechen, wie bei unserem *Billard*, das im heutigen Französischen [bi'jaʁ] ausgesprochen wird, aber zu einem Zeitpunkt entlehnt wurde, als im Französischen die Graphie <ill> einen palatalen lateralen Laut notierte [λ], der dann später zu einem [j] weiterentwickelt wurde.

Wie der Rechtschreib-Duden zeigt, gehören diese Wörter zweifellos zum Deutschen; sie sind schließlich in deutschsprachigen Texten zu finden, was hier das einzige Kriterium sein kann. Auf der anderen Seite wäre es absurd, nun einfach die „GPK-Regeln" zu erweitern:
- Ein palataler Lateral [λ] erweitert nicht die Phonologie des Deutschen - es gibt nach wie vor kein Phonem /λ / im Deutschen. Andererseits ist das aber kein grundsätzliches Problem von *Fremdem* gegenüber *Bodenständigem*; solche Erweiterungen des phonologischen Systems können durch Entlehnungen durchaus da erfolgen, wo gewissermaßen „Lücken" im System die Möglichkeit dazu eröffnen: Das gilt etwa für das initiale stimmlose *s* wie bei [so:sə] *Soße/Sauce*, das allerdings mit einem gewissermaßen resistenteren Aussprachesystem konkurriert, das hier ein stimmhaftes [z] substituiert, wie generell bei den gebräuchlicheren „Fremdwörtern": *Sandwich, Souvenir, Sightseeing* usw. (s. auch oben im 25. Kapitel.) Eine entsprechende „Lücke" im Bereich der postdentalen Reibelaute wird mit dem stimmhaften [ž] geschlossen mit Wörtern wie *Garage* [gaRa:žə] (die resistente Integration substituiert hier natürlich auch wieder einen stimmlosen Reibelaut, sie spricht also [gaRa:šə]).
- Ähnliches gilt für die Erweiterung des Grapheminventars: <ñ, é, ç> werden nicht zu deutschen Buchstaben. Wo eine Substitution durch deutsche Buchstaben möglich ist, ohne daß für die Aussprache daraus Unklarheiten resultieren, sieht der Duden in seinen jüngeren Auflagen das auch vor (vgl. oben auch schon *Fassade, Soiree*).

Es wäre also absurd, die „GPK"-Möglichkeiten durch sämtliche Graphien zu erweitern, die nur in irgendeinem Wort belegt sind, unabhängig davon, ob diese Graphie zum Kern der Rechtschreibung gehört, oder ob sie nur in Einzelfällen belegt ist, und hier auch das Gewicht der Markierung von Alterität trägt vgl. etwa

/f/ ⎯
- <f> *Hafen*
- <ff> *Affe*
- <v> *Vater*
- <ph> *Photo*
- <gh> *tough*
- ...

Zu dem letzten Beispiel vgl. etwa ein *tougher Typ*, in Opposition zu ein *cooler Typ*. NERIUS u.a. haben kalkuliert, daß zu dem Kern der GPK-Regeln noch dreihundert weitere Fremdwort-GPK hinzukommen würden, wobei diese Anzahl beliebig erweiterbar ist, z.B. fehlt *tough* dort noch (in der Szenensprache oder besser gesagt: Szenenschreibe wird das Wort gelegentlich noch zusätzlich verfremdet durch seine graphische Assimilation, die vielleicht sogar bis zu einem *taffen Typ (Tüp)* gehen kann).

In anderen Sprachen geht es in dieser Hinsicht noch bunter zu als im Deutschen, so insbesondere im Englischen, das in dieser Hinsicht eine Mischsprache aus einer romanischen und einer germanischen Tradition ist. Hier hat der Witzbold Shaw, der in der Rechtschreibreform sehr engagiert war, ironisch vorgeschlagen, das Wort *fish* als *ghoti* zu schreiben vgl.

f	vgl. tou*gh*/enou*gh*	→	gh
i	vgl. w*o*men	→	o
sh	vgl. na*ti*on	→	ti

NB: Darin steckt nun genausoviel Unsinn wie Ernst. Shaw begeht auch wieder den Grundfehler vieler Reformengagierter, daß er die Graphien phonographisch isoliert: Die Schreibung <gh> als graphische Repräsentation für [f] ist im Englischen keineswegs frei, sie kann insbesondere nicht wortinitial auftauchen. Eine historische Anmerkung dazu: Das <gh> wurde im Spätmittelalter als Graphie für den velaren Reibelaut [x] eingeführt. *tough* wurde also auslautend mit einem [x] gesprochen genauso wie das entsprechende deutsche Wort *zäh* (althochdeutsch *zahi*) oder *enough* genauso wie das deutsche Wort mit der späteren Fixierung des Verschlußlautes *genug*. Später kam es dann zu einem Wechsel, indem sich dialektale Formen mit [-Vx#] und Formen mit [-Vf#] gegenüberstanden, wie wir das auch in norddeutschen Formen kennen: vgl. *After* und *achter, sanft* und *sacht* u.a. mehr.

Es handelt sich also nicht um produktive „Zuordnungen", was die Grundvorausetzung für die Formulierung von „GPK" sein sollte. Diese Graphien sind nicht frei, um mit ihnen deutsche Wörter zu schreiben: Wir können *fahren* nicht als **pharen* wiedergeben, obwohl dergleichen versucht worden ist, wie die penetranten Bildungsstilisierungen deutlich machen.

Was deren Anspruchlichkeit anbetrifft, habe ich ja vorhin schon auf die hybriden Formen der Fremdwortaussprachen hingewiesen; wenn *Philosophie* das griechische <φ> mit einem *ph* wiedergibt, spiegelt es den altgriechischen Sprachstand wider; die Aussprache mit [f] orientiert sich aber an dem Mittelgriechischen, und so müßte eben ein Wort wie *Pseudophilosophie* konsequenterweise auch [psevdofilosofia] bzw. noch gräzisierender [-sofja] ausgesprochen werden. Diese Probleme, Bildung vorzuzeigen, ohne doch einen sicheren Zugriff darauf zu haben, markieren insbesondere die Namenmode seit dem 16. Jahrhundert, als es üblich wurde, seine bessere gesellschaftliche Position durch die Latinisierung der Eigennamen anzuzeigen, wo aus einem *Weber* ein *Textor* wurde, aus einem *Schmied* (bzw. *Schmitt*) ein *Faber* oder *Fabricius* usw. Auf diese Weise wurde auch ohne Übersetzung, aber eben doch mit der entsprechenden graphischen Anspielung aus dem *-falen*, das eine alte regionale Zuordnung zum platten Land ausdrückt (es ist verwandt mit dem Wort *Polen*) ein *-phalen*: Und so haben wir bei den Eigennamen ja auch einen *Westphalen*.

Nun kann man in der Musterung der Fremdwortproblematik noch in den Details sehr viel weiter gehen, aber es stellt sich doch die Frage, warum die Fremdwörter eigentlich ein Problem sind. Mir scheint, gäbe es den Duden mit seinem verbindlichen Normwörterbuch nicht, würden die Fremdwörter gar nicht als Problem auftauchen. Sprachen sind nie rein, sie sind im Wandel der Sprachpraxis immer Innovationen unterworfen. Allenfalls ist das Lateinische heutzutage eine reine Sprache, weil es tot ist, sodaß dort keine neuen Wörter aufgenommen werden (allerdings gilt das nicht für die Studienratssprache der Neulateiner, die darin ihre Kommersbücher schreiben). Wo aber neue, d.h. „fremde" Wörter integriert werden, nehmen sie an der Lautentwicklung teil, wie wir schon gesehen haben; das gilt so für die

- Diphthongierung: *murum* zu *Mauer, Milano* zu *Mailan(d)*.
- Für die Lautverschiebung: aus *puteum* wird nach der Gemination und der Umlautung, also über **puju* und **pytte, Pfütze* usw.
Im Verlaufe der Entwicklung paßt sich dann auch die Schreibung an, so daß wir heute Formen haben wie *Foto, Telefon, Fassade* usw.

NB: Die Anpassung der Schreibung setzt voraus, daß das Wort *lautlich* übernommen und gebräuchlich ist. Das ist heute wie früher keineswegs immer der Fall: Der Mallorca-Reisende entdeckt sein Reiseziel im Prospekt und unterstellt ihm seine Schreiblautierung [ma'lǫrka]; ist er am Ziel angekommen, sorgt die Touristik-Industrie dafür, daß er durch keinen Kontakt mit der einheimischen katalanisch ([maλor'ki]-)sprechenden Bevölkerung bei seiner Aussprache irritiert wird. So erklären sich eine ganze Reihe „hybrider" Fremdwortaussprachen: *präzis* ist dem frz. *précis* [presi] entlehnt (mit zusätzlich latinierendem Bildungstouch im Präfix *prä-*), *bizarr* ebenfalls (frz. *bizarre* [biza:R] - ironischerweise mit einer falsch unterstellten, aber etymologisch wiederum stimmigen Aussprache, da das Wort im Französischen selbst wieder eine Entlehnung aus dem Italienschen *bizzarro* ist).

Andere Graphien sind aber kein strukturelles Problem - sie belasten allerdings das Gedächtnis. Da sie nur für diejenigen durchsichtig sind, die in den verschiedenen Gebersprachen zuhause sind, sollten sie außerhalb eines ohnehin auf internationale Standards geeichten fachsprachlichen Bereichs nicht obligatorisch gemacht werden (allerdings sollten die gängigsten Muster etwa der Wissenschaftsterminologie (ph-, th-), der journalistischen Terminologie (<au> /o/ *Chauvinist*; <ai> /ę,ę:/ *Trainer, fair, Defaitist* usw.) so vermittelt werden, daß auch neue Wörter dieses Musters erlesen werden können.

Probleme gibt es nur, wo die hier vorkommenden Fremdgraphien systematisch mit Regularitäten der deutschen Orthographie interferieren, wie insbesondere bei der *Schärfungs*notation. Hier sind irritierende Schreibungen dann auch immer schon modifiziert worden, etwa bei *Etappe*, da ein dem zu frz. *ètape* entsprechendes *Etape* [ʔeta:pə] zu lesen wäre (auch bei anderen Sprachen *Minarett*, Pl. *Minarette*, < arab. *ma'na:ra(t)* „Leuchtturm", in der Bedeutung *Minarett* als arabisches Fremdwort im Türkischen *mena:re(t)* und von da über das frz. *minaret* [ohne Schärfung!], das die Betonung auf der letzten Silbe erklärt; ein anderes Beispiel ist *Skelett*, Pl. *Skelette* < gr. *skele'tos* „trocken, dürr" u. dgl.).

Der umgekehrte Fall einer nicht erforderlichen Schärfungsschreibung bei unbetonten (bzw. nebentonigen) Silben ist ebenfalls öfters modifiziert worden: *Perücke* (dafür mit *Schärfung* bei <k>), frz. *perruque, Pomade* frz. *pommade* u.a. mehr). Bei Wortfamilien mit wechselndem Akzentmuster führt das u.a. zu irritierenden Variationen gegen die für die deutsche Orthographie bestimmende Konstantschreibung: *Nummer* aber *numerieren*; *Zigarre* aber *Zigarette*[4] (auch etwa nebeneinander *Kavalier* und *Kavallerie*) - hier wäre vielleicht eine grammatisch-lexikalische Konstantschreibung bei phonographischer Verträglichkeit (wie bei Dehnung/Schärfung ohnehin) zumindest zuzulassen: Die nichtzentralisierten Vokale in den entsprechenden Silben, die im deutschen „Stammwortschatz" nur im festen Anschluß auftreten (s.u.), geben hier eine zusätzliche Motivation, die allerdings nicht zu einer Modifizierung des Regelschemas führen darf (*Matratze, Matrose, numerieren, Numismatik* u. dgl. sind eben regelhafte Schreibungen!). Für Toleranz spricht hier aber gerade auch das Fremdsprachenargument: Für jemand, der Französisch lernt (gelernt

---

[4] Wie öfters bei solchen europäischen „Kulturwörtern" gibt es hier noch Probleme durch die Orientierungsmöglichkeit an verschiedenen Sprachen: frz. *cigare/cigarette*; span. *cigarro/cigarrilo*.

hat), ist eben *Perrücke, Pommade* nicht einfach eine falsche Schreibung bzw. induzieren Schreibungen wie *Perücke, Pomade* ihrerseits Fehler in der Zielsprache ...

NB: Die Dehnungszeichen sind hier relativ unproblematisch: Entweder entsprechen sie den deutschen, wie insbesondere bei der Verdopplung der Buchstaben (ggf. aber noch mit qualitativer Verschiebung, die fremdsprachlich zu lernen ist: z.B. <oo> /u:/ im Englischen *Boot* /bu:t/ „Stiefel" vs. *Boot*). Das Dehnungs-*h* ist in seiner Systematik eine deutsche Idiosynkrasie, die nun aber umgekehrt nicht dazu führen darf, sie auf die graphische Abfolge <vh> in Wörtern aus anderen Sprachen zu projizieren, wo <h> /h/ auch postvokalisch vorkommt, wie etwa im Arabischen. Ausgerechnet bei einem so sensiblen Bereich wie dem religiösen Wortschatz dafür zu plädieren, *Allah* ohne „Dehnungs-*h*" *Alla* zu schreiben,[5] ist peinlich. Will man hier aufklärend sein, ist der Hinweis angebracht, daß das /h/ ja bei vokalischen Endungen (Nominativ *allahu*, Genitiv *allahi* u. dgl.) auch in deutscher Aussprache problemlos ist. Noch sinnvoller wäre hier allerdings tatsächlich der „puristische" Vorschlag, das exotische Wort durch das gute deutsche *Gott* zu ersetzen: Muslime beten schließlich zu keinem anderen Gott als Christen - niemand käme wohl auf die Idee, von einem Franzosen zu schreiben: *er betet zu Dieu*, dagegen von einem Spanier: *er betet zu Dios* u. dgl.

Als Fazit ist festzuhalten, daß der Duden unter der Regel-Nr. 53 gut beraten war, *keine* Regel aufzustellen, sondern nur eine Entwicklungsdynamik zu beschreiben: „Häufig gebrauchte Fremdwörter (...) gleichen sich nach und nach der deutschen Schreibweise an." Die Praxis im Wörterbuch ist es im übrigen auch, gegen den „regelhaften" Anschein der Erläuterungen (mit Verweisen) zu R. 53 zahlreiche Doppelformen zuzulassen: *Photo-* vgl. *Foto-*; *Code* vgl. *Kode* usw. Hier bin ich nicht der Meinung der Duden-Kritiker, die für eine einheitliche (möglichst durchgängig reformierte) Fremdwortschreibung plädieren.[6]

Allerdings spielt die Integration fremder Formen in der Sprachgeschichte nicht nur eine passive Rolle. Wo die Aufnahme neuer Formen in einem quantitativ bedeutenden Umfang erfolgt, werden die von ihnen gebotenen „fremden Muster" z.T. auch selbst wiederum produktiv, führen sie zu einer Veränderung der Monitorkategorien der entleihenden Sprache. Das ist nun der Fall in Hinblick auf die dominante Veränderung vom Althochdeutschen zum Mittelhochdeutschen, die Reduktion der Nebentonsilben. Das Althochdeutsche differenzierte noch ein komplexes Formensystem durch die vokalischen (unbetonten) Endungen vgl. etwa

	Singular	*Plural*
N.	tag	*taga*
G.	tages	*tago*
D.	*tage*	tagum
Akk.	tag	*taga*
Instr.	*tagu*	

In den kursiven Kasusformen sichert allein die auslautende vokalische Qualität die morphologische Form. Demgegenüber haben wir heute in den Nebentonsilben in diesen Formen nur noch ein [tagə] oder in den apokopierenden Mundarten generell nur noch *Tag* (die Kasusfunktion wird durch den Artikel oder durch die Kombination Präposition + Artikel ausgedrückt).

---

[5] Augst in dem genannten Band von ZABEL 1987: S. 98 u. 104.

[6] S. etwa in dem erwähnten Band von ZABEL 1987, besonders die Beiträge von Augst und Munske, die ansonsten die phonographischen Probleme der Fremdwortschreibungen sehr systematisch aufbereiten, so daß ich darauf verweisen kann.

Das markiert nun die Entwicklung des Stammwortschatzes, die dazu geführt hat, daß wir die Vokalopposition nur noch in betonten Silben haben; allein bei Komposita, die einen Nebenakzent aufweisen, finden wir das Oppositionsspektrum auch außerhalb des Hauptakzentes in einem Wort: vgl. *am 'Donnerstage.* Eine Reihe dieser Komposita sind inzwischen als solche allerdings nicht mehr erkennbar, sondern zu mehr oder weniger produktiven Wortbildungsmustern geworden (mit Ableitungsmorphemen wie *-heit, -tum, -nis, -at*), vgl. so nach dem Muster des Vokaldreiecks der Vokalismus in den Nebensilben des Stammwortschatzes mit jeweils einem Beispiel.

/I/: *Gleichnis*   /U/: *Brauchtum*
/ɛ/: *Elend*   /ə/: *Vogel*   /ɔ/: *Herzog*
     /a/: *Heimat*

Es fehlen also die gerundeten palatalen Vokale, die ja nur in betonter Silbe durch Umlaut entstehen konnten. So marginal diese Formen auch waren, die eine periphere Wortschatzgruppe bildeten, so boten sie doch ein Einfallstor für die Adaptierung fremder Wörter, aus Sprachen ohne diese Wortstrukturbedingung. Das galt insbesondere für die ja bis spät in die frühe Neuzeit mit dem Deutschen immer zusammen praktizierte Sprache der Kirche und der Verwaltung, das Lateinische, das seine sprachlichen Formen z.T. in Dubletten gegenüber der volkssprachigen Adaptierung durchhielt. Das wird am deutlichsten bei den Namen wie bei dem äußerst populären Vornamen *Maria*. Populär aber ist hier gleichbedeutend mit weitgehender Assimilierung an die deutschen Wortstrukturbedingungen: Und so finden wir schon in der gotischen Bibel die „germanischen" Betonungsverhältnisse: *'Marja*. Von einer solchen Form aus entwickelte sich dann durch Umlautung und Reduktion des Vokals in der Nebensilbe ein *Merje* als volkstümliche Form des Vornamens, wie er sich auch in Ortsnamen gehalten hat (*Mergenthal ~ Marienthal*). Daneben war natürlich auch für das „Volk" in der kirchlichen Praxis immer die sakrale Namensform präsent, schon im Singen des *Ave Maria* (obwohl nicht auszuschließen ist, daß auch hier gesungen wurde *Ave Merje*).

Synchron in der heutigen Sprache haben wir nun auch in den Nebentonsilben ein vollständiges Vokalparadigma mit einer sehr breiten Belegung, wie das folgende Schema zeigen kann.

/I/: Eth*i*k /y/: parf*ü*mieren /U/: Sir*u*p
Trag*i*k N*u*ance min*u*s
grat*i*s kyr*i*llisch Op*o*ss*u*m
Zypresse

/e/~/ɛ/: Benef*i*z /ø/: Z*ö*libat /o/: Bisch*o*f
Reg*i*ster *Ö*kumene Lexik*o*n
Nazar*e*th Asses*o*r
*O*rgan

/ə/: Gest*e*n
Narkos*e*
Hypothes*e*

/ɐ/: West*er*n
Bank*er*
Tank*er*

/a/: *A*roma
Karnev*a*l
Atl*a*s

(Bei diesen Fremdwörtern ist z.t. die schwankende Betonung im Deutschen zu beachten, die in einigen „Dialekten" hier andere Verteilungen von Haupt und Nebensilben ergibt). Bemerkenswert ist, daß hier die Lücke der gerundeten palatalen Vokale geschlossen wird, insbesondere aber bei y nur in wenigen Fällen mit einer orthographisch adaptierten Notierung (zudem gibt es hier z.T. Schwankungen, bestärkt wohl auch durch eine „entrundende" mundartliche Basis: *Symphonie* neben *Simphonie* (?)/ *Sinfonie*).

Das verweist nun wieder auf das zentrale Problem, um das es bei der Fremdwortdebatte letztlich geht: Nicht die Entlehnung fremder Wörter kann das Problem sein, sondern ihre Verwendung gewissermaßen in der „Originalverpackung". Das ist keineswegs ein Problem der Graphien alleine. Im 19. Jahrhundert war (im Kontext einer bildungsbürgerlichen Debatte, die den Lateinunterricht voraussetzte), vorgeschrieben, bei lateinischen Fremdwörtern auch die entsprechenden Kasusendungen zu verwenden (wie etwa Luther auch schrieb: *Brüder in Christo* oder *Christum empfangen*; *ein Bruder in Christus* wäre hier schlicht und einfach barbarisch erschienen). Allerdings entspricht dem in den älteren Texten auch ein systematisches Bewußtsein für die Differenz in dem so benutzten Sprachmaterial: Solche Formen wurden eben auch im Druck und in den Handschriften anders wiedergegeben, also nicht in der deutschen Schrift bzw. in der Fraktur bzw. Schwabacher Schrift, sondern in der lateinischen bzw. Antiqua. Es ist klar, das diejenigen, die kein Latein konnten, hier keine Chance hatten, sich zurecht zu finden: Bei ihnen finden wir dann *Brüder in Christi*, *Christo empfangen* usw. In einigen Fällen sind allerdings solche Formen inzwischen zur Vorschrift geworden, so etwa bei den Pluralbildungen *Musicus*, Pl. *Musici*; *Cherub*, Pl. *Cherubim* (hebr.); *Komma* Pl. *Kommata* (griech.) usw.

NB: Im übrigen gelten auch in diesen morphologischen Bereichen wiederum die Bedingungen für die Veränderung von Strukturmustern, wenn die „empfangende" Sprache die entsprechenden Lücken dafür besitzt. Das gilt so insbesondere für die Ausdehnung des Plurals auf -s, der nach englischem und französischem Vorbild (und auch niederdt. Praxis!)inzwischen generalisiert und produktiv geworden ist: Nicht nur bei „Fremdwörtern" wie *Clubs, Chefs* usw. sondern auch bei die *Jungs* und sogar die *Mädchens* (der Duden erlaubt inzwischen auch die *Kommas*).

Gravierender i. S. der Integration des Wortschatzes in das Sprachwissen als isolierte exotische Schreibungen sind „Regelverstöße" bei scheinbar integrierten Formen, die dadurch zustandekommen, daß auch die phonographische Alternation aus der Herkunftssprache übernommen wurde: [Reak'cjon] entspricht mit silbenfinaler „Verhärtung" des [g] auch dem deutschen [Reagi:Rŋ] - was zur regulären Schreibung **Reagtion* führen kann statt der aus dem Lateinischen übernommenen Differentschreibung *Reaktion* (*reactio*) vs. *reagieren* (*reagere*).

NB: Invers dazu stehen Formen, die durch den deutschen Wortschatz nicht motiviert sind, weil nur das isolierte Wort, nicht aber die Wortfamilie, die die Schreibung fundiert, verfügbar ist, wie bei den aus dem Englischen übernommenen *Pullover*. Entsprechend der Regel gibt es in der unbetonten Silbe keine Veranlassung zur Schärfungsschreibung [pu'lo:vɐ], sodaß die Fehlschreibung **Pulover* plausibel ist (im Deutschen gibt es kein Wort **pullen*, vgl. engl. *to pull*). Allerdings gibt es in solchen Wörtern i.S. der oben erwähnten Erweiterung des phonologischen Systems der vortonigen Silben zumindest ein phonographisches Warnsignal - die in integriertem Wortschatz hier nicht zu findenden nichtzentralisierten Vokale wie [U] bei [pU'lo:vɐ], s.o.

Geradezu erwartungsgemäß ist der Befund an der Peripherie auch hier nicht konsistent: ['nikolaʊs] fundiert regelrecht **Nickolaus*, vgl. auch die Kurzform *Nicky* (ein Rückgang auf die etymologische Betonung im Griechischen *Niko'laos* hilft natürlich nicht weiter!). Hier kann nur gelten, einerseits die „exotischen" Graphien nicht als *Fehler* zu sanktionieren, andererseits bei häufigen Formen (wie *Pullover, Nikolaus*) sie als markierte durch die Häufigkeit von selbst sanktionieren zu lassen.

Was die graphische Adaptierung anbetrifft, so steht auch hier eine ganze Skala von Möglichkeiten zur Verfügung, vgl. oben das Beispiel *Nuance* und *Nüance* [nyʔaŋsə]. Hier läßt sich also nur feststellen, daß die Zielperspektive die „unauffällige" Integration ist, bei der man das „Herkunftsland" nicht mehr an der Warenaufschrift ablesen kann. Vgl. die Ersetzung der älteren Graphien (nur teilweise so in R. 53 aufgelistet):

frz.	<u>		→ <ü>	Nuance
roman.	]<c>		[→ <z>	Circel
lat.	]		[→ <k>	Doctor (vgl. auch *Carl*)[7]
frz.	<eu>	[ø]	→ <ö>	Friseur
engl.	<i>	[aę]	→ <ei>	Strike
frz.	<ai>	[ę]	→ <ä>	Militair

So wie ich die Fremdwörter hier angegeben habe, finden sie sich in Texten noch um die Jahrhundertwende. Andere Orthographien sind hier radikal gewesen und haben die generelle Assimilierung obligatorisch gemacht. Ikea-Käufer kennen das, wenn sie z.B. einen Gegen-

---

[7] Eine „Bildungsgraphie" nach dem latinisierten *Carolus* des gut germanischen *Karl*, vgl. (der) *Kerl*.

stand erwerben, der die Aufschrift *fåtölj* trägt - es handelt sich offensichtlich um eine Schwedisierung des französischen Fremdwortes *fauteuil* [fotøj]. Das Beispiel macht auch die Probleme solcher normativen Assimilierungen deutlich. Für den internationalen Warenverkehr sind sie sehr unpraktisch: Die Aufschrift so, wie sie auch der Duden hat *Fauteuil*, würde international den Gegenstand sofort definieren. Die Aufschrift *fåtölj* verlangt dagegen von Land zu Land verschiedene Zusatzetiketten.

Entsprechend abwegig wäre es in wissenschaftlichen Fachtexten, orthographisch die Terminologie zu adaptieren, oder sie sogar zwangsweise einzudeutschen: Das Ergebnis davon hat z.B. eine Sonderentwicklung der deutschen Sprachwissenschaft erfahren müssen, die mit ihrer Terminologie von *Zuwendgröße, Anteilgröße* u.a. mehr (siehe GLINZ, *Innere Form des Deutschen*, Bern: Francke 1952, S. 162ff.) nur dazu geführt hat, daß niemand sie gelesen hat. Statt *Zielgröße* sollte das international übliche *Akkusativ* gebraucht werden; die Differenzen zu anderen Sprachen (Großschreibung, *kk* gegenüber *cc*) spielen hier keine Rolle - ein *Ackusatief* ist dagegen nur als Blödelei denkbar.

Die Konsequenzen für die Unterrichtspraxis sind wiederum, die Orthographieregeln im Kernbereich zu erarbeiten, der dann auch die Voraussetzung dazu bietet, gegebenenfalls Fremdwörter nach Regeln einzudeutschen. Darüber hinaus aber braucht es keine normative Fixierung der Andersschreibungen, die ja in der Regel auch für das Lesen ein geringes Problem darstellen (der Schreiber kann sich ja nach seinen eigenen Regeln richten). Für den Schreiber allerdings ist die Vielfalt von graphischen Formen, wie sie die Wörterbuchliste des Duden bietet, eine enorme Gedächtnisbelastung, die nur beherrschbar ist, wenn der Schreiber sie mit einem entsprechenden Regelsystem rekonstruieren kann, d.h. aber wenn er über parallele Regelsysteme für die Schreibweisen im Französischen, Englischen, Griechischen usw. verfügt, aus denen er die entsprechende Fremdwortschreibung generieren kann. Beim Lesen dagegen genügt ja das Wiedererkennen des Wortes aufgrund der möglichen Bedeutungszuordnung. Wenn diese aber nicht glückt, dann hilft letztlich auch keine phonographische Schreibung, dann ist ohnehin ein Nachschlagen im Wörterbuch nötig, was aber ausgehend vom *Schriftbild* erfolgt.

Was nun den Umfang solcher konkurrierenden Sprachwissenssysteme anbetrifft, die in diesem Sinne einen produktiven Zugang zu Formen der graphischen „Alterität" bieten, so sind die Fremdwortkenntnisse im Gleiten. Während im 19. Jahrhundert (in der Bildungsschicht, die diese Fragen debattierte!) generell das Lateinische als parallele Bezugsnorm gesetzt werden konnte, ist es heute in geringerem Maße das Französische (das war anders um die Jahrhundertwende, wo der *Paraplü*, das *Trottoir*, das *Bureau* gängige Sprachmünze waren), durchgängig aber das Englische, das gerade bei Jugendlichen eine solche Leitfunktion hat, wo etwa auch die Graphien aus dem Englischen produktiv sind, etwa das finale <-y> [i] wie in *Baby*. Demgegenüber ist die früher für Fremdwortgraphien als normativ geltende Andersschreibung des <y> für lautlich [y] nach dem Muster des Griechischen heute eine eher elitäre Zusatzwissenskomponente.

Wie wenig hier eine normative Regelung im Interesse derjenigen ist, die sich in der Sprachpraxis tummeln, zeigen die zahlreichen Assimilationen aus dem Englischen (vor allen Dingen über die Medienszene vermittelt), wo ein *cooler Typ* aber auch verfremdet als *kuhler Tüp* vorkommt, und sich solche Verfremdungen auch im weniger exotischen Wortmaterial austoben, wie der durch die Berliner Hausbesetzerszene bekannt gewordenen *v(f)olxküche*.

Abb. 41, die tageszeitung, 16. 6. 1988

Fazit: Mit der Rechtschreibung wird ein Kern von mehr oder weniger transparenten Regeln fixiert, die Raum für die graphische Alterität eröffnen und dabei durchaus sozial verbindliche Stereotypen (Konnotationen) transportieren (entsprechend dem, was auf der Theaterbühne in der gesprochenen Sprache funktioniert, etwa in dem traditionellen Makkaronisch der klassischen Komödie). Diese Alteritäten haben je nach Benutzungshorizont einen unterschiedlichen Gebrauchswert: Für die internationale wissenschaftliche Verständigung bedeutet der Fundus an lateinisch-griechischen Wortbildungselementen, daß internationale Fachtexte aus dem Englischen, Französischen, sogar Russischen mit nur minimalen Sprachkenntnissen *lesbar* sind. Darüber hinaus ermöglichen sie ein Sprachspiel, das insbesondere von der Werbung genutzt wird. Als Aufgabe am Schluß kann sich jeder Leser ausdenken, welche Art von Leistung ein Geschäft verspricht, das sie mit dem folgenden Ladenschild anpreist:
Frisör,
Friseur,
Coiffeur,
Haar-Stilist,
Hair-Styling.
Statt eine Norm durch eine andere abzulösen, mit einem Rattenschwanz von unvorhergesehenen neuen Problemen, gilt es, für die Lerner Sicherheit, Souveränität zu schaffen (d.h. den Kernbereich zu strukturieren), und ihnen gleichzeitig ein Wissen um die Unsicherheitszonen zu geben, verbunden mit Daumenregeln, wie sie durch diese hindurchfinden können. Zum Rechtschreibunterricht gehört auch, den Reichtum der graphischen Alterität verfügbar zu machen.

Anhang I
Phonetisches Hintergrundwissen.

A: Lautproduktion und -wahrnehmung
Hier geht es nicht darum, eine systematische Einführung in die Phonetik zu liefern. Vielmehr sollen nur die phonetischen Grundbegriffe, die ich in der Argumentation im Text verwende, systematisch zusammengestellt werden, um so ein Nachvollziehen der Argumentation auch für diejenigen möglich zu machen, die keine phonetische Vorbildung haben. Dabei kommt es mir darauf an, die entwicklungsgeschichtliche Sichtweise (vor allem in Hinblick auf die Ontogenese) auch auf die phonetischen Kategorien zu übertragen. Das ist nicht nur, aber insbesondere für Lehrer wichtig, bei denen in der Regel erhebliche Vorbehalte gegenüber phonetischen Analysen bzw. Transkriptionen bestehen: deren befremdliches Aussehen löst oft den Protest aus, daß dergl. den Kindern nicht zuzumuten sei. Dabei wird übersehen, daß die spezifische Darstellungsform (mit den Symbolen der phonetischen Handbücher) nicht gleichzusetzen ist mit dem Zugang zu den phonetischen Analysekategorien, über die Kinder prinzipiell auch schon im Einschulungsalter verfügen. Um diese Zusammenhänge zu verdeutlichen, argumentiere ich in zwei Abschnitten
1. die physiologischen Grundlagen der Phonetik
2. die Nutzung der phonetischen Möglichkeiten im Deutschen
Die Fortführung dieser Argumentation hin zu den speziellen Problemen der Silbenstruktur im Deutschen ist oben im Text entwickelt (s. S. 270 ff.)

A. 1. Allgemeine Grundlagen der Phonetik
Die folgenden Überlegungen argumentieren genetisch, wie es auch bei der Vorlesung sonst der Fall ist.[1]

Der Gegenstand der Phonetik, die Produktion und Wahrnehmung von Lauten, beruht gewissermaßen auf einer sekundären Umfunktionierung unserer biologischen Ausstattung: Der physiologische Apparat ist phylogenetisch zu anderen als sprachlichen Zwecken entwickelt worden, die auch für unsere Lebenspraxis nach wie vor „grundlegender" sind, als es die Sprachpraxis ist (man kann ohne Sprache überleben, nicht aber ohne die anderen, grundlegenden Funktionen dieses Apparates). Wir haben also keine „Sprachorgane", sondern wir nutzen für sprachliche Zwecke Organe, die ihre spezifische Form und Funktionspotentiale in der Anpassung an ganz andere Funktionen erhalten haben. Für diejenigen, für die die Phonetik Neuland ist, ist dringend zu empfehlen, daß sie die folgenden Darstellungen nicht nur lesen sondern zum Anlaß von gezielten Selbstbeobachtungen nehmen.[2]

Die artikulatorischen Vorgänge sind direkt über das Abfühlen der Bewegungsabläufe, z.T über die optische Kontrolle etwa durch einen Handspiegel zugänglich; vieles kann auch indirekt durch physikalische Wirkungen kontrolliert werden (etwa der Rhythmus des Luftstroms am Flackern einer Kerze vor dem Mund u. dgl. m.). Als Hinweis für Lehrer: solche Eigen- oder Fremdbeobachtungen sollten auch im Unterricht eingesetzt werden, sie

---

[1] Als besonders klar und hilfreich habe ich hierbei die Arbeiten von Gerhart LINDNER empfunden: Der Sprechbewegungsablauf. Berlin-DDR: Akademie Verlag 1975, und *Hören und Verstehen*, Berlin-DDR: Akademie Verlag 1977.

[2] Ausführlichere Hinweise dazu gibt jeder Einführungsband in die Phonetik, beispielsweise H. H. WÄNGLER, *Grundriß einer Phonetik des Deutschen*, Marburg: Elwert 3. Aufl. 1974 u. ö.

sollten jedenfalls an die Stelle eines reinen „Vokabel"lernens treten, das ein Verständnis eher behindert; im übrigen machen solche Eigen- und insbesondere auch Fremdbeobachtungen Spaß, nicht nur Grundschülern.

Zunächst einmal als Grunddefinition: Wir gehen aus von Sprechen und Hören, definieren Sprechen als das Produzieren von Äußerungen (Lauten), Hören als das entsprechende Rezipieren; das folgende Schema kann die Pole der Betrachtung verdeutlichen.

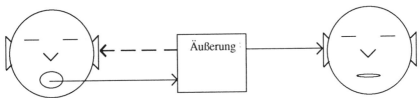

Die gestrichelte Linie in der schematischen Darstellung zeigt eine Komplikation: der Sprecher ist ja auch selbst Hörer seiner Äußerung. Diese gewissermaßen Verinnerlichung des sozialen Schemas von Sprechen/Hören soll aber im folgenden nicht weiter berücksichtigt werden. Im übrigen ist sie auch keineswegs dominant: wir nehmen unsere eigene Sprache vorwiegend auf anderen „Körperkanälen" wahr (durch die Knochenübertragung im Kopf u. dgl.); wenn diese ausgeblendet sind, wie es der Fall ist, wenn wir uns auf Tonbandaufnahmen hören, erscheint uns daher die eigene Stimme fremd.

Bei der Produktion gesprochener Sprache denkt man in der Regel an den Mund, und so sind ja auch etymologisch die üblichen Ausdrücke für Sprache zu verstehen, die oft das dominante Sprechorgan, das „Mundwerkzeug" Zunge, mit Sprache gleichsetzen (so ja noch poetisch im Deutschen, üblich in den älteren und z.T. auch noch in den heutigen anderen germanischen Sprachen *Zunge* für Sprache, im Lateinischen *lingua* und von daher in den meisten romanischen Sprachen noch heute, im Griechischen *glossa* usw.). Aber die Sprachproduktion ist keineswegs so beschränkt lokalisiert: Auch wenn wir nur die Organe berücksichtigen, die unmittelbar an der Produktion der Laute beteiligt sind, ist die entsprechende Körperregion sehr viel größer - in gewisser Weise kann man sagen, daß der Mensch nahezu mit dem ganzen Körper spricht, das Verhältnis zur Sprachproduktion (und entsprechend auch zur Wahrnehmung, insofern diese gewissermaßen eine Reproduktion/Analyse des Wahrgenommenen durch eine mögliche eigene Produktion ist) *leiblich* ist, siehe das folgende Schema (S. 364) mit der Eingrenzung der wichtigsten Körperzonen der Artikulation. Die physiologische Seite dieses Produktionsapparates kann die schematische „Innensicht" der organischen Ausstattung verdeutlichen (S. 365).

In einem globalen Durchgang durch die Regionen bzw. ihre Organe können wir uns zunächst die primären Funktionen des physiologischen Apparates deutlich machen. Dabei fungiert die Glottis (3) gewissermaßen als Achse, die den Gesamtapparat in zwei von der Funktionsweise her sehr unterschiedliche Bereiche teilt: Der *infraglottale* (unterhalb der Glottis) und der *supraglottale* (oberhalb der Glottis) Bereich.

Der *infraglottale* Bereich reguliert insbesondere die Atmung: Die Lungen selbst sind so etwas wie ein Blasebalg, der selbst nicht Bewegungen ausführt, sondern durch äußere Einwirkung in Bewegung gesetzt wird: sie werden von den Muskeln im Zwerchfell und im Brustkorb zusammengedrückt und auseinandergezogen. Das ergibt eine primär rhythmische Funktionsweise des infraglottalen Apparates, die die Sprachproduktion prägt.

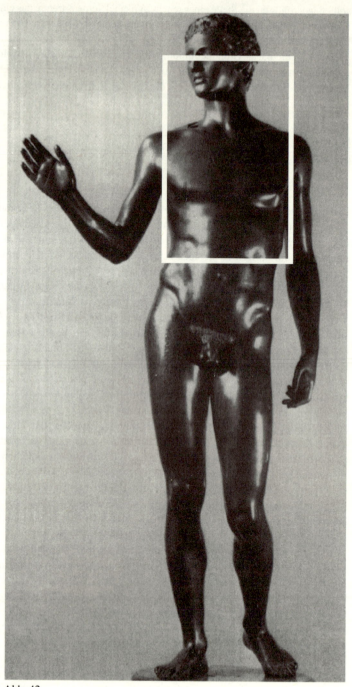

Abb. 42

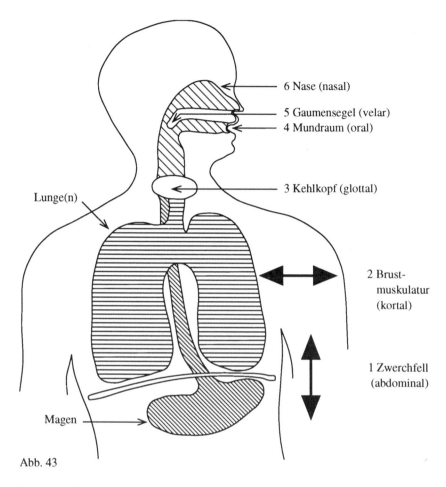

Abb. 43

Der *supraglottale* Bereich ist recht komplex. Er dient sowohl der Atmung wie der Nahrungsaufnahme. Er ist Ein-/Ausgang für den Atemtrakt, mit der Lunge durch die Luftröhre verbunden; das ist ausschließlich so bei dem Nasen„kanal" (wenn hier etwas Gegenteiliges geschieht, Speisenteile in die Nase geraten, wird deutlich, daß der Apparat gestört ist ...; andererseits kann aber mit einer Kanüle durch die Nase auch künstlich ernährt werden).

Der *orale* Trakt (von der Glottis bis zu den Lippen oft auch als „Ansatzrohr" für die Sprachproduktion bezeichnet) dient der Nahrungsaufnahme bzw. Nahrungszubereitung: Abbeißen von Nahrungsteilen, deren Zerkleinerung, deren Zufuhr (Schlucken) zum Magentrakt, mit dem ihn die Speiseröhre verbindet. Aber der Mund ist zugleich auch eine Öffnung für den Atmungstrakt, und zwar eine sehr viel größere als die Nase; er wird insbesondere dann eingeschaltet, wenn der Organismus eine große Sauerstoffmenge benötigt wie bei anstrengenden Tätigkeiten. Diese Doppelfunktion des supraglottalen Traktes macht ihn für Störungen sehr anfällig: Luft kann in den Verdauungstrakt eintreten (durch Rülpsen zu beseitigen), Speiseteile können in den Atmungstrakt eintreten (Verschlucken, das schon sehr viel unangenehmer ist). Gegen solche Störungen soll der Kehlkopf (die

Glottis) schützen, der gewissermaßen als Ventil den infraglottalen Atmungstrakt vor dem Eindringen von Speiseteilen schützt. Schematisch können wir ihn als Verschlußklappe deuten, der auf dem Luftröhrentrakt sitzt, siehe das folgende Schema.

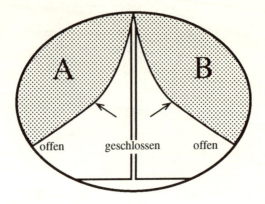

Abb. 44

Wenn die beiden Muskeln A und B angespannt werden, verschließen sie den „Kanal", anderenfalls ist dieser mehr oder weniger weit geöffnet und läßt Luft (gegebenenfalls aber auch anderes) durch. Dadurch kann die Glottis allerdings auch noch weitere Funktionen übernehmen. Sie bildet ja nicht nur einen Verschluß nach außen (gegen das Eindringen von Nahrungsteilen u. dgl.) sondern auch nach innen: Wenn der Brustkorb durch das Aufpumpen der Lungen aufgebläht ist, kann dieser Zustand durch das Verschließen der Glottis stabilisiert werden - was den Brustkorb, seine empfindlichen Weichteile, aber auch die Knochenausstattung gegen Verletzungen schützt, und was so bei großen Anstrengungen, wie dem Heben von Gewichten genutzt wird. Wenn der entsprechende Verschluß der Glottis dann wieder gelöst wird, ist das als ein deutliches Knacken zu hören (wir kennen das alle nach dem Röntgen, wenn wir auf die entsprechende Aufforderung des Arztes hin die angehaltene Luft ablassen).

NB: Die physiologischen Einzelheiten sind in diesem Kontext nicht so wichtig. Anatomisch bezeichnet der *Kehlkopf* (Larynx) den gesamten organischen Apparat, der den Zugang zum Magen- und Lungentrakt regelt, während die *Glottis* (oft auch „Stimmritze" genannt) nur den Teil davon bezeichnet, der den Zugang zum Lungentrakt reguliert.

Ähnlich fungiert das *Gaumensegel* (5) als Ventil. Auch hier handelt es sich um einen recht komplexen Vorgang, den wir hier nur sehr schematisch zu betrachten brauchen: Es reguliert den Zugang zum Nasentrakt, auch hier wieder auf der einen Seite gegenüber dem Speisetrakt (die entsprechende Störung, wenn Speiseteile in die Nase dringen, kennen wir ja auch als sehr unangenehm), andererseits erlaubt es bei Freigabe des Nasentrakts die Atmung durch die Nase, wenn der Mund verschlossen oder mit der Nahrungsaufnahme beschäftigt ist. Der Verschluß selbst kann einerseits durch die Verengung des oberen Teils der Luftröhre erfolgen (*pharyngal*), andererseits durch den beweglichen Teil des Gaumensegels (des „Zäpfchens", das wir von den Erkältungen kennen), also *uvular*, gegenüber dem hinteren Teil der Zunge.

Der Mundraum selbst ist ein sehr differenziertes System für die Nahrungsaufnahme/-zerkleinerung. Das gilt hier insbesondere für seine vordere Öffnung, die Lippen, die einerseits verschlossen werden können (z.b. gegen das Eindringen von Wasser), die aber auch direkt die Aufnahme der Nahrung betreiben werden können (beim Saugen - ontogenetisch ja die primäre Weise der Nahrungsaufnahme, die von daher später regressiv noch sehr lustvoll besetzt ist). Der innere Teil des Mundraumes wird durch den beweglichen Unterkiefer genutzt, der durch hebelartige Bewegungen insbesondere die Zähne in Funktion setzt, die Nahrungsteile abbeißen, zerkleinern usw. (auch hier wieder eine lustvolle Tätigkeit, die diesen Bewegungsabläufen auch in anderen Funktionszusammenhängen anhaftet). Der mobilste Teil im Mundraum ist die Zunge, die recht plastisch mit ihren Formveränderungen den Mundraum gestalten kann: Auch sie hat die primäre Funktion, die Nahrung zuzubereiten (zu zerquetschen), sie dabei mit Speichel zu mischen und schließlich ihre Weiterbeförderung in den Magen in den Weg zu leiten (schlucken).

Dieser außerordentlich komplexe Apparat wird in seinen Bewegungsabläufen koordiniert über die Selbstwahrnehmung (*Autokinese, propriozeptisch*); und die entsprechenden Wahrnehmungs- und Steuerungsmuster strukturieren auch andere Funktionen, die sekundär von diesem Apparat übernommen werden, wie eben insbesondere die Produktion von Sprachlauten.

Genetisch gesehen handelt es sich bei dem Sprechen wohl tatsächlich um einen Nebeneffekt, da die Aktivitäten dieses Apparates gewissermaßen zwangsläufig mit Geräuschen verbunden sind (Schmatzen, Rülpsen, Zähneknirschen -klappern u.dgl. mehr). Einige dieser Geräusche werden eben genutzt, um damit Sprachlaute zu erzeugen (diese Differenz ist schon für die antiken Phonetiker grundlegend gewesen, die von Geräuschen im weiteren Sinne (*psophoi*) die Laute der Äußerungen im engeren Sinne unterschieden, die *phonai* (von daher der Ausdruck *Phonetik*).

Bei der Nutzung des Apparates für die *Laut*produktion handelt es sich also um einen Filter gegenüber der breiten Palette von Geräuschmöglichkeiten, der zugleich auch ein Filter für die dabei benutzten Organe ist. Dieser Filter ist selbst wiederum eine kulturelle Leistung, keine physiologische Notwendigkeit. Von daher besteht auch die Möglichkeit, gewissermaßen kompensatorisch andere als die „Standardorgane" für die Sprechproduktion zu nutzen: Das ist etwa der Fall bei Patienten, die eine gravierende Operation im Atmungstrakt über sich ergehen lassen mußten, und die darauf angewiesen sind, die infraglottale Quelle der Sprachlaute auf anderem Wege zu erzeugen: Sie können das z.B. mit einer aus der Speiseröhre (*Oesophagus*) austretenden Luftsäule, die dann von dem supraglottalen Apparat ganz „regulär" moduliert wird (das kann jeder nachvollziehen, der einmal versucht, mit den entsprechenden „Mundstellungen" die Vokale zu rülpsen).

Um diese Zusammenhänge zu verstehen, ist es nötig, sich die Grundverhältnisse der artikulatorischen und auditiven Phonetik zugänglich zu machen. Lautliche Artikulation ist dadurch definiert, daß die mit diesem physiologischen Apparat sekundär bei einem anderen erzeugten Wirkungen (also die Gehörseindrücke) kontrolliert und für die soziale Interaktion genutzt werden. Der offensichtliche Vorzug dieser Art von interaktiver Beeinflussung besteht darin, daß sie ohne direkten Körperkontakt möglich ist, sogar ohne Blickkontakt (sie erlaubt den Kontakt bei Sichthindernissen oder insbesondere auch dann, wenn die Aufmerksamkeit im Sichtfeld durch anderes gebunden ist wie etwa bei intensiver Tätigkeit). Auch hier ist es wieder so, daß eine organische Ausstattung dazu benutzt wird, die phylogenetisch und auch jetzt noch funktional primär anderen Zwecken dient: insbesondere zur räumlichen Orientierung und zur Kontrolle des Gleichgewichtes. Dazu dient ein komplexer organischer Apparat zur Kontrolle des „Körpergefühls" in Hinblick einerseits auf die Lage im Raum, orientiert an der vertikalen Körperachse (Gleichgewicht), andererseits in Hinblick auf das horizontale Raumfeld durch den Vergleich von Signalen, die auf einen bestimmten Raumpunkt bezogen werden, sich aber beim Eingang in den beiden Ohren durch deren Distanz unterscheiden. Da die physiologischen Details hier nicht zu interessieren brauchen, gebe ich im folgenden nur eine schematische Darstellung.

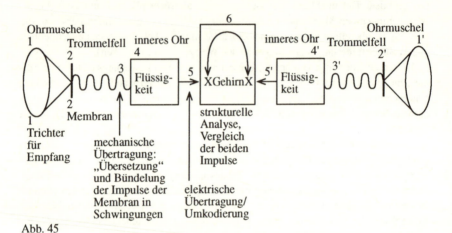

Abb. 45

Zentral für die Funktionsweise dieses Apparates ist die Symmetrie der beiden Eingänge (linkes und rechtes Ohr), die im Zentralbereich (dem Gehirn) den Vergleich der beiden Eingaben und dadurch die Orientierung im Raum ermöglicht. Hier genügt es, nur die eine Hälfte dieser Ausstattung zu betrachten, da die andere Hälfte (markiert jeweils mit den entsprechenden „abgeleiteten" Nummern) symmetrisch ist.

1. Das *äußere Ohr* hat gewissermaßen als Trichter die Funktion, eingehende Signale zu sammeln, wobei die asymmetrische Form eine wichtige Funktion für die vertikale Orientierung hat;
2. das *Trommelfell* bildet einen Abschluß des inneren Systems gewissermaßen als Schutzvorrichtung. Es funktioniert als eine Membrane, die die eingehenden Signale, als Erschütterungen des Trommelfells, für die Weiterleitung nach innen umkodiert;
3. die Erschütterungen des Trommelfells werden mechanisch durch ein System von Knöchelchen und Knorpeln weitergeleitet, dabei gebündelt und so schon in einer ersten Phase analysiert;
4. das *innere Ohr* hat insbesondere einen Flüssigkeitsfilter, der die zugeleiteten Schwingungen in Hinblick auf ihre Frequenzen weiter analysiert und gleichzeitig für die Weiterleitung umkodiert;
5. die Weiterleitung erfolgt als elektrische Impulse (die also ihrerseits durch die Umkodierung eine weitere Analyse erfahren haben) und die Übertragung in das zentrale Nervensystem;

6. im *Gehirn* erfolgt dann die strukturale Analyse der eingehenden Reize, insbesondere durch ihre Zuordnung zu anderen Reizen. Das betrifft zunächst die Differenz der vom linken Ohr und vom rechten Ohr einkommenden Reize, die es erlauben, das Verhältnis des Körpers zu einem „angepeilten" Raumpunkt zu bestimmen. Schließlich wird hier das diffuse Spektrum der eingehenden Reize, bei dem sich *alle* Reize zunächst ja einfach additiv überlagern, gefiltert in Hinblick auf *relevante* Reize, die fokussiert werden in der Differenz zum Hintergrund. Schließlich werden die so analysierten auditiven Reize mit Reizen aus anderen „Kanälen" koordiniert, etwa denen aus dem optischen Feld, die überhaupt erst eine „Interpretation" des Reizes ermöglichen.

Die Gehörswahrnehmung resultiert also zunächst aus einer mechanischen Erschütterung des Trommelfells, eine Erschütterung allerdings, die nur indirekt von der Quelle verursacht wird (eine direkte Erschütterung durch unmittelbaren physischen Kontakt der „Quelle" mit dem Trommelfell führt in der Regel zu Verletzungen). Diese indirekte Übertragung markiert den Ort der *akustischen* Phonetik. Unmittelbare Quelle für die Gehörseindrücke sind Luftschwingungen, die von dem „Wahrgenommenen", also der Quelle (evtl. einem Sprecher) auf das Trommelfell übertragen werden. Die Abbildung auf der folgenden Seite soll wenigstens eine ungefähre Modellvorstellung von diesem Vorgang geben, die insbesondere helfen soll, die Vorstellung von „wandernden" Schallformen als wandernden Luftpartikeln durch eine etwas präzisere zu ersetzen.

Vereinfacht gesprochen bleiben die Luftpartikel an dem gleichen Raumort. Man kann sich den Luftraum zwischen einer Quelle und dem „Empfang" (also vereinfacht zwischen Sprecher und Hörer) etwa wie einen Sack mit Gummibällen vorstellen, die bei einem Druck von außen darin zwar ihre Position nicht verändern, sich aber zusammenpressen und wieder ausdehnen. Jedes Element, das auf diese Weise angestoßen wird, gibt die entsprechende Bewegung an das benachbarte Element weiter; es sind das Vorgänge, wie sie sehr anschaulich an einem Kornfeld beobachtet werden können, das vom Wind bewegt eine Wellenbewegung aufweist, bei der doch jede Pflanze an ihrer Stelle bleibt (oder an den Kreisen, die sich im Wasser ausbreiten, in das ein Stein geworfen ist, wo ebenfalls die Wasserpartikel selbst ihren relativen Raumpunkt beibehalten).

Die Geschichte der Partikeln A, B, C
t_n: Ausgangssituation = t_{n+1}

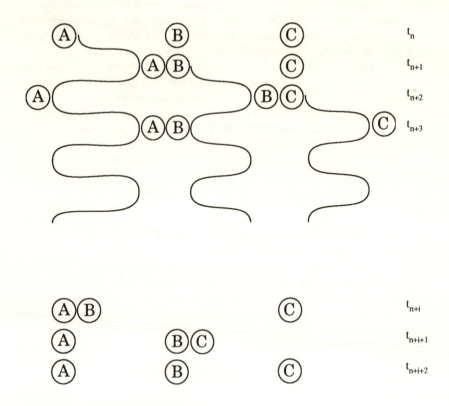

Abb. 46

In der Abbildung 46 ist gewissermaßen die Geschichte dreier Luftpartikel A, B, C dargestellt. Bei einem bestimmten Zeitpunkt t wird die Partikel A angestoßen und vorwärts bewegt. Beim Zeitpunkt t_{n+1} stößt sie an die benachbarte Partikel B. Bei dem Zeitpunkt t_{n+2} ist sie einerseits wieder von der Partikel B zurückgeprallt, während nun B ihrerseits vorwärtsgeschleudert wird und an die benachbarte Partikel C prallt. Bei dem Zeitpunkt t_{n+3} ist B seinerseits von C zurückgeprallt, stößt hier wiederum auf A, das seinerseits wiederum von der ihm benachbarten Partikel zurückprallt und die Bewegung erneut in Richtung auf B gemacht hat, während nun C seinerseits vorwärtsgeschleudert und an die benachbarte Partikel stößt; auf diese Art und Weise pflanzt sich die Bewegung durch den gesamten Raum fort, wobei die einzelnen Partikel aber nur um ihre Ausgangsstellung nach links oder rechts schwingen, bis sie an die jeweils benachbarten Partikel anstoßen.

Die Rede von Schwingungen erklärt sich also durch die periodischen Veränderungen. Das einfachste Gerät zur Messung und auch zur Erzeugung solcher Schwingungen ist eine Stimmgabel, deren Zinke, wenn sie angestoßen wird, periodisch ausschwingt, s. die folgende Abbildung.

 Anschlagen der Stimmgabel bei Anstoßen

Abb. 47

Eine einfache Konstruktion zur Messung und gleichzeitig zur graphischen Darstellung solcher Schwingungen besteht darin, daß man an das Ende einer solchen Stimmgabel einen Stift montiert, der auf einem unter der Stimmgabel in gleichmäßigem Tempo durchgezogenen Papierband Schreibspuren hinterläßt. Setzt man nun die Stimmgabel in Bewegung, so hält dieser Stift die Pendelausschläge als eine kontinuierliche Kurve fest, s. die folgende Abbildung.

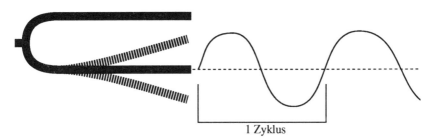

Abb. 48

Von hier aus ergeben sich die physikalischen Meßgrößen für solche Geräusche, gemessen als die Häufigkeit (Frequenz), in der bei einem bestimmten Ton die Gesamtkurve in einer Sekunde durchlaufen wird. Ist das einmal der Fall, haben wir die Grundeinheit von einem *Herz* (d.h. also eine Schwingung pro Sekunde, abgekürzt *Hz*). Je öfter diese Schwingbewegung in einer Sekunde durchlaufen wird, desto höher bzw. heller ist der Ton.

Mit einem solchen Verfahren lassen sich also Geräusche akustisch bestimmen: zunächst einmal in Hinblick darauf, ob es sich um periodische *Töne* handelt, die solche Schwingungen aufweisen, oder um ein diffuses Geräuschspektrum. Nun kommen in der Natur in der Regel nicht reine Töne vor, sondern Klänge, bei denen sich mehrere unterschiedliche Töne überlagern - die Einzelheiten brauchen hier nicht zu interessieren, sie sind nachzulesen. Solche *Klänge* können aber bestimmt werden durch die Zusammensetzung aus Tönen; wenn es sich um reine Klänge handelt, durch die „Grundfrequenz" und die sie weiterbestimmenden Frequenzbereiche, die sich als Vielfache von dieser Grundfrequenz bestimmen.

Offensichtlich sind die menschlichen Laute in diesem Sinne ebenfalls zu analysieren. Das gilt so insbesondere schon von den an der Glottis erzeugten Lauten; die Schwingungen prägen die „stimmhaften" Laute, also die Vokale und stimmhaften Konsonanten (besonders deutlich ist die Erzeugung der Stimmhaftigkeit eines Lautes wahrzunehmen, wenn man sich bei einer Lautabfolge KVK..., z.B. *Papa*, die Ohren zuhält und so den „externen" Höreindruck ausschaltet). Und schließlich ist der Apparat des Ohres ein solches Meßinstrument, das die Schwingungen des Trommelfells in diesem Sinne weiter analysiert. Die skizzierte komplexe Analysevorrichtung ist dabei nötig, weil die Gehörseindrücke extrem komplex sind und eine differenzierte Analyse verlangen. Eine erste Möglichkeit zur Filterung eines komplexen Gehörseindruckes besteht in der Zerlegung des eingehenden Frequenzspektrums in Hinblick auf die unterschiedlichen Intensitäten in den verschiedenen Frequenzbereichen und schließlich in der Differenzierung von periodischen Spektren gegenüber einfachen Geräuschspektren, in denen die Erregungen gewissermaßen chaotisch verlaufen. Für die auditive Analyse sind allerdings gewisse biologische Grenzen gesetzt, die in etwa auch denen der Produktion entsprechen. Der Frequenzbereich, in dem eine Analyse möglich ist (bzw. die Lautproduktion kontrollierbar ist), reicht von etwa 20 Hz bis 20000 Hz. Die Grenzen im Intensitätsbereich liegen unten bei der Hörschwelle (die in *Decibel* bzw. *Phon* gemessen wird, abgekürzt *db*): die Hörschwelle dann also bei 0 db, während die Obergrenze bei etwa 130 db liegt, mit der die Schmerzschwelle erreicht ist, etwa in unserem Alltag an der Grenze zur Körperverletzung durch tieffliegende Düsenjäger. Das soll hier im einzelnen nicht weiter interessieren.

Der biologische Apparat, der für die entsprechenden primären Funktionen der Reproduktion entwickelt worden ist (Atmung und Nahrungsaufnahme auf der einen Seite, Gleichgewichtskontrolle und Raumorientierung auf der anderen Seite), wird also umfunktioniert, um die soziale Kontrolle der Interaktion zu ermöglichen: im Sprechen/Hören. Entsprechend dem bisher Gesagten lassen sich diese Momente in den unterschiedlichen Bereichen der Phonetik rekonstruieren:
- in der *artikulatorischen* Phonetik, die die Analyse der Lautungen so vornimmt, wie sie produziert werden, sodaß die lautschriftlichen Darstellungen als Instruktionen zu lesen sind, deren Befolgen zu dem gleichen Lautereignis führt;
- in der *akustischen* Phonetik, die die Lautereignisse instrumentell so analysiert, daß gleiche Ereignisse instrumentell identifizierbar werden;
- in der *auditiven* Phonetik, die rekonstruiert, wie die Zuordnung von Lautereignissen zu bestimmten Klassen in der Wahrnehmung erfolgt.

Die Ausbildung der entsprechenden phonetischen Disziplinen ist inzwischen weit fortgeschritten und ein Spezialwissen geworden. Als solches ist es nicht im Alltagswissen präsent und geht auch weit über das hinaus, was ich hier mit solchen vereinfachenden Überlegungen vermitteln kann.

NB: Ein Problem bei der auditiven/akustischen Analyse ist die Differenzierung zu der Selbstwahrnehmung, die ja erworbenen spontanen Grundkategorien zugrunde liegt. Die Selbstwahrnehmung erfolgt überwiegend über die mechanische Übertragung der Schwingungen durch die Kopfknochen (insbesondere bei der großen Resonanz des Nasalraumes läßt sich das auch mechanisch durch die Vibration des Kopfes „fühlen"). Die Differenz zwischen diesem „spontanen" Eindruck von der eigenen Sprache und ihrer Fremdwahrnehmung über eine Tonbandaufnahme hatte ich ja schon früher angesprochen. Hier liegt ein spezifisches Problem der auditiven Phonetik, das hier aber nicht weiter diskutiert zu werden braucht, da die Entwicklung der phonetischen Kategorien ja auch in der Sprachentwicklung über die „Fremdwahrnehmung" bei anderen Sprechern verläuft.

In Hinblick auf die Zielsetzung dieses Buches (und nicht zuletzt in Hinblick auf die pädagogischen Probleme) ist es wichtig sich klarzumachen, daß diese wissenschaftlichen Anstrengungen letztlich nichts anderes tun, als das Wissen zu explizieren/zu rekonstruieren, das jeder Sprecher/Hörer mit seiner Sprachbiographie erworben hat. Ausgangspunkt dafür ist die lebensnotwendige (und insofern auch dem eigentlichen Spracherwerb vorausgehende) Kontrolle der Organe, die ja erst sekundär für die Sprachproduktion/ Höranalyse umgenutzt werden. Diese Umnutzung der primären Organe erklärt aber auch, daß die Kategorien ihrer primären Kontrolle auch noch bei ihren „intellektuellen" Funktionen im Sprechen/Hören präsent sind, daß gewissermaßen auch die „intellektualisierte" Sprache in den Kategorien der biologischen Funktionen *gelebt* wird. Die „intellektualisierten" Strukturen der Sprechsprache sind homolog zu den Mustern biologischer Funktionsabläufe. Die rhythmische Gliederung der Äußerung durch die infraglottale Erzeugung der resonierenden Luftsäule entspricht Mustern, die gelebt werden in der Bandbreite vom langsamen Atemrhythmus beim Einschlafen bis hin zum hektischen Atemrhythmus bei großer Anstrengung; die Modifizierung der Laute im supraglottalen Bereich entspricht biologischen Nutzungen der entsprechenden Organe: der Lippen mit ihren saugenden Bewegungen (von daher der affektivische Wert labialer Artikulationen wie bei dem „Grundwort" *Mama*); „enge" Lautbildungen mit Kontakt/Reibung von vorderer Zunge und vorderem (harten) „Gaumen" entsprechen dem affektivischen Bereich von hier entstehenden „biologisch näheren" Vorgängen (dem Abschmecken wohlschmeckender/süßer Speisen, erotischen Funktionen: Zungenkuß u.dgl.), vgl. etwa entsprechende Bildungen durch Verkleinerungsformen: *Schatz* und die Palatalisierung in *Schätzchen*, *Kuß* und die entsprechende Palatalisierung in *Küßchen* usw.; komplementär dazu ist die primäre Erzeugung von Lauten durch die Organe, die im hinteren Mund und Rachentrakt das Schlukken, Würgen u.ä. besorgen, mit Lautbildungen wie *Drachen*, *knacken* usw. Schließlich im Zusammenspiel von infraglottaler Gliederung und supraglottaler Artikulation rhythmisch/ artikulatorisch expressive Bildungen wie *ritsch-ratsch, ruck-zuck* u.dgl. bei denen die Artikulation homolog zu entsprechenden Bewegungsabläufen ist, gegenüber einer „lento"-Artikulation und entsprechender „Bedeutung" bei *wohlig, sudeln, trödeln* (dagegen aber *trotten, paddeln* usw. mit „gebremsten" Vokalen).

NB: Diese Weise, die Sprachproduktion zu *leben*, macht gerade nicht das Spezifische an Sprache aus, sondern ist gewissermaßen eine regressive Schicht der sprachlichen Bedeutung. Dieses Verhältnis wird gerade in der außersprachwissenschaftlichen Diskussion gerne zum Gegenstand von weitreichenden Überlegungen gemacht, wo in der Regel aber nicht hinreichend sorgfältig differenziert wird (der Urtyp solcher sprachtheoretischer Diskussionen findet sich in Platons Dialog „Kratylos"). Sowenig es angeht, diese homologe Erlebnisschicht der Sprache zu ignorieren, so wichtig die darin fundierte „Lautstilistik" für die Sprachpraxis ist (nicht nur aber insbesondere selbstverständlich für die Dichtung), so deutlich ist aber auch, daß von hier aus nicht die Funktion der Sprachlaute gefaßt werden kann: Die funktionale Nutzung der Sprachlaute verhält sich zu diesen „primären Deutungen" gewissermaßen wie eine Form zu dem geformten Material. Es ist zu offensichtlich (und ja auch von den Gegnern solcher reduktionistischer Sprachauffassungen immer wieder eingewandt worden), daß die Sprache überwiegend Bildungen aufweist, die sich material von den expressiven nicht unterscheiden, ohne in irgendeinem nachvollziehbaren Sinne die gleichen „primären Bedeutungskomplexe" aufzuweisen, vgl. etwa mit *Drachen, Rachen: machen, Sachen*; mit *Küssen : müssen; Eichen* (Dimin. zu *Ei*) : *eichen* (Holzart; Tätigkeit) u.a. mehr.

Allenfalls kann man davon sprechen, daß expressiv deutbare Formbildungen durch Formentsprechungen assoziative Felder aufspannen (so wie ein Magnet Eisenfeilspäne auf einer Platte orientiert). Derartige Felder lassen sich, ausgehend von bestimmten Formbildungselementen, definieren, z.B. Bildungen mit anlautendem *kna-* und folgendem „bremsenden" Konsonanten: *knallen, knacken, knattern, knabbern* ... - ohne aber, daß die Umkehrung möglich ist, die alle Formen mit einer solchen Lautstruktur auf ein solches „primäres Bedeutungsfeld" reduzierte (vgl. etwa *knapp, der Knappe* usw.). Hinzu kommt, daß solche Bildungsweisen ganz offensichtlich an die einzelsprachlich unterschiedlichen phonologischen Strukturen gebunden sind, die denn auch dazu führen, daß expressive Bildungen von Sprache zu Sprache sehr verschieden sein können.

Schließlich können solche „regressiven" Bedeutungen auch sekundär durch die kulturelle Aufnahme, Bestätigung oder Zensierung von physiologischen Lautgesten aufgebaut werden. Ein in diesem Zusammenhang viel diskutiertes Problem ist die in allen europäischen Sprachen beobachtbare Substitution des in den älteren Sprachstufen apikal artikulierten Zungen-*r* durch den velaren Reibelaut. Hier hat es dann auch schon Auffassungen gegeben (z.B. bei dem ungarischen Phonetiker Fónagy[3]), die bei dem apikalen [r] von einer erotisierten Artikulation sprechen (als „eregierter" Laut an der Zungenspitze), die nur männlichen Sprechern zukommt, weshalb nach dieser Auffassung diese Lautbildung zuerst von den Frauen aufgegeben worden sei. Wie dem nun auch sei, wichtig daran ist in diesem Zusammenhang nur, daß diese primäre Schicht des biologisch-leiblichen Erlebens der Artikulation zur Ausbildung von Wahrnehmungskategorien insbesondere bei der Selbstkontrolle führt, die jedem Kind zur Verfügung stehen, wenn es in das Stadium kommt, in dem es sich die Schriftsprache anzueignen hat. Es kommt nur darauf an, die phonetischen Differenzierungen in Übungen umzusetzen, die diese Art von Sprachwissen nutzbar machen.

In Hinblick auf die akustische Wirkung der Artikulation kann man sie als Quelle für ein entsprechendes Bündel von Schallwellen betrachten. Sie erzeugt zunächst im Kopf als Resonanzkörper (insbesondere also dem supraglottalen Ansatzrohr, evtl. mit zugeschaltetem Nasentrakt) einen spezifisch schwingenden Luftkörper, der dann seinerseits die umgebenden Luftpartikel in die entsprechende Bewegung versetzt. Die organischen Modifizierungen dieses Resonanzkörpers wirken dabei genauso, wie die unterschiedlichen Formen der Resonanzkörper in Musikinstrumenten wirken. Unter diesem Gesichtspunkt können die Einwirkungen der verschiedenen leiblichen Elemente auf die Sprachproduktion betrachtet werden. Der infraglottale Bereich ist am wenigsten der modifizierenden Kontrolle zugänglich; über die rhythmische Gliederung: Pulsierung, Druckfrequenz, auch eventuelle Intonationsverläufe hinaus bildet er so etwas wie eine Konstante bei der Artikulation. Sie ist aber im Sinne ihres biologischen Primates auch die Grundschicht für die sprachliche Gliederung (Silbengliederung, Akzentgliederung, Tonverlauf) - und als solche auch eine primäre Wahrnehmungskategorie, die insbesondere eben auch ontogenetisch als früheste Kategorie der Sprachwahrnehmung dem Kind zugänglich ist (so etwa bei

---

[3] Ivan Fónagy, *La vie voix. Essais de psycho-phonétique*. Paris: Payot 1983.

dem schon kleinkindlichen Spaß an rhythmischer Sprechproduktion - und auch der Freude beim Hören von vorgesprochenen rhythmischen Äußerungen). Oberhalb der Glottis setzt dann eine vielfältig modifizierbare Artikulation ein, die entsprechend ihrer Kontrollierbarkeit auch zur Ausbildung entsprechender Wahrnehmungskategorien führt. Dieser obere Trakt kann im folgenden Schema dargestellt werden.

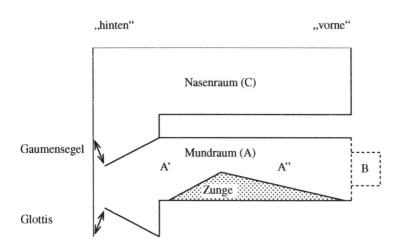

Abb. 49, Schematische Darstellung des Resonanzraumes der sprachlichen Artikulation

Das Schema zeigt zunächst den primären Resonanzraum der Mundhöhle (A), der durch die vorgestülpten Lippen noch erweitert werden kann (B) und zu dem ein weiterer Resonanzraum, der Nasenraum (C) zugeschaltet werden kann. Durch die Aktivitäten der Zunge erhält der primäre Resonanzraum A eine spezifische Form, die als das Verhältnis der beiden Teilräume gefaßt werden kann, die durch die Zerlegung des gesamten Raumes A in den Raum vor dem Engepunkt zwischen Zunge und Oberfläche und Gaumen (A') einerseits und dem Raum danach (A'') andererseits gebildet werden. Je weiter die Masse der Zunge nach vorne, zum Mundausgang hin, verlagert wird, je kleiner also das Verhältnis von (A'') zu (A') wird, desto heller erscheint der Laut (dieses Verhältnis kann man sich sehr schön an dem Geräusch klarmachen, das eine mit Wasser vollaufende Flasche erzeugt: Je kleiner das Verhältnis aus dem engen Raum des Flaschenhalses zu dem großen Raum des Flaschenbauches beim Vollaufen wird, desto heller wird der erzeugte Ton). Das erklärt im übrigen auch die im vorausgehenden angesprochene assoziative Verknüpfung von hellen Lauten, die also durch die Verlagerung der Zungenmasse in den vorderen Raum des harten Gaumens gebildet werden, mit affektivisch/erotisch besetzten Ausdrücken bei lautmalerischen Gesten.

Die Glottis selbst ist einerseits, wie gesagt, ein Ventil, das beim Schließen das Entstehen einer schwingenden Luftsäule verhindern kann, sie kann aber auch selbst als Quelle für die Erzeugung einer spezifisch schwingenden Luftsäule fungieren. Das ist der Fall, wenn der

Glottisverschluß durch eine heftige Bewegung gesprengt wird und diese Bewegung dann als Knacklaut [?] wahrgenommen wird. Wenn sie der Luftsäuie freien Durchlaß gibt, modifiziert sie sie allerdings nur minimal durch die entsprechenden Reibegeräusche, die in das angesprochene „chaotische" Spektrum der Geräuschlaute eingehen. Wichtiger ist die Erzeugung von stimmhaften Lauten, durch die periodische Schwingung der Glottis bei Engestellung der entsprechenden Muskeln (hier gibt es übrigens dann charakteristische Differenzen, gebunden an die unterschiedliche biologische Ausstattung bei Männern und Frauen: bei Frauen ist die Grundfrequenz der an der Glottis erzeugten Schwingungen höher (etwa zwischen 200 und 400 Hz) als bei Männern (etwa zwischen 100 - 200 Hz).

Diesen primären Modifizierungen der Luftsäule durch die an der Glottis erzeugten Schwingungen kommt eine wichtige Funktion zu: sie geben dem erzeugten Laut eine spezifische Schallfülle (zurecht dann auch als „Stimme" bezeichnet), die sie weithin hörbar macht. Stimmlose Laute hört man gewissermaßen nur negativ, durch den Kontrast/das Fehlen eines stimmhaften Lautes in stimmhafter Umgebung; das gilt im übrigen nicht nur für die stimmlosen Konsonanten, sondern auch für die stimmlosen Vokale, die in Extremfällen genau zu diesem Zweck erzeugt werden: Beim Flüstern etwa im Beichtstuhl, das ja dazu dienen soll, daß die Äußerung über eine größere Distanz nicht wahrgenommen werden soll, wie es bei stimmhaften Lauten, auch wenn sie leise gesprochen werden, der Fall wäre. Dieser Zusammenhang ist im übrigen gerade für den Schulunterricht wichtig, da meistens übersehen wird, daß das Flüstern eine Sprachproduktion ohne Stimmbeteiligung ist. Wenn so in der Grundschule die übliche Übung vorgenommen wird, bei der die Kinder den Unterschied zwischen stimmhaften und stimmlosen Lauten durch die Selbstkontrolle des „Brummens" im Kehlkopf finden sollen, so geschieht das auf die Aufforderung des Lehrers, den Finger an den Kehlkopf zu legen, meist eben bei geflüsterten Lauten, bei denen die Kinder kein „Brummen" spüren können, aber verbal vom Lehrer gesagt bekommen, daß das, was sie da empfinden, eben „stimmhafte" Laute ausmache. Die daraus resultierende Verwirrung/Unsicherheit ist einer der Gründe dafür, daß die spontan erworbenen Kategorien zur Lautwahrnehmung von der Schule durch eine von ihr erzeugte verbale Konfusion entwertet werden ...

Die Funktion der weiteren supraglottalen Modifikatoren ergibt sich durch ihre spezifische Funktion. Das betrifft oberhalb der Glottis zunächst den weichen Gaumen, der die Zuschaltung des nasalen Resonanzraumes regelt. *Orale* Laute sind solche, bei denen der nasale Resonanzraum blockiert ist, *nasale* Laute solche, bei denen der orale Trakt blockiert ist, wobei sie in der Qualität durch den Ort differieren, an dem jeweils die Blockierung vorgenommen wird: Sei es durch die Zunge im Kontakt mit dem weichen Gaumen, durch die Zunge im Kontakt mit dem harten Gaumen oder den Zähnen oder schließlich durch die Lippen. Die unterschiedlichen Resonanzräume, die dadurch entstehen, bedingen den unterschiedlichen Gehörseindruck. Schließlich gibt es eine dritte Möglichkeit von *nasalierten* Lauten, bei denen beide Resonanzräume, der orale und der nasale, zugleich genutzt werden (das ist insbesondere bei Nasalvokalen der Fall, die es auch im Deutschen gibt, die hier aber keine distinktive Funktion wie im Französischen haben, auf das in diesem Zusammenhang meistens verwiesen wird).

Die mobilste Quelle für die supraglottale Modifizierung des Resonanzraumes ist die Zunge, die durch ihre große Plastizität in der ganzen Bandbreite vom hinteren weichen Gaumen bis zu den Zähnen oder sogar den Lippen den Resonanzraum modifizieren kann.

In der artikulatorischen Phonetik ist es üblich, den Mundraum in Hinblick auf die Kontaktposition bzw. maximale Engeposition zwischen Zungenoberfläche und oberem Mundraum topographisch zu zerlegen (vgl. die Abbildung auf dieser Seite).

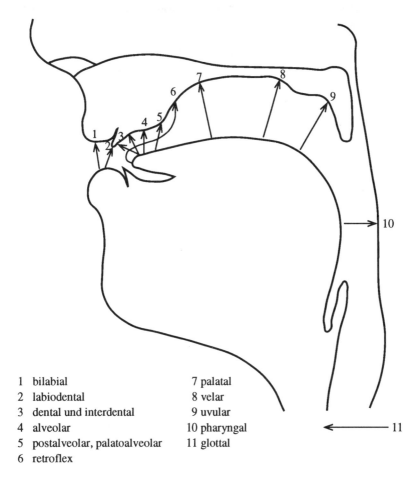

1 bilabial
2 labiodental
3 dental und interdental
4 alveolar
5 postalveolar, palatoalveolar
6 retroflex
7 palatal
8 velar
9 uvular
10 pharyngal
11 glottal

Abb. 50, nach: P. LAGEFOGED. *A Course in Phonetics*. New York usw. 1975. S. 6.

Die entsprechend ausgegrenzten Zonen sind terminologisch festgelegt und erlauben so, durch die Kombination von Zonen der Zungenoberfläche mit Zonen des oberen Mundraumes genetisch die Laute zu definieren (hinzu kommen noch evtl. Modifizierungen der vielgestaltigen Zungenform).

NB: In Hinblick auf die Terminologie, die international auf lateinische Wurzeln zurückgeht, ist noch anzumerken, daß die Adjektivbildungen in der Regel von dem zugrundelegenden nominalen Stamm aus durch das Suffix *-al* gebildet werden, also von *labi(es)* „Lippen": *labial, dent(es)* „Zähne": *dental* usw.; wenn allerdings der nominale Stamm seinerseits schon auf *l* ausgeht, tritt das Suffix *-ar* an, also *vel(um)* „(Gaumen)segel": *velar, alveol(es)* „Zahnrand": *alveolar* usw.

Die Form des oralen Resonanzraumes ist schließlich noch durch den Winkel bestimmt, den der Unterkiefer mit der Vertikalen des Kopfes bildet; aber diese Differenz ist relativ unbedeutend, sie wirkt in der Regel (jedenfalls im Deutschen) nur verstärkend in der gleichen Richtung wie der durch Zunge und oberen Mundraum gebildete Öffnungsgrad; daher gehe ich hier nicht weiter darauf ein.

Die Lippen bestimmen mit ihrer Form die Mundöffnung (daher spricht man bei den entsprechenden Lauten auch von *gerundeten, gespreizten* usw. Lippen; das läßt sich bei der Artikulation schön mit einem Handspiegel verfolgen). In Hinblick auf den Gehörseindruck ist allerdings nicht diese Form bestimmend, sondern die bei der Produktion dieser Form entstehende Veränderung des Ansatzrohres, wo eine Lippenrundung notwendig mit einem Vorstülpen und insofern der Verlängerung des Ansatzrohres verbunden ist.

In der artikulatorischen Phonetik hat man sich vor 100 Jahren auf ein Zeichensystem verständigt, das die Differenz zwischen den Lauten symbolisiert, indem jedem Zeichen eine Instruktion zugrunde liegt, wie dieser Laut zu produzieren ist. Dieses Zeichensystem trägt nach dem Namen der Internationalen Phonetischen Assoziation (IPA - oder entsprechend der Reihenfolge dieser Termini in dem französischen Namen API) den Namen des IPA/API-Alphabetes. Aus praktischen Gründen der Darstellbarkeit operiere ich in diesem Buch mit einem modifizierten Zeichensatz, s. letzte Seite.

Irreführend bei solchen phonetischen Darstellungen ist allerdings, daß dabei von isolierten Lauten die Rede ist, die in eine sequenzielle Abfolge gebracht werden, um eine Äußerung darzustellen. Nun besteht eine Äußerung aber nicht aus einem Ablauf von Lauten: bei [pik] folgt nicht ein Laut [i] auf einen Laut [p] und auf [i] folgt nicht wiederum ein Laut [k]; die Artikulation besteht auch nicht aus einer abrupten Abfolge solcher Organstellungen: es wird ja auch nicht der Kopf mit solchen Stellungen ausgewechselt (wie etwa bei einer Orgel der Abfolge der Töne die Benutzung unterschiedlicher Orgelpfeifen entspricht), sondern ein und derselbe Resonanzraum wird durch die Bewegungsabläufe der Organe modifiziert (so wie ja auch die Lautveränderung beim Vollaufen einer Flasche kontinuierlich ist). Was die phonetische Darstellung leistet, sind nur gewissermaßen Angaben von Idealpositionen/ Grenzwerten, die in der Artikulation erreicht oder jedenfalls doch angenähert werden müssen, damit die entsprechenden Laute wahrgenommen werden. Gegenüber diesen Idealpositionen oder ihren Annäherungen besteht aber eine Artikulation zum überwiegenden Teil (man kann sagen zu über 90%) aus „Übergängen" zwischen diesen Lauten - oder richtiger gesagt: aus Bewegungsabläufen, die durch solche Idealpositionen orientiert sind. Bei einer Abfolge, die wir in phonetischer Umschrift mit [pik] wiedergeben, folgen also nicht ein Laut [k] auf einen Laut [i] und dieser auf einen Laut [p], sondern vielmehr ist der Laut [i] durch ein folgendes [k] und ein vorausgehendes [p] gesteuert, so wie auch das initiale [p] durch das folgende [i] und das finale [k] durch das vorausgehende [i] gesteuert sind. Die Laute sind also im physiologischen Sinne nicht als isolierte Laute definiert sondern durch den Sprechbewegungsablauf (hier gilt es, sich vor der Rückprojektion von einer Buchstabenkette zur Repräsentation einer Äußerung freizumachen, die in der Äußerung eine analoge Abfolge einer „Lautkette" sehen will). Sehr eindrucksvoll wird einem das klar, wenn man Gelegenheit hat, in einem Röntgenfilm das verwirrende Ineinandergreifen von Bewegungsabläufen der unterschiedlichen Organe zu verfolgen.

Dem Problem der Sprechbewegungsabläufe bzw. der kontinuierlichen Koartikulation der Laute entspricht die Schwierigkeit bei der akustischen Analyse, Laute zu segmentieren. In den Lautspektren (den Sonagrammen, wie sie in den phonetischen Handbüchern zu finden sind) zeigt sich deutlich die koartikulierte Beeinflussung. Zerschneidet man das Spektrum einer Abfolge [ek] so, daß man meint, ein [e] zu isolieren, wenn man die Unterbrechung des Lautflusses vor dem Verschluß und der folgenden Explosion abschneidet, so hört man bei der „Synthese" dieses Segmentes (der lautlichen Umsetzung seines Spektrums) trotzdem immer noch [ek] - nämlich ein [e], das durch einen folgenden velaren Konsonanten „koartikuliert" ist. Umgekehrt ist das weggeschnittene Segment keineswegs eindeutig ein [k]; montiert man es mit dem Spektrum eines [a], so ist der daraus resultierende Gehörseindruck ein [at] (d.h. der entsprechende Konsonant ist, koartikuliert durch das [e], palatal und nicht velar wie ein durch [a] koartikuliertes [k]). Die Redeweise von Lauten ist also immer nur gerechtfertigt relativ zu einer spezifischen lautlichen Umgebung, in der ein Laut als solcher identifiziert ist. Der Akt der Identifizierung der Laute, insbesondere die Klassenbildung von Lauten aus solchen Segmenten in unterschiedlichen Umgebungen ist ein über die „phonetische" Wahrnehmung hinausgehender Akt kognitiver Verarbeitung.

Ein spezielles Problem der Sprechbewegungsabläufe und der ihnen korrespondierenden Wahrnehmungen sind die „Anschluß"formen der Vokale an die folgenden Konsonanten, mit denen ich im Text öfter operiere (*loser* vs. *fester* Anschluß wie bei *(ich) rate* vs. *(die) Ratte*; s.o. S. 239 mit der Lernerkategorie von „gebremsten Selbstlauten" = Vokal in festem Anschluß). Dabei handelt es sich um ein peripher-intuitiv ebenso markantes wie phonetisch notorisch schwierig zu explizierendes Phänomen: Im „mehrdimensionalen" phonetischen „Raum" ist der Unterschied in der Aussprache von *Rate : Ratte, bieten : bitten, roten : Rotten*, u. dgl. offensichtlich mehrfach fundiert: Die Vokale sind qualitativ und quantitativ verschieden [bi:tn̩] vs. [bɪtn̩], insbesondere aber sind die „Übergänge" von den Vokalen zum folgenden Konsonanten verschieden: bei *losem* Anschluß „trudelt" die vokalische Artikulation gewissermaßen aus, bevor der folgende Konsonant einsetzt (mit der Symbolik des Textes oben S. 240 [Ra:⌐tn̩]), während bei festem Anschluß der Verschluß des Konsonanten die vokalische Artikulation gewissermaßen abbricht [Ra⃗tn̩]. Diesen Wahrnehmungseindruck korrespondieren bei phonetischen Messungen ein unterschiedlich steiler Abbau der Intensitätskurve der Vokale (auf dem Oszillogramm), aber möglicherweise auch unterschiedliche Grade der Koartikulation des Vokals durch die folgenden Konsonanten, unterschiedliche Verläufe der Grundfrequenz (produziert durch die Stimmlippenschwingungen), die bei losem Anschluß zum Abfallen tendiert, während sie beim festen Anschluß zum Anstieg tendiert (entsprechend der „antizipierten" Muskelspannung des folgenden Konsonantenansatzes) u.a. mehr. Verkompliziert wird dieses Bild durch eine große regionale (und u.U. auch individuelle) Variation: Die Differenz von losem/ festem Anschluß charakterisiert insbesondere die norddeutsche Aussprache (damit aber die Hochlautung!), während die süddeutsche sie wohl nicht aufweist. Bei diesen Hinweisen muß ich es hier belassen; sie sollen gerade im pädagogischen Kontext zeigen, wieviel komplexer die phonetische Basis unseres Sprechens (und damit die phonographische Fundierung unserer Orthographie!) ist, als das Standardwissen der Handbücher suggeriert - und sie sollen insbesondere, wie ich das schon im Text versucht habe zu verdeutlichen, den/die LehrerIn offen machen für z.T. auch unorthodoxe Lautbeobachtungen ihrer Schüler bei dem Bemühen, die Fundierung des Schrifterwerbs zu kontrollieren.

Aus diesen Überlegungen folgt, daß die Grundeinheit der Lautanalyse keineswegs der *Laut* ist, wie wir es gewohnt sind, als Rückprojektion von den Buchstaben unseres Alphabets anzunehmen, sondern die größeren Einheiten, die den Rahmen für die lautliche Koartikulation bilden, insbesondere die Silbe. Die Silbenprobleme und die entsprechenden Analysekategorien sind oben im Text (Kapitel 21) entwickelt.

A.2. Laute und Phoneme (Phonetik und Phonologie)

Bei den bisherigen Überlegungen ging es darum, wie die leiblich-organische Ausstattung genutzt wird, um *Laute* zu produzieren - im Gegensatz zu *Geräuschen*, also darum, wie in lautlicher Form Worte bzw. Äußerungen differenziert werden. Das erfolgt nun in einem begrenzten Inventar, in dem das Kontinuum physikalisch verschiedener Lautereignisse diskreten Typen zugeordnet wird. Die Laute, von denen wir als Elementen sprechen, mit denen sprachliche Formen differenziert werden und die insofern auch Gegenstück zu den Schriftzeichen sind, sind also abstrakte Größen, die nur als Gegenstück zu analytischen Operationen faßbar sind. Laute sind also etwas anderes als die leiblich unmittelbaren Wahrnehmungskategorien, wie wir sie insbesondere als Grundlage für die silbische Gliederung (Wahrnehmung) des Gesprochenen behandelt haben: Laute sind Ergebnis einer Analyse des lautlichen Stroms, wie er in seiner Gliederung in der Äußerungswahrnehmung greifbar wird (das gilt so auch für die analytische Kategorie der Silbe!).

NB: Diese Betrachtungsweise kehrt die gängige Rede von der *Aussprache* (von Buchstaben, versteht sich) um. Gerade im schulischen Kontext ist es wichtig, sich diese Verhältnisse grundsätzlich klarzumachen, da ja auch das Kind die Zuordnungsmöglichkeit verschiedener Laute zu einem *Typ* erst *entdecken* muß. Insofern halte ich es bei *Lehrern* (insbesondere Grundschullehrern!) für unverzichtbar, daß sie ein solides phonetisches Grundwissen haben.

Vielleicht kann ein Bild helfen, um das Problem der lautlichen Differenzierung von Äußerungen zu verdeutlichen. Nehmen wir an, ich sollte jemandem für eine Wanderung eine Geländebeschreibung geben. Bei einer komplexen Instruktion werde ich dazu vielleicht eine Skizze zur Hilfe nehmen wie die folgende. Der gewundene Weg führt zu markanten Fixpunkten, wie ich sie dort eingezeichnet habe.

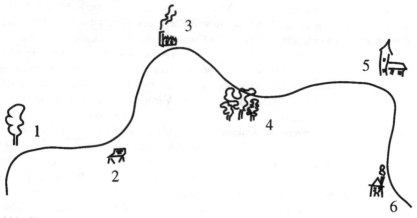

Abb. 51

Eine solche Skizze gibt nicht naturalistisch den gesamten Verlauf des Weges wieder, sondern nur die markanten Punkte, die anzusteuern sind: 1. ein alleinstehender Baum, 2. eine Bank, 3. eine kleine Fabrik, 4. eine Baumgruppe, 5. eine Kirche, 6. ein alleinstehendes Haus u.dgl. Die Instruktion lautet entsprechend, jeweils diese Fixpunkte anzupeilen, also 1 - 2 - 3 - 4 - 5 - 6. Zwischen diesen Fixpunkten muß keineswegs eine gradlinige Verbindung bestehen, sondern der Gang wird von den Gegebenheiten des Geländes abhängig sein, die u.U. zu einem recht gewundenen tatsächlichen Verlauf führen können. Aber diese tatsächliche Verlaufslinie ergibt sich zwangsläufig durch die Adaptierung der Zielvorgabe an das Gelände.

Ein solches Instruktionsschema entspricht in seiner Abstraktion von der tatsächlichen Gangart der Abstraktionsleistung einer Lautidentifizierung des Gesprochenen. Mit den Lauten identifizieren wir gewissermaßen auch nur die Fixpunkte; der tatsächliche artikulatorische Verlauf ist zumindest innerhalb der Silbe eine Frage des phonetischen „Geländes", der phonetischen Koartikulation. Wenn wir von Konsonanten sprechen (p, t, k ...) dann fassen wir diese immer als Rand einer Silbe, sei es initial pV, oder final Vp (V hier als Variable für den Silbenkern). Die Artikulation dieses Konsonanten ist durch die Koartikulation durch den jeweiligen Silbenkern bestimmt. Wir können also etwa ein p notieren als p^a oder ^ap, um so ein vokalisch durch ein a koartikuliertes p als initialen oder finalen Silbenrand zu notieren; spiegelverkehrt dazu können wir mit einem ^pa und a^p ein konsonantisch durch ein p koartikuliertes a als Silbenkern notieren.

Für die lautliche Abfolge im „Gelände" bestehen bestimmte Beschränkungen über der Kombinierbarkeit. Diese Beschränkungen liegen auf unterschiedlichen Ebenen. Es ist sehr wohl möglich, wie man durch Nachvollzug sehr schnell feststellen kann, eine lautliche Abfolge *ptkpt* zu artikulieren - artikulatorisch eben, aber diese Abfolge ist nicht als solche zu hören. Nicht nur die einzelnen Laute sind also Bezugspunkt für die Lautanalyse, sondern die Art, wie sie abfolgen, zusammengesetzt sind (*syntagmatisch* „zusammengesetzt", aus dem griechischen *syntagma*, ausgehend von einem Verb, das wir auch in *taktisch* „auf die militärische Aufstellung bezogen" haben). Allerdings stellt diese Redeweise in gewisser Hinsicht die Verhältnisse auf den Kopf, da es sich ja nicht um Zusammenstellungen von Lauten handelt, sondern um die isolierende Abstraktion von Lauten aus einem solchen Lautfluß.

Bei diesen syntagmatischen Beschränkungen ist zu unterscheiden zwischen solchen, die physiologisch bestehen wie bei der eben besprochenen Abfolge *ptktp*, und solchen, die kulturell fixiert sind. Die Sprachen unterscheiden sich strukturell untereinander dadurch, welche Lautfolgen bei ihnen zulässig sind (woraus ja nicht zuletzt Probleme bei der Übernahme von Schriftsystemen durch andere Sprachen mit anderer Struktur resultieren, wie es in Kap. 3 in Hinblick auf die Übernahme der frühen Silbenschrift für die Notierung des Griechischen in Linear B gesehen haben). Was einem Deutschen als unaussprechbar erscheint, *kann* physiologisch unmöglich sein, kann aber auch als negatives Spiegelbild ein kulturelles Muster des Deutschen widerspiegeln. So hat z.B. das Griechische konsonantische Kombinationen, die im Deutschen ausgeschlossen sind, etwa im griechischen Wort *ptôsis* „der Fall", wo bei dem Lösen des labialen Verschlusses noch ein linguodentaler Verschluß besteht. Dieses Wort ist im Griechischen unterschieden von Wörtern wie *tosos* oder *pôs* u.a. mehr. Solche Strukturmerkmale bestimmen in einer Sprache Wortgestalten, die es z.B. sofort erlauben, eine Abfolge wie *ptôsis* als nicht-deutsches Wort zu identifizieren.

Sobald man in diesem Sinne von strukturellen Mustern einer Sprache spricht, spricht man auch von *Phonologie* im Gegensatz zu der *Phonetik*, die auf die physiologisch naturwissenschaftlich zu explorierende Basis der Artikulation und der Wahrnehmung zielt. In der Phonologie untersucht man kulturelle Muster, deren Kontrolle in der Aneignung einer Sprache erworben wird und die ihrerseits dann die Grundlage für die Aneignung der Schrift sind. In diesem Sinne gehört zu den kulturellen Mustern, die das Deutsche charakterisieren (und die zur Monitorkompetenz eines Sprechers des Deutschen gehören), daß das Vokalspektrum *a, e, i, y, ö, o, u* ... sprachliche Formen („Wörter") in betonter Silbe differenziert. In unbetonter Silbe dagegen kommen diese Vokaldifferenzen im Normalfall nicht vor, sind sie auf wenige markierte Ausnahmen beschränkt. So haben wir einen Kernbestand von „einheimischen" Wörtern, die in unbetonter Silbe nur reduzierte Vokale [ə], [ɐ] haben wie in [ˈapfəl] *Apfel*, [ˈakɐ] *Acker*, [ˈɑʊgə] *Auge*, während davon abweichende Wortgestalten dadurch als Fremdwörter markiert sind: Das gilt eindeutig bei einer so vollmundigen Form wie *Avokado*, das gilt in diesem Sinne aber auch für *Auto*, oder sogar für Eigennamen wie *Maria*, das sich auf diese Weise als eine gelehrte Form der Kirchensprache erweist.

In der phonologischen Untersuchung fassen wir mit einem *Lautsystem* die Lautdifferenzen (die phonetisch explorierbar sind), die genutzt werden, um Wörter einer bestimmten Sprache zu unterscheiden. Wir unterscheiden z.B. die beiden Wörter *Acker : Ocker* [ˈakɐ]: [ˈɔkɐ]; *a* : ɔ markieren also Phoneme, die miteinander in Opposition stehen, deren Austausch aus einer Form eine andere macht (der Gegensatz der beiden Phoneme ist also paradigmatisch - im Gegensatz zu dem syntagmatischen Kontrast in einer gegebenen Form, wie er hier etwa zwischen *a* bzw. ɔ und dem folgenden *k* besteht). Phonologische Opposition ist also gebunden an das Vorkommen in einer bestimmten Position; wir können das auch notieren als *a* : ɔ / __ke.

Streng genommen stehen im Deutschen also z.B. ə : a nicht in Opposition, da sie nie in den gleichen Positionen vorkommen. Eine Form wie [ˈəkɐ] klingt nicht deutsch - d.h. eben nicht, sie ist lautlich unmöglich. Man kann sie sehr wohl aussprechen, und sie klingt so wie ähnliche Formen in Sprachen wie dem Türkischen oder Arabischen klingen. Auch hier also wieder: phonologische Kontraste sind das Ergebnis von Vergleichsoperationen; die Phoneme des Deutschen sind nicht einfach da, sondern sind das Ergebnis einer entfalteten kognitiven Analyse.

Machen wir uns nun vor dem Hintergrund dieser Überlegungen deutlich, worin das Lautsystem des Deutschen besteht, wie also die im Deutschen vorkommenden lautlichen Differenzierungen phonologisch genutzt werden (letztlich für eine grammatische Aufgabe, die Charakterisierung verständlicher Texte). Zunächst behandeln wir die Vokale, die den Vorteil haben, in Isolation faßbar zu sein (in diesem Sinne gibt es seit der Antike eine Tradition, mit den Vokalen, den „Selbstlauten", den Unterricht der Aneignung der Schrift zu beginnen, da hier die Laute gewissermaßen in Rückprojektion von den Buchstaben zu fassen sind).

In reiner Form allerdings sind Vokale mit wörtlicher Funktion eine Ausnahme. Man muß hier schon zu etwas merkwürdigen Formen greifen wie *i* (*Ih! eine Spinne!* - also als Ausruf des Ekels oder dgl.), vgl. aber auch im süddeutschen/bayerischen Raum die

Reduktionform für *ich* etwa in *i bi scho do*); oder auch der Ausruf *a* (*ah, ist das schön!*), vgl. damit auch im Süddeutschen die Reduktionsform des unbestimmten Artikels ein: *a* (*a Sauwetter is des*). Zunächst also noch einmal die Grundbestimmung der Vokale: Es handelt sich um stimmhafte Laute, die also mit Vibration der Glottis gesprochen werden ohne (zusätzliche) *Geräuschbildung* im oralen Trakt. Das ist wiederum eine kulturelle Norm im Deutschen, die unabhängig von der Grundbestimmung der Vokale, Silbenkerne zu bilden, ist. Auch im Deutschen haben wir in Extremfällen stimmlose Vokale, die in manchen Sprachen in Opposition zu stimmhaften stehen, so immer dann, wenn wir flüstern, wie also in der Beichtstuhlsprache. Andererseits können Vokale auch sehr wohl ohne diese Glottisbeteiligung artikuliert werden; so kann man etwa die gesamten Vokale auch rülpsen, indem man die qualitativen Differenzierungen im oralen Trakt an einer Luftsäule vornimmt, die in der Speiseröhre produziert worden ist.

In der folgenden schematischen Querschnittsdarstellung durch den Mundraum habe ich die Positionen der Vokalartikulationen eingezeichnet, die sich durch die Veränderung der Zungenform ergeben, die an den jeweils mit einem vokalischen Zeichen markierten Stellen die maximale Enge und damit Zerlegung des Mundraumes bilden. Dabei bedeuten die vokalischen Zeichen im Sinne der Symbolik der IPA jeweils einen unterschiedlichen Vokaltyp.

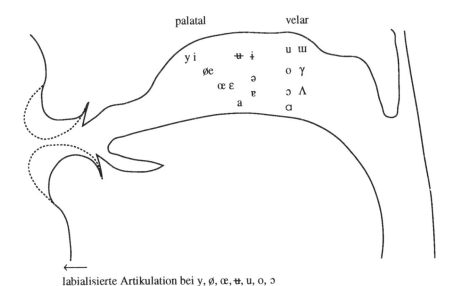

labialisierte Artikulation bei y, ø, œ, ʉ, u, o, ɔ

Abb. 52

Bis auf die offenen Vokale [ɑ, a] und die reduzierten Zentralvokale [ə, ɐ] sind alle Qualitäten doppelt belegt, die linksgeschriebene Variante (also *y* neben *i* usw.) markiert jeweils die „gerundete" Artikulation, d.h. eine Artikulation, die bei gleicher Zungenstellung sich von der „ungerundeten" durch die vorgestülpten Lippen unterscheidet, die das Ansatzrohr verlängern (im Schema durch die gepunktete Linie bei den Lippen markiert).

Im Gegensatz zu den hier verzeichneten Distinktionsmöglichkeiten im Rahmen des vokalischen Artikulationsfeldes nutzt das Deutsche, wie übrigens die meisten Sprachen, nur einige dieser Oppositionsmöglichkeiten (tatsächlich ist das Vokalsystem des Deutschen relativ reich verglichen mit den meisten Sprachen, bei denen die Last der phonologischen Differenzierungen in erster Linie durch die konsonantischen Artikulationselemente bewerkstelligt wird; hier lassen sich auch noch weitere qualitative Abstufungen ausmachen, wie insbesondere die relativ offenere Artikulation der engen Kurz- gegenüber den Langvokalen [i:] : [i] bzw. in anderer Notation [I], oder [u:] gegenüber [u] / [U] usw.). Am eingeschränktesten sind die velaren Artikulationen, die im Deutschen keine Opposition von gerundeten und ungerundeten Vokalen kennen, wo alle velaren Vokale gleichzeitig als gerundete markiert sind (ungerundete Velarvokale kennen die slawischen Sprachen und z.B. auch das Türkische).

Die Opposition *gerundet : ungerundet* findet sich in der deutschen Hochsprache nur bei palatalen Vokalen; hier besteht ohnehin, wie es auch die graphische Darstellung schon deutlich macht, ein größeres Operationsfeld für die Zunge, das hier die qualitativen Differenzierungen im Mundraum besser zu markieren erlaubt, sodaß in viele Sprachen die palatalen Vokale sehr viel mehr differenziert sind als die velaren. Allerdings gilt das auch im Deutschen nur für die Hochlautung, die auf der Basis der mehr oder weniger norddeutschen Aussprache definiert ist. Der überwiegende Teil der regionalen (dialektnahen) Aussprachen im oberdeutschen und mitteldeutschen Raum kennt auch hier keine Opposition sondern nur ungerundete Vokale. In diesem reduzierten Vokalsystem des Deutschen haben wir also jeweils doppelt markierte Positionen im Vokalismus: ungerundete Palatalvokale gegenüber gerundeten Velarvokalen. Auch sonst werden eine Reihe der möglichen Oppositionen im Deutschen nicht als phonologisch distinkt wahrgenommen: So hat das Deutsche charakteristischerweise ein Vokaldreieck, das bei dem maximal offenen Vokal keine Opposition nach vorderer und hinterer Artikulation kennt (anders als Sprachen, die ein Vokalviereck bzw. Vokaltrapez haben). Eingeschränkt ist auch die Opposition im Bereich der mittleren Vokale mit der relativen Opposition von relativ eng zu relativ offen, s.u. Schließlich fehlt bei den reduzierten Zentralvokalen, die im Deutschen nur in unbetonter Silbe vorkommen, ein maximal enger Vokal.

Außer den Qualitäten sind aber im Deutschen auch die Quantitäten distinktiv: Wir unterscheiden *rate* und *Ratte*. Einige Beispiele für die vokalischen Kontraste sind in dem folgenden Schema eingetragen:

mühte [y:] *Miete* [i:]   *muhte* [u:]
Mütter [y] *Mitte*[i]   *Mutter* [u]
                              Mode [o:]
              mähte [ę:]
              Mette [ę]   *Motte* [ǫ]
                     Mate [a:]
                     (Teesorte)
                     Matte [a]

Relativ zu diesem Kontext sind einige Phoneme (zufällig) nicht belegt, so etwa bei *ö* (oder gibt es einen Konjunktiv *mötte* zu dem regionalen (süddt.) *motten* „schwelen"?), wie auch schon die Beispiele *Mutter* und *Mütter* im Kontext nicht ganz gleich sind, da die letzte Silbe hier den offeneren Reduktionsvokal [ɐ] statt [ə] in den anderen Formen enthält. Andere „Lücken" im Schema sind systematisch, finden sich also auch bei anderen Umgebungen, so das Fehlen eines relativ geschlossenen velaren mittleren Kurzvokals und ebenso eines relativ offenen Langvokals. Hier gibt es allerdings auch regional interessante Unterschiede, so vor allem im mittleren palatalen Bereich. In den meisten Gegenden in Deutschland wird wie in der Hochsprache kein Unterschied zwischen einem relativ engen und einem relativ offeneren mittleren Langvokal gemacht: Hier werden *Beeren* und *Bären* gleich ausgesprochen [be:Rn̩].

In unbetonter Silbe haben wir vor allen Dingen die beiden Reduktionsvokale mit zentraler Artikulation also [ə] und [ɐ]. Wir finden sie etwa in Sätzen wie „mein Best*er*, das ist meine best*e* Flasche Wein", wo das zweite Wort [ˈbɛstɐ] ≠ [ˈbɛstə]. So wie ich *bester* transkribiert habe, handelt es sich offensichtlich um eine stilistische Variante: [ˈbɛstɛR] ~ [ˈbɛstəʁ] ~ [ˈbɛstɐ].

In der stilistischen Variation zeigt sich der relativ offene Vokal als „Vokalisierung" des *r*-Konsonanten. Allerdings ist es irreführend, wenn in vielen phonetisch-phonologischen Darstellungen dieser relativ offene zentrale Reduktionvokal als [r] wiedergegeben wird: Es handelt sich schlicht um einen Vokal, der auch mit einem Vokalzeichen wiederzugeben ist. Da die Aussprache mit einem konsonantischen Element (einem uvularen Reibelaut [ʁ]) selbst bei Sprechern, die sich um Hochlautung bemühen, inzwischen eher eine Ausnahme ist, gehe ich bei meinen Darstellungen hier durchgehend von der vokalischen Aussprache aus.[4] Wichtig ist dafür nur, daß der Kontrast zwischen den beiden Formen bester und beste immer erhalten bleibt:

[ˈbɛstɐ]: [ˈbɛstə] = [ˈbɛstɐʁ] : [ˈbɛstə].

Schließlich haben wir im Bereich der Langvokale noch die Diphthonge. Im Deutschen (anders als in vielen anderen Sprachen) unterscheiden wir bei Langvokalen solche mit relativ konstanter Qualität von solchen, bei denen sich die lautliche Qualität über die Spanne des Vokals soweit ändert, daß das Anfangs- und das Endelement jeweils mit verschiedenen Kurzvokalen identifiziert werden können (also im Sinne der idealen Markierungen für die Orientierung bei dem Gang durch das Gelände (s.o.)).

Bei diesen Diphthongen können wir *schließende* unterscheiden, bei denen das erste Element, das im Regelfall auch als das lautlich dominantere wahrgenommen wird, offener ist als das zweite Element. Die graphische Darstellung des Diphthongs nimmt man am besten entsprechend ihrem dynamischen Charakter durch Pfeile im Lautdiagramm vor, die in etwa das Anfangs- und das Endelement verbinden wie bei dem folgenden Schema für die schließenden Diphthonge:

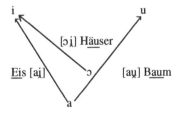

---
[4] Generell sind die Beispielargumentationen überwiegend auf die norddeutsche Umgangssprache

Gleichzeitig markiert die Pfeildarstellung, daß die Richtung des Engevokals „eingeschlagen" wird, ohne daß das „Ziel" i.d.R. erreicht wird (die gängige Aussprache entspricht eher den Diphthongen [aɛ̯] [aɔ̯] [ɔø̯] - hier also auch mit der „Rundung" des zweiten Elementes). Daneben haben wir noch die *öffnenden* Diphthonge, die etymologisch auf die Vokalisierung des [r] zurückgehen. Diese Reihe ist sehr viel reicher, wie das folgende Schema zeigt.

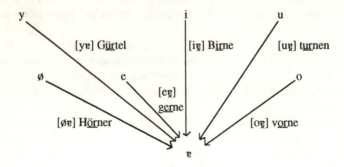

Es ist charakteristisch für die Aussprachevarianten, die die *r*-Vokalisierungen generell durchführen, daß bei ihnen die öffnenden Diphthonge gewissermaßen maximal polarisiert sind: Es fehlen Diphthonge mit den relativ offenen ersten Vokalen *e* und *o* (aus einem vorne ['fɔʁnə] wird hier, etwa im Osnabrückischen ['foʁnə]). In der mittelalterlichen Sprachform (und heute noch in einigen Mundarten im oberdeutschen Raum) gab es noch einen weiteren öffnenden Diphthong mit dem dominanten Element bei dem ersten geschlossenen Vokal mit dem folgenden zentralen [ə]. Diese Diphthonge sind in der Hochsprache zu engen Langvokalen monophthongiert worden, wobei die ältere Graphie, die den Diphthong zum Ausdruck brachte, beibehalten wurde und so die Notierung für den Langvokal mit einem Dehnungszeichen hervorbrachte: Wir haben so [liəp] > [li:p] <lieb>. In Fremdworten haben wir noch weitere vokalische Kombinationen, die meist aber auch hiatisch (zweisilbig) ausgesprochen werden, insbesondere wenn die beiden Vokale den gleichen Engegrad haben wie etwa bei Fremdwörtern bzw. fremden Namen wie *Liu*.

Schließlich noch kurz zu den konsonantischen Phonemen im Deutschen, wobei ich auch hier wieder zunächst das Artikulationsspektrum nach dem Artikulationsort im Schema darstelle.

Das Schema (S. 387) weist drei Reihen von Konsonanten auf: Die erste Reihe mit den nasalen Konsonanten *m, n, ŋ*, darunter dann die beiden oralen Reihen, zunächst die Verschlüsse, wobei links von dem Schrägstrich immer die stimmlosen (fortis), rechts von dem Schrägstrich die stimmhaften (lenis) Verschlüsse stehen je nach der Artikulationsstelle von vorne nach hinten: *p/b, t/d* und *k/g*.

Darunter dann die Reihe der Reibelaute, die z.T. in der Artikulationsstelle etwas verschoben sind, bzw. noch Oppositionen in Feldern bilden, die keine Verschlüsse distinktiv aufweisen: *f/v, s/z, š/ž, ç/j, x* (hier also der Unterschied zwischen dem *ach*- und *ich*-Laut), sowie dem uvularen Reibelaut [ʁ] und schließlich dem glottalen Reibelaut [h].

---

bezogen. Vollständigkeit bei den möglichen regionalen Varianten ist weder angestrebt noch sinnvoll. Die Argumentation ist von dieser Option zur *Illustration* nicht betroffen!

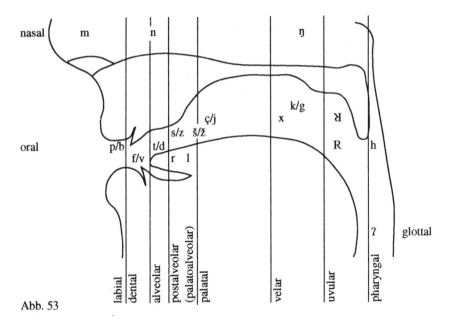
Abb. 53

Schließlich haben wir noch eine Reihe von anders artikulierten Lauten, die v.a. durch die Artikulationsweise unterschieden sind: So in den Regionen, die einen solchen Vibrationslaut kennen (wie z.B. im Emsland), ein apikales [r], in anderen Regionen auch als uvularer Vibrationslaut [R], sowie den lateralen Reibelaut [l], und schließlich den glottalen Verschlußlaut („Knacklaut") [ʔ], für den im Deutschen anders als in anderen Sprachen (insbesondere in den semitischen) kein Schriftzeichen verwendet wird, dessen Vorhandensein als „harter Einsatz" bei betontem Vokal ohne initialen silbischen Rand gewissermaßen automatisch vorausgesetzt ist (er steht in gewisser Hinsicht in Opposition zu dem behauchten Einsatz von betonten Vokalen, der mit dem Zeichen [h] geschrieben wird).

Das konsonantische System weist im heutigen Hochdeutschen keine Quantitätenunterschiede mehr auf, wie sie die ältere Sprache im Mittelalter noch kannte, die damit auch durch die erstarrte graphische Konvention das Material für die „Schärfungsnotierung" der Vokale geliefert hat (Quantitätenopposition bei Konsonanten kennen eine ganze Reihe von Sprachen, z.B. das Italienische; regional haben sich ältere Verhältnisse mit Quantitätenoppositionen im Konsonantismus z.T. noch gehalten, z.B. im Hochalemannischen).

Die Oppositionen können in dem folgenden Schema illustriert werden, wobei wieder eine Reihe von Phonemen in dem hier ausgewählten Umgebungsrahmen nicht belegt sind, s. die folgende schematische Belegung.

Rahmen Rahne (reg. f. Rübe) rangeln
Rappen/Raben Raten/(radeln) (Racker)/ragen
raffen/(Ravioli) Rassen/Rasen rasche/Rage (*rajolen) Rache raren
[Ra:ʒə]
[ʔ] in *Theater* [teʔatɐ] [h] in *geheim* [gehaim]
*marginal bei „korrekter" Fremdwortaussprache, adaptiert in [Ra:šə] „er ist in *Rage*"

Auch bei den Konsonanten gibt es wieder syntagmatische Beschränkungen, die ihre Gründe in der syllabischen Koartikulation haben.
1. Das gilt z.B. für die *ich-* und *ach-*Laute [ç] : [x], wobei das *x* nur nach velarem Vokal steht, in allen anderen Positionen ç. Diese Vorkommensbeschränkung führt u.U. zum Wechsel in einem Wort, wenn sich der silbische Kern entsprechend ändert wie etwa bei *Koch* [kɔx] gegenüber *Köche* [kœçə]. In den meisten Varietäten des Deutschen ist diese Verteilung strikt komplementär. Regional gibt es allerdings Oppositionen, wenn nämlich das produktive Deminitivsuffix -chen ohne Palatalisierung des vorhergehenden Vokals verwendet wird. Dadurch gibt es z.b. die Opposition [ku:çn̩] „Kuhchen" gegenüber [ku:xn̩] „Kuchen" (in den meisten Varietäten dürfte es wohl auch bei der Verkleinerungsform [ky:çn̩] „Kühchen" lauten; möglich sind solche Formen wohl nur in Sprachvarianten ohne gerundete Palatalvokale).
2. Auch in einigen weiteren Fällen gibt es systematische Lücken, die man als komplementäre Verteilung von Lauten auffassen kann, so etwa wenn das [h] nur silbenanlautend (bis auf wenige Fälle von Zusammensetzungen auch nur wortanlautend) vorkommt, dafür aber der velare Nasal [ŋ] nur silbenfinal - anders übrigens noch in der Kindersprache, die ihren Spaß an Bildungen wie [ŋam] hat!).
3. Ein besonderes Problem bilden die Affrikaten, die ebenso wie die Diphthonge im vokalischen Bereich als Abfolge von zwei Lauten oder aber als ein Laut zu behandeln sind. Ich gehe hier davon aus, daß zumindest die Affrikata [ts] als ein Konsonant zu behandeln ist, den ich in der Regel mit dem [c] notiere, da er unter Wortstrukturbedingungen die gleichen Vorkommensfreiheiten bzw. -beschränkungen aufweist wie andere (Fortis-)Konsonanten, vgl. Formen wie *zwei* [cvai], das *Znüni*[4] [cny:ni] und anderes mehr.
4. Die Probleme des Glottisverschlusses habe ich oben schon kurz erwähnt. Für nicht phonetisch Geschulte ist die Entdeckung dieses Konsonanten im Deutschen manchmal eine große Überraschung. Bewußt wahrgenommen wird er als Einsatz des stöhnenden Lautes, wenn nach tiefem Einatmen und Anspannen des Brustkorbes der Lautverschluß wieder gelöst wird (etwa bei der Röntgenaufnahme nach der Aufforderung: „Tief einatmen, Luft anhalten, jetzt atmen!"). Er begleitet als „harter Einsatz" in der Regel jeden betonten silbenanlautenden Vokal also etwa *ich bin erster* [ˈʔɪçbɪnˈʔeɐ̯stɐ], *Theater* [teˈʔatɐ].

Allerdings gibt es hier regional und sprechtempoabhängig große Variationen; wo der Glottisverschluß nicht realisiert wird, wird der Hiat tendenziell diphthongisch aufgelöst [tɕatɐ].

Das Vorkommen des Glottisverschlusses ist charakteristisch für einige Sprachen, während andere ihn nicht kennen bzw. wie das Französische nur als expressives Mittel paraphonologisch nutzen (daraus resultieren die bekannten Schwierigkeiten beim Fremdsprachenlernen, wo Deutsche von Franzosen in der Regel gleich an dem harten Einsatz vokalisch anlautender Wörter erkannt werden). Die Folge des harten vokalischen Einsatzes im Deutschen ist, daß die Silbenstruktur auch in gebundener Rede in der Regel konstant bleibt. Das unterscheidet das Deutsche von Sprachen ohne phonologischen Glottisverschluß wie dem Französischen oder dem Griechischen, die in der gebundenen Regel die Silbenstruktur auch über Wortgrenzen hin variieren, wo es dann zu z.T. sehr weitgehenden

---

[5] Vormittagsimbiß (in der Schweiz)

Verschmelzungen in phonologischen Wörtern kommen kann, die die Identifizierung mit den in Isolation gesprochenen Wörtern schwierig machen können.

NB: Zum „harten Einsatz" bzw. dem [ʔ]

Sprachen ohne „harten Einsatz" kennen extreme Fälle von syntaktischer Homophonie, die in der manieristischen Poesie auch ausgenutzt werden. Ein französischer Meistersänger des 15. Jhd. hat so mit dem lautlichen Material [galamãdəlarænalatuRmaɲanimə] das folgende zweizeilige Couplet fabriziert:

Gal, amant de la Reine, alla, tour magnanime
galammant de l'Arène à la Tour Magne à Nîmes.

In der üblichen Aussprache des Französischen bei einem Norddeutschen (vorausgesetzt; er meistert die Nasalvokale) lauten die beiden Verse keineswegs homophon:

[galʔamãdəlaRęnʔalatuRmaɲ animə]
[galamãdəlaRęn(ʔ)alatuRmaɲ (ə)(ʔ)animə]

(Die Glottisverschlüsse in dem zweiten Vers sind abhängig von dem Akzentmuster: bei vokalisch reduzierter, also *unfranzösischer* Aussprache des *à* vermutlich kein [ʔ], sonst wahrscheinlich doch).

Es kann bei dieser einführenden Überlegung nicht darum gehen, eine detaillierte Darstellung der Phonetik oder der Phonologie des Deutschen zu liefern; dazu muß auf die einschlägigen Darstellungen verwiesen werden. Hier geht es mir nur darum, einerseits den Unterschied zwischen dem Lautlichen und der Schrift deutlich zu machen, andererseits auch die oraten Monitorkategorien zu vergegenwärtigen, mit denen der Lerner die literaten Analysekategorien aufbauen kann, die ihm die Aneignung der Schrift ermöglichen. In diesem Sinne ist es vor allem wichtig, sich den Abstraktionsprozeß zu verdeutlichen, der in der Isolierung von Lauten als Segmenten des Gesprochenen liegt, die letztlich nur als Rückprojektion aus der erworbenen Fähigkeit zu erklären sind, Texte phonographisch aufzuschreiben. Um sich diesen Abstraktionsprozeß zu vergegenwärtigen, ist es vor allen Dingen hilfreich, sich den Ablauf der Lautproduktion in dem koartikulierenden Zusammenspiel der verschiedenen Artikulationsorgane zu verdeutlichen. Dazu ist es illustrativ, sich in einer allerdings auch schon wieder sehr typisierenden schematischen Darstellung das Zusammenspiel dieser Organe wie etwa bei dem folgenden Schema zu verdeutlichen. Dort habe ich die Äußerung *Oma kocht Mus* in eine Abfolge von Segmenten zerlegt, die der Abfolge von Buchstaben entspricht. Unter diesen Segmenten sind in Zeilen die an der Produktion beteiligten Artikulationsorgane aufgeführt. Wo es bei diesen nicht um eine entweder-oder-Beteiligung bzw. um eine in diesem Sinne eindeutige Funktionsmarkierung handelt, wie bei der Zungenstellung, sind noch Grade der Beteiligung markiert, bei der Zungenstellung mit den Graden von 0 - 5, wobei ø konsonantischen Verschluß signalisiert, 1 Reibelaut, die Grade 2 - 5 dann vokalische Artikulation: 2 eng, 3 relativ eng, 4 relativ offen, 5 offen; markiert mit dicken Linien sind die jeweils spezifizierten Artikulationsweisen, die entsprechend dem eingangs gegebenen Instruktionsmuster für eine Wanderung den Orientierungspunkten entsprechen. Wo im Sinne der phonologischen Nutzung der phonetischen Möglichkeiten keine kontinuierlichen Veränderungen angegeben sind, habe ich eine punktierte Verbindungslinie gezogen, die eine Vorstellung von dem gibt, was auf dem Wege zwischen zwei solchen idealen Fixpunkten an Artikulationsvorgängen im „Gelände" erfolgt.

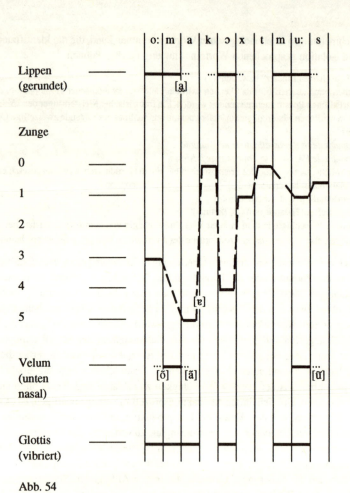

Abb. 54

Anhang II
Syntaktisches Hintergrundwissen

Außer mit phonetischen operiere ich im Text mit grammatischen Analysekategorien, insbesondere mit denen einer *syntaktischen Analyse*. Dieser Terminus und die ihn begründenden begrifflichen Instrumente und Verfahren sollen hier zusammenhängend dargestellt werden. Dabei gilt aber auch hier ebenso wie bei der Phonetik, daß es nicht eigentlich um Wissensstoff geht, erst recht nicht um terminologische Fragen, sondern um ein Handwerkszeug. Wer damit noch nicht vertraut ist, sollte diese Überlegungen hier als Anregungen nehmen und einmal (und zwar mit Bleistift und Papier) ein entsprechendes Übungsbuch durcharbeiten.[6]

Zunächst eine Bemerkung zum Status der Begrifflichkeit. Ausgangspunkt für die Analyse ist das sprachliche *Produkt*, das ich hier der Einfachheit halber einen *Text* nenne (unabhängig von der Art seiner Äußerung, sowohl als mündlicher wie als schriftlicher Text). Texte haben bestimmte Eigenschaften, die uns hier interessieren; wir nennen sie sprachliche *Strukturen*, wenn wir sie in bestimmten Verallgemeinerungen fassen, die *Klassen* solcher Texte zukommen und nicht einfach zufällige Beobachtungen an einzelnen Texten sind. Zu solchen sprachlichen Strukturen gehört bei *schriftlichen* Texten insbesondere die Rechtschreibung. In einem praktischen Kontext wie der Schule sind wir daran interessiert, wie derartige Strukturen von Menschen „verarbeitet" werden: produziert (wie der Text aufgeschrieben oder gesprochen wird) oder rezipiert (wie der Text beim Hören oder Lesen interpretiert wird). In dem folgenden Schema ist das durch die Pfeile vom Text zu dem zentralen Nervensystem angedeutet (das letzte hier der Einfacheit halber mit dem Gehirn gleichgesetzt). Darauf zielt die pädagogische Intervention.

Gehirn   Text   Grammatik

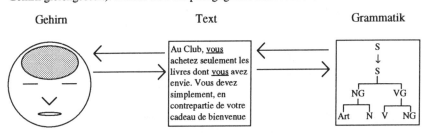

Dieser Bereich wird von der Psychologie erforscht, die ihn ihrerseits unter den physiologischen Randbedingungen der Neurologie faßt. Allerdings wissen wir noch außerordentlich wenig über die realen Abläufe im Gehirn und die physiologischen Randbedingungen der Sprachproduktion - man kann sogar sagen, daß wir in dem Maße, wie die Forschung hier voranschreitet, immer deutlicher sehen, wie wenig wir von diesen Prozessen eigentlich wissen oder verstehen. Daher vertrete ich bei den Aussagen über solche Prozesse hier keinen *realistischen* Anspruch. Die „Modellierungen" kognitiver Prozesse, von denen ich in abgekürzter Form manchmal spreche, beziehen sich nur auf plausible Vorstellungen davon, wie ein entsprechendes sprachliches Produkt produziert bzw. interpretiert werden *kann*.

---
[6] Um ein Beispiel zu nennen: P. EISENBERG, *Grundriß der deutschen Grammatik*, Stuttgart: Metzler 1986.

In diesem Horizont sind die grammatischen Analysen zu sehen, die die Struktur der Texte explizieren. In der Sprachwissenschaft bedient man sich dazu eines formalen Instrumentariums, das es ermöglichen soll, diese Strukturen in möglichst großer Allgemeinheit zu explizieren, also in einer Form, die möglichst vielen Texten zukommt. Das ist prinzipiell auf unbegrenzt viele verschiedene Weisen möglich, die in gleichem Sinne solche Texte beschreiben. Tatsächlich ist auch die sprachwissenschaftliche Diskussion in den letzten 30 Jahren durch die Suche nach Bewertungskriterien für konkurrierende Beschreibungen bestimmt. Die entsprechenden Diskussionen sind für Nicht-Spezialisten kaum nachzuvollziehen, und als solche für den Zweck dieses Buches nicht direkt zu übernehmen. Für die Argumentation hier operiere ich mit drei Bewertungskriterien für die grammatische (syntaktische) Analyse:
1. Der grammatische Analyseapparat muß plausibel sein in Hinblick auf die außersprachlichen Grundannahmen über unseren psychischen/ kognitiven Apparat (er darf nicht im Widerspruch stehen zu dem, was wir über die Wahrnehmung generell wissen, über die Gedächtnisorganisation und dergleichen mehr). Als eine solche Grundannahme betrachte ich es insbesondere, daß das Lernen in so komplexen Bereichen wie dem der Sprache über die Ausbildung begrifflicher Schemata verläuft und nicht einfach akkumulierend über das Einprägen der einzelnen abgespeicherten Elemente.
2. Der begriffliche Apparat soll anschließen an die Vorstellungen von Grammatik, die im außersprachwissenschaftlichen Kontext, insbesondere in der Schule, etabliert sind. Insofern operiere ich auch mit den Grundbegriffen, die in der Duden-Grammatik bzw. in der Schul-Grammatik benutzt werden; das gilt insbesondere für die Vorstellung, daß die syntaktischen Strukturen eines Satzes vom finiten Verb und seinen Ergänzungen her bestimmt werden, also dem was im sprachwissenschaftlichen Jargon eine *Dependenz-* bzw. *Valenzgrammatik* heißt.
3. Schließlich muß die vorgestellte Analyse aber verträglich sein mit den Erkenntnissen und Verfahren der neueren Grammatiktheorie. Zwar ist es ausgeschlossen, in diesem Kontext hier die Ergebnisse der Grammatikdiskussion gewissermaßen nebenbei vorzuführen; und dasselbe gilt auch für den komplexen Gegenstandsbereich der Syntax des Deutschen, der selbst in kompakten Handbuchdarstellungen immer noch einen Umfang von 500 - 1000 Seiten in Anspruch nimmt, der hier nicht in kurzen Exkursen abgehandelt werden kann. Wenn auch die syntaktischen Überlegungen hier nicht im Detail ausgeführt sind, so dürfen sie doch in Hinblick auf das, was in den ausführlichen Grammatikdarstellungen zu finden ist, nicht falsch sein. Für den sprachwissenschaftlich Interessierten sollte es möglich sein, das hier Vorgestellte im Sinne dieser weiterführenden sprachwissenschaftlichen Diskussion zu differenzieren.

Es ist nicht zuletzt im schulisch-pädagogischen Kontext wichtig, sich das in dem Schema dargestellte Verhältnis einer nur schwachen Entsprechung der grammatischen Beschreibung/Explikation zu den kognitiven Prozessen im zentralen Nervensystem klarzumachen. Die hier benutzten syntaktischen Analysen sind nicht im Kopf der Kinder (oder auch erwachsener Sprecher/Schreiber des Deutschen); der Anspruch besteht nur, daß das in diesen Analysen Explizierte für jeden, der die deutsche Sprache „kompetent" ausübt, erreichbar ist. Es entspricht der Erfahrung im Spracherwerb, insbesondere der Fähigkeit, zwischen den „richtigen" und nicht „richtig" gebildeten Sätzen im Deutschen zu unterscheiden. Davon zu unterscheiden ist die Fähigkeit, derartiges Wissen zu verbalisieren -

was selbstverständlich nicht in jedermanns Reichweite ist. Von daher ergibt sich auch die Konsequenz, den Unterricht so anzulegen, daß er *operativ* die Spracherfahrungen der Lerner aufnimmt, sie gewissermaßen auf einen Begriff bringt, der als Kürzel für operative Erfahrungen im Umgang mit Texten verstanden wird.

Der Grundbegriff dieses Ansatzes liegt also bei der Erfahrung mit *Texten*. Im Sinne der allgemeinen Bestimmung von vorhin ist jede Äußerung ein Text, z.B.:

> Einfahrt

Die Frage einer syntaktischen Analyse stellt sich offensichtlich nur, wenn ein Text aus mehr als einem Element besteht (wobei ich hier im folgenden der Einfachheit halber unter Elementen eines Textes immer Worte verstehe; die Ausführung der Analyse in noch kleineren Einheiten: Morphemen und dergleichen ändert an dem Grundgedankengang hier nichts), wenn also die Analyse zu mindestens zwei Elementen führt:

> EINFAHRT BEACHTEN!

(Das geht ja auch schon aus dem Terminus *Syntax* hervor, aus dem griechischen *syn* „zusammen", und *taxis* „Anordnung", zu einem Verbstamm *tak-* „anordnen"). Zunächst aus reinen Darstellungsgründen soll nun für diese syntaktische Analyse festgelegt werden, daß sie immer in *binären* Operationen durchzuführen ist (von *bi* lateinisch „zweifach"), wo also jede komplexe Einheit in dem jeweils nächsten Schritt in zwei Untereinheiten zerlegt wird und dann ebenfalls jede dieser Untereinheiten, soweit sie komplex ist, selbst wiederum in zwei Einheiten zerlegt wird usw., wie es das folgende Schema zeigt.

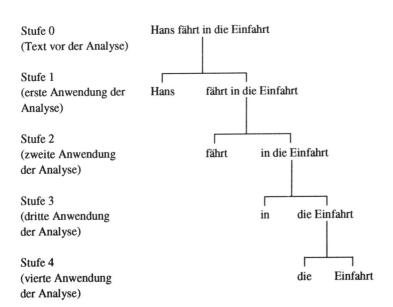

Das Schema hat die bei syntaktischen Analysen übliche Form eines Baumgraphen. Eine ökonomischere Vereinfachung der Darstellung besteht darin, nicht bei jeder Stufe der Operation die Elemente zu wiederholen, sondern am Ausgangspunkt der Verzweigung Etikette für Klassen von Elementen zu verwenden, die ebenfalls an dieser Stelle verwendet werden könnten. Solche Klassen, symbolisiert mit Großbuchstaben *A,B,C* ... als Etiketten, sind z.B.

B: *Hans, Egon, das Auto* usw.
D: *fährt, rollt, saust* usw.

Das Schema sähe dann wie folgt aus:

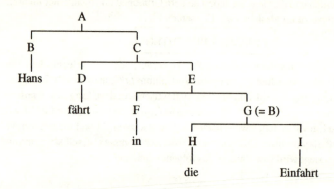

Selbstverständlich sind die bisher gewählten Etiketten rein beliebig, statt *A, B, C* usw. könnte hier auch stehen *Apfel, Birne, Banane*; die Spezifizierung der Klassenbildung bzw. ihre Interpretation wird weiter unten besprochen.

Der Zwang zur binären Zerlegung ist hier eine künstliche Vorschrift; es gibt durchaus gute Gründe anzunehmen, daß in unserer kognitiven Organisation ein so schematisches Vorgehen keinesfalls festliegt; und so gibt es denn auch Sprachwissenschaftler, die bei ihren syntaktischen Analysen nicht mit binären Zerlegungen verfahren. In diesem Zusammenhang spricht für ein binäres Vorgehen vor allem, daß es dazu zwingt, sich die möglichen syntaktischen Beziehungen klarzumachen (wenn man bei einem Punkt ankommt, wo es nicht klar ist, was eine binäre Zerlegung soll, dann ist schließlich auch das eine Einsicht); im übrigen kann jede binäre Zerlegung ohne weiteres in eine nichtbinäre überführt werden - aber eben nicht das Umgekehrte.

Auf dieser binären Zerlegung operiert eine Gewichtung der Elemente nach ihrem relativen Primat: ihre Differenzierung in ein *Kern*element und den *Rand*. Das heißt bei jeder Zerlegung (im Sinne der graphischen Darstellung: bei den jeweiligen Schwesterknoten einer Verzweigung) ist zu entscheiden, welcher der prominentere ist. Z.B. könnte eine solche Auszeichnung der vorherigen Analyse wie folgt aussehen:

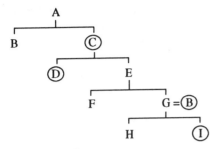

Für ein solches Vorgehen sprechen zunächst Plausibilitätsüberlegungen in Hinblick auf den psychisch-kognitiven Apparat (s. das Kriterium 1). So wissen wir aus der Wahrnehmungspsychologie um die fundamentale Strukturierung des Wahrnehmungsfeldes in Figur und Grund, die ebenfalls mit einer solchen binären Zerlegung operiert. Ein solches Vorgehen hat vor allem aber auch den Vorteil, die Analyse ökonomisch zu reduzieren, indem wir jetzt nur die Grundkategorien von Kern („Nukleus") und Rand („Komplement") benötigen.

Ich operiere jetzt und im folgenden also mit einer weiteren Schematisierung: indem ich jede solche binäre Zerlegung fasse als induziert von einem Kernelement, das bestimmt wird durch ein Komplement. (*Komplement* hier als genereller schematischer Begriff für „Gegenstück" im Sinne der in der Arithmetik geläufigen Beziehung, wenn C = A + B, dann ist B Komplement zu A bzw. A zu B: B = A oder A = B.) Wir können also die syntaktische Analyse in diesem Sinne wie folgt entwickeln, wobei die hierarchischen Strukturen sich als stufenweiser Aufbau aus solchen komplementären Konfigurationen ergeben. In diesem Sinne läßt sich das Schema jetzt wie folgt ausführen:

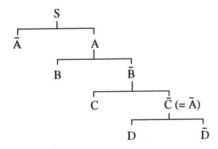

Der „ökonomische Gewinn" dieses Verfahrens ist offensichtlich: Wir sparen auf diese Weise hier etwa die Hälfte der benötigten Kategorien ein (statt der ursprünglichen 10 Etiketten brauchen wir jetzt nur noch 5: *S, A, B, C, D*).

Die Entscheidungen darüber, welcher der beiden Schwesterknoten jeweils der prominentere ist, hängen selbst wieder an Operationen, die ich hier nur andeuten kann:

A ist prominenter als A̅ , denn es kann auch ohne A̅ heißen: *Fahr in die Einfahrt!*

B: *Fahr!*

C: *Hans fährt hinein*

D: *Hans fährt in Einfahrten*

Es ist deutlich, daß hier die Operationen komplexer sind, nicht nur „lokal" über dem vorgegebenen Wortmaterial operieren. Auf diese abstrakteren Wissensstrukturen, die in den Operationen aufgenommen werden, komme ich weiter unten noch zurück.

Nun habe ich bei dem Beispiel indirekt schon die Analyse eines *Satzes* vorgestellt, ohne aber bisher die *Kategorie Satz* definiert zu haben. Tatsächlich ist *Satz* nicht im gleichen Sinne wie *Text* eine Grundkategorie. Sie ist vielmehr eng verquickt mit der Differenz von orater und literater Textorganisation.

Machen wir uns an einer kursorischen Überlegung klar, wie die Kategorie Satz entwickelt werden kann. Gehen wir von einem Beispieltext aus, der Äußerung [tax'hans] („Tag, Hans"). Es handelt sich offensichtlich um eine komplexe Äußerung, die wir auch binär weiter zerlegen können, etwa in die beiden Elemente (in orthographischer Repräsentation): *Tag, Hans*, wobei *Tag* offensichtlich das Kernelement ist, *Hans* das Komplement (wir haben im gleichen Kontext auch die mögliche Äußerung [tax], während die isolierte Äußerung [hans] in einem vergleichbaren Kontext eine andere Bedeutung hätte, etwa ein Anruf oder ähnliches).

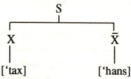

Wir haben also den Text zerlegt und zugleich die Elemente in einer bestimmten Weise einander zugeordnet: Den Kern bildet das „Begrüßungswort" (*guten Tag*), den Rand/das Komplement bildet die Anrede *Hans*. Die hierarchische Differenzierung zwischen den beiden Elementen der binären Zerlegung definiert zugleich ihre Integration in eine Makroeinheit des Textes.

Nun sind allerdings nicht alle Texte in diesem Sinne integrierte Texte. Nehmen wir ein anderes Beispiel. Eine in diesem Sinne komplexere Äußerung könnte etwa so aussehen:
    Hans ⟶| Fritz ⟶| Paul ⟶| Emma ⟶|
Hier handelt es sich um eine Aufzählung, wie sie etwa bei der Einteilung einer größeren Gruppe in Untergruppen vorkommen könnte (also etwa in dem Sinne von: *zur Gruppe A gehören Hans, Fritz, Paul, Emma*). Die Gliederungssignale der gesprochenen Sprache bestehen hier in Pausen und in einer schwebenden Intonation, die mit der Symbolik ⟶| angedeutet ist.

Auch hier haben wir es zwar mit einem einheitlichen Text zu tun, aber diese Einheit ist nicht durch die syntaktische Organisation gegeben, sondern gewissermaßen durch die Qualität des Textes, die allerdings auch die Interpretation als einheitlich erzwingt (das gilt im übrigen nicht nur aufgrund der Materialität, wie in diesem Sinne befremdlichere Reihungen zeigen wie z.B.

   ⟶| ⟶| ⟶| ⟶| ⟶|
   Hans| kein| vor| ge-| ist|

wird dergleichen produziert und dann tatsächlich interpretiert, so etwa als Rätsel-Spiel, oder als Beispiel-Angabe in einem sprachwissenschaftlichen Werk).

Wir haben also zu unterscheiden:
1. Die Zerlegung eines Textes in sequenzielle Einheiten
2. Die syntaktische Verknüpfung dieser Einheiten im Text
   a) integriert (das erste Beispiel)
   b) reihend (das zweite Beispiel)

An dieser Stelle kann ich nur darauf hinweisen, daß die Kontrolle der Randbedingungen für solche Operationen nicht unproblematisch ist. Tendenziell gilt sicherlich, daß bei integrierter Textorganisation die Textmanipulation nicht beliebig frei ist. Etwa eine Umstellung in [hans'tax] bedeutete im vollen Sinn einer pragmatischen Sprechhandlung etwas anderes; allerdings sind im strengen Sinn materiale Veränderungen nie bedeutungslos, schon weil die sequentielle Abfolge zuerst/später immer auch interpretatorisch genutzt wird (werden kann); das sind aber weiterführende Komplikationen, von denen ich hier vereinfachend absehen muß.

Diese beiden Möglichkeiten der Textorganisation können nun auch kombiniert werden. So ist z.B. eine Reihung von integrierten Textsequenzen möglich. Eine komplexere Struktur hat etwa eine Aufzählung, die nicht nur benennt, sondern etwa Aufgaben verteilen würde, jeder genannten Person eine bestimmte Aufgabe: *Hans : die Tafel, Fritz: den Fußboden, Paul: die Tische*. Jetzt ist die Intonation nicht:
Hans ⟶| die Tafel ⟶| Fritz ⟶| der Fußboden ⟶| Paul ⟶| die Tische ⟶|
- das wäre ja eine Aufzählung von sechs Einheiten. Vielmehr muß es zu einer partiellen Integration in drei intern strukturierten Einheiten kommen (↓ steht für eine fallenden Intonation):
Hans ⟶| die Tafel ↓ Fritz ⟶| den Fußboden ↓ Paul ⟶| die Tische ↓.
Schematisch also

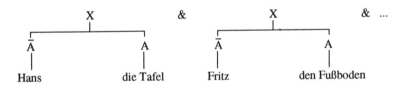

Der umgekehrte Fall liegt vor bei

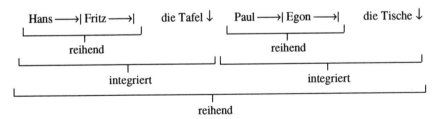

In schematischer Darstellung

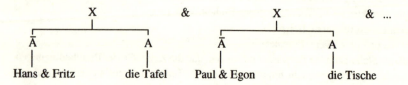

Die hier signalisierte prosodische Gliederung markiert diese paarweise Integration. Unterstützt wird sie noch durch Formelemente, insbesondere die Kasusfunktion: Es heißt ja nicht *Fritz - der Fußboden* (also beide Terme im gleichen Kasus - das würde eine ganz andere Interpretation nach sich ziehen), sondern eine Integration durch die Markierung beider Termini in verschiedenen Kasus, die ihr Verhältnis zueinander ausdrücken.

Insoweit operiere ich noch mit sehr allgemeinen Bestimmungen der Textstruktur, die insbesondere indifferent in Hinblick auf die mündliche oder schriftliche bzw. orate oder literate Textorganisation sind. Diese weitergehende Differenzierung ist hier daran gebunden, ob die Sequenzen, die hier als integriert bezeichnet worden sind, die syntaktische Struktur von Sätzen haben. Auf der grundsätzlichen Ebene bisher ist nur festzustellen, daß komplexe Texte aus Sätzen bestehen *können*, daß ihre Teilsequenzen aber keine Sätze sein *müssen*.

Für die gesprochene Sprache ist noch kein syntaktisches Analyseschema etabliert; es geht selbstverständlich nicht an, gesprochene Sprache (Kommunikation) grundsätzlich durch die Brille des Geschriebenen zu betrachten. Allerdings braucht gesprochene Sprache für die Analysezwecke hier, also die Entwicklung der Kategorien der Rechtschreibanalyse, tatsächlich nur so zu interessieren: als Ausgangsbedingung, die die Aneignung der schriftlichen/literaten Kategorien fundiert. Für die syntaktische Analyse gilt, daß ein Text literat ist, der ohne Rest in Sätze zerlegt werden kann. Darüber hinaus gibt es noch Grade des Literaten, d.h. von mehr oder weniger integrierten Textstrukturen, was in den Bereich der Textlinguistik/Stilistik fällt (und selbstverständlich gibt es *literarisch*, also in geschriebener Sprache, nicht-*literate* Textmuster, die stilistische Souveränität durch einen gewissermaßen metaphorischen Gebrauch orater Muster unter Beweis stellen - so vor allem im Grenzbereich von Journalismus und „moderner" Literatur üblich - *Er kommt nachhause. Gleich ...;* dieses Problem wird im Text wiederholt als das von Alterität diskutiert). Hier beschränke ich mich darauf, die grundlegenden Begriffe der Satzstruktur vorzustellen, also die eingangs schon benutzten Analysen syntaktisch weiter zu interpretieren. Die Grundbestimmung in dem „gewichteten" Baumdiagramm oben war, daß die syntaktische Analyse vom Verb als Kern des Satzes ausgeht.

Hier zeigen sich sofort Probleme bei den eben angeführten Beispielen. Ist *Fritz - den Fußboden* ein Satz? Wir verstehen es offensichtlich wie einen Satz, wie die Paraphrase zeigt: *Fritz putzt den Fußboden* (der erste Ausdruck scheint elliptisch aus dem zweiten hervorzugehen). Warum ist aber nun der zweite sicherlich ein Satz, während wir bei dem ersten Ausdruck nicht sicher sind? Nun, der zweite Ausdruck enthält ein finites Verb (*putzt*) oder wie es in der grammatischen Terminologie heißt: ein Prädikat. Das scheint nun die Grundvoraussetzung für die Kategorie Satz zu sein, die ja in diesem Sinne in der Schulgrammatik auch definiert wird als

Satz =: Subjekt + Prädikat (+X)
Nehmen wir auch noch marginale Satzformen hinzu, die von dieser abweichen, wie etwa die Imperative, so zeigt sich, daß das Prädikat nicht nur eine notwendige, sondern auch eine hinreichende Bedingung sein kann:
Satz =: (Y+) Prädikat (+X)
Vgl. *Lauf! Putz den Fußboden!* u.a.
Wir stellen also fest, daß das Prädikat den Kern des Satzes ausmacht, weil es unverzichtbar ist. Der Rest sind Ergänzungen, die mehr oder weniger frei sind. So kommen wir zu dem elementaren Schema für den Satz:

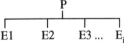

Terminologisch besteht hier noch eine gewisse Unklarheit, die sich auch schon in dem Schwanken zwischen der Rede von einem Prädikat und von einem (finiten) Verb ausdrückt. Bei der syntaktischen Analyse geht es zunächst einmal um Funktionen, die Satzelemente im Satz erfüllen. Eine solche Funktion ist aber das Prädikat. Davon muß streng genommen unterschieden werden, welche syntaktischen Elemente diese Funktion erfüllen: z.B. erfüllt ein finites Verb die Funktion eines Prädikats eines Satzes. Wo diese Differenzierung für die Argumentation aber nicht unumgänglich ist, bediene ich mich öfter der unterbestimmten Redeweise wie in der Schulgrammatik.

Die Zerlegung eines Satzes in Subjekt und Prädikat stammt aus der traditionellen Grammatik/Logik; sie hat zunächst einmal eine formale Basis in der Äußerung in der Kongruenz eines nicht verbalen Satzgliedes mit dem Prädikat.

Gestern sah Hans die Mädchen

Gestern sahen Hans die Mädchen

Eine solche Redeweise verlangt offensichtlich eine Abstraktion über die Ebene der Worte hinaus. Darauf verweist der Ausdruck Satzglied; ein Satzglied kann zwar aus einem Wort bestehen (wie hier bei *Hans*), kann aber auch sehr viel komplexer sein:
Gestern sah der nette Junge, der morgens immer die Brötchen bringt, die Mädchen.
Der (Oberflächen-)Umfang der Satzglieder liegt nicht fest; definiert ist nur ihre Funktion im Satz - Subjekt zu Satz zu sein z.B. bei *Hans* ebenso wie bei *der nette Junge, der morgens immer die Brötchen bringt*. Ausgehend von unserer formalen Darstellung können wir Satzglieder sehr einfach formulieren: Ein Satzglied ist eine Teilstruktur eines Satzes, die von einem Knoten dominiert wird.

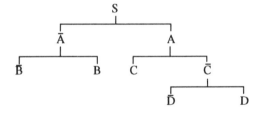

In diesem Sinne sind hier Satzglieder (syntaktische Variablen): $\overline{A(\overline{B}B)}$ oder $\overline{C(\overline{D}D)}$ - aber nicht *BC* oder *CD* oder *AC* usw.

So abstrakt sich das anhört, so ist es doch nichts anderes als die Repräsentation von elementaren sprachlichen Erfahrungen: Das Wissen der Sprecher darum, welche Veränderung an Texten mögliche Äußerungen ergeben und welche nicht. In diesem Sinne entspricht die syntaktische Analyse dem, was wir bei der Diskussion der lautlichen Basis der Sprache für die Definition von lautlichen Einheiten festgestellt haben. Die syntaktischen Variablen markieren relativ undurchlässige Spannen im Text bzw. markieren an ihren Grenzen syntaktische „Sollbruchstellen". Wir können das an den gleichen drei Grundoperationen durchspielen wie oben im Text: Ein Einschub ist an den Grenzen eines Satzgliedes z.B. des Subjekts möglich, nicht aber innerhalb von diesem. Z.B. für einen *Einschub* x, x = *auf dem Ball*:

Gestern sah der   nette Junge, der uns die Brötchen bringt,   die Mädchen.
              ↑   ↑
              x   x

→ *Gestern sah (auf dem Ball) der nette Junge, der uns die Brötchen bringt, (auf dem Ball) die Mädchen.*
**Gestern sah der nette auf dem Ball Junge, der uns die Brötchen bringt, die Mädchen.*

In psychologischen Tests hat man ein klickendes Geräusch in die Aufnahme solcher Sätze an verschiedenen Stellen hineinmontiert; bemerkenswerterweise hörten die Probanden dies Geräusch in der Regel an der Grenze eines Satzgliedes, unabhängig von seiner Lokalisierung im physischen Sinne.

Das gleiche gilt auch für die *Substitution*.

Gestern sah der | *nette Junge* | *, der uns die Brötchen bringt, die Mädchen.*
                    | *flotte Egon* |

Und wiederum das gleiche gilt für die *Permutation*

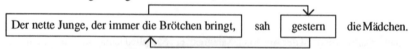

Die Operationen Einschub, Substitution und Permutation spannen also ein Netz von Beziehungen zwischen möglichen Äußerungen und ihren Elementen auf, das in irgendeiner Weise auch im Wissen der Sprecher/Hörer-Schreiber/Leser verfügbar ist. (Für die Leser, für die diese Überlegung noch relativ neu ist, empfiehlt es sich, nach dem gleichen Schema die Analyse für die anderen Satzglieder durchzuspielen: Das Prädikat *sah*, die Umstandsbestimmung *gestern*, das direkte Objekt *die Mädchen*).

Alles, was eine syntaktische Theorie tut, ist, dieses Wissen systematisch zu explizieren und einen Begriffsapparat zur Verfügung zu stellen, der dieses operative Wissen auf den Punkt bringt. Das operative Wissen ist auch bei den Schülern schon da, die von ihrer intellektuellen Entwicklung her noch nicht in der Lage sind, eine derartige metasprachliche Begrifflichkeit zu entwickeln.

Im Sinne dieses Ansatzes gilt es jetzt, die weiteren Kategorien der syntaktischen Analyse zu entwickeln, wobei ich hier die Grundkategorien der Schulgrammatik aufnehme bzw. in einem funktionalen Ansatz der Syntaxanalyse entfalte.

Für die literate Artikulation gilt, daß für sie eine kanonische Form bestimmt ist, etwa die Struktur des *Satzes* =: *Subjekt + Prädikat + x*, womit zugleich eine Zerlegung des Satzes

ohne Rest möglich sein muß (wie umgekehrt in einem literaten Text die Zerlegung des Textes in eine Abfolge von Sätzen ohne Rest möglich sein muß):
Text =: S1^S2^S3^ ...^Si
(^ benutze ich als Verkettungssymbol, also mit fester sequenzieller Reihenfolge, + als Verknüpfungssymbol ohne Reihenfolge-Beziehung). Bisher habe ich mich auf unterschiedlichen Ebenen bewegt, wenn es um die syntaktische Explikation von Satz (im Deutschen) ging; grob gesagt, unterscheiden wir zwischen rein syntaktischen Strukturen („Oberflächenstrukturen") und solchen, die semantisch interpretiert sind („Tiefenstrukturen" - von *Oberflächen-* und *Tiefenstruktur* ist hier nur in einem sehr informellen Sinn die Rede, nicht i.S. der technischen Termini der Generativen Grammatik).

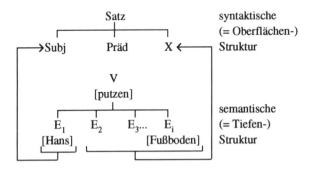

Wenn wir auf der „Oberflächenebene" davon reden, daß der Satz definiert sei durch Subjekt und Prädikat, wobei Subjekt und Prädikat miteinander kongruieren, so ist diese Beziehung auf der semantischen Ebene, so wie sie hier expliziert ist, nicht definiert. Vielmehr ist die Belegung der Subjektposition Ergebnis einer Auswahl aus den Ergänzungen des Verbs. In gewisser Hinsicht als semantisch äquivalent (als Paraphrasen) können Sätze behandelt werden, die wie in dem Beispiel hier die Ergänzung E_1 als Subjekt wählen (*Hans putzt den Fußboden/die Fußböden*) aber etwa auch bei der Selektion eines $E_{i,i\neq 1}$, : *der Fußboden wird von Hans geputzt/die Fußböden werden von Hans geputzt*.

Bei literaten Texten sind solche Strukturen eindeutig vorgegeben, orate Texte können in derartige Strukturen umgeformt werden. Wir können jetzt auf das vorhin entwickelte Schema zurückgreifen, das die semantische Satzstruktur von der Bedeutung des Prädikates (ausgedrückt vom finiten Verb) her faßt, die eine semantische Struktur aufspannt, die von weiteren syntaktischen Elementen belegt wird (diese sind also komplementär zu dem Verb; wir können sie vorläufig als *nominale* Elemente fassen). Das entspricht ja im übrigen auch dem Muster der Schulgrammatik, die das Verb als Grundlage des Szenarios des Satzes faßt, die nominalen Elemente als die „Mitspieler" des Verbs. In der semantischen Tiefenstruktur haben die verschiedenen Ergänzungen E_i unterschiedliche semantische Rollen im Szenario des Verbs wie bei dem folgenden Beispiel, bei dem ich die üblichen Etikettierungen der „Mitspieler" benutze (in der Grammatiktheorie „Tiefenkasus", „thematische Rollen" u.ä. benannt). Bei der beispielhaften Belegung dieses Schemas kommt es zunächst nur auf die lexikalischen Spezifizierungen an, während wir für diesen Durchgang der Überlegung die syntaktisch-morphologische Markierung (Artikel, Kasusspezifizierungen u.dgl. ignorieren).

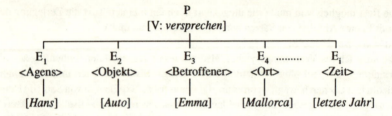

Jedes Element hat also eine spezifische Funktion, die es in Hinblick auf das Prädikat von allen anderen unterscheidet. Neben dieser qualitativen Bestimmung der Ergänzungen gibt es aber noch eine Differenz in deren Wertigkeit: Nicht alle Ergänzungen sind gleich nötig (obligatorisch), um zusammen mit dem Prädikat einen akzeptablen Satz zu ergeben, vgl.

*Hans versprach Emma
*Hans versprach Emma in Mallorca
Hans versprach Emma ein Auto

Die ersten beiden Ausdrücke sind „ungrammatisch" (das soll das * anzeigen); es fehlt die Ergänzung, die obligatorisch ist, damit ein Verb wie *versprechen* einen grammatischen Satz ergibt, das Objekt (der Gegenstand der Handlung); andererseits ist die lokale Ergänzung *in Mallorca* offensichtlich nicht obligatorisch (sie ist fakultativ), wie ebenfalls der dritte Satz zeigt, der grammatisch akzeptabel ist, ohne in Hinblick auf den Ort der Handlung spezifiziert zu sein.

In diesem Sinne spricht man davon, daß die Verben unterschiedliche *Valenzen* haben (wie man in der Chemie die unterschiedlichen Bindungspotentiale der Elemente als Valenzen klassifiziert). Das Verb *versprechen* ist dreiwertig, was wir schematisch so ausdrücken können: V <Ag, Obj, Betr>. Dagegen ist das Verb *lieben* zweiwertig, wie Beispiele zeigen wie

Hans liebt Emma
Hans liebt sein Auto

Wir schreiben entsprechend als Schema für ein zweiwertiges Verb wie *lieben* V <Ag, Obj>. Diese semantische Tiefenanalyse ordnet also jedem Satz eine Struktur zu, die einerseits aus einem *Kern* besteht (den obligatorischen Ergänzungen, die von der Valenz des Prädikats (des finiten Verbs) indiziert werden); andererseits aus einem Rand, der fakultativ von ergänzenden Bestimmungen gebildet wird („Umstandsbestimmungen", adverbiale Bestimmungen u.dgl.).

Bei dem Beispiel handelt es sich um einen einfachen Fall, wo die Belegung mehr oder weniger mit einem lexikalischen Element (ergänzt um die grammatischen Funktionsbestimmungen) vorgenommen wird. Tatsächlich ist die Syntax aber sehr viel komplexer, weil die Belegung der semantischen Ergänzungen quantitativ nicht beschränkt ist. Die Belegung mit syntaktisch einfachen Elementen (Wörtern) ist im Grunde auf den Ausnahmefall von Eigennamen und Pronomina beschränkt, alle anderen Belegungen sind intern komplex. In diesem Sinne spreche ich auch davon, daß die Ergänzungen syntaktische Variablen binden, deren Rolle unabhängig von der internen Struktur dieser Variablen ist. Als symbolische Notation dafür verwende ich auch ein Dreieck wie in dem folgenden Beispiel, um damit die syntaktische Variable auszudrücken, wenn es bei der jeweiligen Diskussion nicht um die interne Struktur dieser Variablen geht.

Hans
der schöne Egon
der Mann, der in Rauch aufging,

Die interne Struktur der Belegungen dieser Variablen kann selbst wiederum sehr komplex sein, vergleichen wir etwa als Belegung der Ergänzung E_4 (lokale Bestimmung):
auf Mallorca <Präp(osition), N(omen)>,
auf dem schönen Mallorca <Präp, Art(ikel), Adj(ektiv), N>
auf dem sehr schönen Mallorca <Präp, Art, Adv(erb), Adj, N>
Wir haben also auch innerhalb der nominalen Belegung (Nominalgruppe) eine Rahmenkonstruktion, die im Prinzip unbegrenzt weit spannen kann, in dem letzten Beispiel handelt es sich „nur" um drei Ebenen:

(1)
(2) $\quad$ auf$_{Präp}$ .... Mallorca$_N$
(3) $\quad\quad\quad$ dem$_{Art}$ .... schönen$_{Adj}$
$\quad\quad\quad\quad$ sehr$_{Adv}$

Die Spannweite solcher Rahmenkonstruktionen ist aber nur im Sinne literater Konstruktionen unbegrenzt, wo das synoptische Lesen sie *überblicken* kann. Anders ist es bei einer oraten Struktur, wo sich für das Hören mit ihrem Anwachsen sehr bald unüberwindliche Schwierigkeiten ergeben, weil die gesamte Spanne jeweils immer im Kurzzeitgedächtnis produziert werden muß, um die einzelnen Elemente der Konstruktion interpretierbar zu machen.

Dieses Problem der Schachtelung der Konstruktionen (Einbettungen) verkompliziert sich aber noch dramatisch dadurch, daß die Funktionsstellen im Satz, die nominal belegt werden können (also alle außer dem Prädikat), ebenfalls auch wieder durch die Variable Satz belegt werden können. Das syntaktische Schema, in das hinein die semantische Tiefenstruktur projiziert wird, ist tatsächlich also abstrakter als das bisher zugrundegelegte. Wir können es etwa wie folgt schematisch darstellen.

Satz → $\quad$ (Subj. +) $\quad$ Präd. $\quad$ (+ Kompl.)
$\quad\quad\quad$ X $\quad\quad\quad$ V $\quad\quad$ $X_i+...+X_n$

X → $\begin{bmatrix} \text{„Nominale" (N; Art+N; Art+Adj+N; ...)} \\ \text{Satz} \end{bmatrix}$

Offensichtlich ist das zugrundeliegende Schema rekursiv; in der wiederholten Anwendung definiert es die einzelnen syntaktischen Kategorien, die in dieser Weise selbst in einem hierarchischen Verhältnis stehen. Wir können das wieder an dem gleichen Analyse-Diagramm von vorhin verdeutlichen.

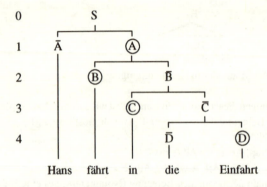

Die Entscheidung bei den Analyseschritten 1 und 2 ist offensichtlich: Bei 1 ist *A* der Kern, weil es das verbale Element enthält; bei 2 ist es *B*, da *B* selbst das Verb ist. Bei 3 und 4 ist die Überlegung etwas komplexer; sie erfordert die „Weglaßprobe". Hier gilt das vorhin schon Angemerkte, daß solche Wissensstrukturen nicht notwendig direkt auf Wortformen operieren, sondern über Generalisierungen (*in ~ hinein; Einfahrt ~ Einfahrten* usw.). Auch hier gilt wieder, daß die Operationen nicht lokal beschränkt sind, sondern ein Wissen erfassen, das über *Familien* von Wortformen operiert (ein grammatisches Wissen) - nicht nur ein Wissen über einzelne Familienmitglieder. Es gibt also so etwas wie eine grammatische Sippenhaft: zwar konnte das *Wort Einfahrt* nicht Kern der Nominalgruppe sein, da es nicht „alleine" stehen kann, wohl aber ist es als Mitglied der Wortfamilie mit dem Stamm *Einfahrt-* der Kern, da die Pluralform *Einfahrten* alleine stehen kann. Solche Aussagen sind hier nur sehr vorläufige Hinweise, da im einzelnen die zugrundeliegenden Urteile sehr komplex sind. Die Äußerung *Hans fährt in Einfahrt* ist kein „ordentlicher" Satz des Deutschen - das ist Bestandteil des grammatischen Wissens. Das bedeutet selbstverständlich nicht, daß eine solche Äußerung nicht vorkommen kann; dann aber trägt sie durch ihre abweichende Form eine besondere Information: Entweder als „Gastarbeiterdeutsch" oder aber als gezielt abweichende Redeweise von Philosophen (vgl. RAHNER: *Gott in Welt*). Das damit verbundene Problem von möglichen abweichenden Formen wird in den Kapiteln über Kern und Peripherie ausführlich behandelt (s. Kap. 11, 17, 26).

Für die Entwicklung der weiteren syntaktischen Kategorien sind drei Typen zu unterscheiden:
1. Die klassischen Wortarten, die verstanden werden als die Elemente, die syntaktische Leerstellen füllen können (auch hier wieder verstanden im Sinne von Wortfamilien, deren Elemente an einer bestimmten Stelle in einem spezifischen morphologischen Paradigma als Flexionsformen zu spezifizieren sind), z.B. Verb, Nomen usw.;
2. Sequenzen von Wörtern (aber von geringerem Umfang als ein Satz), die von dem in ihnen enthaltenen Kernelement definiert werden. Entsprechend sind die Namen dieser Sequenzen gewählt:
   Nominalgruppe (NG): *der nette Junge/Hans* usw.,
   Verbalgruppe (VG): *fährt/ist gefahren*
   Präpositionalgruppe (PrG)[7]: *in die Einfahrt* usw.
3. Funktionen, die wir als Konfigurationen in der graphischen Darstellung eines Satzes im Baumdiagramm definieren können.

---
[7] Im Text meist nur als Sonderfall einer NG behandelt und nicht eigens ausgezeichnet.

Für die weitere Analyse benötigen wir die syntaktischen Funktionskategorien, die syntaktische Variablen definieren, und wir operieren mit Belegungen dieser Variablen, die sowohl mit einfachen Konstanten belegt werden können (Eigennamen) wie mit komplexen Konstanten (syntaktischen Gruppen), die wiederum selbst Variablen aufweisen wie insbesondere die Variable Satz.

Gehen wir z.B. von einer Tiefenstruktur aus, die von dem dreiwertigen Verb *schenken* aufgespannt wird, und ordnen ihr eine Oberflächenstruktur mit der Belegung in dem folgenden Schema zu.

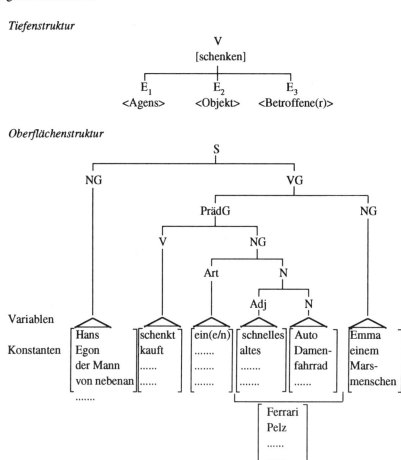

Gegenüber den schematischen Darstellungen vorhin enthält diese einen weiteren Schritt der Generalisierung: Ich stelle jetzt nicht mehr die syntaktischen Funktionen direkt bei den entsprechenden „Knoten" im Diagramm dar, sondern diese ergeben sich indirekt durch „Konfigurationen" im Diagramm als unterschiedliche Pfade zu dem obersten Knoten *S* (*Satz*). Das *Subjekt* ist insofern definiert als der nominale Knoten, der direkt unter *S* steht, das *Prädikat* ist definiert als der verbale Knoten, der direkt unter der *Verbalgruppe* steht, die *Objekte* sind definiert als die Nominalgruppen, die direkt unter der *Verbalgruppe* (und insofern nur indirekt unter *S*) stehen usw. Die Einzelheiten dieser syntaktischen Analyse können hier nicht weiter ausgeführt werden. Der variable Charakter der Belegungen ist durch einige angedeutete alternative Konstanten markiert.

NB 1: Der Unterschied zwischen syntaktischen *Funktionen* und *Klassen* (insbesondere Wortarten) ist an der graphischen Baumdarstellung direkt ablesbar:

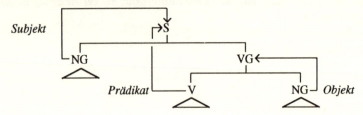

Die Belegung der Knoten im syntaktischen Diagramm („Baum") erfolgt mit lexikalischen Elementen (V) oder ihrerseits komplexen (syntaktischen) Bildungen (NG, VG). Diese Belegungen erfüllen in der syntaktischen Konfiguration bestimmte Funktionen: Eine NG kann je nachdem ein *Subjekt* sein (als Tochterknoten S' und Schwesterknoten von V) usw. Zur terminologischen Vereinfachung benutze ich gelegentlich im Text auch schon einmal Funktionsausdrücke zur Etikettierung von Knoten (s. unten zu *Attribut*). Das ist grammatiktheoretisch zwar problematisch, im Horizont dieser Darstellung aber hoffentlich unproblematisch, da der Kontext jeweils auch eine formale korrekte (explizitere) Darstellung erlauben sollte.

NB 2: Durch die oben vorgegebene Entscheidung, mit *binären* Zerlegungen zu operieren, enthalten die syntaktischen Analysen hier und im Text eine Reihe problematischer Strukturierungen, die im Rückgang auf die einschlägigen grammatischen Darstellungen diskutiert werden müssen. Für die Zwecke hier genügt es, diese Analysen rein operational zu motivieren wie im Text angedeutet. So etwa die Prädikatsgruppe durch die „Weglaßbarkeit" der komplementären NG (=indirektes Objekt):
Hans schenkt ein schnelles Auto
*Hans schenkt seiner Freundin
Vgl. auch die Substituierbarkeit der PrädG durch „einfache" Verben (als deren Quasi-Expansion sich so die PrädG erweist):
Hans beschenkt Emma
Allerdings sind die Substitionsbeziehungen oft nur indirekt zu fassen (im letzten Beispiel ist Emma ja auch *direktes* Objekt). Das gilt so insbes. für die interne Struktur der NG. Innerhalb eines Textes gilt die folgende Expansionshierarchie, wie sie oben vorausgesetzt wird, gerade nicht

ein schnelles Auto
schnelles Auto   ⎬ — fuhr davon
Auto

Solche Ausdrücke sind aber in einem spezifischen Kontext möglich (Überschriften, Telegrammstil u.dgl.), was zumindest ein Indiz für eine solche Strukturierung ist. Stärker motivierend ist hier die indirekte Argumentation mit der Substitution durch artikellose Nomina (Eigennamen).

Die syntaktische Struktur ist also ein Baum (Netz), in dem jeder Knoten durch seine spezifische Beziehung zu allen anderen Knoten eine spezifische Funktion hat. Die lexikalischen Elemente, die als Konstanten an solche Knoten „gehängt" werden, stehen untereinander in den durch das Netz definierten syntaktischen Relationen. Diese Relationen sind als solche Pfade definiert, über die schon besprochenen Primärrelationen im Satz hinaus: *schnelles* ist Attribut zu *Auto*, weil es ein Schwesterknoten zu dem Nomen unterhalb eines nominalen Knotens ist. *ein* ist der Artikel zu *schnelles Auto*, weil es der Schwesterknoten zu diesem Konstrukt unterhalb der Nominalgruppe ist. *ein (schnelles Auto)* ist direktes Objekt zu schenkt, weil es der Schwesterknoten zum Verb unterhalb der Prädikatsgruppe ist; *schenkt (ein (schnelles Auto))* ist eine Prädikatsgruppe weil es der Schwesterknoten zu einer Nominalgruppe (= indirektes Objekt) unterhalb der Verbalgruppe ist; *(schenkt (ein (schnelles Auto))) Emma* ist eine Verbalgruppe, weil es der Schwesterknoten zum Subjekt *Hans* unter *S* ist. *Emma* ist das indirekte Objekt des Satzes, weil es der Schwesterknoten zur Prädikatsgruppe unter der Verbalgruppe ist.

Je nach dem argumentativen Kontext operiere ich im Text mit Kategorien unterschiedlicher Abstraktheit: Wo es um den Aufbau der Textorganisation geht, ggf. mit interpretierten „Tiefenkategorien"; wo es um die Rekonstruktion von Dudenregeln geht, mit Wortarten, sonst auch im systematischen Zusammenhang einer Schematisierung mit den abstrakteren Analyse-Kategorien. Die letzteren dürften für die meisten Leser am befremdlichsten sein. Im systematischen Kontext sind sie allerdings die einfachsten, wie sich zeigt - im Sinne einer Rekonstruktion des Aufbaus von Wissensstrukturen. Unter diesem Gesichtspunkt ist das Beispiel des Schülers José (S. 144) zu sehen. Die Leistungen dieses Jungen zeigen, daß er offensichtlich über abstrakte Analysekategorien verfügt, zwischen verbalen Elementen und nicht verbalen Elementen unterscheidet (verbale Elemente schreibt er nie groß); auf der anderen Seite verfügt er noch nicht über die Ausdifferenzierung der Wortarten innerhalb der nichtverbalen Kategorien, er schreibt sowohl Substantive wie Adjektive gelegentlich groß, gelegentlich klein. Dieses dramatische Beispiel macht deutlich, daß die Organisation von Wissensstrukturen bei Schülern zum Teil viel abstrakter ist, als wir das nach einer erfolgreich absolvierten Schulzeit für selbstverständlich halten. Daher bin ich auch der Meinung, daß eine solche abstrakte Analyse Grundlage für den Grammatik- bzw. Rechtschreibunterricht in der Grundschule sein muß - gestehe aber, die methodische Umsetzung dieser Analyse steht allerdings auf einem anderen Blatt.

Ergänzende Hinweise zur grammatischen Analyse des Deutschen

Die vorausgehenden Bemerkungen sollen nur die Argumentationsweise im Text verdeutlichen, der keine eigenständigen grammatik-analytischen Ansprüche hat. In einigen Fällen scheint es aber so zu sein, daß die Analyseschemata denen in neueren syntaktischen Arbeiten zuwiderlaufen, z.B. bei

(1)

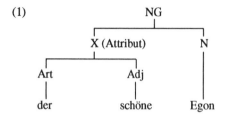

(2)

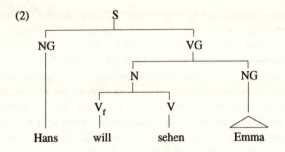

Die Motivation für diese Analyse ist die so (distributionell) faßbare Kern-Komplement-Relation i.S. der Schulgrammatik: Der Kern ist jeweils das gegenüber der „Weglaßprobe" resistente Element: *der schöne Egon* → *Egon/_stolziert*;
will sehen → *will/ Hans_Emma*.
Für meine Analyse brauche ich also nur die im Baum-Diagramm wie folgt explizierbare Relation:

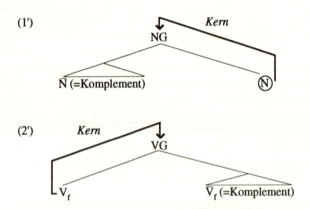

Um diese Analysen darzustellen, greife ich denn auch gelegentlich zu problematischen Kategorien (wie dem Funktionsterminus *Attribut* statt einer ad-hoc-Etikettierung wie X) - der operationale Aufbau der Argumentation sollte hier aber die nötige Klarheit schaffen.

Die neuere Grammatiktheorie hat den Anspruch, ihre Strukturen in einem universalen Vergleichshorizont zu rechtfertigen. Daher sind dort solche ad-hoc gebastelten Analysen nicht zulässig: In ihr werden *Artikel* (i.S. einer logischen Analyse: als *Quantoren* gefaßt) oder „Hilfsverben" als höherstufige Operatoren gefaßt. Wer seine Analysen in diesem Horizont definiert, muß (und kann!) die hier vorgeführten Explikationen der in der Orthographie fixierten grammatischen Strukturen in dieses Format überführen. Der Horizont dieses Buches ist eben ein anderer (für die meisten Leser dürfte der Anspruch der Universalgrammatik bzw. der logischen Form der Grammatikanalyse nicht definiert sein!).

Der Horizont der Analysen in diesem Buch ist auf die Erfahrungen mit der Sprache in der Sprachbiographie der Rechtschreiblerner abgestellt - also auf die Erfahrung der Veränderbarkeit von Texten, die das Kategorienpaar von *Kern - Komplement* als Grundstruktur von *Weglaßbarkeit* und *Expandierbarkeit* aufspannen. Aber diese abstrakte

Struktur kann wie bei Vexierbildern recht unterschiedlich auf das vorgegebene Sprachmaterial projiziert werden - woraus dann nicht zuletzt operationale Uneindeutigkeiten resultieren, die sich von der Syntax in die Rechtschreibschwierigkeiten vererben. Diese Schwierigkeiten sind im Rahmen dieses Buches, das ja nicht nebenher auch noch eine Grammatik (Syntax) des Deutschen liefern kann, nicht aufzulösen. Sie finden (zumindest z.T.) aber ihre Lösung, wenn man sorgfältig die hier nur angedeuteten verschiedenen Ebenen syntaktischer Analyse differenziert, insbesondere die der hier *Tiefenstruktur* genannten, semantisch interpretierten Ebene, und der *Oberflächenstruktur* genannten formal-operationalen Ebene.

Wenn so für die orthographische Auszeichnung mit Großbuchstaben die Kategorie der Expandierbarkeit einer syntaktischen Konstituente fundierend ist (s.o. 14. Kapitel), dann ist das zunächst eine rein formale Bestimmung, die aber im Hinblick auf die Spezifika der deutschen Orthographie („Sonderbehandlung" der Pronomina, Probleme der Adverbien) im Verbund mit syntaktischen Zusatzkriterien komplexerer („tiefenstruktureller") Natur operieren.

Formal gesehen handelt es sich in den folgenden Beispielen um parallele „Expansionen" des „finiten Verbs" (VG):

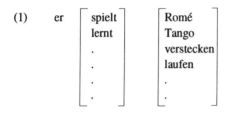

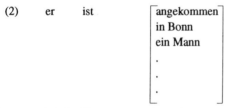

Diese syntaktische Homonymie zeigt sich durch diagnostische (desambiguierende) Expansionen, die dann auch die Fallunterscheidungen für die Vorschrift der Großschreibung liefern:

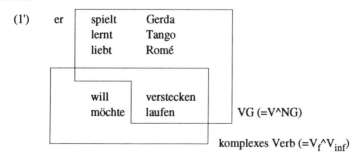

409

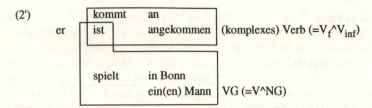

Solche partiell ambiguen Strukturierungen sind keineswegs ein Manko der zugrundegelegten Analyse: Sie charakterisieren die grammatische Struktur des Deutschen und bestimmen insofern auch die Schwierigkeiten des Rechtschreiblernens, hier z.B. „falsch" i.S. einer VG-Strukturierung induzierte Schreibungen wie * *er möchte Laufen* (vgl. *er möchte Obst*) (s. im 14. Kapitel die Überlegungen zu R. 68(2)).

Auf einer anderen Ebene, aber analytisch parallel liegen die Probleme von Präpositionalgruppen, die rein formal definitionsgemäß scheinbar „expandiert" i.S. von mehrgliedrig sind, vgl.

Hans fährt mit ⎡ *den schnellen Autos* (1)
⎣ *ihnen* (2)

Auch hier macht eine diagnostisch erweiterte Prüfung der Textveränderungsmöglichkeiten den Unterschied von (1) gegenüber (2) deutlich: Expandierbar i.S. der zugrundegelegten Analyse ist nicht die Präpositionalgruppe sondern ihr nominaler Kern:

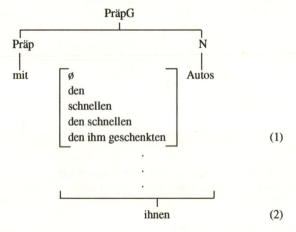

Die Belegung des nominalen Kerns mit einem Pronomen ermöglicht keine weitere Expansionen (2) - also keine Großschreibung, anders als bei „substantivischer" Belegung (1). Im Sinne des obigen Rekurses auf Tiefenstrukturen kann die „Pseudoexpansion" von Präpositionalgruppen im übrigen auch auf den unterschiedlichen syntaktischen Status von Präposition und nominalem Kern zurückgeführt werden - die Präposition drückt die tiefenstrukturelle Funktion der Nominalgruppe (ihren „Tiefenstatus") aus, während nur ihr Komplement die nominale Gruppe im hier definierten Sinne bildet:

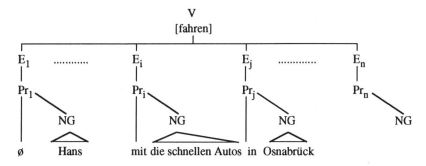

Die Präpositionen werden gewissermaßen als Kasusmarkierungen „ausbuchstabiert" (beim Subjekt, E_1, ohne morphologische-lexikalische Repräsentation: $Pr_1 = \emptyset$), die Kern-Komplement-Relation setzt eine expansionsfähige Belegung mit einer NG voraus (die Probleme der Kasuskongruenz bzw. -rektion: *mit die Autos → mit den Autos* können hier unberücksichtigt bleiben).

Anhang III: Bibliographische Hinweise

A. Allgemeines

Eine systematische Bibliographie ist aus den im Vorwort genannten Gründen hier weder möglich noch sinnvoll.[8] Die meisten neueren umfassenderen Darstellungen enthalten zudem ausführliche Bibliographien, die nicht verdoppelt zu werden brauchen. Das gilt insbesondere für

Dieter NERIUS u.a. *Deutsche Orthographie*, Leipzig: Bibliographisches Institut 1987, 2. Aufl. 1989

oder die einschlägigen Veröffentlichungen des Instituts für deutsche Sprache (IdS Mannheim), das insbesondere auch die laufende Reformdiskussion koordiniert, s. die Zusammenstellung der neueren Reformvorschläge (die teilweise von systematischen Überlegungen ausgehen, die sich mit den hier vorgestellten treffen) mit einer ausführlichen Bibliographie.

KOMMISSION FÜR RECHTSCHREIBFRAGEN BEIM IDS (Hg.), *Zur Neuregelung der deutschen Rechtschreibung*, Düsseldorf: Schwann 1989.

Als Beispiele für die jüngeren, vor allem auch sprachwissenschaftlichen Beiträge zur Rechtschreibdiskussion s.

Dieter NERIUS u.a., *Sprachwissenschaftliche Untersuchungen zu einer Reform der deutschen Orthographie*, (=Linguistische Studien A, 83/I und II), Berlin-DDR: Akademie-Verlag 1981.

Gerhard AUGST (Hg.), *Graphematik und Orthographie*, Frankfurt/M.: Lang 1985.

Peter EISENBERG/ Hartmuth GÜNTHER (Hgg.), *Schriftsystem und Orthographie*, Tübingen: Niemeyer 1989.

Weitere Hinweise auf die neuere Diskussion in den folgenden Abschnitten.

Für die Beurteilung der Rechtschreibregelungen (und der Reformvorschläge!) ist ihre Entstehungsgeschichte aufschlußreich, die ich im Text nur summarisch angedeutet habe. Eine detaillierte Zusammenstellung liefern die Arbeiten von Michael Schlaefer, s.

- *Kommentierte Bibliographie zur deutschen Orthographietheorie und Orthographiegeschichte im 19. Jhd.*, Heidelberg: Winter 1980.
- *Grundzüge der deutschen Orthographiegeschichte vom Jahre 1800 bis zum Jahre 1870*, in: *Sprachwissenschaft* 5/1980: S. 276 - 319.
- *Der Weg zur deutschen Einheitsorthographie vom Jahre 1870 bis zum Jahre 1901*, in: *Sprachwissenschaft* 6/1981: S. 391 - 438.
- (Hg.) *Quellen zur Geschichte der deutschen Orthographie im 19. Jhd.*, Heidelberg: Winter 1984.

Eine Zusammenstellung der Reformdebatte seit 1901 findet sich bei

Dieter NERIUS, *Untersuchungen zu einer Reform der deutschen Orthographie*, Berlin-DDR: Akademie Verlag 1975.

Die systematische Rechtschreibdiskussion ist nicht von der neueren theoretischen Diskussion über Schrift insgesamt zu trennen. Für einen einführenden Überblick (mit ausführlicher Bibliographie) s. etwa

Hartmuth GÜNTHER/Klaus B. GÜNTHER (Hgg.), *Schrift, Schreiben, Schriftlichkeit*, Tübingen: Niemeyer 1983.

oder den wichtigen Sammelband von

---

[8] Literaturhinweise im Text werden hier in der Regel nicht wiederholt.

Gerhard Augst (Hg.), *New Trends in Graphemics and Orthography*, Berlin: de Gruyter 1986.

Einen theoretisch ambitionierten Versuch, die Rechtschreibproblematik in die neuere sprachwissenschaftliche Diskussion zu integrieren, hat Manfred Kohrt unternommen, s. besonders seinen Band:

Theoretische Aspekte der deutschen Orthographie, Tübingen: Niemeyer 1987.

Kohrts Arbeit bemüht sich insbesondere darum, das Verhältnis der orthographischen *Festlegungen* (im Wörterbuch) zu ihrer *Explikation* in *Regelbüchern* zu klären.

Eine umfassende Bibliographie zu dem Gesamtkomplex von Schrift ist seit einigen Jahren von Florian Coulmas / Konrad Ehlich angekündigt (Berlin: de Gruyter) - wenn sie endlich erschienen ist, sollte es überflüssig werden, immer wieder erneut ad hoc Bibliographien zusammenzustellen, die sich weitgehend nur verdoppeln.

B. Grundbegriffe von Schrift und Orthographie
(S. die Hinweise unter A.)

Zu den schriftgeschichtlichen Zusammenhängen gibt es inzwischen eine ganze Reihe, zumeist auch vorzüglich illustrierter Werke. S. die beiden im Text genannten:

Marcel Cohen, *La grande invention de l'écriture*, Paris: Klincksieck 1958.

K. Földes-Papp, *Vom Felsbild zum Alphabet*, bei verschiedenen Verlagen immer wieder aufgelegt, u.a. Stuttgart: Belzer 1969.

außerdem etwa noch

Hans Jensen, *Die Schrift in Vergangenheit und Gegenwart*, Berlin: Deutscher Verlag der Wissenschaften ³1969 (zuerst 1935).

Johannes Friedrich, *Geschichte der Schrift*, Heidelberg: Winter 1966.

David Diringer, *The Alphabet*. London: Thames & Hudson 1948 - 49.

Ignaz J. Gelb, *Von der Keilschrift zum Alphabet*. Stuttgart 1952 (zuerst englisch Chicago 1952).

Bei den meisten Werken zur Schriftgeschichte dominiert aber (bzw. verselbständigt sich) der ästhetisch-kunstgeschichtliche Aspekt, wird nicht hinreichend herausgearbeitet, in wieweit die Schriftstrukturen bzw., auf sie aufbauend, die Orthographien in Auseinandersetzung mit den zu verschriftenden Sprach-(bzw. Text-)strukturen entwickelt sind. Einige Hinweise dazu etwa bei

Geoffrey Sampson, *Writing Systems*. London usw.: Hutchinson 1985.

Hier öffnet sich ein weites Feld für die kulturanalytische Forschung, die Fragen nach den eventuellen (kognitiven?) Schranken verschiedener Schriftsysteme nachgeht; für die jüngere Debatte besonders wichtig

Jack Goody (Hg.), *Literacy in traditional society*. Cambridge: University Press 1969 (auch dt. Übersetzung).

Walter J. Ong, *Orality and Literacy*. London: Methuen 1982 (auch deutsche Übersetzung).

s. auch den Sammelband

Florian Coulmas/Konrad Ehlich (Hgg.), *Writing in Focus*, Berlin: Mouton - de Gruyter 1983.

sem Band auch Hinweise auf die inzwischen kaum noch überschaubare Fülle von
ologisch-pädagogisch orientierter Forschung zu Schrift- (Orthographie-) Problemen,
die hier anschließen. Aus der Masse dieser Arbeiten (zumeist Sammelbände mit laufenden
Forschungsberichten) sei nur auf

R.P. AARON/ R. MALATESHA JOSHI (Hgg.), *Reading and Writing Disorders in Different Orthographic Systems*, Dordrecht usw.: Kluwer 1989

verwiesen, wo recht deutlich herausgestellt wird, daß *alle* Orthographien in allen Schriftsystemen den Lernern Probleme bereiten, daß diese bei allen ihren vom Material bestimmten Idiosynkrasien eben nicht auf die Orthographien sondern auf das vom Lerner zu bewältigende Problem der Aneignung der Schrift zu beziehen sind.

Für den im Text wiederholt auf großem Allgemeinheitsniveau angesprochenen Zusammenhang von kognitiver Entwicklung und kultureller (sozial bestimmter) Lebensform sei nur auf zwei Arbeiten verwiesen:

- Emilia FERREIRO/Ana TEBEROSKY, *Literacy before schooling*, Exeter: Heinemann 1983 (zuerst span. 1979), die, orientiert an der Piagetschen Entwicklungspsychologie, die Aneignung der Schrift gerade auch bei Kindern in verschiedenen sozialen Milieus untersucht haben (in Argentinien).
- Shirley Brice HEATH, *Ways with Words. Language, life and work in communities and classrooms*. Cambridge: University Press 1983; eine ethnographische Studie zu zwei Gemeinden (schwarz und weiß) im Süden der USA und dem dort praktizierten Umgang mit Schrift.

Schließlich kann ich noch auf einige Aufsätze von mir verweisen, in denen ich einiges von dem im ersten Teil Angesprochenen z.T. mit Beispielmaterial weiter entwickle:

Lesen-Schreiben-Schrift. Die Demotisierung eines professionellen Arkanums in der frühen Neuzeit, in : *LiLi. Zt. f. Literaturwissenschaft und Linguistik* 59/1985: 55 - 81.

„Die Schrift ist ein Zeichen für das, was in dem Gesprochenen ist". Zur Frühgeschichte der sprachwissenschaftlichen Schriftauffassung. in: *Kodikas/Code* 9/1986: 247 - 292.

Schriftlichkeit und das ganz Andere: Mündlichkeit als verkehrte *Welt der Intellektuellen - Schriftlichkeit als Zuflucht der Nichtintellektuellen*, in: A. ASSMANN/ D. HARTH (Hgg.), *Kultur als Lebenswelt und Monument*, Frankfurt: Fischer 1991:211-232.

Orthographie als wissensbasiertes System, in: *OBST* 44/1991:13-39.

C. Zum Rechtschreibunterricht

Von besonderem Interesse sind, wie im Text wiederholt angesprochen, rechtschreibdidaktische Fragen - deren Literatur weitgehend mit der unüberschaubaren sprachdidaktischen Fachliteratur zusammenfällt. Da das Buch hier i.S. der didaktischen Diskussion nur (!) die *Sachanalyse* des Unterrichts behandelt, deren didaktisch-methodische „Umsetzung" Sache der Lehrer ist, gebe ich hier auch keine systematischen bibliographischen Hinweise.

Für die jüngere Diskussion mag es genügen, auf die im Text schon erwähnten schönen Arbeiten von BERGK und BRÜGELMANN zu verweisen, die auch umfangreiche Literaturübersichten enthalten:

M. BERGK, *Rechtschreiben von Anfang an*, Frankfurt: Diesterweg 1987;

H. BRÜGELMANN, *Kinder auf dem Weg zur Schrift*, Konstanz: Faude 1983,

sowie den Ergänzungsband mit methodischen Hinweisen dazu:

Ds., *Die Schrift entdecken*, Konstanz: Faude 1984 (sowie die weiteren zwischenzeitlich von diesem produktiven Autor erschienenen Bände).

Die im Text angesprochene didaktische Literatur aus der ehemaligen DDR sei aber doch eigens aufgeführt, da sie in der westdeutschen Diskussion meist zu kurz kommt; das folgende ist allerdings auch kein systematischer Überblick, sondern bezeichnet nur die Handbibliothek, die ich mir vor 10 Jahren zusammengestellt hatte, um im Rahmen der Einphasigen Lehrerausbildung an der Universität Osnabrück praktische Hilfsmittel verfügbar zu haben. Sowohl vom systematischen Ansatz wie von den praktischen Vorschlägen her halte ich diese Werke nach wie vor für sehr hilfreich:

W.G. GORETZKI, *Der Unterricht in der 1. Klasse*, Berlin (DDR): Volk und Wissen 1973 (russisches Original 2. Auflage 1970);

G. DATHE u.a., *Lesehilfen zum Lehrplan 1968: Kl. 1 Deutsch/Mathematik; Kl. 2-4 Deutsch*, alle Berlin (DDR): Volk und Wissen, 4 Bde. 1986 u.ö.;

G. SCHREINERT, *Zu Grundfragen des Muttersprachunterrichts*, Berlin (DDR): Volk und Wissen 1975;

W. BÜTOW/ A. KLAUS SCHULZE, *Methodik Deutschunterricht - Muttersprache*, Berlin (DDR): Volk und Wissen 1976;

W. HAGEMANN u.a., *Der Unterricht in den unteren Klassen*, Berlin (DDR): Volk und Wissen 1976;

J. RIEHME, *Probleme und Methoden des Rechtschreibunterrichts*, Berlin (DDR): Volk und Wissen 2. Aufl. 1974, 3. Aufl. jetzt auch Frankfurt/M.: Diesterweg 1987.

Daß die Literatur aus der DDR damals so anders aussah als bei uns, hatte zwei Gründe:
1. Hintergrund für Arbeiten dort war (?) eine psychologisch-pädagogische Forschung, die in der Sowjetunion in den 20er Jahren unter den Bedingungen der Mobilisierung aller sozialen Resourcen für den gesellschaftlichen Aufbau ihren Anfang genommen hat: die akademische Forschung wurde hier von vornherein in das gesellschaftliche Aufbauprojekt unter der Fragestellung einbezogen, wie den Kindern der Weg zur Schrift erleichtert werden könnte - verstanden als ein *Aneignungsprozeß*. Bei diesen Arbeiten war und ist es eine selbstverständliche Prämisse, daß der Umgang mit Schrift auf der Ausbildung kognitiver Fähigkeiten beruht, die als Weiterentwicklung der vorher erworbenen sprachlichen Fähigkeiten zu verstehen sind. Das waren ja auch die Prämissen der allgemeinen Überlegungen im ersten Teil des Buches, die entscheidend von den Arbeiten des genialen und in den 30er Jahren früh verstorbenen sowjetischen Psychologen und Pädagogen Vygotski bestimmt sind.

Nach diesem Modell hat die sowjetische Pädagogik den Muttersprachunterricht als Aufbau von Begriffen für die Kontrolle der Sprachpraxis verstanden, und in den pädagogischen Anleitungen, in der Planung der Progression des Anfangs- und Grundschulunterrichtes, auf die Entfaltung der begrifflichen Durchdringung der Sprachreflexion abgestellt. Dazu dient insbesondere ein systematisch durchdachter Grundwortschatz, der den Kindern durch Ausprobieren und Systematisieren die Regelmäßigkeit der Grammatik und der Orthographie erschließen soll (die Zusammenstellung eines Grundwortschatzes Deutsch ist für die Planung des Anfangs- bzw. Grundschulunterrichtes unerläßlich - nicht als rigide Fessel, die explorierende Versuche der Lerner behindert, sondern als Korrektiv für die Hand des Lehrers, der daran orientiert *ergänzendes* Sprechmaterial zur Hand hat, das die Entdeckung von Regularitäten erlaubt). Der entscheidende Schritt, den die Kinder unter Anleitung des Lehrers bewältigen müssen, ist die Festigung der spontan entdeckten Zusammenhänge durch explizite Regeln. Die genannten Arbeiten unterscheiden sehr sorgältig zwischen den Prinzipien etwa der Rechtschreibung, die als solche kategorische Geltung haben, und den praktisch-pragmatischen Regeln für die Praxis, die entsprechend der Unterrichtsprogression als Arbeitsregeln entwickelt und auch wieder zur Disposition gestellt werden, die angeben, wonach der Schüler sich richten soll (mit dem kalkulierbaren Risiko von Ausnahmen). In diesem Sinne finden wir in diesen Arbeiten das Problem einer Unterrichtsprogression entwickelt, abgestellt auf die Entwicklung der Selbständigkeit der Schüler und insofern auf die Entwicklung von Kontrollfähigkeiten: So ist es selbstverständlich, daß die Schüler in Hinblick auf die von den „Regeln" nicht ganz erfaßten Rechtschreibschwierigkeiten von Anfang an zur Arbeit mit Wörterbüchern angehalten werden.

Diese Bemerkungen beziehen sich auf die didaktische Konzeption dieser Arbeiten, die inzwischen erfreulicherweise zunehmend mehr auch in die bundesrepublikanische pädagogische Diskussion Eingang finden. Davon zu unterscheiden sind allerdings Aspekte der konkreten Unterrichtsorganisation in der sowjetischen und DDR-Pädagogik, die als solche nicht übertragbar sind und auf die ich auch den von mir hier herausgestellten Vorbildcharakter nicht übertragen wissen möchte. Was den vermutlich größten Unterschied ausmacht, ist die rigide einheitlich geregelte Unterrichtsorganisation, die relativ geringe Spielräume für einen experimentellen Unterricht läßt (hier wird dann auch der „Grundwortschatz" zur Fessel!). Solche Spielräume sind aber nötig, gerade wenn die Aneignung der Schriftsprache unter Nutzung der spontanen Fähigkeiten der Schüler sich entwickeln soll (s. in diesem Sinne die oben genannte neuere Literatur). Dennoch scheint mir der kontrollierende Rückgriff auf die didaktischen Materialien aus der DDR sehr hilfreich zu sein, weil es gerade auch bei einem frei und spontan angelegten Unterricht ein wachsendes Risiko von Konfusion, von Überforderung der Schüler und nicht zuletzt der Lehrer gibt; die gewährten Freiräume müssen vom Lehrer immer in Hinblick auf die Zielprojektion kontrolliert werden.

2. Schließlich ist noch ein weiterer Punkt bestimmend für die pädagogisch-didaktische Diskussion in der Sowjetunion und der ehemaligen DDR. Hier sind die Brüche in der Kulturdiskussion nicht abgelaufen, die in den späten 60er Jahren bei uns die Bildungsreform überdeterminiert haben. In der DDR, überhaupt in den osteuropäischen Ländern, ist der Horizont für die pädagogische Diskussion die wissenschaftliche Debatte über die Sprachkultur gewesen. Der Terminus der *Sprachkultur* verklammert hier Wissenschaft, pädagogische Praxis und Journalismus/Feuilleton, während bei uns diese Bereiche weitgehend auseinanderfallen. In diesem Sinne ist es dort für die akademische Wissenschaft selbstverständlich gewesen, elementare praktische Probleme wie eben die Rechtschreibung zum Gegenstand zu machen. Es hat umgekehrt auch keinen öffentlichen Druck zur Abwertung solcher praktischer Probleme gegeben, wie sie sich bei uns quasi symbolisch an der Forderung: Weg mit der Rechtschreibung, festgemacht haben. Von daher ist es auch nicht von ungefähr, daß die Neuorientierung der wissenschaftlichen Beschäftigung mit der deutschen Orthographie von der DDR ausgegangen ist, wo es v.a. die schon mehrfach erwähnte Arbeitsgruppe um Dieter Nerius in Rostock (und vorher G. Riehme in Leipzig) war, der die neueren Arbeiten viel zu verdanken haben.

Für die neuere Entwicklung ist die in den letzten zwanzig Jahren in größerem Umfang unternommene Spracherwerbsforschung wichtig geworden, die sich v.a. auch ethnographischer Methoden bedient. Hier sind pädagogische Ansätze entstanden, die versuchen, die spontanen Fähigkeiten der Lerner in die Progression einzubauen, die Lernziele, kontrolliert an dieser selbständigen Modellierung, auch über Umwegstrategien zu erreichen. Die weitestgehenden derartigen Vorschläge für den Anfangsunterricht zielen auf den Aufbau einer „Eigenfibel", in denen die Lerner individuell ihren eigenen Weg zur Schriftsprache suchen. Die entwickeltsten Vorschläge dazu und die umfangreichsten Erfahrungen sind hier in Schweden gemacht worden, unter der Anleitung der leider früh verstorbenen Pädagogin Ulrika LEIMAR; siehe von ihr „*Läsning på talets grund*", Lund: Liber Läromedel 1976 (eine gekürzte deutsche Bearbeitung ihres Grundlagenbandes ist von Jürgen MÖCKELMANN auf deutsch veranstaltet worden, mit dem allerdings etwas irreführenden Titel *Dialogisches*

Erstlesenlernen, Frankfurt: Diesterweg, (s. dazu meine Besprechung in *päd. extra*, Heft 7-8/1980, 85-87)). Was die Grundlagenforschung anbetrifft, so untersucht Rosemarie Rigol mit einer Gruppe von Studierenden an der Universität Osnabrück seit einigen Jahren die Lernverläufe der Schüler im Anfangsunterricht und auf dem Wege dahin; wenn die Ergebnisse dieses Projektes einmal vorliegen, werden wir hier in vielem klarer sehen können; von den bisherigen Ergebnissen habe ich schon profitieren können. Im übrigen sei auch hier wieder auf die eingangs genannten Literaturüberblicke verwiesen (insbes. BRÜGELMANN 1983).

D. Orthographie und Textstruktur: Die Interpunktion.

Bibliographische Hinweise, systematisch und historisch, finden sich im Text und besonders im Anhang zum 6. Kapitel (s. #). Die systematische jüngere Analyse der Interpunktion ist angeregt worden von

Harald ZIMMERMANN, *Zur Leistung der Satzzeichen*, Mannheim: Bibliographisches Institut 1969,

auf den auch die von mir durchgeführte Unterscheidung von einfachen und paarigen Zeichen zurückgeht.

Wichtig für die gegenwärtige Debatte sind vor allem die neuen Arbeiten von
Renate BAUDUSCH, z.B.

Zu den Sprachwissenschaftlichen Grundlagen der Zeichensetzung, in: D. NERIUS/ J. SCHARNHORST (Hgg.), *Theoretische Probleme der Orthographie*, Berlin: Akademie Verlag 1980: 193 - 230; und

Peter EISENBERG, z.B. *Grammatik oder Rhetorik? Über die Motiviertheit unserer Zeichensetzung*. in: Zt. f. Germanistische Linguistik 7/1979: 323 - 337;

sowie die bei EISENBERG entstandene Dissertation von

Ulrike BEHRENS, *Wenn nicht alle Zeichen trügen. Interpunktion als Markierung syntaktischer Konstruktionen*, Berlin 1988, jetzt Bern usw.: Lang 1989 (im Text hatte ich auf sie schon verwiesen).

E. Die logographische Komponente der Orthographie

Hierbei, vor allem bei der Klein- und Großschreibung, handelt es sich um den meist debattierten Bereich der Orthographie; die hier verbreitete Aufgeregtheit produziert geradezu komische Effekte - wobei die Entschiedenheit der vorgetragenen Positionen zumeist in einem umgekehrt proportionalen Verhältnis zur analysierten Durchdringung des Gegenstands steht. Die oben genannte Literatur (insbesondere die neueren Sammelbände) enthalten durchgängig Arbeiten und Hinweise zu dieser Debatte. Diese selbst ist jetzt dokumentiert bei

H.G.KÜPPERS, *Orthographiereform und Öffentlichkeit*, Düsseldorf: Schwann 1984.

Es mag genügen, auf einige ältere, aber immer noch lesenswerte Beiträge zu verweisen:

Hugo MOSER, *Groß- oder Kleinschreibung*, Mannheim: Bibliographisches Institut 1958.

Die systematischen Grundlagen der Reformbemühungen sind zusammengestellt bei

D. NERIUS, *Untersuchungen zu einer Reform der deutschen Orthographie*, Berlin: Akademie Verlag 1975 (s. auch den unter D genannten Band *Theoretische Beiträge*).

Gegenüber den vorschnellen mit „internationalem" Pathos argumentierenden Reformbefürwortern ist immer schon von sprachwissenschaftlicher Seite eingewendet worden, daß die jeweiligen Rechtschreibregelungen auf die sprachspezifischen Strukturen bezogen werden müssen, s. etwa

R. HOTZENKÖCHERLE, *Groß- oder Kleinschreibung?* in: Der Deutschunterricht 7/1955: 30.

Die anderen Bereiche der logographischen Komponente sind bisher weniger intensiv bearbeitet, s. aber etwa

Burkhard SCHAEDER, *Die Regulierung der Getrennt- oder Zusammenschreibung im Rechtschreibduden 1880 - 1980*, in: G. AUGST (Hg.), *Graphematik und Orthographie*, Frankfurt/Main: Lang 1985: 129 - 194;

P. GALLMANN, *Syngrapheme an und in Wortformen. Bindestrich und Apostroph im Deutschen*, in dem in B genannten Sammelband von EISENBERG/GÜNTHER 1989.

Daß die Rechtschreibdidaktik hier von der grammatischen Analyse auszugehen hat, ist ein (immer wieder verdrängter) Topos der Reformpädagogik. Neuerdings z.B. für die Großschreibung (unabhängig von den Vorschlägen hier) vorgetragen von

Wolfhard KLUGE, *Kann man die Großschreibung auf intuitivem Wege lernen?*, in: *OBST* 40/1989: 87 - 95.

Einen Erfahrungsbericht über den Unterricht der Großschreibung, angeregt von den hier vertretenen Überlegungen, findet sich bei

Christa RÖBER-SIEKMEYER, *Groß- und Kleinschreibung in einem 3. und 4. Schuljahr mit Hilfe von Spielen zur Syntax*, in: *Schule und Sprache. Forum Schule 1990*. Oldenburg: GEW Weser-Ems 1990: S. 32 - 43.

[Teile von Kapitel 14 sind erschienen in *Der Deutschunterricht* 41/1989: S. 16 - 27.]

F. Die phonographische Komponente der Orthographie

Im Gegensatz zu der älteren Diskussion (vor allem vor der orthographischen Konferenz 1901) ist dieser Bereich gegenüber dem logographischen eher in den Hintergrund getreten - mit Ausnahme der Fremdwortschreibung; die Probleme werden (wie im Text angesprochen) weitgehend einfach auf den Anfangsunterricht verlagert, ohne daß sie in systematischem Zusammenhang analysiert werden.

Für eine systematische Durchforstung der phonographischen Probleme s. etwa die materialreichen Bände

Dieter NERIUS/Jürgen SCHARNHORST (Hgg.), *Sprachwissenschaftliche Untersuchungen zu einer Reform der deutschen Orthographie*, Berlin: Akademie Verlag 1981;

Gerhard AUGST, *Regeln zur deutschen Rechtschreibung vom 1. Januar 2001. Entwurf einer neuen Verordnung zur Bereinigung der Laut - Buchstabenbeziehung*. Frankfurt/M. usw.: Lang 1985;

Carl Ludwig NAUMANN, *Gesprochenes Deutsch und Orthographie*. Frankfurt/M.: Lang 1990.

Ein grundlegendes Arbeitsmittel für diese Analysen sind rückläufige Wörterverzeichnisse sowie Frequenzwörterbücher. Von mir vor allem benutzt

Erich MATER, *Rückläufiges Wörterbuch der deutschen Gegenwartssprache*, Leipzig: Enzyklopädie. 3. Aufl. 1970.

Neuerdings auch
Gustav MUTHMANN, *Rückläufiges deutsches Wörterbuch. Handbuch der Wortausgänge im Deutschen, mit Beachtung der Wort- und Lautstruktur*, Tübingen: Niemeyer 1988 das auch das Material für phonographische Fragestellungen aufbereitet.

Für Frequenzanalysen liegen jetzt außer den großen älteren Arbeiten von Friedrich Wilhelm KAEDING, *Häufigkeitswörterbuch der deutschen Sprache*, Steglitz: Selbstverlag 1897 (teilweise nachgedruckt als Beiheft zu Bd. 4 der *Grundlagenstudien aus Kybernetik und Geisteswissenschaft*, 1963);
Helmut MEIER, *Deutsche Sprachstatistik*, Hildesheim: Olms 1967;
die umfangreiche statistische Aufbereitung der ca. 8000 häufigsten Formen bei Kaeding von Wolf Dieter ORTHMANN vor, insbesondere
- *Hochfrequente deutsche Wortformen*, 4 Bände, München: Goethe Institut 1975;
- *Sprechsilben im Deutschen*, ebd. 1980

u.a. (bei den explizit phonographisch aufbereiteten Arbeiten wie der letztgenannten besteht allerdings das Problem einer Rückprojektion der Graphien - der „Schärfungschreibung" korreliert bei Orthmann immer eine geschlossene Silbe!).

Zu dem speziellen Problem der „Silbentrennung" (Kap. 21) s. jetzt
Werner HOFRICHTER, *Die Grundlagen der graphischen Worttrennung im Deutschen unter besonderer Berücksichtigung der Silbenproblematik*, Leipzig: Enzyklopädie 1989;
- die detaillierte Durchforstung der Vorschriften im DUDEN-Ost zeigt hier übrigens exemplarisch, daß die von mir hier anhand des DUDEN-West aufgezeigten Probleme grundsätzlich verallgemeinerbar sind.

Für den derzeitigen Stand der Reformdiskussion s. den in B erwähnten Band der *„Kommission für Rechtschreibfragen"* beim IdS 1989.

[Den Kern von Kapitel 20 - 23 habe ich inzwischen auch veröffentlicht in dem in B genannten Band von EISENBERG/GÜNTHER.]

Verwendetes phonetisches Symbolsystem [1]

Grundlage ist das Alphabet der Internationalen Phonetischen Assoziation (IPA bzw. API), das ich aber nach dem vor allen Dingen im englischen Sprachraum üblichen Muster differenziere, indem ich in der Regel spezielle Zeichen, die im üblichen Maschinensatz nicht verfügbar sind, durch solche des lateinischen Alphabets mit zugefügten Diakritika (wie sie in slavischen, romanischen u.a. Alphabetschriften gebräuchlich sind) ersetze, die zugleich auch phonetische Gemeinsamkeiten zeigen. Bei Mehrfachbelegung in einem Feld nach dem Muster A B steht A für die stimmlose, B für die stimmhafte Artikulation.

		bilabial	labio-dental	dental/ alveolar	palato-alveolar	palatal	velar (uvular)	glottal (pharyngal)
K O N S O N A N T E N	plosiv[2]	p b		t d			k g	ʔ
	nasal	m		n	ɲ		ŋ	
	lateral (ohne Reibung)			l	λ		R	
	gerollt			r				
	Reibelaut	φ b	f v	þ đ s z	š ž	ç j	x γ Я	h ɦ
	reibungsloser Dauerlaut[3] (Halbvokal)[4]	u̯				i̯	(u̯)	

			vorne	zentral	hinten
V O K A L E[6]	Eng[3]	(y u)	y i		u
	Halb-eng[5]		ø e		o
				ə	
	Halb-offen		ǿ ɛ	ɐ	ɔ
	Offen			a ɑ	

Anmerkungen dazu auf der folgenden Seite:

Anmerkung 1: Aufgeführt sind nur die Zeichen, die im Text Verwendung finden. Im Phonetischen Anhang (durch den Kontext erklärt) noch einige weitere Zeichen.
Anmerkung 2: Affrikaten (frikative Lösung eines Plosivs) markiere ich bei den stimmlosen Dentalen mit eigenen Zeichen: c = t^s , č = $t^š$.
Anmerkung 3: Kombination von markierter Zungenposition und Lippenstellung durch zweimaliges Aufführen des Zeichens und Verbindungslinie markiert.
Anmerkung 4: Die halbvokalische Markierung verwende ich auch bei offener Realisierung des Lautes, also insbes. ę̞, ǫ̞, ɐ̯. Da bei vokalischen Sequenzen ə und ɐ aber ohnehin die relativ weniger „prominente" Lautierung markieren, lasse ich in solchen Fällen die „halbvokalische" Markierung ⌢ zumeist weg. Zur Hervorhebung der diphthongischen Aussprache wird diese gelegentlich auch mit einem übergeschriebenen Bogen notiert, also aę = a͡ę.
Anmerkung 5: Weitere Differenzierung ę̣ ǫ̣ für besonders enge Vokale.
Anmerkung 6: Quantitätenoppositionen notiere ich durch nachgestellten Punkt, a· halblanges a, a: langes a. Nebentonig reduzierte Aussprache von ungespannten Vokalen, gelegentlich auch bei einigen Vokalen in Verbindung mit relativ größerer Öffnung, notiere ich ggf. mit Großbuchstaben, also I für i usw.

Register der Dudenregeln
Die Angaben verweisen nach der Nennung der Dudenregel auf die jeweiligen Seiten. Mehrfachnennungen auf einer Seite sind möglich.

4	197
10	30,103,104
11	103,104
12	103,104
13	84,103,104
14	103,104
15	103,104
16	142
18	142
25	104
26	103,104
27	103,104
28	102,104,105
29	102,104,105,107
30	102,104
31	103,104
32	176,190,192,198,199,200
33	176,189,190,196,200
34	176,189,190,193,195,199,200
35	176,189,190,192,195,200,265
36	176,189,190,197,200,218
37	176,189,190,196,197,200
38	176,189,190,196,197,200
39	176,189,190,192,197,200
40	176,189,190,192,195,197,200
41	176,189,190,192,193,200
42	176,189,190,193,194,195,200
43	176,189,190,197,200
44	176
45	174
46	82,102,104,176
47	82,102,104,112,176
48	82,102,104,176
49	82,102,104,176
50	102,105,176
51	102,105,107,176
52	103,104,105,176
53	176,218,356,359
55	102,105,114
56	103,105,114
57	84,102,103,105,114
58	84,102,103,105
59	84,102,105
60	156,161,163,174,189
61	156,172,189,203,204
62	156,172,189,209
63	156,172,189,205,207,208
64	156,172,189,205,207,208
65	156,189,209,210
66	156,161,162,163,166,189,202,203,204
67	156,161,189
68	156,161,189,194,209
69	156,162,189,194,210
70	156,162,189,210
71	156,189,210
73	156,162,189,210
74	156,162,189,210
76	156,162,189,210
77	156,162,189
78	114,156,197
79	83,105,114,156
80	105,114,156
81	114,156
82	156
83	156,197,210,215
84	84,102,105
85	84,102,105
86	102,105
87	102,105
88	102,105
89	105
90	83,102,106,116
91	83,102,106
92	83,102,106
93	83,106,107,214
94	83,102,106
95	83,92,102,106
96	83,92,102,106,107,181
97	83,93,102,106,107,181
98	83,102,106,107
99	83,102,106,107
100	83,102
101	83,102,107,108,115

102	83,102,107,108,115	148	189,192
103	83,102,107,108,115	149	189,192
104	83,102,108,109	150	189,192
105	83,96,109	151	189,192
106	83,96,109	152	189,192
107	83,95,98,100,102,109,110,111, 112,115	153	189,192
		154	189,192
108	83,102,110,112,115	155	189,192
109	83,102,112,115	156	192
110	83,102,113	157	189,192
111	83,102,113	158	189,192
112	83,102,113	159	192
113	83,102,113	160	63,87,102,114
114	83,102,105,109,113	161	102,105,114
115	83,102,105,113	162	104,114
116	83,113	163	103,114
117	83,102,113	164	103,114
118	83,102,113	165	114
119	83,102,113	166	103,114
120	83,113	167	103,114
121	83,89,113,115	168	83,114
122	83,102,113	169	83,88,102,114
123	83,89,102,113	170	83,114
124	83,95,102,113	171	83,114
125	83,113,115,123	172	83,114
126	83,113,115,123	173	83,114
127	83,105,113,115,123	174	102,114
130	192	175	102,114
131	192,218	176	102,114
132	189,192	177	102,114
133	189,192,213	178	199,218,256,261,262,263,266,267, 269,289,290,291,314
134	189,192		
135	189,192,193	179	199,218,256,263,267,269,278,289, 291,292,314
136	189,192,195		
137	189,192,195	180	199,218,256,264,265,269
138	189,192	181	199,218,256,263,264,265,269,296
139	192	182	199,218,256,263,269
140	192	183	218,310,311
141	192	184	218,310,311,313,314
142	192	185	218,310,311
143	192	186	218,310,314
144	192	187	154,218,310,314
145	192	188	218,310,314
146	189,192	189	192
147	189,192	190	192

Abweichungen im Regelaufbau der 20. von der 19. Auflage des DUDEN, soweit sie die inhaltliche Argumentation betreffen (s. Anm. 1, S. VIII)

19. Auflage	20. Auflage
12 (1)	13
12 (2)	12
13	14
14	15 (2)
15	15 (1)
16 (5)	entfällt
29 (6)	entfällt
32 (4)	entfällt
41 (2)	41 (3)
41 (3)	41 (2)
42 (3)	entfällt
50 (2)	entfällt
53 (2)	53 (3)
54	umformuliert
55	57
57	55
93 (2)	entfällt
98 (3)	entfällt
101 (4)	entfällt
106 (2-3)	zusammengefaßt 106 (2)
108 (3)	entfällt
131	stark gekürzt
139 (3)	tlw. als 139 (6)
152 (3)	entfällt
179 (2)	entfällt
190	gekürzt
195	gekürzt

191	192
192	192
193	192
194	262
195	262
196	262
197	262
198	262
199	262
204	218, 296
205	176, 177, 181, 182, 189, 198
206	176, 177, 189
207	176, 189
208	176, 177, 183, 185, 189
209	176, 183, 185, 189
210	176, 177, 189
211	176, 189
212	176, 189, 197